Schriften zur Kriminologie und Strafrechtspflege

Criminology and Criminal Justice Series

Herausgegeben von
Prof. Dr. Frieder Dünkel
und Prof. Dr. Stefan Harrendorf
Universität Greifswald

Band 70

Nele Marie Klamer

„Nein heißt Nein!" – und jetzt?

Bewertung des reformierten § 177 StGB
anhand einer Urteilsanalyse
und eines Rechtsvergleichs mit Irland und Schweden

MG 2023
Forum Verlag Godesberg

Bibliographische Information der Deutschen Nationalbibliothek

Die Deutsche Nationalbibliothek verzeichnet diese Publikation in der Deutschen Nationalbibliografie; detaillierte bibliografische Daten sind im Internet über http://dnb.d-nb.de abrufbar.

© Forum Verlag Godesberg GmbH, Mönchengladbach
Alle Rechte vorbehalten.
Mönchengladbach 2023
Gesamtherstellung: Books on Demand GmbH, Norderstedt
Printed in Germany

ISBN 978-3-96410-036-8
ISSN 2698-363X

Vorwort

Als ich im Herbst 2017 begonnen habe, an dieser Dissertation zu arbeiten, war mir die Dimension und die Wichtigkeit des Themas nur in Ansätzen bewusst. Ich wollte gerne etwas gesellschaftlich, politisch und feministisch Relevantes untersuchen und so kam ich im Gespräch mit meinem Doktorvater – angesichts der rezenten Implementierung – zur Sexualstrafrechtsreform von 2016. In den folgenden Jahren ist nicht nur das Projekt um immer mehr Facetten, sondern auch ich, meine Einstellung und mein persönliches Engagement auf diesem Gebiet enorm gewachsen.

Die Arbeit wurde im Sommersemester 2021 von der Rechts- und Staatswissenschaftlichen Fakultät der Universität Greifswald als Dissertation angenommen. Literatur und Rechtsprechung wurden bis einschließlich März 2021 berücksichtigt. Für die Veröffentlichung wurden vereinzelt Aktualisierungen vorgenommen: So wurde insbesondere die Auswertung der Kriminalstatistiken auf den Stand von 2022 gebracht; gewichtige Neuerungen innerhalb der Rechtsprechung und der Literatur wurden noch bis einschließlich März 2023 eingearbeitet.

Ich möchte diese Gelegenheit nutzen, um allen Personen zu danken, die mich auf diesem Weg begleitet und unterstützt haben. Besonders herausheben möchte ich zuallererst meinen Doktorvater *Prof. Dr. Stefan Harrendorf*, der mir nicht nur konstant mit Rat und Tat zur Seite stand, sondern in meiner Zeit als wissenschaftliche Mitarbeiterin am Lehrstuhl für Kriminologie, Strafrecht, Strafprozessrecht und vergleichende Strafrechtswissenschaften für ein überaus freundschaftliches und (fachlich sowie menschlich) bereicherndes Arbeitsklima sorgte. Ich habe es stets als Privileg empfunden, meine Arbeit in diesem Umfeld schreiben zu dürfen. An dieser Stelle gilt mein Dank außerdem dem gesamten Lehrstuhlteam, welches meine Zeit in Greifswald wesentlich geprägt und für mich unvergesslich hat werden lassen.

Insbesondere danke ich *Victoria Rieckhoff* für die vielen, zumeist produktiven, aber immer lustigen Stunden in unserem gemeinsamen Büro, das gegenseitige Aufmuntern sowie die unzähligen Tassen „Käff". Großer Dank gebührt außerdem *Kornelia Hohn*, die bei sämtlichen organisatorischen Fragen stets zur Stelle war und zudem immer einen lustigen Spruch parat hatte.

Prof. Dr. Christine Morgenstern danke ich für die zügige Erstellung des Zweitgutachtens und die hilfreichen Anmerkungen.

Bei dem Rektorat und der Gleichstellungsbeauftragten der Universität Greifswald möchte ich mich herzlich für die Verleihung des Genderpreises 2021 für diese Arbeit bedanken.

Zuletzt danke ich von ganzem Herzen meiner Familie, auf deren liebevolle Unterstützung und Aufmunterung in schweren Zeiten ich mich immer verlassen konnte, – insbesondere meinen Eltern *Susanna und Martin Lagler* sowie meiner Großmutter *Renate Bohl*. Ohne ihren unerschütterlichen emotionalen und auch finanziellen Rückhalt wäre der Abschluss dieser Arbeit nicht möglich gewesen.

Mein besonderer Dank gilt schließlich meinem Ratgeber, Lektor, besten Freund, Ehemann *Jonathan Klamer* – einfach für alles.

Hamburg, im März 2023   *Nele Marie Klamer*

Inhalt

X

Inhalt

Abkürzungsverzeichnis

Aufgelistet sind alle in der Arbeit verwendeten Abkürzungen, welche nicht allgemein gebräuchlich sind. Zeitschriftentitel sind *kursiv* markiert.

a.A.	andere Ansicht
a.E.	am Ende
a.F.	alte Fassung
AG	Amtsgericht
Alt.	Alternative
AnwBl	*Anwaltsblatt*
Anm.	Anmerkung
Art.	Artikel
Aufl.	Auflage
Beschl.	Beschluss
BGB	Bürgerliches Gesetzbuch
BGH	Bundesgerichtshof
BRJ	*Bonner Rechtsjournal*
BT-Drucks.	Bundestagsdrucksache
djbZ	*Zeitschrift des Deutschen Juristinnenbundes*
FamRZ	*Zeitschrift für das gesamte Familienrecht*
FAZ	*Frankfurter Allgemeine Zeitung*
ff.	folgende Paragraphen/Artikel/Seiten
GA	*Goltdammer's Archiv für Strafrecht*

gem.	gemäß
GG	Grundgesetz
h.L.	herrschende Lehre
h.M.	herrschende Meinung
HRRS	*Höchstrichterliche Rechtsprechung im Strafrecht*
i.d.R.	in der Regel
i.E.	im Ergebnis
i.e.S.	im engeren Sinne
i.S.d.	im Sinne des
i.S.v.	im Sinne von
i.V.m.	in Verbindung mit
JA	*Juristische Arbeitsblätter*
jM	*Die Monatszeitschrift juris*
JR	*Juristische Rundschau*
JURA	*Juristische Ausbildung*
jurisPR-StrafR	*juris PraxisReport Strafrecht*
JuS	*Juristische Schuldung*
JZ	*JuristenZeitung*
KJ	*Kritische Justiz*
KriPoZ	*Kriminalpolitische Zeitschrift*
LG	Landgericht
Lit.	Literatur
LKA	Landeskriminalamt

M.M.	Mindermeinung
m.w.N.	mit weiteren Nachweisen
n.F.	neue Fassung
NJOZ	*Neue Juristische Online-Zeitschrift*
NJW	*Neue Juristische Wochenschrift*
NK	*Neue Kriminalpolitik*
NStZ	*Neue Zeitschrift für Strafrecht*
NStZ-RR	*Neue Zeitschrift für Strafrecht Rechtsprechungsreport*
OLG	Oberlandesgericht
RStGB	Reichsstrafgesetzbuch
Rn.	Randnummer
RPsych	*Rechtspsychologie*
StÄG	Strafrechtsänderungsgesetz
StGB	Strafgesetzbuch
StPO	Strafprozessordnung
StraFo	*Strafverteidiger Forum*
StRR	*StrafRechtsReport*
StV	*Strafverteidiger*
Urt.	Urteil
ZIS	*Zeitschrift für Internationale Strafrechtsdogmatik*
ZRP	*Zeitschrift für Rechtspolitik*
ZStW	*Zeitschrift für die gesamte Strafrechtswissenschaft*

Kapitel 1: Einleitung

„Ein Meilenstein für die sexuelle Selbstbestimmung in diesem Land".[1]

So titulierte *Katja Keul* (Bündnis 90/Die Grünen) im Deutschen Bundestag am 07.07.2016 die Annahme des Gesetzesentwurfs zur Änderung des Sexualstrafrechts, mit der im Kern der sog. „Nein-heißt-Nein"-Grundsatz gesetzlich verankert wurde. Dies geschah – grob vereinfacht – durch die Schaffung eines neuen Grundtatbestands des *sexuellen Übergriffs* in § 177 I StGB, welcher nunmehr *jegliche sexuelle Handlung gegen den erkennbaren Willen einer Person* unter Strafe stellt. Seither ist eine Nötigung keine Voraussetzung mehr für die Erfüllung des Grundtatbestands und somit auch nicht für die Anerkennung eines Übergriffs als Vergewaltigung.

Am 10.11.2016 trat ebenjener Gesetzesentwurf in Gestalt des 50. Gesetzes zur Änderung des Strafgesetzbuches (im Folgenden: 50. StrÄG) – Verbesserung des Schutzes der sexuellen Selbstbestimmung in Kraft.[2]

Selten war eine Reformdebatte so emotional[3] und politisch aufgeladen wie diese. Bereits bevor es einen konkreten Gesetzesvorschlag gab, wurde heftig

---

1 Vgl. https://www.bundestag.de/dokumente/textarchiv/2016/kw27-de-selbstbestimmung-434214 [letzter Aufruf: 06.04.2022], so auch *Christine Lambrecht* (SPD) in einem Interview mit dem Tagesspiegel abrufbar unter https://www.tagesspiegel.de/politik/folge-der-nein-heisst-nein-regel-zahl-der-ermittlungen-zu-sexualstraftaten-steigt-um-mehr-als-ein-drittel/25133822.html [letzter Aufruf: 06.04.2022].
2 BGBl. 2016 I, S. 2460, abrufbar unter https://www.bgbl.de/xaver/bgbl/start.xav#__bgbl__%2F%2F*%5B%40attr_id%3D%27bgbl116s2460.pdf%27%5D__1612545069595 [letzter Aufruf: 06.04.2022].
3 Ebenso *Vavra* (2020), S. 20.

über einen eventuellen Reformbedarf gestritten.[4] Nun, nach Inkrafttreten der Änderung, stehen sich noch immer im Wesentlichen zwei Lager gegenüber: Die einen begrüßen diese und halten sie für einen notwendigen und konsequenten Schritt auf dem Weg zu einem umfassenden Schutz der sexuellen Selbstbestimmung in Umsetzung der Ratifizierung der Istanbul-Konvention,[5] die anderen halten die Reform für verfehlt und unnötig,[6] manche sogar für verfassungswidrig[7].

Es stellt sich also nun die „streitentscheidende" Frage: Ist die Reform das erfolgreiche Ende einer langen Entwicklung oder aber Verstärker alter und gar Quell neuer Probleme?

Der Beantwortung dieser Frage wird sich diese Arbeit durch einen ersten Blick auf die deutsche Rechtspraxis anhand einer Urteilsanalyse und einer Analyse der Kriminalstatistiken (PKS und StVS) sowie mittels eines Rechtsvergleichs mit dem Schwerpunkt auf Irland sukzessive nähern. Orientiert wird sich hierbei an eingangs erwähnter Bezeichnung der Reform als „Meilenstein".[8] Vorwegzustellen ist eine kurze Erläuterung dieses Begriffs. Als „Meilenstein" wird im allgemeinen Sprachgebrauch zweierlei bezeichnet: erstens ein „am Rand einer Straße, auch am Ufer eines Flusses aufgestellter Stein, auf dem die Entfernung, die Weglänge in Meilen angegeben wird", zweitens ein

---

4 Vgl. allen voran die sich seinerzeit mit diesem Thema häufig befassende Kolumne von Fischer, z.B. *Fischer* (2015): Die Schutzlückenkampagne (https://www.zeit.de/gesellschaft/zeitgeschehen/2015-02/sexuelle-gewalt-sexualstrafrecht)   [letzter   Aufruf: 06.04.2022]; *Fischer* (2015): Es gibt keinen Skandal (https://www.zeit.de/gesellschaft/zeitgeschehen/2015-02/sexuelle-gewalt-sexualstrafrecht-schutzluecke)   [letzter Aufruf: 06.04.2022]; gegen Fischer argumentierend z.b. *Künast* (2015): Fischer allein im Rechtsausschuss   (https://www.zeit.de/politik/deutschland/2015-02/sexuelle-gewalt-kolumne-fischer-replik-renate-kuenast) [letzter Aufruf: 06.04.2022]; *Fischer* (2016): Zum letzten Mal: Nein heißt Nein (https://www.zeit.de/gesellschaft/zeitgeschehen/2016-06/rechtspolitik-sexualstrafrecht-nein-heisst-nein-fischer-im-recht)   [letzter   Aufruf: 06.04.2022]; eine gute Zusammenfassung der verschiedenen Auffassungen findet sich z.b. bei *Rabe*, Aus Politik und Zeitgeschichte 2017, 1 ff.
5 *Dies.*, KJ 2016, 557 ff.; *Hörnle*, ZIS 2015, 206 ff.; *Hörnle*, NStZ 2017, 13 ff.; *El-Ghazi*, ZIS 2017, 157-168; *Papathanasiou*, KriPoZ 2016, S. 133-139.
6 So zum Beispiel *Frommel* in: Sexualität und Strafe (2016), so z.B.; *Fischer* (2015): Es gibt keinen Skandal (https://www.zeit.de/gesellschaft/zeitgeschehen/2015-02/sexuelle-gewalt-sexualstrafrecht-schutzluecke) [letzter Aufruf: 06.04.2022].
7 *Löffelmann*, StV 2017, 413, 414.
8 Zur Metaphorik der Straße und des Meilensteins in feministischen Narrativen vgl. *Solnit* (2017), S. 120 f.

„wichtiger Einschnitt, Wendepunkt in einer Entwicklung".[9] Beide Bedeutungen lassen vermuten – dies sei bereits an dieser Stelle in den Raum gestellt –, dass wir uns gerade noch nicht am *Ziel*, aber eben doch an einer gewichtigen, wegweisenden (und unter Umständen sogar die Entfernung bis zum Endziel angebenden!)[10] *Etappe* einer größeren, übergeordneten Entwicklung befinden. Sinnvoll erscheint es daher, nicht nur den Zeitpunkt der Reform als solchen („Meilenstein") punktuell zu betrachten, sondern den gesamten bisherigen Weg, der hierhin geführt hat, nachzuvollziehen, das Endziel zu definieren und weitere Etappenziele oder gar alternative Routen zu beleuchten.

Die Arbeit ist zu diesem Zweck nach dem einleitenden ersten Teil in fünf weitere Teile gegliedert: Im anschließenden zweiten Teil wird das Rechtsgut der sexuellen Selbstbestimmung, insbesondere seine historische Entwicklung und seine inhaltliche Ausgestaltung, näher beleuchtet und sodann hierauf basierend die Anforderungen an dessen Schutz herausgearbeitet.

Der dritte Teil beschäftigt sich mit dem Stand des Schutzes der sexuellen Selbstbestimmung in Deutschland und hat dabei sowohl die alte als auch die geänderte neue Rechtslage seit November 2016 im Blick. Insbesondere wird hier einleitend der spezifische Zusammenhang zwischen gesellschaftlichen Moralvorstellungen und Sexualstrafrechtsgebung untersucht, auf welchen im Folgenden noch häufiger Bezug genommen wird.

Im vierten Teil findet sich eine qualitative empirische Untersuchung der ersten Urteile auf dem Gebiet des neuen § 177 StGB sowie eine Auswertung der Kriminalstatistiken (PKS und StVS).

Der fünfte Teil beinhaltet die rechtsvergleichende Betrachtung des Schutzes der sexuellen Selbstbestimmung, wobei der Hauptschwerpunkt auf dem Vergleich mit Irland liegt.

Abschließend widmet sich der sechste Teil der Schlussbetrachtung der gefundenen Ergebnisse, es wird ein erstes wertendes Fazit zur Sexualstrafrechtsreform von 2016 in Deutschland mittels der vorangegangenen Urteilsanalyse und des Rechtsvergleichs gezogen, etwaiger Handlungsbedarf aufgezeigt und ein allgemeiner Ausblick in die Zukunft gewagt.

---

9 Vgl. Duden, https://www.duden.de/rechtschreibung/Meilenstein [letzter Aufruf: 06.04.2022].

10 Den Begriff „wegweisend" verwendete ebenfalls *Eva Högl* in ihrer Rede im Bundestag, vgl. Plenarprotokoll 18/183, 17999 v. 07.07.2016, abrufbar unter https://dipbt.bundestag.de/dip21/btp/18/18183.pdf [letzter Aufruf: 06.04.2022].

Im Einzelnen:

2. Teil: Das Rechtsgut der sexuellen Selbstbestimmung: historische Entwicklung, inhaltliche Ausgestaltung sowie (verfassungs-)rechtliche Anforderungen an den Schutz des Rechtsguts

Im zweiten Teil steht das Rechtsgut der sexuellen Selbstbestimmung im Wandel der Zeit im Vordergrund. Dies soll einem besseren Verständnis der Argumentationslinien der Reform dienen. Hierzu wird zunächst die historische Entwicklung der Sexualdelikte der letzten Jahrhunderte betrachtet, welche von Ehr- und Sittlichkeitsdelikten hin zu Delikten zum Schutz der sexuellen Selbstbestimmung im Jahre 1974 (sog. „Paradigmenwechsel") reicht.[11] Ein Wandel, der – wie sich zeigen wird – bis heute andauert.

Im Anschluss wird kurz erläutert, was der Begriff „sexuelle Selbstbestimmung" inhaltlich bedeutet und aus welchen verfassungsrechtlichen Grundsätzen er sich konkret herleitet. Es wird vor allem darauf abgehoben, dass der Begriff eine negative und eine positive Komponente beinhaltet. Hieran wird dann deutlich werden, dass sich der Staat in diesem Bereich in einem Spannungsfeld verschiedener Forderungen befindet: „[…]zur Zurückhaltung bei Intimität und Privatheit, zur Erfüllung seines Auftrages zum Schutz sexueller Autonomie, zur Intervention in hierarchische Geschlechterverhältnisse, zur Anerkennung sichtbarer sexueller Abweichung, zur Ermöglichung sexueller Handlungsfähigkeit, zur Aufrechterhaltung der guten Ordnung, zur Förderung der Reproduktivität, zur Aufklärung über ein Phänomen, von dem er sich am liebsten fernhalten würde."[12]

In einem dritten Schritt werden die Anforderungen des Verfassungsrechts sowie des Völkerrechts an ein Sexualstrafrecht, welches den Schutz der sexuellen Selbstbestimmung bezweckt, herausgearbeitet. Hieran wird verdeutlicht werden, welches Mindestschutzniveau das Sexualstrafrecht erreichen muss.

3. Teil: Der Schutz der sexuellen Selbstbestimmung in Deutschland

Der dritte Teil beschäftigt sich mit dem aktuellen Stand des Schutzes der sexuellen Selbstbestimmung in Deutschland. Hier wird vor allem die jüngste Reform in den Blick genommen. Im Vordergrund dieses Teils steht die Betrachtung der Neuerungen im Bereich des § 177 StGB, wobei auch die neu eingefügten Tatbestände §§ 184i, j und k StGB kurz erläutert und bewertet

---

11 *Lembke* in: Regulierungen des Intimen (2017), S. 5.
12 *Dies.* in: Regulierungen des Intimen (2017), S. 23.

werden. Einleitend findet sich eine eingehende Auseinandersetzung mit der Verknüpfung zwischen gesellschaftlichen Faktoren und der (Sexualstraf-)Gesetzgebung. Innerhalb dieser Abhandlung werden für die spätere Untersuchung wichtige Begriffe wie Vergewaltigungskultur (*rape culture*) und Vergewaltigungsmythen (*rape myths*) sowie deren Verbreitung innerhalb der deutschen Bevölkerung erklärt und deren Einflusspotential auf das Sexualstrafrecht in Theorie und Praxis dargestellt.

Außerdem findet sich in diesem Teil eine Analyse der rechtlichen und rechtspolitischen Hintergründe der Reform. Sowohl die Geschehnisse der Silvesternacht 2015/16 in Köln als auch der Fall *Gina Lisa Lohfink* werden hierbei in Bezug zu der Reform gesetzt, wobei letztlich aufgezeigt wird, wieso diese inhaltlich mit der proklamierten Lückenhaftigkeit der alten Rechtslage zwar nur lose in Zusammenhang stehen, aber ingesamt trotzdem Einfluss auf die Gesetzgebung genommen haben. Innerhalb der rechtlichen Hintergründe wird der Einfluss der Istanbul-Konvention von 2011 diskutiert und die Frage geklärt, ob hieraus direkt die Verpflichtung einer Gesetzesänderung abzuleiten ist oder ob nicht vielmehr die Ratifizierung[13] der Istanbul-Konvention und damit die Heranziehung ebendieser als Auslegungshilfe ausgereicht hätte.[14]

Letztlich soll in einem abschließenden Schritt dieses Teils unter Bezugnahme auf die mit der Reform vom Gesetzgeber verfolgte Zielsetzung sowie auf die von den Reformgegner*innen angeführten Gegenargumente und Befürchtungen eine erste Einschätzung der neuen Rechtslage auf theoretischer Grundlage vorgenommen werden.

4. Teil: Stellungnahme anhand erster Betrachtung der Rechtspraxis

Zur Beantwortung der Frage, inwiefern die Reform gelungen ist oder nicht, wird allerdings nur ein Blick auf die neue Rechtspraxis helfen, da die meisten Argumente sowohl für als auch wider die Gesetzesänderung primär dogmatischer Natur sind. Hierzu wird daher im vierten Teil dieser Arbeit neben ersten Statistiken (namentlich PKS und StVS) aus den Jahren vor und nach der Reform und der Betrachtung von Dunkelfeldstudien auf diesem Gebiet vor allem eine Analyse der ersten Urteile (sowohl des BGH als auch einiger Amts- und Landgerichte), die zum neuen § 177 StGB bislang ergangen sind, herangezogen werden. An dieser Stelle wurde eine eigene empirische Untersuchung

---

13 Diese ist nunmehr am 01.02.2018 vollzogen worden.
14 *Frommel* in: Sexualität und Strafe (2016), S. 61 ff.

durchgeführt, um die im vorigen Teil angesprochenen möglichen Problemkreise der neuen Rechtslage zu überprüfen und letztlich den Umgang der
Rechtsprechung mit diesen zu bewerten. Aufgrund der hierdurch gewonnenen
Erkenntnisse wird die Einschätzung, die im dritten Teil der Arbeit nur aufgrund theoretischer Aspekte gegeben wurde, präzisiert werden können. So
kann eine erste Stellungnahme zu der Frage, ob die Ziele der Reform erreicht
wurden, gegeben und gleichzeitig eine Empfehlung zur Verbesserung der
Rechtspraxis ausgesprochen werden.

5. Teil: Rechtsvergleichende Betrachtung

Da die im vierten Teil vorgenommene Analyse der deutschen Rechtspraxis
naturgemäß aufgrund der Aktualität der Neuerungen – seit dem Inkrafttreten
der Reform sind zum Zeitpunkt dieser Arbeit erst gut fünf Jahre vergangen –
nur wenig umfangreich ausfallen kann, wird dann in einen fünften Teil über-
geleitet werden, der den Schwerpunkt der Arbeit bildet: die Analyse derjenigen Rechtsordnungen, deren Strafrecht den „Nein-heißt-Nein"-Grundsatz bereits vor Deutschland beinhaltete, sowie derjenigen Rechtsordnungen, die sogar ein noch schärferes Sexualstrafrecht haben. Der gezielte Vergleich der
Statistiken sowie der Rechtspraxis der Gerichte kann einen ersten Ausblick
auf mögliche Probleme auch in Deutschland geben oder aber aufzeigen, inwieweit die Reform Erfolg verspricht.

Einleitend wird hier auf die sehr unterschiedliche Rechtspraxis verschiedener
Länder der Welt verwiesen werden; dieser reicht nämlich von sehr starken
Reglementierungen bis hin zu Ländern, in denen nahezu kein Schutz vor se-
xuellen Übergriffen gewährleistet ist.

Einer näheren Untersuchung unterzogen werden sollen aber, um die Beantwortung der Forschungsfrage zu unterstützen, nur diejenigen Länder, die ähnliche Lösungsansätze für die Problematik bereithalten wie die deutsche
Rechtsordnung. Einem echten Rechtsvergleich wird Irland unterzogen, welches ein rein konsensbasiertes Sexualstrafrecht bereits seit 1981 normiert hat,
in der Tat aber durch *common law* noch wesentlich länger praktiziert. Das
konsensbasierte Sexualstrafrechtssystem Irlands weist daher einen erheblich
größeren Erfahrungsschatz auf, aus dem wertvolle Schlüsse für die hiesige
Entwicklung gezogen werden können. Neben den normativen Ausgangsbe-
dingungen werden hier vor allem die Rechtspraxis sowie die zugrundeliegenden gesellschaftlichen Entwicklungen im Bereich der Sexualmoral in den
Blick genommen. Gerade die Bedeutung ebendieser gesellschaftlichen Rahmenbedingungen wird herausgestellt und mit den Entwicklungen hierzulande,

die im dritten Teil der Arbeit eingehend beleuchtet wurden, verglichen. Mittels der Schlüsse hieraus können die länderübergreifenden Probleme bei der strafrechtlichen Reaktion auf sexuelle Übergriffe präzise benannt und Empfehlungen für ihre zukünftige Vermeidung gegeben werden.

Anschließend wird kurz das noch schärfere sog. „Ja-heißt-Ja"-Modell dargestellt und anhand von Schweden und von inneruniversitären Verhaltensregelungen in Teilen der USA einer Bewertung unterzogen. Auch hier sollen die gesellschaftlichen Rahmenbedingungen eine Rolle spielen und letztlich eine Empfehlung ausgesprochen werden, ob eine derartige noch strengere Reglementierung für Deutschland wünschenswert wäre.

6. Teil: Schlussbetrachtung und Ausblick

Abschließend werden die Ergebnisse aus der ersten Analyse der Rechtspraxis in Deutschland seit der Reform des Sexualstrafrechts sowie aus den verglichenen Ländern zusammengefasst und mit Blick auf die dadurch zu ziehenden Schlüsse für die weitere Entwicklung in Deutschland ausgewertet. Es soll nunmehr eine Antwort darauf gegeben werden, ob die mit der Reform angestrebten Ziele erreicht werden können oder ob sich nicht vielmehr die Befürchtungen der Reformkritiker*innen zu realisieren drohen. Zudem wird abschließend Stellung zur Frage bezogen, inwiefern das Sexualstrafrecht sinnvollerweise (auch) ein Fall der sinnvollen Signalgesetzgebung oder symbolischen Gesetzgebung ist. Letztlich wird etwaiger Handlungsbedarf zur Verbesserung der aktuellen Schutzlage des sexuellen Selbstbestimmungsrechts mit Hilfe der Erkenntnisse aus der rechtsvergleichenden Betrachtung sowie der empirischen Urteilsanalyse aufgezeigt und ein Appell an den Gesetzgeber formuliert.

Kapitel 2: Das Rechtsgut der sexuellen Selbstbestimmung: Historische Entwicklung, inhaltliche Ausgestaltung sowie (verfassungs-) rechtliche Anforderungen an dessen Schutz

1. Historische Entwicklung

Die Sexualdelikte – allen voran die zentrale Norm der Vergewaltigung – blicken im deutschen Rechtsraum auf eine lange Geschichte zurück. Seit jeher erschien den Menschen ein derartiges Verhalten als strafwürdig. Die Vergewaltigung, die früher eher unter dem Begriff der „Notzucht" bekannt war,[15] galt stets als ein sehr schweres Delikt.[16] Aus dem Germanischen sind vor allem Begriffe wie „notnunft" oder „notunft" (gewaltsame Nahme), „nôtzuht" oder „nôt" (Gewalt), „Notzug" „nottucht" (gewaltsames Fortziehen") überliefert.[17] Zu konstatieren ist, dass in all diesen Begriffen „Gewalt" – zumindest semantisch betrachtet – wesentlicher Bestandteil ist (so auch bis heute in dem Begriff *Vergewaltigung*), was darauf schließen lässt, dass dies als das prägendste Merkmal dieser Tat angesehen wurde und für die Strafbarkeit daher konstituierend wirkte.[18] Dies ist besonders interessant mit Blick darauf, dass eine Anhaftung an die wörtliche Bedeutung des Begriffs und die daraus folgende Konnotation mit (körperlicher oder zumindest psychischer) Gewalt im umgangssprachlichen Sinne auch in der aktuellen Debatte an verschiedenen Stellen[19] Grundlage von Argumentationen ist.[20]

Die Wurzeln der Strafbarkeit der Vergewaltigung reichen zurück bis ins Alte Testament und in die germanische Urzeit.[21] Selbstverständlich hatten die damaligen Normen sehr wenig gemeinsam mit dem System, das wir heute kennen. Vor allem die Strafen, die den Täter einer Vergewaltigung (aber zum Teil

---

15 So zum Beispiel *Brüggemann* (2011), S. 232.
16 *Feldmann/Westenhöfer* (1992), S. 1.
17 *His* (1964), S. 151; *Sick* (1993), S. 32.
18 *Sick* (1993), S. 32.
19 So z.B. LG Kiel zur „Verharmlosung" von Vergewaltigungen, s.u. (Kapitel 4: 1.2.3.2).
20 Dies als "etwas befremdlich" bezeichnend *Eisele*, RPsych 2017, 7, 22.
21 Ausführlich dazu: *Sick* (1993), S. 27 ff.

auch das Opfer![22]) treffen konnten, waren teilweise um einiges härter,[23] divergierten aber im Laufe der Zeit ständig.[24] An dieser Stelle soll sich indes nicht so sehr auf das Strafsystem der Vergewaltigungstaten konzentriert, sondern der Blick im Sinne der Forschungsfrage auf die Rechtfertigung der Strafbarkeit sowie auf das Rechtsgut, das die Normen schützen sollten, gerichtet werden.

Die sexuelle Selbstbestimmung selbst ist ein „spätes" Rechtsgut.[25] Lange Zeit behalf man sich mit anderen strafbarkeitsrechtfertigenden Argumentationen, bevor mit dem Aufkommen der Lehre vom Rechtsgüterschutz Anfang des 20. Jahrhunderts ein Umdenken in Gang gesetzt wurde. Im Folgenden sollen die wichtigsten Etappen dieser Entwicklung bis hin zum Schutzgut der sexuellen Selbstbestimmung nachvollzogen werden.

1.1 Besitz- und Verfügungsrechte der Männer

Im Alten Testament zentrierte sich die Aufmerksamkeit bei den Sittlichkeitsdelikten nicht so sehr auf die Gewalt, die der Frau[26] widerfahren war, sondern im Zentrum der Strafbarkeit stand der Kampf gegen die Sittenverrohung, religiöse Gesichtspunkte sowie Besitz- und Verfügungsrechte von Männern; je nachdem, ob die Frau bereits verheiratet, verlobt oder aber noch Jungfrau war, standen diese Rechte ihrem Ehemann, dem Verlobten oder ihrem Vater zu.[27] Das Opfer der Tat selbst war für die Beurteilung der Strafwürdigkeit somit von geringerer Bedeutung; die Tat wurde der patriarchalischen Struktur der damaligen Zeit entsprechend ähnlich einem Eigentumsdelikt behandelt, welches an dem „rechtmäßigen Eigentümer" der Frau (Ehemann, Verlobter oder Vater) oder ihrem „zukünftigen Besitzer" (potentieller zukünftiger Ehemann) begangen wurde.[28]

Besonders interessant ist auch, dass bereits das Alte Testament der Frau gewisse Pflichten auferlegte, ohne welche sie nicht nur später mit ihrer Anschul-

---

22 Im Alten Testament z.B., wenn die Frau während der Tat nicht geschrien hatte, vgl. *Dies.* (1993), S. 27.

23 Im Sachsenspiegel war z.B. die Enthauptung Standard, siehe *Brüggemann* (2011), S. 232.

24 Die Strafrahmen reichten von bloßen Geldbußen bis hin zur Entmannung oder Todesstrafe, vgl. *Feldmann/Westenhöfer* (1992), S. 1.

25 *Holzleithner* in: Regulierungen des Intimen (2017), S. 31.

26 Vergewaltigungen an Männern waren den damaligen Rechtsordnungen noch fremd.

27 *Sick* (1993), S. 28.

28 *Feldmann/Westenhöfer* (1992), S. 2.

digung nicht gehört wurde, sondern deren Nichtbeachtung sogar zu ihrer eigenen Steinigung führen konnten: Sofern sich die vergewaltigte Frau während der Tat „in der Stadt" befand, so verlangte die Rechtsordnung von ihr, „zu schreien". Ohne diesen „Hilfeschrei" wurde davon ausgegangen, dass sie sich aktiv an dem Geschehen beteiligt hatte. Außerhalb der Ortschaft wurde indes zugunsten der Frau vermutet, dass die Frau um Hilfe geschrien hatte, dieser Schrei aber von niemandem gehört werden konnte.[29] Ähnliches galt auch noch im Schwabenspiegel.[30] Diese Erkenntnisse sind insbesondere auch für diese Untersuchung von Interesse, da noch bis in die heutige Zeit gewisse Anforderungen an das Opfer sexueller Gewalt gestellt werden (§ 177 StGB a.F. machte es zum Regelfall, dass sich das Opfer während des Aktes wehrt, sodass dessen körperlicher Widerstand überwunden werden konnte und somit das Merkmal der Nötigung als erfüllt angesehen werden konnte).

Im römischen Recht wandelte sich das Verständnis der Sexualdelikte nochmals etwas: So verloren diese etwas an Kontur, denn sie wurden nur noch unter den sehr weiten, nach unserem heutigen Verständnis nahezu uferlosen Begriff des *crimen vis*[31] gefasst, worunter neben der Vergewaltigung auch sämtliche andere Taten mit Gewaltbezug (so auch Eigentums- und Freiheitsberaubungsdelikte) fielen.[32] Allerdings fokussierte sich im römischen Recht der Strafgrund bereits nicht mehr so sehr auf den Ehemann oder den Vater der vergewaltigten Frau, was daran zu erkennen ist, dass nicht nur diese, sondern jedermann anklageberechtigt war.[33]

1.2 Rechtsgut der weiblichen Geschlechtsehre

Im Schwabenrecht sowie in den meisten anderen Rechtsordnungen[34] wurde sodann die weibliche Ehre als verletztes Rechtsgut angesehen, dies galt allerdings zumeist nur für „unbescholtene" Frauen.[35] Dies kann insofern als ein Fortschritt angesehen werden, als dadurch das Opfer selbst und seine Interessen mehr in den Fokus gerückt waren.[36] Diesem Verständnis der Sexualdelikte

---

29 Vgl. zu alledem: *Rad* (1964), S. 102; ebenso *Sick* (1993), S. 27.
30 *Sick* (1993), S. 35.
31 Lat. für: „Gewaltverbrechen".
32 *Sick* (1993), S. 29.
33 *Dies.* (1993), S. 30.
34 So auch noch bei den Carolina bis 1750 sowie in den meisten deutschen Ländern vor dem RGStGB, vgl. *Sick* (1993), S. 39; *Brüggemann* (2011), S. 233.
35 *Sick* (1993), S. 34.
36 *Feldmann/Westenhöfer* (1992), S. 2; ebenso *Kieler* (2003), S. 9.

lag vor allem die Vorstellung zugrunde, dass eine Frau durch den Verlust der Jungfräulichkeit erheblich schwieriger zu verheiraten war.[37] Problematisch hieran war allerdings vor allem, dass man gewissen Frauen – namentlich solchen, die man als „bescholten" betrachtete – eine Geschlechtsehre generell nicht zubilligte, zum Beispiel weil sie wechselnde Geschlechtspartner hatten oder als Prostituierte arbeiteten, und an diesen Frauen somit ein Sexualdelikt nicht begangen werden konnte, diese also praktisch schutzlos waren.[38]

Auch dieser Gedanke der „Unbescholtenheit" des Opfers ist für die Untersuchung durchaus interessant, da der zugrundeliegende Gedanke auch heutzutage noch mittelbar Einzug in einen Sexualstrafprozess finden kann; sei es in Form einer Verteidigungsstrategie der Anwaltschaft der angeklagten Person oder sogar in Form einer generalisierten Sexualmoral. So steht der Vorwurf, die geschädigte Frau habe den sexuellen Übergriff durch knappe Bekleidung oder durch ein promiskuitives Verhalten provoziert, noch heute oftmals im Raum;[39] nicht nur im Rahmen eines Strafverfahrens, sondern auch innerhalb der Erziehung junger Mädchen.

1.3 Rechtsgut der Sittlichkeit

Einen erneuten Wandel erfuhr die Rechtfertigung der Strafbarkeit der Sexualdelikte im Strafgesetzbuch für das Deutsche Reich vom 15. Mai 1871: Nunmehr fand man diese unter der Überschrift „Verbrechen und Vergehen gegen die Sittlichkeit", wobei größtenteils Vorschriften aus den Regelungen Preußens übernommen wurden.[40] Anerkannte geschützte Rechtsgüter waren neben der Sittlichkeit allerdings nach wie vor auch die Geschlechtsehre sowie erstmals bereits die sexuelle Freiheit.[41] In einem Urteil von 1893[42] grenzte das Reichsgericht die Sexualdelikte und die Beleidigungsdelikte voneinander ab und konstatierte, dass die Sexualdelikte vornehmlich die geschlechtliche Freiheit und die Integrität schützen sollten, die Geschlechtsehre sei demgegenüber vor allem durch §§ 185 ff. RStGB geschützt.[43] Maßgeblich für eine Strafbarkeit war in dieser Zeit vor allem der Begriff der „unzüchtigen Handlungen",

---

37 *Brüggemann* (2011), S. 233.
38 *Feldmann/Westenhöfer* (1992), S. 2.
39 Vgl. zu gängigen Verteidigungstrategien in Irland anschaulich unten (Kapitel 5: 3.2.3.3).
40 *Brüggemann* (2011), S. 30.
41 *Sick* (1993), S. 59.
42 RGSt 24, S. 201 (202).
43 Siehe auch: *Sick* (1993), S. 59.

deren hauptsächlichen Kriterien die „sittliche Anstößigkeit" oder die „Immoralität" eines bestimmten Verhaltens waren.[44] Sexuelle Handlungen wurden dabei ganz grundsätzlich als etwas Missbilligenswertes verstanden, welche nur innerhalb der Ehe akzeptiert wurden sowie in engen Ausnahmefällen zwischen Verlobten.[45]

Auch nach Eintritt der Lehre vom Rechtsgüterschutz Ende des neunzehnten Jahrhunderts blieb die „Sittlichkeit" vorübergehend noch anerkanntes Rechtsgut. Dies erscheint aufgrund der Konturenlosigkeit des Begriffs der „Sittlichkeit" schwer zu rechtfertigen, war indes aber vor allem deswegen möglich, weil der Begriff des Rechtsguts noch sehr weit und losgelöst von der Materie betrachtet wurde.[46] In der neueren Entwicklung der Rechtsgutslehre wurde freilich erkannt, dass es nach einem modernen Verständnis des Strafrechts unmöglich ist, eine Strafbarkeit allein auf Sittengründe zu stützen, da der Begriff der „Sittlichkeit" niemals allgemeingültig und einheitlich bestimmt sein kann, sondern stets von den vorherrschenden Auffassungen der Bürger*innen in der jeweiligen Zeit im Rahmen eines gesellschaftlichen Konsenses geprägt ist.[47]

1.4 Rechtsgut der sexuellen Selbstbestimmung

In der Folgezeit bildete sich nun endlich das Rechtsgut der sexuellen Selbstbestimmung heraus, welches noch heute Namensgeber des 13. Abschnitts des StGB ist.

Herausgebildet hat sich dieses neue Verständnis der Sexualdelikte nicht zuletzt aufgrund des generellen Wandels des Frauenbildes und der Sexualität der Frau in der Gesellschaft. Als wichtige Zeichen dieser Entwicklung sind beispielsweise die Eröffnung des Sexshops *Beate Uhse* im Jahre 1962[48] und die Einführung der „Antibabypille" zu nennen; mit beidem war erstmals die Sexualität der Frau als solche, unabhängig von der Familienplanung, in den Vordergrund gerückt. Mit diesem Wandel war der Grundstein für das Rechtsgut der sexuellen Selbstbestimmung gelegt.[49]

---

44 *Laubenthal* (2012), Rn. 6.
45 *Ders.* (2012), Rn. 8.
46 *Brüggemann* (2011), S. 32.
47 *Ders.* (2011), S. 33.
48 Damals noch unter dem Namen „Fachgeschäft für Ehehygiene", vgl. https://www.beate-uhse.com/kundenservice/geschichte.html [letzter Aufruf: 06.04.2022]; vgl. auch: *Hunecke*, NK 2016, 284, 286.
49 *Dies.*, NK 2016, 284, 285 f.

Einzug in die juristische Welt fand diese auf der Erkenntnis eines existierenden Wertpluralismus[50] basierende „Wende" 1969 im sog. *Fanny-Hill*-Urteil
des BGH. Hier heißt es:

„Denn das Strafgesetz hat nicht die Aufgabe, auf geschlechtlichem Gebiet einen moralischen Standard des erwachsenen Bürgers durchzusetzen, sondern
es hat die Sozialordnung der Gemeinschaft vor Störungen und groben Belästigungen zu schützen."[51]

Weiter heißt es außerdem:

„Die Anschauungen darüber, was in diesem Sinne gemeinschaftsschädlich
wirkt und wo demnach die Toleranzgrenze gegenüber geschlechtsbezogenen
Darstellungen zu ziehen ist, sind zeitbedingt und damit dem Wandel unterworfen. […] Einen solchen Wandel hat aber die allgemeine Auffassung in der
jüngsten Vergangenheit offensichtlich durchgemacht."[52]

An diesem Urteil des BGH orientierte sich dann der Gesetzgeber 1973 bei der
Reform des Sexualstrafrechts. Durch das 4. StrRG erfuhr das Sexualstrafrecht
dann die Wendung, die heute gemeinhin als „Paradigmenwechsel"[53] bezeichnet wird. Nunmehr trägt der 13. Abschnitts des StGB die Überschrift „Straftaten gegen die sexuelle Selbstbestimmung". Diese Bezeichnung setzte sich
indes erst kurz vor Ende der Reformberatungen gegen zahlreiche Gegenvor-
schläge durch,[54] und zwar vor allem deshalb, weil die Bezeichnung sich am
besten in das Gesamtsystem des StGB fügt, welches die jeweiligen Ab-
schnittsüberschriften stets am geschützten Rechtsgut auszurichten versucht.[55]

Mit dieser mitunter sogar als „avantgardistisch"[56] bezeichneten Entwicklung
wagte der deutsche Gesetzgeber nun endlich den Durchbruch hin zu einer modernen Rechtsauffassung, da die Sexualdelikte nunmehr ausschließlich als
Delikte allein gegen die Person des Opfers begriffen wurden.[57] Tatsächlich
war Deutschland damit eine Art Vorreiter; die Schweiz zog erst 1992 nach,
Österreich sogar erst 2004.[58]

---

50 *Laubenthal* (2012), Rn. 10.
51 BGHSt 23, S. 43.
52 BGHSt 23, S. 43.
53 Ausführlich hierzu: *Lembke* in: Regulierungen des Intimen (2017), 5 ff.
54 Aufzählung bei *Sick* (1993), 79 f.
55 *Brüggemann* (2011), S. 94.
56 *Holzleithner* in: Regulierungen des Intimen (2017), S. 31.
57 *Feldmann/Westenhöfer* (1992), S. 2.
58 *Holzleithner* in: Regulierungen des Intimen (2017), S. 32.

2. Inhaltliche Annäherung an den Begriff der sexuellen Selbstbestimmung[59]

Dieser Schritt hin zum Rechtsgut der sexuellen Selbstbestimmung als zentraler Anknüpfungspunkt des Sexualstrafrechts ist nunmehr über 40 Jahre her. Es sollte daher eigentlich mittlerweile hinlänglich bekannt sein, was der Begriff bedeutet. Dennoch wird dieser in der Literatur als „unkonturiert"[60] und „erstaunlich untertheoretisiert"[61] beschrieben. Ausführungen hierzu in Kommentaren oder sonstiger Literatur begnügen sich oftmals mit relativ abstrakten Definitionen: *Fischer* sieht die sexuelle Selbstbestimmung als ein Rechtsgut der Person und einen Teil der individuellen Freiheit an, welches nicht von Ehe, Familie oder Fortpflanzung abgeleitet ist oder auch nur in Bezug auf Wert und Schutzwürdigkeit hierauf bezogen.[62] *Sick* definiert sie nach dem allgemeinen Sprachgebrauch als „die Möglichkeit, sich sexuell frei und unabhängig zu entfalten und Beziehungen selbständig und eigenverantwortlich zu gestalten ohne Zwang und Determination."[63] Problematisch ist zudem, dass – wie § 184h Nr. 1 StGB nahelegt – den unterschiedlichen Tatbeständen innerhalb des 13. Abschnitts jeweils verschiedene Teilrechtsgüter der sexuellen Selbstbestimmung zugrunde liegen, die für jeden einzelnen Paragraphen gesondert zu bestimmen sind.[64] Dennoch ist es an dieser Stelle interessant und für die weitere Betrachtung elementar wichtig, die sexuelle Selbstbestimmung (im weiteren Sinne[65]) als Oberbegriff genauer inhaltlich zu bestimmen. Nur so können die Anforderungen an seinen rechtlichen Schutz hinreichend identifiziert werden.

Das Problem der Definition stellt sich vor allem deshalb, weil es sich um ein Rechtsgut handelt, das nicht aus sich selbst heraus verständlich ist (wie zum

---

59 Vgl. hierzu umfassend *Valentiner* (2021),
60 *Kubiciel*, verfassungsblog 24.10.2014, S. 1.
61 *Hörnle*, ZStW 2015 851.
62 *Fischer* in Fischer StGB (2021), § 177 Rn. 2.
63 *Sick* (1993), S. 86.
64 Noch mit Verweis auf § 184 c Nr. 1 StGB a.F., der sich nach der Reform wortgleich in § 184 h Nr. 1 StGB wiederfindet: *Laubenthal* (2012), Rn. 30, vgl. Rn. 95 ff. für einen Vorschlag der Unterteilung des 13. Abschnitts in verschiedene Teilbereiche der sexuellen Selbstbestimmung.
65 *Ders.* (2012), Rn. 30.

Beispiel die Rechtsgüter Leib und Leben), sondern welches einen gesellschaftlichen Kontext braucht, um mit Leben gefüllt zu werden.[66] Dieser Kontext ergibt sich vor allem aus widerstreitenden Interessen verschiedener Personen.[67]

Einigkeit besteht überwiegend darin, dass das die sexuelle Selbstbestimmung einen starken Bezug zur persönlichen Freiheit aus Art. 2 I GG aufweist.[68] Begriffen werden kann die sexuelle Selbstbestimmung also als ein Teilbereich der persönlichen Freiheit aus Art. 2 I GG, wobei die allgemeine Handlungsfreiheit stets betroffen ist, wenn die sexuelle Selbstbestimmung verletzt ist, allerdings nicht *vice versa*.[69] Aus dem Zusammenhang mit Art. 2 I GG wird gefolgert, dass die sexuelle Selbstbestimmung – ebenso wie die allgemeine Handlungsfreiheit – nicht absolut geschützt wird, sondern nur soweit nicht in den Freiheitsbereich einer anderen Person eingegriffen wird; es handelt sich somit nicht umfassend um eine „Selbstbestimmung auf sexuellem Gebiet", sondern eher um die „Freiheit vor Fremdbestimmung auf sexuellem Gebiet".[70] Dies bedeutet, dass es jeder Person selbst überlassen sein muss, mit wem sie wann und an welchem Ort welche Art von sexueller Handlung ausüben oder eben auch nicht ausüben möchte (*freedom to engage and freedom to refuse*)[71].[72]

Dieses Verständnis legt die Unterteilung des Begriffs in zwei Kategorien nahe: Man kann diese beschreiben als die positive und die negative Komponente[73] oder auch als *status activus* und Abwehrrecht.[74] Beide Unterteilungen meinen als positive respektive als aktive Komponente die freie Gestaltung und Ausübung der eigenen Sexualität, während die negative Komponente/das Abwehrrecht sich darauf beschränkt, nicht ungewollt in einen Sexualkontakt verwickelt zu werden.[75] Interessant ist auch die Herangehensweise von *Renzikowski:* Er vergleicht das Recht auf sexuelle Selbstbestimmung mit den „Nutzungs- und Ausschlussrechten" im Rahmen von § 903 BGB: Diesem

---

66 Insofern von einem "intrasozialen" Rechtsgut sprechend: *Sick* (1993), S. 83.
67 *Dies.* (1993), S. 83.
68 *Kieler* (2003), S. 35; *Renzikowski* in: Regulierungen des Intimen (2017), S. 199; *Sick* (1993), S. 82.
69 *Sick* (1993), S. 83.
70 *Laubenthal* (2012), Rn. 29.
71 *O'Malley/Hoven* in: Core concepts in criminal law and criminal justice (2020), S. 138.
72 *Laubenthal* (2012), Rn. 29; *Renzikowski* in: Regulierungen des Intimen (2017), S. 199; *Sick* (1993), S. 87.
73 *Hörnle*, ZStW 2015, 851, 859.
74 *Sick* (1993), S. 86 f.
75 *Hörnle*, ZStW 2015, 851, 859; *Sick* (1993),S. 86 f.

Vergleich folgend, stünde es jedem*jeder Rechtsinhaber*in zu, frei über den eigenen Körper und dessen „Gebrauch" zu entscheiden.[76]

Fest steht allerdings: Unabhängig vom natürlichen Sprachgebrauch, welcher diese unterschiedlichen Ausprägungen des Rechts hervorbringt, kann vom Strafrecht immer nur die eine Seite geschützt sein; da die gänzlich freie Gestaltung der Sexualität niemals gewährleistet sein kann, ohne dabei in eine fremde Rechtssphäre einzudringen, vermag sich das Sexualstrafrecht nur auf die negative Freiheit, das Abwehrrecht beziehungsweise die „Ausschlussfunktion" zu konzentrieren.[77] Auf der positiven, der aktiven Seite ist dem Staat demgegenüber nur auferlegt, sexuelle Handlungen generell zu akzeptieren und zu tolerieren, was der Gesetzgeber mit der Entkriminalisierung bestimmter sexueller Handlungen und der Abkehr von dem Begriff der Sittlichkeit bereits getan hat.[78]

Der Bezug zur allgemeinen Handlungsfreiheit aus Art. 2 I GG ist damit hergestellt. Zudem wohnt dem Begriff aber auch ein Aspekt der Menschenwürde aus Art. 1 I GG inne: Durch die Verletzung der sexuellen Selbstbestimmung wird eine Person zum „Objekt" fremder sexueller Gewalt gemacht und somit „instrumentalisiert"[79], beides Begriffe, die aus der Definition der Menschenwürde hinlänglich bekannt sind. Die Menschenwürde umfasst auch den Respekt der Intimsphäre des Individuums und dass man nicht zum „Objekt" fremder Verfügungsgewalt gemacht,[80] oder im Sinne des kantischen Imperativs nicht als Mittel zum Zweck gebraucht wird.[81] Zu Art. 1 I GG gehört somit auch die Verfügungsgewalt über den eigenen Körper, dessen Verletzung durch ungewollte Sexualkontakte als besondere Demütigung zu verstehen ist.[82]

Nun sind zwar einige Unklarheiten in Bezug auf die Herleitung des Begriffes beseitigt worden, doch weitgehend ungeklärt und erst vereinzelt erörtert bleibt

---

76 Fraglich ist natürlich, ob derartige „Verfügungsrechte" am eigenen Körper überhaupt bestehen können, da eine Einheit zwischen „Verfügendem" und „Verfügungsobjekt" besteht, vgl. *Renzikowski* in: Regulierungen des Intimen (2017), S. 199.
77 *Renzikowski* in: Regulierungen des Intimen (2017), S. 199; *Sick* (1993), S. 86; *Brüggemann* (2011), S. 93.
78 *Hörnle* ZStW 2015, 851, 859.
79 *Hörnle*, ZStW 2015, 851, 863; *Holzleithner* in: Regulierungen des Intimen (2017), S. 38.
80 *Eisele* in Sch/Sch, Vor. §§ 174 ff., Rn. 1b; *Laubenthal* (2012), Rn. 149.
81 *Brüggemann* (2011), S. 94; in diesem Zusammenhang ebenfalls auf Kant verweisend *O'Malley/Hoven* in: Core concepts in criminal law and criminal justice (2020), S. 138.
82 *Hörnle*, ZIS 2015, 206, 209; i.E. ebenso *Papathanasiou*, KriPoZ 2016 133.

die Frage: Was genau bedeutet *selbstbestimmt*? Diese Frage lassen viele Autor*innen offen, was zur Kritik *Hörnles* führte, der Begriff sei „untertheoretisiert".[83] In Form einer Negativdefinition ist schnell und einfach gesagt: Selbstbestimmt ist all das, was nicht fremdbestimmt ist. Damit werden allerdings naturgemäß mehr Fragen aufgeworfen als beantwortet. Der Duden nennt – und dies dürfte auch Gegenstand des allgemeinen Sprachgebrauchs sein – „eigenständig", „eigenverantwortlich" und „nach eigenem Willen" in der Bedeutungsübersicht für den Begriff.[84] Philosophisch betrachtet ist der Begriff der Autonomie[85] wesentlich weiter gefasst als für eine strafrechtliche Betrachtung geeignet, womit die philosophische Betrachtung nur als Indiz genutzt werden kann.[86] Gerade die Bedeutung „nach eigenem Willen" erscheint interessant für die strafrechtliche Betrachtung. Nach eigenem Willen kann nur etwas sein, in das man „eingewilligt" hat. Es erscheint daher offensichtlich, dass, auch wenn vom Normtext des neu gestalteten § 177 I StGB nicht ausdrücklich gefordert, die Einwilligung der wesentliche Punkt ist, anhand dessen sich selbst- und fremdbestimmte sexuelle Aktivitäten voneinander abgrenzen lassen.[87]

Es kann also festgestellt werden, dass ein Sexualkontakt nur dann als selbstbestimmt bezeichnet werden und somit das Rechtsgut der sexuellen Selbstbestimmung unberührt lassen kann, soweit alle beteiligten Personen wirksam in ihn eingewilligt haben. Dass dieses Merkmal nicht ausdrücklich im Tatbestand Erwähnung findet,[88] ist indes nichts Ungewöhnliches, wenn man sich andere Delikte des StGB ansieht: Auch bei den meisten Eigentumsdelikten (zum Beispiel im § 242 oder auch im § 249 StGB) ist nicht gesondert niedergeschrieben, dass die Wegnahme der fremden Sache ohne die Einwilligung des*der Berechtigten geschehen muss. Dennoch unterscheiden sich die Delikte gegen die sexuelle Selbstbestimmung in einem wesentlichen Punkt zum Beispiel vom Diebstahl, und zwar in ihrer gesellschaftlichen Perzeption: Bei

---

83 Vgl. oben (Fn. 61).

84 Vgl.   https://www.duden.de/suchen/dudenonline/selbstbestimmt   [letzter   Aufruf: 06.04.2022].

85 Welche wiederum laut Duden ein Synonym für Selbstbestimmung ist, vgl. https://www.duden.de/suchen/dudenonline/selbstbestimmung   [letzter   Aufruf: 06.04.2022]; *Hörnle*, ZStW 2015, 851, 854; ebenfalls beide Begriffe als Synonyme gebrauchend: *Holzleithner* in: Regulierungen des Intimen (2017), S. 32; ebenso *Vavra* (2020), S. 109.

86 Ausführlich hierzu: *Hörnle*, ZStW 2015, 851, 855 ff.; sich intensiv mit der Frage nach der Bedeutung des Begriffs auseinandersetzend auch *Vavra* (2020), S. 109 ff.

87 *Renzikowski* in: Regulierungen des Intimen (2017), S. 199.

88 In § 177 a.F. StGB überhaupt nicht, nunmehr im § 177 I StGB n.F. nur verhalten unter der Bezeichnung „gegen den erkennbaren Willen", dazu aber noch später.

§ 242 StGB erscheint es als Regelfall und jedem vernünftigen Menschen offensichtlich, dass Personen es generell nicht wünschen, dass ihr Eigentum
ihnen ohne ihr ausdrückliches Einverständnis genommen wird, während sexuelle Kontakte in der öffentlichen Wahrnehmung grundsätzlich als etwas
Wünschenswertes wahrgenommen werden.[89] Hierbei wurde lange Zeit der
Einwilligung in sexuelle Handlungen nur eine untergeordnete Rolle im Strafrecht zugesprochen – dies beweist letztlich die bis 2016 geltende Rechtslage,
die die mangelnde Einwilligung in sexuelle Kontakte allein nicht als zu-
reichende Voraussetzung für eine Sexualstraftat ansah. Diese Grundannahme
(Sexualkontakte grundsätzlich erwünscht) gilt allerdings nur soweit und solange Sexualkontakte nicht (gewaltsam) erzwungen werden. Inwiefern die
Grundannahme „Zustimmung", solange keine Ablehnung kommuniziert
wird, weiterhin als Regelfall bei Sexualkontakten angenommen werden sollte
und was die Reform hieran verändert hat, soll in dieser Arbeit später aufgegriffen werden. Für die inhaltliche Annäherung an die Bedeutung des Schutzgutes genügt zunächst die Feststellung: Damit das Strafrecht in diesem sensiblen Bereich nicht zu sehr in die Privatsphäre der Menschen eingreift,
kommt dem – nicht ausdrücklich benannten – Merkmal der Einwilligung eine
besonders hohe Bedeutung zu. Strafgrund jeglichen Sexualdelikts ist somit
nicht die Teilnahme an einem sexuellen Akt an sich, sondern der *mangelnde
Respekt der sexuellen Autonomie einer anderen Person*, welche gleichsam in
dem Konzept der Einwilligung – oder eben im Verweigern ebendieser – Ausdruck findet.[90] Die Fragen, wann eine Einwilligung wirksam erteilt wurde und
ob eine fehlende Einwilligung ausreichen sollte, um eine Strafbarkeit auszu-
lösen, sollen ebenfalls erst später erläutert werden.

Zusammenfassend kann gesagt werden, dass der Begriff der sexuellen Selbstbestimmung keinesfalls leicht zu definieren ist. Wichtig erscheint vor allem
der verfassungsrechtliche Bezug zu Art. 1 I und Art. 2 I GG und der hieraus
abgeleitete Begriff der *sexuellen Autonomie*, welcher nicht unbedeutend für
den strafrechtlichen Schutz des Rechtsguts sein dürfte, da er letztlich das Konzept der Einwilligung in den Mittelpunkt der strafrechtlichen Betrachtung
stellt. Die genauen Anforderungen, welche nicht zuletzt das deutsche Verfassungsrecht an den Schutz der sexuellen Selbstbestimmung stellt, sollen im
nächsten Unterkapitel untersucht werden. Zudem ist festzuhalten, dass die sexuelle Selbstbestimmung in einen positiven und einen negativen Aspekt getrennt werden kann, von dem zwar, wie oben erläutert, nur der negative maßgeblich für die Strafbarkeit sein sollte. Dennoch ist die positive Freiheit zu

---

89 *Hoven/Weigend*, JZ 2017, 182, 185.
90 *O'Malley/Hoven* in: Core concepts in criminal law and criminal justice (2020), S. 139.

berücksichtigen, wenn es darum geht, was der Staat gerade nicht pönalisieren darf. Ebenfalls erscheint der Begriff der Zustimmung oder der Einwilligung als zentraler Aspekt des Rechtsguts, weswegen auch dieser im Folgenden noch näher zu untersuchen sein wird.

3. Verfassungs- und völkerrechtliche Anforderungen an den Schutz der sexuellen Selbstbestimmung

Nachdem der Inhalt des Rechtsguts bestimmt und ein erster Blick auf seine verfassungsrechtlichen Berührungspunkte geworfen wurde, stellt sich nun die Frage, was diese (unter 3.2) – und eventuell auch das Völkerrecht (unter 3.1) – für Anforderungen an den Staat, zuvörderst an den Gesetzgeber, zum Schutze der sexuellen Selbstbestimmung stellen. Zu untersuchen gilt es, ob den Gesetzgeber aufgrund seiner Bindung an das Völkerrecht einerseits sowie aufgrund seines grundrechtlichen Schutzauftrages andererseits eventuell sogar eine Pflicht trifft, bestimmte sexuelle Handlungen unter Strafe zu stellen (Pönalisierungspflicht), und wenn ja, wie diese Pflicht konkret umgesetzt werden muss oder ob ihm dabei vollkommen freie Hand gelassen wird. Ebenfalls zu betrachten sind hierzu die üblichen Folgen einer Tat gegen die sexuelle Selbstbestimmung körperlicher und psychischer Art (unter 3.3).

3.1 Völkerrechtliche Anforderungen

Zu untersuchen ist aufgrund des Grundsatzes der völkerrechtsfreundlichen Interpretation des Grundgesetzes als erstes, ob und welche völkerrechtlichen Anforderungen zum Schutze der sexuellen Selbstbestimmung existieren.

3.1.1 Die sog. Istanbul-Konvention (I-K)

Unmittelbar mit der Debatte um das Sexualstrafrecht verknüpft ist das Übereinkommen des Europarats zur Verhütung und Bekämpfung von Gewalt gegen Frauen, besser bekannt als sog. Istanbul-Konvention. Hierbei handelt es sich um einen völkerrechtlichen Menschenrechtsvertrag,[91] welcher am 1.8.2014 in Kraft trat.[92] Deutschland hat diesen am 11.5.2011 gezeichnet, am

---

91 Deutsches Institut für Menschenrechte, Was ist die Istanbul-Konvention?, Factsheet 2018, S. 1.
92 Vgl. https://www.coe.int/de/web/conventions/full-list/-/conventions/treaty/210/signatures [letzter Aufruf: 06.04.2022].

12.10.2017 ratifiziert und am 01.02.2018 schließlich trat dieser auch hierzulande in Kraft.[93]

Von Interesse für die folgende Betrachtung ist vor allem Art. 36 der Konvention, in dem es heißt:

1 Die Vertragsparteien treffen die erforderlichen gesetzgeberischen oder sonstigen Maßnahmen, um sicherzustellen, dass folgendes vorsätzliches Verhalten unter Strafe gestellt wird:

a) nicht einverständliches, sexuell bestimmtes vaginales, anales oder orales Eindringen in den Körper einer anderen Person mit einem Körperteil oder Gegenstand;

b) sonstige nicht einverständliche sexuell bestimmte Handlungen mit einer anderen Person;

c) Veranlassung einer Person zur Durchführung nicht einverständlicher sexuell bestimmter Handlungen mit einer dritten Person.

2 Das Einverständnis muss freiwillig als Ergebnis des freien Willens der Person, der im Zusammenhang der jeweiligen Begleitumstände beurteilt wird, erteilt werden.

3 Die Vertragsparteien treffen die erforderlichen gesetzgeberischen oder sonstigen Maßnahmen, um sicherzustellen, dass Absatz 1 auch auf Handlungen anwendbar ist, die gegenüber früheren oder derzeitigen Eheleuten oder Partnerinnen oder Partnern im Sinne des internen Rechts begangen wurden.

Aus Art. 36 1 a und b I-K ergibt sich also, dass die Vertragsparteien, zu denen auch die Bundesrepublik Deutschland gehört, nicht einverständliche sexuelle Handlungen „unter Strafe zu stellen" haben. Hieraus könnten bestimmte Pflichten für den deutschen Gesetzgeber erwachsen. Zu klären ist daher zuvörderst, inwiefern völkerrechtliche Verträge im Allgemeinen sowie die Istanbul-Konvention im Speziellen all ihre Vertragsstaaten hinsichtlich der Umsetzung der im Vertrag niedergeschriebenen Grundsätze binden.

Hinweise hierzu kann man zunächst im Grundgesetz suchen. Völkerrechtliche Verpflichtungen der Bundesrepublik seien jedenfalls im Rahmen einer völkerrechtsfreundlichen Auslegung der nationalen Normen zu berücksichtigen.[94] Die Völkerrechtsfreundlichkeit des Grundgesetzes kommt insbesondere in Art. 25 GG sowie in der Präambel des Grundgesetzes zum Ausdruck.[95] Völkerrechtliche Verträge im Speziellen sind eine typische Rechtsquelle des Völkerrechts. Definiert werden können sie als Vereinbarung zwischen Staaten, in denen diese ihre Beziehung auf völkerrechtlicher Ebene regeln.[96] Es wird gemeinhin unterschieden zwischen bilateralen (Verträge zwischen zwei

---

93 Vgl.   https://www.coe.int/de/web/conventions/full-list/-/conventions/treaty/210/signatures [letzter Aufruf: 06.04.2022].
94 BVerfGE 75, 1 [19]; *Satzger* in S/S/W-StGB (2020), § 1 Rn. 51 BVerfGE 75, 1 [19].
95 *Heintschel von Heinegg* in BeckOK GG (2022), Art. 25.
96 *Herdegen* (2018), § 15 Rn. 1.

Staaten) und multilateralen (Verträge zwischen mehreren Staaten) sowie zwischen rechtssetzenden und bloße Austauschverträgen.[97] Die Istanbul-Konvention kann in diesem Kontext als multilateraler rechtssetzender Vertrag eingeordnet werden.

Hinsichtlich der – für die hier aufgeworfene Frage interessanten – Bindungswirkung derartiger Verträge unterscheidet man zwischen sog. *self-executing* und *non-self-executing*-Verträgen; während erstere bereits unmittelbar anwendbare Regeln zum materiellen Recht enthalten, lassen letztere den nationalen Gesetzgebern bewusst Spielräume bei deren Umsetzung.[98] Die Istanbul-Konvention ist unter Zuhilfenahme von Art. 2 Abs. 2 I-K[99] der letztgenannten Kategorie zuzuordnen. Hierfür spricht auch der Wortlaut in Art. 36 (die Vertragsstaaten sollen *„die erforderlichen gesetzgeberischen und sonstigen Maßnahmen treffen“*).[100] Dennoch heißt dies natürlich nicht, dass die unterzeichnenden Staaten gar nicht oder nur lose an den Vertragstext gebunden sind. Nach dem Grundsatz *pacta sunt servanda* ist ein in Kraft getretener völkerrechtlicher Vertrag von den Vertragsparteien nämlich stets nach Treu und Glauben zu erfüllen, vgl. Art. 26 WVK. Dieses Inkrafttreten ist nach der Ratifizierung durch die Bundesrepublik Deutschland am 01.02.2018 geschehen. Mit der Ratifizierung des Übereinkommens verpflichtet sich Deutschland also, dessen Inhalt auch umzusetzen, was prinzipiell neben der Schaffung einer neuen gesetzlichen Regelung auch durch direkten Zugriff auf einzelne Vorschriften oder durch konventionskonforme Auslegung und Anwendung der nationalen Normen erfolgen kann.[101]

Es stellt sich daher die Frage, ob und bejahendenfalls inwiefern dem soeben erläuterten Spielraum Grenzen auferlegt sind. Art. 36 I-K gibt bis auf die Maxime, nicht einverständliche sexuell bestimmte Handlungen zu unterbinden, recht wenig Aufschluss darüber, wie dieses auf legislativer Ebene genau zu geschehen hat. In dem erläuternden Bericht zum Übereinkommen heißt es, dass „die Verfasserinnen und Verfasser es den Vertragsparteien überlassen, über die genaue Formulierung in der Gesetzgebung sowie über die Faktoren

---

97 *Herdegen* (2018), § 15 Rn. 7; *Linhart* (2005), S. 20.
98 *Linhart* (2005), S. 21 f.
99 Wortlaut: „Die Vertragsparteien *werden ermutigt*, dieses Übereinkommen auf alle Opfer häuslicher Gewalt anzuwenden.“
100 So auch *Eisele* in: Abschlussbericht (2017), S. 917.
101 *Uerpmann-Wittzack*, FamRZ 2017, 1812 ff., *Ders.*, FamRZ 2017, 1812 ff.

zu entscheiden, die eine freie Zustimmung ausschließen".[102] Derartige erläuternde Berichte sind zwar nicht Bestandteil der (verbindlichen) Vertragstexte, können aber dennoch als Auslegungshilfe zur Konkretisierung ebendieser dienen.[103]

Unter Zuhilfenahme der Passage des erläuternden Berichtes sowie durch Auslegung des gesamten Vertragstextes ist Art. 36 I-K mithin so zu verstehen, dass die Vertragsstaaten alle nicht einverständlichen sexuellen Handlungen unter Strafe stellen müssen, bei der Frage, was „Unfreiwilligkeit" bedeutet und welche etwaigen Faktoren eine Freiwilligkeit ausschließen, sind sie aber grundsätzlich frei.[104] Eine Pflicht zur wortlautgetreuen Übernahme in die nationalen Gesetzestexte besteht jedenfalls nicht.[105]

3.1.2 Vorschlag für eine Richtlinie des Europäischen Parlaments und des Rates zur Bekämpfung von Gewalt gegen Frauen und häuslicher Gewalt

Unter anderem zur unionsweiten Umsetzung der Istanbul-Konvention hat die Europäische Kommission am 08.03.2022 einen Vorschlag für eine Richtlinie zur Bekämpfung von Gewalt gegen Frauen und häuslicher Gewalt vorgestellt.[106] Für die hiesige Untersuchung ist vor allem Artikel 5 dieses Vorschlags interessant, der die Überschrift „Vergewaltigung" trägt:

(1) Die Mitgliedstaaten stellen sicher, dass die nachstehenden vorsätzlichen Handlungen unter Strafe gestellt werden:

a) Vornahme einer nicht-einvernehmlichen sexuellen Handlung an einer Frau durch vaginale, anale oder orale Penetration, sei es mit einem Körperteil oder einem Gegenstand;

b) Nötigung einer Frau zum Vollzug einer nicht-einvernehmlichen sexuellen Handlung mit einer anderen Person durch vaginale, anale oder orale Penetration, sei es mit einem Körperteil oder einem Gegenstand.

---

102 Übereinkommen des Europarats zur Verhütung und Bekämpfung von Gewalt gegen Frauen und häuslicher Gewalt und erläuternder Bericht, Rn. 193.
103 *Blume/Wegner*, HRRS 2014, 357, 358; *Linhart* (2005), S. 104.
104 *Blume/Wegner*, HRRS 2014, 357, 358.
105 Ebenso *Eisele* in: Abschlussbericht (2017), 919; *Bezjak/Bunke* in: Sexuelle Gewalt als Herausforderung für Gesellschaft und Recht (2017), S. 23.
106 Vgl. https://eur-lex.europa.eu/legal-content/DE/TXT/?uri=CELEX%3A52022PC0105 [letzter Aufruf: 09.03.2023].

(2) Die Mitgliedstaaten stellen sicher, dass unter einer nicht-einvernehmli-chen Handlung eine Handlung zu verstehen ist, die gegen den erkennbaren Willen der Frau oder in Fällen vorgenommen wird, in denen die Frau auf-grund ihres körperlichen oder geistigen Zustands nicht in der Lage ist, ihren freien Willen zu äußern, beispielsweise im Zustand der Bewusstlosigkeit, einer Vergiftung, des Schlafs, einer Krankheit, einer Verletzung oder einer Behin-derung.

(3) Die Einwilligung kann während der Handlung jederzeit widerrufen wer-den. Das Fehlen der Einwilligung kann nicht allein durch das Schweigen der Frau, ihre fehlende verbale oder körperliche Gegenwehr oder ihr früheres sexuelles Verhalten widerlegt werden.

Noch handelt es sich zwar lediglich um einen Vorschlag einer Richtlinie, so-dass der Frage nach dem Umsetzungsbedarf im deutschen Strafrecht noch die tatsächliche Verabschiedung der Richtlinie vorgelagert ist. Dennoch lohnt es sich, einen kurzen Blick darauf zu werfen, ob und bejahendenfalls welche Maßnahmen in Deutschland nach Inkrafttreten der Richtlinie gesetzgeberi-sche vorgenommen werden müssen.

Absatz zwei entspricht (zumindest in der deutschen Übersetzung)[107] nahezu vollständig dem Wortlaut des § 177 I StGB n.F. Jedenfalls aber Absatz drei („die Einwilligung") lässt vermuten, dass der Kommission eigentlich ein po-sitives Konsensmodell (das hieße „Ja-heißt-Ja") vorschwebt.[108] Es bleibt ab-zuwarten, ob der deutsche Gesetzgeber hierin einen Anlass sieht, nach Inkraft-treten der Richtlinie das Sexualstrafrecht noch einmal zu reformieren. Auf-grund des insofern allerdings nur unterschwellig das „Ja-heißt-Ja"-Prinzip präferierenden Wortlauts ist eher zu erwarten, dass Deutschland „politisch verkaufen" können wird, dass die aktuelle Gesetzeslage der Richtlinie bereits entspricht.[109]

Anders verhält es sich indes mit Artikel 15 der vorgeschlagenen Richtlinie, der sich mit den Verjährungsfristen befasst und in dessen Absatz zwei es heißt:

---

107 Zum Unterschied zur englischen und französischen Fassung und dessen Konsequenzen
    vgl. eingehend *Hoven*, ZRP 2022, 118, 118.
108 *Hoven*, ZRP 2022, 118, 118.
109 *Hoven*, ZRP 2022, 118, 121; vgl. hierzu auch die Ausführungen zur Umsetzung der Istan-
    bul-Konvention in 3.1.1.

Die Mitgliedstaaten treffen die erforderlichen Maßnahmen, um für Straftaten im Sinne des Artikels 5 eine Verjährungsfrist von mindestens 20 Jahren ab dem Zeitpunkt der Begehung der Straftat vorzusehen.

Dieser würde Änderungsbedarf des deutschen Rechts sehr wohl begründen, in welchem aufgrund der aktuellen Ausgestaltung der Vergewaltigung als Regelbeispiel die Verjährungsfrist für Straftaten nach § 177 I StGB gem. § 78 III Nr. 4 StGb lediglich fünf Jahre beträgt.[110] Es bleibt also abzuwarten, wie der deutsche Gesetzgeber auf die Verabschiedung dieser Richtlinie und den sich daran anschließenden Änderungsbedarf reagieren wird.

3.1.3 Die EMRK und die Rechtsprechung des EGMR

Weiterhin könnten auch Art. 3 (das Verbot der Folter) und Art. 8 (das Recht auf Achtung des Privat- und Familienlebens) der Europäischen Menschenrechtskonvention (EMRK), welche ebenfalls einen völkerrechtlichen Vertrag darstellt, Vorgaben an den deutschen Gesetzgeber darstellen. Diese hat vor allem bei der Auslegung des Grundgesetzes, aber auch bei allen anderen nationalen Normen Beachtung zu finden.[111] Zur Relevanz dieser Artikel für die Strafbarkeit und die Verfolgung von Sexualstraftaten und zu deren Charakter als sog. „positive obligations"[112] hat sich der EGMR im vielzitierten Urteil M.C. gegen Bulgarien im Dezember 2003[113] geäußert. Hier heißt es in Rn. 166:

In accordance with contemporary standards and trends in that area, the member States' positive obligations under Articles 3 and 8 of the Convention must be seen as requiring the penalisation and effective prosecution of any non-consensual sexual act, including in the absence of physical resistance by the victim.

Hieraus könnte man einerseits folgern, Art. 3 und 8 EMRK erforderten es, dass eine Vergewaltigung nur vom fehlenden Einverständnis des Opfers abhängig gemacht werden darf. Überwiegend wird jedoch angenommen, dass

---

110 Vgl. *Hoven*, ZRP 2022, 118, 118 f., auch zu der Problematik, vor die eine solche Änderung den nationalen Gesetzgeber stellen würde.

111 BVerfG NJW 2011, 1931 (1935); *Gerhold*, JR 2016, 122, 124 BVerfG NJW 2011, 1931 (1935).

112 EGMR, Urteil vom 04.12.2003 – Beschwerde Nummer 39272/98, Rn. 166.

113 EGMR, Urteil vom 04.12.2003 – Beschwerde Nummer 39272/98, Rn. 166.

das Urteil des EGMR dahingehend zu interpretieren sei, dass es erstens ausreichend ist, dass die Normen eines die sexuelle Selbstbestimmung schützen-
den Tatbestandes so ausgelegt werden können, dass der Kerngehalt der o.g.
Schutzpflichten ohne Strafbarkeitslücken gewährleistet ist und zweitens den
Vertragsstaaten überlassen bleibt, ob es diesen Schutzpflichten durch legislative Akte oder durch Auslegung innerhalb der Gerichtspraxis nachkommt.[114]
Nach diesem Verständnis ergeben sich zwar auch aus Art. 3 und 8 der EMRK
positive Schutzpflichten, welche relevant für das Untermaßverbot des Gesetzgebers sein können,[115] indes ist die konkrete Umsetzung dem Handlungsspielraum[116] der Vertragsstaaten überlassen.[117] Die Rechtsprechung des EGMR
und die Schutzpflichten aus der EMRK greifen also ebenso wie die Istanbul-
Konvention – welche auf die Rechtsprechung des EGMR in dieser Sache explizit Bezug nimmt und somit insgesamt im selben Kontext zu betrachten ist[118]
– nicht in den Grundgehalt der Einschätzungsprärogative der nationalen Gesetzgeber ein. Dennoch ist ein gewisser Appell zum Schutzgehalt nationaler
Normen zu erkennen.

3.1.4 Zwischenergebnis

Offensichtlich ist also, dass es dem Gesetzgeber bereits durch Art. 36 I-K sowie durch Art. 3 und 8 EMRK und die Rechtsprechung des EGMR nicht einfach freistünde, die Tatbestände zum Schutze der sexuellen Selbstbestimmung
in ihrer Gänze ersatzlos zu streichen. Ein gewisses Schutzniveau muss erreicht
werden. Nicht einvernehmliche sexuelle Handlungen sind von legislativer
Seite zu pönalisieren. Überwiegend ist aber anerkannt, dass die genaue Ausgestaltung einer Norm völkerrechtlich nicht vorgegeben wird. Dennoch muss
sich eine nationale Norm an den Vorgaben der EMRK und vor allem auch an
der nunmehr ratifizierten und hierzulande in Kraft getretenen Istanbul-Konvention messen lassen. Insofern lässt sich sagen, dass das Völkerrecht für den

---

114 *Rabe/Normann* (2014), S. 20; ähnlich auch *Blume/Wegner*, HRRS 2014, 357, 362, die
   argumentieren, dass die im Vorigen genannte Passage ohnehin nur als eine Art *obiter dic-
   tum* verstanden werden kann.
115 *Gerhold*, JR 2016, 122, 124.
116 Vgl. ausführlich zum Begriff und und zur Bedeutung des staatlichen Spielraums im Völkerrecht *Stahl* (2012), S. 47 ff.
117 Ein solches Verständnis legt auch der Deutscher Bundestag in Drs. 18/8210 S. 8 f. zugrunde.
118 Erläuternder Bericht, Rn. 191; vgl. auch Deutscher Bundestag Drs. 18/8210 S. 9.

Schutz des Rechtsguts Mindestvoraussetzungen schafft,[119] welche dem Gesetzgeber den Spielraum bezüglich des *Wie* der Umsetzung, der ihm in den – sogleich zu bestimmenden – Grenzen des Grundgesetzes bleibt, zwar nicht nehmen, aber wohl im Rahmen des Untermaßverbotes zu beachten sind. Was genau dies im Kontext des reformierten Sexualstrafrechts und dessen Notwendigkeit bedeutet, wird an späterer Stelle erörtert.

3.2 Verfassungsrechtliche Anforderungen

Nachdem zunächst ein Blick auf völkerrechtliche Anforderungen geworfen wurde, wird nun das nationale Verfassungsrecht betrachtet. Gelegentlich wird nämlich vertreten, dass bereits aus den grundrechtlichen Schutzpflichten eine Verpflichtung des Staates zum möglichst lückenlosen Schutz der sexuellen Selbstbestimmung der Bürger abzuleiten sei.[120]

Im Unterkapitel zum Inhalt des Schutzgutes der sexuellen Selbstbestimmung wurde bereits gezeigt, dass diese zuvörderst von Art. 2 I GG und von Art. 1 I GG geprägt ist. Daneben könnte auch das Gebot der Geschlechtergleichstellung aus Art. 3 II GG zusätzliche Anforderungen an die Ausgestaltung derselben stellen.[121] Gerade für Frauen, die noch immer den Großteil der Opfer sexueller Delikte ausmachen,[122] ist es wichtig, dass Art. 3 II GG auch für ihr Sexualleben konsequent umgesetzt wird, was bedeutet, dass ihre (negative) sexuelle Autonomie umfassend gewahrt bleibt.[123]

Um sich dieser Frage zu nähern, muss erst einmal bestimmt werden, ob sich aus dem Grundgesetz jemals spezifische Pönalisierungspflichten oder -gebote ergeben können. Eine konkrete Pönalisierungspflicht wurde vom Bundesverfassungsgericht in der Tat erst ein einziges Mal ausdrücklich festgestellt, und zwar im Bereich des absoluten Lebensschutzes beim Schwangerschaftsabbruch.[124] Im sog. zweiten Abtreibungsurteil des Bundesverfassungsgerichts

---

119 Ebenso *Eisele* in: Abschlussbericht (2017), 916.
120 *Isfen*, ZIS 2015, 217-233, 227.
121 *Holzleithner* in: Regulierungen des Intimen (2017), S. 45.
122 Laut PKS 2019, Jahrbuch, Tab. 2.1, S. 21 waren im Jahre 2019 92,4 % der Opfer der Delikte gegen die sexuelle Selbstbestimmung insgesamt weiblich; 2020 waren es 92 % und 2021 92,2 %. Bei Vergewaltigungen nach § 177 Abs. 6, 7, 8 zeigt sich das Gefälle sogar noch deutlicher: Hier waren im Jahre 2021 94,5 % der Opfer weiblich (vgl. PKS 2021 Tabelle T9- Bund-Opfer).
123 *Hörnle*, ZStW 2015, 851, 866.
124 BVerfG, NJW 1975, 573; vgl. auch *Hamm*, NJW 2016, 1537, 1540 BVerfG, NJW 1975, 573.

wurde diese Pönalisierungspflicht indes zwar auch noch einmal aufgegriffen, aber bereits insofern nicht nur unerheblich relativiert, als es dem Gesetzgeber zugestanden wurde, innerhalb gewisser Grenzen Ausnahmetatbestände für die Strafbarkeit zu schaffen.[125] *Hamm* schlägt daher nachvollziehbar vor, generell vorsichtiger von bloßen *Pönalisierungsgeboten* des Grundgesetzes zu sprechen; direkt normiert sei ein solches jedoch nur in Art. 26 I S. 2 GG (Wortlaut: *„Sie sind unter Strafe zu stellen")*.[126] Allerdings ist der Gesetzgeber bei der Pönalisierung von Verhaltensweisen an ein Untermaßverbot gebunden, und so können sich derartige Pönalisierungsgebote in Form von Schutzpflichten auch ohne ausdrückliche Erwähnung aus den Grundrechten ergeben, und zwar aus deren objektiv-rechtlicher Funktion respektive ihrer Abwehrfunktion.[127] Notwendig ist hierfür jedoch, dass der Tatbestand einer Schutzpflicht auch wirklich erfüllt ist, denn ein prinzipielles „Grundrecht auf Sicherheit" existiert nicht.[128]

Aber auch wenn dies der Fall ist, – und das wäre für die vorliegende Frage aufgrund der oben festgestellten Berührungspunkte gerade mit der Menschenwürde aus Art. 1 I GG, aber auch mit Art. 2 I GG, durchaus bereits zu bejahen – so ist damit noch nicht gesagt, *wie* der Gesetzgeber dieser Schutzpflicht nachzukommen hat.[129] Hier stehen dem Staat neben der Lösung auf Ebene der Anpassung des StGB nämlich noch zahlreiche andere Regelungsinstrumente zur Verfügung, nicht zuletzt das Ordnungswidrigkeitenrecht.[130] Konkret bedeutet dies für den Schutz der sexuellen Selbstbestimmung, dass eventuell auch Lösungen unterhalb der strafrechtlichen Ebene, zum Beispiel über das Gewaltschutzgesetz oder durch die konsequente Anwendung von familienrechtlichen Regelungen,[131] denkbar wären.[132] Nur in sehr engen Ausnahmefällen kann dieser Handlungsspielraum des Gesetzgebers beschränkt werden.[133]

---

125 BVerfGE 88, 203.
126 *Hamm*, NJW 2016, 1537, 1540; ebenfalls von Pönalisierungsgeboten sprechend: *Joecks/Erb* in MüKo StGB (2021), Einleitung Rn 19 ff.
127 *Joecks/Erb* in MüKo StGB (2021), Einleitung Rn. 19.
128 *Dies.* in MüKo StGB (2021), Einleitung Rn. 19.
129 *Lagodny* (1996), S. 255.
130 *Joecks/Erb* in MüKo StGB (2021), Einleitung Rn. 19.
131 Dafür plädierend: *Frommel* in: Sexualität und Strafe (2016), S. 64.
132 So ist letztlich auch das zweite „Abtreibungsurteil" des BVerfG zu interpretieren, BVerfGE 88, 203.
133 *Lagodny* (1996), S. 255.

Laut *Dietlein* liegt eine „unabdingbare Pflicht zur gesetzlichen Untersagung grundrechtsgefährdenden Handelns Privater durch den Gesetzgeber" erst dort vor, „wo die ungeschützte Hinnahme des drohenden Risikos angesichts der auf dem Spiel stehenden grundrechtlichen Schutzgüter sowie angesichts des Interesses an der Durchführung des risikobehafteten Handelns nicht mehr vertretbar erscheint."[134]

Die auf dem Spiel stehenden grundrechtlichen Schutzgüter wären im Falle der sexuellen Selbstbestimmung nach dem bisher Gesagten Art. 1 I GG, Art. 2 I GG sowie Art. 3 II GG. Von einer „ungeschützten Hinnahme" kann wohl aber erst die Rede sein, wenn der Gesetzgeber die Tatbestände des 13. Abschnitts, allen voran § 177 StGB, gänzlich abschaffen würde. Somit lässt sich auch an dieser Stelle wieder konstatieren, dass ein grundsätzliches Pönalisierungsgebot im Bereich der sexuellen Selbstbestimmung zwar durchaus besteht, und zwar wohl auch und insbesondere – aufgrund der immens grundrechtssensiblen Berührungspunkte – auf strafrechtlicher Ebene. Bezüglich des *Wie* steht dem Gesetzgeber aber ein erheblicher Gestaltungsspielraum zu.

3.3 Folgen der Tat

Inhaltlich zur Frage nach der Schutzpflicht des Staates vor sexuellen Übergriffen gehört auch die Frage danach, was im Verletzungsfall mit den Opfern eigentlich passiert. Aufgrund ebendieses Schutzauftrages kann die Frage nach den Folgen der Tat für die Opfer durchaus verfassungsrechtlich relevant sein.

Zwar ist unbedingt die Pauschalisierung zu vermeiden, dass alle Opfer sexueller Gewalt – insbesondere Frauen – nach einem sexuellen Übergriff auf eine bestimmte Art und Weise traumatisiert sind,[135] denn diese Annahme würde letztlich den gängigen Vergewaltigungsmythos des *real rape victims*[136] nähren, was unbedingt zu vermeiden ist. Vielmehr ist anzuerkennen, dass die Folgen bei jedem Opfer äußerst individueller Natur sein können und somit auf der einen Seite gewalttätig vergewaltigte Opfer ohne Langzeitschäden verbleiben, auf der anderen Seite Opfer einer – von der Gesellschaft womöglich als scheinbar „harmlos" eingestuften – sexuellen Belästigung nach § 184i StGB jahrelang schwer traumatisiert sein können. Dennoch sollen an

---

134 *Dietlein* (1992), S. 114.
135 So auch die Schlussfolgerung von *Vavra* (2020), S. 70.
136 Vgl. zu diesem und anderen Vergewaltigungsmythen sogleich in Teil 1.2.

dieser Stelle die am häufigsten berichteten Tatfolgen der Opfer kurz dargestellt werden, um das erforderliche verfassungsrechtliche Schutzniveau vor
Taten gegen die sexuelle Selbstbestimmung zu unterstreichen.

Zu unterscheiden sind zunächst physische und psychische Folgen der Tat. Die
häufigsten physischen Schäden, von denen Opfer berichten, sind Hämatome,
Abschürfungen, Prellungen und Schwellungen.[137] Im weiteren Sinne zu körperlichen Folgen der Tat zu zählen ist auch eine mögliche hierdurch eintre-
tende Schwangerschaft des Opfers.[138] Diese Schäden sind mit zu bedenken,
wenn über den Zusammenhang mit der körperlichen Unversehrtheit aus
Art. 2 II GG gesprochen wird.

Oft subjektiv erheblich schwerer erlebt werden indes die psychischen Folgen
der Tat. Hierzu gehören Depressionen, nicht selten Suizidgedanken, Ängste,
Schlaf-, sexuelle und Beziehungsstörungen.[139] Gerade eine Vergewaltigung
wird von Frauen als „Einschnitt in ihr Leben" und als „Erschütterung ihres
Selbst- und Weltbilds" beschrieben; insbesondere empfinden Frauen ihr eige-
nes Verhalten während des Akts oft als „Ich-fremd".[140] Dies unterstreicht
noch einmal ganz wesentlich den gefundenen Zusammenhang mit der in
Art. 1 I GG garantierten Würde des Menschen.

Insbesondere – als mittelbare Folge einer Sexualstraftat – ist auch die Gefahr
der sekundären Viktimisierung[141] durch die Reaktion des Umfelds und nicht
zuletzt der Strafverfolgungsbehörden zu nennen. Diese kann insbesondere
durch Anzweifeln des Erlebten und durch das Übertragen einer Mitschuld eintreten.[142]

---

137 In der Untersuchung von Goedelt berichteten 17,7 % der Opfer insgesamt von körperli-
chen Schäden, vgl. *Goedelt* (2010), S. 70; für Vergewaltigung gaben in einer Studie von
Elsner/Steffen 35,5 % der Opfer an, leichte Verletzungen davongetragen zu haben, vgl.
Elsner/Steffen (2005), S. 114; laut einer Studie von Hartmann waren es sogar 40,4 % ins-
gesamt, die körperliche Schäden erlitten, davon allerdings hauptsächlich leichtere, vgl.
Hartmann/Schrage/Boetticher u.a. (2015), S. 14.

138 Dies gaben 1,4 % der Opfer an, vgl. *Goedelt* (2010), S. 70.

139 Hiervon berichteten 22,7 % der untersuchten Opfer, vgl. *Hartmann/Schrage/Boetticher
u.a.* (2015), S. 114; in 7,8 % der Fälle war in der Untersuchung von Goedelt eine Therapie
erforderlich, vgl. *Goedelt* (2010), S. 70.

140 *Goedelt* (2010), S. 11.

141 Erneute Schädigung des Opfers (nach der primären Viktimisierung durch die Tat selbst)
durch unangemessene Reaktion des Umfelds und der Strafverfolgungsbehörden, *Meier*
(2018), S. 224 f.

142 *Vavra* (2020), S. 70.

3.4 Zusammenfassung

Es ist somit zu konstatieren, dass das Rechtsgut der sexuellen Selbstbestimmung zu schützen dem Gesetzgeber sowohl durch das nationale Verfassungsrecht als auch durch das Völkerrecht auferlegt ist. Dies beweist nicht zuletzt der enge Zusammenhang mit Art. 1 I und Art. 2 I GG sowie die massiven psychischen und physischen Tatfolgen, von denen Opfer sexueller Übergriffe berichten.

Hierbei gewährt das Grundgesetz dem Gesetzgeber allerdings wesentliche Gestaltungsräume, die wiederum im Lichte der völkerrechtlichen Bestimmungen zu interpretieren sind. Das Völkerrecht sieht in kongruenter Weise vor, dass nicht-einvernehmliche sexuelle Handlungen jeglicher Art zu unterbinden sind. Hierfür obliegt es dem (nationalen) Gesetzgeber, Normen zu schaffen, deren Anwendung dies ohne Schutzlücken ermöglicht. Ob das deutsche Strafrecht diesen Anforderungen bereits vor oder erst durch die Reform 2016 gerecht wurde, ist im folgenden Teil dieser Arbeit zu untersuchen.

Kapitel 3: Schutz der sexuellen Selbstbestimmung in Deutschland

Nachdem nun die Grundlagen des Rechtsguts der sexuellen Selbstbestimmung sowohl in rechtsgeschichtlicher als auch in inhaltlicher Weise erörtert wurden, widmet sich der dritte Teil dieser Arbeit dem Schutz ebendieses Rechtsgutes in Deutschland, genauer einzelnen Aspekten der Modernisierung des Sexualstrafrechts sowie materiell der Reform durch das 50. StrÄG. Hierbei wird das Sexualstrafrecht zunächst allgemein in den Kontext des (noch andauernden) gesellschaftlichen Wandels gesetzt (1.). Sodann werden die konkreten Anstöße zur Reform kurz beschrieben (2.) und deren Notwendigkeit anhand des Aufzeigens der Lückenhaftigkeit der ehemaligen Rechtslage skizziert (3.). Schließlich wird auf die neue Rechtslage eingegangen, wobei ein Fokus auf die Betrachtung der neuen Tatbestandsmerkmale des § 177 StGB gelegt wird, aber auch die gänzlich neu eingeführten Delikte kurz erläutert werden (4.).

1. Die Verknüpfung des Sexualstrafrechts mit gesellschaftlichen Faktoren

Im vorigen Kapitel wurde die Entwicklung des Schutzgutes der sexuellen Selbstbestimmung im historischen Verlauf betrachtet.[143] Wie gezeigt, war lange Zeit die Keuschheit der Frau Voraussetzung für die Strafwürdigkeit des sexuell übergriffigen Verhaltens und eine Verletzung dieser ein Angriff (nur) auf ihren Vater oder Ehemann. Auch in der Folge stand noch lange die Sittlichkeit im Zentrum der Sexualstraftaten. Erst in den 1970er Jahren, also vor knapp 50 Jahren, wurde der Paradigmenwechsel hin zum Schutzgut der sexuellen Selbstbestimmung vollzogen. Es versteht sich von selbst, dass mit einer solchen primär symbolischen legislativen Geste nicht auf einen Schlag ein jahrhundertealtes Moralkonstrukt umgekrempelt und aus dem Bewusstsein der Gesellschaft gelöscht werden konnte. Es ist daher interessant zu untersuchen, inwiefern sich dieselben Moralvorstellungen, die das Sexualstrafrecht der vergangenen Jahrzehnte prägten, noch in unserem heutigen modernen gesellschaftlichen Leben wiederfinden.

---

143 Vgl. oben (Kapitel 2: 1.).

1.1 Grundsätzliche Überlegungen zur Wechselwirkung von Gesellschaft und Strafrecht und zum Begriff der symbolischen Gesetzgebung

Zur Annäherung an diese Frage ist es zunächst allerdings unerlässlich, sich mit der allgemeinen Frage nach der Wechselwirkung von Gesellschaft und Gesetzgebung zu beschäftigen und diese sodann im Speziellen anhand der Änderungen im Sexualstrafrecht innerhalb der letzten Jahrzehnte zu untersuchen. Letztlich ist hierbei auch der Begriff der symbolischen Gesetzgebung relevant.

Der Zusammenhang zwischen Gesellschaft und Gesetzgebung im Allgemeinen ist komplexer Natur. Bereits *Hegel* formulierte in § 218 seiner Grundlinien der Philosophie des Rechts zum Zusammenhang zwischen Gesellschaft und Strafrecht: „Ein Strafkodex gehört vornehmlich seiner Zeit und dem Zustand der Gesellschaft in ihr an."[144] Gesetze stellen somit in einer Gesellschaft Ausprägungen derjenigen Regeln dar, deren Einhaltung als für ein gedeihliches Zusammeneben unerlässlich betrachtet werden. Eine Gesellschaft in diesem Sinne soll zum Zwecke dieser Betrachtung definiert werden als „Einheit des Zusammenlebens von Menschen, die durch gewisse (nicht personale) Faktoren geprägt wird, wie Sprache, Sitte, Rechtsauffassungen und Wertvorstellungen [...]".[145]

Das StGB in seiner ursprünglichen Form existiert seit 1871 und trat am 01.01.1872 in Kraft. Es versteht sich von selbst, dass diesem damals noch andere Werte- und Rechtsvorstellungen zugrunde lagen als sie heutzutage das StGB, welches seit 1871 regelmäßig reformiert wurde, prägen. Nicht zuletzt die kriminologische Forschung,[146] insbesondere die Betonung präventiver Strafzwecke, die Untersuchungen zur Wirkung von Strafandrohungen und Strafvollzug, aber auch die strafrechtliche Hinwendung zur Rechtsgutslehre haben wesentliche Veränderungen mit sich gebracht. In der Folge wurden Tatbestände, die aufgrund mangelnder Strafwürdigkeit obsolet geworden waren, gestrichen, neue hinzugefügt sowie die grundsätzliche Anordnung der Delikte geändert. Als maßgebliche Faktoren dieser Wandlungen werden zum einen Strafbarkeitslücken genannt, in den letzten Jahrzehnten vor allem bedingt durch die technische Fortentwicklung, mit der oftmals die Schaffung gänzlich neuer Delikte (so beispielsweise § 263a StGB) einhergeht.[147] Daneben spielt

---

144 *Hegel* (1955), S. 189.
145 *Frisch* in: Festschrift für Heike Jung (2007), S. 190.
146 Vgl. zur Wechselwirkung zwischen Kriminologie und Strafgesetzgebung ausführlich z.B.
     Goeckenjan in: Strafrechtspolitik (2018).
147 *Kubiciel* in: Strafrechtspolitik (2018), S. 100.

aber auch der allgemeine Wandel der Einstellungen und Moralvorstellungen innerhalb der Gesellschaft eine wesentliche Rolle.[148]

Zum Zwecke der hiesigen Untersuchung ist besonders der letztgenannte Faktor, also der Einstellungswandel in der Gesellschaft als Triebfeder der Kriminalpolitik, interessant. Es kann in diesem Zusammenhang davon ausgegangen werden, dass Milderungen und Neupönalisierungen von bestimmten Delikten in nicht unerheblicher Art und Weise das *Resultat* der Veränderungen von gesellschaftlichen Wertevorstellungen sind; die so neu entstehenden Normen werden als sog. „reflexives Strafrecht" bezeichnet[149] – also als ein solches, welches sich auf ebenjene Veränderungen „rückbezieht".[150] Als wesentliche Beispiele aus dem Bereich der Sexualdelikte wird hier zumeist auf die Entkriminalisierung von Homosexualität und Ehebruch Bezug genommen.[151]

Generell ist das Sexualstrafrecht ein gutes Beispiel für das Zusammenspiel zwischen gesellschaftlicher Entwicklung und Strafrecht, da dieser Bereich, wie in den vorherigen Kapiteln anhand des Strafgrundes der Vergewaltigung gesehen, lange Zeit extrem von Moralisierung und Tabuisierung anstelle von Aspekten der Rechtsgutsverletzung der sexuellen Selbstbestimmung gekennzeichnet war.

Dies und der Einfluss durch geänderte moralische Einstellungen zeigt sich besonders an zwei Tatbeständen, die in den letzten Jahrzehnten aus dem StGB gestrichen wurden: Die Strafbarkeit des Ehebruchs (§172 StGB a.F.) wurde 1969 aus dem StGB entfernt; § 175 StGB a.F., der die Strafbarkeit der „Unzucht" zwischen zwei Männern beinhaltete, wurde, nachdem das generelle Verbot bereits 1969 gefallen war, 1994 endgültig gestrichen (zuletzt war noch die Konstellation erfasst, dass über 18-jährige mit unter 18-jährigen Männern homosexuelle Handlungen vollziehen). Neben dieser offensichtlichen Liberalisierung des Sexualstrafrechts ist aber interessanterweise auch ein gegenläufiger Trend hin zu der Neukriminalisierung von Verhaltensweisen, die früher nicht als Vergewaltigung bestraft werden konnten, zu beobachten: So wurde nahezu zeitgleich mit der vollständigen Entkriminalisierung männlicher Homosexualität die Vergewaltigung in der Ehe durch das 33. Strafrechtsänderungsgesetz 1997 als solche unter Strafe gestellt – indes handwerklich nicht durch die Schaffung eines neuen Tatbestands, sondern durch die Streichung

---

148 *Frisch* in: Festschrift für Heike Jung (2007), S. 190 ff.
149 *Kubiciel* in: Strafrechtspolitik (2018), S. 113.
150 Synomym für „reflexiv" laut Duden, vgl. https://www.duden.de/rechtschreibung/reflexiv [letzter Aufruf: 06.04.2022].
151 *Frisch* in: Festschrift für Heike Jung (2007), S. 201.

des Merkmals „außerehelich" im damaligen § 177 StGB. Beide Neuerungen waren ihrerzeit alles andere als unumstritten – aus heutiger Sicht erscheinen die damals genannten Argumente im Zusammenhang mit der heute geltenden breiten Akzeptanz dieser Normen jedoch wie Relikte aus längst vergangenen Jahrhunderten:

Bezüglich der Kriminalisierung der Vergewaltigung in der Ehe nannten die Reformgegner*innen im Wesentlichen stets vier Gegenargumente, welche zu großen Teilen an diejenigen erinnern, die auch in der Debatte um die jüngsten Änderungen im Sexualstrafrecht fruchtbar gemacht wurden:

- es bestehe kein Regelungsbedarf,

- die Beweisschwierigkeiten solcher Taten seien zu groß,

- aus dem intimen Bereich der Ehe und Familie habe sich der Staat fernzuhalten – das bekannteste Gegenargument stellte der plakative Ausspruch, man wolle „den Staatsanwalt nicht im Schlafzimmer haben"[152] dar – und

- mit der Einführung würde der Ehefrau ein zu scharfes Schwert der „Erpressbarkeit des Ehemannes" in Ehestreitigkeiten an die Hand gegeben.[153]

Es bleibt allerdings zu bedenken, dass es nicht *die eine* gesellschaftliche Wertvorstellung gibt, die sich linear entwickelt, sondern dass eine Gesellschaft aus verschiedenen Schichten und Gruppen besteht, die sich in ihren Ansichten in der Tat höchst diametral gegenüberstehen können. Zu behaupten, Änderungen im Strafrecht seien daher stets Abbild der einheitlichen geänderten gesellschaftlichen Ansicht über diesen strafrechtlichen Bereich, wäre daher verfehlt. Es kann sich hierbei immer höchstens um eine Momentaufnahme der mehrheitsfähigen Meinung handeln, welche durch vielerlei Faktoren geprägt, durch unterschiedliche Medien – in jüngster Zeit vermehrt durch das Internet – abgebildet wird und letztlich durch das Parlament in seiner Funktion als Repräsentant der Bevölkerung ihren Niederschlag in konkreten Gesetzen findet. Insbesondere im Sexualstrafrecht,[154] welches weit überwiegend[155] Männer in der Täterrolle und Frauen in der Opferrolle wahrnimmt, stehen sich seit jeher im

---

152 Vgl. hierzu ausführlich *Lembke* in: Regulierungen des Intimen (2017), S. 7–8.

153 *Dackweiler* in: Differenz und Integration: Die Zukunft moderner Gesellschaften (1997), S. 440.

154 Siehe zu vielen weiteren Deliktsfeldern *Zabel* in: Strafrechtspolitik (2018), S. 10 f.

155 Keinesfalls ausschließlich, denn auch hier hat das Strafrecht in den letzten Jahrzehnten weitreichende Änderungen erfahren. So ist § 177 StGB seit dem 33. StRÄG, welches am 01.07.1997 in Kraft trat, auch auf Opferseite geschlechterneutral formuliert.

Wesentlichen zwei Lager gegenüber: diejenigen, die gesellschaftliche Veränderung vorantreiben und insbesondere auch im Strafrecht abgebildet sehen wollen, und diejenigen, die diese Entwicklung unterbinden wollen und sich stattdessen lieber an konservativen Werten orientieren.

Was lässt sich aus diesen Überlegungen für die aufgeworfene Frage nach der Rolle der gesellschaftlichen Entwicklung innerhalb des Strafrechts gewinnen? Dies ist eine äußerst komplexe Frage, die im Rahmen dieser Arbeit nur angerissen werden kann, zumal die Antwort wohl für unterschiedliche Deliktsbereiche höchst unterschiedlich ausfallen wird. Änderungen im Bereich der Eigentumsdelikte sind naturgemäß weniger emotional besetzt als der Bereich des Sexualstrafrechts, der unweigerlich mit strukturellen Problemen besetzt und somit auch politisch höchst relevant erscheint („Das Private ist politisch"[156]).

Zumindest für derlei Deliktsbereiche, die ähnlich stark mit Sozialnormen besetzt sind wie das Sexualstrafrecht und auf die sich die Beantwortung dieser Frage in dieser Arbeit beschränken soll, lässt sich sagen: Es kann sich bei Gesetzgebung in diesem Bereich sowohl um einen Spiegel als auch um einen Motor der gesellschaftlichen Entwicklung handeln. Einen Spiegel stellt sie insofern dar, als diese schlicht die Abbildung der Forderungen einer lauter werdenden Mehrheit ist – erkennbar an der Mehrheitsentscheidung des Parlamentes über Gesetzesvorschläge, welche sodann konkret zu einer Strafrechtsänderung führen. Ab diesem Zeitpunkt fungiert die implementierte Änderung sodann als Motor, und zwar in dem Sinne, dass nun die gewandelte moralische Einstellung, welche zunächst nur von einem mehrheitsfähigen Teil der Gesellschaft getragen wurde, über das Konzept der Normakzeptanz immer mehr Einzug in die Bevölkerung findet und von dieser getragen wird.

Eng verknüpft ist diese Dimension des Rechts mit dem Phänomen der sog. symbolischen Gesetzgebung. Von diesem Begriff gilt es allerdings zum Zwecke der hiesigen Untersuchung gewisse Abstufungen zu machen: Der Begriff reicht von rein symbolischer Gesetzgebung – hierunter versteht *Noll* „Gesetze, die von vornherein gar nicht darauf angelegt sind, faktisch wirksam zu werden, bei denen vielmehr die gesetzgebende Instanz mit dem Erlaß des Gesetzes primär andere soziale Effekte erzielen will als diejenigen, die durch die faktische Wirksamkeit eintreten würden"[157] – bis hin zu Gesetzen, die neben dem Rechtsgüterschutz eben *auch* eine gewisse symbolische Wirkung nach

---

156 Slogan der Frauenbewegung der 70er Jahre, vgl. hierzu z.B. *Notz* (2017), S. 4.
157 *Noll* (1973), S. 157.

außen vermitteln sollen.[158] Letzteres ist, wenn man sich die Delikte zum Schutz des Lebens (§§ 211 ff. StGB) oder die Eigentumsdelikte (§§ 242 ff. StGB) ansieht, wahrlich keine Seltenheit – die allermeisten Strafgesetze beinhalten zumindest als Nebeneffekt die implizite Bekräftigung einer gewissen Moralvorstellung („Du sollst nicht töten" als Bekenntnis zum Lebensschutz, „Du sollst nicht stehlen" als Bekenntnis zur Wichtigkeit der Achtung fremden Eigentums).[159] Als für die Rechtsordnung gefährlich kann indes nur das rein symbolische Strafrecht, welches dem Rechtsgüterschutz nicht dient, bezeichnet werden.[160] Ob mit der hier untersuchten Strafrechtsreform eine solche unerwünschte rein symbolische Gesetzgebung vorliegt, kann und soll allerdings erst nach eingehender Betrachtung der neuen Rechtslage beurteilt werden.[161]

1.2 Begriff der *rape culture*, Vergewaltigungsmythen und Mythen über Sexualität im Allgemeinen

Zunächst stellt sich allerdings die Frage, welche moralischen Vorstellungen konkret das Sexualstrafrecht und seine Entwicklung bis zum heutigen Tage beeinflusst haben und womöglich (zumindest mittelbar) noch immer beeinflussen.

In diesem Zusammenhang stets Erwähnung finden die sogenannten Vergewaltigungsmythen, welche eng verknüpft sind mit Mythen über Sexualität im Allgemeinen, sowie der Begriff der Vergewaltigungskultur (*rape culture*). All diese Begriffe werden in dieser Arbeit noch häufiger Grundlage von Argumentationen und Problemfeldern sein, daher lohnt es, diese bereits jetzt näher zu definieren und zu untersuchen. An dieser Stelle soll sich die Betrachtung auf Deutschland als Kulturkreis beschränken.[162]

1.2.1 Definitionen

Beschäftigt man sich mit den gesellschaftlichen Rahmenbedingungen des Sexualstrafrechts in den letzten Jahrzehnten, so wird man unweigerlich mit dem Begriff der Vergewaltigungskultur (*rape culture*) konfrontiert.

---

158 Dies sogar als "bare Selbstverständlichkeit" bezeichnend *Hassemer*, NStZ 1989, 553, 554.
159 Ebenso *Vavra* (2020), S. 153.
160 Oder auch "symbolisches Strafrecht mit Täuschungsfunktion", vgl. *Hassemer*, NStZ 1989, 553, 559.
161 Vgl. hierzu abschließend unten (Kapitel 6: 2.).
162 Ein rechtsvergleichender Blick auf die Lage in Irland findet sich unten (Kapitel 5: 3.).

„The problem with groups who deal with rape is that they try to educate women about how to defend themselves. What really needs to be done is teaching men not to rape. Go to the source and start there. "

Dieses Zitat von Kurt Cobain aus einem Interview im Jahre 1991[163] kann nahezu als Definition der *rape culture* (Vergewaltigungskultur) verstanden werden, noch bevor der Begriff überhaupt flächendeckend verwendet wurde. Weite Verbreitung auch außerhalb der Frauenbewegung fand der Begriff 2012 nach einer Gruppenvergewaltigung in Neu-Delhi, welcher weltweit große mediale Aufmerksamkeit zu Teil wurde.[164] Als *rape culture* wird eine Gesellschaft bezeichnet, die durch ihre tradierten Wertevorstellungen die Existenz von sexuellen Übergriffen grundsätzlich toleriert oder als Problem akzeptiert und so davon ausgeht, dass man dieses Problem nicht beheben, sondern nur präventiv oder nachträglich darauf reagieren kann – unter den Begriff fallen daher alle gesellschaftlichen Umstände, die die Vornahme von nicht-einverständlichen Sexualkontakten zumindest mittelbar unterstützen.[165] So muss auch das hier eingangs erwähnte Zitat von Kurt Cobain verstanden werden: Weit überwiegend wird in unserer Gesellschaft (gerade, aber nicht ausschließlich) jungen Mädchen und Frauen beigebracht, sich nachts nicht alleine aufzuhalten, und sollte dies doch einmal notwendig sein, wenigstens ein Verteidigungsmittel bereitzuhalten,[166] anstatt Männern beizubringen, welche Handlungen sexuelle Übergriffe darstellen können und wie man diese vermeiden kann. Letztlich werden sogar „Gadgets" entwickelt, die Frauen mittels moderner Technik vor sexuellen Übergriffen schützen sollen: so beispielsweise das Tragen von sog. *anti rape underwear/safe shorts*, welche nicht zerrissen oder heruntergezogen werden können.[167]

Eine weitere Definition für *rape culture* der feministischen Journalistin und Kulturhistorikerin *Rebecca Solnit* lautet:

---

163 Vgl. https://www.nme.com/blogs/nme-blogs/nme-meets-nirvana-in-1991-archive-feature-770299 [letzter Aufruf: 06.04.2022].
164 *Solnit* (2017), S. 142.
165 Ähnlich *Vavra* (2020), S. 465.
166 Vgl. zum Beispiel https://www.focus.de/politik/deutschland/vergewaltigung-an-lmu-muenchen-polizei-erklaert-wie-sie-sich-vor-sexuellen-uebergriffen-stuetzen_id_6578449.html [letzter Aufruf: 06.04.2022].
167 Eine Zusammenstellung fragwürdiger „Gadgets" findet man zum Beispiel hier: http://www.menschoice.de/technik-gadgets/anti-vergewaltigungs-gadgets-fuer-frauen-760.php [letzter Aufruf: 06.04.2022]; kritisch und auf die Gefahren dieser Methoden völlig zu Recht hinweisend *White/McMillan*, Violence against women 2020, 1120 ff.

„Unter Vergewaltigungskultur versteht man ein kulturelles Umfeld, in dem Vergewaltigungen weit verbreitet sind und sexuelle Gewalt gegen Frauen [...] entschuldigt und als normal dargestellt wird. [...] Vergewaltigung wird so zu einem mächtigen Unterdrückungsinstrument, mit dem die weibliche Bevölkerung gegenüber der männlichen in einer unterlegenen Position gehalten wird, auch wenn viele Männer nicht vergewaltigen und viele Frauen niemals Opfer einer Vergewaltigung werden."[168]

Besonders wichtig und daher zu betonen ist der letzte Teil dieser Definition, da dieser deutlich macht, dass (gesellschaftliche) Vorstellung und Realität über Vergewaltigungen zum Teil erheblich auseinanderfallen. Damit wird verdeutlicht, dass tatsächlich nicht massenhaft Vergewaltigungen stattfinden, sondern dass vielmehr ein Fokus auf die begleitenden gesellschaftlichen Umstände und Vorstellungen hiervon gelegt werden muss, welche sodann Einfluss auf die strafrechtliche Verfolgung von Sexualstraftaten nehmen können. Es handelt sich bei der *rape culture* um ein strukturelles Problem, welches weit überwiegend ein Geschlecht gegenüber dem anderen benachteiligt und zudem weitreichende Folgen für die Gesellschaft und das Recht hat.

Ein gutes, wenngleich vergleichsweise subtiles Beispiel für das unveränderte Bestehen der *rape culture* bietet *Fischer* in seiner ZEIT Online-Kolumne, in der er dem*der Leser*in eine Art Test vorschlägt, um zu verdeutlichen, wie unsinnig die Reform des Sexualstrafrechts angeblich sei: „1) Wie oft in Ihrem Leben haben Sie eine andere Person a) angefasst, b) geküsst, c) zu sexuellen Handlungen aufgefordert, obwohl Sie sich nicht sicher waren, ob sie wollte? Wie oft haben Sie "ambivalente" Situationen erlebt? 2) Wie oft haben Sie einem drängenden Verlangen einer anderen Person nach 1) Berühren des Körpers, b) Zungenkuss, c) Berühren der Genitalien, d) Geschlechtsverkehr nachgegeben, obwohl es Ihnen unangenehm und eigentlich nicht willkommen war? Wie viele dieser Fälle sollten mit Freiheitsstrafe von sechs Monaten bis zu zehn Jahren bestraft werden?"[169] Hier zeigt *Fischer* in vielerlei Hinsicht mangelndes Problembewusstsein: Nicht nur bagatellisiert er sexuelle Übergriffigkeit, sondern er stellt das Problem bewusst als *genderneutral* dar, was aber *de facto* nicht so ist – das zeigen nicht zuletzt die Kriminalstatistiken,[170]

---

168 *Solnit* (2017), S. 142.
169 *Fischer* (2016): Volk in Angst (https://www.zeit.de/gesellschaft/zeitgeschehen/2016-05/sexualstrafrecht-noetigung-vergewaltigung-fischer-im-recht)   [letzter   Aufruf: 06.04.2022].
170 Vgl. hierzu Fn. 122.

welche zudem nur die (strafrechtliche) Spitze des Eisbergs aufzeigen. Die ehr-
lichen Antworten auf diesen womöglich bewusst provozierend gemeinten
Test dürften nämlich je nach Geschlecht des*der Getesteten fundamental unterschiedlich ausfallen. Die Schlussfolgerung *Fischers*, nämlich die Allgegenwärtigkeit sexuell übergriffigen Verhaltens einfach hinzunehmen und darüber
hinaus als bagatellhaft zu bezeichnen, ist Inbegriff der *rape culture* im Sinne
der im Vorigen erarbeiteten Definitionen.

1.2.2 Vergewaltigungsmythen

Nährboden für die *rape culture* bilden Glaubenssätze über Umstände, Hintergründe, Täter*innen, Opfer sowie die Täter*in-Opfer-Beziehung von Vergewaltigungen, welche letztendlich dazu führen, dass sexuelle Gewalt gerechtfertigt oder verharmlost wird, sogenannte Vergewaltigungsmythen.[171] Zusätzlich gehört ein Element des *victim blaimings* traditionell zu den Vergewaltigungsmythen, also ein solches, welches dem Opfer einer Sexualstraftat zumindest eine Mitschuld an der Begehung gibt.[172]

Zu den bekanntesten Vergewaltigungsmythen, welche auch in dieser Arbeit
immer wieder aufgegriffen werden, zählen das Stereotyp der „echten" Vergewaltigung, die Annahme, dass Frauen durch ihr Verhalten (etwa die Wahl ihrer Bekleidung, ihres Heimweges sowie ihres Flirt- und Sexualverhaltens) sexuelle Übergriffe durch Männer, welche von Natur aus triebgesteuert sind,
provozieren beziehungsweise verhindern können sowie die Annahme, dass
Falschbeschuldigungen ein häufig von Frauen verwendetes Mittel darstellen,
um sich an Männern zu rächen.[173]

Das Stereotyp der „echten" Vergewaltigung beinhaltet bestimmte Attribute,
die einer Vergewaltigung zugeschrieben werden (eine solche passiert angeblich überfallartig durch eine dem Opfer fremde Person trotz körperlicher Gegenwehr des Opfers), und welche eine tatsächlich passierte Vergewaltigung
von einer Falschbeschuldigung unterscheidet. [174]

---

171 Zur Definition von Vergewaltigungsmythen vgl. *Süssenbach* in: Sexuelle Gewalt als Herausforderung für Gesellschaft und Recht (2017), S. 101; *Leahy* in: Law and Gender in
   Modern Ireland (2019), S. 3; *Vavra* (2020), S. 80 f.
172 *Brosi* (2004), S. 10.
173 Ausführlich hierzu und zu der diesen eindeutig widersprechenden empirischen Lage
   Vavra (2020), S. 82 ff.
174 *Krahé* in: Handbuch sexualisierte Gewalt (2018), S. 46.

Ebenfalls zum Kreis der Vergewaltigungsmythen zählt man Mythen über Sexualität im Allgemeinen – wenngleich sprachlich nicht ganz zutreffend, da es hier im Gegensatz zu den oben genannten Glaubenssätzen tatsächlich um Sexualverhalten und nicht unmittelbar um Charakteristika von Vergewaltigungen geht: Hierzu gehört allen voran die ausdrücklich abzulehnende Annahme, Frauen würden sich absichtlich und von Natur aus zieren, also „Nein" sagen, obwohl sie den Sexualkontakt innerlich wünschten, und wollten „gewaltsam erobert" werden (sog. *vis haud ingrata[175]*).[176] Noch weiter wird dieser Mythos teilweise gesponnen, wenn sogar von einem möglichen Lustgewinn der Frau durch den erzwungenen Sexualkontakt ausgegangen wird („geheimer Vergewaltigungswunsch").[177] Diese Annahme ist womöglich eine der auch heutzutage noch am weit verbreitetsten Mythen – wenn auch nicht immer in diesem offensichtlichen Gewand: Auch hinter pauschalen Aussagen weibliche Kommunikation betreffend wie „Das sagt sie: "Nein" – Das heißt: Ein "Nein" heißt nicht grundsätzlich "Ja". Aber es kann dennoch gleichsam Verneinung oder Zustimmung bedeuten. Ein langgezogenes "Neeeein", heißt manchmal eben doch "Ja"" und „Das sagt sie: "Ich will jetzt noch keinen Sex mit dir." Das heißt: Sie will später Sex mit Ihnen. Zumindest zieht sie die Wahrscheinlichkeit für Sex in Betracht."[178] steht letztendlich die Implikation, dass ausdrückliche Aussagen von Frauen nicht zwangsläufig ernst zu nehmen sind. Diese ebenfalls in der belletristischen Literatur[179] sowie Popkultur[180] leider noch immer häufig zu findende Aussage nährt im Umkehrschluss ebenjenen Vergewaltigungsmythos und ist daher als überaus gefährlich zu bewerten.

Zu erforschen, weshalb sich diese Vergewaltigungsmythen herausgebildet haben, ist ein komplexes Anliegen. Großen Einfluss auf die Herausbildung haben wohl religiöse Schriften und deren Interpretationen, welche oftmals ein traditionelles, den patriarchalen Strukturen entsprechendes Bild vermitteln – Dies gilt im Übrigen nicht nur für den in diesem Zusammenhang häufig als

---

175 Deutsche Übersetzung: *nicht unwillkommene Gewalt*. Vgl. zum Begriff ausführlich *Kratzer-Ceylan* (2015), S. 362 ff.
176 *Krahé* in: Handbuch sexualisierte Gewalt (2018), S. 46; *Vavra* (2020), S. 88 f.
177 *Elsner/Steffen* (2005), S. 179.
178 Online-Artikel v. 21.09.2020, abrufbar unter https://www.freenet.de/lifestyle/liebe-und-partnerschaft/was-frauen-sagen-und-was-sie-wirklich-meinen_5408950_4743240.html [letzter Aufruf: 06.04.2022] - auch der relativierende nachgeschobene Zusatz „Dies ist natürlich nicht immer ganz ernst gemeint!" ist dabei wenig hilfreich.
179 Siehe z.B. *Barth* (2004).
180 Hier vor allem im musikalischen Genre des *Raps*, welcher jüngst durch die Kampagne „#unhatewomen" der Organisation *Terre des Femmes* in die Kritik geraten ist, vgl. hierzu https://www.unhate-women.com/de/ [letzter Aufruf: 06.04.2022].

rückständig geltenden Islam, sondern auch für das Christentum und das Judentum.[181]

Weshalb sind Vergewaltigungsmythen aber trotz der eindeutig anderslautenden empirischen Forschungslage noch immer gesellschaftlich verbreitet? Der Glaube hieran dient Männern und Frauen zu unterschiedlichen Zwecken: Männern (vor allem tatgeneigten oder tatsächlich bereits Täter gewordenen) zu Neutralisationszwecken,[182] Frauen zur Reduktion ihres subjektiv empfundenen Opferwerdungsrisikos, indem sie sie sich in Bezug auf ihre Kleidung, der Wahl ihres Heimweges oder in ihrem Flirt- und Sexualverhalten den Vergewaltigungsmythen entgegengesetzt verhalten und so ein Gefühl der Sicherheit entsteht.[183]

1.2.3 Verbreitung der Vergewaltigungsmythen in der deutschen Bevölkerung

Eine *Eurobarometer*-Studie zu *Gender-Based Violence* aus dem Jahr 2016, die von der Europäischen Kommission in Auftrag gegeben wurde, untersuchte anhand einer Befragung von Personen aus den damals noch 28 Mitgliedsstaaten der EU[184] unter anderem den Glauben der Bevölkerung an bestimmte Aussagen, die den gängigen oben genannten Vergewaltigungsmythen entsprechen.[185] Innerhalb dieser Studie, welche vom Meinungsforschungsinstitut *TNS Opinion & Social Network* durchgeführt wurde, wurden insgesamt 27.818 EU-Bürger*innen mit verschiedenem demographischen und sozialen Hintergrund anhand eines Fragebogens persönlich zuhause in ihrer Muttersprache zu ihren Einstellungen zu gender-basierter Gewalt befragt. Bei der Interpretation der so gewonnenen Daten zu beachten ist der zeitliche Rahmen der Befragung: Die Befragung wurde zwischen dem 4. und dem 16. Juni 2016 vorgenommen, somit zeitlich dem Inkrafttreten der hiesigen Rechtsänderung vorgelagert. Gleichwohl ist der öffentliche Diskurs über Sexualstraftaten um eine notwendige Reformierung des Gesetzes auch zu diesem Zeitpunkt schon stark medial repräsentiert gewesen.[186]

---

181 Vgl. hierzu ausführlich *Franiuk/Shain*, Sex Roles 2011 783.
182 Vgl. zum Begriff ausführlich *Sykes/Matza*, American Sociological Review 1957, 664 ff.
183 *Süssenbach* in: Sexuelle Gewalt als Herausforderung für Gesellschaft und Recht (2017), S. 104 ff.
184 Da die Studie aus dem Jahre 2016 stammt, also vor dem Austreten des Vereinigten Königreichs aus der EU, waren es zu diesem Zeitpunkt noch 28 Mitgliedsstaaten.
185 *European Commission* (2016).
186 Vgl. hierzu ausführlicher unten (Kapitel 3: 2.1).

Gefragt wurde nach der Zustimmung zu vier Grundannahmen:

- Der Annahme, dass Opfer sexueller Gewalt eher von Fremden als von jemandem, den sie persönlich kennen, vergewaltigt werden (*real rape*-Stereotype) stimmten in der Befragung 28 % der Deutschen zu,[187]

- der Annahme, dass Opfer sexueller Gewalt sich Vergewaltigungsfälle häufig nur ausdenken würden oder zumindest „übertreiben", stimmten 24 % zu[188] und

- der Annahme, dass das Opfer häufig einen derartigen Angriff provoziert, stimmten 19 % zu.[189]

Mit Ausnahme der ersten Aussage lagen die Werte für Deutschland jeweils leicht über dem Durchschnitt der befragten 28 Länder.

Ebenfalls stimmten 14 % der befragten Deutschen (Durchschnittswert in Europa: 10 %) der Annahme zu, dass ein sexueller Übergriff damit gerechtfertigt werden könne, dass das Opfer „nicht deutlich Nein gesagt hat oder sich nicht körperlich gewehrt hat".[190] Diese Aussage ist gegenüber den anderen Aussagen, die bezüglich einer Rechtfertigung abgefragt wurden, besonders interessant für diese Arbeit, da sie in unmittelbarem Zusammenhang mit der Reform steht – schließlich fielen derartige Handlungen, in denen kein körperlicher Widerstand seitens des Opfers stattgefunden hat, zum Zeitpunkt der Befragung (Juni 2016) noch nicht grundsätzlich unter § 177 StGB a.F. Dieser Wert könnte sich somit durch das Konzept der Normakzeptanz möglicherweise verändern, würde man die Studie einige Jahre nach dem Inkrafttreten der Reform wiederholen.[191]

Aus der Studie lässt sich daher der Schluss ziehen, dass 2016 Vergewaltigungsmythen in Deutschland nicht unerheblich verbreitet waren. Zwar sind die Zahlen nicht derart hoch, dass man behaupten könnte, die Mehrheit der Deutschen würde derartigen Aussagen zustimmen – allerdings muss auch beachtet werden, dass die tatsächliche Zustimmungsrate vermutlich eher höher

---

187 *European Commission* (2016), S. 57.
188 *Dies.* (2016), S. 58.
189 *Dies.* (2016), S. 59.
190 *Dies.* (2016), S. 64.
191 Ob dies wahrscheinlich ist, soll später anhand eines Vergleichs mit den Zustimmungswerten Irlands und Schwedens beurteilt werden (Kapitel 5).

als niedriger liegt, da zu befürchten ist, dass nicht alle Partizipierenden (womöglich aus Scham oder aufgrund von Orientierung am sozial Erwünschten) wahrheitsgemäß geantwortet haben.[192]

1.2.4 Auswirkungen von Vergewaltigungsmythen

Neben der Tatsache, dass diese Vergewaltigungs- und Sexualitätsmythen höchst sexistisch sind, indem sie Männer als grundsätzlich unkontrollierbar und triebgesteuert darstellen und Frauen zu sexuellen Objekten degradieren, welche aktiv auf ihre Opferwerdung durch ihr Verhalten Einfluss nehmen können, aber deren Glaubwürdigkeit grundsätzlich angezweifelt werden muss, sind diese auch gefährlich für die Anwendung der aktuellen und Entwicklung zukünftiger Rechtsnormen auf diesem Gebiet. Dies soll in einem nächsten Schritt verdeutlicht werden. Zudem wird auf die vier eben erläuterten wichtigsten Vergewaltigungsmythen in dieser Arbeit noch häufiger Bezug genommen und so verdeutlicht werden, welche Tatbestandsmerkmale und strafprozessualen Gegebenheiten noch immer Einfallstor für ebenjene sind.

1.3 Verknüpfung dieser Mythen mit der Entwicklung des Sexualstrafrechts

Wie bereits gezeigt, erfuhr das Sexualstrafrecht ab den 1970er-Jahren mit dem *Fanny-Hill*-Urteil des BGH im Jahre 1969 und der sich an dieser Rechtsprechung orientierenden Strafrechtsreform 1973 einen Paradigmenwechsel.[193] Zudem wurde 1977 das erste *Rape Crisis Center* in Berlin – nach dem Vorbild des ersten *Rape Crisis Centers* in Washington 1972 – eröffnet, weitere folgten; auch hieran ist erkennbar, dass die Gesellschaft sich zunehmend für Frauenrechte – insbesondere im Kampf gegen sexuelle Gewalt– sensibilisierte.[194] Gesellschaftlicher Hintergrund dieser bahnbrechenden Änderungen war die aufstrebende Frauenbewegung,[195] die seit 1967 vermehrt sexuelle Gewalt gegen Frauen in den Fokus rückte.[196] Diese Bewegung verbreitete sich schnell

---

192 Dieses Phänomen ebenfalls in Betracht ziehend *Gerger/Kley/Bohner u.a.*, Aggressive behavior 2007, 422, 424.

193 Vgl. hierzu eingehend oben, S. 13 f.

194 Ein Zeitstrahl mit allen wichtigen gesellschaftlichen Entwicklungen sowie der relevanten Forschungen in diesem Bereich findet sich bei *Lovett/Kelly* (2009), S. 127.

195 Diese hat ihre Uspründe in den USA – An wissenschaftlich relevanter Literatur ist hhier ist allen voran das Werk von Susan Brownmiller zu nennen, welches zunächst in den USA, sodann aber auch international große Wellen geschlagen hat: *Brownmiller* (1975).

196 *Diduck* in: Women's legal landmarks (2019), S. 322.

und fand mit der ersten *Reclaim the Night*-Demonstration in Berlin unmittelbar Einzug nach Deutschland.[197] Unter anderem diese gesellschaftlichen Entwicklungen stießen empirische Forschung auf dem Gebiet der Psychologie, Sexualwissenschaften, Viktimologie und Kriminologie[198] an, welche wiederum die Grundannahmen der Vergewaltigungsmythen Stück für Stück widerlegen konnten.[199] Dies trug letztendlich zu einigen Gesetzesänderungen aufgrund dieser stückweisen „Entmythologisierung" bei.[200] Allgemein zentrierten sich die Gesetzesänderungen ab den 1970er-Jahren auf die Stärkung von Opferrechten im Strafprozess, was zwar nicht unmittelbar eine Änderung im Sexualstrafrecht darstellte, aber den Opfern von derartigen Taten, die bekanntlich besonders stark dem Risiko der sekundären Viktimisierung[201] ausgesetzt sind, doch mittelbar zu Gute kam. Seit 1983 wurden Stimmen immer lauter, die ganz grundsätzliche Veränderungen im Bereich der §§ 177, 178 StGB a.F. forderten: Erst 14 Jahre später, im Jahre 1997 wurden diese allerdings konkret umgesetzt, in dem nicht nur endlich das Tatbestandsmerkmal der „Außerehelichkeit" gestrichen und Männer erstmals als Opfer anerkannt, sondern der Tatbestand der Vergewaltigung auch insgesamt – allen voran durch die Implementierung der Ausnutzung einer schutzlosen Lage durch § 177 I Nr. 3 StGB a.F. – wesentlich erweitert wurde.[202]

1.4 Folgerungen für die aktuelle Reform durch das 50. StrÄG und für die zukünftige Entwicklung des Sexualstrafrechts

Es ist somit davon auszugehen, dass auch die aktuelle Strafrechtsreform die sich noch immer im Wandel befindende Sozialmoral in erheblichem Maße widerspiegelt. Die nun zentrale Stellung des entgegenstehenden Willens des Opfers zeugt von der erhöhten Sensibilität gegenüber der Anerkennung derjenigen Handlungsweisen, die auch ohne die Anwendung von Nötigungsmitteln und Gewalt als sexuelle Übergriffe anzuerkennen sind[203] und somit letztendlich von einem gewissen Erfolg der „Entmythologisierung". Insbesondere ist darin eine ausdrückliche Abkehr vom Stereotyp der „echten" Vergewaltigung zu erkennen.

---

197 *Lovett/Kelly* (2009), S. 127.
198 Vgl. z.B. bahnbrechend *Weis* (1982).
199 Vgl. hierzu ausführlich *Kratzer-Ceylan* (2015), S. 70 ff.
200 *Dies.* (2015), S. 79 ff.
201 Vgl. hierzu vor allem die Forschung von *Steffen* (1987).
202 Vgl. hierzu ausführlich *Kratzer-Ceylan* (2015), 189 ff.
203 *Kubiciel* in: Strafrechtspolitik (2018), S. 108.

Dies ist allerdings kein Grund, die Reform vorschnell als abschließenden Erfolg und als Ende der *rape culture* zu bezeichnen. Denn gerade der Prozess der Reformierung war noch wesentlich geprägt von Argumenten, die, wie die folgenden Ausführungen in dieser Arbeit zeigen werden, auf Vergewaltigungsmythen zurückzuführen sind und damit mittelbar die *rape culture* unterstützen. Zudem sind es nicht nur Gesetze, die Vergewaltigungsmythen nähren und deren gefährliches Potential verbreiten können: Vor allem kann man nicht davon ausgehen, dass die heutige Gesellschaft sowie insbesondere die an einer Strafverfolgung von Sexualstraftaten beteiligten Akteur*inneninnen (im Wesentlichen Polizei und Justiz) frei von Vergewaltigungsmythen zugrundeliegenden Gedankenstrukturen sind,[204] was zusätzlich den Erfolg geänderter Rechtsnormen gefährden könnte. Denn letztlich kann ein modernes, mythenfreies Sexualstrafrecht nur so gut sein wie seine Anwendung in der Praxis, und diese ist nun einmal wesentlich von den oben genannten Akteur*innen abhängig. Auf diese Überlegungen soll im Folgenden innerhalb der Analyse der neuen Rechtslage an verschiedenen Stellen eingegangen werden.

2. Konkrete Anstöße[205] zur Reform

Nachdem der gesellschaftliche Wandel der letzten Jahre nachvollzogen wurde, welcher, wie gezeigt, eng mit der Entwicklung des Sexualstrafrechts im Allgemeinen und somit auch mit der Entstehung der Reformüberlegungen im Besonderen verwoben ist, soll nunmehr beschrieben werden, welche konkreten politischen und rechtlichen Anstöße[206] zu der Reform durch das 50. StrÄG geführt haben.

2.1 Rechtspolitische Aspekte

In der Debatte um das neue Sexualstrafrecht und seine Notwendigkeit wurden in den Medien immer wieder zwei Vorkommnisse erwähnt, welche sich zur

---

204 So auch *Krahé* in: Handbuch sexualisierte Gewalt (2018), 50 f.
205 Der Begriff wurde hier absichtlich gewählt, um zu verdeutlichen, dass die nachfolgenden Aspekte keinesfalls der Beginn der Diskussionen über eine Implementierung des „Nein-heißt-Nein"-Grundsatzes waren. *Bauer* nutzt hierfür differenzierend die Terminologie „Auslöser" (hiermit gemeint: Schutzlücken im alten Recht und etwaige völkerrechtliche Verpflichtungen) und „Impulse" (sowohl durch Frauenrechtsverbände als auch durch die öffentliche Diskussion), vgl. *Bauer*, Recht und Politik 2017, 46, 47 ff.
206 Wie sich gleich zeigen wird, ist der Ausdruck „Gründe" hier verfehlt und wird daher bewusst vermieden.

selben Zeit wie die Debatte zugetragen haben: Die Silvesternacht 2015/16 in Köln und der Fall des „It-Girls" *Gina-Lisa Lohfink*. Fest steht, dass beide Fälle die öffentliche und politische Diskussion – zumindest durch den Einfluss der Medien – wesentlich (mit-)geprägt haben. Auf einem anderen Blatt steht wiederum die Frage, ob sie tatsächlich auch (Mit-)Auslöser des konkreten Gesetzesvorschlags waren, der letztendlich auch Einzug in das StGB gefunden hat. Dies soll im Folgenden genauer untersucht werden.

2.1.1 Die Silvesternacht 2015/16 in Köln

Am Silvesterabend des Jahres 2015 kam es im Umkreis der Kölner Domplatte und des Hauptbahnhofes zu einer Ansammlung junger Männer vorwiegend marokkanischer und algerischer Herkunft.[207] Aus verschiedenen kleinen Gruppen formte sich schnell eine große, die mehr als 1000 Männer bildete. Aus diesen Gruppen heraus kam es in dieser Nacht zu Sexual-, Raub- und Diebstahlsdelikten, wobei insbesondere das Phänomen *Taharrush dschama'i*, bei dem Männer Frauen von ihren männlichen Begleitern trennen und sodann sexuell belästigen sowie sie bestehlen,[208] für Furore gesorgt hatte, welches bis dato in Deutschland noch weitestgehend unbekannt war.

Eine nachträgliche Betrachtung der Anzeigen aus dieser Nacht ergab ca. 1200 Strafanzeigen, wobei sich allerdings nur 550 auf Sexualstraftaten (zum Großteil wegen „Begrapschens", nur selten wegen Vergewaltigung) bezogen, die restlichen überwiegend auf Eigentumsdelikte.[209]

Scharf in die Kritik geriet nach dieser Silvesternacht vor allem die Vorgehensweise der Polizei. Ob hier tatsächlich Fehler begangen wurden, ist für diese Betrachtung allerdings irrelevant und soll deshalb außen vor bleiben.

Interessant ist jedoch, dass die Zahl der eingegangenen Strafanzeigen betroffener Frauen in der Nacht selbst noch relativ überschaubar war, dann aber

---

207 Die Schilderungen dieses Falles beziehen sich auf die Informationen aus dem Schlussbericht des Parlamentarischen Untersuchungsausschusses IV des Landes NRW v. 23.03.2017, Landtag Nordrhein-Westfalen, Drs. 16/14450, abrufbar unter https://www.landtag.nrw.de/portal/WWW/dokumentenarchiv/Dokument/MMD16-14450.pdf [letzter Aufruf: 06.04.2022].
208 Vgl. zum Begriff https://de.wikipedia.org/wiki/Taharrusch_dschamai [letzter Aufruf: 06.04.2022].
209 *Behrendes*, NK 2016, 322, 327; einen interessanten Einblick über die nach der Silvesternacht gestartete #NeinheisstNein-Kampagne findet sich bei *Antons/Busch* in: Wege zum Nein (2017).

– wohl auch durch die exorbitante Berichterstattung in den Medien angestachelt – in den ersten Wochen des neuen Jahres 2016 sprunghaft anstieg.[210] Dies lässt bereits auf einen nicht unerheblichen Einfluss der Medien in diesem Zusammenhang schließen.

Zu fragen ist nun danach, ob dieser Fall tatsächlich Auswirkungen auf die sodann im Laufe des Jahres 2016 vollzogene Reform des Sexualstrafrechts hatte.

Sicher ist, dass die Silvesternacht 2015/16 ein lautes Echo sowohl in den Medien als auch in der Politik erzeugte und so schnell immer mehr Rufe nach dem „starken Staat" laut wurden.[211] Es ist allerdings zu beachten, dass die Diskussion um eine Reform des Sexualstrafrechts tatsächlich schon viel älteren Datums ist: Die ersten Forderungen nach einer gesetzlichen Verankerung von „Nein-heißt-Nein" gab es, angestoßen durch die Frauenrechtsbewegung der 1970er Jahre, bereits 1997 innerhalb der Debatte um die – sodann auch eingeführte – Strafbarkeit der Vergewaltigung in der Ehe.[212] Nachdem dies seinerzeit abgelehnt wurde, begann die Diskussion im Zusammenhang mit der Istanbul-Konvention[213] erneut, angeblich angestoßen durch eine Mail der Geschäftsführerin des Bundesverbandes Frauenberatungsstellen und Frauennotrufe (bff) *Katja Grieger* am 01.08.2013.[214] Jedenfalls wurde bereits im Frühjahr 2015, genauer am 20.02.2015, eine Reformkommission des damaligen Bundesjustizministers *Heiko Maas* zur Notwendigkeit der Neufassung der Sexualdelikte eingesetzt, somit deutlich vor den Vorkommnissen in der Silvesternacht desselben Jahres.[215] Ein Anstoß für die Reform*überlegungen* war der Fall somit keinesfalls. Nicht von der Hand zu weisen ist indes, dass hierdurch neuer Zündstoff für die politische Diskussion hierüber geliefert wurde.[216] Vor allem wurde der vorherige Reformvorschlag des Justizministers *Maas,* welcher zunächst nur § 179 StGB ergänzen wollte, unter dem Druck der Vorkommnisse als unzureichend angesehen.[217] Die Argumente waren allerdings

210 *Behrendes,* NK 2016, 322, 327.
211 *Behrendes,* NK 2016 322; *Bezjak,* KJ 2016, 557, 569.
212 *Rabe,* Aus Politik und Zeitgeschichte 2017, 1, 4.
213 Siehe hierzu bereits oben (Kapitel 2; 3.1.1).
214 *Wollmann/Schaar,* NK 2016 268 mit Verweis auf einen Artikel des Spiegels, abrufbar unter http://www.spiegel.de/spiegel/print/d-133262093.html [letzter Aufruf: 06.04.2022], in dem Auszüge der Mail veröffentlicht wurden .
215 Vgl. auch *dies.,* NK 2016, 268, 274.
216 *Behrendes,* NK 2016, 322, 323; *Bezjak,* KJ 2016, 557, 559; *Kromm* in: Wege zum Nein (2017), S. 28 f.
217 *Herning/Illgner,* ZRP 2016, 77, 79; siehe umfassend zur Kritik an diesem Vorschlag *Hörnle,* KriPoZ 2016, 19 ff.

auch hier nicht neu, sondern wurden lediglich wiederholt und sich vom Gesetzgeber gezielt zu eigen gemacht.[218] Tatsächlich Neues hat durch die Silvesternacht nur an einer einzigen Stelle Einzug in die Reform gefunden: durch den sodann eingefügten § 184j StGB.[219]

Außerhalb dieses Paragraphen ist es aber überaus fraglich, ob die rechtliche Beurteilung jener Silvesternacht unter Zugrundelegung der neuen Rechtslage überhaupt anders zu beurteilen wäre: Vieles spricht nämlich auch dafür, dass die geringen Anzeige- beziehungsweise Verurteilungsquoten schlicht darauf zurückzuführen sind, dass die Opfer nicht mehr in der Lage waren, die Täter zu identifizieren.[220]

Zu beobachten war allerdings, dass die Vorkommnisse zumindest politisch genutzt wurden, um das Gesetzesvorhaben möglichst schnell durchzubringen.[221] Während ein Gesetzesentwurf 2014 noch abgelehnt wurde, wurde das Vorhaben dann im Laufe des Jahres 2016, ohne Abwarten der Ergebnisse der von *Maas* eigens hierfür eingesetzten Reformkommission (s.o.), bemerkenswert schnell durchgesetzt.[222] Es handelte sich bei dem im März 2016 durch die Bundesregierung vorgelegten Entwurf in der Tat um denselben Entwurf des BMJV, der im Jahre 2014 noch ausdrücklich mit dem Argument abgelehnt wurde, dass er zu weitgehend sei.[223] Dies lässt nunmehr den Schluss zu, dass die Vorkommnisse der Silvesternacht in Köln gezielt politisch wirksam gemacht wurden und die Durchsetzung der Reform letztendlich zumindest auch eine Reaktion der Politik auf die heftige mediale Berichterstattung und die darauffolgende Verunsicherung in breiten Teilen der Bevölkerung darstellte.

2.1.2 Der Fall Gina-Lisa Lohfink

Unmittelbar verknüpft mit der Reform erscheint auch der Fall des „It-Girls" *Gina-Lisa Lohfink*. Im Juni 2012 erstattete die ehemalige „Germany's Next

---

218 *Kromm* in: Wege zum Nein (2017), S. 29.
219 *Wollmann/Schaar*, NK 2016, 268, 280.
220 *Renzikowski*, NJW 2016, 3553, 3557; dies verkennend *Papathanasiou*, KriPoZ 2016 133, die davon ausgeht, dass die Silvesternacht die Schutzlücken "auf tragische Weise bestätigt hat".
221 Laut Rabe sei durch die Silvesternacht 2015/16 der bis dahin in der Diskussion eingetretene "politische Stillstand" aufgehoben worden, *Rabe*, Aus Politik und Zeitgeschichte 2017, 1, 7; Pohlreich bezeichnet die Silvesternacht als "Schrittmacher", *Pohlreich*, HRRS 2019, 16, 17.
222 *Renzikowski*, NJW 2016 3553.
223 Ausführlich hierzu *Wollmann/Schaar*, NK 2016, 268, 272 ff.

Topmodel"-Kandidatin Strafanzeige gegen zwei Männer wegen Vergewaltigung, als Beweis hierfür sollte ein Video der Nacht herhalten, welches die
Männer angefertigt und in der Folgezeit versucht hatten, zu vermarkten.[224] In
diesem Video war unter anderem zu hören, wie *Lohfink* mehrfach „Hör auf"
sagte.[225] Letztlich wurden die beiden Männer aber nur aufgrund der Verbreitung des Sexvideos verurteilt, nicht jedoch wegen Vergewaltigung. Ganz im
Gegenteil: In einem anschließenden Verfahren wurde *Lohfink* selbst wegen
falscher Verdächtigung verurteilt.[226]

Der Fall traf – wenig überraschend angesichts des Prominentenstatus der Be-
lastungszeugin – auf großes mediales Interesse. Immer mehr Frauen solidari-
sierten sich unter dem Stichwort „Nein heißt Nein!" mit *Gina-Lisa Lohfink*.
Es wurde sogar eine Petition mit dem Namen „#Nein heißt Nein. Schaffen Sie
ein modernes Strafrecht" eingereicht, die zahlreiche Frauen, darunter auch einige namenhafte Prominente, unterzeichneten.[227] Doch nicht nur in den Medien schlug dieser Fall hohe Wellen, auch die Politik reagierte schnell. Die
damalige Familienministerin *Manuela Schwesig* (SPD) stellte sich unter anderem bei *Twitter* unter dem Hashtag „TeamGinaLisa" auf die Seite des Star-
lets und forderte im selben Atemzug eine Verschärfung des Sexualstrafrechts,
welches in ihren Augen Schuld an dem Ausgang des Verfahrens gewesen
war.[228] Ein „Hör auf" sei ihrer Meinung nach deutlich und müsse zwangsläufig zu einer Verurteilung der Männer führen.[229] Auch die damalige Vizefrak-
tionschefin der Grünen, *Katja Dörner*, fand den Umgang mit *Gina-Lisa Lohfink*, die nun vom „Opfer zur Täterin" gemacht worden wäre, unglaublich, und
gab zu bedenken, dass dies abschreckend für alle Frauen und Mädchen wirken
könnte, die sich zukünftig in einer ähnlichen Situation befinden und sich die
Frage stellen werden, ob sie Strafanzeige erstatten sollen oder besser nicht.[230]

---

224 Siehe ausführlich zu der Vorgeschichte der angeblichen Tat https://www.stern.de/life-
style/leute/gina-lisa-lohfink--chronik-einer-angekuendigten-schaendung-6888744.html
[letzter Aufruf: 06.04.2022].

225 Vgl.   https://www.stern.de/lifestyle/leute/gina-lisa-lohfink--chronik-einer-angekuendig-
ten-schaendung-6888744.html [letzter Aufruf: 06.04.2022].

226 Vgl.   https://www.stern.de/lifestyle/leute/gina-lisa-lohfink--chronik-einer-angekuendig-
ten-schaendung-6888744.html [letzter Aufruf: 06.04.2022].

227 Vgl.   https://www.welt.de/vermischtes/article156197268/Wird-der-Fall-Gina-Lisa-das-
Sexualstrafrecht-verschaerfen.html [letzter Aufruf: 06.04.2022].

228 *Wollmann/Schaar*, NK 2016, 268, 276.

229 Vgl.   http://www.spiegel.de/politik/deutschland/gina-lisa-lohfink-gruene-fordern-
schnelle-reform-des-sexualstrafrechts-a-1096892.html [letzter Aufruf: 06.04.2022].

230 Vgl.   http://www.spiegel.de/politik/deutschland/gina-lisa-lohfink-gruene-fordern-
schnelle-reform-des-sexualstrafrechts-a-1096892.html [letzter Aufruf: 06.04.2022]; *Woll-
mann/Schaar*, NK 2016, 268, 276.

Für diesen Fall gilt indes dasselbe wie bereits zur Silvesternacht in Köln: Auch dieser Fall hat die Diskussion lediglich ins Licht der Öffentlichkeit gerückt und die Gesetzesänderung politisch beschleunigt, allerdings keinesfalls ausgelöst. Der Fall *Gina-Lisa Lohfink* taugt zusätzlich nicht einmal als Beispiel für einen Fall, der die angeblichen Lücken der alten Gesetzeslage aufzeigt: Letztlich wurden die Männer nämlich nicht deshalb freigesprochen, weil das geäußerte „Hör auf" nicht als ausreichend betrachtet wurde, sondern weil nicht zweifelsfrei festgestellt werden konnte, ob es sich hierbei nicht lediglich um ein „Nein" bezogen auf das Filmen des Aktes gehandelt habe.[231] Vor diesem Hintergrund wäre der Fall heute, nach der Reform, jedoch wohl mit großer Wahrscheinlichkeit nicht anders zu entscheiden gewesen als seinerzeit.[232]

Es liegt somit der Schluss nahe, dass auch dieser medienwirksame Fall mit der Reform im Kern inhaltlich nicht viel zu tun hatte. Nichtsdestoweniger lässt sich sagen, dass dieser Fall aufgrund der überschneidenden Thematik (Sexualstrafrecht versagt – wenn auch im Fall *Lohfink* wohl nur vermeintlich – aufgrund von Schutzlücken) und der großen medialen Aufmerksamkeit politisch wirksam gemacht werden konnte. Es wird allerdings nicht nur die oben erwähnte Ansicht vertreten, dass *Lohfinks* Fall nach der Reform nicht anders zu beurteilen gewesen wäre und damit den Kern der Reformbestrebungen gar nicht trifft, einige geben sogar zu bedenken, dass dieser Fall aufgrund seines bekannten Ausgangs (Verurteilung *Lohfinks* wegen falscher Verdächtigung) ein schlechtes Licht auf die Reform insgesamt geworfen hätte.[233] Dem kann letztlich insofern zugestimmt werden, als der Ausgang des Verfahrens und die mediale Fokussierung hierauf den Vergewaltigungsmythos der häufig vorkommenden Falschbezichtigungen (*false allegation myth*) nähren könnte.

2.1.3 Zusammenfassung

Es ist somit zu konstatieren, dass diese beiden Fälle zwar durchaus eine einschneidende Rolle innerhalb der Vorgeschichte der Reform des Sexualstrafrechts 2016 gespielt haben. Es sollte allerdings stets der Unterschied zwischen politischen „Anstößen" und rechtlichen „Hintergründen" beachtet werden.

---

231 *Dies.*, NK 2016, 268, 276.
232 *Kunz*, jM 2016, 433, 434; *Wollmann/Schaar*, NK 2016, 268, 276; , vgl. hierzu auch *Heger* in Lackner/Kühl/StGB (2018), § 177 Rn. 5, der davon ausgeht, dass ein "Nein", dass sich nicht eindeutig auf einen Sexualakt, sondern womöglich eher auf das filmische Festhalten ebendiesen bezieht, zu einem ambivalenten Verhalten und somit zum Verneinen des § 177 I StGB n.F. führen muss.
233 *Kunz*, jM 2016, 433, 434.

Die massive mediale Aufmerksamkeit, der daraufhin erwachsene enorme Druck durch die Öffentlichkeit und die darauffolgende ungewöhnlich beschleunigte Diskussion in der Politik[234] sollten nicht darüber hinwegtäuschen, dass derartige Einzelfälle nicht dazu in der Lage sein können und dürfen, einen Grund zur Reformierung des Strafrechts zu liefern, denn sonst würde sich die Gesetzgebung zu Recht dem Vorwurf des rein symbolischen Strafrechts ausgesetzt sehen. Dass die Reform hierdurch wohl beschleunigt wurde und wie sich dies konkret in ihrer Qualität niedergeschlagen hat, soll zu einem späteren Zeitpunkt betrachtet werden.

Die Silvesternacht 2015/16 in Köln sowie der Fall *Gina-Lisa-Lohfink* hatten – wie gezeigt – entgegen dem von den Medien gezeichneten Bild[235] mit dem Kern der Reform materiell jedoch wenig zu tun. Dennoch fielen sie natürlich auf fruchtbaren Boden und trugen so erheblich dazu bei, die Diskussion neu zu befeuern und Druck auf die Politik auszuüben.[236] Dieses Phänomen ist jedoch keinesfalls ein Einzelfall. Sogar recht häufig werden derartige „Skandale" und prominente Fälle genutzt, um Druck auf den Gesetzgeber auszuüben, welcher sich im Nachklang allzu oft dazu hinreißen lässt, auf die öffentlichen Meinung durch *ad hoc*-Gesetzgebung zu reagieren.[237] Das Vorgehen weist einen Bezug zur sog. „symbolischen Gesetzgebung"[238] auf, worauf im Vorigen bereits eingegangen wurde.[239] *Hassemer* arbeitet den Zusammenhang zwischen Strafgesetzgebung und Politik präzise heraus, indem er mancherlei Gesetzesänderungen als „Krisenphänomen der modernen folgenorientierten Kriminalpolitik"[240] beschreibt. Schädlich in diesem Sinne – dies wurde im Vorigen ebenfalls bereits herausgearbeitet – ist allerdings nur das vom Rechtsgüterschutz gänzlich losgelöste symbolische Strafrecht. Dies wäre für die hier betrachtete Reform allerdings nur dann zu bejahen, wenn tatsächlicher Handlungsbedarf mit Blick auf den Schutz des Rechtsguts der sexuellen Selbstbestimmung überhaupt nicht bestanden hätte, sondern ausschließlich aufgrund

---

234 Eine ausführliche Analyse des Einflusses der Medien auf die Reform findet sich bei *Hoven*, Monatsschrift für Kriminologie und Strafrechtsreform 2017, 161 ff.,; zusammengefasst auch nochmals bei *Hoven*, NK 2018, 392 ff.

235 Sich eingehend mit dem von den Medien verzerrten Bild auf die Sexualstrafrechtsreform anhand einer Inhaltsanalyse von 60 Text-Beiträgen befassend *Hoven*, KriPoZ 2018, 2 ff.,.

236 So auch *Bachmann*, Recht und Politik 2017, 416, 425.

237 Kritisch hierzu insgesamt, nicht nur am Beispiel der Änderung des Sexualstrafrechts: *Nobis*, StV 2018, 453 ff.,

238 Vgl. hierzu z.B. *Hassemer*, NStZ 1989, 553 ff.

239 Vgl. hierzu oben (Kapitel 3: 1.1).

240 *Hassemer*, NStZ 1989, 553, 559.

des öffentlichen Drucks in Folge dieser Einzelfälle reagiert worden wäre. Aufgrund dessen sollen im nächsten Abschnitt diejenigen Aspekte, die rechtlich einen Anstoß gegeben haben, begutachtet werden, welche, so sie denn bestanden hätten, den Vorwurf des rein symbolischen Strafrechts zu entkräften in der Lage wären.

2.1.4 Nachklang: der Hashtag #MeToo

Ebenso in den Kontext der Debatte – wenngleich er zeitlich nach dem Inkrafttreten der Reform aufkam – gehört der Hashtag *#MeToo*. Im Oktober 2017 wurden zahlreiche Anschuldigungen gegen den US-Filmproduzenten *Harvey Weinstein* laut, welcher eine Vielzahl von Schauspielerinnen im beruflichen Kontext sexuell belästigt haben und dabei auch übergriffig geworden sein soll; *Alyssa Milano* (eine bekannte US-Schauspielerin) rief daraufhin den Hashtag *#MeToo* ins Leben, unter welchem sodann Frauen aus der ganzen Welt von ihren Erfahrungen mit sexuellen Übergriffen berichteten.[241] Im März 2020 wurde *Weinstein* von einem New Yorker Gericht zu 23 Jahren Haft verurteilt.[242] Auch wenn die hiermit losgetretene öffentliche Debatte keinen direkten Einfluss auf die Reform genommen hat, so spiegelt sie doch das öffentliche Interesse an der Thematik wider und gehört in den allgemeinen Diskurs über den Ist- und den Soll-Zustand des Sexualstrafrechts. Zudem ist es als wahrscheinlich anzusehen, dass *#MeToo* zumindest dazu geführt hat, dass dem Thema insgesamt mehr Aufmerksamkeit gewidmet wird und dass Opfer sich eher trauen, über das, was ihnen geschehen ist, offen zu sprechen,[243] was letztendlich zumindest auf die Rechtswirklichkeit und auf die Anwendung der Rechtsnormen Einfluss nehmen dürfte. Ebenfalls sind einige Reformen in anderen Ländern zumindest partiell auf die Bewegung zurückzuführen.[244]

---

241 Vgl. hierzu z.B. die kurze Einführung von *Hörnle*, Bergen Journal of Criminal Law and Criminal Justice 2018 115.
242 Vgl.   https://www.tagesschau.de/ausland/harvey-weinstein-urteil-haftstrafe-101.html [letzter Aufruf: 06.04.2022].
243 Siehe ausführlich zu den Auswirkungen von #MeToo *Hörnle*, Bergen Journal of Criminal Law and Criminal Justice 2018, 115, 117 ff.
244 Vgl. hierzu unten S. 181.

2.2 Rechtliche Aspekte

Nunmehr sollen die rechtlichen Hintergründe der Reform beleuchtet werden. Hierzu scheint es lohnend, einen Blick auf den Gesetzesentwurf der Bundesregierung[245] zu werfen, welcher letztendlich unter Modifizierung des Bunderates[246] angenommen und sodann auch umgesetzt wurde.

Zunächst fällt auf, dass der Entwurf der Bundesregierung in seiner Begründung mit keiner Silbe die Silvesternacht 2015/16 in Köln oder gar den Fall *Gina-Lisa Lohfink* erwähnt, aber wiederum ein Foto der Silvesternacht auf der Seite des Bundestags im Zusammenhang mit der Bekanntmachung der Annahme des Gesetzesentwurfs zu finden ist.[247] Dies erscheint äußerst bezeichnend und stärkt die vorangegangene Annahme, dass derartige Einzelfälle nicht nur von den Medien genutzt werden, um Einfluss auf die Politik und damit mittelbar auf die Gesetzgebung zu nehmen, sondern auch von der Politik instrumentalisiert werden, um bestimmte Forderungen gegen politische Gegner durchzusetzen. Dass dennoch diese Fälle nicht in der Begründung des konkreten Gesetzesvorschlags zu finden sind, zeigt, dass sich die Bundesregierung durchaus darüber im Klaren gewesen ist, dass diese mit den Reformforderungen inhaltlich – wenn überhaupt – nur lose zusammenhängen.

Als Anstöße zur Reform nennt der Gesetzesentwurf vielmehr:[248]

Die Bestrebung, bestehende Schutzlücken im Sexualstrafrecht zu schließen und somit ein höheres Schutzniveau insgesamt zu erreichen (bezugnehmend auf einen Bericht des Frauenverbandes Frauenberatungsstellen und Frauennotrufe (*bff*),[249] der eklatante Schutzlücken im ehemaligen Sexualstrafrecht monierte),

Die Anpassung der nationalen Gesetzeslage an die vom EGMR aufgestellten Grundsätze zu Art. 8 und Art. 3 EMRK,[250]

---

245 Deutscher Bundestag Drucksacke 18/8210, abrufbar unter http://dip21.bundestag.de/dip21/btd/18/082/1808210.pdf [letzter Aufruf: 06.04.2022].
246 Deutscher Bundestag Drucksache 18/8626, abrufbar unter http://dip21.bundestag.de/dip21/btd/18/086/1808626.pdf [letzter Aufruf: 06.04.2022].
247 Vgl. https://www.bundestag.de/dokumente/textarchiv/2016/kw17-ak-sexualstrafrecht/419248 [letzter Aufruf: 06.04.2022].
248 Vgl. hierzu Deutscher Bundestag Drucksacke 18/8210, abrufbar unter http://dip21.bundestag.de/dip21/btd/18/082/1808210.pdf [letzter Aufruf: 06.04.2022], S. 8 f.
249 *Grieger/Clemm/Eckhardt u.a.* (2014).
250 Vgl. zum Urteil des EGMR oben (Fn. 113).

Die damals anstehende Ratifizierung der Istanbul-Konvention, wobei zwar anerkannt wird, dass aus dieser keine direkte Verpflichtung des deutschen Gesetzgebers zur Änderung der rechtlichen Voraussetzungen folgt, gleichwohl aber eine bessere Entsprechung angestrebt wird,

Stellungnahmen des Deutschen Juristinnenbundes (*djb*) sowie des Deutschen Instituts für Menschenrechte[251]

Sowie eine Länderabfrage, die das Bundesministerium für Justiz und Verbraucherschutz im September 2014 in Auftrag gegeben und deren Ergebnis gezeigt hat, dass es in der Praxis durchaus Fälle gab und gibt, die nicht unter die alte Fassung des § 177 StGB fielen, obwohl sie als strafwürdig erachtet wurden.

Insgesamt standen also laut Begründung des Gesetzesentwurfs die bestehenden Schutzlücken der alten Rechtslage im Vordergrund. Diese waren allerdings – wie bereits erläutert – nicht der Grund, wieso im Fall *Gina-Lisa Lohfink* oder auch bei der Aufarbeitung der Vorkommnisse in der Silvesternacht 2015/16 in Köln keine oder nur wenige Verurteilungen erfolgt sind. Es sollte mithin bei aller Medienpräsenz der o.g. „Skandale" nicht der Blick dafür verloren gehen, dass die Anstoßpunkte für die Reform sehr viel weiter zurückgehen und sich allesamt auf der rechtlichen Ebene ansiedeln. Da Gesetzgebung in der Tat jedoch auch immer durch die Politik und durch die öffentliche Meinung gekennzeichnet ist, haben wohl beide Aspekte – sowohl die rechtspolitischen als auch die reinen rechtlichen – letztendlich ihren Teil zur Reform beigetragen. Der Vorwurf der rein symbolischen Strafrechtsänderung kann an dieser Stelle bereits insofern entkräftet werden, als zumindest die im Gesetzesentwurf deutlich werdende Intention des Gesetzgebers durchaus auf Handlungsbedarf abseits des rein Symbolischen schließen lässt. Freilich gilt es, dies in einem nächsten Schritt noch näher zu untersuchen und zu belegen.

---

251 *Rabe/Normann* (2014).

3. Die alte Rechtslage: Tatsächliche Schutzlücken oder reine „Schutzlückenkampagne"?[252]

Zu konstatieren ist also, dass die ehemalige Rechtslage vor der Reform durch das 50. StrÄG, welches im November 2016 in Kraft getreten ist, vom Gesetzgeber, so wird es in seinem Gesetzesentwurf deutlich, als defizitär vor allem mit Blick auf den Opferschutz erachtet wurde. Diese sogenannten „Schutzlücken" sind von unterschiedlichen Seiten schlicht behauptet, aber auch anhand von Studien und Statistiken untersucht und letztlich belegt worden. Dennoch gibt es einige kritische Stimmen in der Wissenschaft, die die Aussagekraft dieser Untersuchungen bezweifeln oder diese gar schlicht für fehlinterpretiert oder einseitig nutzbar gemacht halten. Dies soll im Folgenden näher untersucht werden, da sich hierauf aufbauend zugleich die Ziele der Reform beschreiben lassen.

3.1 Voraussetzungen des § 177 StGB a.F.

Einleitend ist kurz – ohne bereits näher auf die Voraussetzungen des § 177 StGB n.F. einzugehen – auf den wesentlichen Unterschied zwischen der alten und der neuen Rechtslage einzugehen: Durch das System der § 177 und § 179 StGB a.F. war die Strafbarkeit einer sexuellen Handlung gegen den Willen einer Person stets entweder an eine Nötigung (§ 177 StGB a.F.) oder aber an ein körperliches oder seelisches Defizit, welches sich auf die Widerstandsleistung auswirkt (§ 179 StGB a.F.), gekoppelt. Für eine Strafbarkeit aus § 177 StGB a.F. musste die sexuelle Nötigung ferner

mit Gewalt (Nr. 1)

durch Drohung mit gegenwärtiger Gefahr für Leib und Leben (Nr. 2) oder

unter Ausnutzung einer sog. schutzlosen Lage (Nr. 3)

erfolgen.

---

252 Bezeichnung von *Frommel* in: Sexualität und Strafe (2016),; *Frommel* in: Strafrecht - Jugendstrafrecht - Kriminalprävention in Wissenschaft und Praxis (2015), S. 321; eine ähnliche Bezeichnung wählend *Wollmann/Schaar*, NK 2016, 268 ff.,; den Begriff ebenfalls, sogar in der Überschrift seiner Kolumne nutzend *Fischer* (2015): Die Schutzlückenkampagne (https://www.zeit.de/gesellschaft/zeitgeschehen/2015-02/sexuelle-gewalt-sexualstrafrecht) [letzter Aufruf: 06.04.2022].

58 *Kapitel 3: Schutz der sexuellen Selbstbestimmung in Deutschland*

Außerhalb des offensichtlich als Ausnahmeregelung inkorporierten § 179 StGB a.F. war eine sexuelle Handlung gegen den Willen der betroffenen Person ohne eine dieser Nötigungsvarianten nur über den als „Auffangtatbestand" konstruierten § 240 IV S. 2 Nr. 1 StGB a.f.[253] sowie – natürlich nur bei Vorliegen der entsprechenden Tatbestandsvoraussetzungen – eventuell über § 185 StGB erfassbar.

3.2 Schutzlücken/Mängel der alten Rechtslage

Dieses System gab allerdings Anlass zu der Annahme, der entgegenstehende Wille der betroffenen Personen sei nur lückenhaft geschützt. Dies wird indes auch von kaum jemandem bezweifelt: Einer juristisch versierten Person wird bei Betrachtung des alten Systems der §§ 177 ff. StGB a.f. schnell auffallen, dass eine sexuelle Handlung gegen den Willen einer betroffenen Person ohne vorangegangene Nötigungshandlung nur unter sehr engen Voraussetzungen strafbar war. Dies war allerdings keinesfalls ein gesetzgeberisches Missgeschick, sondern tatsächlich so intendiert. Die Frage danach, ob diese Lückenhaftigkeit zu begrüßen oder abzulehnen ist, wurde allerdings vermehrt unterschiedlich beantwortet.

Es mehrten sich im Laufe der Zeit die letzteren Stimmen. Zwar wurde durchaus anerkannt, dass das Strafrecht notwendigerweise lückenhaft zu halten ist, und zwar in dem Sinne, dass nicht jedwedes menschliche Verhalten, das eine andere Person zu stören geeignet ist, kriminalisiert werden sollte: Eine Schutzlücke löst damit nicht automatisch einen Reformbedarf aus, sondern ist einem an rechtsstaatlichen Prinzipien ausgerichteten Strafrecht schlicht immanent.[254] Genau diese Tatsache ist gemeint, wenn gemeinhin von einem „fragmentarischen Charakter des Strafrechts"[255] gesprochen wird.

Anders ist dies allerdings bei derartigen Strafbarkeitslücken zu bewerten, die gravierende Verletzungen eines Rechtsguts unbestraft lassen.[256] Dass dies in der Praxis indes tatsächlich so ist, sollte von den die Reform befürwortenden Stimmen bewiesen werden. Ausgangspunkt der Forderungen war hierbei, dass nicht alle in der gerichtlichen Praxis (auch von gerichtlicher Seite) als strafwürdig erachtete Fälle sexueller Handlungen gegen den Willen der Opfer auch

253 Vgl. vertiefend zu den Anwendungsvoraussetzungen und dem Verhältnis zu § 177 StGB a.F. *Eser/Eisele* in Schönke/Schröder/StGB (2014), § 240 Rn. 38.
254 *Fischer* (2015), S. 1; in diesem Sinne auch *Hoven/Weigend*, JZ 2017, 182, 183.
255 Vgl. zum Begriff ausführlich m.w.N. *Hefendehl*, JA 2011, 401 ff.
256 *Hörnle*, ZIS 2015, 206, 207; *Isfen*, ZIS 2015 217.

tatsächlich bestraft werden konnten. Besonders einflussreich und daher in der Diskussion auch immer wieder zitiert war und ist die besagte Fallstudie des *bff,* die 2014 eine Reihe von Fällen vorlegte, die die Häufigkeit dieser Schutzlücken in der gerichtlichen Praxis bestätigen sollten.

Zusammenfassend lassen sich die vom *bff* herausgearbeiteten, anhand von Urteilsbegründungen belegten[257] und sodann z.T. in die Begründung des Gesetzesentwurfs der Bundesregierung[258] aufgenommenen Mängel der alten Rechtslage wie folgt kategorisieren:

Fälle, in denen das Opfer aus gutem Grund keinen oder zu wenig Widerstand leistet, können nicht bestraft werden (Gewaltalternative). Die Furcht vor Beeinträchtigungen außerhalb von Tötungs- und Körperverletzungsdelikten reicht nicht aus (Drohungsalternative)

Vor der ersten Widerstandshandlung begangene sexuelle Handlungen gegen den Willen des Opfers sind straflos

Fälle, in denen der Finalzusammenhang zwischen Gewalt beziehungsweise Drohung und sexueller Handlung fehlt, können nicht bestraft werden

Fälle, in denen nur aus Opferperspektive, nicht aber objektiv eine schutzlose Lage besteht, fallen nicht unter das Merkmal des § 177 I Nr. 3 StGB a.F.

Fälle, in denen sich das Opfer aufgrund der Ausnutzung eines Überraschungsmomentes nicht wehrt, bleiben überwiegend straflos (Überrumpelungsfälle)

Unabhängig von der gerichtlichen Praxis sowie der internationalen Vorgaben sah *Hörnle* den Reformbedarf bereits daraus erwachsen, dass § 177 StGB a.F. einen rückständigen „Konstruktionsfehler" aufwies: Die notwendige Zweiaktigkeit des Tatbestands (Beugung des entgegenstehenden Willens durch Nötigung einerseits, andererseits Vornahme der sexuellen Handlung) sei eine unnötige Festhaltung an einer Jahrhunderte alte Tradition, die die Gewalt als das zentrale Unrecht der Sexualdelikte ansah.[259] Die Fokussierung auf den Aspekt der Gewalt ist in der Tat Jahrhunderte weit zurückzuverfolgen, wie die vorherigen Ausführungen bereits gezeigt haben.[260] Mit Blick darauf, dass heutzutage bewiesen ist, dass die meisten Vergewaltigungen tatsächlich im sozialen

---

257 *Grieger/Clemm/Eckhardt u.a.* (2014), S. 12 ff.
258 Deutscher Bundestag Drucksache 18/8210, S. 9 f.
259 *Hörnle,* ZIS 2015, 206, 208; ausführlich hierzu auch *Hörnle,* GA 2015, 313, 313 f.
260 Vgl. hierzu oben (Kapitel 2: 1.).

Nahraum stattfinden[261] und nicht etwa – wie viele Laien zu Unrecht annehmen[262] – zwischen Fremden in stillen und dunklen Gassen, erscheint diese Fokussierung in der Tat zweifelhaft. Auch im Hinblick auf die Herauskristallisierung des Schutzgutes der sexuellen Selbstbestimmung ist die Ausrichtung des Strafrechts allein am entgegenstehenden Willen einer Person die einzig logische Konsequenz.[263]

Zudem sei die Pönalisierung innerhalb des Sexualstrafrechts nicht nur lückenhaft, sondern auch mit Blick auf die Beurteilung der Strafwürdigkeit einzelner Verhaltensweisen widersinnig: Dies zeige bereits die Pönalisierung einer schlichten exhibitionistischen Handlung in § 183 StGB, während die Vornahme einer sexuellen Handlung an einer anderen Person ohne Nötigungsmittel nicht zu bestrafen ist, obwohl ersteres wohl offensichtlich mangels Körperkontakt als weniger übergriffig und daher als das geringere Unrecht gelten muss.[264]

An die Tatsache, dass die meisten Vergewaltigungen im sozialen Nahraum stattfinden, knüpft indes auch die erste der o.g. Schutzlücke an, welche der *bff* beklagt: Soweit Opfer ihr Gegenüber kennen – was, wie gesagt, in der Praxis häufig der Fall ist –, daher bereits um seine Gefährlichkeit wissen und sich gerade deshalb gar nicht oder nur halbherzig zur Wehr setzen, konnte das alte System der § 177 StGB ihnen nicht helfen.[265] Auch ansonsten gebe es vielfältige Gründe, warum Opfer sich nicht gegen sexuelle Übergriffe wehrten, etwa aus Scham oder aus (gegebenenfalls unbegründeter) Angst vor Gewalt, ohne dass der*die Täter*in diese zuvor angedroht hätte.[266] Andererseits kann es aber auch in den Fällen von unerwarteten Angriffen in der Öffentlichkeit, in der der*die Täter*in das Opfer mit Berührungen an sensiblen Stellen des Körpers überrascht, dazu kommen, dass das Opfer zu spät oder aufgrund der Flüchtigkeit des Moments sogar gar nicht in der Lage ist, sich zu wehren; somit blieben derartige Überrumpelungsfälle ebenfalls – bis zur Aufnahme der ersten Widerstandshandlung des Opfers – straflos.[267]

261 *Grieger/Clemm/Eckhardt u.a.* (2014), S. 15.
262 Vgl. zum *real rape*-Stereotyp oben (Kapitel 3: 1.2.2).
263 *Rohmann*, Praxis der Rechtspsychologie 2017, 27, 30; wenig überzeugend davon ausgehend, dass mit der Reform das Verständnis des Inhalts der sexuellen Selbstbestimmung ganz grundlegend verändert wurde *Hoven*, KriPoZ 2018, 2, 7 f.
264 *Hörnle*, KriPoZ 2016, 19, 20.
265 *Grieger/Clemm/Eckhardt u.a.* (2014), S. 15.
266 *El-Ghazi*, ZIS 2017, 157-168, 158; *Hörnle*, GA 2015, 313, 314.
267 *Grieger/Clemm/Eckhardt u.a.* (2014), S. 19.

Ein großes Problem der alten Rechtslage war – wie auch die Studie des *bff* beklagt – zudem die Auslegung der schutzlosen Lage in § 177 I Nr. 3 StGB a.f., welcher 1997 eingeführt wurde, gerade um Opfer besser zu schützen[268]: Dieser war überwiegend der Kritik ausgesetzt, dass die Ziele hinter dessen Einführung nicht erreicht würden, was vor allem an der engen Auslegung seitens der Rechtsprechung des BGH lag.[269] Dieser sah nach ständiger Rechtsprechung nur eine *objektiv* vorliegende schutzlose Lage des Opfers, in der es Tötungs- oder Körperverletzungsdelikte zu befürchten hatte, als ausreichend zur Erfüllung des Merkmals an.[270] Hiermit fielen vor allem die in der Praxis häufig anzutreffenden Fälle, in der die sexuelle Handlung gegen den Willen des Opfers in dessen eigener Wohnung stattfindet, in aller Regel aus dem Tatbestand heraus.[271] Dies lag daran, dass die Gerichte hier maßgeblich darauf abstellten, ob „Flucht- und Verteidigungsmöglichkeiten derart vermindert sind, dass das Opfer dem ungehemmten Einfluss des Täters preisgegeben ist".[272] Dies wurde oftmals aufgrund zweifelhafter pauschaler Argumente abgelehnt, etwa, weil die Haustür nicht durch den*die Täter*in abgeschlossen wurde und das Opfer damit objektiv die Möglichkeit der Flucht eröffnet war, oder weil durch Schreie die Nachbarn zur Hilfe hätten gerufen werden können.[273] Mit Blick auf die Konstruktion des § 177 StGB a.F. als Verbrechen und die daraus resultierende höhere Strafandrohung erschien diese restriktive Auslegung allerdings nahezu unumgänglich, jedenfalls aber vertretbar, was auch die Literatur erkannte.[274]

Zudem war auch § 177 I Nr. 3 StGB zweiaktig ausgestaltet, womit auch bei dieser Tatvariante ein entgegenstehender Wille durch die Ausübung von Zwang überwunden werden musste (hier allerdings nicht auf die Zwangsmittel Gewalt oder Drohung mit gegenwärtiger Gefahr für Leib und Leben begrenzt).[275]

---

268 Ausführlich zu dem Merkmal der schutzlosen Lage und seinen Auslegungsmöglichkeiten *Kieler* (2003), 147 ff.
269 *Bezjak/Bunke* in: Sexuelle Gewalt als Herausforderung für Gesellschaft und Recht (2017), S. 21 f.
270 *Dies.* in: Sexuelle Gewalt als Herausforderung für Gesellschaft und Recht (2017), S. 22.
271 *Grieger/Clemm/Eckhardt u.a.* (2014), S. 30 f.
272 Vgl. zum Beispiel BGH NJW 1999, 369 oder auch *Renzikowski* in MüKo/StGB (2017), § 177 a.F. Rn. 46 m.w.N.
273 *Grieger/Clemm/Eckhardt u.a.* (2014), S. 11 ff.
274 *Bezjak/Bunke* in: Sexuelle Gewalt als Herausforderung für Gesellschaft und Recht (2017); S. 22; *Isfen*, ZIS 2015, 217-233, 227; *El-Ghazi*, ZIS 2017, 157-168, 159.
275 *Eisele* in Schönke/Schröder/StGB (2014), § 177 Rn. 11; *Hörnle*, GA 2015, 313, 314.

Schließlich sah der *bff* nicht zuletzt Handlungsbedarf seitens des Gesetzgebers aufgrund der geringen Verurteilungsquoten und bezieht sich hierbei auf die Jahre 2001-2012, wonach es in diesen Jahren jährlich durchschnittlich nur 986,5 Verurteilungen gegeben hätte; 2012 lag die Verurteilungsquote gemessen an den Anzeigen hiernach bei lediglich 8,4 % und gemessen an den Tatverdächtigen bei 10 %.[276]

3.3 Kritische Stimmen

Die Studie des *bff* hat im akademischen Diskurs nicht nur Zuspruch gefunden, sondern war auch lauter Kritik ausgesetzt. Zentraler Punkt der (sich indes in der Minderheit[277] befindenden) Kritiker*innen war dabei der Vorwurf, dass der *bff* die genannten Statistiken und Einzelfälle absichtlich nur sehr einseitig interpretiert hätte, damit diese zu den gewünschten Ergebnissen passten.[278] Es wurde demnach nicht genügend bedacht, dass es sich bei den in der Studie vorgestellten gerichtlichen Fällen auch schlicht um Fehlurteile handeln könnte.[279] Diese Urteile würden fälschlicherweise nahezu als „herrschende Meinung" ausgegeben und damit ein verzerrtes Bild der Wirklichkeit gezeichnet.[280] *Fischer* betitelte dieses Vorgehen sogar als bewusste „Irreführung der Öffentlichkeit".[281] Auch das Argument der zu niedrigen Verurteilungsquoten wurde in der Literatur nicht immer geteilt: Diese seien sogar insofern fehlinterpretiert, als nicht ausreichend beachtet worden sei, dass die Verfahren in

---

276 *Grieger/Clemm/Eckhardt u.a.* (2014), S. 5; vgl. zu den niedrigen Verurteilungsquoten und möglichen Erklärungsansätzen ausführlich auch *Barton* in: Strafrecht - Jugendstrafrecht - Kriminalprävention in Wissenschaft und Praxis (2015),

277 Sich selbst explizit zur "Minderheit" zählend *Fischer* (2015): Die Schutzlückenkampagne (https://www.zeit.de/gesellschaft/zeitgeschehen/2015-02/sexuelle-gewalt-sexualstrafrecht) [letzter Aufruf: 06.04.2022].

278 *Frommel* in: Strafrecht - Jugendstrafrecht - Kriminalprävention in Wissenschaft und Praxis (2015), S. 322.

279 *Frommel* in: Strafrecht - Jugendstrafrecht - Kriminalprävention in Wissenschaft und Praxis (2015), S. 322; ebenso *Fischer* (2015): Es gibt keinen Skandal (https://www.zeit.de/gesellschaft/zeitgeschehen/2015-02/sexuelle-gewalt-sexualstrafrecht-schutzluecke) [letzter Aufruf: 06.04.2022].

280 *Frommel* in: Strafrecht - Jugendstrafrecht - Kriminalprävention in Wissenschaft und Praxis (2015), S. 322; die Forderungen als "Phantomschmerzen" bezeichnend *Frommel*, ZRP 2016, 122, 123; ebenso *Fischer* (2015): Die Schutzlückenkampagne (https://www.zeit.de/gesellschaft/zeitgeschehen/2015-02/sexuelle-gewalt-sexualstrafrecht) [letzter Aufruf: 06.04.2022], der in seiner Kolumne einige der vom bff aufgeführten Fälle "verteidigt".

281 *Fischer* (2015): Es gibt keinen Skandal (https://www.zeit.de/gesellschaft/zeitgeschehen/2015-02/sexuelle-gewalt-sexualstrafrecht-schutzluecke) [letzter Aufruf: 06.04.2022].

Vergewaltigungsfällen häufig schlicht eingestellt würden, weil eine betroffene Person bereits über andere Wege (zum Beispiel das Gewaltschutzgesetz) ihr Ziel erreicht hat.[282]

Kritik geübt wurde auch an der Darstellung des gesamten Rechts als lückenhaft: Durch die Existenz von Auffangnormen wie § 240 IV S. 2 Nr. 1 StGB a.f. sowie § 185 StGB sei höchstens der Verbrechenstatbestand des § 177 StGB a.f. lückenhaft, nicht aber das „Recht" *per se*.[283] Neben den genannten strafrechtlichen Auffangnormen bestünde zudem eine Vielzahl von Regelungsinstrumenten außerhalb des Strafrechts, vor allem in Form des „punitiven Zivilrechts"; diese könnten in Fällen nicht gewaltsam erzwungener sexueller Handlungen gegen den Willen einer Person durch Platzverweise und Wegweisungen Opfern Schutz unterhalb der strafrechtlichen Grenze gewähren und seien mindestens ebenso effektiv, wenn nicht sogar effektiver.[284] Die Forderung, einen beschuldigte Person strafrechtlich unbedingt als „Vergewaltiger*in" bezeichnen zu können, sei überdies nicht legitim.[285] Zudem behaupten einige, nicht die Strafbarkeit selbst sei lückenhaft gewesen, sondern lediglich die Strafverfolgung.[286]

3.4 Stellungnahme

War also nun die Anpassung des Gesetzes insgesamt mit Blick auf die völkerrechtlichen sowie grundgesetzlichen Vorgaben und die Schließung von (eventuell bestehenden) Schutzlücken notwendig? Hiermit verbunden kann nun auch endlich die Frage nach einem rein symbolischen Strafrecht beantwortet werden, denn bejahendenfalls wäre dieser Vorwurf endgültig entkräftet.

---

282 *Frommel*, ZRP 2016, 122, 123.
283 *Frommel* in: Strafrecht - Jugendstrafrecht - Kriminalprävention in Wissenschaft und Praxis (2015), S. 330; dies ebenfalls nahelegend, indem er innerhalb eines vom bff als Schutzlücke betitelten Falles auf die Strafbarkeit nach § 240 IV StGB a.f. verweist *Fischer* (2015): Die Schutzlückenkampagne (https://www.zeit.de/gesellschaft/zeitgeschehen/2015-02/sexuelle-gewalt-sexualstrafrecht) [letzter Aufruf: 06.04.2022].
284 *Frommel*, NK 2018, 368, 374 f.
285 *Dies.* in: Strafrecht - Jugendstrafrecht - Kriminalprävention in Wissenschaft und Praxis (2015), S. 330.
286 *Freudenberg*, ZRP 2020 32.

3.4.1 Schutzlücken

Zuerst soll jedoch kurz Stellung zur Lückenhaftigkeit des alten Rechts anhand der in der *bff* Studie vorgetragenen Schutzlücken bezogen werden:

Fälle, in denen das Opfer aus gutem Grund keinen oder zu wenig Widerstand leistet, können nicht bestraft werden (Gewaltalternative)

Zwar ist weder vom Wortlaut noch durch die Auslegung innerhalb der Literatur verlangt worden, dass tatsächlich Widerstand vom Opfer geleistet werden musste oder wie stark dieser mindestens ausgeprägt sein musste, denn es reichte auch das Überwinden eines nur erwarteten Widerstands des Opfers zur Bejahung des Tatbestands aus.[287] Die pauschale Aussage, dass das Opfer sich körperlich gegen den*die Täter*in wehren muss, damit diese*r sich strafbar machte, ist also unzutreffend. Gleichwohl ist zu konstatieren, dass die zweiaktige Ausgestaltung dieser Tatbestandsvariante sehr wohl auf die Überwindung tatsächlichen Widerstands ausgerichtet und das Fehlen eines solchen Widerstands somit zumindest stets begründungsbedürftig war. Zudem wurde bereits nicht jede Körperlichkeit tatsächlich als „Gewalt" in diesem Sinne anerkannt.[288] Unabhängig davon, wie man diese Lückenhaftigkeit beurteilt (als Ausprägung des *ultima ratio*-Grundsatzes oder als schließungsbedürftig), war deren Existenz doch nicht zu leugnen.

Die Furcht vor Beeinträchtigungen außerhalb von Tötungs- und Körperverletzungsdelikten reicht nicht aus (Drohungsalternative)

Diese Schutzlücke ist bereits durch die eindeutige Formulierung des § 177 I Nr. 2 StGB a.F. „Drohung mit gegenwärtiger Gefahr für Leib und Leben" belegt.

Vor der ersten Widerstandshandlung begangene sexuelle Handlungen gegen den Willen des Opfers sind straflos, insbesondere erfasst dies Fälle, in denen sich das Opfer aufgrund der Ausnutzung eines Überraschungsmomentes nicht wehrt, bleiben überwiegend straflos (Überrumpelungsfälle).

Dass derartige Fälle, in denen der*die Täter*in das Opfer mit der sexuellen Handlung überrascht und dieses aufgrund der Überrumpelung nicht in der

---

287 "Ob sich das Opfer tatsächlich wehrt, ist unerheblich", vgl. *Ziegler* in BeckOK StGB (2017), § 177 a.F. Rn. 94.

288 Vgl. für eine Übersicht über Umstände, die vom BGH als Gewalt anerkannt wurden und welche nicht, *Ders.* in BeckOK StGB (2017), § 177 a.F. Rn. 95.

Lage ist, einen entgegenstehenden Willen zu bilden, grundsätzlich nicht von § 177 StGB a.f. erfasst waren, hat der BGH eindeutig entschieden.[289]

Fälle, in denen der Finalzusammenhang zwischen Gewalt beziehungsweise Drohung und sexueller Handlung fehlt, können nicht bestraft werden

In der Tat ist der Finalzusammenhang zwischen Gewaltanwendung und sexueller Handlung stets als erforderlich angesehen worden.[290] Der Schluss, dass Fälle, in denen die Gewalt nicht final zur Ausübung der sexuellen Handlung angewendet wurde, erscheint daher plausibel, wobei dies freilich nichts über die Notwendigkeit der Erfassung nicht final ausgeübter Gewalt im Vorfeld sexueller Handlungen aussagt.

Fälle, in denen nur aus Opferperspektive, nicht aber objektiv eine schutzlose Lage besteht, fallen nicht unter das Merkmal des § 177 I Nr. 3 StGB a.f.

Eine „schutzlose Lage" im Sinne der Norm wurde definiert als Verringerung der Schutz- und Verteidigungsmöglichkeiten des Opfers in einem solchen Maße, dass es dem ungehemmten Einfluss des anderen preisgegeben ist.[291] Zum einen stellte die Rechtsprechung an das Erfüllen dieses Merkmals bereits objektiv hohe Anforderungen – so wurde es beispielsweise nicht stets als ausreichend angesehen, dass das Opfer mit dem*der Täter*in alleine war –,[292] zudem war Anknüpfungspunkt dieses Merkmals in der Tat ausschließlich Objektives wie die Gesamtumstände und körperliche Merkmale von Täter*in und Opfer.[293]

3.4.2 Anpassungsbedarf aus rechtlicher Perspektive

Es ist somit durchaus zu konstatieren, dass die alte Rechtslage die sexuelle Selbstbestimmung keinesfalls lückenlos schützte. Fraglich ist nun aber, ob diese Lückenhaftigkeit auch gegen Vorgaben des Verfassungs- oder des Völkerrechts verstieß und somit zwingend behoben werden musste.

---

289 Vgl. BGH NJW 1982, 2264: „Eine sexuelle Handlung, mit der der Täter das Tatopfer überrascht, erfüllt auch dann nicht den Tatbestand des § 178 StGB, wenn der Täter dabei zugleich Gewalt anwende."
290 *Ziegler* in BeckOK StGB (2017), § 177 a.F. Rn. 99 m.w.N.
291 *Ders.* in BeckOK StGB (2017), § 177 a.F. Rn. 103.
292 So in BGH NStZ-RR 2016, 202.
293 *Ziegler* in BeckOK StGB (2017), § 177 a.F. Rn. 103.

Mit den Vorgaben des Völkerrechts (allen voran die Istanbul-Konvention sowie die oben aufgegriffene Rechtsprechung des EGMR) war die alte Rechtslage wohl gerade noch vereinbar. Mit § 179 StGB a.f. hielt das StGB immerhin einen Tatbestand bereit, der die Bestrafung sexueller Handlungen gegen den Willen einer Person unabhängig von der Vornahme von Gewalt oder Zwang vorsah. Diese Bestrafungsmöglichkeit existierte indes nur bei Widerstandsunfähigkeit des Opfers, mithin unter sehr engen Voraussetzungen. Ob dies tatsächlich ausreichte, um die Vorgaben der Istanbul-Konvention gänzlich zu erfüllen, ist zu bezweifeln. Eine völkerrechtliche *Verpflichtung* zur Anpassung des StGB bestand allerdings wohl tatsächlich eher nicht. Dennoch ist auch die bessere Entsprechung jener Vorgaben, die der Gesetzesentwurf der Bundesregierung in seiner Begründung anstrebt, ein legitimes gesetzgeberisches Ziel und grundsätzlich – im Rahmen des verfassungsrechtlich Zulässigen – nicht nur zu begrüßen, sondern sogar anzuraten.[294]

Fraglich ist jedoch einerseits, ob dies nicht auch, wie von einigen Reformgegner*innen gefordert, schlicht durch die Anpassung der Rechtsprechung respektive durch eine geänderte Auslegung der Tatbestandsmerkmale des § 177 StGB a.F. durch die herrschende Lehre – etwa in Kommentaren mit hoher Reichweite – hätte geschehen können.[295] Dies hätte gerade im Bereich der Auslegung der „schutzlosen Lage" in vielen Fällen wohl für einen anderen Urteilsspruch gesorgt.

Andere wiederum sahen gesetzlichen Anpassungsbedarf ohnehin nur aufgrund der (für sie) einzig bestehenden „echten" Schutzlücke im Bereich des Ausnutzens eines Überraschungsmoments durch den Täter.[296]

Die Möglichkeit der Umgehung jener genannten Probleme und Schutzlücken durch veränderte Rechtsprechung und herrschender Literatur ist jedoch als höchst problematisch zu bewerten. Schwierigkeiten gerade in Bezug auf eine Veränderung der Rechtsprechung ergeben sich schon von verfassungsrechtlicher Seite, nämlich durch das Gewaltenteilungsprinzip: Von legislativer Seite

---

294 Ähnlich *Bachmann*, Recht und Politik 2017, 416, 425 f.
295 Vor allem die Kommentierung von Thomas Fischer als "nicht mehr nachvollziehbar" und "polemisch formuliert" kritisierend *Frommel* in: Strafrecht - Jugendstrafrecht - Kriminalprävention in Wissenschaft und Praxis (2015), 325 ff.; ausführlich zu den Möglichkeiten der völkerrechtsfreundlichen Auslegung des geltenden Rechts, aber ausdrücklich nicht zu der Notwendigkeit gesetzlicher Änderungen Stellung beziehend *Gerhold*, JR 2016, 122 ff.,
296 *Isfen*, ZIS 2015, 217-233, 225.

kann der Judikative schließlich nicht schlicht auferlegt werden, dass die bisherige Rechtsprechung unzutreffend und daher änderungsbedürftig ist.[297] Wie bereits erläutert, war eine enge Auslegung der Tatbestandsmerkmale durch die Gerichte mit Blick auf den hohen gesetzlichen Strafrahmen des § 177 StGB a.F. nicht nur vertretbar, sondern sogar nachvollziehbar. Ob die Rechtsprechung (vor allem in absehbarer Zeit!) allein durch Änderung der Auffassung der herrschenden Lehre angepasst worden wäre, erscheint zudem äußerst ungewiss. „Fehlurteile" sowie „aus der Reihe tanzende" untergerichtliche Rechtsprechung sind zudem zu Recht nicht zu verhindern. Im Hinblick auf den Schutzauftrag des Staates auf diesem Gebiet[298] ist eine derartige Ungewissheit darüber hinaus für zukünftige Opfer ungewollter sexueller Handlungen nicht tragbar. Der Ansicht, einfach auf eine sich ändernde Rechtsprechung angepasst an internationale Vorgaben sowie an Kommentierungen durch die Lehre zu vertrauen, ist somit mit Blick auf den Opferschutz klar entgegenzutreten. Dass diese Hoffnung möglicherweise vergebens ist und nicht zum gewünschten Ziel führen wird, beweist bereits die Tatsache, dass die Rechtsprechung auf die zahlreiche, teils heftige Kritik seitens der Literatur bis dato noch nicht eingegangen war.

Bei der Fülle an Fällen, die der *bff* vorgetragen hat, ist zudem nicht mehr davon auszugehen, dass es sich bei all diesen um Fehlurteile handelt und die ständige Rechtsprechung damit eigentlich ganz anders aussieht.[299] Es handelt sich gerade nicht um Einzelfälle. *Frommel* und *Fischer* sind hier insofern zu kritisieren, als sie nicht einmal Gegenbeispiele aufzuzählen vermögen, in denen – nach ihrer Meinung – „richtig" entschieden wurde.

Das Argument, der § 240 IV S. 2 Nr. 1 StGB a.F. schließe viele der genannten Schutzlücken, lässt sich insofern entkräften, als dieser in der Praxis Zeit seiner Existenz stets nur eine sehr geringe Rolle spielte und so auch in keiner der dem *bff* übersandten Fälle gerichtlich diskutiert wurde.[300] Zudem erfasste das Regelbeispiel nach dem Wortlaut eindeutig nicht die Fälle die Nötigung nur zur Duldung sexueller Handlungen, womit in der Tat, entgegen der Meinung

---

297 *Isfen*, ZIS 2015, 217-233, 227; unklar ist damit, wie der Forderung, eine "konventionsgemäße Auslegung der Rechtsprechung zu erzwingen" von *Frommel*, ZRP 2016, 122, 123 entsprochen werden soll.

298 Vgl. hierzu ausführlich (Kapitel 2: 3.).

299 Eine ausführliche Auseinandersetzung unter Belegung der tatsächlichen Lückenhaftigkeit der früheren Rechtslage findet sich bei *Kempe* (2018), S. 61 ff.

300 *Grieger/Clemm/Eckhardt u.a.* (2014), S. 9.

von *Frommel,* auch dieser Tatbestand nicht zu rechtfertigende Lücken bestehen ließ.[301] Letztlich ist auch zu betonen, dass diese Regelung innerhalb der
Delikte gegen die freie Willensbetätigung letztlich der herausragenden Bedeutung des eigentlichen Schutzgutes der sexuellen Selbstbestimmung nicht
gerecht wird und somit bereits systematisch zu kritisieren war.[302]

Die niedrigen Verurteilungsquoten mögen zwar eventuell zu einseitig interpretiert worden sein, jedoch ist gewiss, dass diese in der Tat höher sein könnten. Des Weiteren sind diese mit Blick auf die gesamte, zu Recht von *Hörnle*
als rückständig bezeichnete Konstruktion des alten Vergewaltigungstatbestands auch gar nicht nötig gewesen, um einen Reformbedarf zu begründen.
Der gängige Mythos, das Sexualstrafrecht sei seit den Reformierungen in den
1960er und 70er Jahren vollumfänglich und ausreichend liberalisiert worden,[303] scheint sich noch immer hartnäckig zu halten, ist aber fehlerhaft, da
das Sexualstrafrecht nach Aufnahme des neuen Rechtsguts der sexuellen
Selbstbestimmung in der Tat nie konsequent und in Gänze reformiert worden
ist.[304]

Insgesamt ist der Kritik an den Reformüberlegungen eindeutig zu widersprechen. Zwar war, wie bereits erläutert, eine Anpassung der gesetzlichen Lage
völkerrechtlich nicht unbedingt erforderlich. Indes ließen sowohl die belegten
Schutzlücken als auch das gesamte System unseres modernen Strafrechts dem
Gesetzgeber keine andere Möglichkeit, als das gesamte Sexualstrafrecht zu
reformieren und an die moderne Interpretation des Schutzgutes der sexuellen
Selbstbestimmung anzupassen. Mit Blick auf die herausgearbeitete Bedeutung des Schutzgutes der sexuellen Selbstbestimmung kann zudem eine Regelung allein auf zivilrechtlicher Ebene – wie von *Frommel* in Fällen gewalt-
freier sexueller Übergriffe als effektiv erachtet – nicht ausreichen. Im Hinblick
auf den Inhalt des dieses Rechtsguts als ein Recht, das dem Einzelnen zuge-
steht, stets ohne weitere Voraussetzungen über das „Ob" eines Sexualkontakts
entscheiden zu dürfen, war ein Tatbestand ohne jegliches Nötigungselement
bereits lange überfällig.[305] Bereits aus diesen Gründen und bevor die tatsächlichen Auswirkungen der geänderten Rechtslage überhaupt begutachtet wurden, kann also gesagt werden, dass die Implementierung des „Nein-heißt-
Nein"-Grundsatzes mitnichten als bloßes symbolisches Strafrecht und erst

---

301 *Eser/Eisele* in Schönke/Schröder/StGB (2014), § 240 Rn. 38; *Herning/Illgner*, ZRP 2016,
77, 78.
302 So auch zutreffend *Herning/Illgner*, ZRP 2016, 77, 78.
303 Vgl. z.B. *Brüggemann* (2011), S. 502 ff.
304 *Hörnle*, KriPoZ 2018, 12, 13.
305 Dies vorsichtiger nur als "gut begründbar" formulierend *Renzikowski*, NJW 2016 3553.

recht nicht als „Krisenphänomen der modernen folgenorientierten Kriminal-politik"[306] bezeichnet werden kann. Im Gegenteil: Der konsequente Schutz des Rechtsgutes der sexuellen Selbstbestimmung verlangte eine derartige Änderung sogar.

4. Die neue Rechtslage nach der Reform durch das 50. StrÄG (Verbesserung des Schutzes der sexuellen Selbstbestimmung)

Nun soll endlich auf die konkreten Änderungen durch die Reform, welche im November 2016 in Kraft getreten ist, eingegangen werden. Dem § 177 StGB n.F. wurde insgesamt ein vollkommen neues Gepräge verliehen, das im Folgenden kompakt dargestellt werden soll. Zudem wurden § 179 StGB sowie der als Auffangtatbestand konstruierte und somit nunmehr obsolet gewordene § 240 IV S. 2 Nr. 1 StGB gestrichen.

Neu hinzugefügt wurden zudem § 184i (Sexuelle Belästigung) und § 184j (Straftaten aus Gruppen) StGB. Im Nachklang wurde 2020 zudem § 184k StGB (Bildaufnahme des Intimbereichs) ergänzt. Mit Blick auf die Fragestellung dieser Arbeit sollen diese Tatbestände indes nur einer knappen Betrachtung unterzogen werden; aus dem nachfolgenden Rechtsvergleich werden diese bewusst ausgeklammert.

4.1 Der geänderte § 177 StGB

§ 177 StGB wurde komplett neu ausgerichtet. Zentraler Mittelpunkt ist nun nicht mehr die Gewalt oder die Drohung mit gegenwärtiger Gefahr für Leib und Leben, sondern der entgegenstehende Wille des Opfers. Neu hinzugefügt wurde hierzu ein Grundtatbestand des sexuellen Übergriffes, welcher auch in der Normüberschrift zu finden ist. Hiermit wurde erstmals ein Tatbestand geschaffen, der die reine Missachtung des Rechts auf sexuelle Selbstbestimmung ohne weitere Voraussetzungen unter Strafe stellt.[307] Das System des neuen § 177 StGB kombiniert dabei sowohl Qualifikations- als auch Regelbeispielsfälle und wirkt auf den ersten Blick recht komplex, was nicht zuletzt an der hohen Anzahl der Absätze (nunmehr neun anstatt nur fünf) liegt. Dies mag einerseits zurückzuführen sein auf die Eile, mit der der Gesetzgeber die

---

306 *Hassemer*, NStZ 1989, 553, 559.
307 *Deckers*, StV 2017, 410, 411 *Ders.*, StV 2017, 410, 411.

Reform in das StGB inkorporiert hat,[308] andererseits ist eine gewisse Komplexität nun einmal Standardmerkmal von Normen, welche für unterschiedliche Verhaltensweisen unterschiedliche Strafandrohungen vorsehen, aber dennoch dem Bestimmtheitsgrundsatz Rechnung tragen wollen.[309]

Der neue Grundtatbestand findet sich in den ersten beiden Absätzen:

4.1.1 § 177 I StGB

§ 177 I StGB stellt nunmehr jegliche sexuelle Handlung gegen den erkennbaren Willen einer anderen Person unter Strafe. Eine Annäherung an den unbestimmten Begriff der sexuellen Handlung bietet weiterhin nur § 184h Nr. 1 StGB, welcher wiederum – als Ausprägung des Verhältnismäßigkeitsgrundsatzes[310] – auf eine gewisse Erheblichkeit der Handlung abstellt. Hieran hat die Reform unmittelbar nichts geändert. Allerdings ging *El-Ghazi* bereits kurz nach der Reform davon aus, dass die Gesetzesänderung wenigstens an der Auslegung des Begriffs der „Erheblichkeit" durch die gerichtlichen Praxis zwangsläufig etwas ändern werde.[311] Diese These sah er sodann aufgrund zweier BGH-Urteile als bestätigt an; erstens diene § 184h StGB nunmehr vorrangig der Abgrenzung zwischen § 177 ff. und § 184i StGB und zweitens sei die Erheblichkeitsschwelle aufgrund des Neueinführens des § 184i StGB nivelliert.[312] Dies soll im Folgenden nochmals deutlicher beleuchtet werden.

Das wesentliche neue und somit erläuterungsbedürftige Tatbestandsmerkmal des sexuellen Übergriffs lautet daher „gegen den erkennbaren Willen einer anderen Person". Inkorporiert wurde hiermit der sog. „Nein heißt Nein"-Grundsatz.[313]

---

308 Was wohl seinen Ursprung vor allem in der kurzen Legislaturperiode des Bundestages hat, vgl. *Hörnle*, KriPoZ 2018, 12, 14.
309 *Dies.*, NStZ 2017, 13, 14 f.
310 *El-Ghazi*, StV 2018, 250, 253; *Lederer*, AnwBl 2017, 514, 517.
311 Vgl. hierzu ausführlich *El-Ghazi*, ZIS 2017, 157-168, 160 f.; dies sah er sodann aufgrund zweier BGH-Urteile als bestätigt an. Erstens diene § 184h nunmehr vorrangig der Abgrenzung zwischen § 177 ff. und § 184i, zweitens sei die Erheblichkeitsschwelle aufgrund des Neueinführens des § 184i nivelliert, vgl. *El-Ghazi*, StV 2018, 250 ff.
312 *El-Ghazi*, StV 2018, 250, 250 ff.
313 Oder genauer: nur ein „erkennbares Nein-heißt-Nein", vgl. *ders.*, ZIS 2017, 157-168, 162.

4.1.1.1 Grundsätzliches

Die Inkorporation eines entgegenstehenden Willens respektive eines fehlenden Einverständnisses in einen Tatbestand des StGB ist kein grundsätzliches Novum. Bei anderen Delikten des Strafgesetzbuches (zum Beispiel § 123 und § 242 StGB) ist dieses Merkmal allerdings nicht direkt niedergeschrieben worden, sondern ergibt sich aus den herrschenden Definitionen der Tatbestandsmerkmale „eindringen" (= Hineingelangen *gegen den Willen des Berechtigten*) und „Wegnahme" (= Bruch fremden Gewahrsams, wobei das Merkmal des Bruchs vom *entgegenstehenden Willen des Gewahrsamsinhabers* abhängt). Unmittelbar niedergeschrieben ist der entgegenstehende Willen hingegen zum Beispiel bei § 248b I StGB. Die damit unmittelbar zusammenhängende Konstruktion des *tatbestandsausschließenden Einverständnisses* ist daher ebenfalls nichts Neues.

Es liegt damit auf der Hand, dass nur ein irgendwie nach außen zu Tage getretener entgegenstehender Wille den Tatbestand des § 177 I StGB auslösen kann, ein bloßer innerer Vorbehalt also nicht ausreicht.[314] Hiermit ist der entgegenstehende Wille zwar eine notwendige, aber keinesfalls eine hinreichende Bedingung der Strafbarkeit, was sich aus dem Tatbestandsmerkmal der „Erkennbarkeit" ergeben soll.[315]

Vergleicht man den Tatbestand des sexuellen Übergriffes allerdings mit den oben genannten Delikten, die bereits ein ähnliches Tatbestandsmerkmal kennen, so könnte man zunächst einen wesentlichen Unterschied feststellen: Man könnte vertreten, dass die Wegnahme einer fremden Sache, das Eindringen in einen fremdbestimmten Bereich sowie die Nutzung eines fremden KFZs allesamt Handlungen darstellen, die von außen betrachtet stets dem Etikett des Unrechts ausgesetzt und daher rechtfertigungsbedürftig und nur durch eine Erlaubnis des*der Rechtsgutinhabers*Rechtsgutinhaberin legitimierbar sind. Eine sexuelle Handlung dürfe diesem Label nach dem heutigen Verständnis von Sexualität an sich nicht insoweit ausgesetzt sein, als diese als etwas grundsätzlich Missbilligenswertes oder gar Verbotenes angesehen werden.[316] Im Gegenteil stellen diese in der Regel sogar etwas dar, woran die Menschen Freude haben.[317] Dies wird auch durch die positive Komponente

314 *Burhoff*, StRR 2017 6; dies als "blanke Selbstverständlichkeit" bezeichnend *Renzikowski*, NJW 2016 3553.
315 *El-Ghazi*, ZIS 2017, 157-168, 162.
316 Dies ist indes keine Selbstverständlichkeit. Vgl. zu Zeiten, in denen das noch wesentlich anders beurteilt und an das Vorliegen einer Ehe geknüpft wurde, oben (Kapitel 2: 1.).
317 Ähnlich auch *Danaher*, Criminal Law and Philosophy 2018, 143, 145.

der sexuellen Selbstbestimmungsfreiheit[318] verfassungsrechtlich geschützt. Freilich kann dies nicht pauschal gelten: Die sexuell konnotierte Berührung durch einen Fremden in der Öffentlichkeit wird von außen betrachtet vielleicht noch viel eher das Etikett des Unrechts tragen als die ungerechtfertigte Benutzung eines fremden KFZ oder die Wegnahme einer fremden Sache, da in letzteren Fällen die Fremdheit nicht stets offen nach außen zu Tage treten wird. Dennoch muss, um auch der positiven Komponente der sexuellen Selbstbestimmungsfreiheit Rechnung zu tragen, die Schwelle zur Strafbarkeit der Vornahme sexueller Handlungen die mangelnde Einwilligung des Gegenübers sein. Ebenfalls muss bei der Auslegung der Tatbestandsmerkmale darauf geachtet werden, dass der § 177 I StGB nicht zu einem „Verbot mit Erlaubnisvorbehalt" ausartet.[319] Genau um dies zu verhindern, ist im Wesentlichen die Formulierung *gegen* anstatt *ohne* den Willen gewählt worden.[320] Im Gegensatz zu einem „Nur Ja-heißt-Ja"-Prinzip[321] gilt beim „Nein-heißt-Nein"-Grundsatz die Zustimmung als „Normalzustand", welcher aktiv durch den irgendwie geäußerten entgegenstehenden Willen behoben werden muss.[322]

4.1.1.2 Strafbare Handlungen im Einzelnen

Strafbar ist nach dem eindeutigen Wortlaut der Norm nicht nur die aktive Vornahme einer sexuellen Handlung am Opfer, sondern vielmehr auch das passive Vornehmen-Lassen (Var. 2) sowie die Vornahme oder Duldung sexueller Handlungen an oder vor Dritten (Var. 3).

Problematisch erscheint hier vor allem die zweite und dritte Variante. Erfasst sind sowohl Handlungen, die das Opfer am*an der Täter*in vornimmt als auch an sich selbst.[323] Letzteres ist eine wesentliche Neuerung: Zuvor waren derartige „Hands-Off"-Delikte (also solche ohne Körperkontakt von Täter*in

---

318 Vgl. hierzu oben (Kapitel 2: 2.).
319 *El-Ghazi*, ZIS 2017, 157-168, 162; hierzu auch *Hoven/Weigend*, JZ 2017, 182, 186.
320 *El-Ghazi*, ZIS 2017, 157-168, 162.
321 Vgl. hierzu ausführlich, vor allem zu den Vor- und Nachteilen der Inkorporierung eines solchen Prinzips unten (Kapitel 5: 4.4).
322 Vgl. *Herning/Illgner*, ZRP 2016, 77, 78, welche sich aber sodann (S.79) zu dieser nach der Reform fortbestehenden Situation kritisch äußert. Auf eine Möglichkeit, diesen Grundsatz umzukehren, soll allerdings erst später eingegangen werden.
323 *Renzikowski* in MüKo StGB (2021), § 177 Rn. 46; *Wolters/Noltenius* in SK/StGB (2017), § 177 Rn. 13, diese Deutung lässt auch der Gesetzesentwurf zu, der insofern nur davon spricht, dass "auch" Handlungen des Opfers an sich selbst mit umfasst sind, vgl. BT Drs. 18/9097 S. 23.

und Opfer) nur an Minderjährigen und nicht an Erwachsenen mit Strafe bedroht.[324] Es wird vorgebracht, dass dieser Variante ein logischer Widerspruch innewohne: Einerseits wird die Vornahme der Handlung notwendigerweise aktiv durchgeführt, andererseits geschieht sie gegen den Willen des Opfers.[325] Dies sei denklogisch nicht ohne eine Druck- beziehungsweise Nötigungssituation denkbar; nur so könne die sexuelle Selbstbestimmung in dieser Variante verletzt sein.[326] Selbiges gelte auch für die dritte Variante des Tatbestandes, das Bestimmen zu einer sexuellen Handlung mit Dritten. Auch hier sei für ein „Bestimmen" bereits nach dem natürlichen Wortsinn eine Nötigungssituation erforderlich.[327] Dem ist indes aufgrund einer teleologischen Auslegung des Wortlautes nicht zuzustimmen. Das Nötigungserfordernis sollte durch die Reform eindeutig abgeschafft werden. Dies muss ausnahmslos für alle Varianten des § 177 I StGB gelten. Auch wenn es auf den ersten Blick eventuell widersinnig erscheinen mag, eine aktive vorgenommene Handlung – zum Beispiel den Griff an das erigierte Glied des Täters oder die aktive Vornahme von Oralverkehr – als gegen den Willen einer Person anzusehen, ohne dass diese Person hierzu genötigt wurde, so sind derartige Situationen dennoch denkbar. Vorzugswürdig ist daher die Auslegung, dass es genügt, wenn das Opfer die Handlungen „auf Anweisung des*der Täters*Täterin" vornimmt.[328] Aus welchem Grund das Opfer diesen Anweisungen sodann Folge leistet, ist irrelevant und muss der wertenden Betrachtung durch ein Gericht entzogen bleiben. Eine gewisse Drucksituation wird zwar die Regel sein,[329] eine Nötigung aber pauschal und für alle Situationen zu fordern, erscheint dennoch zu eng und mit der Intention des Gesetzgebers nicht vereinbar. Es bleibt daher abzuwarten, ob sich die Befürchtung *Eiseles*, die zweite Variante werde kaum einen eigenständigen Anwendungsbereich erlangen,[330] bewahrheiten wird. Wahrscheinlicher erscheint es im Gegenteil, dass dieser Variante, gerade in Situationen,

---

324 *Bezjak*, KJ 2016, 557, 561.

325 Kritisch zu diesem angeblichen "inneren Widerspruch" *Löffelmann*, StV 2017, 413, 415.

326 *Wolters/Noltenius* in SK/StGB (2017), § 177 Rn. 13; vorsichtiger *Heger* in Lackner/Kühl/StGB (2018), § 177 Rn. 5, der "wohl regelmäßig" eine Nötigungssituation als vorliegend ansieht; *Eisele*, RPsych 2017, 7, 13; *Lederer*, AnwBl 2017, 514, 516; *Eisele* in Schönke/Schröder/StGB (2019), § 177 Rn. 16.

327 *Renzikowski*, NJW 2016, 3553, 3554; *Ziegler* in BeckOK StGB (2022), § 177 Rn. 8 sieht nur die erste Variante als bedeutsam an, da immer entweder eine Nötigung oder aber ein Ausnutzen nach Abs. 2 vorliegen würden.

328 *Hörnle*, NStZ 2017, 13, 14.

329 Insofern richtig *Heger* in Lackner/Kühl/StGB (2018), § 177 Rn. 5; so auch *Beck* in: Gesamtes Strafrecht aktuell (2018), Rn. 16, die im Übrigen davon ausgeht, dass aufgrunddessen Alt. 1 am meisten praktische Relevanz haben wird.

330 *Eisele* in Schönke/Schröder/StGB (2019), § 177 Rn. 16.

in denen Täter*in und Opfer bereits eine längere sexuelle Beziehung verbindet, höchst relevant sein wird; sodann verbunden mit der Frage, wann eine zunächst geäußerte Ablehnung durch schlüssiges, aktives Verhalten wieder aufgehoben werden kann.[331]

4.1.1.3 Entgegenstehender Wille

Es soll nun ein genauerer Blick auf die einzelnen Teile des Tatbestandsmerkmals des entgegenstehenden erkennbaren Willens geworfen werden. Zunächst wird schlicht ein entgegenstehender Wille der betroffenen anderen Person gefordert. Auf den ersten Blick erscheint dieses Merkmal recht simpel: Einen entgegenstehenden Willen hat eine Person, wenn sie zum Zeitpunkt der sexuellen Handlung diese nicht wünscht. Doch so einfach ist es oftmals leider nicht. Das liegt vor allem an der Komplexität menschlichen Verhaltens im Allgemeinen sowie auf zwischenmenschlicher Ebene im Besonderen: Es kann schließlich vielschichtige Gründe haben, wieso eine Person zustimmt, mit einer anderen Person in sexuellen Kontakt zu treten (etwa, weil sie sich davon einen Vorteil im Job verspricht oder sogar Geld; weil sie hofft, die andere Person dadurch „loszuwerden" etc.), und dies muss nicht immer der tatsächliche innige Wunsch nach sexueller Intimität mit dieser Person sein. Hier muss also große Sorgfalt auf die Unterscheidung zwischen zwar eigentlich *ungewolltem*, aber doch *einverständlichem* Sex und *Sex gegen den Willen* gelegt werden.[332] Denn genau dort verläuft die Grenze zwischen positiver sexueller Selbstbestimmungsfreiheit und Strafbarkeit der insistierenden Person, und diese kann unter Umständen äußerst schmal sein.

„Wille" im Sinne der Norm meint nur einen natürlichen Willen.[333] Es muss somit weder nachgeforscht werden, ob dieser Wille auf irgendeine Art und Weise nachvollziehbar oder vernünftig ist, noch wird eine Art „Einwilligungsfähigkeit" wie etwa bei dem Konstrukt der rechtfertigenden Einwilligung verlangt.[334] Daher muss es ebenfalls unbeachtlich sein, wenn die Zustimmung durch Täuschung oder Manipulation erreicht wird, denn maßgeblich ist allein das „Ja" zur Zeit der Vornahme der sexuellen Handlung und nicht, wie es zu diesem gekommen ist.[335] Dies gilt unabhängig davon, wie unethisch die Art und Weise der Erlangung des Konsens auch gewesen sein mag. Der sexuelle

---

331 So auch *Hörnle*, NStZ 2019 439.
332 *Holzleithner* in: Regulierungen des Intimen (2017), S. 39.
333 *El-Ghazi*, ZIS 2017, 157-168, 163, dies wird auch an mehreren Stellen der Gesetzesbegründung betont, vgl. Deutscher Bundestag, Drs. 18/9097, S. 24 f.
334 *El-Ghazi*, ZIS 2017, 157-168, 163; *Renzikowski*, NJW 2016, 3553, 3555.
335 *El-Ghazi*, ZIS 2017, 157-168, 164.

Übergriff ist im Gegensatz zum Betrug eindeutig ein Fremd- und kein Selbstschädigungsdelikt. Eine Ausnahme von diesem Grundsatz muss indes für die Fälle einer Erzwingung dieser Zustimmung durch Nötigungsmittel gemacht werden, denn dann bleibt das innere „Nein" trotz des äußeren abgenötigten „Jas" für den*die Täter*in erkennbar ein „Nein".[336]

Als Gegenstück hierzu darf es allerdings auch keiner wertenden Betrachtung unterzogen werden, aus welchen Motiven die betreffende Person „Nein" sagt. Ihr muss es dabei nicht in erster Linie um die Wahrung ihrer sexuellen Selbstbestimmung gehen, sondern ihr Ziel kann es auch sein, das Gegenüber zu beschämen oder der Gefahr eines Strafverfahrens auszusetzen.[337]

Im Gegensatz zu zum Beispiel § 248b StGB genügt bei § 177 I StGB jedoch kein mutmaßlicher entgegenstehender Wille. Dies ergibt sich zwar aus dem Normkontext nicht eindeutig, wird aber klar, wenn man sich die Bedeutung des § 177 II StGB vor Augen führt: Nur in diesen Fällen soll es entbehrlich sein, einen entgegenstehenden Willen irgendwie kenntlich zu machen. Würde bei Abs. 1 ein mutmaßlicher Wille genügen, wäre der Abs. 2 quasi obsolet.[338]

Auch kann der entgegenstehende Wille nicht wie etwa bei § 123 I StGB aus bestimmten äußeren Umständen einfach geschlossen werden (so beim Konstrukt des „generellen Einverständnisses" bei öffentlichen zugänglichen Geschäften[339] etc.).

4.1.1.4 Erkennbar

Dieser entgegenstehende Wille muss zudem allerdings auch „erkennbar" sein. Im Gegensatz zum Merkmal des entgegenstehenden Willens ist dieser einschränkende, korrigierend wirkende Zusatz tatsächlich ein echtes Novum im StGB.[340] Daher birgt er erwartungsgemäß auch die meisten Auslegungsprobleme und muss folglich besonderer Betrachtung unterzogen werden.

Hier stellt sich zunächst die Frage, aus wessen Perspektive dies überhaupt zu beurteilen sein soll. Sowohl der Gesetzesentwurf als auch die Literatur sind

---

336 Vgl. hierzu *ders.*, ZIS 2017, 157-168, 164 f., der zur Herleitung dieses unstreitigen Ergebnisses hilfsweise auf § 116 BGB verweist.
337 Dies scharf kritisierend *Löffelmann*, StV 2017, 413, 414.
338 *El-Ghazi*, ZIS 2017, 157-168, 163.
339 Vgl. hierzu z.B. *Heger* in Lackner/Kühl/StGB (2018), § 123 Rn. 7.
340 *El-Ghazi*, ZIS 2017, 157-168, 165.

sich einig, dass es hierbei nur um die Auffassung einer objektiven dritten Person gehen könne.[341] Auf die Täter*innenperspektive kann es auch deshalb nicht ankommen, weil sonst auf subjektiver Seite die Möglichkeit oder die zumindest billigende Inkaufnahme eines Erkennens ausreichen würde, was das Delikt indes praktisch zum Fahrlässigkeitsdelikt wandeln würde.[342]

Eine Alternative zu *erkennbar* wäre die Formulierung als *erkannter* entgegenstehender Wille gewesen, was allerdings mit Blick auf die Beweisbarkeit Schutzbehauptungen von Beschuldigten Tür und Tor geöffnet hätte und daher nicht ernsthaft gefordert wurde.[343]

Auf Opferseite erforderlich ist wiederum zumindest irgendeine Art von Kommunikationsbeitrag.[344] Wie dieser ausgestaltet sein muss, ist aber fraglich:

Insofern wurde in der Reformdebatte zunächst der Vorschlag *Hörnles* favorisiert, die einen tatsächlich *erklärten* Willen forderte,[345] was den Fokus noch mehr auf das Opferverhalten gelegt und eine Betrachtung aus Perspektive einer objektiven dritten Person obsolet gemacht hätte. Diese Fokussierung auf eine quasi wörtliche Erklärung hätte allerdings den Nachteil gehabt, dass zum Beispiel ein eingeschüchtertes Opfer, das auf die nachdrückliche Frage des*der Täters*Täterin nach seinem Einverständnis nicht in der Lage ist, diese zu verneinen, schwer hierunter zu subsumieren gewesen wäre.[346]

Es spricht dennoch viel dafür, dass der Gesetzgeber mit der neuen Formulierung *erkennbar*, welche den inhaltlichen Willen in den Mittelpunkt der Betrachtung stellt,[347] nichts daran ändern wollte, dass ein (ausdrücklicher oder konkludenter) Kommunikationsbeitrag des Opfers erforderlich sein sollte, ansonsten wäre Abs. 2 nämlich häufig überlagert.[348] Dies lässt sich auch wieder durch den Willen des Gesetzgebers begründen, Sexualkontakte nicht grundsätzlich mit einem „Verbot mit Erlaubnisvorbehalt" zu versehen.[349] Hierauf

341 *Papathanasiou*, KriPoZ 2016, 133-139, 135; *Hörnle*, NStZ 2017, 13, 15; *Renzikowski* in MüKo StGB (2021), § 177 Rn. 48; *Heger* in Lackner/Kühl/StGB (2018), § 177 Rn. 5, vgl. auch BT Drs. 18/9097 S. 22; *Eisele* in Schönke/Schröder/StGB (2019), § 177 Rn. 19.
342 *Fischer* in Fischer StGB (2021), § 177 Rn. 11.
343 Vgl. hierzu ausführlich im subjektiven Tatbestand.
344 *Hörnle*, NStZ 2017, 13, 15; *Schulz*, StraFo 2017, 447-451, 448.
345 *Dies.*, GA 2015, 313, 326; *Dies.* (2015), 17 f., so auch der Vorschlag des Bundesrates, vgl. BR Drs. 162/16 S. 2
346 *Eisele*, RPsych 2017, 7, 12.
347 *Ders.*, RPsych 2017, 7, 12.
348 *Hörnle*, NStZ 2017, 13, 15.
349 Vgl. dazu oben (Kapitel 3: 4.1.1.1).

würde es nämlich hinauslaufen, wenn man bereits eine rein apathische Haltung („Nichtstun") als konkludente Äußerung verstehen würde.

Wann ist nun ein Wille für eine objektive dritte Person also *erkennbar*?

Hierzu ist zu konstatieren, dass die Erkennbarkeit nicht erfordert, dass der entgegenstehende Wille ausdrücklich oder verbal tatsächlich zum Ausdruck gebracht wird, vielmehr kann dieser auch konkludent nach außen getragen werden und somit für die andere Person erkennbar sein.[350] Anders gewendet kann also mit folgender Definition gearbeitet werden:

Ein entgegenstehender Wille ist dann für eine objektive dritte Person erkennbar, wenn das Opfer diesen entweder ausdrücklich (verbal) oder durch konkludentes Verhalten (wie zum Beispiel durch Weinen oder Abwehr der sexuellen Handlung) zum Ausdruck bringt.[351]

Die Gesetzesbegründung nennt Weinen und die Abwehr sexueller Handlung als nicht abschließende Beispiele für ein konkludentes Verhalten, womit die Bestimmung dessen, welche Verhaltensweisen außerdem einen konkludenten Willen ausdrücken können, den Gerichten obliegt. Denkbar sind hier – entgegen der Befürchtung von *Lederer*[352] – vielfältige andere Verhaltensweisen des Opfers; beispielsweise jegliche Ausweichhandlungen, die noch nicht als Abwehrmaßnahmen gelten können, zum Beispiel das Wegdrehen des Gesichtes bei dem Versuch eines Zungenkusses, das muskuläre Versteifen des Körpers oder das Zusammenpressen der Oberschenkel.[353]

Es ist also entgegen der insofern vielleicht missverständlichen Bezeichnung als „Nein-heißt-Nein"-Grundsatz nicht unbedingt erforderlich, dass das Opfer tatsächlich „Nein" *sagt*. Dies gebietet der erhöhte Opferschutz, den die gesamte Reform zum Ziel hat. Jedoch müssen zum Schutze der anderen Person an das Opferverhalten natürlich trotzdem gewisse Anforderungen gestellt werden: Das Verhalten muss *eindeutig und konsistent* Ablehnung signalisieren,[354] womit wir bereits beim ersten problematischen Punkt der Auslegung des Merkmals angelangt wären: der Behandlung von ambivalenten Situatio-

---

350 *Hörnle*, NStZ 2017, 13, 15; *Burhoff*, StRR 2017 6; *Heger* in Lackner/Kühl/StGB (2018), § 177 Rn. 5; vgl. auch BT Drs. 18/9097 S. 22.
351 So ausdrücklich BT-Drs. 18/9097, S. 22 f.
352 Lederer befürchtet überdies sogar ein gänzliches Leerlaufen des ersten Absatzes, vgl. *Lederer*, AnwBl 2017, 514, 515.
353 Letzteres ebenfalls als Beispiel nennend *May*, JR 2019, 130, 134.
354 *Hörnle*, NStZ 2017, 13, 15.

nen, also solchen, in denen das Opferverhalten (unabhängig davon ob ausdrücklich oder konkludent) mehrdeutig und inkonsequent ist, zum Beispiel
wenn das Opfer zwar zunächst den Kopf schüttelt, sich dann aber doch vermeintlich freiwillig äußerst aktiv am Geschehen beteiligt. Solche Situationen
werden vor allem dann auftreten, wenn eben nicht eindeutig und sofort nach
Aufnahme der ersten Handlung „Nein" geschrien wird. Es wird in diesen Fällen dann stets zu klären sein, ob der behauptete entgegenstehende Wille für
den*die vermeintlichen Täter*in überhaupt erkennbar war.

Derartige Situationen können in zweierlei Gewändern auftreten: zum einen
als Fälle, in denen das Opferverhalten von vornherein ambivalent ist, zum anderen als Meinungsänderungsfälle.

Ambivalente Situationen

Ambivalent ist eine Situation, wenn das Vorgeschehen mindestens teilweise
mit der sozialüblichen Anbahnung eines Sexualkontakts übereinstimmt.[355]
Eine hypothetische beobachtende Person könnte allein aufgrund der Beobachtung der Situation nicht feststellen, ob der sexuelle Kontakt gewollt oder ungewollt war.[356] In Fällen ambivalenter Situationen muss bereits aufgrund des
in dubio pro reo-Grundsatzes gelten, dass der entgegenstehende Wille dann
gerade nicht erkennbar war.[357] Dies wird von der Gesetzesbegründung darauf
gestützt, dass eben jedem Menschen grundsätzlich zuzumuten sei, den eigenen Willen eindeutig auszudrücken; wem diese Fähigkeit gerade nicht zugesprochen werden kann, dem hilft § 177 Abs. 2 StGB.[358] Hiermit wird dem
Opfer eine *Obliegenheit*, allerdings keine *Pflicht* auferlegt, welche indes im
Gegensatz zum ehemaligen Erfordernis der körperlichen Gegenwehr zumut-
bar erscheint.[359] Mit dem Vorschlag *Hörnles*, die *Offensichtlichkeit* des entgegenstehenden Willens mit in den Tatbestand aufzunehmen,[360] wäre dies
noch klarer geworden, aber auch so wird aus dem Kontext der Gesetzesbegründung deutlich, dass ein strenger Maßstab anzulegen ist und nicht etwa nur

---

355 *Dies.*, GA 2015, 313, 321.
356 *Dies.*, GA 2015, 313, 325.
357 *Renzikowski* in MüKo StGB (2021), § 177 Rn. 48; *Eisele* in Schönke/Schröder/StGB
    (2019), § 177 Rn. 20.
358 BT Drs. 18/9097, S. 23; dies ist gerade auch nicht mit der Zumutbarkeit von körperlicher
    Gegenwehr gleichzusetzen, vgl. *Hörnle* (2015), S. 13.
359 *Dies.*, GA 2015, 313, 321.
360 *Dies.* (2015), S. 18.

ein reines Möglichsein des Erkennens ausreichen kann.[361] Der entgegenstehende Wille muss für die objektive dritte Person nahezu „auf der Hand liegen".[362]

Dieses Ergebnis wird leider Beweisprobleme innerhalb eines Prozesses dennoch nicht abwenden können: Diese werden sich offensichtlich schon bei der Beantwortung der Frage stellen, ob das Opferverhalten überhaupt als ambivalent bezeichnet werden kann oder eben nicht. Dies ist allerdings eine Eigenheit des Sexualstrafrechts an sich und der häufig anzutreffenden Zwei-Personen-Konstellation geschuldet, was auch durch eine noch so eindeutige Gesetzeslage nicht behoben werden kann.

Meinungsänderungsfälle

Dasselbe muss in Bezug auf (plötzliche) Meinungsänderungen gelten. Hier eröffnet sich jedoch ein weiteres problematisches Feld für die Auslegung des Begriffes: Es sind durchaus Konstellationen denkbar, in denen das Opfer zunächst in sexuelle Handlungen einwilligt und sich freiwillig an diesen beteiligt, sodann aber seine Meinung ändert und diese Ablehnung dann auch zum Ausdruck bringt. Hier bewirkt der (erkennbare) Meinungsumschwung die Strafbarkeit jeglicher weiterer sexueller Handlungen.[363] Es ist allerdings gerade auch hier zu fordern, dass ein Opfer, das während des Sexualverkehrs den Akt oder eine bestimmte Art der Praktik nicht mehr wünscht, dies klar und konsistent zum Ausdruck bringt, um die Interessen aller Beteiligten zu wahren. Selbiges muss für – in der Praxis womöglich häufiger anzutreffende – Konstellationen gelten, in denen einer der Sexualpartner zwar in den Sexualkontakt als Ganzes eingewilligt hat, dann aber „mitten im Geschehen" bestimmte einzelne sexuelle Handlungen ablehnt. Hier sind spezielle sexuelle Praktiken wie zum Beispiel Anal- oder Oralverkehr zu nennen, denkbar erscheint aber auch die Konstellation, dass der eine Partner wünscht, den Sexualkontakt ohne Kondom fortzuführen und dies gegen den erkennbaren Willen des anderen (heimlich) durchsetzt, sog. „Stealthing".[364] Auch in derartigen Konstellationen ist es dem ablehnenden Partner zuzumuten, dies unverzüglich und klar zum Ausdruck zu bringen, um dem Gegenüber nicht übermäßig dem Risiko der Strafbarkeit auszusetzen. Zum Schutze des*der Täters*Täterin ist indes in jedweder Konstellation besonders sensibel die Erkennbarkeit zu prü-

---

361 *El-Ghazi*, ZIS 2017, 157-168, 166.
362 *Ders.*, ZIS 2017, 157-168, 166.
363 So ausdrücklich BT Drs. 18/9097 S. 23.
364 Vgl. hierzu ausführlich *Hoffmann*, NStZ 2019, 16 ff.

fen, wobei auch zu beachten ist, inwiefern dies „mitten im Geschehen" überhaupt noch möglich war.[365] Dies kann unter Umständen ebenfalls erhebliche Probleme hinsichtlich der Beweisbarkeit mit sich bringen.

Teilweise wird neben diesen Fällen ein weiteres Problemfeld in Fällen widersprüchlichen Verhaltens[366] gesehen, das sich angeblich typischerweise in Beziehungen finden würde.[367] Dies basiert auf der (zweifelhaften) Annahme, dass gerade in Beziehungen ein „Nein" nicht immer unbedingt und endgültig „Nein" bedeuten und daher vor Gericht die gesamte Beziehung offengelegt werden müsse.[368]

Zur Klarstellung ist hier zu differenzieren. Vorstellbar sind insbesondere zweierlei Fallkonstellationen:

Kein endgültig gemeintes „Nein"

Hierunter versteht man Fälle, in denen eine Person in einer bestimmten Situation ablehnend auf die Nachfrage nach Sexualverkehr reagiert, die andere Person diese dann aber durch Zärtlichkeiten und sexuelles „Umgarnen" zu überzeugen versucht, sodass es am Ende zu vermeintlich[369] einvernehmlichen Geschlechtsverkehr kommt.[370] Diese Fälle generell aus der Anwendung des § 177 I StGB auszuklammern, um „Überkriminalisierungen" zu vermeiden, erscheint allerdings nicht angezeigt. Dies würde zu einer Rückkehr der Obliegenheit der Willensdurchsetzung des Opfers führen. Wie bereits erläutert, ist das neue System des Sexualstrafrechts aber auch davon geprägt, dass jedem Menschen (sofern er sich nicht in einem Umstand nach § 177 Abs. 2 StGB

---

365 *Hörnle*, NStZ 2017, 13, 15, die vorschlägt, in Fällen, in denen die Reaktion des Täters aus Überraschung verzögert ist, einen minder schweren Fall anzunehmen.

366 Der Begriff „widersprüchliches Verhalten" ist in diesem Kontext tatsächlich nicht anders zu verstehen als entweder ambivalentes Verhalten oder Meinungsumschwünge. Die Annahme ist also eher so zu verstehen, dass beide o.g. Problemfelder in Beziehungssituationen evtl. häufiger anzutreffen sein werden und daher besondere Aufmerksamkeit in der Debatte verdienen.

367 *Hoven/Weigend*, JZ 2017, 182, 186; ähnlich anklingend bei *Eisele* in Schönke/Schröder/StGB (2019), § 177 Rn. 12.

368 *Renzikowski*, NJW 2016, 3553, 3554; *Hoven/Weigend*, JZ 2017, 182, 186; ganz ähnlich klingt es auch bei *May*, JR 2019, 130, 135.

369 „Vermeintlich", da dies in problematischen Situationen vor Gericht wohl gerade in Abrede gestellt werden wird.

370 Derartige Fallkonstellationen wurden auch im Gesetzgebungsverfahren bereits kontrovers diskutiert, vgl. m.w.N. *El-Ghazi*, ZIS 2017, 157-168, 187.

befindet) zuzumuten ist, den eigenen Willen klar und unmissverständlich aus-zudrücken.[371] Es bleibt unklar, wieso dies in Fällen, in denen die Beteiligten bereits zuvor das Bett miteinander geteilt haben, anders sein soll. Auch wer mit dem*der Täter*in bereits eine langjährige Beziehung führt, muss klar und eindeutig Ablehnung eines Sexualkontakts kommunizieren.[372] Dies gilt in der eben erwähnten „Umgarnungssituation" ebenfalls: Hier wird von dem anfangs ablehnenden Part zu erwarten sein, das „Nein" innerhalb der Annäherungs-versuche zu wiederholen, so es denn fortbestehen solle; kommt es demgegen-über nach einem anfänglichen „Nein" unter Nachdruck der einen Person nun-mehr zum einvernehmlichen Geschlechtsverkehr, an dem die andere Person aktiv teilnimmt,[373] so ist das anfängliche „Nein" durch konkludentes Verhal-ten überwunden; § 177 I StGB scheidet dann aus.[374] Hieran ändert es auch nichts, wenn der*die nunmehr überredete Partner*in den Sexualkontakt nicht aus Lust, sondern aus Angst vor zwischenmenschlichen Konsequenzen (zum Beispiel aus Sorge, dass der*die Partner*in missmutig auf die Ablehnung re-agiert oder gar aus Angst, der*die Partner*in könnte die Beziehung auflösen) eingeht. Dies gilt selbstverständlich nur, wenn derartige Konsequenzen nicht für den Fall der Weigerung von dem*der insistierenden Partner*in angedroht wurden.

Durchaus diskussionswürdig erscheint es hierbei allerdings, wie „aktiv" nun die den Sexualverkehr vormals ablehnende Partei werden muss, um die Ab-lehnung konkludent zu widerrufen und somit den entgegenstehenden Willen eben nicht mehr erkennbar zu machen. Ausführlich auseinandergesetzt hat sich hiermit bislang nur *May*, der eine deutlich über der passiven Teilnahme am Geschlechtsverkehr liegende Handlung des Opfers fordert, wobei der Übernahme eigener Initiative besondere Bedeutung zukommen soll.[375] Dem ist grundsätzlich zuzustimmen. Allgemeingültige Aussagen hierüber zu tref-fen, erscheint allerdings weder möglich noch zweckmäßig – es wird in jedem Fall, wie so häufig, auf den konkreten Einzelfall ankommen.[376] Daher kann – entgegen *May* – auch das reine Stöhnen als Reaktion auf eine intime Berüh-rung die Erkennbarkeit aufheben. Auch höchstrichterliche Rechtsprechung hierzu wird kaum mehr als ein Indiz für darauffolgende Fälle bieten können.

---

371 So im Übrigen auch *Renzikowski*, NJW 2016, 3553, 3554!
372 So ebenfalls *El-Ghazi*, ZIS 2017, 157-168, 187 f.
373 Hierfür kann es vielfältige Gründe geben, so zum Beispiel schlicht, den*die Partner*in nicht zu verstimmen oder um ihn*sie nicht an eine*n Nebenbuhler*in zu verlieren, vgl. *Löffelmann*, StV 2017, 413, 415.
374 *El-Ghazi*, ZIS 2017, 157-168, 168; dies verkennend *Löffelmann*, StV 2017, 413, 415.
375 *May*, JR 2019, 130, 138.
376 So letztlich auch *Ders.*, JR 2019, 130, 138.

Zu hoffen bleibt, dass der BGH den Gerichten unterer Instanzen Leitlinien für derartige Fälle mit auf den Weg gibt.

Es besteht allerdings kein pauschales Bedürfnis, Konstellationen in Partnerschaften grundsätzlich anders zu bewerten als andere. Es ist vielmehr stets ein Augenmerk – unabhängig von der Länge des zuvor bestandenen zwischenmenschlichen Kontaktes – auf die vorangegangene Kommunikation zwischen beiden Parteien zu legen und zu bewerten, ob ein einmal kommuniziertes „Nein" bei Beginn der Vornahme der sexuellen Handlung noch erkennbar fortbesteht. Anders gewendet ändert sich für den*die Täter*in nichts an der Erkennbarkeit eines entgegenstehenden Willens, nur weil zuvor schon jahrelang einverständlicher Sexualverkehr zwischen den Parteien bestanden hat. Ein pauschaler Hinweis auf eine eventuell bereits jahrelang bestehende Beziehung, in der sich ähnliche gelagerte sexuelle Begegnungen gehäuft haben, ist nicht nur unnötig, sondern behandelt Opfer einer Beziehungstat sogar unzulässig schlechter. Zuzugestehen ist freilich, dass in derartigen Zwei-Personen-Verhältnissen gehäuft Aussage-gegen-Aussage-Situationen vorliegen werden (die überredende Parson gibt an, sein*e Partner*in hätte den Widerwillen aufgegeben und sodann freiwillig am Sexualakt partizipiert; die vermeintlich überredete Person bringt demgegenüber hervor, ihr Widerwille habe fortbestanden). Es bleibt abzuwarten, wie die Gerichte mit derartigen Situationen umgehen und diese beweistechnisch lösen werden.

„Nein" von vornherein nicht ernstgemeint

Erkennt die Person die Ernsthaftigkeit des entgegenstehenden Willens demgegenüber nicht, weil sie die Ablehnung für ein Rollenspiel o.ä. hält, so ist dies besser auf Ebene des subjektiven Tatbestandes zu lösen. An der Erkennbarkeit für eine objektive dritte Person ändert dies nämlich nichts. Zuzugestehen ist allerdings, dass ein*e (Ex-)Partner*in sich vor Gericht vielleicht häufiger darauf berufen wird, es habe in der Vergangenheit bereits Vereinbarungen darüber gegeben, dass ein „Nein" nicht ernst, sondern spielerisch gemeint gewesen ist. Dasselbe galt indes auch für die Anwendung (leichterer) Nötigungsmittel und stellt mithin keine Neuerung durch die Reform dar. Betont sei an dieser Stelle auch ausdrücklich, dass auf das gewandelte Bild der Frau in der Gesellschaft Acht zu geben ist: Die Ansicht, dass es in der weiblichen

Natur liege, sich zu „sträuben", den sexuellen Kontakt aber innerlich gleich-wohl zu wünschen,[377] ist veraltet[378] und darf keinerlei Einzug mehr in unser Rechtssystem finden.[379]

Es ist mithin zu konstatieren, dass auch in Beziehungssituationen das neue System des § 177 StGB keine unüberwindbaren Hindernisse bezogen auf die Erkennbarkeit des entgegenstehenden Willens schafft.

Problemkonstellation des Sonderwissens des*der Täters*Täterin: Entgegen-stehender Wille vom*von der Täter*in erkannt, aber für objektive Person nicht erkennbar

Merkwürdige Ergebnisse ergeben sich allerdings in Situationen, in denen der*die Täter*in den entgegenstehenden Willen des Opfers kennt, dieser aber objektiv für eine dritte Person nicht erkennbar i. S. d. Norm gewesen ist, und zwar weil diese*r hypothetische Beobachter*in nur auf die unmittelbar vo-rausgehende Interaktion schaut und nicht auf eine eventuell bestehende Vor-geschichte, welche dem*der Täter*in aber selbstverständlich bekannt ist:[380] Dann nämlich müsste man konsequenterweise § 177 I StGB verneinen.[381] Möglich bliebe dann höchstens eine Strafbarkeit wegen Versuchs. Ähnlich-keiten weist diese Konstellation mit dem Problem des Sonderwissens des*der Täters*Täterin innerhalb der Fahrlässigkeitsdelikte auf: Auch hier ist es durchaus umstritten, wie mit Sonderwissen innerhalb der Beurteilung der Sorgfaltspflichtverletzung umzugehen ist; fraglich ist hier stets, ob das Son-derwissen oder Sonderkönnen in einem speziellen Bereich bereits auf objek-tiver Seite die Anforderungen an die Sorgfalt gegenüber einem durchschnitt-lichen Menschen erhöht. Die überwiegende Ansicht geht hier davon aus, dass Sonderwissen durchaus zu einem höheren Maß an Sorgfalt verpflichtet.[382] Nun ist bei der Übertragbarkeit dieses ähnlich gelagerten Problemkreises al-lerdings darauf zu achten, dass es sich eben bei § 177 I StGB gerade nicht um ein Fahrlässigkeitsdelikt handelt. Da bei Vorsatzdelikten aber der Handlungs-unwert gegenüber einem Fahrlässigkeitsdelikt ohnehin gesteigert ist, dürften die Maßstäbe hierfür bei § 177 I StGB sogar eher strenger sein. Das Problem

---

377 Vgl. zur Konstruktion der in diesem Zusammenhang zu beachtenden *vis haud ingrata* in der ehemaligen Rechtsprechung des BGH unten (Fn. 403).
378 So auch *Hörnle*, GA 2015, 313, 321.
379 So auch mit Verweis auf Passagen der Istanbul-Konvention *Bezjak*, KJ 2016, 557, 561.
380 *Hörnle*, GA 2015, 313, 325.
381 *Fischer* in Fischer StGB (2021), § 177 Rn. 12.
382 *Sternberg-Lieben/Schuster* in Schönke/Schröder/StGB (2019), § 15 Rn. 139; *Kaspar*, JuS 2012, 16, 20.

wird freilich – so bleibt es zu hoffen – kaum jemals Bedeutung in der Praxis erlangen, da nicht zu erwarten ist, dass ein Beschuldigter offen zugeben wird, den entgegenstehenden, aber nicht für eine*n objektiven Beobachter*in nach außen zum Ausdruck gebrachten Willen des Opfers gekannt zu haben.[383]

Gleichwohl ist dieses daher rein dogmatische Problem auch nicht unlösbar: Ein Lösungsansatz wäre es, die objektive Person ganz grundsätzlich mit den allen Fakten der Gesamtsituation auszustatten, über welche die beteiligten Personen verfügen.[384]

Andere wollen diesem normativ nicht überzeugenden Ergebnis, in einer solchen Konstellation nur wegen Versuchs zu bestrafen, daher in der Praxis mit einer teleologischen Reduktion begegnen, sodass in so gelagerten Fällen ausnahmsweise doch auf die Erkennbarkeit für den*die Täter*in abzustellen ist.[385] Dieser Lösung steht auf den ersten Blick allerdings Art. 103 II GG entgegen, der nicht nur Analogien, sondern auch teleologische Reduktionen zulasten des*der Täters*Täterin verbietet. Den zulässigen Gegensatz zu einer täter*innenbelastenden Analogie bzw. Reduktion bildet jedoch die bloße Konkretisierung eines Rechtssatzes anhand einer systematischen, grammatikalischen, historischen oder teleologischen Auslegung.[386] Möglich wäre eine derartige teleologische Auslegung in diesen Fall also, da es sich um eine reine Auslegung anhand des Willens des Gesetzgebers handelt und die absolute Wortlautgrenze („erkennbar") nicht überschritten wird. Ergänzbar ist diese Lösung mit der durchaus plausiblen Überlegung, dass „objektiv erkennbar" nach dem Willen des Gesetzgebers sinnvollerweise nur eine Mindestvoraussetzung darstellen kann und ein tatsächlich von dem*der Täter*in erkannter entgegenstehender Wille daher „erst recht" von § 177 I StGB erfasst sein muss.[387]

Es ist dennoch stets ein sensibles Augenmerk darauf zu legen, ob die Obliegenheit zur Äußerung eines entgegenstehenden Willens tatsächlich verletzt wurde: In Ausnahmefällen (zum Beispiel in von jahrelanger Gewalt gezeich-

---

383 Ähnlich bezüglich des Vorsatzes *Hörnle*, NStZ 2017, 13, 15; ebenso *Vavra* (2020), S. 420, die hofft, dass man derartige Behauptungen in der Praxis "in den Griff bekommen wird".
384 *Eisele* in Schönke/Schröder/StGB (2019), § 177 Rn. 19.
385 Anders *Ziegler* in BeckOK StGB (2022), § 177 Rn. 9, der in solchen Fällen ausnahmsweise auf die Erkennbarkeit für den Täter abstellen will; i.E. ebenso, wenngleich ohne Begründung und vorsichtiger formuliert *Drohsel*, NJoZ 2018, 1521, 1522.
386 BVerfGE 11, 126, 130; *Kühl* in Lackner/Kühl/StGB (2018), § 1 Rn. 5.
387 *Hoven/Weigend*, KriPoZ 2018, 156, 158.

neten Beziehungen) wird man nicht verlangen können, dass ein entgegenstehender Wille immer und immer wieder formuliert wird.[388] Anders ist dies höchstens dann zu beurteilen, wenn es erwiesenermaßen zwischendurch auch häufiger zu einverständlichem Geschlechtsverkehr gekommen ist. Dann wird eine genauere Betrachtung der gesamten Beziehung im Prozess leider unumgänglich sein.

Zwischenfazit

Zusammenfassend lässt sich zu dem Merkmal der *Erkennbarkeit* Folgendes formulieren:

Der entgegenstehende Wille des Opfers muss für eine objektive dritte Person aus einer *ex ante*-Perspektive erkennbar sein. Dies ist er, wenn das Opfer diesen ausdrücklich durch Worte oder konkludent durch Verhalten oder Gesten so zum Ausdruck bringt, dass er für eine objektive dritte Person nahezu „auf der Hand" liegt. Die Ablehnung muss ferner konsistent signalisiert werden, Meinungsänderungen sind unverzüglich deutlich zu machen.

4.1.1.5 Der subjektive Tatbestand

Auf subjektiver Seite ist mindestens bedingter Vorsatz erforderlich.[389] Das bedeutet, dass der*die Täter*in den entgegenstehenden erkennbaren Willen des Opfers mindestens billigend in Kauf genommen haben muss.[390] Aufgrund der Kongruenzregel[391] muss sich der Vorsatz auf jedes einzelne objektive Merkmal erstrecken, mithin nach dem eindeutigen Wortlaut der Norm auch auf die Erkennbarkeit, welche, wie bereits gezeigt, auf objektiver Ebene nach dem Horizont einer objektiven dritten Person bestimmt wird. Dies birgt, wie auch bereits auf objektiver Ebene, wesentliche Probleme:

Dies liegt darin begründet, dass es zum Teil schon als ausreichend erachtet wird, wenn der Täter die Umstände erkennt, aus denen sich für eine objektive dritte Person die Erkennbarkeit ergibt.[392]

---

388 *Hörnle*, GA 2015, 313, 325.
389 Eine ausführliche Erklärung, warum im Sexualstrafrecht angeblich keine Einführung einer Fahrlässigkeitsstrafbarkeit möglich sein soll, findet sich bei *Schulz*, StraFo 2017, 447-451, 448 f.
390 So ausdrücklich BT-Dr. 18/9097, S. 23.
391 Vgl. anstatt Vieler *Kudlich* in BeckOK StGB (2022), § 15 Rn. 4.
392 *El-Ghazi*, ZIS 2017, 157-168, 167, auch der Gesetzesentwurf klingt so, als sei eine derartige Auslegung gewünscht, vgl. BT Drs. 18/9097, S. 23.

Dies klingt für viele Stimmen in der Literatur danach, dass es für die Bejahung des Vorsatzes bereits ausreichend sei, wenn der*die Täter*in den entgegenstehenden Willen des Opfers hätte erkennen *können*. Im Raum steht daher der Vorwurf, hiermit wäre quasi „durch die Hintertür" eine Fahrlässigkeitsstrafbarkeit eingeführt worden.[393] Zumindest würden den*die Täter*in hier gewisse „Sorgfaltspflichten"[394] in Bezug auf die Erkennung eines eventuell entgegenstehenden Willens auferlegt, die es sonst im StGB nur im Bereich der Fahrlässigkeitsdelikte gebe.[395] Dieser Vorwurf kann offensichtlich nicht einfach mit dem Hinweis auf den geltenden § 15 StGB aus dem Weg geräumt werden.[396]

Andere versuchen sich daher damit zu helfen, dass im Rahmen einer teleologischen Reduktion im subjektiven Tatbestand nur ein *erkannter* Wille gemeint sein kann.[397] Dieser Ansicht ist jedoch entgegenzusetzen, dass hiermit Schutzbehauptungen Tür und Tor geöffnet werden würde, denn es wird schwer zu beweisen sein, dass eine beschuldigte Person den entgegenstehenden Willen sehr wohl erkannt hat, obwohl sie vorgibt, es nicht zu haben. Zudem steht diese Ansicht im klaren Widerspruch zum Wortlaut der Norm und der Kongruenzregel des subjektiven Tatbestands.

Die Anforderungen an das subjektive Element sind dennoch hochzuhalten. Es sollte gerade nicht der reine Hinweis auf die (objektive) Erkennbarkeit des Willens ausreichen. Außerdem ist bereits auf objektiver Ebene ein strenger Maßstab bei der Erkennbarkeit anzulegen, was dem*der Täter*in dann auch auf subjektiver Ebene zu Gute kommen wird. So stellt sich in Fällen, in denen das Opferverhalten nicht eindeutig und konsistent, sondern ambivalent war, die Frage nach dem Vorsatz der beschuldigten Person gar nicht mehr, denn dann liegt bereits auf objektiver Ebene kein *erkennbarer* entgegenstehender

---

393 *Renzikowski*, NJW 2016, 3553, 3554; *Wollmann/Schaar*, NK 2016, 268, 280; *Merkel*, ZRP 2020 162.
394 Bereits lange vor der Reform vorsichtig für eine Art Fahrlässigkeitsstrafbarkeit im Bereich der Sexualdelikte plädierend *Hörnle*, ZStW 2000, 356 ff.
395 *Löffelmann*, StV 2017, 413, 414; so auch *Beck* in: Gesamtes Strafrecht aktuell (2018), Rn. 18.
396 So klingt es bei *Hörnle*, NStZ 2017, 13, 15.
397 So ausdrücklich *Schulz*, StraFo 2017, 447-451, 449; ebenfalls höhere Anforderungen an das subjektive Element fordernd, aber keinen konkreten Lösungsvorschlag liefernd *Wolters/Noltenius* in SK/StGB (2017), § 177 Rn. 15; ähnlich auch *Hofmann*, Praxis der Rechtspsychologie 2017, 7, 17.

Wille vor.[398] Die Gerichte werden hierauf ein sensibles Augenmerk legen und die widerstreitenden Interessen so in Einklang bringen müssen.

Zudem ist das Problem nicht so sehr mit der Eigenheit des neuen § 177 I StGB verknüpft, wie es manch eine*r in der Diskussion vermuten lässt: Dass etwas auf objektiver Ebene – unter Zuhilfenahme der Sichtweise einer objektiven dritten Person – vorliegt, die beschuldigte Person aber behauptet, *sie selbst* habe dies nicht erkannt, ist keine Besonderheit des neuen Sexualstrafrechts:[399] In einem ähnlichen Gewand stellt sich in der gerichtlichen Praxis nämlich das äußerst relevante Problem des Nachweises des bedingten Tötungsvorsatzes i.R.v. § 212 StGB dar: Ist die Tathandlung dem*der Angeklagten objektiv nachweisbar, so wird diese*r in vielen Fällen angeben, das Opfer zwar verletzt, aber nicht *getötet* haben zu wollen. In Fällen, in denen die Tathandlung allerdings bereits objektiv äußerst lebensgefährlich und gewalttätig ist, kann laut dem BGH allein hieraus auf das nötige Wissen und Billigen dieses Erfolges geschlossen werden.[400] Besteht der*die Angeklagte demgegenüber beharrlich weiter auf seine*ihre Einlassung, einen Todeserfolg dennoch nicht im Sinn gehabt zu haben, ist Verurteilungsgrundlage dann *de facto* ebenfalls die Verkennung offensichtlicher Umstände, die sich jeder vernünftigen Person aufdrängen. Dies könnte man ebenfalls als „Fahrlässigkeit durch die Hintertür" bezeichnen.

Bezüglich der Annahme eines Tatbestandsirrtums gilt dann: Legt die beschuldigte Person glaubhaft dar, sie sei davon ausgegangen, dass das Opfer mit der sexuellen Handlung einverstanden gewesen sei, so greift § 16 I StGB.[401] Ebenso verhält es sich, wenn der*die Täter*in irrig geglaubt hat, die Äußerung des entgegenstehenden Willens sei nicht ernst gemeint; hier wird aber ein besonders strenger Abgrenzungsmaßstab zum bedingten Vorsatz anzulegen sein.[402] Abzulehnen ist nämlich ausdrücklich die Konstruktion der sog. *vis haud ingrata*,[403] bei der davon ausgegangen wird, dass der geäußerte entgegensehende Wille oder bloß geringer körperlicher Widerstand als bloßes

---

398 Richtig insofern *Wolters/Noltenius* in SK/StGB (2017), § 177 Rn. 16; dies leider verkennend *Schulz*, StraFo 2017, 447-451, 450.

399 So auch *Hörnle*, NStZ 2017, 13, 16.

400 BGH, NStZ 2021, 207; vgl. zum Problemkreis ausführlich m.w.N. *Schneider* in MüKo StGB (2021), § 212 Rn. 6 ff.

401 *Wolters/Noltenius* in SK/StGB (2017), § 177 Rn. 17.

402 *Heger* in Lackner/Kühl/StGB (2018), § 177 Rn. 20.

403 Dieses Konzept fand trotz der Errungenschaften durch die Erkenntnisse der anderslautenden empirischen Forschung – vgl. zum Zusammenhang bereits oben, S. 45 ff. – noch bis

„Zieren" generell nicht zwingend ernstzunehmen, weil in der weiblichen Natur liegend, sei.[404] Von diesen und ähnlichen Annahmen, die einen der gängigen Vergewaltigungsmythen widerspiegeln,[405] muss durch die Rechtsprechung konsequent Abstand genommen werden, indem hohe Anforderungen an eine derartige Einlassung des*der Täters*Täterin zu stellen sind.

Die Frage des Tatbestandsirrtum stellt sich konsequenterweise aber ebenfalls, wenn der*die Täter*in zwar gegen den Willen des Opfers eine sexuelle Handlung an diesem verüben wollte, allerdings angibt, nicht billigend in Kauf genommen zu haben, dass dieser auch nach außen hin erkennbar war.[406] Es stellt sich hier also, korrespondierend zum ähnlich gelagerten Problemkreis innerhalb der Erkennbarkeit, die Frage, wie mit Sonderwissen des*der Täter*in umzugehen ist. Es reicht freilich auch hier nicht aus, darauf zu hoffen, dass eine derartige Einlassung in der Praxis aufgrund ihrer Kuriosität nicht vorkommen wird, sondern es muss ein dogmatisch begründbares Ergebnis gefunden werden. Aufgrund des strengen Kongruenzprinzips von objektivem und subjektivem Tatbestand wird hier die einzige Möglichkeit sein, eine derartige Einlassung des Angeklagten auf seine Glaubwürdigkeit – die grundsätzlich zweifelhaft sein dürfte – i.R.d. freien Beweiswürdigung (§ 261 StPO) zu prüfen und diese so zu widerlegen.

4.1.1.6 Zusammenfassung

Zusammenfassend lassen sich im Wesentlichen bereits auf dogmatischer Ebene drei Problembereiche des § 177 I StGB benennen: die Handlungsvarianten zwei und drei, also die aktive Vornahme der sexuellen Handlung durch das Opfer am*an der Täter*in, an sich selbst oder an einer dritten Person, die Erkennbarkeit des entgegenstehenden Willens sowie der Vorsatz des*der Tä-

---

in dieses Jahrhundert hinein Einzug in die Rechtsprechung, wenngleich nicht unter expliziter Nennung des Begriffs. Vgl. hierzu zum Beispiel BGH, Beschl. v. 29.01.1985 – 4 StR 792/84: „Daß das fehlende Einverständnis von Frau W. für den Angeklagten erkennbar war, besagt noch nichts darüber, ob er die Ernsthaftigkeit des Widerstandes auch erkannt hat und ob er diesen Widerstand mit Gewalt brechen wollte"; diese Rspr. bestätigend BGH, Urt. v. 07.01.1997 – 1 StR 726/96 und BGH 3 StR 33/02 – Beschl. v. 3.04.2002, hier noch einmal besonders gut erkennbar: „In dieser Situation mußte der Angeklagte die - wenig aussagekräftigen - Äußerungen der Frau "sie wolle das nicht", nicht zwingend als ernst gemeinten Widerstand auffassen, [...]".
404 *Renzikowski* in MüKo StGB (2021), § 177 Rn. 151 m.w.N. insbesondere zur so lautenden Rspr.
405 Vgl. zu Vergewaltigungsmythen ausführlich oben (Kapitel 3: 1.2.2).
406 *Eisele*, RPsych 2017, 7, 12.

ters*Täterin bezüglich dieser Erkennbarkeit. Es wird sich zeigen, wie die Gerichte mit diesen in der Praxis umgehen werden. Dies soll im nächsten Teil dieser Arbeit eingehender untersucht werden.

4.1.2 § 177 II StGB

§ 177 II StGB normiert hingegen Fälle, in denen das Opfer nicht in der Lage oder es ihm nicht zuzumuten und es somit konsequenterweise auch von der Obliegenheit befreit ist, einen entgegenstehenden Willen zu äußern.[407] Diese Situation muss der*die Täter*in zur Vornahme oder Duldung einer sexuellen Handlung in irgendeiner Form ausnutzen.[408] Der*Die Täter*in nutzt einen solchen Umstand aus, wenn er*sie diesen erkennt und sich diesen für die sexuelle Handlung zunutze macht.[409]

Um sämtliche Strafbarkeitslücken zu schließen, sollten hier alle in der Praxis bedeutsamen Fallgruppen in vertypter Weise aufgenommen werden.[410] Es werden dabei Missbrauchs- und Nötigungsvorschriften kombiniert. Das Erfordernis der Erkennbarkeit entfällt damit ebenfalls. In dieser Vorschrift geht § 179 StGB a.F. vollständig auf, weswegen dieser im Zuge der Reform gestrichen wurde.[411] Abs. 1 ist dabei spezieller als Abs. 2, das heißt, wenn Abs. 1 bereits bejaht wurde, weil ein entgegenstehender Wille tatsächlich nach außen getragen wurde, muss ein eventuell bestehender Umstand nach Abs. 2 nicht mehr gesondert geprüft werden.[412]

4.1.2.1 § 177 III Nr. 1 StGB

Nr. 1 umfasst die Ausnutzung eines Umstandes, der es dem Opfer nicht möglich macht, einen entgegenstehenden Willen zu bilden oder zu äußern. Es wurden somit die Fälle des ehemaligen § 179 I und II StGB zusammengefasst und außerdem sowohl die Unfähigkeit von körperlich oder seelisch behinderten Menschen als auch von „gesunden" Menschen gemeinsam erfasst.[413] Durch

---

407 *Renzikowski* in MüKo StGB (2021), § 177 Rn. 65; *Heger* in Lackner/Kühl/StGB (2018), § 177 Rn. 6, so auch BT Drs. 18/9097, S. 23.
408 *Wolters/Noltenius* in SK/StGB (2017), § 177 Rn. 18.
409 *Eisele*, RPsych 2017, 7, 14, so auch BT Drs. 18/9097, S. 23 m.w.N.
410 *Ders.*, RPsych 2017, 7, 14.
411 BT Drs. 18/9097, S. 23.
412 *Hörnle*, NStZ 2017, 13, 16.
413 *Kunz*, jM 2016, 433, 434, so auch BT Drs. 18/9097, S. 23; dies positiv heraushebend *Bezjak*, KJ 2016, 557, 562; *Fischer* in Fischer StGB (2021), § 177 Rn. 22, der bei Krankheit oder Behinderung ausschließlich Abs. IV für einschlägig hält.

die Streichung der Erheblichkeit des körperlichen Widerstands wird auch hier nunmehr nicht mehr auf die Widerstands- sondern auf die Willensbildungs- oder Willensäußerungsfähigkeit abgestellt.[414] Insbesondere fallen unter die Nr. 1 im Gegensatz zum ehemaligen § 179 StGB nicht mehr körperlich vollständig gelähmte Personen, da diese nur zum Widerstand, nicht aber zur Willensbildung und -äußerung unfähig und sie somit nicht von der Obliegenheit des § 177 I StGB befreit sind.[415] Typische Fälle des § 177 III Nr. 1 StGB können somit Koma, Bewusstlosigkeit und Schlaf des Opfers sein.[416] Ein Alkohol- oder Drogenrausch kann nur unter die Nr. 1 fallen, wenn die Willensbildungs- und/oder Äußerungsfähigkeit dadurch tatsächlich komplett außer Kraft gesetzt wurde.[417] Die Gesetzesmaterialien betonen ausdrücklich, dass nur eine *absolute Unfähigkeit* zur Bildung oder Äußerung eines Willens ausreichend sein soll.[418] Auch starke Intoxikationszustände können daher in Abgrenzung zur Nr. 2 nicht beziehungsweise nur in krassen Ausnahmefällen (komatöse Intoxikationszustände) unter die Nr. 1 fallen. Eine wichtige Rolle wird der Einfluss von sog. K.O.-Tropfen[419] auf den Zustand von Opfern zukommen: Unabhängig davon, ob diese dem Opfer von der beschuldigten Person selbst verabreicht wurden oder ob dieser den Zustand des so angetroffenen Opfers nur für ihre Zwecke ausnutzt, werden diese in Zukunft von der Nr. 1 erfasst werden.[420]

Laut *Fischer* könnten daneben „vielleicht" auch reine affektive Ausnahmesituationen, insbesondere Überraschungsmomente, unter diese Variante fallen.[421] Auch wenn der Wortlaut dies wohl durchaus zulassen würde, soweit das Opfer hierdurch seiner Willensbildung- beziehungsweise Äußerungsfähigkeit gänzlich beraubt wird (was indes selten zu bejahen sein wird, zumeist wird die Reaktionsfähigkeit hier wohl nur kurzzeitig verzögert sein), ist dies im Anbetracht der Existenz der Nr. 3 wenig naheliegend. Die Existenz der Nr. 3 könnte daher eher dafür sprechen, dass reine Überraschungsmomente gerade

---

414 *Renzikowski* in MüKo StGB (2021), § 177 Rn. 66; *Wolters/Noltenius* in SK/StGB (2017), § 177 Rn. 18.
415 *Eisele*, RPsych 2017, 7, 15; *Renzikowski*, NJW 2016, 3553, 3554.
416 *Eisele*, RPsych 2017, 7, 14; *Renzikowski* in MüKo StGB (2021), § 177 Rn. 68.
417 *Hörnle*, NStZ 2017, 13, 16.
418 BT Drs. 18/9097, S. 23.
419 Hierbei handelt es sich um einen umgangssprachlichen Begriff für eine Vielzahl an narkotisierenden Stoffen, die insbesondere späteren Opfern von Sexualdelikten ins Getränk gemischt werden, um diese zu betäuben oder wehrlos zu machen, vgl. https://de.wikipedia.org/wiki/K.-o.-Tropfen [letzter Aufruf: 06.04.2022].
420 So ausdrücklich BT Drs. 18/9097, S. 23 f.
421 *Fischer* in Fischer StGB (2021), § 177 Rn. 22.

nicht bereits von der Nr. 1 erfasst sein sollen.[422] Überzeugender und weniger aufwendig in der Begründung erscheint es jedoch schlicht, Nr. 3 als spezieller einzuordnen und so die Anwendung der Nr. 1 in derartigen Fällen auf der Konkurrenzebene ausscheiden zu lassen.[423]

Zudem muss es auch unter die Nr. 1 fallen, wenn das Opfer bei Gewaltanwendung oder Ausnutzen einer schutzlosen Lage trotz der theoretischen Möglichkeit, einen entgegenstehenden Willen zu äußern, stumm bleibt, da ansonsten unter Umständen ungewollt Schutzlücken offen blieben.[424] Wichtig ist aber auch hier, dass die Unfähigkeit auf objektiv feststellbare Umstände zurückgeführt werden muss.[425]

Ein weiteres problematisches Feld ergibt sich dadurch, dass es bei der Nr. 1, bei der im Gegensatz zur Nr. 2 ein strafbarkeitslimitierender Zusatz durch die Zustimmung der anderen Person fehlt, es auf den wahren inneren Willen des Opfers niemals ankommen kann.[426] Dies erscheint indes nicht in allen Situationen gerechtfertigt. Verfassungsrechtlich ist nämlich, wie bereits gezeigt, die sexuelle Selbstbestimmung auch in positiver Hinsicht geschützt, und dieses Recht macht nicht vor kranken und behinderten Menschen Halt. Es wird daher vorgeschlagen, § 177 III Nr. 1 StGB insofern verfassungskonform auszulegen, als ein tatbestandsausschließendes Einverständnis in Form eines mutmaßlichen Willens konstruiert wird.[427] Bedeutung erlangen wird dies vor allem in Fällen der Fortsetzung von Partnerschaften in Fällen, in denen einer der beiden Partner (temporär) in einen Zustand nach Nr. 1 geraten ist (zum Beispiel bei Demenzerkrankung eines*einer Partners*Partnerin). Die Fortsetzung einer Beziehung auch auf sexueller Ebene soll laut *Renzikowski* anhand des Konstruktes des mutmaßlichen Einverständnisses ermöglicht werden; und ebenso verhalte es sich, wenn ein Partner an seinem*r schlafenden Partner*in sexuelle Handlungen vollzieht.[428] Auch wenn dem Konstrukt einer an der positiven Ausgestaltung der sexuellen Selbstbestimmungsfreiheit ausgerichteten Auslegung des Tatbestands grundsätzlich beizupflichten ist, kann derartigen

---

422 Zur Abgrenzung siehe auch BT Drs. 18/9097, S. 25. Die Argumentation ist allerdings wenig einleuchtend, wenn darauf abgestellt wird, dass nur Äußerungsfähigkeit betroffen ist (dies würde indes auch die Nr. 1 begründen können).

423 So auch *Eisele*, RPsych 2017, 7, 17.

424 *Hörnle*, NStZ 2017, 13, 16.

425 *Dies.*, NStZ 2017, 13, 16.

426 Kritisierend *Renzikowski* in MüKo StGB (2021), § 177 Rn. 67.

427 *Ders.* in MüKo StGB (2021), § 177 Rn. 72.

428 *Ders.* in MüKo StGB (2021), § 177 Rn. 72.

pauschalen Regeln indes nicht zugestimmt werden.[429] Gerade aufgrund der Komplexität menschlichen Zusammenlebens ist zwischen Partnern nicht immer ein mutmaßliches Einverständnis zu sexuellen Handlungen generell zu vermuten. Dies anzunehmen, würde wieder an vergangene Zeiten erinnern, in denen dem (Ehe-)Mann ein generelles Recht auf Sexualität mit seiner (Ehe-)Frau zugesprochen wurde (nunmehr freilich in beide Richtungen). Zum Ausschluss derartiger o.g. strafunwürdiger Fälle wird es ausreichen, das Element des Ausnutzens sensibel zu prüfen. Ein*e liebender Partner*in wird sich den Schlaf oder die Erkrankung der anderen Person nicht *zunutze machen*, um die sexuelle Handlung zu vollziehen. Insofern sind adäquate Ergebnisse auch schlicht unter konsequenter Anwendung des Gesetzes zu erzielen.[430] Das Konstrukt des mutmaßlichen Einverständnisses ist daneben dann obsolet.

4.1.2.2   § 177 III Nr. 2 StGB

Im Gegensatz zur Nr. 1 sind in dieser Variante die erfassten Personen nicht absolut unfähig zur Willensbildung und -äußerung, sondern nur *aufgrund ihres körperlichen oder psychischen Zustands* in diesen Fähigkeiten *erheblich eingeschränkt*.

Die Erfassung dieser Variante ist im Gegensatz zu anderen Änderungen ein gänzliches Novum des Sexualstrafrechts.[431]

Die Einschränkung, einen Willen zu bilden oder zu äußern, muss ausweislich der Gesetzesmaterialien eine gewisse Erheblichkeit aufweisen, welche wiederum dann vorliegen soll, wenn die Einschränkung offensichtlich auf der Hand liegt und sich einer objektiven dritten Person daher quasi aufdrängt.[432] Diese Definition ist leider recht unpräzise und wird so selten zu einer klaren Abgrenzung der Nr. 1 und Nr. 2 führen.[433] Die Willensbildung- und Äußerungsfähigkeit darf also – überspitzt gesagt – nicht zu wenig, aber auch nicht zu sehr eingeschränkt sein. Jedenfalls ergibt sich aus ihr aber, dass wohl nicht

---

429 Differenzierter *Hörnle*, ZStW 2015, 851, 879, die auf die Intensität des Vertrauensverhältnisses im Einzelfall abstellt. Dies wird indes i.d.R. sehr schwer nach außen nachzuvollziehen sein.

430 So im Ergebnis auch *Renzikowski* in MüKo StGB (2021), § 177 Rn. 72.

431 *Bezjak*, KJ 2016, 557, 563; *Eisele*, RPsych 2017, 7, 15.

432 BT Drs. 18/9097, S. 24.

433 "Kaum mehr als eine Gesetzesparaphrase", vgl. *Renzikowski*, NJW 2016, 3553, 3554; Bezeichnung als "blumige Formulierung" bei *Hofmann*, Praxis der Rechtspsychologie 2017, 7, 20.

rein alltägliche Zustände wie Aufregung, Niedergeschlagenheit oder Nervosität hierunter subsumiert werden sollen.[434] „Psychisch" soll denselben Gehalt wie „seelisch" aus § 20 StGB haben.[435] Sinnvoll erscheint es zudem, sich an Umständen zu orientieren, die auch einen Defekt nach § 21 StGB begründen würden.[436]

Die praktisch bedeutsamsten Fallgruppen für § 177 III Nr. 2 StGB werden demnach wohl stark verminderte Intelligenz, Demenzerkrankungen sowie erhebliche Intoxikationszustände (durch Alkohol oder Drogen), welche die Willensbildung oder -äußerung aber noch nicht gänzlich ausschließen, sein.[437]

In der Kritik steht diese Tatbestandsvariante – wie gerade bereits angedeutet – vor allem wegen der mangelnden Bestimmtheit des Merkmals der erheblichen Einschränkung im Gegensatz zur gänzlichen Unfähigkeit.[438] Besonders deutlich wird dies wohl bei der Erfassung von Intoxikationszuständen: Gerade hier wird wohl schwer zu beurteilen sein, ab wann die Willensbildung bereits gänzlich ausgeschlossen werden muss und wann sie nur erheblich eingeschränkt war. Dies ist indes von großer Bedeutung, da nur bei Bejahung der Nr. 2 die Strafbarkeit durch die Einholung einer Zustimmung ausgeschlossen werden kann.

Dieser strafbarkeitsausschließende Zusatz soll, so die Gesetzesbegründung, vor allem das sexuelle Selbstbestimmungsrecht von Menschen mit Behinderungen schützen.[439] Implementiert wurde daher an dieser Stelle eine „Nur-Ja-heißt-Ja"-Lösung.[440] Diese Lösung begegnet allerdings vielfältigen Bedenken. Zum einen ist es sehr fraglich, wie praktikabel diese Lösung sein kann, denn es muss grundsätzlich vor jeder neuen Handlung erneut eine Zustimmung eingeholt werden.[441] Versichern bedeutet an dieser Stelle allerdings nicht, dass man sich eine schriftliche Einverständniserklärung einholen sollte. Es bedeutet nicht einmal, dass notwendig ausdrücklich „Ja" gesagt werden muss, sondern es reicht aus, dass konkludent Zustimmung signalisiert wird,

---

434 *Hörnle*, NStZ 2017, 13, 16 f.
435 *Hörnle*, NStZ 2017, 13, 17; *Eisele*, RPsych 2017, 7, 15, so ausdrücklich BT Drs. 18/9097, S. 24.
436 *Eisele*, RPsych 2017, 7, 15; *Renzikowski*, NJW 2016, 3553, 3554 f.
437 *Eisele*, RPsych 2017, 7, 15; *Hörnle*, NStZ 2017, 13, 17.
438 *Fischer* in Fischer StGB (2021), § 177 Rn. 28.
439 BT Drs. 18/9097, S. 24.
440 *Eisele*, RPsych 2017, 7, 16.
441 *Ders.*, RPsych 2017, 7, 16, generell zu Vor- und Nachteilen einer "Ja-heißt-Ja"-Regelung im Sexualstrafrecht später unter xy.

vor allem dann, wenn die Initiative vom Opfer ausgeht.[442] Dies kann die Bedenken der mangelnden Praktikabilität zumindest mildern, da so die Möglichkeit besteht, vor dem Akt ausdrücklich zuzustimmen und diese Zustimmung sodann während sämtlicher darauffolgender Handlungen durch konkludentes Verhalten aufrecht zu erhalten und zu bestätigen.

Bei fehlender Eindeutigkeit ist hingegen Rückfrage geboten, sodass letztlich „kein vernünftiger Zweifel" mehr an der Zustimmung gegeben ist.[443] Aufgrund dieser hohen Anforderungen wird allerdings zu Recht auch die Gefahr gesehen, dass hierdurch Sexualität von Behinderten nicht, wie es die Gesetzesbegründung ausdrücklich bezweckt, gefördert, sondern vielmehr moralisiert und dadurch zusätzlich gehemmt wird.[444] Aus Angst vor möglichen Konsequenzen einer nicht ausreichenden Versicherung der Zustimmung ihres eingeschränkten Gegenübers könnten Menschen sexuelle Handlungen im Zweifel lieber unterlassen, was wohl nicht im Sinne der Gesetzesbegründung sein dürfte.

Problematisch ist auch, dass für die Zustimmung ein „natürlicher Wille" ausreichen soll, der damit nicht auf Vernünftigkeit oder ähnliches überprüft werden kann: Denn gerade Personen, die unter die Nr. 2 fallen, sind in der Regel leicht beeinflussbar und so wird sich ein*e kluge*r Täter*in durch Überredungskünste häufig einer Strafbarkeit entziehen können.[445] Auch dies erscheint ungerechtfertigt. Die Gerichte könnten sich hier höchstens dadurch helfen, dass in derartigen Fällen das Merkmal des *Versicherns* nicht erfüllt ist, weil ein*e Täter*in, der*die eine so eingeschränkte Person nur durch Überreden zu einer Zustimmung bewegt, eben doch „vernünftige Zweifel" an der so gegebenen Zustimmung hat.

Der Nr. 2 wohnt zugleich ein kaum ausräumbarer logischer Widerspruch inne: Es ist äußerst fraglich, wie es in sinnvollen Einklang zu bringen ist, dass Personen, die unter die Nr. 2 fallen, zwar einerseits die uneingeschränkte Fähigkeit abgesprochen wird, einen Willen zu bilden [sic!], aber andererseits ihre eindeutige Zustimmung strafbarkeitsausschließend wirken soll.[446] Außerdem

---

442 *Eisele*, RPsych 2017, 7, 16; *Hörnle*, NStZ 2017, 13, 17.
443 *Hörnle*, NStZ 2017, 13, 17, so ausdrücklich BT Drs. 18/9097, S. 24.
444 *Bezjak*, KJ 2016, 557, 563.
445 *Eisele*, RPsych 2017, 7, 16 f.; *Renzikowski*, NJW 2016, 3553, 3555.
446 *Bezjak*, KJ 2016, 557, 564 f.; *Fischer* in Fischer StGB (2021), § 177 Rn. 33.

ist nicht recht einzusehen, warum man ihnen einerseits zutraut, strafbarkeitsausschließend einzuwilligen, ihnen andererseits aber nicht die Kommunikati-
onsobliegenheit aus § 177 I StGB auferlegen will.[447]

Erhebliche praktische Bedeutung erlangen dürften ebenfalls Fälle, in denen
beide Beteiligte sich in einem Zustand nach Nr. 2 befinden, zum Beispiel
wenn beide Parteien erheblich alkoholisiert sind oder unter dem Einfluss von
Drogen stehen.[448] Hieraus wird teilweise der überzogene Schluss gezogen,
dass nunmehr „mangels verbaler oder anderweitig schlüssiger Kommunikati-
onsfähigkeit Sex zwischen zwei Betrunkenen künftig gänzlich verboten sein"
dürfte.[449] Dieser Schluss ist freilich bereits aufgrund der Möglichkeit, sich der
Zustimmung des Gegenübers zu versichern, verfehlt. Sollten tatsächlich beide
Parteien, so wie es der Autor des o.g. Zitats befürchtet, in einem Zustand befinden, in dem Willensbildung und Kommunikation hierüber nicht mehr möglich ist, so werden der später wegen § 177 III Nr. 2 StGB beschuldigten Person §§ 20, 21 StGB zur Seite stehen und eine Bestrafung ausschließen oder
zumindest deutlich mildern.[450]

Widersinnige Ergebnisse werden indes dadurch erzielt, dass sich auch derjenige*diejenige strafbar macht, der*die zwar mit Willen der eingeschränkten
Person handelt, sich der Zustimmung aber nicht versichert hat; diese wenig
einleuchtenden Ergebnisse können indes ebenfalls durch den „Strafbarkeitsfilter" des Merkmals des *Ausnutzens* behoben werden (Definition ebenso wie
bei Nr. 1).[451]

Zusammenfassend lässt sich sagen, dass das System der § 177 II Nr. 1
und 2 StGB gut gemeint, aber leider wenig durchdacht und unausgereift erscheint. Nachbesserung ist dringend erforderlich, um die oben genannten
Probleme zu beheben. Bis dahin sollten sich die Gerichte mit einer restriktiven
Auslegung der Tatbestandsmerkmale, insbesondere des Merkmals des Ausnutzens – wie soeben vorgeschlagen – helfen.

---

447 *Bezjak*, KJ 2016, 557, 563 f.; *Eisele*, RPsych 2017, 7, 16.
448 *Renzikowski*, NJW 2016, 3553, 3555.
449 *Stevens* (2016): Sechs Dinge, die Sie beim Sex jetzt besser lassen sollten
(https://www.lto.de/recht/hintergruende/h/reform-sexualstrafrecht-nein-heisst-nein-
sechs-dinge-die-man-jetzt-besser-lassen-sollte/) [letzter Aufruf: 06.04.2022].
450 So auch *O'Malley/Hoven* in: Core concepts in criminal law and criminal justice (2020),
S. 164 f.
451 *Eisele*, RPsych 2017, 7, 17.

4.1.2.3   § 177 II Nr. 3 StGB

Nr. 3 nimmt eine Fallgruppe auf, die bereits in der Fallstudie des *bff* präsent war, und soll so eine wesentliche Schutzlücke im System des Sexualstrafrechts schließen: die Ausnutzung eines Überraschungsmoments durch den*die Täter*in. Eine Überraschungssituation soll gegeben sein, wenn die sexuelle Handlung das Opfer unvorbereitet trifft, was wiederum voraussetzen soll, dass das Opfer in der konkreten Situation keinen sexuellen Angriff erwartet.[452] Auch die Aufnahme dieser Variante erscheint allerdings, gerade in Anbetracht der beiden vorherigen Varianten, wenig durchdacht: Für die Nr. 3 wird in der Praxis kaum ein Anwendungsbereich bleiben, denn entweder wird das Opfer kurz vor einem derartigen überraschenden Angriff doch noch realisieren, was ihm bevorsteht, und sodann mit (mindestens konkludenter) Ablehnung reagieren (dann wäre aber schon § 177 I StGB einschlägig!) oder aber es wird gerade aufgrund der Überraschungssituation nicht in der Lage sein, einen solchen Willen zu bilden (dann wäre bereits § 177 III Nr. 1 StGB einschlägig!).[453] Die Aufnahme dieser Tatvariante erscheint daher eher unter dem Motto „doppelt hält besser" zustande gekommen oder aber tatsächlich ein Fall rein symbolischen Strafrechts zu sein. Jedenfalls positiv zu konstatieren ist indes, dass die Schutzlücke geschlossen wurde, wenngleich hier aufgrund der bereits ausreichenden Erfassungsmöglichkeit der Konstellation durch § 177 I und II Nr. 1 StGB über das Ziel doch erheblich hinausgeschossen wurde. Zudem ist diese Strafbarkeitsvariante der in der Tat nicht ganz unberechtigten Kritik ausgesetzt, dass diese nicht auf alle in Abs. 1 enumerativ aufgezählten strafbaren Handlungen passe: Es ist nahezu ausgeschlossen, dass ein Opfer überraschend eine sexuelle Handlung an dem*der Täter*in vornimmt; von etwas „unvorbereitet getroffen" zu sein und gleichzeitig aktiv zu handeln, schließe sich gegenseitig denklogisch aus.[454] Es erscheint daher konsequent, mittels einer teleologischen Reduktion für die Nr. 3 nur die passiven Strafbarkeitsvarianten des Abs. 1 Anwendung finden zu lassen.[455]

Es bleibt somit abzuwarten, ob die Gerichte überhaupt einen eigenständigen Anwendungsbereich für diese Variante finden werden.

---

452 BT Drs. 18/9097, S. 25.
453 Vollkommen zu Recht *Bezjak*, KJ 2016, 557, 564.
454 *Lederer*, StraFo 2018, 280, 286 f.; *Lederer*, AnwBl 2017, 514, 518.
455 *Renzikowski* in MüKo StGB (2021), § 177 Rn. 89; *Lederer*, StraFo 2018, 280, 287.

4.1.2.4 § 177 II Nr. 4 StGB

Die Nr. 4 erfasst das Ausnutzen einer Lage, in der dem Opfer bei Widerstand ein empfindliches Übel droht. Das Merkmal des *empfindlichen Übels* soll ebenso zu interpretieren sein wie bei § 240 StGB.[456] Entgegen des Regierungsentwurfs wurde sich letztlich nicht für eine subjektive Formulierung aus Opfersicht entschieden,[457] was teilweise als bedauernswert erachtet wird.[458] Es sei nicht nachzuvollziehen, wieso sich eine Person nicht strafbar machen sollte, wenn sie es ausnutzt, dass das Opfer nur subjektiv glaubt, sich in einer derartigen Lage zu befinden. In der Tat erscheint hier das Unrecht der Tat nicht herabgesetzt. Es wäre daher eine Formulierung vorzuziehen wie *„in der dem Opfer bei Widerstand ein empfindliches Übel droht oder es ein solches befürchtet"*.

Ausweislich der Gesetzesbegründung soll die Variante die „Klima-der-Gewalt"-Fälle erfassen, da der Täter dem Opfer nicht ausdrücklich mit dem empfindlichen Übel drohen muss.[459] Bei der Auslegung der Empfindlichkeit soll darauf geachtet werden, dass das Übel, das droht, eine gewisse Erheblichkeit aufweisen muss; es ist allerdings nicht auf die Furcht vor Körperverletzungs- oder Tötungsdelikten begrenzt.[460] Gerade in Beziehungssituationen soll es allerdings nicht ausreichen, wenn nur Streitigkeiten ohne Gewaltbezug im Falle der Ablehnung des Sexualkontaktes drohen.[461] Ebenfalls nicht erfasst sein soll die Entgegennahme einer sexuellen Handlung, zu welcher eine Person die Initiative übernimmt, um dadurch einen Vorteil zu erlangen oder einem Nachteil zu entgegen, so zum Beispiel die Kündigung eines Arbeitsverhältnisses im Rahmen einer anstehenden Entlassungswelle abzuwenden, selbst wenn der*die Arbeitgeber*in die Motivlage der angestellten Person hierbei erkennt und dies im Sinne der Norm ausnutzt; es ist nämlich von der positiven sexuellen Selbstbestimmungsfreiheit gedeckt, auch aus derartigen zweckgerichteten Gründen auf einen Sexualkontakt einzugehen.[462] Es wäre widersinnig, dies einerseits als von der sexuellen Selbstbestimmungsfreiheit erfasst anzusehen,

---

456 BT Drs. 18/9097, S. 25 mit Verweis auf die Definition von *Eser/Eisele* in Schönke/Schröder/StGB (2014), § 240 Rn. 9.
457 Hier allerdings noch innerhalb einer – damals anvisierten – Änderung des § 179 StGB: „[…] einer Lage, in der eine andere Person im Falle ihres Widerstandes ein empfindliches Übel *befürchtet"*, vgl. BT Drs. 18/8210, S. 5.
458 *Bezjak*, KJ 2016, 557, 564.
459 BT Drs. 18/9097, S. 26.
460 So schon zu BT Drs. 18/8210, S. 17, was auf § 177 II Nr. 4 StGB übertragen werden kann.
461 *Eisele*, RPsych 2017, 7, 19, ebenso BT Drs. 18/8210, S. 17.
462 BT Drs. 18/8210, S. 17.

dann aber dennoch zu bestrafen. Anders gelagert wäre der Fall aber bereits dann, wenn die Initiative im eben erläuterten Fall von dem*der Arbeitgeber*in ausginge, selbst wenn die drohende Kündigung rechtmäßig erfolgen würde.[463] Problematisch werden zudem auch Fälle sein, in denen es in einer von Gewalt geprägten Beziehung zwischendurch nachweislich auch immer wieder einverständlichen Geschlechtsverkehr gegeben hat.[464] Auf all diese Konstellationen wird in der Praxis sensibel einzugehen sein.

4.1.2.5   *§ 177 II Nr. 5 StGB*

Die ähnlich lautende Nr. 5 ist die einzig noch übrig gebliebene Nötigungsvariante des neu gestalteten § 177 StGB und daher auch der einzige Grund, warum sich der Begriff *sexuelle Nötigung* noch in der Normüberschrift findet.[465] Nach ihr macht sich strafbar, wer eine Person zur Vornahme oder Duldung der sexuellen Handlung durch Drohung mit einem empfindlichen Übel nötigt. Im Gegensatz zur Nr. 4 muss hier also der*die Täter*in tatsächlich gedroht haben. Das Verhalten, das im Falle der Weigerung angedroht wird, braucht dabei nicht rechtswidrig zu sein, solange es ein *empfindliches Übel* für das Opfer darstellt.[466] Problematisch ist freilich gerade das Androhen eines nicht rechtswidrigen Verhaltens im Weigerungsfall. Hier ist im Einzelfall kritisch zu prüfen. Was als *empfindlich* gilt, ist dabei, parallel zu § 240 StGB, nach einem individuell-objektiven Maßstab zu ermitteln: Das Übel ist daher dann empfindlich, wenn der in Aussicht gestellte Nachteil von solcher Erheblichkeit ist, dass seine Ankündigung geeignet erscheint, den Bedrohten im Sinn des Täterverlangens zu motivieren, und von dem Bedrohten nicht erwartet werden kann, dass er der Bedrohung in besonnener Selbstbehauptung standhält.[467] Beim Androhen des Beendens einer Beziehung sollte dies nach älterer BGH-Rechtsprechung nicht grundsätzlich der Fall sein.[468] Das OLG Karlsruhe entschied allerdings jüngst zum neuen § 177 II Nr. 5 StGB, dass eine derartige Drohung durchaus in der Lage sei, ein *empfindliches Übel* in diesem Sinne darzustellen, und zwar dann, wenn der Beziehung nach besagtem individuell-objektiven Maßstab für die bedrohte Person ein derart hoher Stellenwert zukommt, dass deren Beendigung sie im Sinne des Täterverlangens zu motivieren in der Lage ist.[469] Auch Nötigungen gegen Dritte können unter

463 *Vavra* (2020), S. 447.
464 *Hörnle*, NStZ 2017, 13, 18.
465 *Bezjak*, KJ 2016, 557, 565.
466 *Vavra* (2020), S. 450.
467 BGHSt 31, 195, 201.
468 BGH, Urt. v. 31.03.1982 – 2 StR 2/82 –.
469 OLG Karlsruhe, Beschl. v. 17.01.2019 – 2 Ws 341/18 –.

diesem Maßstab *empfindlich* für das Opfer sein.[470] Besonders relevant dürften zudem konkludente Drohungen sein, insbesondere innerhalb der „Klima-der-Gewalt"-Fälle, in denen vorangegangene Gewaltanwendungen als konkludente Drohungen fortwirken.[471]

Nicht erfasst sind demgegenüber Fälle, in denen der*die Täter*in dem Opfer für die Vornahme oder die Duldung der sexuellen Handlung einen Vorteil verspricht, diesem also gewissermaßen ein „unmoralisches Angebot" unterbreitet.[472] Dass auch aus derartigen Gründen Sexualkontakte *freiwillig* eingegangen werden können, beweist nicht zuletzt die Legalität der Prostitution – ob die Gegenleistung dabei – wie in der klassischen Prostitution üblich – in Geld besteht oder in einer anderen Leistung, muss dabei irrelevant sein. Es wird in der Praxis freilich ein sensibles Augenmerk auf die Unterscheidung zwischen Drohen mit einem empfindlichen Übel im Sinne der Norm und eines solchen „unmoralischen Anbietens" gelegt werden müssen. Ist mit einem solchen Angebot allerdings implizit die Drohung mit einem empfindlichen Übel verbunden, so beispielsweise die Verweigerung eines Vorteils, auf welches das Opfer einen Anspruch hat, so ist das Verhalten dennoch strafwürdig.[473] So wäre es beispielsweise von § 177 II Nr. 5 StGB erfasst, wenn eine Professorin ihrem Studenten für den Weigerungsfall das Durchfallen in einer wichtigen Prüfung in Aussicht stellt (unabhängig davon, ob seine Leistung ein Durchfallen tatsächlich rechtfertigen würde), nicht aber, wenn sie ihm für die sexuelle Handlung die Benotung mit einer „eins" anstatt einer „zwei", die er eigentlich verdient hätte, verspricht.[474] Das Beispiel zeigt anschaulich, dass die Unterscheidung im Einzelfall, gerade in derartigen Ober-/Unterordnungsverhältnissen, äußerst schwierig sein kann. Hinzu kommt, dass der BGH zu § 240 StGB durchaus die Ansicht vertritt, dass auch die Ankündigung, ein rechtlich nicht gebotenes Handeln zu unterlassen (etwa das Absehen von einer Strafanzeige), ein empfindliches Übel darstellen kann.[475] Für die Beurteilung nach § 177 II Nr. 5 StGB jedenfalls sollte sich im Lichte der positiven sexuellen Selbstbestimmung, die durchaus auch beinhaltet, sexuelle Kontakte einzugehen, um sich einen Vorteil zu verschaffen, stets daran orientiert werden, ob die Teilnahme an der sexuellen Handlung noch als *selbstbestimmt* gelten kann, oder aber ob der*die Zustimmende durch die Ankündigung in eine

---

470 *Renzikowski* in MüKo StGB (2021), § 177 Rn. 101.
471 *Vavra* (2020), S. 451.
472 *O'Malley/Hoven* in: Core concepts in criminal law and criminal justice (2020), S. 161.
473 So auch *Vavra* (2020), S. 285.
474 *O'Malley/Hoven* in: Core concepts in criminal law and criminal justice (2020), S. 160 f.
475 BGH, Beschl. v. 13.01.1983 - 1 StR 737/81.

Zwangslage gebracht wird, die die eigene Entscheidung *fremdbestimmt* erscheinen lässt. Abgrenzungskriterium sollte sein, ob das Angebot insgesamt als „freiheitserweiternd" oder „freiheitsbeschränkend" einzuordnen ist.[476]

In dieser Vorschrift geht der im selben Zuge gestrichene § 240 IV S. 2 Nr. 1 StGB a.f. vollständig auf.[477] Diese Verschiebung der Regelung in den neuen Kontext könnte man als sinnlos erachten, allerdings ist die Vorschrift systematisch im Abschnitt der Delikte gegen die sexuelle Selbstbestimmung sehr viel besser aufgehoben als im vorherigen Abschnitt „Delikte gegen die freie Willensbetätigung".[478] Zudem wurde klargestellt, dass auch die Nötigung zur Duldung einer sexuellen Handlung erfasst wird, und somit eine weitere Lücke der alten Rechtslage geschlossen.[479]

Mit der Nr. 4 weist diese Variante deutliche Überschneidungen auf: Eigene Bedeutung erlangt Nr. 5 nur, soweit objektiv kein Übel droht, der Täter aber trotzdem hiermit droht; in Überschneidungsfällen ist die Nr. 5 sinnvollerweise (aufgrund höheren Unrechtsgehalts) als Spezialvorschrift anzusehen.[480] Aufgrund der großen Überschneidungen hätten beide Varianten allerdings sinnvollerweise besser in einer Nummer zusammengefasst werden sollen.[481]

4.1.2.6 Zusammenfassung

Es wurde gezeigt, dass § 177 II StGB im Einzelnen diverse Probleme aufweist, mit denen sich die Rechtsprechung wird beschäftigen müssen. Inwiefern dies auf die Gesamtbeurteilung der Reform Einfluss nimmt, soll sogleich erörtert werden.[482]

In diesem zweiten Absatz ist die gesetzgeberische Eile, unter der die gesamte Reform zustande gekommen ist, besonders sichtbar. Das Verhältnis der einzelnen Nummern zueinander ist oft nicht klar ersichtlich und so erscheinen

---

476 Vgl. hierzu sehr ausführlich und unter Hinzuziehung mehrerer Fallgruppen *Vavra* (2020), S. 285 ff.
477 BT Drs. 18/9097, S. 26.
478 *Bezjak*, KJ 2016, 557, 565; *Hörnle*, NStZ 2017, 13, 17 f.
479 *Eisele*, RPsych 2017, 7, 19; *Hörnle*, NStZ 2017, 13, 17 f.
480 *Eisele*, RPsych 2017, 7, 19 f.
481 Dafür spricht auch, dass beide Nummern in der Literatur oft unter einem gemeinsamen Punkt erörtert werden, vgl. *Hörnle*, NStZ 2017, 13, 17 f.; *Renzikowski*, NJW 2016, 3553, 3555.
482 Vgl. unten (Kapitel 3: 4.3).

diese zum Teil konfus durchmischt.[483] Daher ist es nicht verwunderlich, dass hier im Einzelnen so Vieles umstritten ist.

4.1.3 § 177 III StGB

§ 177 III StGB ordnet die Strafbarkeit des Versuchs an. Kritisiert wird, dass durch die gesetzlichen Änderungen die Versuchsstrafbarkeit erheblich erweitert werde, da Anknüpfungspunkt nun nicht mehr das unmittelbare Ansetzen zur nötigenden Handlung, sondern dasjenige zur Vornahme der sexuellen Handlung (respektive in der Bestimmungsvariante der Beginn der Einwirkung auf das Opfer) ist.[484] Dieser Anknüpfungspunkt erscheint indes unumgänglich und durchaus konsequent: Da durch die Änderung die gesamte Strafbarkeit erweitert wurde, muss auch die Versuchsstrafbarkeit erweitert werden. Inwieweit hier eine Strafbarkeit bejaht werden könnte durch eine Verhaltensweise, die „weit vor dem eigentlichen sexuellen Übergriff"[485] liegt, ist nicht recht ersichtlich und wird von den Kritiker*innen auch leider nicht mit entsprechenden Beispielen belegt, bei denen eine Ausuferung der Versuchsstrafbarkeit zu befürchten wäre. Konkretisierend zum Versuchsbeginn lässt sich anführen, dass eine Tat nach § 177 StGB nunmehr versucht, wer zur Vornahme der sexuellen Handlung entgegen den erkennbaren Willen einer anderen Person ansetzt – in den aktiven Varianten des § 177 StGB werden hiervon keinesfalls schon Handlungen ohne Körperkontakt erfasst werden, so beispielsweise nicht das reine eigene Entkleiden. Der Vorwurf der Ausuferung ist einzig in der Bestimmungsvariante sowie in der passiven Variante („vornehmen lässt") des § 177 I StGB annähernd berechtigt – hier wird in der Praxis in der Tat sensibel differenziert werden müssen, sodass nicht jede Aufforderung, welcher nicht Folge geleistet wird, die Versuchsschwelle überschreitet.

Ebenfalls wird kritisiert, dass durch die Struktur des neuen § 177 StGB sich nunmehr auch strafbar mache, wer zwar objektiv mit Willen der anderen Person sexuelle Handlungen an dieser vornimmt, allerdings subjektiv ein fehlendes Einverständnis mindestens billigend in Kauf nimmt.[486] Hierzu ist anzumerken, dass es sich bei diesem Problem in der Tat um die (auch ansonsten aus dem Strafrecht hinlänglich bekannte) Sonderkonstellation des untauglichen Versuchs handelt. Subjektiv geht der*die Täter*in hier aufgrund einer

---

483 *Fischer* in Fischer StGB (2021), § 177 Rn. 19.

484 *Papathanasiou*, KriPoZ 2016, 133-139, 136; dies aufgreifend *Hofmann*, Praxis der Rechtspsychologie 2017, 7, 19 f.

485 *Papathanasiou*, KriPoZ 2016, 133-139, 136.

486 *Hofmann*, Praxis der Rechtspsychologie 2017, 7, 19.

Fehlvorstellung über eine Tatsache (Vorliegen des entgegenstehenden Willens) davon aus, durch seine Handlung einen Straftatbestand verwirklichen zu können. Strafgrund des untauglichen Versuchs ist unter anderem die Betätigung des rechtsfeindlichen Willens, welche in der Lage ist, das Vertrauen der Allgemeinheit in die Rechtsordnung zu erschüttern (Strafgrund daher: positive Generalprävention).[487] Nun könnte man vertreten, dass diese Erschütterung in den vorstellbaren Fällen aufgrund der (in den typischen Konstellationen) mangelnden Beteiligung dritter Personen am Geschehen kaum eintreten könne – jedoch ist die Kenntnis weiterer Personen von der Tat auch ansonsten nicht Voraussetzung der Strafbarkeit des untauglichen Versuchs. Die Strafbarkeit eines solchen Verhaltens ist also durchaus konsequent und haltbar. Große Relevanz wird der untaugliche Versuch jedoch, parallel zur gleichlautenden Problematik innerhalb des Merkmals der Erkennbarkeit,[488] kaum erlangen, sodass es sich um ein überwiegend dogmatisches Problem handeln dürfte. Es ist nämlich kaum vorstellbar, wie ein derartiger Sachverhalt überhaupt jemals zur Anzeige gebracht werden sollte, wenn doch das „Opfer" mit dem Sexualkontakt einverstanden gewesen ist.

4.1.4 § 177 IV StGB

Abs. 4 beschreibt eine Qualifikation zu § 177 III Nr. 1 StGB mit Verbrechensqualität.[489] Die Unfähigkeit, einen Willen zu bilden oder zu äußern, muss dabei auf einer Krankheit oder Behinderung beruhen. Die Gesetzesbegründung verweist insofern für den Begriff der Behinderung auf § 2 SGB IX[490] und für den Begriff der Krankheit auf eine Definition aus dem Sozialrecht: Krankheit sei ein regelwidriger Zustand, welcher Behandlungsbedürftigkeit und/oder Arbeitsunfähigkeit zur Folge hat.[491] Gesondert betont wird auch, dass es nicht ausreicht, wenn sich das Opfer in einem Alkohol- oder Drogenrausch befindet. Vorsicht ist bei der Beachtung des Vorliegens des Qualifikationsmerkmals bei Tatbegehung geboten: Gerade bei Krankheiten, die in Schüben auftreten, kann es durchaus sein, dass das Opfer im Zeitpunkt

---

487 *Eser/Bosch* in Schönke/Schröder/StGB (2019), § 22 Rn. 62 ff.
488 Hierzu bereits oben (Kapitel 3: 4.1.1.4).
489 So ausdrücklich BT Drs. 18/9097, S. 26.
490 Vgl. in dessen Abs. 1 S. 1: „Menschen mit Behinderungen sind Menschen, die körperliche, seelische, geistige oder Sinnesbeeinträchtigungen haben, die sie in Wechselwirkung mit einstellungs- und umweltbedingten Barrieren an der gleichberechtigten Teilhabe an der Gesellschaft mit hoher Wahrscheinlichkeit länger als sechs Monate hindern können."
491 BT Drs. 18/9097, S. 26.

der Tat zur Willensbildung fähig war.[492] Gerichte sollten sich in der Praxis also nicht mit der Feststellung der Krankheit oder Behinderung begnügen, sondern ausführlich prüfen, ob diese im Zeitpunkt der Tat die Willensbildung tatsächlich absolut ausgeschlossen hat. Hier kommt wieder das positive Recht auf Sexualität auch für Kranke und Behinderte zum Tragen.

4.1.5 § 177 V StGB

Der Abs. 5 erinnert stark an die alte Fassung des § 177 I StGB, allerdings mit dem Unterschied, dass die Nötigung des Opfers nicht mehr ausdrücklich im Gesetz Erwähnung findet.[493] Zudem ist dieser Absatz nun als Qualifikation zu § 177 I StGB n.F. ausgestaltet. Im Zuge der massiven Kritik an der alten Rechtslage verlangt die Gesetzesbegründung ausdrücklich keinen Finalzusammenhang zwischen Gewalt (Nr. 1) oder Drohung (Nr. 2) und sexueller Handlung mehr.[494] Demnach sollen die zahlreiche Fälle, die zuvor nicht erfasst werden konnten (allen voran die Fortwirkungssituationen, also solche, in denen die Drohung bereits zeitlich zurückliegt, sowie die Fälle, in denen die Gewalt zu einem anderen Zweck ausgeübt wurde), nunmehr unter die Qualifikation des Abs. 5 fallen. Die Rechtsprechung hat sich nun der Intention des Gesetzgebers angepasst[495] und hat damit die vormals vorherrschende h.M. aufgegeben.[496] Der Wortlaut „wenn der Täter gegenüber dem Opfer Gewalt anwendet", den der Gesetzgeber in Abgrenzung zum ehemaligen § 177 I StGB gewählt hat, lässt in der Tat kaum eine andere Auslegung zu als diejenige, dass ein Finalzusammenhang nicht mehr erforderlich ist. Diese Änderung im Kontext mit der Gesetzesentstehung spricht eindeutig für eine neue Auslegung, die nunmehr ohne Finalzusammenhang auskommt. Es erscheint daher wenig plausibel, die zu Recht als Schutzlücke angesehene Auslegung der alten Rechtslage auf die neu formulierte Qualifikation zu übertragen.

Zwingend ist gemäß dem Wortlaut nunmehr ebenfalls nicht, dass die Drohung der sexuellen Handlung vorausgeht, womit auch erfasst werden kann, wenn der*die Täter*in dem Opfer erst unmittelbar nach dem sexuellen Übergriff droht, zum Beispiel um es von einer Anzeige abzuhalten.[497]

---

492 *Renzikowski* in MüKo StGB (2021), § 177 Rn. 104.
493 Dies betont eindringlich BT Drs. 18/9097, S. 26.
494 BT Drs. 18/9097, S. 27.
495 So jetzt BGH, NJW 2019, 1010, vgl. dazu unten (Kapitel 4: 1.2.8).
496 Vorsichtig ein Beibehalten dieser h.M. voraussagend hingegen *Papathanasiou*, KriPoZ 2016, 133-139, 136.
497 *Hörnle*, NStZ 2017, 13, 19.

Die Nr. 3 erhebt es ebenfalls zur Qualifikation, wenn der*die Täter*in eine schutzlose Lage des Opfers ausnutzt. Hierzu wird in der Gesetzesbegründung für die Definitionsmerkmale auf die alte Rechtslage verwiesen.[498] Es muss sich weiterhin um eine *objektive* schutzlose Lage, also nicht nur eine *subjektiv* vom Opfer als so empfundene Lage handeln.[499] Das Opfer muss hierfür indes laut der Gesetzbegründung „keine weiteren Risiken eingehen" oder „sich gegenüber Dritten in seiner vulnerablen Situation offenbaren",[500] was in der Literatur zum Teil als eine Art „Seitenhieb" gegen die vorherige, zu hohe Anforderungen an das Vorliegen einer schutzlosen Lage stellende Rechtsprechung[501] verstanden wird.[502] Diese Auslegung (Herabsetzten der Anforderungen an die schutzlose Lage) ist mit Blick auf die Gesetzesbegründung sowie der zuvor bestehenden erheblichen Schutzlücken daher jedenfalls vorzugswürdig, allerdings sind (wie so häufig innerhalb der verschiedenen Absätze des § 177 StGB), je nach Fallkonstellation, Abgrenzungsprobleme zu den Varianten des § 177 II StGB zu befürchten.[503]

4.1.6 § 177 VI, VII, VIII StGB

In Abs. 6 sind nunmehr die besonders schweren Fälle normiert. Als nicht abschließende Regelbeispiele sind (1) die Beischlafvollziehung (Vergewaltigung i.e.S.) und (2) die gemeinschaftliche Begehung aufgezählt. Eine Neuerung ist indes, dass für eine Vergewaltigung i.d.S. im Gleichklang mit § 177 I StGB kein Körperkontakt zwischen Täter*in und Opfer mehr erforderlich ist, so können nunmehr auch Sex mit einem Tier sowie Handlungen des Opfers an sich selbst erfasst werden.[504] Ebenfalls ist, wie bei allen Varianten des reformierten § 177 StGB, auch für eine Vergewaltigung i.e.S. nunmehr keine Nötigung/kein Zwang mehr erforderlich. Hiermit erhält der Begriff Vergewaltigung eine vollkommen neue Bedeutung.[505] Auch wenn dies

---

498 BT Drs. 18/9097, S. 27.
499 BT Drs. 18/9097, S. 27; so nun auch BGH 4 StR 678/19 – Beschl. v. 01.07.2020 (LG Halle).
500 BT Drs. 18/9097, S. 28.
501 Vgl. zu diesem Kritikpunkt bereits oben (Kapitel 3: 3.2 und 3.4.1).
502 *Hörnle*, NStZ 2017, 13, 19.
503 So auch *Vavra* (2020), S. 463.
504 *Hörnle*, NStZ 2017, 13, 19.
505 *Bezjak*, KJ 2016, 557, 566.

teils als hinsichtlich der sprachlichen Zusammensetzung des Begriffs als „etwas befremdlich" wahrgenommen wird,[506] was wohl vor allem an der jahrhundertelang ausgeprägten Konnotation des Begriffes liegt,[507] ist dies konsequent und richtig. Der Begriff der *sexuellen Gewalt* löst sich damit endgültig von dem strafrechtlichen Gewaltbegriff.[508] Zwar ist kritischen Stimmen durchaus zuzustimmen, die hierin aufgrund der gesellschaftlichen Fokussierung auf den allgemeinen Sprachgebrauch zunächst einmal eine erhöhte Stigmatisierungswirkung für eine*n wegen „Vergewaltigung" ohne Gewalteinwendung verurteilte*n Täter*in sehen.[509] Allerdings kann eben gerade nur durch eine derartige gesetzgeberische Anpassung dieser allgemeine Sprachgebrauch und somit auch das laienhafte Verständnis dieses Begriffs eine Veränderung erfahren, welche aufgrund der Wandlung des Rechtsguts der sexuellen Selbstbestimmung unbedingt erforderlich ist. Zum anderen ist hier auch eine Umwandlung des Begriffs der *Gewalt* denkbar: Ein sexueller Übergriff bedeutet, dem oben dargelegten Zusammenhang mit der Menschenwürde aus Art. 1 GG und dem Recht auf körperliche Unversehrtheit aus Art. 2 GG folgend, eine „Weigerung, jemanden als Menschen zu behandeln, die Verletzung eines der grundlegendsten Menschenrechte, nämlich das Recht auf körperliche Unversehrtheit und Selbstbestimmung".[510] Dies allein kann durchaus bereits als *Gewalt* in diesem Sinne bezeichnet werden.

Abs. 6 entspricht somit vollumfänglich dem ehemaligen Abs. 2.

Abs. 7 und 8 entsprechen den ehemaligen Abs. 3 und 4.

Insgesamt ist das Gesamtsystem der Mischung aus verschiedenen Qualifikationen und Regelbeispielen gemeinsam in einer Norm vermehrt – zu Recht – Kritik ausgesetzt. Bei Betrachtung des Unrechtsgehalts auf der einen sowie der jeweiligen Strafandrohung auf der anderen Seite ergeben sich zum Teil

---

506 *Eisele*, RPsych 2017, 7, 22.
507 Vgl. hierzu oben (Kapitel 2: 1.).
508 So ausdrücklich BT Drs. 18/9097, S. 28. kritisch dazu stehend *Renzikowski*, NJW 2016, 3553, 3556. Bestärkt wurde diese Tendenz durch das – letztlich so nicht Gesetz gewordenen – Vorhaben des Bundesjustizministeriums, den Begriff des „Missbrauchs" in §§ 176 ff. StGB zugunsten des Begriffs „sexualisierte Gewalt" zu streichen, ebenfalls unabhängig davon, ob tatsächlich Gewalt i.e.S. angewendet wird, vgl. https://www.bmjv.de/SharedDocs/Gesetzgebungsverfahren/DE/Bekaempfung_sex_Gewalt_Kinder.html [letzter Aufruf: 06.04.2022]; kritisch hierzu *Hörnle*, ZIS 2020, 440 ff.
509 So zum Beispiel *Lederer*, AnwBl 2017, 514, 520; diese Kritik noch deutlicher hervorhebend *Lederer*, StraFo 2018, 280, 281.
510 *Solnit* (2017), S. 68.

Unstimmigkeiten, die auf ein mangelndes Durchdenken der Problematik seitens des Gesetzgebers schließen lassen.[511]

Für alle Regelbeispiele und Qualifikationen liegt eine erhebliche Erweiterung des Anwendungsbereichs in ihrem neuen Grundtatbestand des sexuellen Übergriffs in § 177 I StGB, was gelegentlich in der Praxis zu Problemen führen könnte.[512] Um Fälle zu lösen, in denen trotz relativ geringem Unrechtsgehalt ein erhöhter Mindeststrafrahmen angewendet werden müsste, soll allerdings laut Gesetzesbegründung § 177 IX StGB helfen.[513] Diese Lösung ist jedoch wenig zufriedenstellend, ist sie doch mit erheblichen Unsicherheiten verbunden, da die Annahme eines minderschweren Falles im freien Ermessen des Gerichts liegt.[514] Derartige Fälle sollten daher lieber bereits ganz von der Qualifikation ausgenommen sein, zum Beispiel indem man parallel zur Problematik bei § 250 I Nr. 1a StGB höhere Anforderungen an das Beisichführen der Waffe oder des gefährlichen Werkzeugs stellt.[515]

Im Falle des Regelbeispiels des Abs. 6 ist diese Lösung über Abs. 9 den Gerichten zudem verwehrt, denn Abs. 6 wird in der Milderungsvorschrift explizit nicht genannt. Dies ist freilich auch dogmatisch konsequent und richtig, denn einen „besonders schweren Fall in einem minder schweren Fall" kann es nicht geben. Gerade aufgrund der wesentlichen Erweiterung des Grundtatbestands auch auf *hands-off*-Delikte und des Verzichts auf das Nötigungselement erscheint hier der erhöhte Strafrahmen von zwei Jahren Freiheitsstrafe gleichwohl nicht in jedem Fall angemessen.[516] Zwar sind die Gerichte durch die Ausgestaltung als Regelbeispiel nicht daran gebunden, in derartigen Fällen automatisch einen besonders schweren Fall anzunehmen. Es besteht bei Vorliegen der tatsächlichen Voraussetzungen eines Regelbeispiels eine Vermutungswirkung für die Annahme eines besonders schweren Falls und somit für die normierte Strafschärfung, jedoch kann diese durch andere Strafzumes-

---

511 *Hörnle*, NStZ 2017, 13, 19.
512 Beispielsfälle finden sich in der Gesetzesbegründung, BT Drs. 18/9097, S. 29 (Täter streichelt andere Person leicht im Intimbereich und trägt dabei (aufgrund seines Berufes einen Schraubendreher in der Hosentasche) oder auch bei *Eisele*, RPsych 2017, 7, 23(Frau stimuliert ihren Ehemann überraschend in der Küche, in der sich viele Messer befinden).
513 BT Drs. 18/9097, S. 29.
514 *Hofmann*, Praxis der Rechtspsychologie 2017, 7, 22.
515 *Eisele*, RPsych 2017, 7, 23 mit Verweis auf eine neuere Rechtsprechung des BGH, Beschluss v. 5.10.2016, Az. 3 StR 328/16.
516 Z.B. in dem Fall, dass der Täter das Opfer ohne Nötigung oder Drohung dazu bringt, sich selbst einen Gegenstand einzuführen, *Bezjak*, KJ 2016, 557, 566.

sungsfaktoren freilich kompensiert und der besonders schwere Fall somit dennoch vom Gericht abgelehnt werden.[517] Es ist allerdings zu vermuten, dass die Gerichte die Entscheidungen des Gesetzgebers, auch den neuen Tatbestand des sexuellen Übergriffs mit in die Strafschärdung des § 177 VI StGB aufzunehmen, entsprechend würdigen und so nicht einfach aufgrund fehlender Gewalteinwirkung das Vorliegen des besonders schweren Falls verneinen werden.[518] Eine Möglichkeit ist, dies über das zusätzliche Merkmal der *besonderen Erniedrigung* zu begründen und so unbillige Ergebnisse zu verhindern.[519] Um überdies unnötige Stigmatisierungen des*der Täters*Täterin zu vermeiden, sollte in derartigen Fällen außerdem ausdrücklich von einem *sexuellen Übergriff in einem besonders schweren Fall* und nicht von einer Vergewaltigung gesprochen werden, da in der Gesellschaft der Begriff noch immer untrennbar mit dem Einsatz von Gewalt und Nötigung verknüpft ist.[520] Weil der Begriff der Vergewaltigung allerdings noch immer im Gesetz steht, wird dies wohl in absehbarer Zeit nicht geschehen. Es ist daher anzuraten, den Begriff im Gesetz entweder näher einzugrenzen (dann in der Tat explizit auf Fälle, in denen Gewalt angewendet wurde) oder aber diesen zu streichen und durch den oben vorgeschlagenen Begriff zu ersetzen.

4.1.7 § 177 IX StGB

Der neue Abs. 9 bietet, vergleichbar dem ehemaligen Abs. 5, für bestimmte Konstellationen die Möglichkeit einer Verurteilung nur nach einem minder schweren Fall. Laut der Gesetzesbegründung soll dies vor allem Fälle, in denen die Erheblichkeitsschwelle des § 184h Nr. 1 StGB nur geringfügig überschritten wird, betreffen; als Beispiel wird das flüchtige „Streicheln" des Intimbereichs genannt.[521] Befürchtet wird aufgrund der teilweise als zu hoch angesehenen Strafrahmen der Vorschrift (insbesondere der Absätze 7 und 8) allerdings, dass ein minder schwerer Fall zu pauschal als „Ausweg" angenommen werden könnte, ohne die exakte Analyse, die es zu seiner Annahme eigentlich bedarf.[522] Dem ist insofern zuzustimmen, als zu betonen ist, dass die Existenz eines minder schweren Falls in einer Vorschrift nicht die Aufgabe hat, die Verhältnismäßigkeit der gesamte Strafnorm erstmalig herzustellen.

---

517 *Fischer* in Fischer StGB (2021), § 46 Rn. 91.
518 *Bezjak*, KJ 2016, 557, 566.
519 *Dies.*, KJ 2016, 557, 566..
520 *Dies.*, KJ 2016, 557, 566..
521 BT Drs. 18/9097, S. 23.
522 *Vavra* (2020), S. 471.

4.2 Exkurs: Die neu eingeführten Vorschriften der §§ 184i, 184j und 184k StGB

Neben der gänzlichen Umgestaltung des § 177 StGB hat die Reform auch vollkommen neue Tatbestände geschaffen: § 184i (Sexuelle Belästigung) und § 184j (Straftaten aus Gruppen) StGB. 2020 wurde ergänzend § 184k (Bildaufnahme des Intimbereichs) StGB hinzugefügt. Im Folgenden sollen diese neuen Tatbestände – im Sinne einer umfassenden Darstellung der Reform – in Form eines Exkurses einer kurzen normativen Betrachtung und Bewertung unterzogen werden.

4.2.1 § 184i StGB

Dieser neu geschaffene Tatbestand der sexuellen Belästigung setzt dort an, wo mangels Erheblichkeit (§ 184h StGB) § 177 StGB nicht mehr einschlägig ist.[523] Erfassbar sind somit unerwünschte körperliche Berührungen wie zum Beispiel das „Busengrapschen", der Kuss des Nackens, der Griff an das Gesäß.[524] Der Tatbestand ist ebenso wie § 184j StGB im Kontext der Kölner Silvesternacht zu sehen.[525] Vor der Einführung des § 184i StGB behalf sich die Rechtsprechung oftmals mit der Anwendung des Tatbestands der Beleidigung (§ 185 StGB), was jedoch den Unrechtsgehalt einer solchen Tat nicht adäquat erfassen konnte, ist doch die sexuelle Selbstbestimmung nicht immer deckungsgleich mit der persönlichen Ehre.[526] Zudem waren auch dessen Voraussetzungen in Fällen des „Grapschens" nicht stets erfüllt, womit sich oftmals Schutzlücken offenbarten: Zusätzlich zum reinen Griff an den Po oder die Brust musste stets ein Element der „Ehrverletzung" treten, dessen Annahme allein aufgrund des Griffs allerdings keinesfalls indiziert war.[527]

Probleme bereitet das Tatbestandsmerkmal der sexuellen Bestimmtheit der Berührung. Hier ist, parallel zur Frage beim Merkmal der *Erkennbarkeit* aus § 177 StGB, zunächst zu fragen, aus wessen Perspektive dies zu beantworten ist. Um den Tatbestand nicht ausufern zu lassen, ist erneut eine (zumindest

---

523 *Heger* in Lackner/Kühl/StGB (2018), § 184i Rn. 1; dies wird auch bereits dadurch verdeutlicht, dass § 184i systematisch hinter § 184h StGB angesiedelt wurde, *Fischer* in Fischer StGB (2021), § 184i Rn. 2.
524 *Hofmann*, Praxis der Rechtspsychologie 2017, 7, 15.
525 *Bezjak*, KJ 2016, 557, 567, vgl. hierzu bereits unten (Kapitel 3: 4.2.2).
526 *Hoven/Weigend*, JZ 2017, 182, 189; den früheren Umgang mit dergleichen Taten als Ausweichen auf das "kleine Sexualstrafrecht" bezeichnend *Renzikowski* in MüKo StGB (2021), § 184i Rn. 2.
527 *Hoven/Weigend*, JZ 2017, 182, 189.

auch) objektive Betrachtung vorzugswürdig; die Berührung muss also für eine*n objektive*n Betrachter*in sexuell bestimmt sein.[528] Reine „Distanzlosigkeiten" wie das In-den-Arm-Nehmen oder ein Kuss auf die Wange sollen laut Gesetzesbegründung nicht *sexuell* in diesem Sinne sein.[529] Das ist mit Blick auf den *ultima-ratio*-Grundsatz eine bare Selbstverständlichkeit. Dies muss vor allem auch dann gelten, wenn der*die Umarmende oder Küssende diese Handlungen mit der Intention der Anbahnung eines zukünftigen Sexualkontakts vornimmt, sie also von ihm*ihr aus sehr wohl in irgendeiner Weise sexuell motiviert sind.[530] Eine ebenfalls sinnvolle Abgrenzung strafbarer Handlungen i.S.d. § 184i StGB von sozialadäquaten, strafunwürdigen Verhaltensweisen ist es, danach zu fragen, inwiefern eine derartige Handlung normalerweise nur zwischen Sexualpartnern zu erwarten ist: Hiermit fallen dann Handlungen wie das Streicheln des Knies, des Armes oder des Kopfes, welche auch in anderen als Intimbeziehungen durchaus als verbreitet gelten können, aus dem Tatbestand heraus.[531] Nur durch diese Einschränkung ist die Vorschrift verfassungsrechtlich unbedenklich.[532] Auch wenn dieses Merkmal also verfassungskonform ausgelegt werden kann, ist die Formulierung ungünstig formuliert und wird in der gerichtlichen Praxis Probleme aufwerfen. Zur Präzisierung wird vorgeschlagen, dass der Gesetzgeber die geschützten Körperbereiche beispielhaft im Gesetz hätte aufzählen sollen.[533] Dies scheint indes wenig erfolgversprechend, da die Strafbarkeit nicht von der Frage abhängen sollte, *welche* Körperteile berührt werden, sondern *in welcher konkreten Art*. So kann unter bestimmten Umständen die Berührung des Knies durchaus übergriffiger sein als die des Oberschenkels, obwohl letzterer den Geschlechtsorganen physisch näher ist. Schematische Einordnungen verbieten sich hier, vielmehr muss bei jedem Einzelfall die sexuelle Bestimmung der Berührung gesondert geprüft werden.

---

528 *Eisele*, RPsych 2017, 7, 24; *Hörnle*, NStZ 2017, 13, 20; i.E. auch *Hoven/Weigend*, JZ 2017, 182, 189; dies entspricht ebenfalls der Empfehlung der Abschlusskommission, vgl. *Reformkommission zum Sexualstrafrecht* (Hrsg.) Abschlussbericht, 2017, S. 309.

529 BT Drs. 18/9097, S. 30.

530 So zutreffend *Hörnle*, NStZ 2017, 13, 20.

531 Zutreffend *Hörnle*, NStZ 2017, 13, 20; a.A. *Renzikowski*, NJW 2016, 3553, 3557, der damit den Anwendungsbereich des § 184i StGB erheblich und bedenklich ausweitet; ebenso *Eisele*, RPsych 2017, 7, 24; *Fischer* in Fischer StGB (2021), § 184i 5a.

532 So auch *Bezjak*, KJ 2016, 557, 568.

533 So auch *Hoven/Weigend*, JZ 2017, 182, 189.

Der Tatbestand verlangt darüber hinaus eine *Belästigung* durch die Berührung, wobei das Opfer in seinem Befinden nicht nur unerheblich beeinträchtigt sein muss.[534] Hieran soll es parallel zum gleichlautenden Merkmal bei § 183 StGB fehlen, wenn die betroffene Person eingewilligt hat oder der Vorgang bei ihr nur Interesse, Verwunderung oder gar Vergnügen auslöst.[535] Auch hierin ist ein weiterer Strafbarkeitsfilter zu sehen, der reine Bagatellen aus dem Anwendungsbereich herausfallen lässt,[536] sofern nicht schon durch das oben besprochene Tatbestandsmerkmal *sexuell* geschehen. Hiermit erhält die *Erheblichkeit*, die eigentlich durch den Verzicht auf § 184h Nr. 1 StGB ausgehebelt sein sollte, doch mittelbar Einzug in den Tatbestand. Dies ist indes mit Blick auf den *ultima ratio*-Grundsatz auch zu begrüßen. Kritisiert wird an dieser Formulierung jedoch, dass die Strafbarkeit hiermit quasi vom „Glück" des*der Täters*Täterin abhängt, je nachdem, ob er*sie mit seiner*ihrer Handlung auf Interesse oder Ablehnung der betreffenden anderen Person stößt.[537] Als Beispiel wird hierbei ein Mann angeführt, der in einer Diskothek eine andere Person von hinten auf den Nacken küsst.[538] Als nicht vom Opferempfinden abhängige Alternative wird ein Abstellen auf die objektive Geeignetheit zur Belästigung, angelehnt an die Neufassung des § 238 StGB, vorgeschlagen.[539] Eine derartige Anpassung ist indes nicht notwendig und auch nicht empfehlenswert. Das liegt vor allem darin begründet, dass es kaum einen objektiven Erfahrungssatz geben wird, der besagt, ab wann eine Person eine Handlung grundsätzlich als *belästigend* empfindet. Die Rechtsunsicherheit und das damit verbundene Strafbarkeitsrisiko bezüglich der Reaktion des Gegenübers, die damit für den Mann in der soeben beschriebenen Situation besteht, muss von ihm entweder hingenommen werden oder aber er wird sich der Zustimmung der anderen Person zuvor vergewissern müssen, bevor er derart in ihren persönlichen Bereich eingreift. Dies erscheint mit Blick auf das Recht jedes Menschen auf Intimsphäre allerdings auch nicht unzumutbar.

Am Ende des ersten Absatzes fand sich – in der ursprünglichen Version des 50. StRÄG – zudem eine sehr weite Subsidiaritätsklausel: War die Tat *in anderen Vorschriften* mit schwererer Strafe bedroht, so sollte § 184i StGB zurücktreten. Hier stellte sich angesichts des weiten Wortlauts die Frage, ob dies tatsächlich für *alle* tateinheitlich begangenen Delikte gelten sollte (somit auch

---

534 *Hofmann*, Praxis der Rechtspsychologie 2017, 7, 15.
535 BT Drs. 18/9097, S. 30 mit Verweis auf die h.M. bei § 183 StGB.
536 *Eisele*, RPsych 2017, 7, 25.
537 *Hoven/Weigend*, JZ 2017, 182, 189 f.
538 *Dies.*, JZ 2017, 182, 189.
539 *Dies.*, JZ 2017, 182, 190.

für einen Diebstahl oder einen Raub)[540] oder nur für andere Delikte des 13. Abschnitts. Der Wortlaut sprach insofern eindeutig für Ersteres. Da es indes nicht recht einleuchtete, wieso der Tatbestand der sexuellen Belästigung gegenüber einem zeitgleich begangenen Eigentumsdelikt zurücktreten soll und auch die Gesetzesbegründung von Delikten, die dieselbe Schutzrichtung wie § 184i StGB aufweisen, sprach,[541] wurde schon damals die zweite Interpretation eindeutig favorisiert.[542] Da diese zu präferierende Auslegung aber mit Blick auf Art. 103 II GG kaum begründbar erschien,[543] sprach sich ebenfalls die Reformkommission in ihrem Abschlussbericht bereits dafür aus, dass dies vom Gesetzgeber korrigiert wird.[544] Dieser Forderung ist der Gesetzgeber im März 2020 nachgekommen; seither heißt es in § 184i StGB ausdrücklich: *in anderen Vorschriften dieses Abschnitts.*[545]

In Abs. 2 findet sich ein einziges Regelbeispiel für besonders schwere Fälle. Auf bis zu fünf Jahre Freiheitsstrafe kann die Strafe lauten, wenn die Tat von mehreren gemeinschaftlich begangen wird. Dies klingt wiederum verdächtig nach den Vorkommnissen in der Kölner Silvesternacht 2015/16.[546] Es unterliegt bereits massiver grundsätzlicher – und in der Tat berechtigter – Kritik, nur ein einziges Regelbeispiel für eine Norm zu wählen.[547] Es ist nicht ersichtlich, für welche Fälle § 184i II StGB über das gewählte Beispiel hinaus Anwendung finden soll. Zudem erscheint auch der Strafrahmen insgesamt deutlich zu hoch.[548] Der zweite Absatz sollte daher besser gestrichen werden.[549]

---

540 *Heger* in Lackner/Kühl/StGB (2018), § 184i Rn. 6; *Renzikowski* in MüKo StGB (2021), § 184i Rn. 17, der in einer anderen Interpretation der ehemaligen Rechtslage einen Verstoß gegen Art. 103 II GG erblickt hätte.

541 BT Drs. 18/9097, S. 30.

542 *Eisele*, RPsych 2017, 7, 25; *Hörnle*, NStZ 2017, 13, 20.

543 Vgl. zum parallelen Problem innerhalb der Subsidiaritätsklausel des § 246 StGB, das der BGH aufgrund dieser Erwägungen ebenfalls zugunsten der erstgenannten Ansicht entschieden hat: BGH NStZ 2002, 480.

544 *Reformkommission zum Sexualstrafrecht* (Hrsg.) Abschlussbericht, 2017S. 311.

545 Gesetz zur Änderung des Strafgesetzbuches – Versuchsstrafbarkeit des Cybergroomings v. 03.03.2020 (BGBl. I S. 431).

546 *Bezjak*, KJ 2016, 557, 568.

547 *Eisele*, RPsych 2017, 7, 25; *Bezjak*, KJ 2016, 557, 568 hält es sogar für besser, die gemeinschaftliche Begehung und die damit einhergehende erhöhte gefährliche Wirkung nur im Rahmen des § 46 StGB zu berücksichtigen.

548 Dies vor allem im Vergleich mit den §§ 174-174c StGB sehend *Renzikowski*, NJW 2016, 3553, 3557.

549 So auch die Empfehlung der Reformkommission, vgl. *Reformkommission zum Sexualstrafrecht* (Hrsg.) Abschlussbericht, 2017, S. 312.

4.2.2 § 184j StGB

Mit § 184j StGB (Straftaten aus Gruppen) hat der Gesetzgeber die wohl problematischste Neuerung im reformierten Sexualstrafrecht geschaffen, welche nahezu durchgängig massiver Kritik ausgesetzt ist.[550] Nach diesem Tatbestand wird bestraft, wer eine Straftat dadurch fördert, dass er sich an einer Gruppe beteiligt, die eine andere Person zur Begehung einer Straftat an ihr bedrängt. Als objektive Bedingung der Strafbarkeit muss nur von einem*einer einzigen Beteiligten der Gruppe eine Straftat nach den §§ 177 oder § 184i StGB begangen werden. Das bedeutet, dass sich der Vorsatz des*der Täters*Täterin nicht auf diese Sexualstraftat zu beziehen braucht.[551] Im 13. Abschnitt des StGB betritt der Gesetzgeber damit vollkommenes Neuland.[552] In der Gesetzesbegründung befindet sich eine ausführliche Stellungnahme dazu, wieso diese Regelung angeblich notwendig war. Es handele sich bei der Tatbegehung aus Gruppen um ein „gewichtiges und neues Phänomen",[553] welches bislang nicht ausreichend erfasst werden konnte. Auch hier ist wieder ein deutlicher Bezug zur Silvesternacht in Köln feststellbar, ohne dass diese aber ausdrücklich zur Begründung herangezogen wurde.

Bereits beim ersten Durchlesen der Norm wirkt diese sehr wirr und unstrukturiert. Das liegt vor allem daran, dass insgesamt drei Mal der Begriff der *Straftat* genannt wird, wobei allerdings nicht immer zwingend dieselbe Straftat gemeint ist.[554]

Ein weiterer massiver Problempunkt ist der Begriff der *Beteiligung an einer Personengruppe*. Laut Gesetzesbegründung soll der Begriff der *Beteiligung* (obwohl in § 28 II StGB legaldefiniert!) „im umgangssprachlichen Sinne" zu verstehen sein, also gerade kein bewusstes und gewolltes Zusammenwirken voraussetzen.[555] Diese Aussage ist für eine *Gesetzesbegründung* bereits mehr als fragwürdig. Was der Begriff nun tatsächlich voraussetzt, bleibt vielmehr unklar.[556] Zuzugestehen bleibt freilich, dass der „untechnische" Begriff der Beteiligung auch bereits in § 231 StGB verwendet wurde, der insgesamt dem

---

550 Als "eine der schlimmsten Irrungen des Gesetzgebers" bezeichnend *Renzikowski*, NJW 2016, 3553, 3557.
551 So ausdrücklich BT Drs. 18/9097, S. 31.
552 *Heger* in Lackner/Kühl/StGB (2018), § 184j Rn. 1.
553 BT Drs. 18/9097, S. 31.
554 *Bezjak*, KJ 2016, 557, 570.
555 BT Drs. 18/9097, S. 31.
556 *Hofmann*, Praxis der Rechtspsychologie 2017, 7, 22.

neuen § 184j StGB in seiner Struktur sehr ähnlich ist. Übertrüge man die Definition von dort, so wäre Beteiligung als jede örtlich-zeitliche Mitwirkung zu verstehen.[557] Es liegt somit die Frage nahe, ob nun die reine Anwesenheit in einer Menschenmenge in dem Wissen, dass man damit eventuell (nur *dolus eventualis* gefordert![558]) eine Straftat (keine nach §§ 177 ff. StGB, ein reiner Taschendiebstahl wäre beispielsweise ausreichend) fördert, ausreicht, um eine Strafbarkeit wegen eines Sexualdelikts zu begründen. Dies wird in der Literatur unterschiedlich bewertet. Dem Hinweis in der Gesetzesbegründung „umgangssprachlicher Sinn" zufolge könnte durchaus nur auf die Anwesenheit abgestellt werden.[559] Dies würde allerdings die Strafbarkeit exorbitant ausweiten und so insbesondere verfassungsrechtliche Probleme in Bezug auf das durch Art. 1 I GG und Art. 2 I GG verankerte Schuldprinzip aufwerfen.[560] Denn wer sich nach außen hin rechtmäßig verhält, kann nicht bestraft werden, selbst wenn er*sie innerlich die Tat billigen würde; alles andere liefe auf ein reines Gesinnungsstrafrecht hinaus.[561] Somit ist das Merkmal verfassungskonform auszulegen und parallel zum gleichlautenden Begriff bei § 231 StGB zumindest irgendein aktiver Beitrag zu fordern.[562] Dann aber wird der Anwendungsbereich des § 184j StGB neben § 27 StGB, welcher nach ständiger Rechtsprechung ebenfalls jede Tätigkeit, die die Haupttat irgendwie fördert, erfasst, äußerst klein und nahezu nur auf die Haftung für Exzesse begrenzt sein.[563] Unter Zugrundelegung dieser Auslegung wird der Anwendungsbereich der Norm also sehr klein und in der Praxis damit insgesamt wenig relevant sein.[564]

Insgesamt wird die Verfassungsmäßigkeit der Norm nicht nur aufgrund möglicher Verstöße gegen das Schuldprinzip, sondern auch gegen das Bestimmtheitsgebot aus Art. 103 II GG angezweifelt.[565]

Letztere ergeben sich zuvörderst aufgrund des Merkmals der *Gruppe* sowie des *Förderns einer Straftat*. Der*Die Täter*in muss sich nämlich nicht nur an

---

557 *Hohmann* in MüKo StGB (2021), § 231 Rn. 15.
558 So ausdrücklich BT Drs. 18/9097, S. 31.
559 So *Renzikowski*, NJW 2016, 3553, 3558.
560 *Eisele*, RPsych 2017, 7, 26; *Bezjak*, KJ 2016, 557, 570; *Beck* in: Gesamtes Strafrecht aktuell (2018), Rn. 46.
561 *Bezjak*, KJ 2016, 557, 570.
562 *Heger* in Lackner/Kühl/StGB (2018), § 184j Rn. 4; *Eisele*, RPsych 2017, 7, 24.
563 *Eisele*, RPsych 2017, 7, 27.
564 Dies prophezeit - freilich mit anderer Begründung - auch *Hörnle*, NStZ 2017, 13, 21.
565 Vgl. hierzu insgesamt m.w.N. *Fischer* in Fischer StGB (2021), § 184j Rn. 3.

einer Gruppe beteiligen, er*sie muss gerade hierdurch auch *eine Straftat fördern*. Gruppe meint laut Gesetzesbegründung eine Mehrheit von mindestens drei Personen, die eine andere Person bedrängt, wobei eine „gewisse Hartnäckigkeit" gefordert wird.[566] Bloße Ansammlungen von Menschen, wie zum Beispiel in einer überfüllten U-Bahn, sollen ausdrücklich nicht hierunter fallen.[567] Die Abgrenzung ist allerdings alles andere als trennscharf und wird in der Praxis Probleme bereiten.[568] Ebenfalls zu unbestimmt ist der Begriff des *Förderns*. Hierbei bleibt fraglich – vor allem vor dem Hintergrund, dass *Fördern* im juristischen Sinne zumeist nicht mehr meint als irgendeine unterstützende Handlung (s.o.) – was für einen eigenen Sinngehalt dieses Merkmal neben dem des *Sich-Beteiligens* überhaupt haben soll.[569] Gerade für eine Norm, die eine Vorfeldstrafbarkeit begründet, muss allerdings die Tathandlung wesentlich klarer gefasst sein, sodass sich für die Bürger*innen konkrete Verhaltensgebote ergeben.[570]

Des Weiteren findet sich in § 184j StGB eine objektive Bedingung der Strafbarkeit, ähnlich wie in § 231 StGB. Die von irgendeiner anderen Person begangene Sexualstraftat muss dabei für den*die Täter*in nach § 184j StGB nicht einmal vorhersehbar gewesen sein.[571] Ebenso wie § 231 StGB soll dies der besonderen Gefahr der Gruppendynamik und den damit einhergehenden Beweisproblemen in derartigen Gemengelagen Rechnung tragen.[572] Anders als bei der Beteiligung an einer Schlägerei (§ 231 StGB), wo schwere Gesundheitsschädigungen nach allgemeinen Erfahrungen häufig vorkommen und es tatsächlich schwer zu beweisen ist, wer diese nun konkret verursacht hat, ist allerdings nicht einzusehen, wieso gerade eine Sexualstraftat ein typisches Risiko in einer Situation nach § 184j StGB darstellen soll.[573] Die Verbindung des Förderungsbeitrags und der Sexualstraftat ist damit als äußerst gering einzustufen.[574] Dies stellt einen Verstoß gegen das Schuldprinzip dar.[575] Zudem

---

566 BT Drs. 18/9097, S. 31.
567 BT Drs. 18/9097, S. 31.
568 Vgl. hierzu ausführlich *Hoven/Weigend*, JZ 2017, 182, 190.
569 Zumindest wenn man das Sich-Beteiligen, wie hier vertreten, verfassungskonform auslegt und hierbei also ebenfalls bereits einen aktiven Beitrag fordert. I.E. ebenso *Hoven/Weigend*, JZ 2017, 182, 190; *Fischer* in Fischer StGB (2021), § 184j Rn. 14.
570 Treffend formuliert es *Frommel* in NK/StGB (2017), § 184j Rn. 4: "Meide Gruppen, in denen Täter Sexualstraftaten begehen, ist zu unbestimmt".
571 *Hörnle*, NStZ 2017, 13, 21.
572 BT Drs. 18/9097, S. 31.
573 *Fischer* in Fischer StGB (2021), § 184j Rn. 20.
574 *Hofmann*, Praxis der Rechtspsychologie 2017, 7, 23.
575 *Bauer*, Recht und Politik 2017, 46, 48; a.A. *Hörnle*, NStZ 2017, 13, 21, die nur die Gehilfenstrafbarkeit in subjektiver Hinsicht erweitert sieht.; ähnlich *Eisele*, RPsych 2017, 7, 26.

ist offensichtlich auch von der Norm erfasst, wenn nicht die bedrängte Person, sondern ein*e Beteiligte*r an der Gruppe letztlich Opfer der Straftat nach § 177 StGB oder § 184i StGB wird.[576] Durch dieses Merkmal wird indes deutlich, dass es dem Gesetzgeber mit Einführung dieser Norm nicht wie bei der Änderung des § 177 StGB um einen erhöhten Rechtsgüterschutz ging, sondern primär um die Erleichterung des Tatnachweises in Situationen wie in der Silvesternacht 2015/16 in Köln.[577]

§ 184j StGB ist damit insgesamt aufgrund von Verstößen sowohl gegen das Bestimmtheitsgebot als auch gegen das Schuldprinzip in seiner derzeitigen Form als verfassungswidrig anzusehen.[578] Es bleibt abzuwarten, ob das Bundesverfassungsgericht bald Gelegenheit haben wird, diese höchst bedenkliche Norm aufzuheben.[579] Die Norm wieder aus dem Gesetz zu streichen empfiehlt im Übrigen auch die Reformkommission in ihrem Abschlussbericht dringend.[580]

4.2.3 § 184k StGB

Mit Wirkung zum 01.01.2021 wurde nunmehr auch die Strafbarkeit des sog. *Upskirtings* in das StGB aufgenommen, nachdem dies nicht zuletzt durch eine Petition in den Fokus der Öffentlichkeit geraten war.[581] Entgegen einiger Stimmen in der Literatur, welche dafür plädierten, hierfür den Anwendungsbereich des § 201a StGB durch Streichung der dort normierten räumlichen Beschränkung zu erweitern,[582] entschied sich der Bundestag im Juli 2020 für die Schaffung eines eigenen Tatbestandes. Dieser stellt in § 184k StGB seither das Herstellen, Zugänglichmachen und Verbreiten von Bildaufnahmen der Genitalien, dem Gesäß, der weiblichen Brust oder der diese Körperteile verdeckenden Unterwäsche unter Strafe. Auch hier zeigt sich der massive Einfluss gesellschaftlich veränderter Wertevorstellungen hin zu einer erhöhten Sensibilität in Bezug auf die Verletzung der sexuellen Selbstbestimmung auf

---

576 *Heger* in Lackner/Kühl/StGB (2018), § 184j Rn. 6; *Hoven/Weigend*, JZ 2017, 182, 190 f.

577 *Bezjak*, KJ 2016, 557, 569; § 184j StGB daher insofern zu Recht als "reine Ermittlungsnorm" bezeichnend *Frommel* in NK/StGB (2017), § 184j Rn. 7.

578 *Hoven/Weigend*, JZ 2017, 182, 191; *Renzikowski*, NJW 2016, 3553, 3558; *Frommel* in NK/StGB (2017), § 184j Rn. 6 f.; *Deckers*, StV 2017, 410, 411.

579 Dies ebenfalls erwartend *Hoven/Weigend*, JZ 2017, 182, 191; *Renzikowski*, NJW 2016, 3553, 3558.

580 *Reformkommission zum Sexualstrafrecht* (Hrsg.) Abschlussbericht, 2017, S. 313.

581 Vgl. https://www.change.org/p/verbietet-upskirting-in-deutschland [letzter Aufruf: 06.04.2022].

582 *Mengler*, ZRP 2019, 224 ff.; a.A. *Bonnin/Berndt*, NJoZ 2020, 129, 131.

die Gesetzgebung. Wenngleich diese erhöhte Sensibilität grundsätzlich als etwas Positives zu bewerten ist und die Aufnahme dieses Verhaltens in das StGB angesichts der zuvor in der Tat existierenden Strafbarkeitslücke durchaus notwendig war, so ist das Gesetz doch in mehrfacher Hinsicht zu kritisieren, allen voran aufgrund seiner unglücklichen Formulierung: So wird ausdrücklich die „weibliche Brust" vor Bildaufnahmen geschützt – eine Formulierung, die erstens offen für Interpretationsspielraum ist (Wird hierbei nun auf das biologische Geschlecht des*der Brustträgers*Brustträgerin abgestellt oder auf die eigene subjektive Wahrnehmung des Körpers als weiblich?) und zweitens – im Falle erstgenannter Auslegung – diskriminierenden Charakter aufgrund von *gender equality*-Gesichtspunkten hat.[583] Auch in Bezug auf den Bestimmtheitsgrundsatz aus Art. 103 II GG weckt die Norm ganz grundsätzliche Bedenken.[584]

Es ist somit zu konstatieren, dass der Gesetzgeber in dieser erneuten kleinen Reformierung einmal mehr in Reaktion auf den Druck der Öffentlichkeit übereilt einen zu wenig durchdachten Tatbestand in das StGB implementiert hat. Es bleibt abzuwarten, wie die Rechtsprechung in der Praxis mit diesen Problemen, die hier aufgrund der erst rezenten Schaffung dieser Norm nur angedeutet und noch nicht näher analysiert werden können, umgehen und in welchem Umfang die Norm überhaupt Anwendung finden wird.

4.3 Normative Gesamtwürdigung auf Basis der bisherigen Erkenntnisse

Es wurde gezeigt, dass die Reform in ihren Details einige juristische Probleme aufwirft. Dies ist aber bei juristischen Normen generell nichts Ungewöhnliches und kann nicht direkt dazu führen, dass die gesamte Reform ganz grundsätzlich als „misslungen" bezeichnet werden muss.[585] Eine Ausnahme bildet nach der hier vertretenen Ansicht die Einführung des § 184j StGB. Abgesehen von den einzelnen (Auslegungs-)Problemen, die sich bei genauerer Betrachtung der einzelnen Tatbestandsmerkmale des neuen § 177 StGB ergeben, blieb aber bislang noch eine ganz grundlegende Frage zur Umstrukturierung des Sexualstrafrechts unbeantwortet: Während sich zuvor in dieser Arbeit bereits ausführlich mit der Frage auseinandergesetzt wurde, welches Schutzniveau der Staat durch seine Bindung an Völker- und Verfassungsrecht bei der

---

583 Ähnliche Bedenken vor allem auch zum Thema genderneutrale Sprache äußernd ebenfalls
  Bonnin/Berndt, NJoZ 2020, 129, 131.
584 Ebenfalls *dies.*, NJoZ 2020, 129, 131.
585 So allerdings *Deckers*, StV 2017, 410, 412.

Regelung des Sexualstrafrechts mindestens erreichen muss, und ob die Reform aus diesem Grund bereits angezeigt war,[586] wurde bislang die Kehrseite dessen außer Acht gelassen: Ist die Reform unter Beachtung der positiven Seite des Rechtes auf sexuelle Selbstbestimmung sowie des *ultima ratio*-Grundsatzes überhaupt verfassungsgemäß oder ist der Gesetzgeber hiermit „über das Ziel hinaus geschossen"?

4.3.1 Verfassungsmäßigkeit

Nachdem zur Verfassungsmäßigkeit der §§ 184i und j StGB bereits im Vorigen umfassend Stellung bezogen wurde, sollen sich die folgenden Ausführungen auf die Neufassung des § 177 StGB beschränken.

Diese begegnete in der Literatur bereits verschiedenen verfassungsrechtlichen Bedenken. Durch die Fokussierung nur auf den Willen des Opfers sieht *Löffelmann* das Schuldprinzip sowie den Verhältnismäßigkeitsgrundsatz als verletzt an.[587] An beidem muss sich die Norm aufgrund ihres Eingriffs in die allgemeine Handlungsfreiheit aus Art. 2 I GG[588] in der speziellen Gestalt der positiven sexuellen Selbstbestimmungsfreiheit[589] messen lassen. Für den*die Normadressaten*adressatin – damit gemeint sind alle Menschen in dem Moment, in dem sie einen Sexualkontakt initiieren wollen – würden erhebliche Unsicherheiten in Bezug auf sein*ihr Sexualverhalten bestehen, da sein*ihr strafrechtliches Schicksal praktisch nur vom Willen der anderen Person abhänge.[590] Dies wird gelegentlich auch neutraler und kompakter als *Subjektivierung* oder *Psychologisierung* der Norm bezeichnet.[591] Die Fokussierung auf die Kommunikation zwischen den beteiligten Personen ist allerdings nicht nur unausweichlich, wenn man die sexuelle Selbstbestimmung schützen möchte,[592] sie entspricht im Übrigen auch einem modernen, auf Kommunikation basierenden Menschenbild.[593] Unsicherheiten sind aber innerhalb menschlicher Kommunikation tatsächlich unvermeidbar. Dies gilt vor allem

---

586 S.o. (Kapitel 2: 3.).

587 *Löffelmann*, StV 2017, 413, 414, wobei dieser beide Prinzipien nicht sauber voneinander trennt, sondern zum Großteil simultan verwendet; vgl. zu dem Unterschied aber ausführlich *Frisch*, NStZ 2013, 249 ff.

588 So allerdings *Löffelmann*, StV 2017, 413, 414.

589 Vgl. hierzu bereits grundlegend oben (Kapitel 2: 2.).

590 *Löffelmann*, StV 2017, 413, 414.

591 *Löffelmann*, StV 2017, 413, 414; *Rohmann*, Praxis der Rechtspsychologie 2017, 27, 30; *Lederer/Deckers*, Praxis der Rechtspsychologie 2017, 75, 77.

592 Wie soll diese anders als durch Kommunikation nach außen dringen?

593 *Freudenberg*, Praxis der Rechtspsychologie 2017, 47, 52.

im sexuellen Bereich, wo die Kommunikation naturgemäß nicht unbedingt stets von Eindeutigkeit, sondern häufig von Ungewissheit und Zweifeln über die Gedanken und Wünsche des Gegenübers geprägt ist.[594] Hier muss indes von den Beteiligten erwartet werden, diese Ungewissheiten spätestens dann eindeutig aufzuklären, bevor es zu einem sexuellen Akt kommt. Ein derartiges Absichern ist keinesfalls, wie *Löffelmann* behauptet,[595] gänzlich unzumutbar, und zwar auch dann nicht, wenn das sexuelle Geschehen bereits unmittelbar bevorsteht oder sogar bereits im Gange ist. Die womöglich unsichere initiierende Partei sexueller Begegnungen steht zudem nicht schutzlos dar: Durch das verobjektivierte Tatbestandsmerkmal der *Erkennbarkeit*, das generelle Vorsatzerfordernis aus § 15 StGB, welches auch umfasst, dass die Umstände dieser *Erkennbarkeit* wenigstens für möglich gehalten wurden, sowie der damit verbundenen Straflosigkeit der fahrlässigen Begehung kann die Ausuferung der Strafbarkeit in derartigen undurchsichtigen Situationen ausreichend verhindert werden.

Zweifel an der Verhältnismäßigkeit der Änderungen werden gelegentlich auch darauf gestützt, dass die Strafbarkeit zu weit in das Feld sozialüblichen Verhaltens ausgedehnt werde.[596] Zur Argumentation werden zahlreiche Beispielsfälle ins Feld geführt, die nach der Reform angeblich unter § 177 StGB fallen würden, die aber offensichtlich nicht als strafwürdig erscheinen.[597] Es kann allerdings niemals der Anspruch an eine Norm sein, dass diese ausschließlich von allen Seiten als ausreichend strafwürdig erachtete Verhaltensweisen pönalisiert. Mit ausreichend Fantasie wird man zu jedem Tatbestand des StGB Fälle erfinden können, deren Erfassung durch die Norm nicht adäquat erscheint. Wie im Vorigen gezeigt wurde, ist es aber auch weitestgehend möglich, strafunwürdige Fälle durch Auslegung aus dem Tatbestand auszugrenzen. Durch die Beibehaltung des Erheblichkeitserfordernisses aus § 184h Nr. 1 StGB für die Annahme des Tatbestandsmerkmals der *sexuellen Handlung* und die ausführliche Rechtsprechung hierzu kann zusätzlich eine über die Grenzen der Verhältnismäßigkeit hinausgehende Ausweitung der Strafbarkeit verhindert werden.[598] Das Feld strafbarer Handlungen wurde durch die Reform zwar durchaus erweitert – dies implizierte das vorrangige

---

594 *Rohmann*, Praxis der Rechtspsychologie 2017, 27, 29.
595 *Löffelmann*, StV 2017, 413, 414.
596 Ausführlich hierzu *Löffelmann*, StV 2017, 413, 414 f.; dies sehr viel vorsichtiger formulierend *Beck* in: Gesamtes Strafrecht aktuell (2018), Rn. 21.
597 Am prominentesten ist wohl das Beispiel der Ehefrau, die ihren Mann sexuell stimuliert, obwohl er eigentlich seine Unlust zuvor ausgedrückt hatte, sodann aber doch an der Sexualität teilnimmt.
598 *Freudenberg*, Praxis der Rechtspsychologie 2017, 47, 51.

Ziel der Schließung von Schutzlücken schließlich –, die Grenze der Unverhältnismäßigkeit ist dabei jedoch nicht überschritten worden. Es wurde zudem gezeigt, dass sich alle Tatbestandsmerkmale des neuen § 177 StGB (im Gegensatz zu denen des § 184j StGB) verfassungskonform auslegen lassen. Als letztes Mittel, um weniger strafwürdigen Fällen zu begegnen, existiert mit Abs. 9 zudem eine Strafmilderungsmöglichkeit.[599] Auch die recht hohe Strafandrohung des Abs. 6 kann wie gezeigt mittels des Merkmals der *besonderen Erniedrigung* in Fällen, in denen diese nicht verhältnismäßig erscheint, leicht umgangen werden. Die Zweifel bezüglich der Verhältnismäßigkeit der Norm sind somit insgesamt als unbegründet anzusehen.[600]

In eine ähnliche Kerbe schlägt die Annahme, die Umstrukturierung des Sexualstrafrechts würde gegen das *ultima ratio*-Prinzip des Strafrechts verstoßen.[601] Zwar ist die Grundannahme, dass nicht jedes Schutzgut absolut, d.h. umfassend von einem an rechtsstaatlichen Prinzipien ausgerichteten Strafrecht geschützt werden kann, durchaus zutreffend.[602] Auch richtig ist, dass somit jedwede Erweiterung einer Strafbarkeit rechtfertigungsbedürftig ist.[603] Eine solche Rechtfertigung kann indes für das Schutzgut der sexuellen Selbstbestimmung, welches sowohl Berührungspunkte mit Art. 2 I GG als auch mit der Menschenwürde aus Art. 1 I GG aufweist,[604] leicht begründet werden. Dieses ähnelt in seiner Schutzwürdigkeit nämlich eher den Schutzgütern der körperlichen Unversehrtheit sowie des Lebens, welche beide ebenfalls, im Gegensatz zu zum Beispiel dem weniger sensiblen Vermögensrecht, nahezu umfassend geschützt sind und nicht nur dann, wenn sich bestimmter Mittel zu deren Verletzung bedient wird.[605] Es ist daher nicht einzusehen, wieso die sexuelle Selbstbestimmung nur lückenhaften Schutz genießen sollte.

Die Reform im Bereich des § 177 StGB ist damit insgesamt entgegen anderslautender Stimmen in der Literatur als verfassungsgemäß zu beurteilen. We-

---

599 Hier ist gerade nicht, wie *Löffelmann*, StV 2017, 413, 415 fordert, eine "spezifische Milderungsmöglichkeit" für bestimmte Fälle angezeigt, sondern eine generalisierte Norm ausreichend.

600 Das BVerfG hat hierzu bislang keine Stellung bezogen. Eine Rechtssatzbeschwerde von *Löffelmann* wurde nicht zur Entscheidung angenommen, vgl. hierzu *Ders.*, StV 2017, 413, 414.

601 Der bekannteste Verfechter dieser Ansicht ist wohl *Fischer*, vgl. zum Beispiel *Fischer* (2015), S. 1.

602 *Ders.* (2015), S. 1.

603 *Ders.* (2015), S. 1.

604 Vgl. hierzu schon oben (Kapitel 2: 2.).

605 *Hörnle*, ZIS 2015, 206, 207 f.

der greift sie unverhältnismäßig in das positive Recht auf sexuelle Selbstbestimmung ein, noch verstößt sie gegen das *ultima ratio*-Prinzip des Strafrechts.

4.3.2 Abkehr vom modernen Menschenbild?

Das reformierte Sexualstrafrecht hat in der Politik sowie in weiten Teilen der
Bevölkerung geradezu euphorische Reaktionen hervorgerufen. Die Ansicht,
dass hiermit ein „Meilenstein für die sexuelle Selbstbestimmung in diesem
Land"[606] gesetzt wurde, teilen indes nicht alle. Es steht im Gegenteil sogar der
Vorwurf im Raume, durch die Implikation des „Nein-heißt-Nein"-Grundsat-
zes würde ein „problematisches Menschenbild" gezeichnet.[607] *Deckers* formuliert dies sogar noch schärfer: „Das Modellbild der Frau des 21. Jahrhunderts […] wird ersetzt und durch das von Scham oder Schüchternheit geprägte
wehrlose oder gegen seinen eigenen Willen handelnde Opfergeschöpf zum
verallgemeinerbaren Schutzobjekt eines Straftatbestandes stilisiert." Strafver-
teidigerin *Scharfenberg* bezeichnet das Frauenbild, das angeblich geschaffen
werde, sogar noch polemischer als sich „irgendwo zwischen katholischer
Mädchenschule, Singkreis und weihnachtlichem Plätzchenbacken" bewegend
und proklamiert zugleich eine „Bankrotterklärung des Feminismus".[608] *Lederer* meint, durch die Reform werden Frauen gar ihres Erwachsenenstatus beraubt und zu „kindlich-schwachen Opfern essentialisiert".[609] *Fischer* betitelte
das Opferbild der Frau nach der neuen Rechtslage polemisch als Behandlung
wie „das Kind oder der Psychiatrie-Patient".[610]

All diese Autor*innen gehen allerdings von einem Trugschluss aus: Zum einen ist bereits die Fokussierung auf nur weibliche Opfer zu kritisieren.
§ 177 StGB schützt schon lange nicht mehr nur Frauen. Dies wissen selbstverständlich auch die Kritiker*innen, sehen jedoch – wohl auch aufgrund der
statistisch belegten überwiegenden Anzahl weiblicher Opfer[611] sowie der Fokussierung auf diese in der politischen und medialen Diskussion – häufig nur

---

606 Näheres zu diesem Zitat bereits oben (Fn.1).
607 *Fischer* in Fischer StGB (2021), § 177 Rn. 4.
608 *Scharfenberg*, Freispruch 2016, 3, 4.
609 *Lederer*, StraFo 2018, 280, 282.
610 *Fischer* (2015): Es gibt keinen Skandal (https://www.zeit.de/gesellschaft/zeitgesche-
hen/2015-02/sexuelle-gewalt-sexualstrafrecht-schutzluecke) [letzter Aufruf: 06.04.2022].
611 Laut PKS 2019, Jahrbuch, Tab. 2.1, S. 21 waren im Jahre 2019 92,4 % der Opfer der
Delikte gegen die sexuelle Selbstbestimmung insgesamt weiblich; 2020 waren es 92 %.

das *Frauenbild* als durch die Reform verändert an. Somit ist die Verknüpfung mit Gedanken des Feminismus wohl tatsächlich nicht zu leugnen.

Davon abgesehen ist aber auch ihre Schlussfolgerung falsch, insbesondere diejenige, die Reform stelle eine „Bankrotterklärung" an den Feminismus dar: Der Verzicht auf das Nötigungselement soll nicht bedeuten, dass man Opfern (insbesondere Frauen) die grundsätzliche Fähigkeit, sich zu wehren, abspricht (auch wenn es durchaus Fälle gibt, in denen weibliche Opfer dies angaben, wie die Studie des *bff* gezeigt hat), sondern vielmehr, dass sie es eben nicht *müssen*. Ihr geäußerter entgegenstehender Wille als Ausprägung ihrer negativen sexuellen Selbstbestimmung ist allein ausreichend. Diese Interpretation der neuen Gesetzeslage ist entgegen der oben zitierten Ansichten nicht nur sehr wohl mit dem Gedanken des Feminismus vereinbar,[612] sondern vielmehr sogar eines seiner wesentlichen Leitprinzipien: Es geht nämlich gerade darum, Frauen eben nicht vorzuschreiben, wie sie sich in der einen oder der anderen Situation zu verhalten haben, und zwar erst recht nicht, wenn es um etwas so Sensibles wie ihre eigene Sexualität geht.[613] Es geht darum, zu akzeptieren, dass alle Menschen – auch alle Frauen – verschieden sind und daher auf körperliche, insbesondere auf sexuelle Angriffe unterschiedlich reagieren: Die eine mag extrovertiert und selbstbewusst sein und daher bereits bei der ersten nicht gewollten Berührung um sich schlagen, andere aber mögen dazu neigen, in derlei Situationen vor Schreck zu erstarren und die Berührung nach einem anfänglich geäußerten „Nein" einfach still über sich ergehen zu lassen. Es geht im modernen Feminismus somit gerade darum, *kein* „Modellbild der Frau im 21. Jahrhundert" – oder in irgendeinem anderen Jahrhundert – zu proklamieren. Die Äußerungen von *Deckers, Scharfenberg, Lederer* und *Fischer* erwecken somit leider eher die Befürchtung, als hätten ihre Vertreter*innen die Grundgedanken des Feminismus nicht ganz verstanden. Um bei *Scharfenbergs* Bild zu bleiben: Auch Frauen, die eine katholische Mädchenschule besucht haben, einem Singkreis angehören, in der Weihnachtszeit zumeist mit Plätzchenbacken beschäftigt sind und die daher – dem angeblichen Automatismus dieser letztlich als sehr stigmatisierend zu bewertenden Schlussfolgerung, der an dieser Stelle bereits deutlich angezweifelt werden soll, folgend – ihre sexuelle Selbstbestimmung nicht durch aktive Taten zu schützen vermögen, verdienen strafrechtlichen Schutz.[614]

---

612 I.E. ebenso *Drohsel*, NJoZ 2018 1521.
613 Vgl. hierzu z.B. *Stokowski* (2016), S. 15: "Es ist ein Kampf gegen Zwänge und für mehr freie, eigene Entscheidungen".
614 Vgl. hierzu auch *Solnit* (2017), S. 142: "…weil die gesamte Bewegung darauf abzielt, den Stummen eine Stimme und den Machtlosen Macht zu verleihen".

4.4 Auswirkungen auf die gerichtliche Praxis: Ziele und Befürchtungen

Nachdem nun die neue Rechtslage und ihre grundsätzliche Verfassungsmäßigkeit umfassend dargestellt wurde, soll noch einmal kurz auf die dadurch anvisierten Ziele und Hoffnungen eingegangen und sollen sodann die Befürchtungen der Reformgegner*innen dargestellt werden. Hieraus werden sich konkrete Annahmen ergeben, die im Weiteren anhand erster Urteile in der Praxis überprüft werden sollen.

Wie bereits eingangs erläutert, war das primäre Ziel der Reform, Schutzlücken im Sexualstrafrecht zu schließen und so das Rechtsgut der sexuellen Selbstbestimmung voraussetzungslos zu schützen.[615] Neben dogmatischen Gründen, wie der Anpassung der Gesetzeslage an das moderne Rechtsgutsverständnis, verbinden die Reformbefürworter*innen allerdings auch konkrete Erwartungen an die Gerichtspraxis mit der Änderung. Zentral ist die Erwartung, hiermit sowohl die Anzeigebereitschaft der Opfer[616] als auch die Verurteilungsquoten im Bereich des Sexualstrafrechts zu erhöhen. Beides ist durch die Betrachtung von Statistiken der Staatsanwaltschaften und der Gerichte dem Beweis zugänglich. Zudem ist eine implizite Hoffnung im Sinne des Rechtsgüterschutzes natürlich eine Verbesserung der Prävention im Bereich der Sexualdelikte, also insgesamt die Anzahl sexueller Übergriffe zu senken.

Die Reformkritiker*innen beklagen demgegenüber, dass es sich nur um ein rein symbolisches Strafrecht handele.[617] Dieser Kritik ist bereits entgegenzuhalten, dass dem Sexualstrafrecht im Gegensatz zu anderen strafrechtlichen Gebieten aufgrund seiner hohen Moraleinwirkung große Symbolwirkung zukommt,[618] welche insgesamt in der Lage sein kann, die Menschen für den Umgang mit der eigenen Sexualität zu sensibilisieren und zum Positiven zu verändern. Eine gewisse Symbolwirkung ist im Rahmen der Gesetzgebung im Sexualstrafrechts somit sogar zu begrüßen.

Zum anderen wird kritisiert, dass nicht nur die o.g. Ziele durch die konkreten Änderungen nicht erreichbar, sondern dass im Gegenteil sogar negative Auswirkungen auf die Praxis zu befürchten seien. Zu unterscheiden sind folgende Annahmen und Befürchtungen:

615 *Frommel* in NK/StGB (2017), § 177 Rn. 97.
616 *Isfen*, ZIS 2015, 217-233, 230.
617 *Hoven/Weigend*, JZ 2017, 182, 191.
618 So auch *Drohsel*, NJoZ 2018, 1521, 1525.

4.4.1 Beweisprobleme aufgrund der Versubjektivierung des Tatbestandes

Die wohl meistgeäußerte Befürchtung der Reformkritiker*innen dreht sich um die Beweisbarkeit der neuen Tatbestandsmerkmale, allen voran des entgegenstehenden Willens der verletzten Person. Prophezeit wird, dass es nicht zu der erwünschten Beweiserleichterung in Sexualprozessen, sondern sogar zu einem „Rückschritt in der Verfahrenskultur" kommen wird: Da kein Festhalten an objektivierbaren Merkmalen wie beispielsweise an Kennzeichen von Gewalteinwirkung mehr möglich ist, wird sich der*die Richter*in im Strafprozesses vermehrt auf das Opfer, seine Verhaltensweisen und Persönlichkeitsmerkmale sowie seine eventuell vorangegangene Beziehung zum*zur Täter*in konzentrieren müssen.[619] Gerade in Fällen, in denen das Opfer schlicht behauptet, es habe „Nein" gesagt oder seine Ablehnung sogar nur konkludent signalisiert, wird das Gericht die Glaubwürdigkeit des Opfers kritisch zu prüfen haben.[620] Strafverteidiger*innen werden naturgemäß im Sinne der beschuldigten Person ihr Möglichstes tun, um diese in ihrer Glaubwürdigkeit zu diskreditieren oder dieser zumindest ein Verhalten zu unterstellen, das entweder eine konkludente Einwilligung nahelegt oder aber einen Irrtum des*der *Täterin hierüber rechtfertigt.[621] Das Opfer könne so schnell in eine belastende Rechtfertigungssituation geraten und im schlimmsten Fall könnte sogar das sog. „blaiming the victim" in den Vordergrund der Verteidigungsstrategie treten.[622] Hiermit könnte der Strafprozess für die Opfer insgesamt als noch belastender als vor der Reform wahrgenommen werden.

Zudem könnte es noch häufiger als zuvor zu sog. Aussage-gegen-Aussage-Situationen kommen, in denen das Gericht keine weiteren Beweise abgesehen von den konträren Aussagen der beiden beteiligten Personen als Grundlage für ihr Urteil zur Verfügung hat. Dies könnte die Gerichte, so die Befürchtung von *Fischer*, vor eine „fast unlösbare Aufgabe spekulativer Glaubwürdigkeits-Begutachtung" stellen.[623] Dies wird nicht ausschließlich, aber vor allem

---

619 *Deckers*, StV 2017, 410, 411; *Lederer/Deckers*, Praxis der Rechtspsychologie 2017, 75, 78.

620 *Hoven/Weigend*, JZ 2017, 182, 185.

621 *Hofmann*, Praxis der Rechtspsychologie 2017, 7, 19.

622 *Lederer/Deckers*, Praxis der Rechtspsychologie 2017, 75, 77.

623 *Fischer* (2015), S. 15; dies aufgreifend *Hofmann*, Praxis der Rechtspsychologie 2017, 7, 18.

bei denjenigen Varianten des § 177 I StGB befürchtet, die ein aktives Verhalten des Opfers trotz seines entgegenstehenden Willens voraussetzen.[624] Beweisprobleme könnten sich in derlei Situationen jedoch nicht nur bezüglich der Aussage der verletzten Person ergeben, sondern auch im Bereich der Aussagen der beschuldigten Person, gerade wenn es darum geht, ob der entgegenstehende Wille (soweit dieser denn bewiesen werden konnte) auf objektiver Ebene erkennbar war und auf diese Umstände auf subjektiver Ebene auch erkannt wurden.[625]

Zudem wird befürchtet, dass einer Glaubwürdigkeitsprüfung des Opfers durch das Gericht oder auch durch externe Aussagepsycholog*innen ungleich schwieriger würde, da das wesentliche Kriterium einer solchen Beurteilung die Erlebnisfundiertheit der Aussage sei und es nun einmal sehr viel leichter sei, ein kurzes Geschehen wie das Vorliegen eines „Neins" wahrheitswidrig zu behaupten.[626]

4.4.2 Niedrigere Verurteilungsquoten und erhöhte Gefahr von Falschverurteilungen

Eine weitere Befürchtung ist, dass die Verurteilungsquoten auf demselben (niedrigen) Niveau bleiben werden. Gerade aufgrund der schwierigen Beweisbarkeit dessen, ob nun jemand „Nein" gesagt hat oder nicht, könnte es häufig durch die notwendige konsequente Anwendung des Grundsatzes *in dubio pro reo* zu einem Freispruch des*der Täters*Täterin oder sogar bereits zu einer erhöhten Anzahl an Einstellungen seitens der Staatsanwaltschaft kommen, obwohl diese*r schuldig ist.[627] Dies würde bedeuten, dass eines der wesentlichen Ziele der Reform nicht erreicht werden könnte.

Konträr hierzu wird allerdings auch Folgendes vertreten: Die Zahl der Falschverdächtigungen[628] und – was noch prekärer wäre – die Zahl der Falsch*verurteilungen* könnte ansteigen.[629] Die Einleitung ungerechtfertigter Strafverfah-

---

624 *Lederer/Deckers*, Praxis der Rechtspsychologie 2017, 75, 76.

625 *Dies.*, Praxis der Rechtspsychologie 2017, 75, 77.

626 *Lederer*, StraFo 2018, 280, 283 f.

627 *Hoven/Weigend*, JZ 2017, 182, 185; *Isfen*, ZIS 2015, 217-233, 230; *Hofmann*, Praxis der Rechtspsychologie 2017, 7, 18 f.; ähnlich auch *Deckers*, StV 2017, 410, 412.

628 Z.B., um Druck auf den Ex-Partner auszuüben, vgl. *Hofmann*, Praxis der Rechtspsychologie 2017, 7, 19.

629 Zu Letzterem *Fischer*, ZIS 2015, 312, 317; für möglich hält dies auch *Hofmann*, Praxis der Rechtspsychologie 2017, 7, 19.

ren könne nämlich noch dadurch befeuert werden, dass in nahezu jeder Situation, in der ein Sexualkontakt feststeht und eine der beiden beteiligten Personen diesen als nicht konsensbasiert darstellt, ein Anfangsverdacht gegeben sein wird.[630] Falschverdächtigungen müssen dabei nicht einmal in allen Fällen von der anzeigenden Person intendiert sein. Es ist auch denkbar, dass Personen sich nach einem sexuellen Kontakt mit einem anderen Menschen darüber klar werden, dass sie den Geschlechtsverkehr eigentlich innerlich gar nicht gewollt haben, oder sich in der Folge ihre Erinnerung derart verzerrt, dass sie irgendwann sogar glauben, sie hätten dies auch nach außen hin erkennbar gemacht.[631]

Lederer geht sogar noch einen Schritt weiter, indem sie den von ihr prophezeiten Anstieg an Anzeigen kritisiert: Sie formuliert hierzu reißerisch, dass die neue Gesetzeslage nahezu zu Strafanzeigen „verführen" würde, ohne dass sie für eine solche eine überzeugende Grundlage bieten würde.[632] Auch wenn hierbei durchaus die Möglichkeit bestehe, dass mit der erhöhten Zahl an Anzeigen auch eine erhöhte Zahl an staatsanwaltschaftlichen Einstellungen einher gehen wird, so sei dies doch schon aufgrund der stigmatisierenden Wirkung einer Strafanzeige in diesem sensiblen strafrechtlichen Gebiet wenig erstrebenswert.[633]

4.4.3 Keinerlei Präventivwirkungen

Zudem wird erwartet, dass eine präventive Wirkung der Reform sich nicht erkennen lässt. Es sei ein „Irrglaube", dass man mit der Erweiterung des Strafrechts in diesem Bereich eine Senkung der sexuellen Übergriffe erreichen könne.[634]

4.4.4 Stellungnahme

Diesen Befürchtungen kann auf theoretischer Ebene sicher Einiges entgegnet werden. Das Für und Wider einer Reform des Sexualstrafrechts und einer Ein-

---

630 *Hofmann*, Praxis der Rechtspsychologie 2017, 7, 19; *Isfen*, ZIS 2015, 217-233, 230.
631 *Fischer* (2015), 15 f.; in diese Richtung gehend auch *Lederer/Deckers*, Praxis der Rechtspsychologie 2017, 75, 77.
632 *Lederer*, AnwBl 2017, 514, 520.
633 *Dies.*, AnwBl 2017, 514, 520.
634 *Walter*, ZStW 2017, 492, 507.

führung des „Nein-heißt-Nein"-Grundsatzes ins StGB wurde bereits vor dessen Umsetzung leidenschaftlich diskutiert. All diese Argumente sind indes nichts weiter als – wenngleich wissenschaftlich fundierte – Spekulationen.

Vor allem gegen das populärste Argument der erhöhten Beweisschwierigkeiten lässt sich anbringen, dass dies zum einen bereits keinen legitimen Grund dafür darstellen kann, ein strafwürdiges Verhalten nicht zu kriminalisieren.[635] Zum anderen erscheint der Beweis derartiger „innerer Tatsachen" wie der des entgegenstehenden Willens zwar schwierig, aber mit Hilfe von aussagepsychologisch geschultem Fachpersonal keinesfalls unmöglich.[636] Zudem sind diese Probleme keine reine Eigenheit des neuen Sexualstrafrechts, vielmehr gilt dies auch für sämtliche andere (innere) Umstände des Strafrechts,[637] allen voran für die Nachweisbarkeit des Vorsatzes gem. § 15 StGB.[638] Es wird daher wohl eher darauf hinauslaufen, dass in sexualstrafrechtlichen Prozessen zukünftig vermehrt auf die Expertise von aussagepsychologischen Sachverständigen zurückgegriffen werden muss.[639] Ob die Aussagepsychologie allein dies zu leisten im Stande ist,[640] oder ob es dadurch doch, wie von einigen Autor*innen befürchtet, gehäuft zu Freisprüchen oder auch Fehlurteilen kommen wird, kann auf theoretischer Ebene nicht beantwortet werden. Ein sensibles Augenmerk auch auf die Probleme in der Beweisbarkeit sowie durch eventuell gehäufte Falschbeschuldigungen zu legen, empfiehlt allerdings auch die Reformkommission in ihrem Abschlussbericht.[641]

Der Befürchtung ansteigender falscher Verdächtigungen, ja gar die Befürchtung, die neue Rechtslage würde hierzu geradezu „verführen", ist nicht nur wissenschaftlich absolut unbegründet, sondern auch ethisch mit Blick auf Geschlechterklischees äußerst fragwürdig:

Forschungen auf dem Gebiet sind zwar selten und werfen eine Reihe komplexer Probleme auf. Eine Annäherung an die Frage kann nur eine Aktenanalyse der angezeigten Fälle sowie ein Abgleich mit Anzeigen wegen § 164 StGB

---

635 *Kromm* in: Wege zum Nein (2017), S. 25 f.; so auch *Drohsel*, NJoZ 2018 1521.
636 Vgl. hierzu ausführlich *Rohmann*, Praxis der Rechtspsychologie 2017, 27 ff.
637 So auch *Freudenberg*, Praxis der Rechtspsychologie 2017, 47, 50.
638 *Isfen*, ZIS 2015, 217-233, 230.
639 In diese Richtung gehend auch das Fazit von *Rohmann*, Praxis der Rechtspsychologie 2017, 27, 43; ebenfalls *Freudenberg*, Praxis der Rechtspsychologie 2017, 47, 51, die zudem auf die Möglichkeit entsprechender Fortbildungen von Richterinnen und Richtern sowie der Staatsanwältinnen und -anwälten hinweist.
640 Dies bezweifelnd *Lederer/Deckers*, Praxis der Rechtspsychologie 2017, 75, 78; ausführlich hierzu auch *Lederer*, StraFo 2018, 280, 283 f.
641 *Reformkommission zum Sexualstrafrecht* (Hrsg.) Abschlussbericht, 2017, S. 294.

und § 145d StGB bieten. Eine so durchgeführte Studie Anfang der 2000er Jahre von *Steffen* in Bayern zeigte, dass lediglich 7,4 % der angezeigten Fälle von Vergewaltigung/sexueller Nötigung letztlich zu einer Anzeige wegen falscher Verdächtigung oder Vortäuschens einer Straftat bei der Polizei geführt haben.[642] Zusätzlich ergab dieselbe Studie, dass der häufigste Hintergrund derartiger falscher Verdächtigungen (rund 22 %) Folge von hirnorganischen oder sonstigen psychischen Störungen und damit nicht etwa Rache an der zu Unrecht beschuldigten Person waren.[643] Ebenfalls interessant ist die Erkenntnis, dass in der Mehrzahl der Fälle die Initiative zur Falschbeschuldigung nicht vom angeblichen Opfer, sondern von Dritten ausging.[644] Die Fokussierung der Diskussion auf die Gefahr von Falschbeschuldigungen ist somit bereits aus empirischer Sicht verfehlt. Erst recht zeigt die erwähnte Forschungslage, dass Falschbeschuldigungen auf dem Gebiet der Sexualdelikte letztlich wenig mit der aktuellen Rechtslage, sondern vielmehr mit familiären Konflikten sowie mit psychischen Störungen zusammenhängt. Dies lässt den Schluss zu, dass sich hieran auch durch eine geänderte Rechtslage nichts ändern wird.

Gleichzeitig stützt sie aber, im wissenschaftlichen Kontext zwar nicht ausdrücklich, aber doch implizit – vergegenwärtigt man sich die enge Verknüpfung der Thematik mit der gesellschaftlichen Entwicklung[645] – das Vorurteil, Frauen als hauptsächliche Opfer (angeblicher) sexueller Übergriffe seien *per se* nicht glaubwürdig,[646] ja sogar von Natur aus verlogen und bösartig.[647] Diese Ansicht entspricht den gängigen oben erläuterten Vergewaltigungsmythen und nährt so das Bestehen der Vergewaltigungskultur (*rape culture*).[648] Hiervon sollte dringend Abstand genommen werden. Die Fokussierung der Diskussion auf Falschbeschuldigungen verschleiert viel mehr das eigentliche Problem der Allgegenwärtigkeit sexueller Übergriffe und versucht, Männer als die „eigentlichen Opfer" der Thematik darzustellen.[649]

Einen großen Anteil an dieser Fokussierung auf Falschbeschuldigungen trägt die Medienberichterstattung, welche deutlich häufiger über angeblichen Falschbeschuldigungen berichtet als etwa über das strukturelle Problem der

---

642 *Elsner/Steffen* (2005), S. 181 f.
643 *Dies.* (2005), S. 186 ff.
644 *Dies.* (2005), S. 183.
645 Siehe hierzu oben (Kapitel 3: 1.).
646 Dieses Phänomen als "Kassandra-Syndrom" bezeichnend *Solnit* (2017), S. 142 ff.
647 *Dies.* (2017), S. 142.
648 Vgl. zum Begriff oben (Kapitel 3: 1.2.1).
649 *Solnit* (2017), S. 142.

sexuellen Gewalt von Männern gegenüber Frauen.[650] Erkenntnisse der Forschung werden hierbei häufig aus dem Zusammenhang gerissen und so ver-
kürzt und falsch dargestellt.[651] Ein prominentes Beispiel aus jüngster Zeit –
wenngleich in keinerlei Zusammenhang mit der geänderten Rechtslage stehend – stellte der Fall des Fernsehmoderators und Journalisten *Jörg Kachel-
mann* dar, welcher 2010 von seiner ehemaligen Partnerin wegen Vergewaltigung angezeigt, aber im Jahr 2011 freigesprochen wurde.[652] Der Fall wurde
in den Medien aufgrund des prominenten Status' des Angeklagten ausführlich
besprochen, besonders in den Fokus gerückt wurde aufgrund des Ausgangs
des Falles allerdings die angebliche Häufung von Falschanzeigen von Sexualdelikten durch Frauen.[653]

Eine Annäherung an eine Antwort auf alle oben aufgeworfenen Fragen kann
dennoch nur ein Blick auf die Praxis anhand von Statistiken und Urteilen bieten. Aufgrund der Komplexität der Fragestellung wird indes die Erforschung
der Frage nach einer gestiegenen Falschbeschuldigungsquote ausgeklammert.
Dies müsste in einer gesonderten empirischen Untersuchung festgestellt werden. Wie die gerichtliche Praxis mit Beweisproblemen und im Allgemeinen
mit den neuen Tatbestandsmerkmalen des § 177 StGB umgeht sowie wie sich
die Reform in konkreten Zahlen niedergeschlagen hat, soll in einem nächsten
Schritt genauer untersucht werden.

---

650 *Schwark/Dragon/Bohner* in: Handbuch sexualisierte Gewalt (2018), S. 58 f.
651 *Elsner/Steffen* (2005), S. 179.
652 LG Mannheim, 31.05.2011 - 5 KLs 404 Js 3608/10.
653 *Schwark/Dragon/Bohner* in: Handbuch sexualisierte Gewalt (2018), S. 55.

Kapitel 4: Empirisch-normative Analyse erster Urteile sowie Betrachtung der Kriminalstatistiken

Wie gezeigt, bestehen in Bezug auf die Tatbestandsmerkmale des neu gestalteten § 177 StGB wesentliche Unsicherheiten. Diese werden sich – hinsichtlich dessen herrscht fachwissenschaftlicher Konsens – vornehmlich durch höchstrichterliche Rechtsprechung klären lassen.[654] Aber auch ein Blick in die seither veröffentlichten einschlägigen strafrechtlich relevanten Statistiken (namentlich die PKS sowie die StVS) sowie in bereits ergangene instanzgerichtliche Entscheidungen erscheint lohnenswert, lassen sich doch so wenigstens einige der Reformziele relativ leicht überprüfen.

1. Rechtsprechung

Nach Inkrafttreten der Reform beschäftigen sich nun allmählich auch die Gerichte mit dem neuen § 177 StGB. An dieser Stelle sollen einige der bislang hierzu ergangenen Urteile einer ersten qualitativen Auswertung unterzogen werden.[655] Methodisch handelt es sich hierbei um eine empirische Vorgehensweise, denn es wurden – im Gegensatz zu der vorangegangenen, rein juristisch-normativen Betrachtung der neuen im Vergleich zur alten Rechtslage in Teil 3 – systematisch Daten in Form von Urteilen erhoben und ausgewertet und auf Basis dieser Daten Hypothesen über die bisherige Handhabung der neuen Rechtslage durch die Rechtsprechung gebildet. Gleichzeitig trägt die Analyse jedoch auch weiterhin starke juristisch-normative Elemente in sich, denn die gewonnenen Erkenntnisse betreffen den (auch juristisch-normativ geprägten) Umgang der Gerichte mit spezifischen Fallkonstellationen und dienen sodann als Gegenstand eigener juristisch-normativer Würdigung, indem Empfehlungen zum Umgang mit spezifischen Problemlagen aus ihnen geriert werden.

1.1 Datenbasis/Gang der Untersuchung

Ausgewählt wurden die der Analyse zugrundeliegenden Urteile wie folgt: Zunächst erstreckte sich die Recherche auf die einschlägigen Plattformen (*Beck-*

---

654 *Heger*, ZRP 2018 118; *May*, JR 2019, 130, 132.
655 Ebenfalls bereits einige (indes nur höchstrichterliche) Urteile auswertend *Hoven*, NStZ 2020, 578 ff.

Online, Juris) unter den Filtern „§ 177 StGB" und dem Zeitraum ab dem 01.01.2017. Diese Suche ergab nur wenige Treffer. Hinzu kam, dass viele der so gefundenen Urteile aufgrund der nicht unüblichen Verfahrensverzögerungen trotz des Erscheinens nach dem 01.01.2017 noch zum § 177 StGB a.f. ergangen und daher für die Analyse nicht brauchbar waren. Sodann wurden die Poststellen mehrerer (Amts- und Land-) Gerichte informell per Mail kontaktiert und um relevante Urteile zum neuen § 177 I und II StGB gebeten. Der Fokus bei den angeschriebenen Gerichten wurde hierbei auf Mecklenburg-Vorpommern sowie auf mehrere größere Städte Deutschlands (Berlin, Bremen, Frankfurt am Main (a.M.), Hamburg, Hannover, Kiel, Köln, München, Regensburg, Würzburg) gelegt. Einige Rückmeldungen, zum Teil sogar mit der sofortigen Zusendung womöglich relevanter Urteile konnten so erlangt werden (mit Urteilen zurückgemeldet haben sich die Poststellen einiger (Amts- und Land-)Gerichte aus Berlin, Hamburg, München, Schwerin und Regensburg). Aus einigen Bundesländern respektive Städten wurde zurückgemeldet, dass bisher keine Entscheidungen zu § 177 I und II StGB n.F. ergangen seien (Neubrandenburg, Rostock) oder dass eine derartige Abfrage nicht möglich sei und vielmehr ein formeller Antrag nach § 476 StPO an die jeweiligen Staatsanwaltschaften gestellt werden müsse (Bremen, Frankfurt am Main). Dies wurde sodann nachgeholt. Auf postalischem Wege konnten über diesen Antrag nach § 476 StPO 44 Urteile aus Frankfurt am Main und Bremen erlangt werden. Die leitende Oberstaatsanwältin aus Frankfurt am Main sendete dabei insgesamt 34 Urteile zu (20 Urteile mit Schreiben vom 17.09.2019, 11 Urteile mit Schreiben vom 25.10.2019 und weiteren drei Urteilen mit Schreiben vom 29.11.2019), während der leitende Oberstaatsanwalt aus Bremen 10 Urteile/Strafbefehle mit Schreiben vom 26.02.2020 zur Verfügung stellte.

Urteile von den Plattformen *Juris* und *Beck-Online* wurden bis einschließlich März 2023 mitberücksichtigt.

Die auf diesen drei unterschiedlichen Wegen erlangten Urteile und Strafbefehle wurden auf ihre Relevanz für die hier maßgeblichen Fragen untersucht. Auch hier musste jedoch insgesamt knapp die Hälfte der Urteile aussortiert werden, da sie entweder zum geltenden Recht vor der Reform ergangen waren, keine inhaltlichen, für die hiesige Untersuchung relevanten Probleme im Vordergrund standen oder es waren schlicht keine Angaben zum Sachverhalt und/oder den Urteilsgründen erkennbar, welches sie für die vorliegende Analyse ebenfalls unbrauchbar machte. Letztlich für die Analyse verwendet wurden 35 Urteile, davon 11 Urteile des BGH, welche über *Beck-Online* und *Juris* abgerufen wurden. Die restlichen 24 Urteile entstammen sowohl der Entsendung der Gerichte und Staatsanwaltschaften als auch *Juris/Beck-Online* und verteilen sich regional wie folgt:

Baden-Württemberg (Freiburg, Stuttgart): 2

Bayern (Bamberg und Traunstein): 2

Berlin: 1

Bremen: 4

Hamburg: 1

Hessen (Frankfurt a.M.): 7

Mecklenburg-Vorpommern (Neuruppin, Schwerin, Stralsund): 3

Nordrhein-Westfalen (Hamm, Detmold): 3

Schleswig Holstein (OLG Schleswig (AG Kiel)): 1

1.2 Empirisch-normative Analyse

Im Folgenden werden die für bedeutsam gehaltenen zehn Problemkreise, die sich aus den übrig gebliebenen Urteilen herauskristallisiert haben, dargestellt und einer kritischen Bewertung unterzogen. Abschließend kann so ein erstes Fazit zur rechtlichen Praxis des neuen § 177 StGB gezogen werden. Wie bereits erläutert, beschränkte sich die Abfrage zunächst auf Urteile explizit zu § 177 I und II StGB – jedoch spielten in den gefundenen Urteilen oftmals auch die in § 177 StGB normierten Qualifikationen und Regelbeispiele sowie die Straftat der sexuellen Belästigung aus § 184i StGB eine (Neben-)Rolle. Da im vorangegangenen Teil auch Probleme innerhalb dieser Vorschriften behandelt wurden, wird in der Analyse unter dem achten, neunten und zehnten Problemkreis auch kurz auf diese Bezug genommen. Die Aussagekraft dieser Passagen ist insofern indes eingeschränkter, als keine explizite Abfrage der Qualifikationstatbestände stattgefunden hat. Ebenso verhält es sich mit Urteilen zu § 184i StGB – auch diese wurden nicht ausdrücklich abgefragt. Da aber dennoch relevante Erkenntnisse diesbezüglich aus dem Datenmaterial gewonnen werden konnten, welche auch bereits im Exkurs zu den §§ 184i ff. StGB in Teil 3 dieser Arbeit erörtert wurden, finden sich Ausführungen hierzu in einem Exkurs am Ende der Untersuchung.

1.2.1 Erster Problemkreis: Umgang mit ambivalentem Geschädigtenverhalten

Bereits im dogmatischen Teil dieser Arbeit wurde auf die rechtlichen Probleme ambivalenten Geschädigtenverhaltens hingewiesen. Dies wurde innerhalb der Literatur breit diskutiert.[656] Sowohl im objektiven Tatbestand (dort zuvörderst aufgrund des Merkmals der *Erkennbarkeit* des entgegenstehenden Willens) als auch im subjektiven Tatbestand ist ein nicht konsistentes Verhalten der geschädigten Person in der Lage, rechtliche Probleme mit der Norm zu bereiten. Mit diesem Problem befassen sich nun – wie zu erwarten war – zunehmend auch die Gerichte.

1.2.1.1 LG Bamberg Az. 33 KLs 1105 Js 520/17

Bereits in dem Zusammenspiel der gesetzlichen Tatbestandsmerkmale angelegt ist eine gewisse Ambivalenz des Opferverhaltens in der zweiten Variante des § 177 I StGB, denn hier ist Voraussetzung, dass das Opfer sexuelle Handlungen am Täter aktiv und gleichwohl entgegen dem eigenen erkennbaren Willen vornimmt. Die dogmatischen Schwierigkeiten dieser Tatbestandsvariante wurden bereits im Vorigen erörtert.[657] Einige Stimmen innerhalb der Literatur stellten sich aufgrund dieser Probleme bereits ganz grundsätzlich gegen diese Tatbestandsvariante und sprachen sich für eine einengende Auslegung aus.[658] Andere behaupteten zumindest, dass dieser neben § 177 II Nr. 4 und Nr. 5 StGB kaum ein eigenständiger Anwendungsbereich bleiben würde.[659]

Gegen diese Aussage spricht indes, dass eines der ersten inhaltlichen Urteile des BGH zum neuen Sexualstrafrecht sich mit ebendieser Tatvariante beschäftigt hat. Dieses bezog sich auf ein erstinstanzliches Urteil des LG Bamberg[660]:

Zum Sachverhalt: Der Angeklagte war Chefarzt in einem Klinikum, in dem die Geschädigte als Mitarbeiterin angestellt war. Beide unterhielten seit ca. einem Jahr eine einvernehmliche, wenngleich stark vom Angeklagten ausgehende sexuelle Beziehung. Am Tattag forderte der Angeklagte die Geschädigte zum Oralverkehr auf, welchen diese mit dem Hinweis, dass sie nunmehr

656 S.o. (Kapitel 3: a).
657 S.o. (Kapitel 3: 4.1.1.4).
658 *Hoven*, FAZ Einspruch 13.02.2019.
659 *Eisele* in Schönke/Schröder/StGB (2019), § 177 Rn. 16.
660 Az. 33 KLs 1105 Js 520/17.

einen Freund habe, ablehnte. Dennoch folgte sie ihm in die Küche der Abteilung und nahm dort, nachdem sie noch einmal erwiderte, dass sie das nicht möchte, auf beharrliches Einreden des Angeklagten hin seinen Penis für kurze Zeit in den Mund. Anschließend brach sie den Oralverkehr mit den Worten „Das muss reichen" ab.

Die Ambivalenz des Verhaltens der Geschädigten liegt hierbei auf der Hand und wird vom LG Bamberg zumindest „auf den ersten Blick" auch als solches anerkannt.[661] In der Folge befasst sich das Gericht mit dieser Ambivalenz und kommt zu dem Schluss, dass dieses „schlüssig auflösbar" sei, da sich die Geschädigte „durchaus in einer objektiven und erst recht subjektiv nachvollziehbaren Drucksituation" befunden habe.[662] Das Gericht verurteilte den Angeklagten sodann (unter anderem) wegen § 177 I 2. Var. StGB. Der BGH hob dieses Urteil allerdings auf, da die Erwägungen des LG Bambergs „angesichts des ambivalenten Verhaltens der Nebenklägerin" nicht genügen würden.[663]

1.2.1.2 LG Stralsund, Urt. v. 22.11.2019, 22 KLs 16/19

Eine ganz ähnliche Konstellation wurde vor dem LG Stralsund verhandelt:

Zum Sachverhalt: Der Angeklagte las das Tagebuch seiner Freundin, der Geschädigten P, und fand dort einen Eintrag, in dem sie sich über seine mangelhaften „sexuellen Leistungen" ausließ. Wütend stellte er sie daraufhin zur Rede und wurde ihr gegenüber dabei auch gewalttätig. Schließlich forderte er P dazu auf, „als Wiedergutmachung" den Oralverkehr an ihm auszuüben, was sie sodann aus Angst vor einer Eskalation der Situation ohne Gegenwehr und ablehnende Äußerung auch tat.[664]

Obgleich das Gericht hier nicht ausdrücklich mit der Ambivalenz des Verhaltens der Geschädigten (aktive Vornahme der sexuellen Handlung trotz angeblich entgegenstehendem Willen) argumentiert, lehnte es eine Strafbarkeit des Angeklagten wegen §§ 177 I, VI S. 2 Nr. 1 StGB aufgrund mangelnden Handelns gegen den erkennbaren Willen der Geschädigten[665] ab. Im Gegensatz zum LG Bamberg würdigte das LG Stralsund den doch sehr ähnlich gelagerten Fall nur sehr rudimentär und lässt Problembewusstsein insoweit ganz wesentlich

---

661 LG Bamberg, Az. 33 KLs 1105 Js 520/17, S. 26.
662 LG Bamberg, Az. 33 KLs 1105 Js 520/17, S. 31.
663 BGH, Beschl. v. 21.11.2018 – 1 StR 290/18, Rn. 18.
664 LG Stralsund, Urt. v. 22.11.2019, 22 KLs 16/19.
665 Zur in diesem Fall ebenfalls mangelhaften Trennung von objektivem und subjektivem Tatbestand vgl. nächster Problemkreis (Kapitel 4: 1.2.2).

vermissen. Das Problem des eventuell ambivalenten Verhaltens der Geschädigten wäre innerhalb der Erkennbarkeit des entgegenstehenden Willens, also im Rahmen des objektiven Tatbestandes, jedenfalls zu diskutieren gewesen. Im Gegensatz zum Fall vor dem LG Bamberg, welches aufgrund mangelnder Würdigung ebensolchen ambivalenten Verhaltens vom BGH aufgehoben wurde, wäre hier indes die vorangegangene Gewalttätigkeit des Angeklagten mit einzubeziehen gewesen und insofern die Erkennbarkeit des entgegenstehenden Willens für eine objektive dritte Person eindeutig zu bejahen gewesen. Der BGH hob das Urteil auf die Revision der Staatsanwaltschaft – und dies verdient im Ergebnis Beifall – mit zumindest ähnlicher Begründung auf: Aufgrund der vorangegangenen gewalttätigen Handlungen des Angeklagten hätte das LG sich mit der Frage beschäftigen müssen, ob der Angeklagte nicht zumindest gleichgültig (und somit vorsätzlich) in Bezug auf den entgegenstehenden Willen der Geschädigten gehandelt habe.[666]

1.2.1.3 AG Frankfurt a.M. 915 Ls 4761 Js 245385/17

Ebenfalls ambivalentes Verhalten wurde der Geschädigten in einem Urteil des AG Frankfurt a.M. vorgeworfen.[667]

Zum Sachverhalt: Der Angeklagte und die Geschädigte kannten sich von einer Party und verabredeten sich in der Folge in der Wohnung des Angeklagten, wobei die Geschädigte im Vorfeld klarstellte, keinen Sex mit dem Angeklagten zu wünschen. Als beide an diesem Abend leicht bekleidet im Bett des Angeklagten lagen, begann der Angeklagte damit, die Geschädigte am Gesäß zu streicheln; diese ließ ihn zunächst gewähren. Daraufhin versuchte er, sie auch an den Brüsten zu berühren, was diese zunächst nicht wollte, dann aber ebenfalls geschehen ließ. Dann fasste der Angeklagte der Geschädigten zwischen die Beine, woraufhin diese zwei bis drei Mal „Nein" sagte, die Hände des Angeklagten festhielt und die Beine zusammenpresste. In der Hoffnung, die Geschädigte würde sich ebenso verhalten wie bei der vorangegangenen Berührung der Brüste, schob der Angeklagte sodann ein oder zwei Finger in die Vagina der Geschädigten. Als er erkannte, dass sie dies tatsächlich nicht wollte, ließ er von ihr ab. Die Geschädigte übernachtete daraufhin bei dem Angeklagten, am nächsten Morgen trug sich dieselbe Situation noch einmal ähnlich zu.

---

666 BGH, Urteil vom 26. August 2020 – 6 StR 100/20 –, juris, Rn. 10 ff.
667 Az. 915 Ls 4761 Js 245385/17.

Auch wenn es hier nicht um die zweite Variante des § 177 I StGB ging, warf das Gericht der Geschädigten ebenfalls vor, „ambivalente Signale" gesendet zu haben.[668] Dies begründete es mit der Tatsache, dass diese nur knapp bekleidet neben dem Angeklagten geschlafen habe und intime Berührungen an Gesäß und Brüsten trotz vorangegangener Ablehnung von Sexualkontakten zuließ.[669] Das Verhalten des Angeklagten sei daher als „plump, aber nicht strafrechtlich relevant"[670] und „allenfalls menschlich verwerflich"[671] anzusehen.

1.2.1.4 BGH, Beschluss vom 23. März 2021 – 1 StR 50/21 –

Ambivalentes Verhalten der Geschädigten spielte in einer weiteren Entscheidung des BGH eine Rolle, mit welcher er den Schuldspruch des LG München II vom 3. August 2020 (4 J KLs 25 Js 36177/19 jug (2)) aufhob.

Zum Sachverhalt:[672] *Der Angeklagte und die Nebenklägerin führten seit 2007 eine Liebesbeziehung, die ein „intensives Sexualleben" beinhaltete. Im Rahmen eines gemeinsamen Wochenendes kam es zwischen beiden am Tatabend nach vorangegangenem Konsum alkoholischer Getränke zunächst zu einvernehmlichem Geschlechtsverkehr. Nachdem die Nebenklägerin hiernach unbekleidet eingeschlafen war, führte der Angeklagte ihr in der Nacht zuerst einen Vibrator und danach einen Zeigefinger in die Vagina ein, um sich sexuell zu erregen. Dabei war dem Angeklagten bewusst, dass die Nebenklägerin tief schlief und deshalb zu keiner Reaktion fähig war. Von dem Geschehen fertigte er mehrere Fotos, von denen er zwei an die Nebenklägerin übersandte.*

Das Tatgericht verurteilte den Angeklagten wegen Vergewaltigung. Der BGH hob den Schuldspruch mit Verweis auf eine lückenhafte respektive fehlerhafte Beweiswürdigung gem. § 261 StPO auf. Das Tatgericht habe die Tatsache, dass die sexuellen Handlungen in der Tatnacht gegen den Willen der Geschädigten stattgefunden hätten, maßgeblich auf eine wenige Wochen vor der Tatnacht datierte Whatsapp-Nachricht gestützt, in welcher die Geschädigte den Angeklagten bat, keine sexuellen Handlungen an ihr vorzunehmen, während sie schliefe.[673] Nicht beachtet habe das Tatgericht indes den konfliktgeladenen

---

668 AG Frankfurt a.M., Az. 915 Ls 4761 Js 245385/17, S. 8.
669 AG Frankfurt a.M., Az. 915 Ls 4761 Js 245385/17, S. 8.
670 AG Frankfurt a.M., Az. 915 Ls 4761 Js 245385/17, S. 8.
671 AG Frankfurt a.M., Az.915 Ls 4761 Js 245385/17, S. 10.
672 Durch Verf. gekürzt übernommen aus BGH, Beschluss vom 23. März 2021 – 1 StR 50/21 –, juris, Rn. 4.
673 BGH, Beschluss vom 23. März 2021 – 1 StR 50/21 –, juris, Rn. 11.

Kontext dieser Nachricht sowie die Antwort der Geschädigten auf die Übersendung der gegenständlichen Aufnahmen, in welcher sie nur anmerkte, dass sie sich auf diesen „zu fett" finde.[674] Zudem habe das Tatgericht nicht ausreichend gewertet, dass die Geschädigte innerhalb ihrer polizeilichen Vernehmung verlauten ließ, dass sie dem Angeklagten „nichts krumm" nehme und sie einfach nur die Bilder nicht schön fände.[675]

Die Entscheidung des BGH ist in vielerlei Hinsicht zu kritisieren. Es ist bereits nicht nachzuvollziehen, weshalb in dieser Konstellation aufgrund des Schlafes der Geschädigten nicht § 177 III Nr. 1 StGB als Grundlage der Strafbarkeit herangezogen wurde. Gleichwohl kann auch in dieser Variante, wie bereits im Vorigen beschrieben, zumindest in Paarbeziehungen die Figur des mutmaßlichen Einverständnisses herangezogen werden, sodass eine Prüfung des Vorliegens eines entgegenstehenden Willens vertretbar erscheint. Selbst unter diesen Voraussetzungen begegnet die Entscheidung des BGH aber ganz grundlegenden Bedenken. Bereits die Eingangsbemerkungen der Prüfung sind grenzwertig. So heißt es hier:

„Für die Beweiswürdigung zu der Frage, ob eine sexuelle Handlung an einer Person mit oder ohne deren Einverständnis vorgenommen wurde, kann, wenn es um ein Geschehen in einer längeren gelebten Liebes- und Intimbeziehung geht, nicht nur den von den Intimpartnern einvernehmlich praktizierten sexuellen Gewohnheiten und Üblichkeiten, sondern auch deren sonstiger Interaktion erhebliche Bedeutung zukommen. [...] Gerade bei ambivalenten Intimbeziehungen ist insoweit eine kritische und besonders gewissenhafte, alle Besonderheiten der Paarbeziehung in den Blick nehmende Gesamtbetrachtung von besonderer Bedeutung."[676]

Grundsätzlich ist dem BGH natürlich beizupflichten, soweit er zu einer kritischen Würdigung aller Umstände des Einzelfalls aufruft. Im Zusammenspiel mit den weiteren Ausführungen und dem Ergebnis des BGH kommt hier allerdings der frustrierende Verdacht auf, dass eine bereits bestehende intime Beziehung eine tatsächliche Vermutung für das Bestehen eines Einverständnisses bildet. Eine solche gilt es aber unbedingt zu verhindern, erinnert dies doch stark an vergangene Zeiten, in denen Männer sich gegenüber ihren Ehefrauen überhaupt nicht wegen einer Sexualstraftat strafbar machen konnten, da eine Einwilligung mit jeglichen sexuellen Handlungen durch die Gabe des

---

674 BGH, Beschluss vom 23. März 2021 – 1 StR 50/21 –, juris, Rn. 12 f.

675 BGH, Beschluss vom 23. März 2021 – 1 StR 50/21 –, juris, Rn. 12.

676 BGH, Beschluss vom 23. März 2021 – 1 StR 50/21 –, juris, Rn. 10.

Eheversprechens antizipiert wurde. Nicht nachvollziehbar sind die Ausführungen des BGH zur Frage nach dem Kontext der vorangegangenen Textnachricht, in der die Geschädigte verlauten ließ, keine sexuellen Handlungen im Schlaf zu wünschen.

Ebenfalls durchaus fragwürdig ist diese Passage der Entscheidung:

„Ebenso wenig setzt es [Anm.: das Tatgericht] sich damit auseinander, dass die Nebenklägerin zwar wiederholt angegeben hat, dass sie die Übersendung von vom Angeklagten gefertigten Bildern von sexuellen Handlungen an ihr ablehne und derartige Bilder „eklig" finde, sie aber andererseits ausweislich der Auswertung der Mobiltelefone offenbar selbst - auch hierin wird die Ambivalenz ihres Verhaltens deutlich – derartige Lichtbilder von sich herstellte oder aber die Fertigung solcher Bilder zumindest zuließ. "[677]

Auch hierin wird deutlich, dass vorangegangenes sexuelles Verhalten, insbesondere mit dem Angeklagten, einer geschädigten Person durchaus zum Nachteil gereichen kann. Dies stellt einen massiven Angriff auf die positive sexuelle Selbstbestimmungsfreiheit dar und ähnelt insgesamt stark dem in einem späteren Teil dieser Arbeit erörterten uns insgesamt abgelehnten *sexual history evidence*, wie man ihn aus anderen Rechtsordnungen kennt.[678]

Letztlich ist noch der Hinweis des BGH auf die fehlende Beachtung der Tatsache, dass die Geschädigte selbst den Vorfall offenbar nicht als Sexualdelikt einordnete, zu betrachten:

„Weiter hätte für das Landgericht Anlass bestanden, in seine Gesamtwürdigung zum Fehlen eines Einverständnisses der Nebenklägerin mit den sexuellen Handlungen des Angeklagten in der Tatnacht einzubeziehen, dass die Nebenklägerin nach eigenen Angaben überrascht war, als die Polizei in P. wegen der Fotos von Missbrauch sprach (UA S. 59), und sie dem Zeugen D. mit Blick auf ihre Anzeigeerstattung in P. mitgeteilt hatte, sie „...habe nicht gedacht, wie sich das alles hier in Bayern entwickle" (UA S. 59). Denn auch dieses Verhalten der Nebenklägerin legt die Annahme nahe, dass diese gegen das Verhalten des Angeklagten in der Tatnacht nichts einzuwenden hatte, sie dieses vielmehr als Teil ihrer intensiven ambivalenten Intimbeziehung mit dem Angeklagten verstand und trotz gelegentlicher anderslautender Äußerun-

---

677 BGH, Beschluss vom 23. März 2021 – 1 StR 50/21 –, juris, Rn. 13.
678 Vgl. unten (Kapitel 5: b).

gen (vgl. insbesondere die WhatsApp-Nachricht vom 22. Mai 2019) - zumindest gelegentlich und möglicherweise auch in der Tatnacht - billigend hinnahm."[679]

Weshalb die Einordnung der geschädigten Person einen Einfluss auf das Vorliegen objektiver (sic!) Tatbestandsvoraussetzungen haben sollte, erschließt sich nicht. Derartige Erwägungen dürften höchstens innerhalb der Strafzumessung eine Rolle spielen.

Insgesamt ist die Entscheidung des BGH mit Sorge zu betrachten. Die Signalwirkung, die hiervon insbesondere für andere betroffene Personen in Paarbeziehungen, die ähnliche Erfahrungen gemacht haben, ausgeht, ist alarmierend. Nach der Lektüre einer solchen Entscheidung dürften diese im Zweifelsfall eher zu dem Schluss kommen, einen Sachverhalt nicht zur Anzeige zu bringen, was eklatant ein wesentliches Hauptziel der Reform konterkariert.

1.2.1.5 Vergleich dieser vier Entscheidungen

Für die strafrechtliche Beurteilung all dieser Fälle wurde insofern (mittelbar oder unmittelbar) auf ein ambivalentes Verhalten der geschädigten Person abgestellt. Die Richter*innen kommen sodann aufgrund dessen – zumindest nach der Aufhebung des erstgenannten Urteils durch den BGH – ausnahmslos zu einer Straflosigkeit der Angeklagten. Dennoch wird dieses hier an unterschiedlicher Stelle relevant: Während das ambivalente Verhalten teilweise bereits im objektiven – und erst hilfsweise im subjektiven – Tatbestand thematisiert wird, geht das Gericht im Fall vor dem AG Frankfurt a.M. davon aus, dass dieses nur den Vorsatz des Angeklagten ausschließt. Hier wird die Komplexität der Problematik deutlich.

Nicht nur der Standort der Auseinandersetzung mit dem Problem ist unterschiedlich – auch die Ausführlichkeit der Beweisführung divergiert stark. Während das LG Bamberg in seiner Beweisführung seitenlang die verschiedenen Interpretationsmöglichkeiten des Verhaltens der Geschädigten abwägt – was der BGH offensichtlich dennoch für eine Verurteilung des Angeklagten nicht als ausreichend erachtete – begnügt sich das AG Frankfurt a.M. im o.g. Urteil mit dem kurzen Hinweis, die Geschädigte habe dem Angeklagten „ambivalente Signale" gesendet, weswegen dieser ihren (behaupteten) durchgehenden entgegenstehenden Willen jedenfalls nicht erkennen konnte. Die Ent-

679 BGH, Beschluss vom 23. März 2021 – 1 StR 50/21 –, juris, Rn. 15.

scheidung des BGH im Fall des erstinstanzlichen Urteils vor dem LG München dreht sich wiederum – wenn auch inhaltlich durchaus angreifbar – ganz wesentlich um die Bewertung ambivalenten Verhaltens.

Trotz der maßgeblichen Unterschiede der Sachverhalte (im ersten Fall nahm die Geschädigte die Handlung letztendlich selbst vor, wodurch die Problematik des ambivalenten Verhaltens bereits im Tatbestand angelegt war; im Fall vor dem AG Frankfurt a.M. ist die Reaktion der Geschädigten auf die sexuelle Handlung des Angeklagten dasjenige Verhalten, welches eine Ambivalenz begründen soll, im letzten Fall soll das ambivalente Verhalten sich aus einer insgesamt von Ambivalenz geprägten Beziehung ergeben) haben alle Fälle doch gemein, dass letztendlich die Probleme innerhalb der Beweisführung liegen. Ein durchgehender entgegenstehender Wille wird in allen dargestellten Fällen von den Geschädigten behauptet. Da hiervon – sei es nun innerhalb der objektiven Erkennbarkeit des entgegenstehenden Willens oder aber auf subjektiver Seite das zumindest billigende Inkaufnehmen des als möglich erkannten Entgegenstehens des Willens durch den Angeklagten – maßgeblich die Strafbarkeit abhängt, ist diese Beweisführung durch das Gericht sensibel und ohne pauschale, mit Vorurteilen belastete Aussagen zu führen.

Gerade im Fall vor dem AG Frankfurt a.M. ist dies äußerst zweifelhaft. Nicht nur sind die Erörterungen bezüglich der Beweisführung sehr dürftig, auch finden sich hier subtil immer wieder mit Vorurteilen behaftete, insgesamt mit Blick auf die sexuelle Selbstbestimmung als zweifelhaft zu bewertende Aussagen wieder. So bringt das Gericht vor, dass die Geschädigte mit dem Angeklagten „einen für beide als angenehm empfundenen Tag"[680] verbracht und „mehrere Stunden nur knapp bekleidet, nämlich in Slip und T-Shirt, auf seinem Bett neben ihm"[681] gelegen hätte, obwohl sich im Zimmer des Angeklagten auch eine Couch befunden habe[682] und konstruiert hierdurch ein ambivalentes Verhalten der Geschädigten. Diese Schlussfolgerung ist im Gegensatz zum Bamberger Fall indes keinesfalls zwingend; vielmehr kommen hierin pauschale Vorurteile zum Vorschein, die insgesamt in bedenklicher Art und Weise dazu in der Lage sind, die sexuelle Selbstbestimmung von Personen einzuschränken. Müsste man nämlich damit rechnen, dass ein derartiges Verhalten (Verbringen eines gemeinsamen Tages, nebeneinander in Unterwäsche im Bett liegen) ein Einverständnis mit sexuellen Handlungen indiziert oder wenigstens den Vorsatz des Gegenübers hierüber beeinflusst, so müsste man

---

680 AG Frankfurt a.M., Az. 915 Ls 4761 Js 245385/17, S. 8.
681 AG Frankfurt a.M., Az. 915 Ls 4761 Js 245385/17, S. 8.
682 AG Frankfurt a.M., Az. 915 Ls 4761 Js 245385/17, S. 5.

sich in Zukunft zweimal überlegen, ob man dies tut. Von der sexuellen Selbstbestimmungsfreiheit umfasst ist indes, jederzeit über das Ob sowie die Art
und Weise eines sexuellen Kontakts entscheiden zu können, unabhängig von
etwaigem Vorverhalten. Die Annahme, dass aufgrund dieses Verhaltens das
zweimalige ausdrückliche Äußern des entgegenstehenden Willens einen Vorsatz des Angeklagten nicht begründen könne, erscheint wenigstens zweifelhaft. Das AG hätte hier sensibler prüfen müssen, ob überhaupt ein ambivalentes Verhalten vorliegt, oder ob es sich nicht bei der Einlassung des Angeklagten, die Ernsthaftigkeit des entgegenstehenden Willens der Geschädigten erst
in dem Moment erkannt zu haben, als er ihr bereits seine Finger eingeführt
hatte, um eine reine Schutzbehauptung gehandelt hat.

Einer auf demselben Prinzip beruhenden Verteidigungsstrategie hat auch der
BGH in einem ganz ähnlich gelagerten Fall[683] jüngst erfreulicherweise eine
eindeutige Absage erteilt: Zur Einlassung des Angeklagten über seine Verteidigerin, er habe das Verhalten der Geschädigten (mangelnde Gegenwehr nach
bereits mehrfach geäußertem entgegengesetztem Willen) gar nicht anders als
als eine Signalisierung von Einverständnis mit sexuellen Handlungen verstehen können, wenn „sich eine junge Frau bei ihm zur Übernachtung einlädt".
Der BGH kontatierte hierzu begrüßenswerterweise schlicht, dass „derlei
Überlegungen" spätestens durch die Sexualstrafrechtsreform von 2016 „der
Boden entzogen" wurde.[684]

Alle vier Entscheidungen (im Falle des LG Bamberg sei damit hier die darauffolgende Entscheidung des BGH gemeint) können daher – aus unterschiedlichen Gründen – nicht als gute Beispiele für einen sensiblen Umgang
mit der „Nein-heißt-Nein"-Lösung dienen. Es ist insgesamt in diesem sensiblen strafrechtlichen Bereich eine wesentlich intensivere Auseinandersetzung
mit derartigen ambivalenten Situationen zu fordern und insbesondere darauf
zu achten, dass überholte sexualmoralische Erwägungen keinen Einzug in die
Entscheidung finden.

Jedenfalls aber können alle vier Entscheidungen nicht den teilweise in der Literatur kursierenden Vorwurf nähren, die Neugestaltung des § 177 I StGB
würde zu einer „Fahrlässigkeitsstrafbarkeit durch die Hintertür" führen.

Der Umgang des LG Bamberg mit dem – wie bereits festgestellten, bereits in
der tatbestandlichen Handlungsvariante angelegten – ambivalenten Verhalten

---

683 BGH, Urt. v. 30.03.2022 – 2 StR 292/21.
684 BGH, NStZ-RR 2022, 211, 213.

der Geschädigten erscheint innerhalb der betrachteten Entscheidungen demgegenüber als einzige umfassend und differenziert. Daher soll es sogleich
noch zur Annäherung an einen Maßstab für die Fremdbestimmtheit einer aktiven Handlung nach § 177 I 2. Alt. StGB dienen.[685] Zudem ist beachtlich,
dass das Gericht das ambivalente Verhalten der Geschädigten zwar nicht strafbarkeitsausschließend wertete, allerdings im Ausgleich auch immer wieder
strafmildernd für den Angeklagten ins Feld führte – innerhalb der Ablehnung
der Strafzumessungsregel des § 177 VI Nr. 1 StGB[686] sowie als strafzumes-
sungsrechtlich relevante Tatsache zugunsten des Angeklagten.[687] Die Beachtung der Ambivalenz innerhalb der Strafzumessung soll der folgende Abschnitt behandeln.

1.2.1.6 Strafmildernde Wertung ambivalenten Verhaltens

Mit der strafmildernden Wertung angeblich ambivalenten Geschädigtenverhaltens setzte sich der BGH 2020 aufgrund einer Revision der Staatsanwaltschaft gegen das bereits zitierte Urteil des LG Stralsund[688] auseinander:[689]

*Zum Sachverhalt: Der Angeklagte, der in der Vergangenheit bereits mehrfach
gegenüber seiner Freundin, der Geschädigten, gewalttätig geworden war,
vollzog mit dieser den einvernehmlichen Geschlechtsverkehr. Nach diesem of-
fenbarte die Geschädigte ihm, dass sie die Beziehung beenden wolle, woraufhin der Angeklagte sie aufs Bett drückte, ihre Arme fixierte und sie am Hals
würgte. Er befahl ihr sodann, sich einen Schal umzulegen, was sie auch tat,
setzte sich auf ihren Schoß, küsste sie, biss ihr dabei schmerzhaft in die Lippe
und zog den Schal um ihren Hals zu.*[690]

Das LG Stralsund wertete das Gesamtverhalten der Geschädigten als ambivalent und berücksichtigte strafmildernd, dass diese dem Angeklagten „nicht
frühzeitig klare Grenzen aufgezeigt und ihn dadurch in seiner Fehleinstellung
bestärkt hätte".[691] Der BGH konstatierte hierzu, dass es zwar grundsätzlich

---

685 Vgl. sogleich (Kapitel 4: 1.2.1.7).
686 LG Bamberg, Az. 33 KLs 1105 Js 520/17, S. 56 f.
687 LG Bamberg, Az. 33 KLs 1105 Js 520/17, S. 60.
688 LG Stralsund, Urt. v. 22.11.2019, Az. 22 KLs 16/19; auf dieses Urteil wurde zuvor bereits
   eingegangen, vgl. oben (Kapitel 4: 1.2.1.2). In diesem wurden verschiedene Handlungen
   desselben Angeklagten an unterschiedlichen Geschädigten gemeinsam verhandelt, wobei
   es sich bei den hier behandelten Fallkonstellationen um Taten zulasten derselben Geschädigte handelt.
689 BGH, Urt. v. 26.08.2020 – 6 StR 100/20 –.
690 BGH, Urt. v. 26.08.2020 – 6 StR 100/20 –, Rn. 5.
691 LG Stralsund, Urt. v. 22.11.2019, 22 KLs 16/19, S. 15.

möglich sei, derartiges „ambivalentes Verhalten" innerhalb einer Beziehungstat strafmildernd zu berücksichtigen, und bestätigte damit die Rechtsauffassung, die auch schon das LG Bamberg im o.g. Fall verfolgte. Hier zeigte es
dem LG Stralsund aber gleichzeitig Grenzen auf, indem es den Schuldspruch
mit der Begründung aufhob, dass das LG für eine strafmildernde Berücksichtigung des in der Beziehung liegenden Mitverursachungsbeitrags der Geschädigten zu unkonkrete Feststellungen getroffen habe, da es nähere Einzelheiten
zum Verlauf der Beziehung nicht mitteilte.[692] Diese Wertung des BGH verdient Beifall. Zwar ist es, wie auch der Fall vor dem LG Bamberg zeigt, durchaus angemessen, den Tatbeitrag der geschädigten Person in der Strafzumessung zu berücksichtigen, allerdings muss eine solche Milderung stets differenziert begründet werden, um einen pauschalen Hinweis auf etwaige Verpflichtungen der geschädigten Person, sich in einer gewissen Art und Weise
zu verhalten, zu verhindern. Dies nämlich würde implizit eine Rückkehr zur
alten Rechtslage bedeuten: Zwar wäre die Gegenwehr nicht mehr notwendig,
um den Tatbestand zu begründen, wohl könnte deren Abwesenheit dann pauschal die Strafe des Täters mildern. Das wäre keinesfalls im Sinne des Gesetzgebers und der Reform – zumindest, wenn die oben beschriebene Tathandlung
als eine Tat (auch) gegen die sexuelle Selbstbestimmung gewertet würde. Genaue Angaben darüber, um welche Tat es sich hier laut dem Urteil des LG
Stralsund handeln sollte, fehlen im Urteil des BGH leider. Ein Blick in dieses
verrät allerdings, dass das LG hier in der Tat nur eine Körperverletzung zulasten der Geschädigten in Erwägung gezogen und den Kuss insofern gar nicht
strafrechtlich gewürdigt hat. Nach der Sachverhaltsschilderung wäre dies allerdings unbedingt notwendig gewesen: Je nach dem, mit welcher Intensität
dieser Kuss vorgenommen wurde (hierzu fehlen im Urteil detaillierte Angaben) hätte das LG den Kuss als sexuelle Handlung i.S.v. § 184h Nr. 1 StGB
werten müssen, mit der Folge, dass §§ 177 I, V Nr. 1 StGB zu prüfen gewesen
wäre, hilfsweise wäre § 184i I StGB einschlägig gewesen. Die fehlende Einbeziehung zeugt leider von einer gewissen Unsensibilität bezüglich der neuen
Rechtslage.

Bezüglich der Strafzumessung (die in diesem Fall zwar zu § 224 StGB erging)
und der Wertung des ambivalenten Verhaltens der Geschädigten setzt der
BGH mit seinem Appell insofern dennoch das richtige Signal.

---

692 BGH, Urt. v. 26.08.2020 – 6 StR 100/20 –, Rn. 18.

1.2.1.7 Maßstab für die Fremdbestimmtheit einer Handlung bei § 177 I 2. Var StGB

Ebenfalls ein wichtiges Signal setzte der BGH in seiner Entscheidung, in der es das Urteil das LG Bamberg aufhob: Er sprach sich hier für die Auslegung aus, dass die zweite Variante des § 177 I StGB nicht einengend auszulegen, sondern auch ohne Nötigung oder nötigungsähnliche Mittel erfüllbar sei.[693] Leider versäumte der Senat es hier allerdings, Klarheit über die Voraussetzungen zu schaffen, womit für die Auslegung der zweite Tatbestandsvariante des § 177 I StGB insgesamt nicht viel gewonnen sein dürfte.[694] Offen bleibt daher weiterhin, wo der Maßstab für die Fremdbestimmtheit einer sexuellen Handlung des Opfers am*an der Täter*in in dieser Variante anzusetzen ist. In der Literatur hat das Urteil immerhin zur Diskussion hierüber angeregt. *Hörnle* bietet insgesamt sehr differenzierte und sinnvolle Abgrenzungskriterien an, die als Indizien für eine selbstbestimmte Meinungsänderung und damit für einen Fortfall des Tatbestandsmerkmals des entgegenstehenden Willens in § 177 I 2. Var. StGB streiten:

- die Natur der Aufforderung des*der Beschuldigten („freundlicher Vorschlag zwischen gleichgestellten Personen" versus „Befehl im hierarchischen Kontext"),

- die zwischen erster Ablehnung und schlussendlicher Vornahme der sexuellen Handlung liegende Interaktion zwischen den Parteien, (je „harmonischer", desto wahrscheinlicher, dass es zu einem freiwilligen Meinungsumschwung gekommen ist),

- die Frage, ob die geschädigte Person die Art der sexuellen Handlung selbst auswählt oder nur einem vorgegebenen Handlungsskript folgt

sowie die Zeit zwischen Ablehnung und Vornahme der sexuellen Handlung (je mehr Zeit dazwischenliegt, desto wahrscheinlicher ist eine freiwillige Meinungsänderung).[695]

Fischer kritisiert diese Kriterien aufgrund der „Vielzahl von impliziten Wertungen", bei der die in der Gesellschaft „dominierende Moral zum Maßstab

---

693 Vgl. auch den Orientierungssatz bei *El-Ghazi*, jurisPR-StrafR 2019, 1 ff.: "Ein sexueller Übergriff nach § 177 I StGB kommt auch dann in Betracht, wenn das Opfer am Täter sexuelle Handlungen vornimmt, ohne dabei von diesem dazu genötigt worden zu sein".
694 So auch *ders.*, jurisPR-StrafR 2019, 1, D, der anmerkt, dass die Entscheidung nicht zur Rechtssicherheit beiträgt.
695 *Hörnle*, NStZ 2019, 439, 441.

einer Plausibilitätskontrolle von Verhalten" gemacht werde.[696] Ihm ist dabei
insofern beizupflichten, als derartige Kriterien in der Tat keinesfalls zu einer
rein subjektiven Kontrolle durch eine moralische Überinstanz instrumentalisiert werden dürfen. Indes beinhalten die von *Hörnle* aufgestellten Kriterien
sehr wohl größtenteils objektivierbare Komponenten (Zeit, Status der Beteiligten, Art und Auswahl der sexuellen Handlung), die losgelöst von externen
Wertungen sind. Sie schafft somit das, was der BGH in seinem Urteil leider
versäumt hat: die nichtssagende Phrase, dass § 177 I 2. Var. StGB keine Nötigung voraussetzt, mit konkreten Abgrenzungskriterien einerseits zu § 177 II
Nr. 4 und Nr. 5 StGB, andererseits zu einer zur Straflosigkeit führenden,
selbstbestimmten Meinungsänderung der betroffenen Person zu füllen. Dass
diese Kriterien in der Lage sind, klarere Ergebnisse herbeizuführen, zeigt sich,
wenn man sie auf den Bamberger Fall anwendet. *Hörnle* kommt unter Zugrundelegung ihrer Kriterien zutreffend zu dem Schluss, dass alle vier Kriterien nicht den Schluss einer selbstbestimmten Meinungsänderung nahelegen.[697] In dieser Arbeit sollen die vier von *Hörnle* genannten Kriterien auf den
Fall noch etwas detaillierter angewendet werden:

Die Natur der Aufforderung

Bereits der berufliche Kontext (er: Chefarzt der Palliativabteilung, sie: medizinische Fachangestellte, die unter anderem auch auf seiner Abteilung eingesetzt wurde, was sie also faktisch als seine Untergebene im weiteren Sinne
klassifiziert[698]) legt eher eine Aufforderung mit Befehlscharakter als einen
freundlichen Vorschlag nahe. Indes soll hier eindeutig hervorgehoben werden,
dass dies nur ein Indiz sein kann, denn ansonsten wären jegliche Sexualkontakte im Arbeitskontext von vornherein dem Verdacht der Unfreiwilligkeit der
untergebenen Person ausgesetzt, was vor dem Hintergrund der positiven sexuellen Selbstbestimmung unbedingt verhindert werden muss. Auch die konkrete Interaktion legt hier allerdings keine andere Wertung nahe: Der Angeklagte forderte die Geschädigte auf, ihm „einen zu blasen". Dies klingt ebenfalls eher nach Befehl als nach einem neutralen Vorschlag. Allerdings fehlen
hier im Sachverhalt eindeutige Hinweise (zum Beispiel zum Tonfall oder zur
exakten Wortwahl des Angeklagten), sodass dieses Indiz für sich genommen
eher als schwach zu werten wäre. Gemeinsam mit dem beruflichen Kontext
bekommt die Aufforderung dennoch eher einem Befehl, mindestens jedoch
einem Auftrag nahe.

---

696 *Fischer*, NStZ 2019, 580, 583.
697 *Hörnle*, NStZ 2019, 439, 442.
698 Hierzu ausführlich LG Bamberg, Az. 33 KLs 1105 Js 520/17, S. 3.

Die Interaktion zwischen erster Ablehnung und Vornahme der Handlung

Es finden sich insgesamt keine Hinweise auf eine harmonische Interaktion zwischen den Beteiligten, welche ein „sanftes Überreden" und ein darauffolgendes einverständliches Vornehmen der zuvor eindeutig abgelehnten Handlung nahelegt. Vielmehr wiederholte die Geschädigte noch mehrmals ihren Widerwillen und verschränkte die Hände hinter dem Rücken.[699] Weder verbal noch durch ihre gewählte Form der Körpersprache ist die Interaktion beider Akteure hier als harmonisch zu bezeichnen.

Auswahl der konkreten sexuellen Handlung

Die Geschädigte nahm die sexuelle Handlung (der kurze Oralkontakt mit dem Glied des Angeklagten) genauso vor, wie dieser ihn vorgegeben hatte, und zeigte dabei keinerlei Eigeninitiative. Weder nahm sie ihre Hände zur weiteren Befriedigung des Angeklagten zur Hilfe, noch setzte sie irgendeine weitere, über das konkret geforderte „Blasen" hinausgehende Handlung um. Sie folgte damit ausschließlich dem vorgegebenen „Handlungsskript" des Angeklagten.

Zeit zwischen erster Ablehnung und Vornahme

Eine genaue Zeitangabe des Handlungsablaufs fehlt zwar in den Tatsachenfeststellungen des Gerichts, anhand der dynamischen Erzählweise und des beiläufigen Geschehens in der Küche der Palliativabteilung während der Arbeitszeit ist indes eher von einem Verstreichen weniger Minuten auszugehen. Dies legt also ebenfalls keinen freiwilligen Meinungsumschwung der Geschädigten nahe, auch wenn dieses Kriterium nach Betrachtung der vorstehenden nach hier vertretener Ansicht eher weniger ausschlaggebend ist.

Ergebnis

Insgesamt weisen hier alle Kriterien darauf hin, dass kein freiwilliger Meinungsumschwung die Geschädigte zur aktiven Vornahme der sexuellen Handlung am Angeklagten bewegte, sondern dass ihr entgegenstehender Wille nach wie vor fortbestand. Die Kriterien können hierbei einen wesentlichen Beitrag zur Ermittlung leisten, wobei zugestanden wird, dass jedes Kriterium für sich eher eine schwache Aussagekraft besitzt. In der Gesamtschau allerdings sind sie durchaus in der Lage, ein aussagekräftiges Bild zu schaffen und somit zutreffend zu differenzieren. Insgesamt ist die Übernahme derartiger

---

699 LG Bamberg, Az. 33 KLs 1105 Js 520/17, S. 5.

objektivierbarer Kriterien in die Rechtsprechungspraxis der Gerichte mithin dringend zu empfehlen.

Dass das Sexualstrafrecht allerdings auch außerhalb der zweiten Handlungs-variante des § 177 I StGB nicht ohne moralische Wertungen auskommt, zeigt jedenfalls auch das oben diskutierte Urteil des AG Frankfurt a.M., in welchem das angebliche ambivalente Verhalten der Geschädigten wenigstens implizit innerhalb des subjektiven Tatbestands bewertet wurde.

1.2.1.8 LG Bremen, Urt. v. 28.08.2018 – 3 KLs 190 Js 3265/18 (8/18) – ein positives Beispiel

Positiv ist demgegenüber ein Urteil des LG Bremen[700] hervorzuheben, in dem sich das Gericht sensibel mit der Meinungsänderung der Geschädigten, wel-ches nach den obigen Ausführungen auch ohne Weiteres als ambivalentes Verhalten ausgelegt hätte werden können, auseinandergesetzt hat.

Zum Sachverhalt: Der Angeklagte und die Geschädigte trafen sich in einer Diskothek in Bremen, in der es zunächst zu einverständlichen Küssen und an-deren Zärtlichkeiten kam. Als man am frühen Morgen das Etablissement zu-sammen verließ, kam es auf einer Grünfläche an einer Straße zu sexuellen Handlungen, der Angeklagte führte unter anderem seine Finger in die Vagina der Geschädigten ein. Kurz nachdem sich beide gegenseitig ausgezogen hat-ten, überlegte es sich die Geschädigte, die sexuell überaus unerfahren war, anders, und äußerte mehrfach, dass sie keine sexuellen Handlungen wünsche. Der Angeklagte führte ihr dennoch gewaltsam die Finger ein und versuchte, sie auf den Bauch zu drehen.

Auch wenn das Gericht durchaus auch Tatsachen erkannte, die gegen die Ne-benklägerin verwendet werden könnten – so zum Beispiel, dass sie selbst aus-sagte, dass sie nicht ausschließen könne, den Angeklagten zuvor noch nach einem Kondom gefragt zu haben[701]–, spricht das Gericht ihr nicht pauschal ab, ihre Meinung danach geändert zu haben.

1.2.1.9 Zusammenfassung

Insgesamt ist trotz dieses abschließenden positiven Beispiels zu konstatieren, dass die Rechtsprechung mit ambivalentem Geschädigtenverhalten – oder viel mehr dem, was die Gerichte als solches einordnen – bislang nicht sonderlich

---

700 LG Bremen, Urt. v. 28.08.2018 – 3 KLs 190 Js 3265/18 (8/18).
701 LG Bremen, Urt. v. 28.08.2018 – 3 KLs 190 Js 3265/18 (8/18), S. 17.

konsistent und souverän umgeht. Gerade die auf das Urteil des LG Bamberg folgende Entscheidung des BGH jedenfalls droht überdies dazu beizutragen, dass die zweite Variante des § 177 I StGB – wie bereits von einigen Autoren im Vorfeld befürchtet – tatsächlich ins Leere läuft.

1.2.2 Zweiter Problemkreis: Trennung zwischen objektivem und subjektivem Tatbestand

Ein weiterer problematischer Punkt innerhalb der analysierten Rechtsprechung betrifft die Trennung zwischen objektivem Tatbestand (hier insbesondere der Erkennbarkeit des entgegenstehenden Willens des Opfers) und subjektivem Tatbestand.

Die wesentlichen strafbarkeitsbegründenden Prüfungspunkte des § 177 I sind:

- im objektiven Tatbestand

1. das Vorliegen eines entgegenstehenden Willens

2. die Erkennbarkeit dieses entgegenstehenden Willens

- im subjektiven Tatbestand spiegelbildlich hierzu der Vorsatz, mithin mindestens die billigende Inkaufnahme

1. dieses entgegenstehenden Willens

2. der Erkennbarkeit desselben.

Im Gegensatz zu der klaren Trennung in Kommentaren und Lehrbüchern ist die Unterscheidung in den untersuchten Urteilen nicht immer eindeutig zu erkennen. Gerade aufgrund der im dogmatischen Teil dieser Arbeit aufgeworfenen Kritik an der Erkennbarkeit des entgegenstehenden Willens als versubjektiviertes Merkmal innerhalb des objektiven Tatbestands ist der Umgang der Rechtsprechung hiermit indes von starkem Interesse.

Bereits in den oben besprochenen Urteilen des AG Frankfurt a.M. und des BGH ist die mangelnde Trennung der Tatbestandsmerkmale offenkundig.

Der BGH führt in seinem Beschluss aus, dass sich das Verhalten der Nebenklägerin „bei losgelöster Betrachtung im eigentlichen Tatzeitpunkt nicht als ein Handeln gegen ihren Willen"[702] darstelle, da sie von ihrer zuvor geäußerten ausdrücklichen Ablehnung abgerückt sei. Es käme somit auf ein konkludentes Fortbestehen desselben an, dieses müsse sich „hinreichend deutlich aus den Gesamtumständen ergeben", sodass dieses „vom Angeklagten erkannt werden konnte".[703] Hieraus wird nicht in letzter Konsequenz deutlich, ob der Senat erstrangig die Ausführungen zum objektiven oder zum subjektiven Tatbestand des Tatgerichts bemängelt. Im Weiteren bezieht sich der BGH jedoch erkennbar immer wieder auf die subjektive Tatbestandsseite. So führt der Senat aus, die Abkehr von der früheren Haltung der Nebenklägerin sei von „besonderer Wichtigkeit für das Vorstellungsbild des Angeklagten".[704] „Inwieweit der Angeklagte deswegen aus ihrem Verhalten [...] Hinweise für eine nachhaltige Ablehnung entnehmen können sollte, bleibt danach offen".[705] Wünschenswert wäre es allerdings gewesen, wenn der Senat klar zwischen objektivem und subjektivem Tatbestand differenziert und hiermit Klarheit über die Anforderungen der einzelnen Tatbestandsmerkmale geschaffen hätte.[706] Gerade die Unterscheidung zwischen der Erkennbarkeit des entgegenstehenden Willens in objektiver Hinsicht und der subjektiven Seite ist elementar wichtig, da die objektive Betrachtung stets auf das objektive Geschehen beschränkt ist und somit weder die Vorgeschichte der Parteien noch die Gedanken des Rechtsgutsinhabers zum Tatzeitpunkt beinhalten kann.[707] Vor allem angesichts der noch sehr jungen Neuregelung des Tatbestands hätte der BGH hier die Gelegenheit zur Schaffung von Rechtssicherheit gehabt und diese dringend nutzen sollen.

Auch das im ersten Problemkreis bereits angesprochene und kritisierte Urteil des AG Frankfurt a.M. übergeht systemwidrig den objektiven Tatbestand, allen voran die Erkennbarkeit des entgegenstehenden Willens der Geschädigten. Den Freispruch gründet das Tatgericht einzig auf die mangelnde Nachweisbarkeit des Vorsatzes des Angeklagten, was es in erster Linie auf die ambivalenten Signale der Geschädigten stützt.[708] Folgt man den Zweifeln des Gerichts, so wäre dieses angeblich ambivalente Verhalten der Geschädigten

---

702 BGH, Beschl. v. 21.11.2018 – 1 StR 290/18, Rn. 18.
703 BGH, Beschl. v. 21.11.2018 – 1 StR 290/18, Rn. 19.
704 BGH, Beschl. v. 21.11.2018 – 1 StR 290/18, Rn. 20.
705 BGH, Beschl. v. 21.11.2018 – 1 StR 290/18, Rn. 22.
706 So auch *El-Ghazi*, jurisPR-StrafR 2019, 1, C.
707 *Ders.*, jurisPR-StrafR 2019, 1, C.
708 AG Frankfurt a.M., Az. 915 Ls 4761 Js 245385/17, S. 7f.

allerdings bereits innerhalb der Erkennbarkeit ihres entgegenstehenden Willens zu problematisieren gewesen. Auch hier trägt das Gericht also nicht dazu bei, dieses Tatbestandsmerkmal mit Leben zu füllen.

Ebenfalls als unzureichend ist die Trennung der Tatbestandsmerkmale in folgendem Fall des LG Traunstein[709] anzusehen, auf welches in den folgenden Problemkreisen noch einzugehen sein wird:

Zum Sachverhalt: Der Angeklagte und die Geschädigte hatten sich über die Plattform „Lovoo" kennengelernt. Nach einigem Hin- und Herschreiben, innerhalb dessen die Geschädigte auch äußerte, dass der Angeklagte nicht davon ausgehen könne, dass es zu Geschlechtsverkehr zwischen den beiden kommen werde, verabredeten sich die beiden. Der Angeklagte holte die Geschädigte mit seinem PKW ab und brachte sie zu sich nach Hause. Dort kam es dann zunächst zu einvernehmlichem Oralverkehr. Diesen unterbrach der Angeklagte sodann und schlug der Geschädigten mit der flachen Hand auf Bauch und Vagina. Dies gefiel der Geschädigten nicht und sie bat den Angeklagten, hiermit aufzuhören. Während des sodann folgenden Analverkehrs biss dieser sie mehrfach in beide Brüste, sodass diese aufschrie. Er schlug ihr ebenfalls in das Gesicht. Die Geschädigte bat mehrfach darum, dass er damit aufhören solle, dennoch biss der Angeklagte weiterhin in ihre Brüste. Der Angeklagte steckte der Geschädigten daraufhin erneut sein Glied in den Mund und biss diese auch hierbei, obwohl diese vor Schmerzen schrie. Sie schluckte letztlich das Ejakulat des Angeklagten und blieb über Nacht. Am nächsten Morgen wiederholte sich das Geschehene noch einmal auf ähnliche Weise, bevor der Angeklagte die Geschädigte nach Hause fuhr.

Der Angeklagte bestritt im zugrundeliegenden Fall, gegen den Willen der Geschädigten gehandelt zu haben, da er ihre Schreie für „Luststöhnen" gehalten habe.[710] Die rechtliche Würdigung des Tatgerichts begnügte sich hier mit dem Hinweis, der Angeklagte habe „nach anfänglichem Einverständnis gegen den erkennbaren und erkannten Willen der Geschädigten" gehandelt.[711] Eine Trennung von objektiver und subjektiver Prüfung wurde hier offenkundig überhaupt nicht vorgenommen. Ein Mangel der Prüfung des objektiven Tatbestands, also des erkennbar entgegenstehenden Willens der Geschädigten, erkannte auch der BGH und hob das Urteil daher auf.[712]

---

709 Az. 2 KLs 370 Js 20903/17.
710 LG Traunstein, Az. 2 KLs 370 Js 20903/17, S. 11.
711 LG Traunstein, Az. 2 KLs 370 Js 20903/17, S. 18.
712 BGH, Beschl. v. 04.12.2018 – 1 StR 546/18, Rn. 11.

Aus ähnlichen Gründen hob der BGH auch das Urteil in einem zweiten Unterfall des oben bereits angesprochenen LG Stralsunds auf:[713]

Zur Wiederholung noch einmal zum Sachverhalt: *Der Angeklagte las das Tagebuch seiner Freundin, der Geschädigten P, und fand dort einen Eintrag, in dem sie sich über seine mangelhaften „sexuellen Leistungen" ausließ. Wütend stellte er sie daraufhin zur Rede und wurde ihr gegenüber dabei auch gewalttätig. Schließlich forderte er P dazu auf, „als Wiedergutmachung" den Oralverkehr an ihm auszuüben, was sie sodann aus Angst vor einer Eskalation der Situation ohne Gegenwehr und ablehnende Äußerung auch tat.[714]*

Das LG Stralsund wertete dies – aus der Sicht des BGH rechtlich fehlerhaft – nicht als Vergewaltigung i.S.v. § 177 VI Nr. 1 i.V.m. § 177 I StGB, da der entgegenstehende Wille für den Angeklagten aus dem Grund nicht erkennbar gewesen sei. Er sei „nicht ausschließbar davon ausgegangen, dass die Geschädigte genau das tat, was er sich vorgestellt und was er von ihr verlangt hatte nämlich eine freiwillige Wiedergutmachung zu leisten".[715] Der BGH konstatierte hierzu, dass das Gericht hier vielmehr hätte prüfen müssen, ob der Angeklagte hinsichtlich des entgegenstehenden Willens gleichgültig war.[716] Auch wenn dem BGH in dieser Hinsicht inhaltlich durchaus zuzustimmen ist, zeigt sich erneut bereits eine mangelhafte Trennung des objektiven und des subjektiven Tatbestands – und zwar sowohl innerhalb der Würdigung des LG als auch im Urteil des BGH. Das LG Stralsund führte hierzu aus:

„Ein Handeln des Angeklagten gegen den erkennbaren Willen der Geschädigten ist nicht eindeutig feststellbar. Die Geschädigte sagte nichts [..]; auch durch ihr sonstiges Verhalten hatte die Geschädigte nicht erkennen lassen, dass sie mit dem Oralverkehr nicht einverstanden war. [...] Nicht ausschließbar ging der Angeklagte davon aus, dass auf eine aus seiner Sicht abgeschlossene „Bestrafung" der Geschädigten für die von ihr ausgehende Kränkung nunmehr eine „Versöhnung" in Form von Geschlechtsverkehr folgen sollte, zu dem die Geschädigte nicht durch die vorangegangene Gewaltanwendung genötigt werden sollte, sondern an dem sie „reuig" und, im Interesse des Fortbestandes ihrer Beziehung zum Angeklagten, freiwillig teilnehmen sollte."[717]

---

713 BGH, Urt. v. 26.08.2020 – 6 StR 100/20 –.
714 Siehe hierzu bereits oben (Kapitel 4: 1.2.1.2).
715 LG Stralsund, Urt. v. 22.11.2019, 22 KLs 16/19, S. 15, S. 11.
716 BGH, Urt. v. 26.08.2020 – 6 StR 100/20 –, Rn. 12.
717 LG Stralsund, Urt. v. 22.11.2019, 22 KLs 16/19, S. 15, S. 10.

Klar zu erkennen ist hier, dass das Gericht zunächst von der mangelnden „Erkennbarkeit" des entgegenstehenden Willens der Geschädigten spricht, dies aber in der Folge mit dem fehlenden tatsächlichen Erkennen des Angeklagten begründet. Dies ist systemwidrig und überzeugt daher nicht: Da es innerhalb der Prüfung der „Erkennbarkeit"[718] eben gerade um die Perspektive einer objektiven dritten Person gehen muss, sodass hierbei die Angabe, dass nicht auszuschließen sei, der Angeklagte habe den Oralverkehr tatsächlich für eine (einvernehmliche) Wiedergutmachungsleistung gehalten, verfehlt ist. Zu fragen wäre danach gewesen, wie eine objektive dritte Person die aktive Vornahme des Oralverkehrs interpretiert hätte. Wie dies der Angeklagte aufgenommen hat, ist erst in der Prüfung des subjektiven Tatbestands von Belang, und zwar auch nur, wenn nicht bereits die „Erkennbarkeit" innerhalb des objektiven Tatbestands verneint werden würde

Auch der BGH vermischt hier die Prüfung der „Erkennbarkeit" (objektiver Tatbestand) und des Vorsatzes bezüglich des entgegenstehenden Willens (subjektiver Tatbestand), zeigt damit leider erneut, wie bereits oben innerhalb der Aufhebung des Urteils des AG Frankfurt a.M., keinen souveränen Umgang mit den einzelnen Tatbestandsmerkmalen des § 177 I StGB und trägt damit erneut nicht zur Rechtssicherheit bei.

Es ist insgesamt der Trend erkennbar, dass die Gerichte sich vornehmlich mit dem subjektiven Tatbestand des § 177 I StGB beschäftigen, ohne zuvor ausreichend den objektiven Tatbestand betrachtet zu haben. Das leuchtet einerseits ein, da in den meisten Fällen die Angeklagten ihren Vorsatz bestreiten werden und nicht etwa die (objektive) Erkennbarkeit des entgegenstehenden Willens der geschädigten Person. Die rechtlich versierten Richter*innen sollten indes den objektiven Tatbestand dennoch nicht einfach mit dem Hinweis auf den ohnehin fehlenden subjektiven Tatbestand umgehen, ansonsten wird sich zu den neuen, mit dogmatischen Schwierigkeiten behafteten Tatbestandsmerkmalen nur schwer Klarheit bezüglich der Auslegung schaffen lassen können, die angesichts der Neuartigkeit der Merkmale für die künftige Rechtsprechung dringend erforderlich erscheint.

---

718 Vgl. zu diesem Problemkreis bereits oben (Kapitel 4: 1.2.1).

1.2.3 Dritter Problemkreis: Umfang des tatbestandsausschließenden Einverständnisses, insb. das Problem des sog. Stealthing

1.2.3.1 Umfang des Einverständnisses allgemein

Einen weiteren Problemkreis bildet der Umfang des einmal gegebenen – unbestrittenen – tatbestandlichen Einverständnisses der geschädigten Person.

Mit diesem Problem befasste sich im Kern das oben bereits erwähnte Urteil des LG Traunstein und nachfolgend auch der BGH. Fraglich war hier nämlich, ob sich das ausdrücklich geäußerte „Nein" der Geschädigten sowie ihre Schmerzensschreie als konkludente Ablehnung ausschließlich gegen die Gewaltanwendungen (Bisse, Schläge auf Bauch, Vulva und Gesicht) bezogen oder auf die sexuellen Akte (Oral- und Analverkehr) im Ganzen. Der BGH[719] rügte insofern zu Recht, dass das Landgericht den Umfang des erklärten Einverständnis mit dem Oral- sowie Analverkehr nicht ausreichend geklärt habe.[720] Aus der spärlichen rechtlichen Würdigung des Tatgeschehens durch das LG Traunstein geht hervor, dass dieses davon ausging, die erteilte Einwilligung in die sexuellen Handlungen sei durch die Schmerzensschreie und die Bitten, mit den Schlägen und Bissen aufzuhören, widerrufen worden.[721] In der Tat ist dem Landgericht insofern mangelnde Sorgfalt hinsichtlich dieser Differenzierung vorzuwerfen, die nicht zuletzt in der mangelnden Trennung zwischen objektivem und subjektivem Tatbestand begründet liegt (hierzu bereits im zweiten Problemkreis). Jedenfalls, so auch der BGH, wäre auch zu erörtern gewesen, ob die Bisse und Schläge während des Geschlechtsverkehrs nicht als selbstständige sexuelle Handlungen zu qualifizieren wären, mit der Folge, dass trotzdem eine (eigenständige) Strafbarkeit nach § 177 I StGB in Betracht käme.[722] Auch dies hat das LG Traunstein bislang leider nicht berücksichtigt.

Der Sachverhalt sowie der gesamte Problemkreis weist zudem Parallelen zum bereits innerhalb dieser Arbeit zu den Hintergründen der Reform erörterten Fall *Gina-Lisa Lohfink* auf. Hier stellte das Gericht damals fest, dass ihr „Nein" nur auf das Mitfilmen des Aktes, aber nicht auf den Geschlechtsverkehr als solchen bezogen gewesen sei. Anhand des Falles des LG Traunsteins zeigt sich, dass der *Gina-Lisa Lohfink*-Fall wohl nach neuem Recht ebenfalls nicht unproblematisch gewesen wäre und – folgt man der Rechtsprechung des

---

719 BGH, Beschl. v. 4.12.2018 – 1 StR 546/18, Rn. 10.
720 I.E. so auch *Hoven*, NStZ 2020, 578, 580, die die Anforderungen, die der BGH hier stellt, als "hoch" beschreibt, dies allerdings weder positiv noch negativ wertet.
721 LG Traunstein, Az. 2 KLs 370 Js 20903/17, S. 18.
722 BGH, Beschl. v. 04.12.2018 – 1 StR 546/18, Rn. 16. so auch *Hoven*, NStZ 2020, 578, 580.

BGH in diesem Fall – wohl ebenfalls nicht zur Strafbarkeit der beschuldigten Männer geführt hätte. Dies stützt die oben vertretene These, dass der Fall *Gina-Lisa Lohfink* insgesamt trotz entgegenteiliger Medienberichte inhaltlich wenig mit dem Kern der Reform des Sexualstrafrechts 2016 zu tun hatte.

1.2.3.2 Problemkreis des sog. Stealthing

Ein ähnliches Problem ergab sich auch in einem Fall, der vom AG Tiergarten[723] entschieden wurde.

Zum Sachverhalt (Fall 1): Der Angeklagte und die Geschädigte lernten sich über eine Internetplattform kennen. Ihre erste Verabredung fand in der Wohnung des Angeklagten statt, wo sich beide auf dem Sofa einen Horrorfilm ansahen. Währenddessen kam es zum Austausch von Zärtlichkeiten und beide zogen einander aus. Die Geschädigte ließ verlauten, dass sie auf keinen Fall Geschlechtsverkehr ohne Kondom haben wolle. Der Angeklagte führte dennoch sein Glied an die Vagina der Geschädigten, woraufhin es zum Streit und zum vorübergehenden Abbruch der sexuellen Aktivitäten kam. Später kam es im Schlafzimmer des Angeklagten erneut hierzu. Dieses Mal holte der Angeklagte ein Kondom und führte sein Glied in die Geschädigte ein. Bei einem Stellungswechsel entfernte der Angeklagte das Kondom jedoch und führte den Geschlechtsverkehr sodann ohne fort, bis er in der Geschädigten zum Samenerguss kam.

Auch hier stellt sich die Frage, welchen Umfang das Einverständnis der Geschädigten hat. Unbestritten erfolgte der Sexualkontakt als solcher hier einvernehmlich – die Strafbarkeit des Angeklagten hing indes, so auch das AG Tiergarten, davon ab, welche Qualität man dem Einverständnis beimisst: Bedeutete ihr „Ja" hier „Ja, aber nur zum Sex mit Kondom und ansonsten Nein" oder ist ein solches Einverständnis nicht derart aufspaltbar?

Dieser Problemkreis wird gemeinhin unter dem Begriff „Stealthing"[724] diskutiert. Ähnlich gelagerte Fälle wurden vor dem AG Kiel und dem AG Freiburg verhandelt.

Zu den Sachverhalten:

AG Kiel (Fall 2): *Zwischen dem Angeklagten und der Geschädigten kam es zunächst zum einvernehmlichen Geschlechtsverkehr. Wie zuvor bereits in*

---

723 Urt. v. 11.12.2018 – (278 Ls) 284 Js 118/18.
724 Aus dem Englischen *stealth*, zu dt. *List, heimlich*.

mehreren Fällen, wies die Geschädigte den Angeklagten darauf hin, dass sie nur zum Geschlechtsverkehr bereit sei, wenn dieser ein Kondom verwendete. Nach Beginn des Geschlechtsverkehrs zog der Angeklagte von der Geschädigten unbemerkt das Kondom in einer kurzen Unterbrechung ab und führte diesen sodann fort. In der mündlichen Verhandlung gab er an, davon ausgegangen zu sein, die Geschädigte habe dies bemerkt und sei mangels Widerstands mit der Fortführung des ungeschützten Geschlechtsverkehrs einverstanden gewesen.

AG Freiburg (Fall 3): *Der Angeklagte und die Geschädigte, die bereits zuvor eine Nacht miteinander verbracht hatten, gingen nach einer Party in die Wohnung der Geschädigten. Dort kam es zu einvernehmlichen Zärtlichkeiten. Die Geschädigte wies mehrfach eindringlich darauf hin, dass der Angeklagte ein Kondom tragen solle, selbst wenn sie nur nackt nebeneinander lägen. Der Angeklagte, der äußerte, im Falle einer Schwangerschaft könne die Geschädigte das Kind einfach ihm geben, zog das Kondom mehrfach ab und versuchte, die Geschädigte ungeschützt zu penetrieren – was diese zunächst bemerkte und wiederum auf ihren bereits geäußerten Wunsch verwies. Als der Angeklagte das dritte Kondom übergezogen hatte, kam es zu vaginalem Geschlechtsverkehr. Nachdem die Geschädigte gekommen war, kontrollierte sie noch einmal den Sitz des Präservativs. Ungefähr 1,5 Minuten später ejakulierte der Angeklagte in den Körper der Geschädigten, nachdem er sich zuvor kurz zwischen die Beine gefasst hatte. Die Geschädigte musste daraufhin feststellen, dass das Kondom am Rande des Bettes lag und aus ihrer Vagina Samenflüssigkeit lief.*

Gemein ist allen drei Fallkonstellationen die einheitliche Tatbegehung: Die (in allen drei Fällen männlichen – aufgrund der Eigenheit der Fallkonstellation schwerlich anders vorstellbar) Täter zogen während des sich bereits in Gange befindlichen Sexualverkehrs von ihrer Partnerin unbemerkt das Präservativ ab und vollzogen sodann den ungeschützen Sexualverkehr – obwohl zuvor vereinbart wurde, dass der Akt mit Kondom vollführt werden sollte. Zu einer Ejakulation im Körper der Geschädigten kam es allerdings nur in zwei der geschilderten Fälle.[725]

Die Behandlung eines derartigen Falls war in der Literatur zunächst umstritten. Nach dem Ergehen zweier obergerichtlicher Entscheidungen (KG Berlin,

---

725 Im Fall 2 vor dem AG Kiel wurden hierzu ausdrücklich keine Feststellungen getroffen, vgl. OLG Schleswig, NStZ 2021, 619 Rn. 34.

OLG Schleswig unter Aufhebung des Urteils vor dem AG Kiel) sowie endgültig nach einem Beschluss des BGH[726] dürfte sich nunmehr allerdings eine eindeutig herrschende Meinung herausgebildet haben. Immerhin das AG Kiel schloss sich allerdings der noch immer in der Literatur vertretenen Mindermeinung an, weswegen es durchaus noch lohnenswert erscheint, auch diese noch einmal zu beleuchten.

Das AG Kiel und einige Stimmen in der Literatur stellen sich nämlich auf den Standpunkt, dass es sich bei dem Problem des Stealthings um ein Problem der täuschungsbedingten Zustimmung handele: Aufgrund der rein faktisch vorhandenen Zustimmung zum Geschlechtsverkehr und eines bloßen Willensmangels gäbe es keinen Grund, diesen Willensmangel anders als andere als relevant zu betrachten und somit einen entgegenstehenden Willen zu konstruieren.[727] Da es beim Stealthing zudem um den Schutz der körperlichen Integrität (und nicht der sexuellen Selbstbestimmung) gehe, sei das Strafbedürfnis über §§ 223 ff. und §§ 185 ff. StGB ausreichend abdeckbar.[728] Die Nutzung eines Kondoms stelle einen bloßen Begleitumstand dar; die Erfassung über § 177 StGB würde zudem die Gefahr der Verharmlosung von Vergewaltigungen in sich tragen.[729] Das AG Kiel sprach den Angeklagten in Fall 2 daher zunächst frei.

Vereinzelt wird sich auch dafür ausgesprochen, das Stealthing mangels Erfassbarkeit von § 177 I StGB ausdrücklich in § 177 II StGB aufzunehmen.[730]

Das AG Tiergarten konstatierte im oben geschilderten Fall 1, dass ungeschützter Geschlechtsverkehr im Gegensatz zu geschütztem sehr wohl eine wesentlich andere, weil mit erheblich größeren Risiken (Schwangerschaft, sexuell übertragbare Krankheiten) verbundene sexuelle Handlung darstelle, bezüglich derer in vorliegendem Fall eben gerade explizit überhaupt kein Einverständnis vorgelegen habe.[731] Insofern liegt die Annahme nahe, dass das Gericht hier von einem *bedingten* Einverständnis ausgegangen ist – obgleich es dieses nicht als solches betitelt. Es konstatiert allerdings Folgendes, was für ähnliche Fälle dieser Art wegweisend sein dürfte:

---

726 BGH, Beschl. v. 13.12.2022 – 3 StR 372/22.
727 *Franzke*, BRJ 2019, 114, 119 ff.
728 AG Kiel, Urt. v. 17.11.2020 - 38 Ds 559 Js 11670/18.
729 AG Kiel, Urt. v. 17.11.2020 - 38 Ds 559 Js 11670/18.
730 *Wißner*, KriPoZ 2021, 279, 285.
731 AG Tiergarten, Urt. v. 11.12.2018 – (278 Ls) 284 Js 118/18, Rn. 37.

„Hält sich der Sexualpartner des Rechtsgutsinhabers bewusst nicht an die von diesem vorgegebenen Bedingungen in Bezug auf Zeitpunkt, Art und Form der sexuellen Handlungen, unterfällt dies § 177 Abs. 1 StGB."[732]

Die Reichweite des Rechtsguts der sexuellen Selbstbestimmung wird hierdurch noch einmal unterstrichen.

Vorliegend ist durch das Abstreifen des Kondoms nach Ansicht des AG Tiergarten folglich eine Zäsur eingetreten, welche den Übergang von einverständlichem (geschützten) Sexualverkehr zum strafbaren sexuellen Übergriff gem. § 177 I StGB markiert.[733] Nach dieser entfällt die vorher gegebene Zustimmung aufgrund des Wegfalls der ausdrücklichen Bedingung. Bestätigt wurde diese Rechtsprechung nach Berufungseinlegung des Angeklagten zum LG Berlin und darauffolgender Revision der Staatsanwaltschaft vom KG Berlin.[734] Besonders betont hat das KG hier die „Demütigungs- und Instrumentalisierungsdimension" eines solchen Verhaltens. Indes beschränkte das KG Berlin seine Rechtsprechung im konkreten Fall darauf, dass derartige Verhaltensweisen jedenfalls dann nach § 177 I StGB zu bestrafen seien, wenn der Täter im Körper des Opfers ejakuliert – womit noch offen ist, wie ein ähnlich gelagerter Fall ohne Ejakulation beurteilt werden würde. Zweifelsohne ist hier stets auf den konkreten Einzelfall Bezug zu nehmen, jedoch ist von einer pauschalen Würdigung nur anhand des (als nahezu zufällig zu bewertenden) Eintretens einer Ejakulation abzuraten. Gerade, wenn man auf die „Demütigungs- und Instrumentalisierungsdimension" durch das heimliche Abstreifen des Kondoms abstellt, kann das reine Nichteintreten der Ejakulation kein strafbarkeitsausschließender Faktor sein – die Demütigungs- und Instrumentalisierungsgefahr besteht unabhängig hiervon, ebenso wie die abstrakte Möglichkeit der Schwangerschaft und der Ansteckung mit sexuell übertragbaren Krankheiten. Diese Ansicht vertritt und präzisiert auch das OLG Schleswig: Auf die Strafbarkeit der Handlung könne der Eintritt oder Nichteintritt schon deswegen keinen Einfluss haben, weil es sich hierbei um eine „biologisch begründete, konkret nicht mehr gewillkürte Körperreaktion" handele.[735]

Das die Strafbarkeit des Stealthings ablehnende Urteil des AG Kiel wurde durch das OLG Schleswig schließlich aufgehoben, das sich sodann eindeutig

---

732 AG Tiergarten, Urt. v. 11.12.2018 – (278 Ls) 284 Js 118/18, Rn. 37.
733 Zum selben Ergebnis gelangt auch *Hoffmann*, NStZ 2019, 16 ff., der sich in seinem Beitrag noch eingehender mit dem Phänomen des sog. "Stealthings" auseinandersetzt.
734 KG Berlin v. 27.07.2020, 4 Ss 58/20.
735 OLG Schleswig (Urt. v. 19.3.2021 – 2 OLG 4 Ss 13/21 (AG Kiel)), NStZ 2021, 619 Rn. 34.

und ausdrücklich der Wertung des KG Berlin anschloss und dessen Rechtsprechung fortführte.[736] Zudem lieferte es wertvolle und überzeugende zusätzliche Argumente: Schon der allgemeine Sprachgebrauch spreche für die Ei-
genschaft des geschützten Geschlechtsverkehrs als *aliud* (und damit gesondert
zustimmungsfähigem Akt); dieser werde nämlich nicht zuletzt durch AIDS-
Aufklärungskampagnen in den 1980er Jahren als *safer sex* bezeichnet, womit
eine ähnliche Unterscheidung wie zwischen Anal- und Vaginalverkehr möglich sei.[737]

Dass es sich beim Geschlechtsverkehr unter Nutzung eines Kondoms und
beim ungeschützten Geschlechtsverkehr um zwei unterschiedliche sexuelle
Handlungen handelt, stellte nunmehr auch der BGH klar.[738] Der Senat stützte
sich zur Begründung dieses Ergebnisses neben dem bereits bemühten Argument der Verhinderung von unerwünschten Schwangerschaften sowie sexuell
übertragbarer Krankheiten darauf ab, dass auch nach früherer Rechtslage die
mangelnde Verwendung eines Kondoms bei einer Vergewaltigung strafschärfend berücksichtigt werden konnte.[739] Zudem verdeutliche die Kondompflicht
im Bereich der Sexarbeit nach § 32 ProstSchG die Wichtigkeit der Prävention
sexuell übertragbarer Krankheiten.[740]

Das Problem der *Erkennbarkeit* des entgegenstehenden Willens in solchen
Fällen – immerhin wird das Fehlen des Kondoms und somit die Handlung
gegen den Willen der betreffenden Person auch von dieser häufig erst im
Nachgang erkannt, sodass auch eine objektive dritte Person während des Aktes ohne Kenntnis der vorangegangenen Absprache keine Möglichkeit hätte,
den entgegenstehenden Willen zu erkennen – ist zu lösen, indem man, wie in
dieser Arbeit bereits zuvor vertreten, die objektive dritte Person mit dem notwendigen Kontext ausstattet.[741] Das AG Freiburg konstatiert hierzu schlicht –
wohl etwas zu schlicht angesichts der eben dargestellten Problematik: Auch
eine heimliche Tatbegehung ist tatbestandsmäßig.[742]

---

736 OLG Schleswig, NStZ 2021, 619 Rn. 13.
737 OLG Schleswig, NStZ 2021, 619 Rn. 17; hierzu auch schon, wenngleich weniger ausführlich, KG Berlin, BeckRS 2020, 18243 Rn. 19.
738 BGH, Beschl. v. 13.12.2022 – 3 StR 372/22, Rn. 13.
739 BGH, Beschl. v. 13.12.2022 – 3 StR 372/22, Rn. 14.
740 BGH, Beschl. v. 13.12.2022 – 3 StR 372/22, Rn. 14.
741 Vgl. hierzu oben (Kapitel 3: e).
742 AG Freiburg (Urteil vom 22.07.2020 – 25 Ds 230 Js 23725/18), BeckRS 2020, 41446 Rn.
   91.

Eine andere durchaus relevante Frage stellt sich auf Ebene der *Strafzumessung* – nämlich bei der Frage, ob es sich in Fällen des Stealthings um einen besonders schweren Fall nach § 177 VI StGB handelt. Wenngleich die tatsächlichen Voraussetzungen (Eindringen in den Körper) in allen oben beschriebenen Fällen unproblematisch erfüllt waren, wurde die Indizwirkung des Regelbeispiels interessanterweise in allen drei Fällen letztendlich verneint.[743] Ebenso verhielt es sich in dem dem Beschluss des BGH zugrundeliegenden Urteil des LG Düsseldorf, weswegen der BGH keine Feststellungen zu dieser Frage traf. Ganz offensichtlich sollte hierdurch die deutliche Strafschärfung trotz – untechnisch gesprochen – *eigentlich vorliegendem Einverständnis zum Geschlechtsverkehr* umgangen werden. Dies liegt durchaus nahe und ist im Ergebnis zu begrüßen, allerdings sollte hier ein verstärktes Augenmerk auf die Begründung gelegt werden: Das AG Kiel begründete dieses Ergebnis[744] nämlich mit dem oben bereits erwähnten Hinweis, dass ansonsten „Vergewaltigungen verharmlost" würden.[745] Dieses Argument ist nicht nur deswegen kritisch zu betrachten, weil es sich des klassischen Vergewaltigungsmythos der „echten Vergewaltigung"[746] bedient, sondern auch aufgrund seiner Zirkularität: Das Argument impliziert nämlich, dass „Gewalt" der wesentliche Faktor einer Vergewaltigung ist, und eben nicht das Hinwegsetzen über einen ausgedrückten entgegenstehenden Willen. Genau diese Implikation und Konnotation sollte durch die Reform allerdings überwunden werden. Argumentiert man nun innerhalb der Strafzumessung quasi durch die Hintertür doch mit dieser Annahme, so tritt man zwangsläufig auf der Stelle, was die sprachliche Umwidmung des Begriffs der Vergewaltigung angeht. Besser wäre es in diesen Fällen von einem „sexuellen Übergriff in einem besonders schweren Fall" zu sprechen. Es wäre interessant zu sehen, ob die Rechtsprechung sodann anders tenorieren und sich des härteren Strafmaßes des § 177 VI StGB bedienen würde.

---

743 Im Fall vor dem AG Freiburg allerdings mit dem beachtlichen Zusatz „gerade noch so", vgl. BeckRS 2020, 41446 Rn. 100.

744 Innerhalb der Argumentation, warum bereits § 177 I StGB nicht erfüllt sein sollte.

745 Zustimmend indes auch *Wißner*, KriPoZ 2021, 279, 286; unter Verweis auf eine Studie von Brodsky, in welcher Teilnehmende, die sowohl Opfer von Stealthing als auch von erzwungenen sexuellen Handlungen wurden, angaben, dass sie Stealthing als nicht so schlimm wie eine Vergewaltigung erlebt hätten, vgl. *Brodsky*, Columbia Journal of Gender and Law 2017, 183 ff.

746 Siehe hierzu oben (Kapitel 3: 1.2.2).

1.2.3.3 Absprachewidrige Ejakulation

Zu einem ähnlichen Ergebnis kommt *mutatis mutandis* ein Urteil des OLG Hamm.[747] Diesem zugrunde lag der – zum Zwecke dieser Untersuchung grob vereinfachte – Sachverhalt, in welchem der Angeklagte den im Ursprung einvernehmlichen Geschlechtsverkehr mit der Geschädigten bis zum Samenerguss in deren Vagina durchführte, obwohl zuvor besprochen worden war, dass er seinen Penis vorher herausziehen sollte (sog. *coitus interruptus*). Unter Zugrundelegung des unter 1.2.3.1 dargelegten Maßstabs hinsichtlich des Umfangs eines tatbestandsausschließenden Einverständnisses konstatierte das OLG Hamm, dass auch ein solches Verhalten den objektiven Tatbestand des sexuellen Übergriffs grundsätzlich zu erfüllen vermag. Auch eine derartige Absprache sei parallel zu der Problematik beim Stealthing eine zulässige Bedingung, unter welche ein Einverständnis erteilt werden könne.[748] Dies gebiete der Umstand, dass auch hier durch den ungewollten Kontakt mit dem Sperma das Risiko einer ungewollten Schwangerschaft gesteigert sei.[749] Diese Entscheidung verdient Beifall, macht sie doch deutlich, dass grundsätzlich jegliche Form der Bedingung relevant sein kann. Begrüßenswert ist auch die Feststellung, dass es insofern nicht auf die objektive Bewertung der Bedingung als vernünftig oder unvernünftig ankommt. Der Senat konstatiert insofern, dass die Frage, ob ein *coitus interruptus* tatsächlich die oben genannten Risiken minimieren kann, keinen Einfluss auf die Beachtlichkeit des Opferwillens haben kann.[750]

1.2.3.4 Exkurs: Problem des ertäuschten Geschlechtsverkehrs

Hiervon zu trennen sind andere Willensmängel, die Bedingungen betreffen, welche nicht unmittelbar mit dem sexuellen Akt zusammenhängen, so zum Beispiel die wahrheitswidrige Behauptung, die Frau nehme die Pille.[751] Abgrenzend könnte man zwischen „physischen Grenzen für den Sexualkontakt" – hierunter fiele beispielsweise anale Penetration anstatt wie verabredet lediglich vaginaler Geschlechtsverkehr – und „Umständen bezüglich der Motivation für den Sexualkontakt" unterscheiden.[752] Gegenstand dieses Exkurses,

---

747 OLG Hamm, Urt. v. 01.03.2022 – III-5 RVs 124/21.
748 OLG Hamm, Urt. v. 01.03.2022 – III-5 RVs 124/21, Rn. 14 ff.
749 OLG Hamm, Urt. v. 01.03.2022 – III-5 RVs 124/21, Rn. 15.
750 OLG Hamm, Urt. v. 01.03.2022 – III-5 RVs 124/21, Rn. 15.
751 Eine ganze Bandbreite an täuschungsbedingten Willensmängeln aufzählend *Hoven/Weigend*, KriPoZ 2018, 156, 157 f und *Camargo*, ZStW 2022, 351, 374.
752 *Camargo*, ZStW 2022, 351, 354 ff.

also des ertäuschten Geschlechtsverkehrs im weiteren Sinne, sollen Zweitere sein.[753]

Die Meinungen zur Strafbarkeit des ertäuschten Geschlechtsverkehrs gehen insgesamt weit auseinander: Während die einen, insbesondere im englischsprachigen Raum, bereits umfassende Regelungen zur sexuellen Täuschung getroffen haben,[754] existiert gerade hierzulande die Ansicht, Täuschungen vollkommen aus der strafrechtlichen Bewertung von Sexualkontakten auszuschließen: Argumentiert wird damit, dass der*die Sexualpartner*in Umstände wie das Einnehmen der Antibabypille oder die Tatsache, dass die andere Person unverheiratet ist, selbstverständlich – untechnisch gesprochen – zu einer „Bedingung" des Einverständnisses machen könne, dies jedoch nicht den Sexualverkehr als solchen berühre, denn auch ein durch Täuschung erschlichenes Einverständnis bleibe ein Einverständnis i.S.d. § 177 I StGB.[755]

Das Problem ist letztlich ein Auslegungsproblem: Nur, wenn man einen „wahren", also hypothetischen oder mutmaßlichen, Willen im Rahmen des erkennbaren Willens gem. § 177 I StGB ausreichen lassen würde, käme man zu einer Strafbarkeit im objektiven Sinne. Gleichzeitig berührt der Problemkreis die auch hier bereits aufgeworfene Frage[756] danach, was Autonomie im (sexual-) strafrechtlichen Sinne eigentlich bedeutet,[757] wie intensiv der Staat in deren Bereich regulierend eingreifen darf und sollte.[758] Es geht zudem um den Balanceakt zwischen (angestrebtem) absolutem Schutz der sexuellen Selbstbestimmung auf der einen Seite und dem Grundsatz der Fragmentarität des Strafrechts auf der anderen.[759] Schließlich betrifft die Frage auch das höchst problematische Verhältnis von Recht und Moral.[760] Aufgrund dieser Komplexität kann das Problem an dieser Stelle nur innerhalb eines Exkurses behandelt werden, der Anstoß zu vertiefter Recherche und Forschung bieten soll.

Eine Auslegung als „wahrer" Wille wäre zwar grundsätzlich denkbar, da diese nicht über den Wortlaut hinausgeht, würde aber zu einer erheblichen – weil

---

753 Für Erstere vgl. sogleich unter 1.2.3.5.
754 Vgl. zur Lage in Irland unten unter 3.2.1.2 c) und außerdem umfassend *Camargo*, ZStW 2022, 351, 354 ff.
755 *Hoffmann*, NStZ 2019, 16, 17, *Franzke*, BRJ 2019, 114, 120 ff., so auch das AG Tiergarten, Urt. v. 11.12.2018 - (278 Ls) 284 Js 118/18, Rn. 36.
756 Vgl. oben Kapitel 2: 2.
757 Hierzu eingehend *Camargo*, ZStW 2022, 351, 364 ff.
758 *Camargo*, ZStW 2022, 351, 381 ff.
759 *Camargo*, ZStW 2022, 351, 386 ff.
760 *Camargo*, ZStW 2022, 351, 390.

nicht auf bestimmte, einer Relevanzkontrolle unterzogene Täuschungen be-
grenzte – Erweiterung der Strafbarkeit führen, die dem Willen des Gesetzgebers nicht entsprechen dürfte.[761] Eine andere Auslegung widerspräche zudem
der Systematik des § 177 StGB: Würde man einen „wahren", allerdings so
nicht nach außen getretenen Willen ausreichen lassen, befände man sich systematisch im § 177 II StGB, der für Sachverhalte geschaffen wurde, in denen
ein entgegenstehender Wille nicht gebildet oder nicht geäußert werden
konnte.[762] *Hoven/Weigend* sprechen sich daher für eine im Ergebnis begrü-
ßenswerte Lösung aus, die weder der Systematik noch dem Willen des Gesetzgebers widersprechen und gleichzeitig dem Zweck der Reform von 2016
(den Willen des Opfers als zentrales strafbarkeitsbegründendes Element) gerecht werden dürfte: die Aufnahme einzelner strafwürdiger Täuschungshandlungen[763] in den Katalog des § 177 II StGB.[764] Gegen die „ungeprüfte" Aufnahme bestimmter Täuschungshandlungen spricht allerdings der *ultima ratio*-
Grundsatz des Strafrechts. Auch ansonsten schützt das deutsche Strafrecht den
Willen einer Person nämlich nicht absolut gegen Manipulation (vgl.
§ 263 StGB).

Für die Aufnahme bestimmter Täuschungshandlungen wären zunächst also
umfassende Studien notwendig, die die Strafwürdigkeit *de lege ferenda* nahelegen. Sodann wäre eine insofern zwischen den Meinungen vermittelnde Lösung vorzugswürdig. Ein konkreter abschließender Vorschlag übersteigt allerdings den Rahmen dieser Untersuchung.

1.2.3.5 Fazit

Was bedeutet die unter 1.2.3.2 erörterte Rechtsprechung nun verallgemei-
nernd für den Maßstab des Umfangs eines tatbestandsausschließenden Einverständnisses? Grob gesprochen: Bedingungen, die unmittelbar auf Zeitpunkt, Art und Form des Sexualkontaktes bezogen und ausdrücklich vorab
geäußert worden sind – im vorherigen Exkurs als „physische Grenzen für den

---

761 So auch *Hoven/Weigend*, KriPoZ 2018, 156, 158; kritisch hierzu allerdings *Camargo*,
   ZStW 2022, 351, 360 f., die damit argumentiert, dass dies letztlich mit dem Zweck der
   Reform, den Willen des Opfers ins Zentrum der Strafbarkeit zu stellen, nicht zu vereinbaren ist.
762 *Hoven/Weigend*, KriPoZ 2018, 156, 158.
763 Vorgeschlagen wird – in Anlehnung an das englische Strafrecht - die Aufnahme der Identitätstäuschung sowie der Täuschung über die Natur der Handlung. Siehe zu der Entsprechung im irischen Recht unten (Kapitel 5: c).
764 *Hoven/Weigend*, KriPoZ 2018, 156, 161.

Sexualkontakt" bezeichnet –, können einen ansonsten einverständlichen Sexualkontakt zu einem gegen den Willen der betreffenden Person vollzogenen
sexuellen Übergriff nach § 177 I StGB transformieren. Nur ist damit jedwede
Bedingung gemeint? *Hoffmann* zeigt die Problematik anschaulich auf, indem
er den oben erläuterten Fall des AG Tiergarten umkehrt: Hätte sich der Angeklagte auch strafbar gemacht, wenn die Geschädigte zuvor ausdrücklich nur
den Geschlechtsverkehr *ohne* Kondom gebilligt hätte und er diesen dann gegen ihren Willen heimlich dennoch *mit* Präservativ durchgeführt hätte?[765] Das
Gerechtigkeitsempfinden sowie ein allgemeines Gefühl für Strafbedürfnis
suggerieren hier womöglich, dass eine Strafbarkeit fehl am Platz wäre, zumindest, solange keine außergewöhnlichen externen Umstände wie beispielsweise eine Latexallergie der Frau und somit eine potentielle Gesundheitsschä-
digung durch den Geschlechtsverkehr mit Präservativ vorliegen. Doch wie ist
dies rechtlich stringent zu begründen? *Hoffmann* zieht hierfür
§ 184h Nr. 1 StGB „normativ korrigierend" als Ausprägung des Verhältnismäßigkeitsgrundsatzes zu Rate, welcher es erlaubt, eine gestellte Bedingung
als bedeutsam oder eben als unbedeutend und damit nicht strafbarkeitsbegrün-
dend zu bewerten.[766] Sinnvoller erscheint es hier jedoch, schlicht mit dem von
§ 177 I StGB geschützten Rechtsgut der sexuellen Selbstbestimmung zu argumentieren. Dieses beinhaltet zwar, jederzeit über Art und Form einer sexuellen Handlung bestimmen zu können, jedoch kann hiervon nicht jedwede ba-
gatellhafte Formalität erfasst sein, um dem *ultima ratio*-Grundsatz Rechnung
zu tragen. Nur unerhebliche Berührungen des Rechtsguts werden auch an anderer Stelle vom StGB nicht umfasst, zum Beispiel innerhalb der Körperverletzungsdelikte, wo das Merkmal der Erheblichkeit innerhalb der Definition
der *körperlichen Unversehrtheit* zur Wahrung des *ultima ratio*-Grundsatzes
beiträgt. Selbst bei Hinzutreten außergewöhnlicher Umstände (wie die oben
bereits erwähnte Latexallergie) wäre dann eine Bestrafung aus einem Sexualdelikt nicht angezeigt: Mit Blick auf das verletzte Rechtsgut (eher körperliche Unversehrtheit als sexuelle Selbstbestimmung) wäre hier eine Bestrafung
wegen (versuchter/vollendeter/fahrlässiger) Körperverletzung wesentlich na-
heliegender und würde das Strafbedürfnis vollständig ausfüllen.

Die Frage nach dem Umfang des tatbestandsausschließenden Einverständnisses stellt sich demgegenüber nicht bei Handlungen, die offensichtlich stark
körperlich invasiv sind und nicht im Rahmen eines nach allen Betrachtungs-
weisen ohne konkrete Absprache als normal einzustufenden sexuellen Kontaktes liegen. So hat das LG Neuruppin im Fall eines Angeklagten, der in die

---

765 *Hoffmann*, NStZ 2019, 16, 17.
766 *Ders.*, NStZ 2019, 16, 17.

Vagina der Geschädigten nach anfänglichem – aus Sicht des Gerichts nicht
mehr aufklärbar als einverständlich oder nicht einverständlich zu qualifizie-
renden – Einführen einzelner Finger sodann gewaltsam mit der gesamten
Faust und circa einem Drittel des Unterarms eindrang, zu Recht nicht einmal
in Erwägung gezogen, dass dieses Verhalten von dem anfänglichem (unbestrittenen) Einverständnis mit Austausch von Zärtlichkeiten, Küssen und dem
gegenseitigen Ausziehen hätte gedeckt sein können.[767] Fraglich war in diesem
Urteil vielmehr der Zeitpunkt, in dem das zumindest unstreitig auf den Austausch von Küssen und Zärtlichkeiten gerichtete Einverständnis der Geschädigten endete; konkreter, ob bereits das Einführen der Finger gegen ihren Willen verstieß.[768] Aufgrund widersprüchlicher Angaben der Geschädigten hierzu
ist das Gericht sodann zu Recht *in dubio pro reo* davon ausgegangen, dass erst
das Eindringen mit der Faust außerhalb des gegebenen Einverständnisses der
Geschädigten lag.[769]

Insgesamt ist zu erwarten, dass dieser Problemkreis noch deutlich mehr Bedeutung innerhalb der Rechtsprechung erlangen wird als dies bisher der Fall
ist. Aufgrund der Komplexität der zwischenmenschlichen Kommunikation ist
dies bei einem Tatbestand, der so maßgeblich von der Einwilligung beider
Parteien abhängt, wenig verwunderlich. Die oben erläuterte Rechtsprechung
zeigt zum Teil noch Unsicherheiten im Umgang hiermit, wie vor allem das
Beispiel des LG Traunstein beweist. Der BGH hat hier zu Recht zu mehr Sorgfalt bei der Bestimmung des Umfangs eines Einverständnisses gemahnt. Die
hier vorgestellten und auch innerhalb des Beschlusses des BGH anklingenden
Ergebnisse zeigen aber, dass vertretbare Lösungen gefunden werden können,
die nicht zu Wertungswidersprüchen führen und sich sowohl mit dem Zweck
der Neuregelung des § 177 I StGB als auch mit dem Verhältnismäßigkeitsgrundsatz gut vereinbaren lassen. Gleichwohl ist zu empfehlen, das Problem
des ertäuschten Geschlechtsverkehrs, das hier nur innerhalb eines Exkurses
behandelt werden konnte, anhand von Studien zu untersuchen und sodann gegebenenfalls gesetzgeberisch in der unter 1.2.3.4 aufgezeigten Weise tätig zu
werden.

---

[767] LG Neuruppin, Urt. v. 30.04. 2019 – 11 KLs 37/18 –.
[768] LG Neuruppin, Urt. v. 30.04. 2019 – 11 KLs 37/18 – Rn. 54 ff.
[769] LG Neuruppin, Urt. v. 30.04. 2019 – 11 KLs 37/18 – Rn. 56.

1.2.4 Vierter Problemkreis: Möglichkeit der konkludenten Äußerung des entgegenstehenden Willens

Der entgegenstehende Wille ist zentrales Tatbestandsmerkmal des neu gestalteten § 177 I StGB. Dieser kann und wird in den meisten problemträchtigen Fallgestaltungen indes nicht ausdrücklich, sondern vielmehr durch schlüssiges Verhalten nach außen getragen werden. Die Gesetzesbegründung nennt hierfür Weinen und Abwehr der sexuellen Handlung als nicht abschließende Beispiele für ein derartiges konkludentes Äußern des entgegenstehenden Willens.[770] Wie bereits im theoretischen Teil dieser Arbeit erläutert, kommen daneben diverse andere Verhaltensweisen in Betracht, wie zum Beispiel das Wegdrehen des Gesichtes bei dem Versuch eines Zungenkusses, das Versteifen des Körpers oder das Zusammenpressen der Oberschenkel. Letztlich ist bei derart weiten Tatbestandsmerkmalen aber stets der Umgang der Gerichte mit Einzelfällen wegweisend. Daher ist es interessant, zu untersuchen, welche Verhaltensweisen innerhalb der Rechtsprechung als ausreichend für eine konkludente Willensäußerung angesehen werden.

Zunächst einmal ist anzumerken, dass die meisten Urteile, die sich mit diesem Problemkreis beschäftigen, auf oben genannten Passus der Gesetzesbegründung verweisen und diesen somit als Teil der Definition in diesem Sinne annehmen.[771] Das Zusammenpressen der Beine ist in im oben bereits erläuterten Urteils des AG Frankfurt a.M. ebenfalls als konkludentes Zeichen des entgegenstehenden Willens akzeptiert worden.[772] Anerkannt wurde in einem anderen Urteil zudem das wiederholte Zurückziehen der Hand der geschädigten Person, die der Angeklagte im zugrundeliegenden Fall immer wieder an sein Glied geführt hatte.[773] Umgekehrt wurde auch das vehemente Wegschieben der Hand des Beschuldigten aus dem Intimbereich der Geschädigten als Ausdruck des entgegenstehenden Willens gewertet.[774] Im oben bereits erörterten Urteil des LG Traunstein wurden neben dem ausdrücklichen Auffordern zum Abbruch der sexuell motivierten Schläge und Bisse auch die Schmerzensschreie als konkludente Äußerung des entgegenstehenden Willens gedeutet.[775] Dies hat freilich neben der ausdrücklichen Äußerung im konkreten Fall keine maßgebliche Bedeutung erlangt, kann aber für anders gelagerte Fälle, in denen

---

770 BT-Drs. 18/9097, S. 22 f.
771 So zum Beispiel BGH, Beschl. v. 21.11.2018 – 1 StR 290/18; LG Hamburg, Az. 626 KLs 2/17 S. 6.
772 AG Frankfurt a.M., Az. 915 Ls 4761 Js 245385/17, S. 5.
773 LG Schwerin, 33 KLs 21/17, S. 18.
774 AG Bremerhaven, Strafbefehl, Az. Cs 913 Js 9671/18.
775 LG Traunstein, Az. 2 KLs 370 Js 20903/17.

etwa nur Schmerzensschreie vorliegen, eine Rolle spielen. In einem Urteil des LG Bremen zeigte die Geschädigte ihren entgegenstehenden Willen, den sie eingangs ausdrücklich formulierte, sodann durch Ausweichen, Wegschieben, Weinen und Schreien,[776] was das Gericht in der Gesamtschau mangels entgegenstehender Angaben als Aufrechterhalten des entgegenstehenden Willens wertete.

Es bleibt abzuwarten, wie sich die Rechtsprechung bezüglich der genannten Verhaltensweisen festigen und bezüglich weiterer Verhaltensweisen fortentwickeln wird.

1.2.5 Fünfter Problemkreis: Begriff der sexuellen Handlung nach § 184h StGB

Bereits im theoretischen Teil dieser Arbeit kurz aufgeworfen wurde die Frage, ob die Reform etwas an der Auslegung des Begriffs der Erheblichkeit im nicht unmittelbar novellierten § 184 h StGB geändert hat. Besonders interessant ist dies aufgrund der bereits oben angedeuteten These *El-Ghazis*, dass aufgrund des neu eingeführten § 184i StGB nunmehr früher noch als erheblich einzustufende Handlungen als unerheblich i.S.v. § 184h StGB gelten könnten.[777] Dies ist nun eingehender anhand von Urteilen zu untersuchen.

Eingehend mit Fragen rund um den § 184h StGB befasste sich das LG Bamberg im oben bereits erörterten Fall. Geprüft wurde hier, ob das neben dem Oralverkehr ebenfalls stattgefundene Streicheln des Nackens der Geschädigten sowie der kurze Griff unter ihr Oberteil sexuelle Handlungen in diesem Sinne darstellten.[778] Gefragt wurde bei der Prüfung nach wie vor nach der Erheblichkeit der Handlung. Eine Abkehr von den Maßstäben der Prüfung vor der Reform ist dabei nicht erkennbar. Dennoch prüfte das LG Bamberg im selben Zuge auch eine Strafbarkeit nach § 184i StGB kurz an, was darauf schließen lässt, dass das Gericht sich des nunmehr vorherrschenden Abgrenzungscharakters des § 184h StGB zwischen § 177 ff. StGB und § 184i StGB im Fall durchaus bewusst war. Mit Blick auf die festgestellte Flüchtigkeit der Berührungen und der nicht feststellbaren Intensität verneint das Gericht sodann die Erheblichkeit.[779] Dass dies vor der Reform und somit vor einer Möglichkeit der Würdigung derartiger Verhaltensweisen anhand von § 184i StGB

---

776 LG Bremen, Urt. v. 03.07.2018 – 5 KLs 160 Js 900016/17, S.174 ff.
777 *El-Ghazi*, StV 2018, 250, 255.
778 LG Bamberg, Az. 33 KLs 1105 Js 520/17, S. 49 f.
779 LG Bamberg, Az. 33 KLs 1105 Js 520/17, S. 49.

anders beurteilt worden wäre, erscheint indes im Hinblick auf den in § 184h StGB zum Ausdruck kommenden Verhältnismäßigkeitsgrundsatz nicht wahrscheinlich. Zudem verneint das Gericht hier ebenfalls den § 184i I StGB aufgrund des nicht feststellbaren Belästigungsvorsatzes, sodass die These von *El-Ghazi* insofern nicht greift.

Im weiteren Geschehen, als es um den oralen Kontakt mit dem Glied des Angeklagten geht, belässt es das Gericht indes bei der kurzen Feststellung der sexuellen Handlung nach § 184h StGB[780] Dies erscheint angesichts der Offensichtlichkeit der hierin liegenden Erheblichkeit jedenfalls berechtigt.

Bezüglich des das Tatgeschehen im vorliegenden Fall abschließenden kurzen Zungenkusses äußert sich das Gericht noch einmal etwas ausführlicher zum Begriff der sexuellen Handlung.[781] Maßgeblich für die Beurteilung der Erheblichkeit nach dieser Norm sei die Art, Intensität und die Dauer der Handlung, wobei auch die Beziehung der Beteiligten untereinander sowie die Begleitumstände zu berücksichtigen seien.[782] Dies ist ausweislich des Urteils auch vor der Reform bereits ständige Rechtsprechung des BGH gewesen. Des Weiteren führt das Gericht aus, dass die sexuelle Selbstbestimmung am ehesten bei Kontakt an Geschlechtsorganen verletzt sei, aber auch Berührungen an anderen Körperstellen je nach Einwirkungsintensität die Erheblichkeitsschwelle überschreiten könnten.[783] Aufgrund der hier vorliegenden kurzen Dauer und der geringen Intensität verneinte dies das Gericht vorliegend überzeugend und stellte stattdessen auf eine Strafbarkeit nach § 184i StGB ab. Hier ließe sich die These von *El-Ghazi* nun durchaus bestätigen, wenn sich Anhaltspunkte dafür fänden, dass dies vor der Reform, mithin vor der Einführung des § 184i StGB, anders beurteilt worden wäre. Solche Anhaltspunkte fehlen jedoch. Für eine gleiche Beurteilung auch vor der Reform streitet zudem der ausdrückliche Verweis des LG auf ältere Rechtsprechung unter anderem des BGH.[784]

Einen Zungenkuss bewertete das LG Frankfurt a.M. ebenfalls aufgrund der Gesamtumstände, wobei konkret „Opfer" und „Intensität" als maßgebliche

780 LG Bamberg, Az. 33 KLs 1105 Js 520/17, S. 51.
781 LG Bamberg, Az. 33 KLs 1105 Js 520/17, S. 53 f.
782 LG Bamberg, Az. 33 KLs 1105 Js 520/17, S. 53 f.
783 LG Bamberg, Az. 33 KLs 1105 Js 520/17, S. 53 f.
784 Auch der BGH selbst verweist in zwei aktuellen Urteilen aus dem Jahre 2020 auf seine ständige Rechtsprechung zu dem Begriff der sexuellen Handlung i.S.v. § 184h StGB, vgl. Beschl. v. 06.05.2020 – 2 StR 543/19, Rn. 10; Urt. v. 15.07.2020 – 6 StR 7/20, NStZ-RR 2020, 312.

Faktoren benannt wurden, und stufte diesen im vorliegenden Fall sodann im Gegensatz zum Urteil des LG Bamberg als erheblich ein.[785] Zudem verwies es fast ausschließlich auf frühere Entscheidungen des BGH,[786] was ebenfalls darauf schließen lässt, dass sich an der Auslegung des Begriffs bislang nicht grundlegend etwas geändert hat, und der These von *El-Ghazi* widerspricht.

Zu konstatieren ist, dass die Gerichte jedenfalls bislang nicht ausdrücklich die Erheblichkeitsschwelle des § 184h StGB aufgrund der Existenz des § 184i StGB hinaufgesetzt zu haben scheinen, dennoch ist zumindest festzustellen, dass § 184h StGB nunmehr als Abgrenzungsmerkmal zwischen §§ 177 ff. StGB und § 184i StGB genutzt wird, so wie dies auch der BGH im von *El-Ghazi* kommentierten Urteil feststellte.[787] Es bleibt abzuwarten, inwieweit sich diese Tendenz weiter verfestigt und ob es insofern zu unbilligen Ergebnissen kommt, wenn etwa zuvor eindeutig als erheblich einzustufende Verhaltensweisen nunmehr mit dem pauschalen Hinweis auf die Auffangfunktion des § 184i StGB als unerheblich i.S.v. § 184h StGB qualifiziert werden. Dies ist indes bislang nicht erkennbar.

1.2.6 Sechster Problemkreis: Auslegung des Merkmals der „erheblichen Einschränkung" nach § 177 II Nr. 2

Eine weitere in den ersten Urteilen häufig anzutreffende Problemgruppe ist die Auslegung des Merkmals der „erheblichen Einschränkung" i.S.d. § 177 III Nr. 2 StGB. Die vielfältigen dogmatischen Probleme, die mit dieser Tatbestandsvariante einhergehen, wurden bereits im Vorigen ausführlich besprochen. Kritischster Punkt ist hierbei die fehlende Bestimmtheit des Begriffs, vor allem in Abgrenzung zur gänzlichen Unfähigkeit, einen entgegenstehenden Willen zu bilden (§ 177 III Nr. 1 StGB). Es ist daher von besonderem Interesse, wie die Gerichte dieses Tatbestandsmerkmal auslegen werden. Ebenfalls zu untersuchen ist, wie mit den als praktisch äußerst relevanten Fällen der Intoxikation beider Parteien umgegangen wird.

Zunächst ist auch hier auffällig, wenngleich wenig verwunderlich, dass oftmals auf die Materialien zur Gesetzesbegründung verwiesen wird, wenn es um die Auslegung des Begriffes geht. Demnach ist die Einschränkung daher dann als erheblich anzusehen, wenn „die Einschränkung aus objektiver Sicht offensichtlich auf der Hand liegt und sich dem unbefangenen Beobachter ohne

---

785 LG Frankfurt a.M., 5/27 KLs – 4780 Js 231344/17 (25/17), S. 14.
786 LG Frankfurt a.M., 5/27 KLs – 4780 Js 231344/17 (25/17), S. 13 f.
787 BGH, Urt. v. 26.04.2017 – 2 StR 574/16 –, Rn. 11.

Weiteres aufdrängt".[788] Das LG Hamburg gibt zudem an, dass es sich im zu-
grundeliegenden Fall, in dem der Angeklagte mit der Geschädigten auf der
Toilette eines Clubs den Geschlechtsverkehr vollzog, wobei beide alkoholisiert waren (Angeklagter: zwischen 2,1 und 2,2 Promille, Geschädigte: 1,42
Promille), an den Kriterien des § 21 StGB orientiert und anhand dessen eine
Einzelfallbeurteilung vorgenommen habe.[789] Diese fiel im vorliegenden Fall
dann bezogen auf die Erheblichkeit der Willenseinschränkung negativ aus.
Begründet hat das Gericht diese Einschätzung mit der Tatsache, dass die Geschädigte nach der Durchführung des Geschlechtsverkehrs noch in der Lage
war, den sodann vom Angeklagten geforderten Oralverkehr ausdrücklich abzulehnen und „situationsadäquat die Kabine zu verlassen".[790] Zudem zogen
die Richter die Aussage der Polizeibeamten, die in der Nacht die Anzeige der
Geschädigten entgegennahmen, für die Beurteilung zu Rate. Diese gaben
diesbezüglich an, dass sie bei der Geschädigten keine nennenswerten alkoholbedingten Ausfallerscheinungen feststellen konnten und diese ihr Anliegen
vielmehr klar schildern konnte.[791]

Mit der Orientierung an Kriterien, auf die auch innerhalb der Prüfung des
§ 21 StGB zurückgegriffen wird, folgt die Rechtsprechung somit der Empfehlung in der Literatur,[792] die auch in dieser Arbeit vertreten wird.[793]

In den anderen untersuchten erstinstanzlichen Urteilen wird leider oftmals
keine derart ausführliche Prüfung der Erheblichkeit der Eingeschränktheit der
Willensbildung vorgenommen. In einem Urteil des AG Frankfurt a.M., in dem
der Angeklagte die Geschädigte, welche „Alkohol konsumiert und wissentlich
oder unwissentlich Ecstasy" eingenommen hatte, nach Hause brachte und dort
an ihr den Oralverkehr vollzog, während sie „völlig neben sich stehend" auf
ihrem Bett lag,[794] stellte das Gericht ohne eingehendere Auseinandersetzung
mit den Tatbestandsmerkmalen die Strafbarkeit gem. § 177 III Nr. 2 StGB
schlicht fest.[795] Gerade in Anbetracht des festgestellten Sachverhalts, dass
nämlich die Geschädigte das Geschehen sodann bemerkte und ihren entgegenstehenden Willen danach auch auszudrücken vermochte, wären hierzu
Ausführungen erforderlich gewesen.

788 Mit Verweis u.a. auf BTDrs.18/9097: LG Hamburg, Az. 626 KLs 2/17 S. 7.
789 LG Hamburg, Az. 626 KLs 2/17 S. 7.
790 LG Hamburg, Az. 626 KLs 2/17 S. 7.
791 LG Hamburg, Az. 626 KLs 2/17 S. 7.
792 *Eisele*, RPsych 2017, 7, 15; *Renzikowski*, NJW 2016, 3553, 3554 f.
793 S.o. (Kapitel 3: 4.1.2.2).
794 AG Frankfurt a.M., Az.: 916 Ls – 4781 Js 260394/17, S. 4.
795 AG Frankfurt a.M., Az.: 916 Ls – 4781 Js 260394/17, S. 5.

Zu vergleichen ist ebendieses Urteil mit einem anderen Urteil des AG Frankfurt a.m., in welchem das Gericht einen Zustand des Opfers nach § 177 III Nr. 1 StGB angenommen hat: Hier berührte der Angeklagte die Geschädigte, die „stark alkoholisiert" auf einer Grünfläche schlief, an der Vulva.[796] Auch hier fehlen leider konkrete Begründungen der Annahme des Zustands nach Nr. 1, allerdings erscheint es hier aufgrund des alkoholbedingten komatösen Schlafes der Geschädigten durchaus plausibel, nicht nur eine Eingeschränktheit der Willensbildungs- beziehungsweise Willensäußerungsfreiheit, sondern deren gänzlichen Ausschluss anzunehmen.

Obgleich die unterschiedliche Einordnung beider Sachverhalte letztlich überzeugend ist – im ersten Fall konnte die Geschädigte immerhin innerhalb des Tatgeschehens die sexuelle Handlung erkennen und sodann auch unterbrechen, während die Geschädigte im zweiten Fall die gesamte Tatzeit in ihrem komatösen Zustand verblieb und die Tat daher nicht bemerkte –, wäre eine klare Prüfung der Tatbestandsmerkmale durch die Gerichte wünschenswert gewesen und hätte zur Herausbildung von konkreten Abgrenzungskriterien beitragen können. Gerade in Fällen von Intoxikationszuständen ist nämlich, wie bereits im theoretischen Teil dieser Arbeit dargelegt, die Unterscheidung zwischen Nr. 1 und Nr. 2 schwierig, indes von elementarer Bedeutung aufgrund der Möglichkeit des strafbarkeitsausschließenden Einverständnisses nur innerhalb der Nr. 2.

Ebenfalls auffällig ist, dass die Gerichte nicht immer stringent den Abs. 2 Nr. 1 oder Nr. 2 prüfen, sofern Anlass hierzu besteht. So beschränkt sich ein Urteil des LG Bremen[797] trotz der Tatsache, dass die Geschädigte „zum Tatzeitpunkt erheblich alkoholisiert"[798] gewesen sei (drei Stunden nach dem Tatgeschehen lag ihre Blutalkoholkonzentration noch immer bei 1,06 Promille) und es zudem Anlass dazu gebe, dass „die Nebenklägerin bei Tatablauf nicht oder nur eingeschränkt bei Bewusstsein gewesen" sei,[799] auf die Prüfung des § 177 I StGB, da die Geschädigte trotz ihres Zustands einen entgegenstehenden Willen nach Überzeugung des Gerichts geäußert hat. Ebenso verhielt es sich bei einem anderen Urteil des LG Bremen,[800] in dem das Gericht gleichsam kein Wort über eine Prüfung des § 177 II Nr. 1 oder wenigstens Nr. 2

---

796 AG Frankfurt a.M., Az.: 987 – 4781 Js 227957/17.
797 LG Bremen, Urt. v. 28.08.2018 – 3 KLs 190 Js 3265/18 (8/18).
798 LG Bremen, Urt. v. 28.08.2018 – 3 KLs 190 Js 3265/18 (8/18), S. 14.
799 LG Bremen, Urt. v. 28.08.2018 – 3 KLs 190 Js 3265/18 (8/18), S. 14.
800 LG Bremen, Urt. v. 03.07.2018 – 5 KLs 160 Js 900016/17.

StGB verlor, obwohl die Geschädigte zum Tatzeitpunkt eine Blutalkoholkonzentration von „über zwei Promille aufwies und zusätzlich die Nacht über mehrfach Kokain geschnupft hatte".[801] Auch hier äußerte die Geschädigte jedoch zur Überzeugung des Gerichts einen entgegenstehenden Willen, weshalb anscheinend kein Anlass zur Prüfung des § 177 II StGB gesehen wurde. Gerade im Vergleich zu den oben genannten Fällen, in denen die Blutalkoholkonzentration der Geschädigten vergleichbar hoch war, erschließt sich dieses Vorgehen der Gerichte dennoch nicht.

Es drängt sich hier insgesamt der Eindruck auf, die Gerichte würden in dieser Hinsicht etwas willkürlich mit den Tatbestandsvarianten der Nr. 1 und Nr. 2 sowie generell mit der Prüfung eines Zustands aus § 177 III Nr. 2 StGB, sofern ein entgegenstehender Wille trotzdem geäußert wurde, umgehen. Im Interesse der Rechtssicherheit und der Fortentwicklung der Auslegungsansätze wäre es wünschenswert, wenn auf die Abgrenzung in Zukunft mehr Sorgfalt gelegt werden würde.

1.2.7 Siebter Problemkreis: Ausnutzen eines Überraschungsmoments nach § 177 II Nr. 3 StGB und Verhältnis zu § 177 I StGB

Höchstrichterliche Rechtsprechung ist ebenfalls zur Tatvariante des Ausnutzens eines Überraschungsmoments nach § 177 I Nr. 3 StGB bereits ergangen. Somit ist immerhin zu konstatieren, dass bereits relativ schnell nach Einführung dieser Variante ein eigenständiger Anwendungsbereich für diese gefunden wurde, entgegen der Kritik, die im dogmatischen Teil dieser Arbeit hieran geäußert wurde.

Im zugrundeliegenden Fall gab ein Taxifahrer der Geschädigten nach abruptem Abbremsen für diese unerwartet einen Zungenkuss. Daraufhin drehte diese sich weg und forderte den Angeklagten auf, dies zu unterlassen. Einen erneuten Versuch, sie zu küssen, konnte die Geschädigte abwehren.[802]

Der BGH nahm diesen Sachverhalt zum Anlass, sich sowohl mit dem Merkmal des *Ausnutzens* als auch mit der Frage nach dem Verhältnis zu § 177 I StGB näher auseinanderzusetzen. Jedenfalls letzteres erscheint aufgrund der oben bereits aufgeworfenen Kritik durchaus angebracht, um Rechtssicherheit zu schaffen.

---

801 LG Bremen, Urt. v. 03.07.2018 – 5 KLs 160 Js 900016/17, S. 174.
802 BGH, Urt. v. 13.02.2019 – 2 StR 301/18, Rn. 5.

Zur Feststellung des Vorsatzes stellt der BGH den Grundsatz auf, dass es ausreicht, wenn der*die Täter*in „die tatsächlichen Voraussetzungen der Überraschung des Opfers wahrnimmt, mithin die äußeren Umstände erkennt, aus denen sich ergibt, dass sich das Opfer keines sexuellen Angriffs auf seinen Körper versieht oder eines solchen zwar noch im letzten Moment gewahr wird, aber wegen der Schnelligkeit der Abläufe zur Billigung oder Kundgabe eines ablehnenden Willens außer Stande ist".[803] Zudem müsse der*die Täter*in es auch mindestens für möglich halten, dass das Opfer in die sexuelle Handlung nicht einwilligen würde und „dessen Überraschung den Sexualkontakt ermöglicht oder zumindest erleichtert".[804] Interessant ist überdies, dass der BGH auch hier die Umstände der Vorbeziehung zwischen Opfer und Täter*in mit einbeziehen möchte. Soweit sich Täter*in und Opfer nämlich nicht oder nur flüchtig kennen, soll das Merkmal des Ausnutzens regelmäßig zu bejahen seien, denn dann müsse der*die Täter*in stets mit dem Umwillkommensein der sexuellen Handlung rechnen.[805]

Mit Blick auf das Beschneiden von Möglichkeiten zu Schutzbehauptungen ist es zwar durchaus als legitim zu betrachten, hier das Ausnutzungselement regelmäßig zu bejahen – insgesamt klingt der vom BGH hier formulierte Grundsatz (mit dem Unwillkommensein der sexuellen Handlung *rechnen müssen*) jedoch schon fast nach Fahrlässigkeit. Dies ist selbstverständlich bereits deshalb unbedingt zu vermeiden, weil § 177 StGB keine Fahrlässigkeitsstrafbarkeit kennt. Aber auch mit Blick auf den Wortlaut der Norm, genauer auf den Begriff „ausnutzen", welchen der BGH selbst mit Hilfe des Dudens als „für seine eigenen egoistischen Zwecke benutzen, ausbeuten"[806] auslegt, nicht sonderlich überzeugend. Rechtsanwender*innen sollten mit der Regelmäßigkeit der Bejahung des Ausnutzungsmerkmals daher vorsichtiger umgehen, als es die Entscheidung des BGH suggeriert, und im Einzelfall stets sorgsam prüfen, ob die Einwände der Angeklagten glaubhaft sind oder nicht.

Zudem betont der BGH, dass dem *Ausnutzen* ein Finalitätselement innewohnt (das Überraschungselement muss vom*von der Täter*in als „Bedingung für das Erreichen der sexuellen Handlung erfasst" werden),[807] was mit Blick auf

---

803 BGH, Urt. v. 13.02.2019 – 2 StR 301/18, Rn. 28.

804 BGH, Urt. v. 13.02.2019 – 2 StR 301/18, Rn. 28.

805 BGH, Urt. v. 13.02.2019 – 2 StR 301/18, Rn. 29 m.w.N.

806 BGH, Urt. v. 13.02.2019 – 2 StR 301/18, Rn. 22 mit Verweis auf den Duden, Bd. 10, 4. Aufl., S. 157.

807 BGH, Urt. v. 13.02.2019 – 2 StR 301/18, Rn. 29.

den Wortlaut sowie die Bedeutung des Wortes laut Duden naheliegt und überzeugt.[808]

Bezüglich des Verhältnisses zwischen § 177 I StGB und § 177 II Nr. 3 StGB
konstatiert der BGH dann aber überzeugend, dass es zumeist – und so auch in
der dem Urteil zugrundeliegenden Konstellation – zunächst zu einem überraschenden Angriff i.S.v. § 177 II Nr. 3 StGB kommen wird und sodann, nachdem das Opfer Zeit hatte, einen entgegenstehenden Willen zu bilden und diesen zu äußern, eine weitere sexuelle Handlung des*der Täters*Täterin unter
§ 177 I StGB fällt.[809] Soweit beide Einzelakte allerdings eine natürliche
Handlungseinheit bilden, stellt der Senat zutreffend fest, dass insoweit nur auf
einen einzelnen sexuellen Übergriff nach § 177 I StGB zu erkennen ist.[810] Zu
Recht hebt er damit insofern das Urteil des Tatgerichts auf.

Leider äußert sich der BGH im vorliegenden Fall nicht zu der Frage, die im
dogmatischen Teil dieser Arbeit erörtert wurde und die auch die vorliegende
Tatkonstellation berührt: Weshalb hier nicht bereits § 177 III Nr. 1 StGB einschlägig ist, wenn doch die Geschädigte aufgrund der überraschenden Handlung des Angeklagten nicht dazu in der Lage war, einen entgegenstehenden
Willen zu äußern. Nahe liegt es hier, in § 177 II Nr. 3 StGB einen Spezialfall
des § 177 III Nr. 1 StGB zu sehen. Dem Gesetzgeber wäre insofern allerdings
anzuraten, dies im Gesetzeswortlaut klarzustellen, indem er beide Tatvarian-
ten in derselben Nummer regelt, zum Beispiel dergestalt:

[...] wenn

*1. der Täter ausnutzt, dass die Person aufgrund der Ausnutzung eines Über-
raschungsmoments oder sonst nicht in der Lage ist, einen entgegenstehenden
Willen zu bilden oder zu äußern, [...].*

1.2.8 Achter Problemkreis: § 177 V Nr. 1 StGB – Erforderlichkeit eines Finalzusammenhangs zwischen Gewaltanwendung und sexueller Handlung

Der BGH hat sich ebenfalls zu der viel diskutierten Frage geäußert, ob § 177
V Nr. 1 StGB weiterhin einen Finalzusammenhang zwischen der Gewaltan-

---

808 Ebenso *Hoven*, NStZ 2020, 578, 581.
809 BGH, Urt. v. 13.02.2019 – 2 StR 301/18, Rn. 34.
810 BGH, Urt. v. 13.02.2019 – 2 StR 301/18, Rn. 35.

wendung und der sexuellen Handlung voraussetzt. Einige Stimmen in der Literatur hatten dies trotz des eindeutig geänderten Wortlauts und der anderslautenden Gesetzesbegründung gefordert.

Im zugrundeliegenden Fall stritt der Angeklagte mit seiner Freundin zunächst, verschloss sodann die Wohnungstür, nahm den Schlüssel an sich und schlug diese sodann. Seine Freundin verlor daraufhin kurzzeitig das Bewusstsein, woraufhin der Angeklagte beschloss, an ihr den zuvor durch sie bereits abgelehnten Analverkehr durchzuführen. Sie kam indes wieder zur Besinnung, als der Angeklagte sie gerade am Analbereich mit der Hand „pênetrierte".[811]

Zunächst einmal merkt der Senat an, dass der Begriff der „Penetration" vom Landgericht offenbar unpräzise gebraucht wurde, da dieser bereits einen Eindringungserfolg nahelege, welcher aber nach den weiteren Feststellungen gerade ausblieb.[812] Derartige Unsauberkeiten im Sprachgebrauch sind dringend zu vermeiden, da es gerade im Sexualstrafrecht doch maßgeblich auf den exakten Grad der körperlichen Einwirkung ankommt und missverständliche Formulierungen zu Unklarheiten bezüglich der Erfüllung des Tatbestands führen können. Der Senat erkennt dies zutreffend und legt den Begriff des „Penetrierens" sodann anders aus.

Zum hier maßgeblichen Problemkreis äußert sich der Senat in dem Beschluss ebenso deutlich: Aufgrund des Wortlauts der Vorschrift, der Entstehungsgeschichte, systematischer Erwägungen sowie aufgrund einer teleologischen Auslegung schließt er sich der – auch hier vertretenen – Ansicht an, die keinen Finalzusammenhang für die Verwirklichung des Qualifikationstatbestands mehr voraussetzt.[813] Es ist davon auszugehen, dass dies somit zukünftig als herrschende Meinung gelten wird.[814]

Im konkreten Fall ergab sich für den Senat die Verwirklichung des Qualifikationstatbestands daraus, dass der Angeklagte während des sexuellen Übergriffs die Wohnungstür verschlossen hielt und die Geschädigte so weiterhin an einer Flucht hinderte.[815] Nicht strafschärfend in diesem Sinne würdigte der Senat demgegenüber die vorangegangenen Gewaltanwendungen, die zur Herbeiführung der Bewusstlosigkeit führten, da diese noch vor Versuchsbeginn

---

811 BGH, Beschl. v. 10.10.2018 – 4 StR 311/18, Rn. 6 f.
812 BGH, Beschl. v. 10.10.2018 – 4 StR 311/18, Rn. 13.
813 BGH, Beschl. v. 10.10.2018 – 4 StR 311/18, Rn. 20 ff.
814 Zustimmend auch *Hoven*, NStZ 2020, 578, 583.
815 BGH, Beschl. v. 10.10.2018 – 4 StR 311/18, Rn. 34.

des sexuellen Übergriffs stattgefunden hätten, womit die Gewalt nicht „gegenüber dem Opfer" des sexuellen Übergriffs stattgefunden habe.[816]

Es ist allerdings durchaus mit Kritik durch die Literatur zu rechnen. So schreibt *El-Ghazi* bereits in seiner Urteilsanmerkung, dass die Lösung des BGH erneut Schutzlücken offen ließe, die durch die Reform eigentlich geschlossen werden sollten: Indem der Senat nur Gewaltanwendungen zwischen Versuchsbeginn und Beendigungsphase strafschärfend zulässt, sind Gewaltanwendungen in der Vorphase, die sich der*die Täter*in sodann für die erst später in den Vorsatz aufgenommene sexuelle Handlung gegen den Willen des Opfers zunutze macht, erneut nicht von der Qualifikation erfasst – wie der oben genannte Fall anschaulich beweist.[817] *El-Ghazi* schlägt daher vor, zumindest ein „weicheres Verbindungselement" ähnlich der raubspezifischen Einheit in § 249 StGB zu fordern, was bedeuten würde, dass es ausreicht, wenn das Opfer vom*von der Täter*in erkannt in seiner Verteidigungsfähigkeit aufgrund der zuvor angewendeten Gewalt eingeschränkt ist.[818] Dies stellt mit Blick auf die gesetzgeberische Intention wohl eine praktikable Lösung dar. Es bleibt abzuwarten, wie sich die Rechtsprechung hierzu zukünftig positionieren wird.

1.2.9 Neunter Problemkreis: Strafzumessung im Allgemeinen und das Regelbeispiel der Vergewaltigung im Besonderen

Die Strafzumessung im Sexualstrafrecht erscheint aufgrund der weiten Formulierung des § 46 StGB[819] anfällig dafür, ein weiteres Einfallstor für (überholte) gesellschaftliche Vorstellungen, insbesondere von Vergewaltigungsmythen und Geschlechterstereotypen, zu sein. Ob, wie häufig und in welchem Ausmaß diese tatsächlich Einzug in die Strafzumessung finden und somit direkten Einfluss auf die Strafe des*der Täters*Täterin haben, übersteigt den Rahmen dieser Untersuchung. Nicht unerwähnt bleiben sollen aber zwei Entscheidungen des BGH, in welchen sich dieser erfreulicherweise im Rahmen von *obiter dicta* ausdrücklich gegen zwei von der Vorinstanz berücksichtigte strafmildernde Aspekte ausgesprochen hat: Im ersten Fall merkte der Senat an, dass der Angeklagte keine Strafmilderung aufgrund der Tatsache, dass es sich um eine „beidseitig verschuldete Beziehungstat" gehandelt habe, für sich

---

816 BGH, Beschl. v. 10.10.2018 – 4 StR 311/18, Rn. 27 f.
817 *El-Ghazi*, jurisPR-StrafR 2019, 1 ff.
818 *El-Ghazi*, jurisPR-StrafR 2019, 1 ff.,; a.A. *Hoven*, NStZ 2020, 578, 583.
819 *Kinzig* in Schönke/Schröder/StGB (2019), § 46 Rn. 1.

beanspruchen könne, soweit dieser ausweislich der Feststellungen die Vergewaltigung begangen habe, um seine damalige Partnerin für ihre Trennungsab-
sichten und für die Versendung von Nacktbildern an einen anderen Mann zu
bestrafen.[820] Im zweiten Fall konstatierte der BGH, dass bei einer Verurteilung wegen Vergewaltigung bei dem Umstand, dass die geschädigte Zeugin
Sexarbeiterin ist, nicht um einen solchen handelt, der zugunsten des Angeklagten strafmildernd berücksichtigt werden darf.[821] Hieraus sei nämlich nicht
der Schluss zu ziehen, dass die Zeugin grundsätzlich zu sexuellen Handlungen
bereit gewesen sei; zur Begründung dieser Ansicht verweist der Senat im Wesentlichen auch auf die Intentionen der Sexualstrafrechtsreform von 2016.[822]
Eine andere Behandlung von Sexarbeiterinnen sei mit dem unterschiedslos
erstrebten Schutz der sexuellen Selbstbestimmung nicht vereinbar.[823] Dem
kann nur uneingeschränkt zugestimmt werden.

Im Sexualstrafrecht stellt sich innerhalb der Strafzumessung insbesondere das
Problem der Anwendung des Regelbeispiels der Vergewaltigung. Bereits im
dogmatischen Teil dieser Arbeit wurde die mit der Reform verbundene erhebliche normative Erweiterung des Bereichs des besonders schweren Falls des
§ 177 StGB erörtert. Durch die Aufnahme des § 177 I StGB als Grundtatbestand ohne Nötigungselement ist auch die Strafschärfung der Vergewaltigung
erheblich erweitert worden. Es wurde bereits dargelegt, dass dies in Einzelfällen zu ungerechten und zu harten Ergebnissen führen kann. Im oben bereits
erörterten Fall des AG Tiergartens hatte sich das Gericht mit ebendieser Problematik zu befassen. Da es den Tatbestand des § 177 I StGB aufgrund des Ab-
ziehens des Kondoms und der sodann ungeschützten Fortführung des Geschlechtsverkehrs – nach der hier vertretenen Ansicht zu Recht – bejahte,
stand das Gericht sodann vor der Frage, ob ein besonders schwerer Fall in
Form des Regelbeispiels der Vergewaltigung gem. § 177 VI S. 2 Nr. 1 StGB
gegeben war. Das Gericht tat sich hiermit merklich schwer, lehnte die Regel-
wirkung sodann aber ausnahmsweise aufgrund der in der Gesamtschau für den
Angeklagten sprechenden strafzumessungsrelevanten Umstände ab.[824] Insbesondere führte es für den Angeklagten ins Feld, dass der Beischlaf, also das
Eindringen, grundsätzlich einvernehmlich vollzogen wurde, und der Fall so-

820 BGH, Beschl. v. 21.06.2022 – 5 StR 137/22.
821 BGH, Beschl. v. 09.08.2022 – 6 StR 279/22.
822 BGH, Beschl. v. 09.08.2022 – 6 StR 279/22.
823 BGH, Beschl. v. 09.08.2022 – 6 StR 279/22.
824 AG Tiergarten, Urt. v. 11.12.2018 – (278 Ls) 284 Js 118/18, Rn. 39 ff.

mit erheblich von den „üblicherweise unter § 177 VI S. 2 Nr. 1 StGB zu subsumierenden Sachverhalten" abwiche.[825] Dem Ergebnis dieser Prüfung ist zwar durchaus zuzustimmen,[826] dennoch widerspricht diese Abweichung doch erheblich der neugefassten Systematik des Tatbestands – überzeugender und systematisch sauberer wäre es daher gewesen, wie bereits im dogmatischen Teil empfohlen, diesen Fall (und auch ähnlich gelagerte Fälle) über das zusätzliche Merkmal der „besonderen Erniedrigung" zu regeln. Eine besondere Erniedrigung wäre hier unproblematisch aufgrund des grundsätzlich gegebenen Einverständnisses in sexuelle Handlungen, die auch mit dem Eindringen in den Körper verbunden sein sollten, ablehnbar gewesen.

Auf diese Art und Weise (und somit überzeugender) begründete auch das LG Bamberg im oben erläuterten Fall den Verzicht auf die Anwendung des Regelbeispiels trotz Eindringen des Angeklagten mit dem Penis in den Mund der Geschädigten: Eine besondere Erniedrigung liege hiernach nur vor, wenn das Opfer unter Missachtung der Menschenwürde durch die sexuelle Handlung zum Objekt degradiert wird, was im vorliegenden Fall aufgrund der besonderen Umstände (nur sehr kurzes Eindringen in den Mund der Geschädigten, kein weiterer Körperkontakt, keine Ejakulation, aktive Mitwirkung der Geschädigten) nicht gegeben sei.[827] Insgesamt erscheint das Ergebnis des LG Bamberg durchaus vertretbar, jedoch hätte, wie bereits oben kurz erwähnt, auf den Hinweis der aktiven Mitwirkung der Geschädigten hier verzichtet werden müssen. Dies einerseits nicht als strafbarkeitsausschließend, da vom Tatbestand ausdrücklich erfasst, dann aber doch als strafmildernd zu berücksichtigen, erscheint systemwidrig.

1.2.10 Zehnter Problemkreis: Beweiswürdigung bei Aussage-gegen-Aussage-Konstellationen

Zuletzt soll der größte Problemkreis untersucht werden: die Frage nach der Beweiswürdigung in den nicht selten anzutreffenden Aussage-gegen-Aussage-Situationen vor Gericht. Dies wurde von nahezu allen Reformkritiker*innen als Gegenargument genannt, indes auch schon vor der Reform im Sexualstrafrecht als generelles Problem angesehen.

Wie verhält sich in der Praxis nunmehr die Beweiswürdigung in derartigen Fällen, in denen der Angeklagte entweder bereits ganz pauschal die sexuellen

825 AG Tiergarten, Urt. v. 11.12.2018 – (278 Ls) 284 Js 118/18, Rn. 41.
826 So wohl auch *Hoven*, NStZ 2020, 578, 584.
827 LG Bamberg, Az. 33 KLs 1105 Js 520/17, S. 56 ff.

Handlungen bestreitet oder indes im Gegensatz zur geschädigten Person behauptet, diese hätten in gegenseitigem Einvernehmen stattgefunden?

Untersucht wurden hierfür sowohl Urteile, in denen das Gericht letztlich den Angaben des Opfers gefolgt und den Angeklagten wegen § 177 StGB verurteilt hat, als auch solche, in denen der Angeklagte vom Tatvorwurf freigesprochen wurde.

1.2.10.1 Beweiswürdigung bei Verurteilungen

Ein sehr ausführliches und für die Problemstellung äußerst interessantes Urteil sprach das LG Bremen.[828] Die Aussagen des Angeklagten und der Geschädigten widersprachen sich hier insoweit, als der Angeklagte behauptete, der Sexualverkehr sei einvernehmlich und sogar auf Initiative der Geschädigten geschehen, während die Geschädigte angab, ihren entgegenstehenden Willen von vornherein durch Worte und konkludentes Verhalten (Weinen, Schreien, Ausweichen der sexuellen Handlung) kundgetan zu haben. Da – wie so häufig in derartigen Fällen – keine Zeug*innen zugegen waren, ist es interessant, zu untersuchen, auf welche Beweise das Gericht die Verurteilung des Angeklagten sodann stützte. Dies waren die folgenden:[829]

- Widersprüche innerhalb der Aussage des Angeklagten, weshalb seine Angaben als bloße Schutzbehauptungen qualifiziert wurden,[830]

- demgegenüber Aussagekonsistenz der Nebenklägerin sowie die Tatsache, dass sie auch Umstände preisgab, die den Angeklagten entlasteten und sie selbst in ein eher negatives Licht rückten,[831] zudem der geringe Belastungseifer, den sie an den Tag legte,[832] sowie die Tatsache, dass sie auch zugab, wenn sie bezüglich einzelnen Details des Geschehens unsicher war oder Erinnerungslücken hatte.[833] Zudem wurden Rache- oder Hassgefühle als etwaige Motive für eine Falschbelastung aufgrund des Kennenlernens der beiden erst am Tatmorgen ausgeschlossen,[834]

---

828 LG Bremen, Urt. v. 03.07.2018 – 5 KLs 160 Js 900016/17.
829 Vgl. zur Beweiswürdigung: LG Bremen, Urt. v. 03.07.2018 – 5 KLs 160 Js 900016/17, S. 184 ff.
830 LG Bremen, Urt. v. 03.07.2018 – 5 KLs 160 Js 900016/17, S. 188.
831 LG Bremen, Urt. v. 03.07.2018 – 5 KLs 160 Js 900016/17, S. 190.
832 LG Bremen, Urt. v. 03.07.2018 – 5 KLs 160 Js 900016/17, S. 201.
833 LG Bremen, Urt. v. 03.07.2018 – 5 KLs 160 Js 900016/17, S. 202.
834 LG Bremen, Urt. v. 03.07.2018 – 5 KLs 160 Js 900016/17. S. 202.

- die „allgemeine Lebenserfahrung"[835] sowie „allgemein bekannte Tatsachen"[836], mittels derer die Logik der Erzählung der Geschädigten im Gegensatz zu der des Angeklagten bewiesen wurde sowie

- objektive Indizien wie die medizinische Untersuchung der Geschädigten und ein Biss am Unterarm des Angeklagten, der ihre Aussage hierüber stützte.[837]

Ebenfalls gegensätzliche Angaben zum Tatgeschehen, vor allem in Bezug auf das Vorliegen bestimmter sexueller Handlungen ganz grundsätzlich und im Besonderen bezüglich eines gegebenen Einverständnisses, weist ein anderes Urteil des LG Bremen auf.[838] Hier zog das Gericht zur Beweiswürdigung folgende Beweismittel heran:

- die Konsistenz und Widerspruchsfreiheit der Aussage der Geschädigten, der mangelnde Belastungseifer sowie die Tatsache, dass sie auch Aussagen machte, die sie selbst in ein schlechtes Licht rücken könnten.[839]

- demgegenüber Inkonsistenz und Widersprüchlichkeit der Angaben des Angeklagten,[840]

- der erkennbare „Erlebnisbezug" der Aussage der Geschädigten[841] sowie allgemein die „Glaubhaftigkeit" ihrer Angaben,

- objektive Tatsachen wie Beschmutzung der Kleidung der Geschädigten,[842] die forensische Untersuchung[843] sowie die Aussage des Sachverständigen über die Interpretation der Ergebnisse dieser Untersuchung,[844]

- der Eindruck, den Vernehmungsbeamte sowie die Gynäkologin von der Geschädigten gewannen[845] sowie

---

835 LG Bremen, Urt. v. 03.07.2018 – 5 KLs 160 Js 900016/17, S. 191.
836 LG Bremen, Urt. v. 03.07.2018 – 5 KLs 160 Js 900016/17, S. 188.
837 LG Bremen, Urt. v. 03.07.2018 – 5 KLs 160 Js 900016/17, S. 192.
838 LG Bremen, Urt. v. 02.08.2018 – 3 KLs 190 Js 3265/18 (8/18).
839 LG Bremen, Urt. v. 02.08.2018 – 3 KLs 190 Js 3265/18 (8/18), S. 12.
840 LG Bremen, Urt. v. 02.08.2018 – 3 KLs 190 Js 3265/18 (8/18), S. 19.
841 LG Bremen, Urt. v. 02.08.2018 – 3 KLs 190 Js 3265/18 (8/18), S. 13.
842 LG Bremen, Urt. v. 02.08.2018 – 3 KLs 190 Js 3265/18 (8/18), S. 13.
843 LG Bremen, Urt. v. 02.08.2018 – 3 KLs 190 Js 3265/18 (8/18), S. 15 f.
844 LG Bremen, Urt. v. 02.08.2018 – 3 KLs 190 Js 3265/18 (8/18), S. 16.
845 LG Bremen, Urt. v. 02.08.2018 – 3 KLs 190 Js 3265/18 (8/18), S. 14.

- ausnahmsweise tatsächlich neutrale Dritte als Zeug*innen, welche allerdings angaben, es habe aus einiger Ferne und im Vorbeifahren nach einem einvernehmlichen Geschlechtsverkehr ausgesehen.[846] Bemerkenswert ist hier, dass das Gericht die Aussage der Geschädigten offenbar als derart glaubhaft ansah, dass die Zeugenaussage „dem Wahrheitsgehalt der Angaben der Nebenklägerin nicht entgegen"[847] stünden.

1.2.10.2 Beweiswürdigung bei Freisprüchen

In Fällen, in denen die Gerichte aufgrund mangelnder Beweisbarkeit nicht mit der erforderlichen Sicherheit ein Geschehen gegen den erkennbaren Willen der geschädigten Person feststellen konnten, ist leider häufig nur wenig hierzu zu lesen. So begnügen sich die Richter*innen leider häufig mit dem Hinweis auf die mangelnde Beweisbarkeit des vorgetragenen Tatgeschehens[848] ohne nähere Begründung dessen oder mit dem schlichten Hinweis, die Aussage des*der Angeklagten „konnte nicht widerlegt werden"[849]. Ansonsten wird zumeist, soweit objektive Beweismittel wie so oft fehlen, auf die Unglaubwürdigkeit, Inkonsistenz und Widersprüchlichkeit der Aussage der geschädigten Person verwiesen.[850]

Gerade in Fällen, in denen Freisprüche aufgrund der (angeblich) unwiderlegbaren Einlassung des*der Angeklagten, den entgegenstehenden Willen der*des Geschädigten nicht erkannt und daher auch nicht billigend in Kauf genommen zu haben (mangelnder subjektiver Tatbestand) ist die Betrachtung der Beweiswürdigung, wie im theoretischen Teil dieser Arbeit bereits ausführlich dargelegt, interessant.

Ein Urteil des LG Stralsunds, welches den Angeklagten im folgenden Fall vom Vorwurf der Vergewaltigung freisprach, wurde gerade wegen unzureichender Beweiswürdigung innerhalb des subjektiven Tatbestands vom BGH aufgehoben:

Zum Sachverhalt: In der von Streitereien und Gewalttätigkeiten beherrschten Beziehung zwischen der Geschädigten und dem Angeklagten kam es zu einem

---

846 LG Bremen, Urt. v. 02.08.2018 – 3 KLs 190 Js 3265/18 (8/18), S. 18.
847 LG Bremen, Urt. v. 02.08.2018 – 3 KLs 190 Js 3265/18 (8/18), S. 18.
848 So zum Beispiel AG Bremen, Urt. v. 04.04.2019, 85 Ls 150 Js 5735/17 (23/17).
849 LG Bremen, Urt. v. 07.05.2019 – 1 KLs 190 Js 49024/18 (4/19); ebenso LG Frankfurt a.M., 5/31 KLs – 4781 Js 248051/16 (1/17), S. 8.
850 So AG Frankfurt a.M., 901 Ds – 4871 Js 247491/17; ebenfalls AG Frankfurt a.M., 953 Ls 4781 Js 229099/16, S. 15.

Streit, innerhalb dessen der Angeklagte seine Freundin mit den Worten „Be-friedige mich! Befriedige mich!" und der Drohung, dass er ihr im Weige-rungsfall „alle Knochen breche" zur Vornahme von Oralverkehr aufforderte, welcher diese sodann aus Angst ohne Gegenwehr und Äußerung des entge-genstehenden Willens nachkam.[851]

Der Angeklagte ließ sich zum Tatvorwurf dahingehend ein, dass er von einer einverständlichen Vornahme des Oralverkehrs ausgegangen war – eine Ein-lassung, der das LG Stralsund aufgrund der Tatsache, dass die Geschädigte innerhalb der Beziehung schon mehrmals in Folge von Aufforderungen, die „mehr oder weniger rüde" waren, Oralverkehr am Angeklagten vorgenommen habe, Glauben schenkte und daher folgte.[852] Vollkommen zu Recht wurde diese Würdigung des äußeren Tatgeschehens vom BGH als rechtlich unzu-reichend zurückgewiesen: Für eine derartige Würdigung hätte das LG „aussa-gekräftigere Anhaltspunkte im äußeren Tatgeschehen" anführen müssen, allen voran aufgrund der Tatsache, dass der Angeklagte in diesem Fall, anders als in vorangegangenen ähnlich gelagerten Situationen, tatsächlich eine Körper-verletzung im Weigerungsfall angedroht hatte.[853] Dem ist uneingeschränkt zu-zustimmen. Der BGH bekräftigt hiermit die hohen Anforderungen an die Be-weiswürdigung auch innerhalb des subjektiven Tatbestands, mittels derer Schutzbehauptungen effektiv begegnet werden, aber auch dem *in dubio pro reo*-Grundsatz ausreichend Rechnung getragen werden kann – immerhin rügt der BGH hier nicht grundsätzlich das Stützen des Freispruchs auf die den Tat-vorwurf bestreitende Einlassung des Angeklagten, sondern vielmehr nur de-ren Beweiswürdigung im Rahmen von § 261 StPO.

1.2.10.3 Fazit zur Beweiswürdigung

Zusammenfassend kann also gesagt werden, dass in erster Linie nach wie vor die Glaubwürdigkeit der beteiligten Personen sowie Glaubhaftigkeit, Konsis-tenz, Stringenz und Erlebnisfundiertheit der Aussagen maßgeblich sind, so-weit keine objektiven Beweismittel wie etwa Spuren durch gynäkologische Untersuchungen vorliegen. In der Gesamtschau erscheint diese Vorgehens-weise geeignet, die Wahrheitsfindung zu gewährleisten und weder den *in du-bio pro reo*-Grundsatz zu verletzen, noch die Aussagen der geschädigten Per-sonen pauschal als unglaubhaft zu kategorisieren. Die Gerichte scheinen

851 Sachverhalt vor dem LG Stralsund, nach Angaben des BGH, Urt. v. 26.08.2020 – 6 StR 100/20 –, Rn. 6.
852 LG Stralsund, Urt. v. 22.11.2019, 22 KLs 16/19, S. 14.
853 BGH, Urt. v. 26.08.2020 – 6 StR 100/20 –, Rn. 14.

durchaus sensibel mit der schwierigen Beweiswürdigung umzugehen. Teilweise ist zu beobachten, dass die erstinstanzliche Beweiswürdigung, gerade innerhalb des subjektiven Tatbestands, noch defizitär vorgenommen wird. Ein Mangel, der vom BGH aber häufig erkannt wird, welcher sodann durchaus tragfähige, der Wahrheitsfindung dienliche Leitlinien für die Beweiswürdigung aufstellt und diese den Amts- und Landgerichten für zukünftige Fälle mit auf den Weg gibt.

Ob in diesen Fragen ergänzend Aussagepsycholog*innen herangezogen wurden, ist aus den analysierten Urteilen leider nicht ersichtlich. Dies wäre allerdings vor allem in den Fällen anzuraten, in denen keine objektiven Tatsachen als Beweismittel herangezogen werden können, welche dann die Glaubwürdigkeit der einen oder der anderen Partei stützen können.

1.2.11 Exkurs: Auslegung des Merkmals „in sexuell bestimmter Weise" nach § 184i StGB bei ambivalenten Handlungen

§ 184i StGB ist auf dogmatischer Ebene vielerlei Bedenken ausgesetzt. Zu der in der Literatur – und auch in dieser Arbeit – bislang am häufigsten diskutierten Frage nach der Auslegung des Merkmals der *sexuellen Bestimmung* der Handlung hat nunmehr auch die Rechtsprechung in verschiedenen Urteilen Stellung bezogen. Da sich bei der Annäherung an diese Frage, wie oben bereits erläutert, schematische Einordnungen verbieten sollten, ist hier eine sensible Einzelfallbetrachtung unabdingbar. Dennoch können solche Urteile eine Indizwirkung für künftige, ähnliche Fälle entfalten. Insofern erscheinen die Betrachtung der Urteile und die Herausarbeitung einer einheitlichen Linie lohnend.

Bereits recht bald nach Einführung der neuen Norm fällte der BGH ein Grundsatzurteil bezüglich dieser Frage. Nach Erläuterung der verschiedenen in der Literatur existierenden und auch hier bereits erörterten Meinungen schloss der Senat sich der Auffassung an, die die Grundsätze des § 184h StGB auf diese Frage übertragen will; demnach kann eine Berührung sowohl objektiv, also nach dem äußeren Erscheinungsbild, als auch subjektiv nach den Umständen des Einzelfalls sexuell bestimmt sein, wobei es nicht ausreicht, dass die Handlung allein nach der subjektiven Vorstellung des*der Täters*Täterin sexuellen Charakter hat.[854]

---

854 BGH, Beschl. v. 13.03.2018 – 4 StR 570/17 Rn. 27 f; eine Besprechung hierzu findet sich bei *Pohlreich*, HRRS 2019, 16 ff.; ebenso BGH Beschl. v. 06.05.2020 – 2 StR 543/19 Rn. 17.

Daraus folgerte der BGH sodann, dass eine Berührung bereits dann als *sexuell bestimmt* gelten soll, wenn sie objektiv einen Sexualbezug aufweist. Aber auch von außen ambivalente Handlungen können sexuell bestimmt sein, wenn der*die Täter*in „von sexuellen Absichten geleitet" war.[855] Um letztere objektivierbar zu machen, konstatiert der BGH, dass hierzu zum Beispiel die Berührung flankierende Äußerungen des Berührenden gegenüber dem Opfer zu Rate gezogen werden können.[856]

Diese Betrachtung erscheint mit Blick auf Art. 103 II GG verfassungsrechtlich unbedenklich[857] und sinnvoll. Dennoch lässt sie freilich einen großen Beurteilungsspielraum für Einzelfälle zu. Es erscheint daher wenig verwunderlich, dass darauffolgende unterinstanzliche Urteile auf die Rechtsprechung des BGH verweisen, sodann aber trotzdem noch ein beachtliches Maß an Begründung für ihr Urteil im Einzelfall liefern müssen.

So hatte sich das OLG Hamm mit einem Fall zu befassen, in dem der Angeklagte der Geschädigten, die er zuvor bereits beleidigt hatte, in einem vollen Zug mit seiner Hand ihr bekleidetes Knie berührte und diese dort für eine nicht unerhebliche Zeit liegen ließ. Dabei behauptete er anderen Mitfahrenden gegenüber, es handele sich bei dem Opfer um seine Frau.[858] Das erstinstanzliche Landgericht urteilte, dass es sich bei ebendieser Berührung des bekleideten Knies um eine Berührung *in sexuell bestimmter Weise* gem. § 184i StGB handele.[859] Dem widerspricht das OLG Hamm. Zugrunde legt das OLG dabei die oben genannten Grundsätze des BGH bezüglich ambivalenter Handlungen – als eine solche ist die Berührung des bekleideten Knies ganz offensichtlich anzusehen, da diese nicht bereits objektiv ohne Hinzutreten weiterer Umstände einen Sexualbezug aufweist. Aufgrund des Bestimmtheitsgebots fordert das OLG zumindest eine Vergleichbarkeit der Handlung mit ebenjenen, die der Gesetzgeber in der Gesetzesbegründung dargelegt hat.[860] Im Weiteren setzt sich das OLG ausführlich mit der Frage auseinander, ob dies der Fall ist, und ob die flankierende Äußerung, bei der Geschädigten handele es sich um „seine Frau" die sexuelle Bestimmung der Berührung begründen könnte, und kommt schlussendlich zu der gegenteiligen Auffassung.[861] Dies ist insgesamt mit Blick auf den *ultima ratio*-Grundsatz und eine Gefahr der Ausuferung des

855 BGH, Beschl. v. 13.03.2018 – 4 StR 570/17 Rn. 35.
856 BGH, Beschl. v. 13.03.2018 – 4 StR 570/17 – Rn. 34.
857 A.A. *Pohlreich*, HRRS 2019, 16, 17.
858 OLG Hamm, Beschl. v. 31.01.2019 – 4 RVs 1/19 –, Rn. 4.
859 LG Detmold, 22 Ns 149/17.
860 OLG Hamm, Beschl. v. 31.01.2019 – 4 RVs 1/19 –, Rn. 13.
861 OLG Hamm, Beschl. v. 31.01.2019 – 4 RVs 1/19 –, Rn. 14 ff.

Tatbestands zu begrüßen. Das Gericht zeigt hier, dass der Tatbestand durch sensible Auslegung und Einzelfallabwägung unter Einbeziehung aller Umstände des Einzelfalles mit dem Bestimmtheitsgebot durchaus vereinbar ist.

In einem anderen Fall vor dem LG Stuttgart berührte der Angeklagte in einem Freizeitbad die minderjährige Geschädigte mit seiner Wade an ihrem Bein. Beide Körperteile waren aufgrund des Aufenthalts in einem Schwimmbad unbekleidet.[862] Der Angeschuldigte gab hierzu an, er habe mit seinem Freund in dem Becken herumgetollt und sei dabei versehentlich gegen das Bein der Geschädigten gekommen.[863] Auch hier stellte sich die Frage nach der sexuellen Bestimmtheit der nach der Beweisaufnahme feststehenden Berührung. Das LG zitiert hier ebenfalls die Rechtsprechung des BGH und bezeichnet diese als „gemischt objektiv-subjektive Auslegung".[864]

Zunächst befasst sich das LG sodann mit der Frage, ob die Berührung hier aus objektiven Gesichtspunkten bereits einen sexuellen Bezug aufweist. Hierzu arbeitet es mit der hier ebenfalls bereits aufgeworfenen Frage danach, ob die Berührung typischerweise eine Intimbeziehung voraussetze oder ob sich die sexuelle Bestimmtheit bereits aus der Bedeutung der berührten Körperstelle ergebe; beides verneint das LG sodann nachvollziehbar.[865] Hierbei setzt es sich sensibel mit allen möglichen Herangehensweisen an diese Frage auseinander, vergleicht die in Frage stehende Berührung mit den in den Gesetzesmaterialien aufgeführten Berührungen und zieht die genauen Umstände des Einzelfalls in Betracht (so vor allem die Tatsache, dass sich der Vorfall im Schwimmbad ereignete und es dort sozialadäquat sei, dass die Beine unbekleidet sind).[866] Letztlich kommt es überzeugend zu dem Ergebnis, dass hier keine objektiven Anhaltspunkte für einen Sexualbezug vorliegen. Auch nach der Formel, die der BGH aufgestellt hat, sieht das LG hier zu Recht kein anderes Ergebnis, da dem Angeschuldigten eine sexuelle Absicht nicht einmal durch die Staatsanwaltschaft zur Last gelegt wurde.[867] Auch nach einer teilweise vertretenen rein subjektiven Auslegung des Merkmals konnte das Gericht daher keinen Sexualbezug feststellen.[868] Der Angeklagte wurde folglich vom Gericht freigesprochen.

---

862 LG Stuttgart, Beschl. v. 10.09.2019 – 3 Qs 17/19 jug –.
863 LG Stuttgart, Beschl. v. 10.09.2019 – 3 Qs 17/19 jug – Rn. 20.
864 LG Stuttgart, Beschl. v. 10.09.2019 – 3 Qs 17/19 jug – Rn. 15.
865 LG Stuttgart, Beschl. v. 10.09.2019 – 3 Qs 17/19 jug – Rn. 16 f.
866 LG Stuttgart, Beschl. v. 10.09.2019 – 3 Qs 17/19 jug – Rn. 21.
867 LG Stuttgart, Beschl. v. 10.09.2019 – 3 Qs 17/19 jug – Rn. 24.
868 LG Stuttgart, Beschl. v. 10.09.2019 – 3 Qs 17/19 jug – Rn. 28.

Insgesamt ist auch dieses Urteil als sehr differenziert zu bezeichnen. Die vom BGH aufgestellten Grundsätze werden nicht blind übernommen, sondern nach allen möglichen in der Literatur kursierenden Meinungen in den Blick genommen und sodann nach den Umständen des spezifischen Einzelfalls entschieden.

Dennoch kann insgesamt nach Betrachtung der vorliegenden Urteile festgestellt werden, dass eine Ausuferung des Tatbestands bislang offensichtlich verhindert und die Norm durchaus verfassungskonform ausgelegt werden kann.

1.2.12 Zusammenfassung

Die Betrachtung der ersten Urteile im Bereich des neuen Sexualstrafrechts lassen zwar an verschiedenen Stellen noch einige Unsicherheiten im Umgang mit den neuen Tatbestandsmerkmalen erkennen, doch ist insgesamt ein positives erstes Bild zu verzeichnen.[869] Bedenkliche Urteile wurden vom BGH aufgehoben und konnten so korrigiert werden. Größere Schwierigkeiten bestehen allerdings in Bezug auf die Sorgfalt bei der Prüfung der einzelnen Tatbestandsmerkmale. Insbesondere die saubere Trennung zwischen objektivem und subjektivem Tatbestand des § 177 I StGB lässt in fast allen sich damit beschäftigen Urteilen erheblich zu wünschen übrig. Das ist – wie oben näher ausgeführt wurde – als problematisch zu erachten. Ebenfalls kritisiert werden muss insgesamt der Umgang mit ambivalentem Geschädigtenverhalten. Eine klare einheitliche Linie, die sich an objektivierbaren Merkmalen orientiert, fehlt hier bislang. Bezüglich der Umstände in § 177 II Nr. 1 und Nr. 2 StGB sollte wie gezeigt ebenfalls deutlich stärker differenziert werden, um insgesamt für Rechtssicherheit zu sorgen. Bezüglich der gerichtlichen Beweiswürdigung in den schwierigen Aussage-gegen-Aussage-Konstellationen konnte demgegenüber ein erstes vorsichtig positives Bild gewonnen werden. Das düstere Bild, das die Reformkritiker*innen von der Beweiswürdigung nach der Reform gezeichnet haben, scheint sich hier jedenfalls zunächst nicht zu bewahrheiten. Hierauf sollte aber weiterhin sensibel geachtet werden.

Vor allem der Befürchtung *Lederers,* die proklamierte, eine Glaubwürdigkeitsprüfung des Opfers sei aufgrund der zu befürchtenden kurzen Sachverhalte kaum mehr sinnvoll durchführbar,[870] scheint sich nicht zu erhärten. Es kann vielmehr festgestellt werden, dass die Sachverhalte und die vom Gericht

869 So auch, wenngleich etwas vorsichtiger formuliert, *Hoven*, NStZ 2020, 578, 586.
870 *Lederer*, StraFo 2018, 280, 283 f.

erhobenen Tatsachen sogar noch komplexer ausfallen als vor der Reform. Gerade in Fällen, in denen das Tatgeschehen selbst recht übersichtlich erschien, wurde der Sachverhalt durch Einbeziehung des Vor- und Nachtatverhaltens stets äußerst komplex. Nicht selten stützte sich das Urteil sodann auf die aus den hierzu getätigten Aussagen der beschuldigten Person und des Opfers gewonnenen Erkenntnisse bezüglich des Erlebnisbezugs.

2. Betrachtung der Kriminalstatistiken und des Dunkelfelds

Neben der vorangegangenen Analyse der ersten Urteile in der Rechtsprechung ist nunmehr ein erster Blick in die einschlägigen Kriminalstatistiken lohnend, um die Ziele und Befürchtungen, die mit der Reform 2016 in Bezug auf den neuen § 177 StGB einhergegangen sind, zu überprüfen. Intensiv betrachtet und analysiert werden sollen die Polizeiliche Kriminalstatistik (PKS) und die Strafverfolgungsstatistik (StVS) ab dem Jahr 2017, also ab dem ersten vollständigen Jahr, in dem die Reform in Kraft gewesen ist. Zudem wird aber an gegebener Stelle auch ein Blick auf die Zahlen vor Eintreten der Reform geworfen werden, um die Effekte der Reform zu überprüfen und eventuelle Unterschiede festzustellen. Zuletzt wird ein kurzer Blick in einschlägige Dunkelfeldstudien geworfen, da die Aufhellung des Dunkelfelds ein wesentliches Ziel der Reform war und die Kriminalstatistiken insofern nur in der Lage sind, das Hellfeld der Kriminalität abzubilden.

2.1 PKS

Betrachtet wird zunächst die PKS, insbesondere, aber nicht ausschließlich, aus den Jahren 2017 bis 2021.

2.1.1 Vorbemerkung: Ziel der Betrachtung und Aussagekraft der Zahlen

Proklamiertes Ziel der Reform waren insbesondere die Erhellung des als hoch eingeschätzten Dunkelfelds im Bereich der Sexualdelikte sowie die Erhöhung der Anzeigebereitschaft bei Opfern. Hierfür kann die Betrachtung der PKS, welche alle der Polizei bekannt gewordenen Straftaten innerhalb des Bezugsjahres erfasst, erste Indizien liefern. Es kann sich dabei nur um Indizien handeln, da die Änderungen noch relativ jung sind und die Zahlen so noch wenig aussagekräftig. Erst über die nächsten Jahre hinweg wird man sehen, ob der erste Trend, den die jetzigen Statistiken liefern, beständig bleibt. Zudem ist die Aussagekraft der PKS generell begrenzt.[871] Dies liegt allerdings vor allem daran, dass das (absolute und relative) Dunkelfeld der PKS stets verborgen bleibt. Da für diese Untersuchung aber gerade relevant ist, inwieweit Fälle aus dem Dunkelfeld ins Hellfeld gelangt sind, sprich, wie sich das Anzeigeverhalten von Opfern verändert hat, kann diese ansonsten als negativ wahrgenommene Eingeschränktheit der Statistik hier gerade fruchtbar gemacht werden. Dennoch ist zu beachten, dass aufgrund der PKS keine vorschnellen Schlüsse in Bezug auf das Gelingen oder das Scheitern der Reform gezogen werden sollten. Eine etwaige Erhöhung der in der PKS erfassten Fallzahlen kann auf vieles zurückzuführen sein: Es kann sich einerseits um „natürliche Schwankungen" handeln, andererseits kann für den Anstieg der Zahlen auch eine Strafrechtsänderung – wie für die hiesige Analyse relevant –, insbesondere eine Erweiterung der möglichen strafbaren Verhaltensweisen, die unter einen Straftatbestand subsumiert werden können, verantwortlich sein. Nicht zuletzt muss eine Erhöhung der Fallzahlen somit nicht auf die intendierte Verbesserung des Anzeigeverhaltens zurückzuführen sein, sondern kann schlicht daher rühren, dass mehr Verhaltensweisen kriminalisiert wurden, welche zuvor aufgrund mangelnder Einschlägigkeit eines Straftatbestands überhaupt nicht zur Anzeige gebracht werden konnten. Auch dies kann allerdings im Rahmen der hier betrachteten Reform als mit-intendiert angesehen werden, sodass sich die zwei mit der Reform verfolgten Anliegen – Verringerung des Dunkelfeldes und Erweiterung des strafbaren Bereichs – im Rahmen des Hellfeldes überlagern. Hier bedürfte es dringend aussagekräftiger Dunkelfeldstudien, um genauere Einschätzungen vornehmen zu können.

2.1.2 Zahlen und Interpretation

Eine erste Gegenüberstellung und ein erster Vergleich der Fallzahlen der neu eingeführten Tatbestände ist erst zwischen der PKS der Jahre 2017 und 2018 möglich. Die Jahre 2016 und 2017 sind aufgrund des zwischenzeitlichen Inkrafttretens der Strafrechtsreform nur eingeschränkt miteinander vergleichbar.[872] Dennoch ist es mit Blick auf die Zielsetzung der Reform (Erhöhung der Fallzahlen i.S.e. Erhellung des Dunkelfeldes) sinnvoll, auch einen Blick auf die Jahre unmittelbar vor Inkrafttreten ebendieser zu werfen, um zu überprüfen, ob diese Früchte trägt.

---

871 Siehe hierzu z.B. *Birkel* (2003), S. 12 ff.
872 PKS 2017, Band 4, Vorbemerkungen S. 9.

Zunächst ist ein Blick auf die Fallzahlen der Straftaten gegen die sexuelle Selbstbestimmung insgesamt zu werfen, sodann sollen die Fallzahlen einzelner Delikte einer näheren Betrachtung unterzogen werden.

2017 wurden insgesamt 56.047 Fälle von Straftaten gegen die sexuelle Selbstbestimmung erfasst, während es im Jahre 2016 demgegenüber nur 47.401 waren.[873] Derart hoch (über 50.000 erfasste Fälle) war die Anzahl erfasster Fälle zuletzt 2008, seither waren die Zahlen kontinuierlich gesunken. Wie bereits erläutert, ist dieser rasante Anstieg von 2016 auf 2017 aber zunächst vor allem auf die Neukriminalisierung bestimmter Verhaltensweisen zurückzuführen; so schlugen die neu geschaffenen Tatbestände des § 184i StGB und § 184j StGB jeweils mit 9.619 und 37 erfassten Fällen zu Buche, welche aus offensichtlichen Gründen kein Pendant im Jahre 2016 haben. Auch der § 177 I StGB n.F. (sexueller Übergriff) wurde zwischenzeitlich neu geschaffen.

Die Betrachtung der PKS ab dem Jahr 2018 erscheint somit – vor dem Hintergrund der Kontinuität der hierin erfassten Tatbestände – bereits etwas lohnender. Im Jahre 2018 wurden 63.782 Fälle von Straftaten gegen die sexuelle Selbstbestimmung registriert, was einen Anstieg um 13,8 % gegenüber 2017 darstellt.[874] 2019 wurden 69.881 Fälle registriert,[875] was einen erneuten Anstieg um 9,6 % im Vergleich zum Vorjahr bedeutet. 2020 verzeichnete die PKS 81.630 Fälle[876] und somit einen beachtlichen erneuten Anstieg um 16,8 % zum Vorjahr; 2021 stieg die absolute Fallzahl am stärksten an, und zwar um 30,7 % im Vergleich zu 2020 auf insgesamt 106.656.[877]

Mit Blick auf die Tatsache, dass unter „Straftaten gegen die sexuelle Selbstbestimmung" indes auch – und zwar zu einem nicht nur unerheblichen Teil – Delikte fallen, die in dieser Arbeit nicht thematisiert werden (allen voran der statistisch höchst relevante Fall sexuellen Missbrauchs von Kindern gem. §§ 176 ff. StGB[878]) erscheint ein Vergleich der einzelnen hier tatsächlich beforschten und analysierten Delikte sinnvoller. Betrachtet werden nunmehr also §§ 177, 178, 184i sowie 184j StGB.

---

873 PKS 2017, Band 4, 2.2 – T01.
874 PKS 2018, Band 4.
875 PKS 2019, Zeitreihen Übersicht Falltabellen, Tabelle 01.
876 PKS 2020, Zeitreihen Übersicht Falltabellen, Tabelle 01.
877 PKS 2021, Zeitreihen Übersicht Falltabellen, Tabelle 01.
878 Wie aus der PKS 2019, Zeitreihen Übersicht Falltabellen, Tabelle 01 ersichtlich, ergeben sich hier konstant hohe Fallzahlen im fünfstelligen Bereich. 2019 wurden 13.670 Fälle

Im Bereich des sexuellen Übergriffs nach §§ 177 I, II, III, IV, VII, VIII, IX StGB wurden 2017 lediglich 3.787 Fälle registriert, während es 2018, obwohl sich hier der PKS-Schlüssel leicht verändert und die Anzahl der in diesem Schlüssel abgebildeten Delikte sich leicht verringert hat (nunmehr sind Abs. 3 und 8 nicht mehr mit erfasst), 6.291, 2019 5.929, 2020 6.160 Fälle und 2021 6.238 waren.[879] Trotz der beschriebenen Verengung auf Ebene des PKS-Schlüssels ergibt sich somit von 2017 auf 2018 ein immenser Anstieg der erfassten Fälle um 66,12 %. Dies sollte indes nicht vorschnell als Erfolg in Bezug auf das Ziel der Reform, das als hoch eingeschätzte Dunkelfeld zu erhellen, gesehen werden. Es ist zu beachten, dass es sich hierbei um eine gänzliche Neukriminalisierung handelt, also um ein Verhalten, das vor 2016 noch gar nicht als Sexualdelikt bestraft werden konnte. Der sprunghafte Anstieg von 2017 auf 2018 ist wohl auf die erst junge Einführung dieser Norm zurückzuführen und auf die Tatsache, dass ein Bewusstsein in der Bevölkerung über die Neueinführung sich erst frühestens ein Jahr später relevant im Anzeigeverhalten widerspiegelt. Zudem tritt erschwerend hinzu, dass innerhalb der Zahlen von 2017 sicherlich noch einige Fälle mit Tatdatum vor Inkrafttreten der Reform enthalten sind, auf welche aufgrund von Art. 103 II GG und § 2 I StGB die Rechtslage anzuwenden ist, die bei ihrer Tatbegehung normiert war, es sei denn, die zwischenzeitlich geänderte Rechtslage erweist sich als für den Angeklagten milder (vgl. § 2 III StGB).

Betrachtet man die schweren Fälle, also insbesondere das Regelbeispiel der Vergewaltigung, ergeben sich folgende Veränderungen: Der betrachtete Schlüssel vor 2017, „Vergewaltigung und sexuelle Nötigung §§ 177 Abs. 2, 3 und 4, 178 StGB" zählte 2016 7.919 erfasste Fälle; auf diesem Niveau hatten sich die Zahlen in der Tat seit einigen Jahren eingependelt.[880] Ab 2017 lautet der Schlüssel nunmehr „Vergewaltigung und sexuelle Nötigung/Übergriffe §§ 177 Abs. 1, 2, 3, 4, 6, 7, 8 und 9, 178 StGB" und erfasste 11.282 Fälle, womit ein Anstieg von fast 50 % zu verzeichnen ist.[881] Dieser immense Anstieg ist selbstverständlich zunächst damit zu erklären, dass ein gänzlich neuer Tatbestand (derjenige des sexuellen Übergriffs gem. § 177 I StGB n.F.) hinzugetreten ist. Da eine Erweiterung der Strafbarkeit und

---

erfasst. Die §§ 176 f. StGB machten somit knapp 20 % der Fälle der Straftaten gegen die sexuelle Selbstbestimmung aus.

879 PKS 2019, Zeitreihen Übersicht Falltabellen, Tabelle 01.

880 2013: 7.408, 2014: 7.345, 2015: 7.022, vgl. PKS 2019, Zeitreihen Übersicht Falltabellen, Tabelle 01.

881 Eigene Berechnung anhand der Zahlen in PKS 2019, Zeitreihen Übersicht Falltabellen, Tabelle 01.

somit zumindest mittelbar auch ein Anstieg der Fallzahlen aber durchaus proklamierte Ziele der Reform waren, ist dies bereits als Erfolg zu betrachten.

Betrachtet man die Entwicklung der Fälle der erfassten schweren Fälle nach Inkrafttreten der Reform noch einmal gesondert, ergibt sich das folgende Bild: Die erfassten Fälle von „Vergewaltigungen nach §§ 177 VI, VII, VIII StGB" sind von 2018 auf 2019 von 8.106 ebenfalls leicht auf 8.541 gestiegen, dies bedeutet immerhin einen Anstieg um 5,37 %.[882] Im Vergleich der Jahre 2019 und 2020 ist ein erneuter Anstieg um 4,78 % mit einer erfassten Zahl von 8.949 Fällen zu verzeichnen; von 2020 auf 2021 stieg die Zahl erneut um 3,2 % auf 9.238 Fälle.[883] Im Jahre 2017 lag dieser Wert noch bei 6.158 – obwohl sich von 2017 auf 2018 der Erfassungsschlüssel zusammengefasst hat; 2017 erfasste dieser die verschiedenen schweren Fälle noch einzeln: „Sonstige Straftaten gemäß § 177 Abs. 6 Nr. 1, Abs. 7 und 8 StGB" wurden im Jahre 2017 6.158 erfasst, zählt man die übrigen einzeln erfassten schweren Fälle (durch Einzeltäter/durch Gruppen) hinzu, kommt man auf eine Gesamtzahl von 7.484. Von 2017 auf 2018 ergibt sich somit eine Steigung um sogar 8,31 %, von 2017 auf 2019 um 14,12 %, von 2017 auf 2020 um 19,58 % und von 2017 auf 2021 um ganze 23,44 %.[884] Auch hier ist indes anhand einer schlichten Betrachtung der Statistik nicht feststellbar, ob diese Steigungen auf einen tatsächlichen Anstieg der geschehenen Straftaten in diesem Bereich hindeuten oder aber auf eine (wünschenswerte) Steigerung der Anzeigebereitschaft der Opfer.[885]

Besonders bemerkenswert ist die Entwicklung der erfassten Fälle von sexueller Belästigung nach dem neu geschaffenen § 184i StGB: Hier stiegen die Zahlen zwischen den beiden Jahren 2017 und 2018 relativ sprunghaft um 42,9 % von 9.619 auf 13.742 an.[886] 2019 waren es erneut 13.645 erfasste Fälle,[887] somit schienen sich die Zahlen auf diesem erhöhten Level einzupendeln. 2020 war mit 12.860 Fällen das erste Mal seit Einführung der Norm

---

882 Eigene Berechnung anhand der Zahlen in PKS 2019, Zeitreihen Übersicht Falltabellen, Tabelle 01.
883 Eigene Berechnung anhand der Zahlen in PKS 2020, Zeitreihen Übersicht Falltabellen, Tabelle 01.
884 Eigene Berechnung anhand der Zahlen in PKS 2020, Zeitreihen Übersicht Falltabellen, Tabelle 01.
885 Ebenso *Vavra* (2020), 480 f.
886 Eigene Berechnung anhand der Zahlen in PKS 2019, Zeitreihen Übersicht Falltabellen, Tabelle 01.
887 PKS 2019, Zeitreihen Übersicht Falltabellen, Tabelle 01.

wieder ein Rückgang (um 5,75 %) zu verzeichnen,[888] welcher allerdings möglicherweise auf die Auswirkungen der Covid-19-Pandemie und einem wesentlichen Herunterfahren des öffentlichen Lebens zurückzuführen sein könnte.
2021 blieb diese Zahl nahezu konstant: Mit 12.998 erfassten Fällen ist lediglich ein marginaler Anstieg um 1,07 % zu verzeichnen.[889] Auch dieses Jahr
war indes noch wesentlich durch die Pandemie gekennzeichnet – diese Entwicklungen sind also weiterhin im Blick zu behalten. Auch der zunächst rasante Anstieg ist indes vor dem Hintergrund zu bewerten, dass es sich um eine
Neukriminalisierung handelt und dieselben Effekte wie bei § 177 StGB die
Interpretation verzerren können. Zudem sind auch hier zeitliche Verschiebun-
gen zu beachten: Nicht alle Taten werden in dem Jahr zur Anzeige gebracht,
in dem sie auch tatsächlich passiert sind, zudem können Verfahren unter Umständen eine längere Zeit in Anspruch nehmen und sich somit ebenfalls ins
Folgejahr verschieben. Es bleibt somit zu beobachten, ob sich die Zahlen auf
dem sich zu manifestieren scheinenden hohen Level tatsächlich halten.

Interessant ist es demgegenüber zu sehen, dass sich die Fallzahlen des ebenfalls neu geschaffenen § 184j StGB nicht derart sprunghaft entwickelt haben:
Hier sind 2018 mit 47 Fällen gerade einmal 10 Fälle mehr als im Vorjahr
(2017: 37 Fälle) erfasst worden.[890] 2019 gingen die Zahlen bereits wieder zurück, es wurden lediglich 32 Fälle erfasst, also sogar weniger als im ersten
Jahr nach dessen Einführung. 2020 gab es nur noch 12 und 2021 16 Fälle zu
verzeichnen.[891] Dies spricht für die Thesen, die in dieser Arbeit zu der Norm
bereits aufgestellt wurden, nämlich, dass die Einführung ein politisches Mittel
in Reaktion auf einen medienwirksamen Einzelfall gewesen ist und kein wirk-
liches Strafbedürfnis vorliegt. Zu einer Streichung der Norm ist also – neben
den diversen oben bereits näher beschriebenen verfassungsrechtlichen und
dogmatischen Bedenken[892] – insbesondere auch nach eingehender Betrachtung der Fallzahlen nach Einführung der Norm zu raten.

Die Zahlen aus der PKS sind daher wie gezeigt nur vorsichtig zur Beantwortung der aufgeworfenen Fragen heranziehbar. Lediglich im Bereich des
§ 184j StGB ist ein klares Fazit zu ziehen: Dieser hat tatsächlich praktisch
kaum Relevanz und sollte daher gestrichen werden. Im Bereich des
§ 177 StGB und § 184i StGB sind stärkere Anstiege erkennbar, was aber, wie

---

888 PKS 2020, Zeitreihen Übersicht Falltabellen, Tabelle 01.
889 PKS 2021, Zeitreihen Übersicht Falltabellen, Tabelle 01.
890 PKS 2019, Zeitreihen Übersicht Falltabellen, Tabelle 01.
891 Auch dieser Wert ist allerdings vor dem Hintergrund der Covid-19-Pandemie und des
    Lockdowns in den Jahren 2020 und 2021 zu sehen.
892 Vgl. oben (Kapitel 3: 4.2.2).

bereits erörtert, (noch) nicht in der Lage ist, den Erfolg der Reform eindeutig und umfassend zu belegen.

2.2 StVS

2.2.1 Vorbemerkung: Ziel der Betrachtung und Aussagekraft der Zahlen

Einen anderen lohnenden Einblick in die Wirkungsweise der Reform kann die StVS geben. Anhand dieser könnte nämlich überprüft werden, ob das zweite Ziel der Reform erreicht wird, nämlich, dass nicht nur mehr Fälle aus dem Dunkelfeld heraus zur Anzeige gelangen, sondern dass die angezeigten Fälle nicht zur Ermittlung einer tatverdächtigen Person, sondern auch zu einer Verurteilung führen und nicht etwa mit einem Freispruch enden oder, was den empirisch sogar deutlich häufigeren Fall darstellt, gem. § 170 II StPO durch die Staatsanwaltschaft eingestellt werden[893] (sog. *Verurteilungsquote*). Einer solche Quote kann sich angenähert werden, wenn man die von der Polizei ermittelten Tatverdächtigen aus der PKS mit der Zahl der tatsächlich vor Gericht verurteilten Täter*innen ins Verhältnis setzt. Die so errechnete Zahl ist aber nur begrenzt aussagekräftig für den tatsächlichen Ausfilterungsprozess: Dies liegt darin begründet, dass beide Statistiken nicht aufeinander abgestimmt sind und ganz unterschiedliche „Erfassungszeitpunkte, Erhebungseinheiten und Erfassungsgrundsätze" aufweisen.[894] Hinzu kommt die nicht seltene Umdefinition eines Tatgeschehens im Verlauf eines Verfahrens, welche die Ergebnisse zusätzlich verfälscht.[895] Es kann sich somit lediglich um eine „Größenordnung" des Ausfilterungsprozesses handeln,[896] weshalb die Ergebnisse mit dementsprechender Vorsicht bewertet werden sollten.

Beachtet werden sollte außerdem, dass die Reform selbst an den soeben erläuterten Tatsachen noch einmal etwas ändert: Dadurch, dass § 177 StGB nunmehr die vormals in § 179 StGB a.F. sowie in § 240 IV Nr. 1 StGB a.F. enthaltenen Tathandlungen in sich vereint, könnten die eben erläuterten Umdefinitionen im Verfahrensverlauf insgesamt seltener werden, womit die „Verurteilungsquote" bereits ganz automatisch steigen würde, allerdings nicht aus den Gründen, die man sich erhoffen würde.[897]

---

893 Vgl. hierzu ausführlich *Goedelt* (2010), 17 ff.; ebenso *Kölbel*, StV 2020, 340, 345.
894 *Bundesministerium des Innern/Bundesministerium der Justiz* (2006), S. 13 Fn. 8.
895 *Elz* in: Sexuelle Gewalt als Herausforderung für Gesellschaft und Recht (2017), S. 122.
896 *Bundesministerium des Innern/Bundesministerium der Justiz* (2006), S. 13 Fn. 8.
897 *Elz* in: Sexuelle Gewalt als Herausforderung für Gesellschaft und Recht (2017), S. 125.

2.2.2 Zahlen und Interpretation

Legt man die Zahlen aus dem Jahr 2016 (vor Inkrafttreten der Reform) sowie aus 2017-2020 (nach Inkrafttreten der Reform – hier ist indes zu beachten, dass vor allem im Jahr 2017 aufgrund von nicht unüblichen Verfahrensverzögerungen dennoch überwiegend Fälle, die sich vor der Reform zugetragen haben, verhandelt wurden – zugrunde, ergibt sich folgendes Bild:

Im Jahr 2016 wurden 5.605 Personen wegen „Straftaten gegen die sexuelle Selbstbestimmung" verurteilt, 2017 waren es 6.348, 2018 7.195, 2019 7.710 und 2020 8.042.[898] Im Verhältnis zu den zuvor betrachteten insgesamt von der Polizei erfassten Fällen ergeben sich so „Verurteilungsquoten" von 11,83 % (2016), 11,33 % (2017), 11,28 % (2018), 11,03 % (2019) und 9,85 % (2020). Die Quote derjenigen Angeklagten, die mit anderen Maßnahmen belegt, freigesprochen oder deren Verfahren vom Gericht eingestellt wurde, lag dabei bei 18,16 % (2016), 17,83 % (2017), 18,42 % (2018), 20,77 % (2019) und 19,08 % (2020).[899] Es liegt somit nahe, dass ein Großteil der Ausfilterung bereits vor dem eigentlichen Strafprozess stattfindet.[900]

Wie bereits innerhalb der Interpretation der Zahlen der PKS erwähnt, ist allerdings ein Blick auf die einzelnen, hier in dieser Arbeit thematisierten Delikte sinnvoller. In der StVS ist neben der allgemeinen Angabe zu den Zahlen der Verurteilten nach Straftaten gegen die sexuelle Selbstbestimmung insgesamt zusätzlich die Unterkategorie „Sexueller Übergriff, sexuelle Nötigung, Vergewaltigung"[901] zu finden. Hiernach wurden 2016 1.017, 2017 1.367, 2018 1.484, 2019 1.559 und 2020 1.638 Personen verurteilt. Anhand dieser Zahlen eine Verurteilungsquote gegenüber den Zahlen der Tatverdächtigen aus der PKS zu berechnen, die aussagekräftig ist, gestaltet sich aufgrund der unterschiedlichen Grundgesamtheiten noch schwieriger als bei der Gegenüberstellung der o.g. Zahlen (Straftaten gegen die sexuelle Selbstbestimmung insgesamt). Betrachtet man die in der PKS erfassten Tatverdächtigen wegen Vergewaltigung, sexuellem Übergriff und sexueller Nötigung gem. der §§ 177 und 178 StGB zusammen, um annähernd dieselbe Grundgesamtheit wie in der StVS zu erhalten, so ergeben sich für 2016 11.083, für 2017 11.882, für 2018 13.153, für 2019 13.004 und für 2020 13.600 Tatverdächtige – und

---

898 StVS 2016, 2017, 2018, 2019, 2020 jeweils Tabelle 2.3.
899 Eigene Berechnung anhand der aus PKS und StVS entnommenen Zahlen.
900 So auch bereits *Goedelt* (2010), S. 17 ff.
901 Der Begriff des „sexuellen Übergriffs" ist freilich erst seit 2017 dort zu finden. Zuvor lautete der Terminus „Sexuelle Nötigung, Vergewaltigung".

somit, in Verhältnis zu den Verurteilten aus der StVS gesetzt – „Verurteilungsquoten" von 9,2 % (2016), 11,5 % (2017), 11,3 % (2018), 11,99 % (2019) und 12,04 % (2020). Es ist somit in der Tat eine klare Steigerung der so errechneten Verurteilungsquote zu erkennen.

Um diese Entwicklung noch eingehender zu betrachten, lohnt ein Blick auf die Verurteilungsquoten aus den Vorjahren. Legt man dieselbe Vorgehensweise bei der Berechnung ebendieser zugrunde, so ergeben sich über die vergangenen 20 Jahre folgende (auf eine Nachkommastelle gerundete) Werte:

Jahr	Verurteilungsquote
2000	18,9 %
2001	17,7 %
2002	16,7 %
2003	16,8 %
2004	15,7 %
2005	16,0 %
2006	14,6 %
2007	17,6 %
2008	16,5 %
2009	14,8 %
2010	13,8 %
2011	12,3 %
2012	11,6 %
2013	11,0 %
2014	10,2 %
2015	10,7 %
2016	9,2 %

2017	11,5 %
2018	11,3 %
2019	12,0 %
2020	12,0 %

Hieran wird deutlich, dass die Verurteilungsquote nunmehr nach einem kontinuierlichen Sinken seit dem Jahr 2007 mit dem traurigen Höhepunkt des erstmaligen Erreichens eines einstelligen Wertes im Jahre 2016 nun erstmals wieder über 11 % gestiegen ist. Es bleibt abzuwarten, ob diese positive Entwicklung, die auf vielerlei Faktoren zurückgeführt werden kann (nicht auszuschließen ist jedoch, dass diese tatsächlich in Zusammenhang mit der Reform 2016 steht!), sich verstetigen wird.

2.3 Dunkelfeldstudien

Aber auch neben der zweifelhaften Aussagekraft beider Statistiken bleiben einige wichtige in dieser Arbeit aufgeworfene Fragen unbeantwortet, insbesondere die Frage danach, ob die Reform auch präventiv wirkt und wie sich die Reform auf das Dunkelfeld ausgewirkt hat. Hier wären spezielle Dunkelfeldforschungen notwendig, die durchzuführen allerdings den Rahmen dieser Arbeit überschreiten würden. Leider gab es in Deutschland bis vor kurzem auf Bundesebene keine verlässlichen, in regelmäßigen Abständen erhobenen Daten, die die tatsächliche Größe des – vermutet großen – Dunkelfelds im Rahmen der Sexualstraftaten belegen können.[902] Dies liegt unter anderem darin begründet, dass Sexualstraftaten in den deutschen Viktimisierungssurveys des Bundeskriminalamts, welche in den Jahren 2012 und 2017 durchgeführt wurden,[903] bedauerlicherweise nicht enthalten waren. Seit dem Jahr 2020 führt das Bundeskriminalamt alle zwei Jahre die Befragung „Sicherheit und Kriminalität in Deutschland" (kurz SKiD) anhand einer repräsentativen Stichprobe innerhalb der Bevölkerung durch, um so das Dunkelfeld für bestimmte Delikte besser abbilden zu können und die Erkenntnisse aus PKS und StVS somit

---

902 *Hörnle*, KriPoZ 2018, 12.
903 Vgl.   https://www.bka.de/DE/AktuelleInformationen/StatistikenLagebilder/Viktimisierungssurvey Dunkelfeldforschung/viktimisierungssurveyDunkelfeldforschung_node.html [letzter Aufruf: 06.04.2022].

zu ergänzen.[904] Die erste Befragung ist im Januar 2021 abgeschlossen worden, die Auswertung der erhobenen Daten steht zum Zeitpunkt des Abschlusses dieser Arbeit noch aus.[905] Aus dem Bereich der Sexualdelikte werden Opfererlebnisse der Delikte „sexuelle Belästigung, Exhibitionismus, sexuelle Nötigung und Vergewaltigung" erhoben.[906] Es erscheint fraglich, weshalb in der Projektbeschreibung der neue Grundtatbestand des „sexuellen Übergriffs" nicht erwähnt wird – es bleibt abzuwarten, ob dieser in den kommenden Jahren ergänzt wird. Dies wäre jedenfalls unbedingt anzuraten.

Mehr Forschung im Bereich der tatsächlichen Prävalenz sexueller Übergriffe findet sich auf Bundesländerebene. Allen voran Niedersachsen erhebt hier regelmäßig Daten. So ergab eine Befragung des Landeskriminalamt Niedersachsen zur Sicherheit und Kriminalität, dass im Jahre 2016 1,8 % (mit Exhibitionismus 2,4 %) der Befragten Opfer von Sexualdelikten wurden, bei den Frauen waren es 3,1 % (mit Exhibitionismus 3,8 %).[907] Im Vergleich zu den zwei vorangegangenen Jahren 2012 und 2014 war nur ein sehr leichter, nicht signifikanter Anstieg zu verzeichnen.[908] Im Vergleich zu anderen Delikten (Diebstahl- und Sachbeschädigungsdelikte jew. um die 13 %) war die Prävalenzrate eher niedrig. Angezeigt wurden hierbei im Jahre 2016 allerdings nur 6,2 % (bei Diebstahl waren es indes fast 50 %, bei der Sachbeschädigung 30 %).[909] Die dritte Befragung dieser Art ist derzeit noch in Gange,[910] dürfte aber aufgrund der zwischenzeitlich in Kraft getretenen Reform sodann besonders interessant für die Entwicklung der Prävalenz der Sexualdelikte und der Anzeigequote sein.

Nach dem Vorbild Niedersachsens führt auch Schleswig-Holstein eine derartige Dunkelfeldbefragung im Zwei-Jahres-Rhythmus seit 2015 durch. Hier

---

904 Vgl. https://www.bka.de/DE/UnsereAufgaben/Forschung/ForschungsprojekteUndErgebnisse/Dunkelfeldforschung/SKiD/Projektbeschreibung/projektbeschreibung_node.html [letzter Aufruf: 06.04.2022].

905 Vgl. https://www.bka.de/DE/UnsereAufgaben/Forschung/ForschungsprojekteUndErgebnisse/Dunkelfeldforschung/SKiD/Aktuelles/aktuelles_node.html;jsessionid=460B3812A3D6E1A7D71CFED9F7B78231.live292 [letzter Aufruf: 06.04.2022].

906 Vgl. https://www.bka.de/DE/UnsereAufgaben/Forschung/ForschungsprojekteUndErgebnisse/Dunkelfeldforschung/SKiD/Projektbeschreibung/projektbeschreibung_node.html [letzter Aufruf: 06.04.2022].

907 *LKA Niedersachsen* (2017), S. 43.

908 *Dass.* (2017), S. 50.

909 *Dass.* (2017), S. 53.

910 Vgl. https://www.lka.polizei-nds.de/forschung/dunkelfeldstudie/dunkelfeldstudie---befragung-zu-sicherheit-und-kriminalitaet-in-niedersachsen-109236.html [letzter Aufruf: 06.04.2022].

ergab sich eine Prävalenzrate für Sexualdelikte von 2,4 % (bei den befragten Frauen von 4,0 %) für das Jahr 2016[911] und damit sehr ähnliche Werte wie in Niedersachsen. Die Anzeigequote lag hierbei ebenfalls lediglich bei 6,6 %.[912] Auch hier ist mit Spannung das Ergebnis der nächsten Befragung und die Entwicklung nach Inkrafttreten des 50. StrÄG zu erwarten.

Es zeigt sich also sowohl in Niedersachsen als auch in Schleswig-Holstein, dass ein beachtlicher Teil der Sexualstraftaten tatsächlich im Dunkelfeld verbleibt. Zudem ist zu beachten, dass derartige Studien ebenfalls nicht die tatsächliche Prävalenz der Kriminalität abbilden können – gerade Sexualstraftaten bleiben oft im „doppelten Dunkelfeld", da Betroffene auch innerhalb der Dunkelfeldstudien oftmals ihre Opferwerdung verschweigen, diese Taten also sowohl von den Kriminalstatistiken als auch von den Dunkelfeldstudien nicht erfasst werden.[913] Ein Grund hierfür kann neben Scham und Verdrängung allen voran auch die Tatsache sein, dass solche Delikte meist nicht als „Kriminalität", sondern vielmehr als „Privatsache" eingeschätzt werden, es Opfern also schlichtweg an der Gewissheit mangelt, dass das, was ihnen widerfahren ist, unter Umständen strafbar sein könnte.[914] Daher ist das „echte" Dunkelfeld womöglich noch um einiges größer.

Eine ähnlich angelegte Dunkelfeldstudie in Mecklenburg-Vorpommern aus dem Jahre 2017 belegte für Vergewaltigung und sexuelle Nötigung ein Dunkelfeld von 85,7 %.[915] Wenngleich die Studie auf dem Stand von Juli 2017 ist, wurde hier noch mit den Begriffen der alten Rechtslage gearbeitet und ist daher ebenfalls noch nicht mit den Auswirkungen der Reform in Verbindung zu setzen.

Eine neuere Erhebung aus Nordrhein-Westfalen fragte die Prävalenz innerhalb der letzten 12 Monate vor dem Erhebungszeitpunkt sowie die Lebenszeitprävalenz im Herbst 2019 ab: Hierbei gaben 0,1 % an, im letzten Jahr Opfer einer Vergewaltigung geworden zu sein, die Lebenszeitprävalenz lag demgegenüber bei 2,4 % – bei sexueller Nötigung waren es 0,2 % und 4,7 %.[916] Der Erfassungsschlüssel ist dabei anders als in Niedersachsen und in Schleswig-Holstein, sodass diese Ergebnisse miteinander nur sehr eingeschränkt

---

911 *Kriminologisches Forschungsinstitut Niedersachsen e.V.* (2017), S. 36.
912 *Dass.* (2017), S. 42.
913 Vgl. hierzu auch *Vavra* (2020), S. 39.
914 *LKA Mecklenburg-Vorpommern* (2017), S. 16.
915 *Dass.* (2017), S. 79.
916 *LKA Nordrhein-Westfalen* (2019), S. 52.

vergleichbar sind. Aus den Daten in Nordrhein-Westfalen ist zudem ersichtlich, dass die Anzeigequote für Vergewaltigungen mit Nötigungsmitteln deutlich höher ist als für sexuelle Nötigung (23,9 % zu 7,4 %).[917] Zwar fand diese Erhebung zeitlich deutlich nach Inkrafttreten der Reform 2016 statt, jedoch arbeitete diese dennoch noch mit den „alten" Kategorien der „Vergewaltigung" und „sexuellen Nötigung" und nicht mit dem neuen Grundtatbestand des „sexuellen Übergriffs".

2.4 Zwischenfazit: PKS, StVS und Dunkelfeldstudien

Leider konnten anhand der Interpretation von PKS und StVS nur einige der oben aufgeworfenen Ziele der Reform überprüft werden. Das liegt zum einen bereits darin begründet, dass es sich sowohl bei der PKS als auch bei der StVS nur um reine „Tätigkeitsnachweise"[918] der Strafverfolgungsorgane handelt. Da für die hiesige Untersuchung aber zumindest auch die Tätigkeit der Strafverfolgungsorgane von wesentlichem Interesse ist, ist diese Unzulänglichkeit der PKS in diesem Fall nicht hinderlich. Dennoch lässt die Gegenüberstellung der „nackten" Zahlen aus beiden Statistiken aufgrund der mangelnden Abstimmung aufeinander und der darin begründeten fehlenden Vergleichbarkeit eine Reihe von Fragen offen.[919] Diese können nur detaillierte Verlaufsanalysen durch wissenschaftliche Untersuchungen beantworten, die indes bedauerlicherweise äußerst rar und für den hier interessierenden Zeitraum nicht verfügbar sind.[920]

Auch die neueren Dunkelfeldstudien in den genannten Bundesländern nehmen bislang die Auswirkungen der Reform noch nicht in den Blick und können daher nicht zur Bewertung der Zielsetzung der Aufhellung des Dunkelfelds herangezogen werden. Aufschluss hierüber könnte aber die ab 2020 durchzuführende Befragung SkiD geben, deren Ergebnisse abzuwarten und sodann zu analysieren sind.

Es kann mithin nur ein Fazit auf Grundlage des hier Untersuchten gegeben werden, und dieses fällt – abgesehen von der Analyse der Zahlen zu § 184j StGB – im Bereich der Betrachtung der PKS (Forschungsfrage: Wer-

---

917 *Dass.* (2019), S. 76.
918 *Bundesministerium des Innern/Bundesministerium der Justiz* (2006), S. 13.
919 *Hoven*, KriPoZ 2018, 2, 5.
920 Siehe z.B. *Hartmann/Schrage/Boetticher u.a.* (2015); *Elsner/Steffen* (2005); *Goedelt* (2010).

den mehr Fälle zur Anzeige gebracht?) vorsichtig optimistisch aus, wenngleich, wie bereits erläutert, nicht nachzuvollziehen ist, worauf der leichte Anstieg der Fallzahlen nun genau zurückzuführen ist. Als Begründung in Betracht kommt, wie im Vorigen bereits erläutert, sowohl eine tatsächliche Aufhellung des Dunkelfelds als auch die schlichte Tatsache, dass mehr Verhaltensweisen kriminalisiert wurden. Allerdings ist anzumerken, dass letztlich nicht nur ersteres den Erfolg der Reform belegen würde: Immerhin war es neben der Aufhellung des Dunkelfelds im Bereich der bereits zuvor kriminalisierten Verhaltensweisen auch klar proklamiertes Ziel der Reform, Verhaltensweisen unter Strafe zu stellen, welche zuvor straflos waren (so insbesondere die sexuelle Belästigung in § 184i StGB, aber auch der sexuelle Übergriff in § 177 I StGB). Dass die Fallzahlen tatsächlich gestiegen sind, ist vor diesem Hintergrund zwar nicht wirklich überraschend, allerdings dennoch ein Erfolg ob des gesteckten Zieles.

Bei Betrachtung der StVS sind bislang ebenfalls kleine Erfolge zu erkennen, was das weitere wesentliche Ziel der Reform, nämlich die Steigerung der Verurteilungsquote, anbelangt. Hier ist indes zu beachten, dass derartige „Verurteilungsquoten" aus den oben genannten Gründen nicht sonderlich aussagekräftig sind und daher nur vorsichtig zur Bewertung von Reformauswirkungen herangezogen werden können. Anzumerken ist zudem, dass auch nach der letzten großen Reform des Sexualstrafrechts 1997 stets nur geringfügige Schwankungen, jedoch keine langfristigen Steigerungen der Fallzahlen innerhalb der Statistiken zu beobachten waren,[921] dies auf der anderen Seite aber auch nicht dazu geführt hat, dass man diese Reformierung als ganz grundsätzlich gescheitert und ihr Ziel als verfehlt angesehen hätte.

3. Fazit: Stellungnahme aufgrund der empirischen Untersuchung der Urteile sowie der Betrachtung der Kriminalstatistiken und der Dunkelfeldstudien

Die Betrachtung der ersten Urteile im Bereich des neuen § 177 StGB sowie ein Blick in die seither veröffentlichten Statistiken und Dunkelfeldstudien konnten zum Teil einen ersten Einblick in die Zeit nach der Reform des Sexualstrafrechts geben. Die relativ kleine zur Verfügung stehende Datenbasis innerhalb der Urteilsanalysen sowie die erst kurze Entwicklung innerhalb der Statistiken, zudem die Problematik der Vergleichbarkeit ebenjener Statistiken

---

921 *Herning/Illgner*, ZRP 2016, 77, 80.

lassen indes nur erahnen, welche Auswirkungen die Reform langfristig auf die Praxis des Sexualstrafrechts haben wird. Gerade aus den Urteilsanalysen konnten aber bereits erste wertvolle Schlüsse gezogen werden, auf die in der Rechtsprechung zukünftig ein sensibleres Augenmerk gelegt werden sollte. Insgesamt zeichnet dieser erste Blick ein vorsichtiges positives Bild der neuen Rechtslage nach der Reform 2016.

Kapitel 5: Rechtsvergleichende Betrachtung

Wie gezeigt, ist die Implementierung des „Nein-heißt-Nein"-Grundsatzes, welcher maßgeblich das fehlende Einverständnis des Opfers in das Zentrum der Strafbarkeitsbeurteilung von sexuellen Handlungen stellt, in Deutschland noch relativ jung. Zwar konnte ein Blick auf die ersten unter- und oberinstanzlichen Urteile sowie auf die Zahlen und Statistiken ein vorläufiges Bild bezüglich der Auswirkungen der Reform auf die Praxis des Schutzes der sexuellen Selbstbestimmung zeichnen, jedoch ist es noch zu früh für abschließende Bewertungen der Auswirkungen der Reform. Es erscheint daher ein Blick auf Rechtsordnungen in anderen Ländern lohnend, welche bereits seit mehreren Jahrzehnten ein *consent*-basiertes System im Bereich des Sexualstrafrechts implementiert haben. Hier ist es vor allem interessant, zu untersuchen, wie diese Rechtsordnungen mit den herausgearbeiteten übergeordneten Problemen im Hinblick auf die Reichweite, die Wirksamkeit sowie die Beweisbarkeit eines solchen Einverständnisses in der Praxis umgehen. Hieraus sollen Erkenntnisse für den Umgang mit ebendiesen Problemen hierzulande gewonnen. Zudem soll womöglich noch immer bestehender Reformbedarf herausgearbeitet werden.

Zunächst soll einleitend ein kurzer Überblick über den Schutz der sexuellen Selbstbestimmung im Kontext anderer Rechtsordnungen gegeben werden, bevor die geeignete Rechtsordnung für den Rechtsvergleich im engeren Sinne identifiziert und dargestellt wird.

Im Anschluss an den Rechtsvergleich im engeren Sinne werden abschließend das in einigen Ländern bereits implementierte, noch weitergehende „Ja-heißt-Ja"-Prinzip und dessen Vor- und Nachteile erläutert. Auch hieraus sollen letztlich Erkenntnisse über die Auswirkungen der Reform hierzulande einerseits und die Frage nach weiterer Reformbedürftigkeit andererseits gewonnen werden. Im Zentrum dieser Betrachtung steht die Frage, ob eine Übernahme dieses Prinzips als Fortführung des „Nein-heißt-Nein"-Grundsatzes in die hiesige Rechtsordnung wünschenswert ist oder nicht.

1. Überblick über den Schutz der sexuellen Selbstbestimmung im internationalen Vergleich

Auch im internationalen Vergleich bestehen gewichtige Unterschiede in Bezug auf den Strafgrund sowie – daraus folgend – auf das Schutzniveau der

Sexualdelikte beziehungsweise der sexuellen Selbstbestimmung. Wie bereits im Vorigen gezeigt, ist das Sexualstrafrecht wie kein anderer Teil des Rechts verwoben mit den gesellschaftlichen Werten und daher ein Gradmesser für den Entwicklungsstand eines Landes.[922] Sehr grob zweiteilen lassen sich die verschiedenen Jurisdiktionen dieser Welt in diesem Kontext in solche, deren strafrechtliches System stark religiös geprägt ist, und solche, in denen Religion bei der Gesetzgebung – wenn überhaupt – nur eine untergeordnete Rolle spielt.[923] Maßgeblich hierfür ist der Grad der Überlappung von Religion und Staat: Während beispielsweise im Christentum mittlerweile meist beides strikt getrennt wird, hat Religion in vielen hinduistisch und islamisch geprägten Ländern noch einen großen Einfluss auf den Staat, seine Organisation und somit letztlich auch auf die Gesetzgebung.[924] Dies hat selbstverständlich insbesondere innerhalb der Gesetzgebung im Allgemeinen und innerhalb des sensiblen Bereichs des Sexualstrafrechts im Besonderen wesentliche Auswirkungen: In Ländern, die das Sexualstrafrecht maßgeblich mit konservativ geprägten religiösen Werten verknüpft sehen, steht merklich nicht der Schutz der sexuellen Selbstbestimmung im Kern der Strafandrohung, sondern oftmals hierzulande bereits überwundene Strafbarkeitskonzepte wie Moral und Sittlichkeit sowie vereinzelt noch immer Besitzansprüche von Männern gegenüber ihren Frauen und Töchtern.[925]

Es lässt sich daher – grob vereinfacht – konstatieren: Je größer der Einfluss von Religion auf die Gesetzgebung, desto niedriger ist die Stellung der Frau in der Gesellschaft und desto weniger Rechte stehen Vergewaltigungsopfern zu.[926]

Ein Beispiel für eine Rechtsordnung, deren Sexualstrafrecht sehr stark von religiösen Moralvorstellungen geprägt ist, ist Saudi-Arabien: Vergewaltigung gilt dort als Straftat gegen *Allah* mit festen Strafen aus islamischen Quellen.[927] Als Beweismittel werden nur Aussagen zweier männlicher Zeugen (Frauen gelten grundsätzlich als nicht glaubwürdig) zugelassen, wenn kein Geständnis

---

922 Siehe hierzu oben (Kapitel 3: 1.).
923 Vgl. zum Zusammenhang zwischen Religion und *rape myths* ausführlich *Franiuk/Shain*, Sex Roles 2011, 783, 784 ff.
924 *Dies.*, Sex Roles 2011, 783, 784.
925 Vgl. zur früheren Lage im deutschen Recht oben (Kapitel 2: 1.1).
926 *Franiuk/Shain*, Sex Roles 2011, 783, 784.
927 *Tønnessen* (2016), S. 1.

des Täters vorliegt.[928] Dort, in einem Land, das stark von der *Sharia*[929] geprägt ist, gilt jedoch auch konsensualer Geschlechtsverkehr zwischen zwei Individuen, die nicht miteinander verheiratet sind, als „unlawful intercourse" (sog. *zina*) und kann mit Steinigung beider Parteien bestraft werden.[930] Vergewaltigung demgegenüber ist „unlawful intercourse" zwischen zwei Individuen, die nicht miteinander verheiratet sind, ohne Zustimmung.[931] Vergewaltigung innerhalb der Ehe existiert dort bereits denklogisch nicht, da ein Ehemann einen Anspruch auf Geschlechtsverkehr mit seiner Ehefrau habe, dies sei eine vertragliche Verpflichtung, die mit der Ehe einherginge und die die Frau daher zu erfüllen habe.[932] In anderen islamisch geprägten Ländern (so zum Beispiel in den Vereinigten Arabischen Emiraten und in Jordanien, in Ägypten galt dies bis 1990) besteht grundsätzlich sogar die Möglichkeit für einen Vergewaltiger, sich seiner Strafe zu entziehen, indem er das Opfer ehelicht, denn dadurch könne dessen Ehre „wiederhergestellt" werden.[933]

Fokussieren soll sich dieser Teil der Arbeit indes auf Europa. Auch hier kann ganz grundsätzlich zwischen zwei Arten des Schutzes differenziert werden: Staaten, die die Strafbarkeit ausschließlich von der Zustimmung des Opfers abhängig machen (sog. Konsensprinzip) und solche, die den Begriff der Sexualdelikte, ähnlich wie Deutschland vor der Reform 2016, enger ziehen und an bestimmte Voraussetzungen, zumeist das Vorliegen von Gewalt oder Drohung, knüpfen. Laut einer Studie von *Amnesty International* aus dem Jahr 2018 hatten von den 33 Staaten, die die Istanbul-Konvention bis zu diesem Datum gezeichnet hatten, nur zehn ein rein *consent*-basiertes Verständnis von Vergewaltigung in ihren Rechtsordnungen aufgenommen: Irland, England und Wales, Schottland, Nordirland, Belgien, Zypern, Deutschland, Island, Luxemburg und Schweden.[934] Fasst man England und Wales, Schottland und Nordirland unter dem Vereinigten Königreich zusammen, waren es zu diesem Zeitpunkt sogar nur acht Staaten. 2019 kam Griechenland nach einer Reform

928 *Dies.* (2016), S. 1.
929 *Sharia* beschreibt „die Gesamtheit aller religiösen und rechtlichen Normen, Mechanismen zur Normfindung und Interpretationsvorschriften des Islam", *Rohe* (2011), S. 9.
930 *Tønnessen* (2016), S. 10; *Hamoudi* (2020), S. 294.
931 *Tønnessen* (2016), S. 11.
932 *Dies.* (2016), S. 14.
933 *Franiuk/Shain*, Sex Roles 2011, 783, 787, 791.
934 *Amnesty International* (24.11.2018), S. 10.

des Sexualstrafrechts als elftes (oder neuntes, wenn man sich für die letztgenannte Zählweise entscheidet)[935] und 2022 Spanien als zwölftes (bzw. zehn-
tes)[936] Land hinzu. Auch die Regierungen der Länder Portugal, Slowenien,
Finnland und der Niederlande haben im Laufe des Jahres 2019 Reformüberlegungen verlauten lassen.[937] Neben schockierenden Einzelfällen wie dem
Pamplona *gang rape case*, der sich im Jahr 2016 in Spanien zutrug und international durch die Medien ging,[938] trug ebenfalls die #*MeToo*-Bewegung[939]
zu weiteren Diskussionen in der Öffentlichkeit und letztlich zu Reformdebat-
ten bei.[940] Das Schweizer Sexualstrafrecht, welches bislang nur eine vaginale,
nicht jedoch eine anale und orale Penetration überhaupt als Vergewaltigung
ansieht und somit noch als deutlich rückständiger anzusehen ist, steht seit einiger Zeit ebenfalls in der Kritik und auch dort werden in diesem Zuge Reformen erwartet.[941] Am längsten besteht das Konsensprinzip bereits in England
und Wales (seit 2003), Belgien (seit 1989) und Irland (sogar bereits seit 1981,
und dies markiert nur das Datum, zu dem dieses erstmalig gesetzlich normiert
wurde[942]).[943]

In Schweden ist das Sexualstrafrecht seit der im Jahre 2018 vorgenommenen
Implementierung der sog. „Ja-heißt-Ja"-Lösung im Vergleich zu Deutschland
sogar noch strenger.[944] Eine ähnliche Entwicklung ist derzeit in Australien zu
beobachten, wo flächendeckend nunmehr ebenfalls die Zustimmungslösung

935 Vgl.   https://www.amnesty.ch/de/themen/frauenrechte/sexuelle-gewalt/dok/2019/refor-
men-in-europaeischen-laendern-verdeutlichen-handlungsbedarf#   [letzter   Aufruf:
06.04.2022].
936 Vgl.   https://www.amnesty.ch/de/laender/europa-zentralasien/spanien/dok/2022/nur-ja-
heisst-ja-in-spanien [letzter Aufruf: 08.03.2023].
937 Vgl.   https://www.amnesty.ch/de/themen/frauenrechte/sexuelle-gewalt/dok/2019/refor-
men-in-europaeischen-laendern-verdeutlichen-handlungsbedarf#   [letzter   Aufruf:
06.04.2022].
938 Vgl.   https://www.theguardian.com/world/2018/apr/26/protests-spain-five-men-cleared-
of-teenagers-gang-rape-pamplona [letzter Aufruf: 06.04.2022].
939 Vgl. hierzu bereits oben, S. 54.
940 *Hörnle*, Bergen Journal of Criminal Law and Criminal Justice 2018, 115, 123.
941 Vgl.   https://www.amnesty.ch/de/themen/frauenrechte/sexuelle-gewalt/dok/2019/refor-
men-in-europaeischen-laendern-verdeutlichen-handlungsbedarf#   [letzter   Aufruf:
06.04.2022].
942 Vgl. hierzu ausführlich unten, S. 281 ff.
943 *Amnesty International* (24.11.2018), 10 f.
944 Siehe hierzu später (Kapitel 5: 4.3).

Gesetz ist.[945] Auch in Dänemark trat zum 1. Januar 2021 ein an das Nachbarland Schweden angelehntes Gesetz in Kraft.[946] Dänemark ist somit das
zwölfte Land in Europa, welches den Tatbestand der Vergewaltigung einzig
an die mangelnde Zustimmung knüpft.

Es lassen sich aber auch in Europa gegenläufige Tendenzen beobachten. Neben besagten Tendenzen zur Verschärfung des Sexualstrafrechts wird in anderen Ländern, die politisch eher konservativ regiert werden, sogar diskutiert,
die Istanbul-Konvention zu verlassen: Dies kündigten der polnische Justizmi-
nister *Ziobro* als auch der stellvertretende Vorsitzende der türkischen Regie-
rungspartei *Kurtulmuş* bereits vage an.[947]

2. Auswahl der Rechtsordnung für den Rechtsvergleich i.e.S.

Ziel des nun folgenden Rechtsvergleichs ist, wie oben bereits näher beschrieben, ein weitergehender Einblick in ein System, welches bereits auf eine längere Geschichte des Konsensprinzips zurückblicken und so Aufschluss über
dessen Handhabung, Vorzüge und Anwendungsprobleme bieten kann. Die zu
vergleichende Rechtsordnung muss also erstens ein der deutschen Rechtslage
nach der Reform 2016 ähnliches Sexualstrafrecht implementiert haben und
zweitens dies bereits möglichst lange praktizieren. Ausgeschlossen wurden
daher sämtliche oben aufgezählten Staaten, welche ein konsensorientiertes
Sexualstrafrecht erst annähernd rezent wie Deutschland normiert haben.

In Betracht kommen daher das Vereinigte Königreich (England und Wales,
Schottland, Nordirland), Irland sowie Belgien. Eine rechtsvergleichende Betrachtung des Sexualstrafrechts von England und Wales findet sich bei *Kempe*
– hier indes erstrangig aus der Perspektive der alten deutschen Rechtslage und
deren Reformbedürftigkeit aufgrund der Maßgaben der Istanbul-Konvention.[948] Belgien kommt aufgrund der geltenden Amtssprache nicht in Betracht,
sodass sich dieser Rechtsvergleich im engeren Sinne auf Irland beschränkt.

---

945 Vgl. hierzu ausführlich rechtsvergleichend *Hoven/Dyer*, ZStW 2020, 250 ff.,
946 Vgl. https://www.amnesty.ch/de/laender/europa-zentralasien/daenemark/dok/2020/geset-
   zesaenderung-anerkennt-sex-ohne-zustimmung-ist-vergewaltigung [letzter Aufruf:
   06.04.2022].
947 Vgl. https://www.zeit.de/politik/ausland/2020-07/istanbul-konvention-polen-austritt-ab-
   kommen-frauenrechte-europarat [letzter Aufruf: 06.04.2022].
948 *Kempe* (2018).

Irland ist zudem aus mehreren Gründen besonders gut geeignet für die angestrebte Untersuchung:

Das irische Strafrecht ist ein ideales Vergleichsobjekt, da das dortige Sexualstrafrecht zwar einerseits schon seit mehreren Jahrzehnten rein konsensbasiert, aber dennoch, gerade in jüngster Vergangenheit, Gegenstand von Reformen gewesen ist. Nachdem das irische Sexualstrafrecht, gerade im Vergleich zu seinem Nachbarland England und Wales, lange dem Vorwurf ausgesetzt war, sich nur sehr träge fortzuentwickeln,[949] ist dieses in jüngster Vergangenheit nämlich wieder in Bewegung: Erst 2017 wurde hier eine Definition von *consent* nach dem englischen Vorbild gesetzlich festgehalten,[950] weiterer Reformbedarf wird diskutiert.[951] Zudem ist Irland als ein – im Gegensatz zu anderen europäischen Ländern im Allgemeinen und Deutschland im Besonderen – stark katholisch geprägtes Land in der Lage, den Einfluss gesellschaftlicher sowie religiöser Ansichten auf das Sexualstrafrecht sichtbar zu machen. Dies wird noch gestützt durch andere allgemeine Besonderheiten des Strafprozesses in Irland, insbesondere durch das geltende Jury-Prinzip, welches möglicherweise ein besonders durchlässiges Einfallstor für gesellschaftliche Entwicklungen in den Strafprozess eines Sexualdeliktes darstellt.

Irland bietet somit eine interessante Mixtur zwischen einer als relativ fortschrittlich zu bezeichnender Gesetzeslage auf der einen Seite, aber – so legt die katholische Prägung des Landes es nahe – konservativer Ansichten über Sexualität auf der anderen Seite und kann damit eine Vielzahl der in dieser Arbeit aufgeworfenen Fragen beantworten, insbesondere:

1. Wie verhält sich die Verurteilungsquote sowie die Anzeigerate in einem Land, welches bereits seit mehreren Jahrzehnten ein rein konsensbasiertes Sexualstrafrecht hat,

2. Welche Beweisprobleme stellen sich und wie wird im Strafprozess mit ihnen umgegangen und

3. Welchen Einfluss haben gesellschaftliche Ansichten auf die existierenden Probleme?

---

949 *Leahy*, The International Journal of Evidence & Proof 2014 41.
950 Im Criminal Law (Sexual Offences) Act 2017, abrufbar unter http://www.irishstatutebook.ie/eli/2017/act/2/enacted/en/html [letzter Aufruf: 06.04.2022].
951 Vgl. ausführlich z.B. *Leahy* in: Law and Gender in Modern Ireland (2019), hierzu eingehend unten (Kapitel 5: 3.2.3.4).

3. Rechtsvergleich i.e.S.: Irland

In diesem Teil soll das irische Strafrechtssystem kurz skizziert werden (unter I.) und sodann auf Theorie und Praxis des Sexualstrafrechts (unter II.) eingegangen werden. Insbesondere soll betrachtet werden, wie Irland hierbei mit Beweisproblemen umgeht und inwiefern sich die Rechtslage auf die Anzeigeraten sowie auf die amtlichen Kriminalstatistiken, insbesondere die Verurteilungsquoten auswirkt. Hierbei werden Unterschiede und Gemeinsamkeiten zum neuen deutschen Sexualstrafrechtssystem herausgearbeitet und so womöglich weiterer Reformbedarf innerhalb der deutschen Rechtslage nach dem Vorbild Irlands identifiziert.

3.1 Allgemeine Prinzipien des irischen (Straf-)Rechts[952]

3.1.1. Nationale Grundlagen

3.1.1.1 Allgemeines: Geographie, Bevölkerung, Religion, Staatsorganisation

Die Republik Irland ist ein westeuropäischer Inselstaat mit einer Bevölkerung von rund 4,8 Millionen Menschen (Stand 2016).[953] Seit 1973 ist Irland Mitglied der Europäischen Union. Die Hauptstadt ist Dublin. Mit knapp 80 % der Bevölkerung gehört der Großteil der irischen Bevölkerung dem römisch-katholischen Glauben an, wobei diese Zahl seit 2011 (in diesem Jahr zählten sich noch rund 85 % zum katholischen Glauben) etwas gesunken ist.[954] Staatsform ist ebenso wie in Deutschland die parlamentarische Demokratie. Die irische Verfassung (auf Irisch *Bunreacht na hÈireann*) trat am 29.12.1937 in Kraft, wobei in Artikel 40-44 die Grundrechte der Bürger*innen niedergeschrieben sind.[955]

---

952 Der Aufbau der nun folgenden Darstellung orientiert sich vage am Max-Planck-Informationssystem für Rechtsvergleichung, abrufbar unter http://infocrim.org/#!/reports?r=(eaw:I.A.5:de)&a=0 [letzter Aufruf: 06.04.2022].

953 *Stationery Office* (2017), S. 8.

954 *Dass.* (2017), S. 72.

955 Vgl. http://www.supremecourt.ie/SupremeCourt/sclibrary3.nsf/PageCurrent/6F4C114A51C22FBD802575C100403F3B [letzter Aufruf: 06.04.2022].

3.1.1.2 Kriminalität und Strafverfolgung in Irland

Die *Ermittlungsbehörde* in Irland ist die irische Polizei, die *Garda Síochána* (kurz und im Folgenden *Gardaí*).[956] Wenn dieser die Begehung einer Straftat angezeigt wird – zumeist geschieht das durch das mutmaßliche Opfer eben-dieser –, nimmt sie die Ermittlungen auf (Begehung des Tatortes, Verneh-mung von möglichen Zeugen), die je nach Beweislage und je nach Art der begangenen Straftat mit einer Verhaftung – unter Umständen sogar ohne Haft-befehl – des*der mutmaßlichen Täters*Täterin und einer eingehenden ersten Befragung durch die *Gardaí* enden.[957] Dies wird zum Teil sogar bereits als eine Art „Vorprozess" (*pre-trial*) bezeichnet.[958]

Anklagebehörde ist der *Director of Public Prosecutions* (kurz und im Folgen-den DPP), welche mit der deutschen Staatsanwaltschaft verglichen werden kann. Seit 2011 steht an der Spitze dieser Behörde eine Frau namens Claire Loftus.[959] Bei leichten Delikten trifft die Entscheidung, ob eine Straftat zur Anklage gelangt, die *Gardaí* selbst, bei mittleren und schweren Delikten wird dies vom DPP entschieden; im ersteren Fall geschieht die Anklage aber den-noch stets im Namen des DPP.[960]

Die Verfassung schreibt in Artikel 34.1 fest, dass die Gerichte per Gesetz ein-zurichten sind. In der Verfassung namentlich benannt und festgelegt sind nur der *Supreme Court* und der *High Court.*[961] Erst 24 Jahre nach Inkrafttreten der Verfassung kam die Regierung diesem Gebot mit dem *The Courts (Establish-ment and Constitution) Act, 1961* nach.[962] In diesem wurden folgende Ge-richte eingerichtet:

Das höchste *(Straf-)Gericht* in Irland ist der *Supreme Court*, welcher das oberste Berufungsgericht in allen Rechtsbereichen darstellt; darunter befinden sich der *District Court*, der *Circuit Criminal Court*, der *High Court* und der *Court of Criminal Appeal.*[963] Während der *District Court* nur eine erstinstanz-liche Gerichtsbarkeit darstellt und der *Circuit Criminal Court* sowie der *High Court* sowohl als erstinstanzliche Gerichtsbarkeiten dienen als auch zuständig

---

956 *Hanly/Healy/Scriver* (2009), S. 4, weitere Informationen über diese finden sich auf deren Website, abrufbar unter https://www.garda.ie/en/ [letzter Aufruf: 06.04.2022].
957 *Hanly* (2015), S. 18; *Hanly/Healy/Scriver* (2009), S. 4.
958 *Fennell* (2019), S. 27.
959 Vgl. https://www.dppireland.ie/about-us/the-director/ [letzter Aufruf: 06.04.2022].
960 *Quinn* (2009), S. 355.
961 *Ryan/Magee* (op. 1983), S. 12.
962 *Quinn* (2009), S. 345.
963 Supreme Court, Annual Report, S. 15; *Ryan/Magee* (op. 1983), S. 13.

für Rechtsmittel sind, ist der *Court of Criminal Appeal* ebenso wie der *Supreme Court* ausschließlich für Rechtsmittel zuständig.[964] Übt der *High Court* seine Funktion als erstinstanzliche Gerichtsbarkeit aus, so trägt dieser den Namen *Central Criminal Court.*[965]

Das Land ist insgesamt in 23 *Districts* unterteilt; demgemäß existieren in Irland auch 23 *District Courts*, vor denen im Strafrecht kleinere Delikte ohne Jury vor einem*einer Berufsrichter*in verhandelt werden.[966] Diese dürfen Geldstrafen sowie Freiheitsstrafen bis zu einer Höhe von maximal 12 Monaten verhängen.[967]

Der *Circuit Court* sowie der *High Court* können mit oder ohne Jury verhandeln.[968]

Der *Court of Criminal Appeal*, welcher nach Einlegung von Rechtsmitteln in Folge eines Urteils vom *Central Criminal Court*, vom *Special Criminal Court* sowie vom *Circuit Court* verhandeln kann,[969] darf aus nicht weniger als drei Richtern bestehen (einer davon soll der *Chief Justice* sein oder Richter des *Supreme Courts*, der von ebendiesem gewählt wurde, die anderen beiden Richter des *High Courts*, die ebenfalls vom *Chief Justice* nominiert wurden).[970]

Des Weiteren ermächtigt Art. 38 der irischen Verfassung die Regierung, sog. *Special Criminal Courts* einzurichten, wann immer sie zu der Überzeugung gelangt, dass die ordentlichen Gerichte nicht in der Lage dazu sind, effektive Rechtspflege zu gewährleisten und die öffentliche Sicherheit und Ordnung zu wahren.[971] An diesen gibt es im Gegensatz zu den ordentlichen Gerichten nie eine Jury.[972] Mit dem *Offences Against The State Act 1939* wurde diese Ermächtigung normiert und 1972 erließ die Regierung mit dem *Offences Against the State (Scheduled Offences) Order 1972* die Einrichtung des *Special Criminal Court* für Delikte aus folgenden Acts: *Malicious Damage Act, 1861; Explosive Substances Act 1883; Firearms Act 1925 to 1971; Offences against*

---

964 *Dies.* (op. 1983), S. 13.
965 *Dies.* (op. 1983), S. 16.
966 *Quinn* (2009), S. 346.
967 *Ders.* (2009), S. 347.
968 *Ders.* (2009), 347 f.
969 *Ryan/Magee* (op. 1983), S. 15.
970 *Quinn* (2009), 348 f.
971 *Ryan/Magee* (op. 1983), S. 18; *Quinn* (2009), S. 350.
972 *Ryan/Magee* (op. 1983), S. 20.

the State Act 1939 und dem *Conspiracy and Protection of Property Act 1875* (S.7).[973]

Erst 1990 wurde die Todesstrafe in Irland formell durch den *Criminal Justice Act* abgeschafft – informell wurde diese aber schon seit den 1950er Jahren nicht mehr vollstreckt, sondern durch andere Strafen ersetzt.[974] Seither stehen folgende *Sanktionen* für die Gerichte als Reaktion auf strafbares Verhalten zur Verfügung: *imprisonment* (Freiheitsstrafe), *fines* (Geldstrafe), *forfeiture* (Einziehung), *community service orders* (Auferlegung von gemeinnütziger Arbeit), *probation* (Bewährung), *compensation orders* (Auferlegung von kompensierenden/wiedergutmachenden Leistungen) und *supervisory measures* (Aufsichtsmaßnahmen).[975] An der Möglichkeit der Auferlegung kompensierender Leistungen an das Opfer sowie an der erst jüngeren Möglichkeit der Einziehung (der entsprechende Act trat 1996 in Kraft)[976] ist zu erkennen, dass nicht nur rein strafendende, sondern auch kompensatorische Maßnahmen, wie sie eigentlich dem Zivilrecht eigen sind, sich im Strafrecht wachsender Beliebtheit erfreuen. Ähnliche Sanktionen kennt das deutsche Strafrecht in Gestalt der Einziehung gem. § 74 StGB, des Täter-Opfer-Ausgleichs und der Schadenswiedergutmachung gem. § 46a StGB ebenfalls. Das Recht der Sanktionen[977] wurde in Irland im Gegensatz zu Deutschland ferner nie normiert, es handelt sich vielmehr nach wie vor um reines *common law*; somit kommt den Richter*innen hier ein weiter Beurteilungsspielraum zu.[978] Dennoch sind sie in ihrer Entscheidung nicht gänzlich frei, sondern, dem *common law*-System geschuldet, an die Rechtsprechung höherer Gerichte gebunden, die mildernde und erschwerende Gründe entwickelt haben.[979]

Die *Kriminalitätsstruktur* in Irland zeigt sich ganz ähnlich wie in Deutschland: Obwohl medial die schweren Delikte vor Jurys dominieren, werden in der alltäglichen Arbeit der Justiz vor allem kleinere Straftaten wie Verkehrsdelikte oder Delikte gegen die öffentliche Ordnung vor dem *District Court* verhandelt.[980] Für das Jahr 2019 ist folgende Kriminalitätsstruktur ersichtlich:

973 *Quinn* (2009), S. 350.
974 *Hanly* (2015), S. 24.
975 *Ders.* (2015), S. 24.
976 *McIntyre/McMullan/Ó Toghda* (2012), S. 13.
977 Vgl. hierzu ausführlicher unten im Abschnitt über die Strafzumessung (Kapitel 5: 3.2.1.5).
978 *Brown* (2020), S. 165.
979 *Ders.* (2020), S. 166.
980 Vgl. Abbildung 1, S. 208.

Vor dem *District Court* wurden 2019 von den insgesamt 444.598 Fällen 406.480, also knapp 91 % verhandelt. Über die Hälfte (56 %) der dort verhandelten Delikte waren Verkehrsdelikte, Delikte gegen die öffentliche Ordnung und Körperverletzungsdelikte machten 11 % der Fälle aus. Sexualdelikte waren hier nur zu 1 % vertreten.

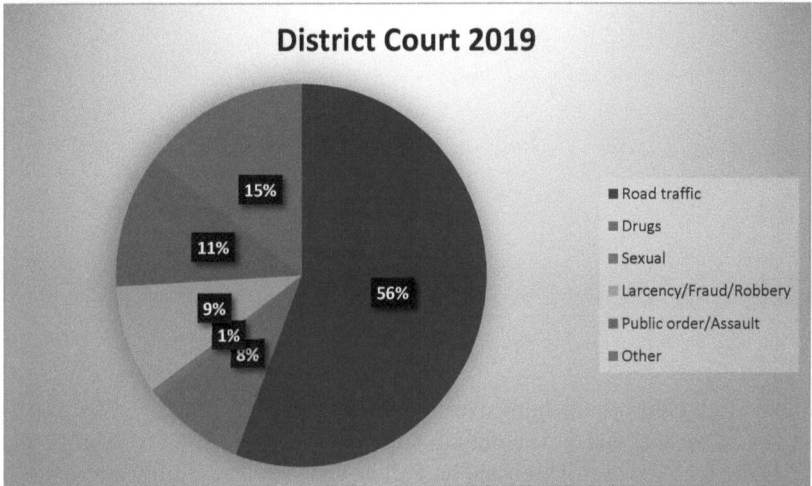

Abbildung 1[981]

Vor dem *Circuit Court* überwogen 2019 innerhalb der insgesamt 16.487 verhandelten Fälle die Eigentumsdelikte mit 38 %, Sexualdelikte machten dort 8 % der verhandelten Fälle aus:

---

981 Eigene Darstellung anhand der Zahlen des Court Service Annual Report 2019, abrufbar unter https://www.gov.ie/en/publication/ef5a7-courts-service-annual-report-2019/ [letzter Aufruf: 06.04.2022].

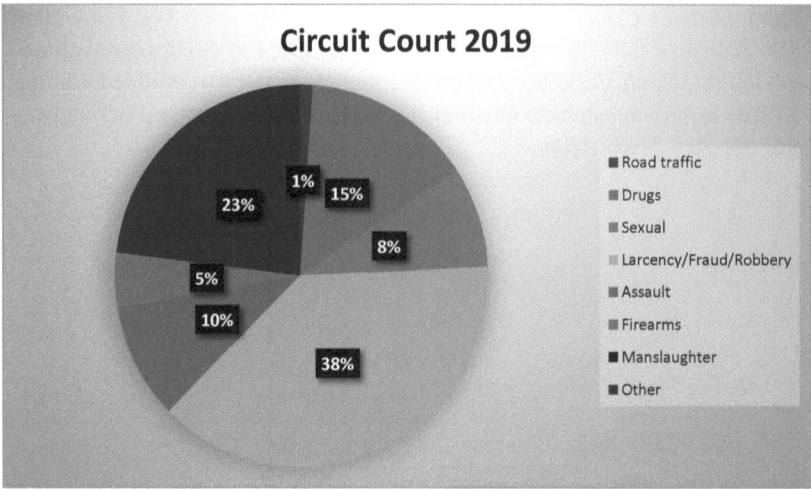

Abbildung 2[982]

Vor dem High Court (beziehungsweise Central Criminal Court) wurden 2019 indes ganz überwiegend Sexualdelikte verhandelt. Zu beachten ist hierbei allerdings die weitaus geringere Zahl an Fällen, die vor dem High Court insgesamt verhandelt wurden (473):

---

982 Eigene Darstellung anhand der Zahlen des Court Service Annual Report 2019, abrufbar unter https://www.gov.ie/en/publication/ef5a7-courts-service-annual-report-2019/ [letzter Aufruf: 06.04.2022].

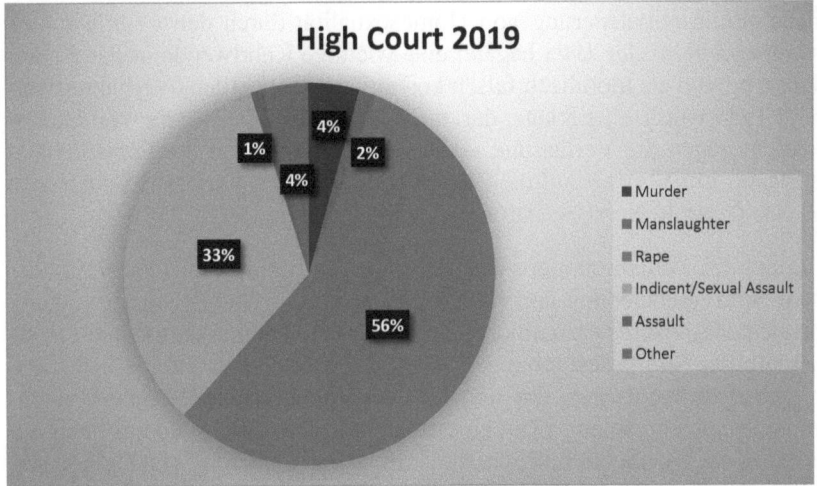

Abbildung 3[983]

3.1.2 Rechtliche und ethische Grundlagen des Strafrechts

3.1.2.1 Straftheorien

Um eine Strafrechtsordnung umfassend zu begreifen, ist es unerlässlich, nach den Grundlagen des Strafens zu fragen. Irland hat diesbezüglich, ebenso wie Deutschland und die meisten anderen europäischen Länder, eine lange Entwicklung hinter sich, die indes, im Vergleich mit Deutschland, noch jüngeren Datums ist. Lange Zeit bildeten christliche Moralvorstellungen die Grundlage für die Kriminalisierung von Verhaltensweisen.[984] Dies zeigt sich noch immer in der irischen Verfassung, in der es in der Präambel heißt:

„We, the people of Èire, Humbly acknowledging all our obligations to our Divine Lord, Jesus Christ, Who sustained our fathers through centuries of trial [...].“[985]

---

983 Eigene Darstellung anhand der Zahlen des Court Service Annual Report 2019, abrufbar unter https://www.gov.ie/en/publication/ef5a7-courts-service-annual-report-2019/ [letzter Aufruf: 06.04.2022].

984 *Hanly* (2015), S. 10.

985 Constitution of Ireland, Preamble, abrufbar unter http://www.irishstatute-book.ie/eli/cons/en/html [letzter Aufruf: 06.04.2022].

Mit der Entkriminalisierung von Homosexualität durch den *Criminal Law (Sexual Offences) Act 1993* begann eine wichtige Kehrtwende in der Kriminalisierung von als moralisch falsch konnotierten (sexuellen) Verhaltensweisen.[986] 1984 wurde eine Klage, der zufolge die Kriminalisierung von Homosexualität gegen die Verfassung verstieße, noch aufgrund der Christlichkeit des Staates mit Verweis auf die Präambel der irischen Verfassung durch den *Supreme Court* in Norris v. Attorney General[987] abgewiesen.[988]

Im Laufe des 19. Jahrhunderts fand langsam der Liberalismus Einzug in die irische Strafgesetzgebung und verdrängte nach und nach den vorher vorherrschenden Moralismus – zumindest aus seiner elementaren dominanten Rolle innerhalb der Strafgesetzgebung.[989] Dass der Moralismus gerade in Fragen des Sexualstrafrechts trotz des sich auf dem Vormarsch befindenden Liberalismus dennoch noch lange Zeit eine zentrale Rolle spielte – und es noch immer tut –, zeigt schließlich die erwähnte Entkriminalisierung von Homosexualität, welche erst am Ende des 20. Jahrhunderts eintrat, ganz anschaulich.

Für die Liberalisten ist nicht die moralische Bewertung einer Handlungsweise Grundlage ihrer Strafwürdigkeit, sondern das sog. *harm principle.*[990] Dieses vielzitierte Prinzip geht zurück auf *John Stuart Mill*, der hierzu formulierte:

„*That principle is, that the sole end for which mankind are warranted, individually or collectively, in interfering with the liberty of action of any of their number, is [...] to prevent harm to others.*"[991]

Die Einstufung einer Handlung oder Unterlassung als kriminell hängt seither nicht mehr primär von ihrer moralischen Bewertung ab, sondern vielmehr von der hierdurch entstandenen Konsequenz für das Opfer.[992] Dass moralische Gesichtspunkte aber dennoch weiterhin Einzug in den Strafprozess finden, wird sich später zeigen.

---

986 *McIntyre/McMullan/Ó Toghda* (2012), S. 1.
987 Norris v Attorney General [1984] IR 36.
988 *Hanly* (2015), S. 10.
989 *Ders.* (2015), S. 11.
990 *Ders.* (2015), S. 11.
991 *Mill* in: Philosophical problems in the law (2000), S. 200.
992 *Hanly* (2015), S. 11.

Es existieren in Irland, ähnlich wie in Deutschland, verschiedene *Strafzwecke:* *incapacitation* (Unfähigmachung/Sicherung), *deterrence* (Abschreckung)*, rehabilitation* (Resozialisierung) und *retribution* (Vergeltung).[993] Der Strafzweck der Vergeltung kann hierbei, ebenso wie in Deutschland, als ältestes Konzept begriffen werden, erscheint sich aber, nachdem zunächst der Strafzweck der Resozialisierung Überhand gewonnen hatte, gerade in jüngerer Vergangenheit und gerade im politischen Kontext, in Irland nunmehr wieder wachsender Bedeutung zu erfreuen.[994]

3.1.2.2 Rechtsquellen

Die primären Quellen des irischen (Straf-)Rechts sind das *common law*, das geschriebene Recht, welches durch das Parlament erschaffen wurde (*statute law*) sowie – in den letzten Jahren zunehmend an Bedeutung gewinnend – internationale Rechtsquellen.[995] Daneben ist auch die Verfassung von Relevanz für das Strafrecht.[996]

Im Gegensatz zum deutschen Strafrechtssystem, das (mit Ausnahme des im Strafrecht äußerst seltenen Gewohnheitsrechts)[997] auf geschriebenen Normen aufbaut, gehört Irland (ebenso wie zum Beispiel England und Wales oder die USA) dem *common law*-Rechtskreis an. Das bedeutet, dass das Recht im Wesentlichen auf dem Vergleich eines Falles mit sog. Präzedenzfällen beruht, und dass nicht alle Delikte tatsächlich schriftlich normiert sind. Das *common law*-System geht zurück auf die Geschichte Englands, beginnend mit der Eroberung des englischen Throns durch *William the Conqueror* im Jahre 1066.[998] Dieser entsandte seine Repräsentanten ins ganze Land, damit diese dort das in den einzelnen Landesteilen geltende Recht anwenden und bei ihrer Rückkehr davon berichten sollten; so entstand letztlich nach Diskussion der in den verschiedenen Rechtsordnungen geltenden Bräuche, nach Aussiebung der als unvernünftig angesehenen und Akzeptanz der als vernünftig angesehenen Regelungen ein einheitliches Rechtssystem.[999] Zwei Jahrhunderte später, ungefähr 1250, war auf diese Art ein „gemeines Recht" entstanden, das

---

993 *Quinn* (2009), S. 3; *Hanly* (2015), 21 ff.
994 *Hanly* (2015), S. 21.
995 *Hanly* (2015), 3 f.; *Quinn* (2009), S. 4.
996 Hierzu sogleich (Kapitel 5: 3.1.2.2).
997 Dem steht in Deutschland (zumindest zu Lasten des Täters) das Gesetzlichkeitsprinzip aus Art. 103 II GG entgegen (*nulla poena sine lege*), welches auch einfachgesetzlich in § 1 StGB zum Ausdruck kommt.
998 *Allbon/Elliott/Kaur Dua u.a.* (2018), S. 10.
999 *Dies.* (2018), S. 10.

hauptsächlich auf dem Prinzip *stare decisis* („Die Entscheidung stehen lassen") basierte.[1000]

Das englische Recht hat fortan viele Rechtsordnungen geprägt, nicht zuletzt auch die irische. Vor Erlass der irischen Verfassung (also vor 1937) hatten die Gerichte sogar die Befugnis, Handlungen ohne gesetzliche Basis zu kriminalisieren.[1001] Art. 15.2.1. der Verfassung verleiht nunmehr allerdings ausschließlich dem Parlament (*Oireachtas*) diese Befugnis. Hauptsächlich normiert das Parlament nunmehr allerdings vor langer Zeit entwickelte *common law*-Gesetze.[1002] Art. 50 bestimmt aber auch, dass sämtliche Gesetze, die vor Erlass der Verfassung erlassen wurden, ihre Gültigkeit behalten, sofern sie mit den Grundsätzen der Verfassung in Einklang stehen.

Am wichtigsten ist die Unterscheidung zwischen *common law*-Strafrechtssystemen und dem uns bekannten *civil law*-System bei der Interpretation von Gesetzen: Irische Richter*innen nehmen hierzu nicht nur Präzedenzfälle aus Irland zur Hilfe, sondern auch solche aus anderen Ländern mit *common law*-System, allen voran aus dem Nachbarland England & Wales, wobei englische Präzedenzfälle, im Gegensatz zu den irischen, für irische Gerichte nicht bindend sind.[1003] Englische (oder andere ausländische) Entscheidungen entfalten für irische Gerichte vielmehr erst dann eine Bindungswirkung, wenn diese von den irischen Gerichten akzeptiert oder vom irischen Parlament gesetzlich inkorporiert worden sind.[1004]

Das Parlament spielt seit Inkrafttreten der Verfassung wie bereits erläutert eine wesentliche Rolle in der strafrechtlichen Gesetzgebung. Dies kommt in dreierlei Formen zum Ausdruck: Erstens ist das Parlament befugt, gänzlich neue Delikte zu schaffen, zweitens können vorher reine *common law*-Delikte normiert werden und drittens kann das Parlament auch, ohne sie substantiell zu verändern, neue Rahmenbedingungen und Auslegungsgrundsätze für existierende *common law*-Delikte schaffen.[1005] In den letzten Jahren hat vor allem letzteres praktische Bedeutung erlangt, hauptsächlich im Recht der *defences*,

---

1000   *Dies.* (2018), S. 10.
1001   *Hanly* (2015), S. 4.
1002   *Ders.* (2015), S. 5.
1003   *Ders.* (2015), S. 5.
1004   *Ders.* (2015), S. 5.
1005   *Ders.* (2015), S. 7.

der Versuchsstrafbarkeit sowie – für diese Arbeit besonders relevant – bezüglich der Fähigkeit und der Voraussetzungen, in sexuelle Handlungen einzuwilligen.[1006]

International hat vor allem die EU großen Einfluss auf das irische Strafrecht.[1007] Maßnahmen, die aufgrund der Mitgliedschaft Irlands in der EU erforderlich sind, können gem. Art 29.4.6 der Verfassung nicht einmal anhand der Verfassung selbst für ungültig erklärt werden.

3.1.3 Verfassungsrechtliche Rahmenbedingungen

Wie bereits erwähnt, ist auch die Verfassung eine wichtige Rechtsquelle für das Strafrecht – und zwar in der Weise, dass dort einige wichtige Prinzipien normiert sind, an denen sich ein strafrechtlicher Prozess zu orientieren hat.

3.1.3.1 Legality Principle

Das sog. *Legality Principle* – nicht zu verwechseln mit dem aus dem deutschen Recht bekannten Legalitätsprinzip aus §§ 152 II, 170 I StPO – in Irland kann so verstanden werden, dass alle freiheitsentziehenden Maßnahmen vom Gesetz angeordnet werden müssen (gemeint sind hier indes sowohl das *common law* als auch das *statute law*) und dass das Gesetz „predictable, accessible and certain", also vorhersehbar, zugänglich und bestimmt sein muss.[1008] Das bedeutet schlussendlich, dass es für die Bürger*innen klar ersichtlich sein muss, welche Verhaltensweisen verboten sind und daher strafrechtliche Konsequenzen nach sich ziehen können.[1009] Im irischen Recht wird dieses Prinzip aus dem lateinischen Grundsatz *nullum crimen sine lege* („Keine Strafe ohne Gesetz") hergeleitet.[1010] Das *Legality Principles* ist somit ein sehr weitreichendes Konzept, welches mehrere Untergewährleistungen enthält: das *principle of non-retroactivity* (ähnlich zum deutschen Rückwirkungsverbot), das *principle of maximum certainty* (ähnlich zum deutschen Bestimmtheitsgrundsatz) sowie das *principle of strict construction of penal statutes (in dubio pro reo)*[1011], welche einzeln im Folgenden dargestellt werden sollen.

1006 *Ders.* (2015), S. 7.
1007 *Ders.* (2015), S. 7.
1008 *McIntyre/McMullan/Ó Toghda* (2012), S. 45.
1009 *Hanly* (2015), S. 43.
1010 *McIntyre/McMullan/Ó Toghda* (2012), S. 45.
1011 *Dies.* (2012), S. 45.

Am ehesten verglichen werden kann das weitreichende *Legality Principle* wohl mit dem deutschen Gesetzlichkeitsprinzip, welches aus Art. 7 I EMRK und Art. 103 II GG hergeleitet wird und auch in § 1 StGB gesetzlich verankert ist.

3.1.3.2 Principle of non-retroactivity

Das irische Rückwirkungsverbot hat mit Art. 15.5.1. verfassungsrechtlichen Rang. Hier heißt es:

„The Oireachtas shall not declare acts to be infringements of the law which were not so at the date of their commission.“

Dies gilt allerdings nur für die nachträgliche Kriminalisierung von Verhalten, das zum Zeitpunkt der Tatbegehung nicht strafbar war, und nicht etwa für die Erhöhung der strafrechtlichen Sanktion[1012] – dies stellt einen wesentlichen Unterschied zum deutschen Rückwirkungsverbot dar, welches gerade auch rückwirkende Strafschärfungen verbietet.

3.1.3.3. Principle of maximum certainty

Ebenfalls Verfassungsrang hat das *principle of maxium certainty*. Es verlangt von der Definition strafbarer Handlungen maximale Sicherheit für die Bürger*innen.[1013] Dieses Prinzip birgt womöglich die meisten Probleme, was deutlich wird, wenn man sich die Kernelemente des *common law*-Prinzips vor Augen führt, in welchem viele Delikte nun einmal gar nicht normiert sind oder aber durch die „evolutionäre Natur" des *common law* durch Rechtsprechung stetig weiterentwickelt werden[1014] – ob daher für die Bürger*innen stets ganz klar ersichtlich ist, welche Verhaltensweise unter welchen Voraussetzungen welche strafrechtliche Konsequenz nach sich ziehen kann, ist aus deutscher Perspektive eher als zweifelhaft zu beurteilen. An diesem Prinzip muss sich das *common law* daher stets messen lassen und ein verfassungsrechtlich unbedenklicher Ausgleich zwischen beiden Prinzipien gefunden werden.

1012 *Dies.* (2012), S. 46.
1013 *Dies.* (2012), S. 47.
1014 *Dies.* (2012), S. 49.

3.1.3.4 Principle of strict construction of penal statutes

Letztlich wird es ebenfalls als Teil des *Legality Principles* angesehen, dass, sofern Zweifel innerhalb der Bedeutung des Rechts aufkommen, dieses zugunsten der angeklagten Person ausgelegt werden muss.[1015] Dieses Prinzip entspricht im Wesentlichen dem *in dubio pro reo*-Grundsatz, geht jedoch noch wesentlich über die deutsche Interpretation hinaus: Hierzulande werden nur Zweifel im Hinblick auf die Erweislichkeit oder Nichterweislichkeit eines Tatbestandsmerkmals zugunsten der angeklagten Person aufgelöst, nicht allerdings müssen Auslegungszweifel hinsichtlich der Interpretation des Rechts notwendigerweise zugunsten des Angeklagten ausgelegt werden.[1016] Letztlich stellt diese Erweiterung allerdings ein mit Blick auf die in der Natur des *common law*-Prinzips angelegte weniger strenge Bestimmtheit von Verhaltensnormen einen sinnvollen zusätzlichen Schutz der Angeklagten vor zweifelhafter Bestrafung dar.

3.1.3.5 Presumption of Innocence

Auch das irische Recht fußt auf dem Grundsatz der Unschuldsvermutung (*Presumption of Innocence*), was bedeutet, dass die Anklage die Schuld der angeklagten Person *beyond a reasonable doubt* beweisen muss.[1017] Dieses Prinzip zieht sich als „goldener Faden" durch das irische Rechtssystem.[1018] Es ist zwar nicht ausdrücklich in der Verfassung erwähnt, wird aber aus Art. 38.1. abgeleitet,[1019] in dem es heißt: *„no person shall be tried on any criminal charge save in due course of law"*. Hiervon kennt das irische Recht indes Ausnahmen: Wird von der Verteidigung hervorgebracht, dass die angeklagte Person zum Tatzeitpunkt unter *insanity* litt (was eine *defence* darstellt), muss die Verteidigung dies aufgrund des Grundsatzes der *presumption of sanity* beweisen; ebenso existieren Beweislastumkehrregelungen in einzelnen Gesetzen,[1020] so zum Beispiel im *Criminal Justice (Female Genital Mutilation) Act 2012*, in dem es in Sec. 3 heißt:

„[...] it shall be presumed, until the contrary is shown, that one of the purposes for the removal from the State [...] was to have an act of female genital mutilation done to her if [...]".

1015 *Dies.* (2012), S. 50.
1016 *Heintschel von Heinegg* in BeckOK StGB (2022), § 1 Rn. 51.
1017 *Hanly* (2015), S. 46; *MacGrath* (2005), S. 17.
1018 *Fennell* (2019), S. 114.
1019 *McIntyre/McMullan/Ó Toghda* (2012), S. 37.
1020 *Dies.* (2012), S. 39.

Dies stellt einen wesentlichen Unterschied zum deutschen Strafverfahrens-recht dar – auch wenn hier bei Fehlen jeglicher Anhaltspunkte für die gegen-teilige Annahme ebenfalls von der Schuldfähigkeit gem. § 20 StGB ausgegan-gen wird, so muss das Gericht, wenn solche Anhaltspunkte eben doch vorlie-gen, diese von Amts wegen prüfen.[1021]

3.1.3.6 Öffentlichkeitsgrundsatz

Strafprozesse müssen in Irland, ebenso wie in Deutschland (hier normiert in § 169 S. 1 GVG), öffentlich abgehalten werden; dies ergibt sich aus Art. 34.1 der Verfassung.[1022] Grundsätzlich hat also jede*r irische Bürger*in das Recht, einem Strafprozess als Zuschauer*in beizuwohnen, Ausnahmen gibt es jedoch in Strafprozessen, deren Natur es erfordert, dass die Beweiserhebung in den höchstpersönlichen Lebensbereich hineinreicht, so zum Beispiel in den meis-ten Vergewaltigungs- und Inzestprozessen.[1023] Dies ist gem. § 171b GVG auch in Deutschland möglich.

3.1.3.7 fair trial-Grundsatz

Art. 38.1 der Verfassung bestimmt, dass alle Prozesse in Einklang mit dem Gesetz geführt werden müssen, was bedeutet, dass der Prozess fair sein muss und die persönlichen Rechte der angeklagten Person geachtet werden müs-sen.[1024] Dies entspricht im Wesentlichen dem *fair trial*-Grundsatz aus Art. 6 EMRK. Zugehörig sind diesem Prinzip die Unschuldsvermutung, der „goldene Faden" der Beweislast der Schuld, die auf der Anklage lastet, sowie das Recht der angeklagten Person, sich nicht selbst belasten zu müssen (*nemo tenetur se ipsum accusare*).[1025]

3.1.3.8 Jury-Prinzip

Gem. Art. 38.5 der Verfassung sollen alle Strafprozesse vor einer Jury abge-halten werden, ausgenommen von dieser Verpflichtung sind lediglich Pro-zesse vor Militär- oder sonstigen speziellen Gerichten sowie Strafprozesse bei kleineren Delikten.[1026]

1021 *Perron/Weißer* in Schönke/Schröder/StGB (2019), § 20 Rn. 45.
1022 *Hanly* (2015), S. 4.
1023 *Ders.* (2015), S. 4.
1024 *Ders.* (2015), S. 4.
1025 *Fennell* (2019), S. 116.
1026 *Hanly* (2015), S. 4.

3.1.4 Allgemeine Lehren des Strafrechts

Im Folgenden sollen die wesentlichen allgemeinen Lehren des irischen Strafrechts kurz skizziert werden. Hierzu werden zunächst die wichtigsten verschiedenen Arten von Delikten (*offences*) dargestellt, bevor sodann die allgemeinen Voraussetzungen der Strafbarkeit erläutert werden.

3.1.4.1 Arten von Straftaten

Wie auch im deutschen Strafrecht existieren in Irland verschiedene Arten von Delikten. Zunächst ist indes danach zu fragen, was in Irland überhaupt eine „Straftat" definiert. In Abgrenzung zum Zivilrecht wird zumeist auf drei wesentliche Faktoren verwiesen, die eine Straftat ausmachen: Es muss sich um eine Tat gegen die Gesellschaft als Ganzes handeln, die Sanktion ist von strafender und nicht von ausgleichender Natur und die Tat soll im Grundsatz den Beweis einer subjektiven Seite oder Schuld beinhalten.[1027] Ebenfalls abgrenzend heranzuziehen sei die benutzte Sprache, in Strafsachen sei hier das „Vokabular des Strafrechts" erkennbar.[1028] Die Abgrenzungskriterien sind hierbei im Wesentlichen dieselben wie in Deutschland, auch hierzulande gilt das Strafrecht im Gegensatz zum (ebenfalls retrospektiv und auf Ausgleich gerichteten) Zivilrecht die Tatsache, dass das Strafrecht innerhalb der Reaktion auf ein Verhalten im Allgemeininteresse und nicht (nur) im Interesse des Einzelnen agiert.[1029]

Zunächst ist, dem *common law*-Prinzip geschuldet, eine Unterscheidung zwischen sog. *statutory offences*, also solchen, die durch das Parlament normiert wurden, und *common law offences*, also solchen, die vor Erlass der Verfassung bereits galten und gem. Art. 50 der Verfassung hiernach fortgeltend zur Anwendung gelangen, zu machen. Totschlag (*manslaughter*) ist ein gutes Beispiel für ein *common law offence*, welches bereits vor Inkrafttreten der Verfassung im Jahre 1937 existierte und danach tatsächlich nie normiert wurde.[1030]

Während in Deutschland eine übergeordnete Einteilung der Delikte in Verbrechen und Vergehen gem. § 12 StGB existiert, ist in Irland eine derartige

---

1027 *Hanly* (2015), S. 16; *McIntyre/McMullan/Ó Toghda* (2012), S. 7.
1028 *Hanly* (2015), S. 16.
1029 *Kindhäuser/Zimmermann* (2020), § 1 Rn. 6.
1030 *Hanly* (2015), S. 4.

Unterscheidung zwischen als schwerer beziehungsweise als leichter einzuord-
nender Delikte, ebenfalls dem *common law*-Prinzip geschuldet, verschiedenen
Quellen zu entnehmen:

Das *common law* teilte früher die Delikte grob in *felonies* und *misdemeanours*,
ähnlich zur deutschen Einteilung in Verbrechen und Vergehen, wobei diese
Unterscheidung durch den *Criminal Law Act 1997* abgeschafft wurde[1031] und
deren Bedeutung hiernach zunehmend geschwunden ist: Während früher alle
felonies mit der Todesstrafe bestraft wurden (*misdemeanours* wurden daher
ausdrücklich dafür geschaffen, um diese harsche Strafe für geringere Fälle zu
umgehen)[1032] und außerdem die Begehung eines *felonies* (wichtigste Beispiele: Vergewaltigung, Mord, Diebstahl) die automatische Einziehung des
Besitzes des*der Täters*Täterin nach sich zog,[1033] ist die Unterscheidung
heutzutage von geringerer Bedeutung.[1034] Als dritte Kategorie schuf das *common law*, was auch das moderne irische Recht noch kennt und als einziges
Delikt von der Verfassung in Art. 39 tatsächlich vorgegeben ist, noch *treason*
(Verrat).[1035]

Mit dem *Criminal Law Act 1997, Section 3* wurde diese Unterscheidung gesetzlich aufgehoben – das *statute law* unterscheidet Delikte eher nach ihrer
strafprozessrechtlichen Konsequenz: Es existieren daher *summary offences*
und *indictable offences* – erstere können ohne Jury vor einem *District Court*
verhandelt werden[1036] –, *arrestable* und *non-arrestable offences*.[1037] Letztere
Unterscheidung ist im Wesentlichen insofern kongruent mit der Einteilung in
serious und *non-serious offences*, als die meisten s*erious offences* auch *arrestable* sind und *vice versa*.[1038] Die Rechtsprechung ist bezüglich der Einteilung in *serious* und *non-serious offences* indes uneinheitlich; eine leitende
Entscheidung hierzu definierte ein *serious offence* anhand der Höhe der ange-
drohten Strafe (ab fünf Jahren soll ein *offence* demnach als *serious* gelten),
andere Gerichte sind hiervon aber zum Teil abgewichen.[1039] Hierbei kommt

---

1031   *Ders.* (2015), S. 18.
1032   *Quinn* (2009), S. 15.
1033   *McIntyre/McMullan/Ó Toghda* (2012), S. 20 f.
1034   *McIntyre/McMullan/Ó Toghda* (2012), S. 21; *Ryan/Magee* (op. 1983), S. 2.
1035   *McIntyre/McMullan/Ó Toghda* (2012), S. 22.
1036   Siehe hierzu ausführlicher unten im Abschnitt „Gang des Strafverfahrens" (Kapitel 5:
       3.1.5).
1037   *Hanly* (2015), S. 18 f.
1038   *McIntyre/McMullan/Ó Toghda* (2012), S. 32.
1039   *Dies.* (2012), S. 30.

es vor allem auf den genauen Kontext der Unterscheidung an.[1040] Die Einteilung in *arrestable* und *non-arrestable offences* dient vor allem der Frage, ob jemand ohne Haftbefehl festgenommen werden kann (so nur bei *arrestable offences*).[1041]

Letztlich ist auch die Verfassung Quelle einer Einteilung von Delikten: In Art. 38.2 beschreibt diese die Kategorie der sog. *minor offences*. Die Verfassung bestimmt lediglich, dass solche „kleineren" Straftaten können ohne Jury verhandelt werden können, führt allerdings nicht näher aus, was *minor* bedeutet, was den Supreme Court dazu verleitete, in Melling v O'Mathghamhna[1042] vier Faktoren zur Abgrenzung herauszuarbeiten: die Ernsthaftigkeit der Strafe für das Delikt, die moralische Qualität der Tat, die Rechtslage bei Inkrafttreten der Verfassung sowie die öffentliche Meinung bei Inkrafttreten der Verfassung (wobei nicht alle vier davon gleich gewichtet sind und gerade die letzten beiden Faktoren kaum mehr Bedeutung haben).[1043]

Neben derartiger strafprozessual bedeutsamer Einteilungen – welche sich im deutschen Strafrecht wesentlich simpler auf die Unterscheidung zwischen Verbrechen und Vergehen beschränken – können die in Irland existierenden Straftaten, ähnlich zur Unterscheidung deutscher Delikte in Erfolgs- und Handlungsdelikte, in *result offences* und *conduct offences* eingeteilt werden.[1044]

Mit den *inchoate offences* (übersetzt etwa „beginnende Taten") kennt das irische Strafrecht zudem eine beachtliche Strafbarkeit im Vorfeld der Tatbegehung, welche weit über die deutsche Versuchsstrafbarkeit hinausgeht. Erfasst sind hiervon nämlich neben dem *attempt* (Versuch) auch *conspiracy* (Verschwörung) und *incitement/soliciting* (Anstiftung, Aufforderung),[1045] was zwar inhaltlich dem § 30 StGB ähnelt, allerdings nicht nur auf bestimmte Taten (in Deutschland ist die Verabredung nur zu einem Verbrechen strafbar) begrenzt ist, es reicht jeder *unlawful act*.[1046]

1040 *Dies.* (2012), S. 31.
1041 *Dies.* (2012), S. 32.
1042 Melling v O'Mathghamhna [1962] IR 1.
1043 *McIntyre/McMullan/Ó Toghda* (2012), S. 25; *Quinn* (2009), S. 16 f.
1044 *Hanly* (2015), S. 52 ff.
1045 *Quinn* (2009), S. 39.
1046 *Ders.* (2009), S. 42.

Die Teilnahmestrafbarkeit in Irland ist seit Inkrafttreten des *Criminal Law Act 1997, Section 7* auf das „Unterstützen, Begünstigen, Veranlassen oder das Beraten zu" einem *indictable offence* beschränkt.[1047] Diese Terminologie ähnelt stark den Tatbestandsmerkmalen der §§ 26, 27 StGB, in denen „Bestimmen" und „Hilfeleisten" für eine Bestrafung ausreicht. Ein wesentlicher Unterschied liegt allerdings in der Strafandrohung: Das irische Strafrecht bestraft einen solchen Teilnehmer*in gem. Sec. 7 (1) als *principle offender*, also ebenso wie den*die Haupttäter*in der Straftat, während in Deutschland zumindest die Strafe eines*einer Gehilfen*Gehilfin gem. § 26 II 2 StGB zwingend gem. § 49 I StGB zu mildern ist.

3.1.4.2 Voraussetzungen der Strafbarkeit

Im nächsten Schritt sollen die generellen Voraussetzungen der Strafbarkeit dargelegt werden. Erforderlich sind hierfür grundsätzlich die Erfüllung des sog. *actus reus* – vergleichbar mit dem objektiven Tatbestand des deutschen Rechts – und der sog. *mens rea* – vergleichbar mit dem subjektiven Tatbestand des deutschen Rechts. Die Erfüllung beider Seiten führt zur Strafbarkeit, wenn die angeklagte Person nicht das Vorliegen einer *defence* beweisen kann.[1048] Der Aufbau einer Strafbarkeitsprüfung erfolgt daher nicht wie in Deutschland dreistufig (Tatbestand – Rechtswidrigkeit – Schuld) sondern lediglich zweistufig (*actus reus/mens rea – defence*).

Actus reus

Tatbestandsmäßig ist eine Tat also, wenn *actus reus* und *mens rea* bewiesen werden können. Ebenso wie in Deutschland ist allein die Erfüllung der subjektiven Seite einer Straftat nie zureichend für eine Verurteilung, es existiert kein reines Gesinnungsstrafrecht.[1049]

Beim *actus reus* handelt es sich um die objektive Seite der Tat (in Irland auch als das physische Element der Straftat bezeichnet[1050]): Es braucht eine Handlung (*conduct*) und bei Erfolgsdelikten (*conduct offences*, s.o.) einen Erfolg (*result*) sowie die Verursachung (*causation*) dieses Erfolgs durch den*die Täter*in.[1051] Die kausale Verknüpfung zwischen Handlung und Erfolg kann –

1047 *Hanly* (2015), S. 109.
1048 *Quinn* (2009), S. 7 und S. 24.
1049 *McIntyre/McMullan/Ó Toghda* (2012), S. 81.
1050 *Hanly* (2015), S. 52.
1051 *McIntyre/McMullan/Ó Toghda* (2012), S. 81; *Quinn* (2009), S. 7 f.

ebenso wie im deutschen Strafrecht – durch verschiedene Abbrüche im Kausalverlauf, vor allem durch das Dazwischentreten Dritter oder des Opfers selbst – unterbrochen sein und somit zur Verneinung des *actus reus* führen (sog. *novus actus interveniens*).[1052] Diese kausale Verknüpfung kann durch einen *but for*-Test bewiesen werden, in dem – ähnlich zur *conditio sine qua non*-Formel[1053] – danach gefragt wird, ob das Ergebnis auch ohne die Handlung der angeklagten Person eingetreten wäre.[1054] Diese ist indes, wie auch das in Deutschland angewendete Pendant, sehr weit und schließt nur Handlungen aus, die überhaupt keinen Bezug zur Tat aufweisen – in Ermangelung eines Prinzips wie desjenigen der objektiven Zurechnung[1055] wenden die irischen Richter*innen in fraglichen Fällen den *more than a minimal*-Test an; beispielsweise in Tötungsfällen wird hierbei danach gefragt, ob die Handlung des*der Täter*in „mehr als nur minimal" zum Erfolg in Beziehung gesetzt werden kann.[1056]

Im Gegensatz zur deutschen Prüfung eines Delikts, welche im Wesentlichen stets denselben stringenten Aufbau verfolgt, ist das Konzept des *actus reus* in Irland eher vage und bei jedem einzelnen Delikt individuell. Hinzu kommen oftmals nämlich noch sog. *surrounding circumstances*.[1057] Hierzu gehört beispielsweise die Abwesenheit der Einwilligung (*consent*) beim Tatbestand der Vergewaltigung (*rape*) und beim Diebstahl (*stealing*).[1058]

Vier Handlungsweisen können den *actus reus* erfüllen: Handlungen, Worte, Besitz und Unterlassungen trotz der Pflicht zum Handeln.[1059] Voraussetzung ist jedoch, dass die Handlung auch freiwillig ausgeführt worden ist; für das Merkmal der Freiwilligkeit kennen die Gerichte jedoch keine exakte Definition, es wird vielmehr auf den „Menschenverstand" der Richter*innen (*common sense*) abgestellt.[1060] Jedenfalls nicht als freiwillig angesehen werden reine automatische Reflexe, die damit keinen tauglichen Anknüpfungspunkt für den *actus reus* darstellen.[1061]

1052   *Hanly* (2015), S. 73 ff.; *McIntyre/McMullan/Ó Toghda* (2012), S. 92 ff.
1053   Vgl. statt Vieler *Eisele* in Schönke/Schröder/StGB (2019), Vorbemerkungen zu den §§ 13 ff. Rn. 73a.
1054   *McIntyre/McMullan/Ó Toghda* (2012), S. 91.
1055   Vgl. statt Vieler *Eisele* in Schönke/Schröder/StGB (2019), Vorbemerkungen zu den §§ 13 ff. Rn. 90 ff.
1056   *McIntyre/McMullan/Ó Toghda* (2012), S. 91.
1057   *Quinn* (2009), S. 7.
1058   *Ders.* (2009), S. 8.
1059   *Hanly* (2015), S. 53.
1060   *Ders.* (2015), S. 65.
1061   *Ders.* (2015), S. 66.

Mens rea

Zum Tatzeitpunkt muss, sofern das Vorliegen eines actus reus bewiesen ist, nunmehr auch eine subjektive Seite, also das mentale Element einer Straftat, erfüllt sein, sog. mens rea. Diese wird sogar als die essentielle Seite der Straftat verstanden.[1062] Vergleichbar mit dem Koinzidenzprinzip, welches aus §§ 16 I, 8 StGB hergeleitet wird,[1063] muss auch in Irland die mens rea zum Zeitpunkt der Begehung des actus reus vorliegen.[1064] Der Ausdruck mens rea stammt vom lateinischen Ausdruck actus non facit reum nisi mens sit rea[1065] und ist ebenfalls Ausdruck des abschreckenden Effekts, den das Strafrecht erfüllen soll, denn – so wird es aus diesem Prinzip hergeleitet – nur jemand, der erkennt, dass das eigene Verhalten bestraft werden kann, kann durch die Bestrafung auch tatsächlich abgeschreckt werden.[1066] Anders als in Deutschland, wo der Vorsatz allgemein in § 15 StGB geregelt und für alle (Vorsatz-)Delikte gleichermaßen gilt, hat in Irland jede Straftat ihre eigenen Anforderungen an die mens rea; insgesamt sind allerdings vier wesentliche Stufen auszumachen: Absicht (intention), Rücksichtslosigkeit (recklessness), Fahrlässigkeit (negligence) und die verschuldensunabhängige Haftung (strict or absolute liability).[1067]

Intention

Die erste Form der mens rea ist die intention. Auch hier gibt es keine einheitliche Definition, die die Gerichte anwenden, vielmehr wird auch hier der Begriff bewusst vage gehalten, damit die Jury sich auf „the common meaning of the word" stützen kann.[1068] Dennoch kennt das irische Recht zwei Formen: direct und oblique oder indirect intention – ersteres bedeutet, dass jemand einen Erfolg verursachen will und auch gezielt Handlungen vornimmt, um diesen zu erreichen, während letzteres bedeutet, dass eine Person eigentlich etwas Anderes erreichen will, hierfür aber Handlungen vornehmen muss, deren Erfolg sie eigentlich nicht wünscht.[1069] Vergleicht man diese mit den direkten Vorsatzformen, die das deutsche Strafrecht kennt – dolus directus 1. Grades

---

1062   *Quinn* (2009), S. 8.
1063   Auch als Simultanitätsprinzip bezeichnet, vgl. statt Vieler *Sternberg-Lieben/Schuster* in Schönke/Schröder/StGB (2019), § 15 Rn. 48 ff.
1064   *Hanly* (2015), S. 105.
1065   Zu dt. wörtlich übersetzt.: Eine Handlung macht einen Menschen nicht schuldig, solange der Geist nicht ebenfalls schuldig ist.
1066   *McIntyre/McMullan/Ó Toghda* (2012), S. 52.
1067   *Dies.* (2012), S. 52.
1068   *Hanly* (2015), S. 83.
1069   *Quinn* (2009), S. 9; *Hanly* (2015), S. 83 f.

und dolus directus 2. Grades – kann man erkennen, dass bei dem Konzept der direct intention ebenso wie beim dolus directus 1. Grades das Willenselement im Vordergrund steht, während oblique intention das Willenselement auf einen anderen (außertatbestandlichen) Erfolg zentriert. Insofern erscheint dieses Konzept eher vergleichbar mit der Fallgruppe des Erreichens eines notwendigen Zwischenziels im deutschen Strafrecht, was aber hierzulande ebenso unter die Kategorie des dolus directus 1. Grades fällt und nicht etwa unter den dolus directus 2. Grades,[1070] welcher vielmehr das Wissenselement des Vorsatzes in das Zentrum der Vorwerfbarkeit stellt.

Das bedeutet indes nicht, dass das irische Strafrecht nie ein Wissenselement verlangt. Vielmehr gibt es sehr wohl Straftaten, die Knowledge and Belief voraussetzen: So nicht zuletzt das für diese Arbeit relevante Verbrechen der Vergewaltigung.[1071]

Das irische Recht kennt außerdem – was dem deutschen Recht fremd ist – die Vermutung einer solchen Absicht (welche wiederum widerlegt werden kann) insofern, als angenommen wird, dass eine Person die „natürlichen und wahrscheinlichen Folgen ihrer Handlungen beabsichtigt".[1072]

Recklessness

Recklessness (am besten zu übersetzen mit dem Terminus „Rücksichtslosigkeit") wird im irischen Recht oftmals definiert als „engaging in conduct that involves taking an unjustifiable risk of causing harm to others".[1073] Insofern weist der Begriff sowohl Ähnlichkeit mit dem im deutschen Recht bekannten Konzept des dolus eventualis als auch mit dem Begriff der bewussten Fahrlässigkeit auf. Hieran kann man anschaulich sehen, dass Vorsatz und Fahrlässigkeit in Irland nicht so streng getrennt sind wie im deutschen Recht. Es ist überdies umstritten, ob recklessness aus dem Blickwinkel einer objektiven beobachtenden Person oder darüber hinaus auch subjektiv zu bestimmen ist, also ob es schlicht darauf ankommen soll, dass objektiv ein bestimmtes Risiko eingegangen wurde, welches eine objektive dritte Person nicht eingegangen

---

1070   Vgl. zum Beispiel *Sternberg-Lieben/Sternberg-Lieben*, JuS 2012, 976, 977.
1071   *Hanly* (2015), S. 88.
1072   *McIntyre/McMullan/Ó Toghda* (2012), S. 60.
1073   *Hanly* (2015), S. 90.

wäre, oder ob überdies ein gewisser Grad an tatsächlichem Bewusstsein hierüber in der Person des*der Täters*Täterin erforderlich ist.[1074] Die irischen Gerichte haben sich hierbei der subjektiven Ansicht angeschlossen.[1075] Das bedeutet also, dass der*die Täter*in das eingegangene Risiko, das sich im Erfolg
realisiert hat, vorausgesehen und dennoch die Handlung ausgeführt haben
muss.[1076] Im Umkehrschluss bedeutet das für ein Berufen auf ein honest belief, dass, folgt man einem objektiven Ansatz, eine sog. reasonable grounds-
Prüfung vorgenommen wird: Hierbei wird danach gefragt, ob ein derartiger
Glaube des*der Täters*Täterin auf vernünftigen Gründen (reasonable
grounds), welche einer objektiven Prüfung zugänglich sind, beruht.[1077] Nach
der subjektiven Ansicht würde nur danach gefragt werden, ob der*die Täter*in tatsächlich ehrlich (honest) an den Umstand geglaubt hat, unabhängig
davon, ob dies objektiv vernünftig erscheint.[1078]

Negligence

Negligence, also Fahrlässigkeit, wird definiert als unter den Standard von Verhalten fallend, das von einem einigermaßen umsichtigen Menschen erwartet
werden kann, und ist in Abgrenzung zur recklessness eine rein objektive Form
der mens rea. [1079] Zudem existiert noch die sog. criminal negligence – eine
spezielle Form der Fahrlässigkeit, die nur für fahrlässigen Totschlag (manslaughter) erforderlich ist.[1080]

Strict liability

Streng genommen ist strict liability keine Form der mens rea, sondern bezeichnet Straftaten, die ausnahmsweise ohne den Beweis von mens rea, also
der subjektiven Seite der Tat, auskommen.[1081] Dieses Prinzip kommt zum Tragen, wo das Gesetz eine Handlung absolut (daher auch oftmals als absolute
liability bezeichnet) unter Strafe stellt, unabhängig von der gesetzten Intention
des*der Täters*Täterin.[1082] Ein Beispiel hierfür war früher der Tatbestand des
statutory rape unter Sec. 1 und 2 des Criminal Law Amendment Act 1935:
Hier musste nicht bewiesen werden, dass der Täter wusste, dass das Mädchen,

---

1074   *Ders.* (2015), S. 91 f.
1075   *Hanly* (2015), S. 93; *McIntyre/McMullan/Ó Toghda* (2012), S. 62.
1076   *McIntyre/McMullan/Ó Toghda* (2012), S. 62.
1077   *Leahy* in: Law and Gender in Modern Ireland (2019), S. 12.
1078   *Dies.* in: Law and Gender in Modern Ireland (2019), S. 12.
1079   *Hanly* (2015), S. 94; *McIntyre/McMullan/Ó Toghda* (2012), S. 68.
1080   *McIntyre/McMullan/Ó Toghda* (2012), S. 68.
1081   *Quinn* (2009), S. 10.
1082   *McIntyre/McMullan/Ó Toghda* (2012), S. 68.

mit dem er den Beischlaf vollzog, minderjährig war.[1083] Diese Form der absoluten, vom Vorsatz des*der Täters*Täterin losgelösten strafrechtlichen Haftung weckt offensichtliche Bedenken in Bezug auf die Rechtmäßigkeit und ist daher auch im irischen Recht nicht unumstritten.[1084] So widerspricht die Existenz dieser Deliktsgruppe doch dem ansonsten das Strafrecht prägenden Grundsatz actus non facit reum nisi mens sit rea und den geltenden Strafzwecken. Es verwundert daher nicht, dass fast alle strict liability offences statutory offences sind – die einzigen common law offences dieser Art sind die Erregung öffentlichen Ärgernisses (public nuisance) und die Verleumdung (criminal lible).[1085]

Neben dieser absoluten strafrechtlichen Haftung kennt das irische Recht auch die sog. vicarious liability (stellvertretende Verantwortlichkeit), in denen eine Person für das strafbare Verhalten einer anderen Person (zumeist im beruflichen Kontext) strafrechtlich zur Verantwortung gezogen werden kann.[1086] Eine solche Haftung für fremdes (schuldhaftes) Verhalten kennt das deutsche Recht nur im Zivilrecht (§§ 831 ff. BGB), nicht aber im Strafrecht. Dies würde dem Schuldprinzip, welches aus Art. 1 I, 20 III GG abgeleitet wird, zuwiderlaufen.

3.1.4.3 Straffreistellungsgründe

Sofern *actus reus* und *mens rea* vorliegen, ist eine weitere (negative) Voraussetzung für eine strafrechtliche Verurteilung, dass keine *defence* vorliegt. Dieser Begriff, den man wörtlich am besten mit „Verteidigung" übersetzen kann, bezeichnet Ausnahmen von der strafrechtlichen Verantwortlichkeit.[1087] Die *defences* müssen von der Verteidigung in den Strafprozess eingebracht werden.[1088] Die Anklage hat auf der einen Seite die positive Verpflichtung, das Vorliegen von *actus reus* und *mens rea* zu beweisen, und auf der anderen Seite die negative Verpflichtung, alle von der Verteidigung vorgebrachten *defences* zu widerlegen.[1089] Eine Ausnahme hiervon bildet einzig die *defence* der *insanity*, hier liegt die Beweislast bei der Verteidigung.[1090]

1083   *Hanly* (2015), S. 98 f.
1084   *McIntyre/McMullan/Ó Toghda* (2012), S. 68.
1085   *Dies.* (2012), S. 69.
1086   *Quinn* (2009), S. 11.
1087   *Ders.* (2009), S. 24.
1088   *Ders.* (2009), S. 24.
1089   *Hanly* (2015), S. 49 f.
1090   *Ders.* (2015), S. 50.

Das Recht kennt sog. *general defences*, welche für alle Straftaten in Betracht kommen, und besondere, welche einzelnen Straftaten vorbehalten sind.[1091] Es gibt außerdem sog. *exculpatory* und *non-exculpatory defences*; erstere betreffen die Schuld der angeklagten Person, letztere beziehen sich auf die Beweisführung der Anklage und sind daher eher technischer Natur.[1092] Innerhalb der existierenden *exculpatory defences* finden sich viele Faktoren wieder, die das deutsche Strafrecht ebenfalls als Rechtfertigungs- und Entschuldigungsgründe kennt, ohne indes eine Unterscheidung zwischen beiden vorzunehmen. Die relevantesten *general defences* sind:

Infancy: Kinder unter 12 Jahren sind strafrechtlich nicht verantwortlich;[1093] eine Ausnahme gilt allerdings für Tötungs- und Vergewaltigungsdelikte: Hier liegt die Grenze der strafrechtlichen Verantwortlichkeit bei 10 Jahren.[1094] Allerdings werden Straftaten von Kindern unter 14 Jahren nur angeklagt, wenn das öffentliche Interesse dies unbedingt erfordert, was wiederum vom DPP bestimmt wird.[1095]

Insanity: Generell gilt die Annahme, dass Angeklagte „gesund" sind, diese kann (und muss) allerdings von der Verteidigung mit Beweisen, die die Jury überzeugen, widerlegt werden.[1096] Seit 2006 existiert in Irland auch die Form der *diminished responsibility*,[1097] vergleichbar mit dem deutschen § 21 StGB.

Intoxication: Alkoholisierung oder sonstige Intoxikation führt in Irland nur zurückhaltend zu Straffreiheit beziehungsweise Strafmilderung – vor allem wird darauf abgestellt, ob der Rauschzustand freiwillig (*voluntary*) oder unfreiwillig herbeigeführt wurde.[1098] Diese Unterscheidung erinnert an die Rechtsfigur der *actio libera in causa*, welche versucht, den Vorsatz auf den Zeitpunkt des Sich-Betrinkens vorzuverlagern.[1099] Das irische Strafrecht hat hiermit weniger dogmatische Schwierigkeiten, wenn es das vorsätzliche Betrinken ganz pauschal als Strafbefreiungsgrund ausschließt.

1091 *Quinn* (2009), S. 24.
1092 *Hanly* (2015), S. 50.
1093 *Ders.* (2015), S. 199.
1094 *Ders.* (2015), S. 200.
1095 *Ders.* (2015), 200 f.
1096 *Quinn* (2009), S. 26.
1097 *Hanly* (2015), S. 167 f.
1098 *Ders.* (2015), S. 171 ff.
1099 Vgl. statt Vieler *Perron/Weißer* in Schönke/Schröder/StGB (2019), § 20 Rn. 33 ff.

Lawful use of force/self-defence: Diese *defence* ist ähnlich zur Notwehr/Nothilfe gem. § 32 StGB. Hintergrund ist, dass der Staat nicht jede Art der Selbstverteidigung unter Strafe stellen möchte, vielmehr soll der „vernünftige notwendige Schutz vor einer unmittelbaren Gefahr oder die Verhinderung der Begehung einer unmittelbar bevorstehenden Straftat" grundsätzlich gestattet sein.[1100] Wenn die Bedrohung nicht *immediate* – also unmittelbar, unverzüglich – ist oder die Gegenwehr exzessiv erfolgt, bleibt diese indes strafbar.[1101] Hier sind viele Elemente erkennbar, die aus dem deutschen Strafrecht bekannt sind – so die Notwendigkeit der Gegenwärtigkeit (*immediate*) der Gefahr sowie der Erforderlichkeit (*necessity*) der Abwehrhandlung.[1102] Allerdings wird die Notwendigkeit zur Verteidigung im irischen Recht von vornherein subjektiv bestimmt – es kommt also darauf an, ob die sich verteidigende Person sich in einer Situation sah, die der Verteidigung bedurfte.[1103] Einer Konstruktion wie des Erlaubnistatbestandsirrtums wie im deutschen Recht[1104] bedarf es hier also gar nicht erst. Zweck der Verteidigungshandlung muss die Abwehr der Gefahr sein und nicht etwa Rache oder andere Motive,[1105] dies ähnelt dem subjektiven Rechtfertigungselement, das zumeist bei § 32 StGB als erforderlich angesehen wird.

Necessity: Ähnlich zum rechtfertigenden Notstand aus § 34 StGB existiert neben der *defence* der *self-defence* zusätzlich die der *necessity*. Hier wird der Akt, welcher mit der notwendigen *mens rea* begangen wurde, dadurch gerechtfertigt (*justified*), dass ein höheres Gut (*higher value*) geschützt wird.[1106]

Duress: Wird der*die Täter*in zu einem kriminellen Akt gezwungen (*coerced*), wird das Handeln ebenfalls nicht bestraft.[1107] Es gibt einige Abgrenzungskriterien zur ähnlich gelagerten *necessity*: Bei Mord ist nur die *defence* der *duress* denkbar und *duress* ist limitiert auf Androhung von Tötung oder ernsthaften Verletzungen.[1108] Diese *defence* weist Ähnlichkeiten zum Nöti-

---

1100 *Hanly* (2015), S. 133; *Quinn* (2009), S. 34.
1101 *Hanly* (2015), 133 f.
1102 Vgl. zur deutschen Rechtslage anstatt Vieler *Kühl* in Lackner/Kühl/StGB (2018), § 32 Rn. 4 ff.
1103 *Hanly* (2015), S. 137.
1104 Vgl. hierzu statt Vieler *Sternberg-Lieben/Schuster* in Schönke/Schröder/StGB (2019), § 16 Rn. 14 ff.
1105 *Hanly* (2015), S. 139 f.
1106 *Ders.* (2015), S. 190.
1107 *Ders.* (2015), S. 180.
1108 *Ders.* (2015), S. 191.

gungsnotstand auf, der im deutschen Strafrecht höchst umstritten ist und entweder bereits nach § 34 StGB rechtfertigend, oder erst nach § 35 StGB entschuldigend wirkt.[1109]

Mistake: Eine weitere *general defence* ist die des Irrtums. Unterschieden wird hierbei zwischen „mistake by law" und „mistake by facts",[1110] vergleichbar mit dem im deutschen Recht bekannten Tatumstands- und Verbotsirrtum gem. § 16 und § 17 StGB. Als Straffreistellungsgrund anerkannt ist jedoch, im Gegensatz zum deutschen Recht, das beim Verbotsirrtum gem. § 17 StGB die Frage nach der Vermeidbarkeit stellt und bei Unvermeidbarkeit gem. § 17 S. 1 StGB die Schuld des*der Täters*Täterin entfallen lässt, in Irland nur der *mistakte by facts*.[1111] Voraussetzung hierfür ist es allerdings, dass dieser Irrtum *honest* und *reasonable* ist – also „ehrlich" und „begründet".[1112] Liegen Umstände vor, die sich der*die Täter*in in dieser Art und Weise vorgestellt hat und würden diese, wenn sie tatsächlich vorliegen würden, die Tat rechtfertigen, so entfällt die Strafbarkeit.[1113] Hierunter fasst das irische Strafrecht somit auch das, was in unserem Recht als Erlaubnistatbestandsirrtum bezeichnet wird und aufgrund unseres Normensystems aus §§ 16, 17 StGB einen stärkeren normativen Begründungsaufwand erfordert.

Ein Irrtum über die Strafbarkeit des eigenen Verhaltens wird grundsätzlich nicht strafbefreiend gewertet. Eine Ausnahme besteht nur für Straftaten, bei denen die Abwesenheit eines Irrtums ausdrücklich objektives Element der Strafbarkeit ist, so zum Beispiel beim Diebstahl nach Sec. 4 des *Criminal Justice Act (Theft and Fraud Offences)*, der auf die „unredliche Aneignung" (*dishonest appropriation*) fremden Eigentums abstellt und bei dem die „Unredlichkeit" ausgeschlossen wird, soweit sich der Täter vorstellt, er hätte ein Recht hierzu.[1114]

Neben diesen *general defences* kennt das irische Strafrecht, wie bereits erläutert, zusätzlich spezielle Straffreistellungsgründe für einzelne Delikte. Der wichtigste, welcher in dieser Arbeit noch erhebliche Bedeutung erlangen wird, ist der des *consent*, der hauptsächlich (aber nicht ausschließlich) im Sexualstrafrecht Anwendung findet.[1115]

1109   Vgl. zum Problem anstatt Vieler *Brand/Lenk*, JuS 2013, 883 ff.
1110   *Quinn* (2009), S. 33.
1111   *Hanly* (2015), S. 205; *Quinn* (2009), S. 33.
1112   *Quinn* (2009), S. 33.
1113   *Ders.* (2009), S. 33.
1114   *Hanly* (2015), S. 206.
1115   *Ders.* (2015), S. 330.

3.1.4.4 Strafzumessungsrecht

Eine kurze Betrachtung verdient zudem das Strafzumessungsrecht in Irland, da sich dieses insgesamt stark vom deutschen System unterscheidet. Während Deutschland mit §§ 46 ff. StGB, den Bestimmungen der einzelnen Delikte (Angabe einer Höchst- und Mindeststrafe) sowie durch die Schaffung von strafschärfenden Qualifikationen, Regelbespielen sowie strafmildernden Privilegierungen die Entscheidung, wie ein*e Täter*in zu bestrafen ist, recht stark gesetzlich reglementiert, überlässt Irland dies nahezu vollständig dem Ermessen der Richter*innen: Soweit Delikte normiert sind, enthalten sie zwar auch eine Angabe der zu erwartenden Strafe (hier allerdings stets nur das Höchstmaß), abgesehen hiervon sind die Richter*innen jedoch in ihrer Entscheidung, welche Faktoren in der Person des*der Täters*Täterin sie strafschärfend oder strafmildernd werten, nur ihrem eigenen Angemessenheitsgefühl, den anerkannten Strafzwecken[1116] sowie dem Prinzip der Verhältnismäßigkeit (*principle of proportionality*) unterworfen.[1117] Dennoch orientieren sich irische Richter*innen oftmals zumindest grob an vorangegangener Rechtsprechung.[1118]

Die Strafe hat sich an der Schädlichkeit (*harmfulness*) des Verhaltens des*der Täters*Täterin sowie der Schuld (*culpability*) zu bemessen, aber auch die persönlichen Umstände nicht außer Acht zu lassen.[1119] Dies soll die individuelle Bestrafung jedes*jeder Einzelnen ermöglichen.[1120] Insofern erfolgt die Festsetzung des Strafmaßes zweistufig: Auf der ersten Stufe wird die Strafe anhand der Schwere der Tat festgesetzt, bevor auf der zweiten Stufe eventuell mildernde Umstände in der Person des*der Täters*Täterin berücksichtigt werden.[1121] Aufgrund eines sog. *guilty plea*[1122] gewähren die Richter*innen in der Regel einen „Strafrabatt", welcher allerdings, auch nicht durch vorangegangene Rechtsprechung, nie standardisiert wurde.[1123]

1116   Siehe hierzu oben (Kapitel 5: 3.1.2.1).
1117   *Hanly/Healy/Scriver* (2009), S. 103; *Brown* (2020), S. 165; vgl. hierzu auch *Kennefick*, Northern Ireland Legal Quarterly 2015, 289, 289 f.
1118   *Kennefick*, Northern Ireland Legal Quarterly 2015, 289, 290.
1119   *Brown* (2020), S. 173.
1120   *Ders.* (2020), S. 165.
1121   *Ders.* (2020), S. 176.
1122   Siehe hierzu ausführlicher sogleich (Kapitel 5: 3.1.5).
1123   *Brown* (2020), S. 192.

3.1.5 Gang des Strafverfahrens, insb. Beweiserhebung

Ebenfalls wichtig für das allgemeine Verständnis des irischen Strafrechts ist der Gang des Strafverfahrens, der an dieser Stelle kurz skizziert werden soll. Ein Fokus liegt hierbei auf dem Führen von Beweisen, da dies auch im internationalen Vergleich ein wesentliches Problem im Sexualstrafrecht darstellt und daher im nächsten Teil hauptsächlich die Behandlung der sich in diesem Zusammenhang stellenden Probleme rechtsvergleichend erörtert werden soll.

3.1.5.1 Überblick

Grundsätzlich existieren zwei Arten von strafrechtlichen Verfahren in Irland: die sog. *summary trials* (Schnellverfahren) und die *trials on indictment* (Anklageverfahren).[1124] Während *summary trials* kleinere Vergehen behandeln und informell vor einem *District Court* ohne Jury verhandelt werden können,[1125] sind die *trials on indictment* formellerer Natur und finden vor dem *Circuit Criminal Court,* dem *Central Criminal Court* oder dem *Special Criminal Court* statt.[1126] Vergewaltigungsfälle können aufgrund ihrer Einordnung als *serious crime* indes nur *on indictment* verhandelt werden.[1127] Hier soll daher ein Fokus auf den *trials on indictment* liegen. Deren Verlauf lässt sich wie folgt skizzieren:

Nachdem die *Gardaí,* die – wie bereits erörtert – als Anzeigebehörde fungiert, ihre Untersuchungen abgeschlossen hat und es zu einer Anklage durch diese oder durch das DPP gekommen ist, beginnt der strafrechtliche Prozess zunächst vor dem zuständigen *District Court,* welcher über die Kaution sowie über die Möglichkeit der Gewährung finanzieller Unterstützung der angeklagten Person entscheidet und die Angelegenheit sodann bei eigener Nichtzuständigkeit an das zuständige Gericht weiterleitet.[1128]

Sodann wird ein Datum für das sog. *arraignment* vor dem zuständigen Gericht festgesetzt: Dieses stellt die Verlesung der formellen Anklage dar, auf die die angeklagte Person sodann formell mit schuldig oder nicht schuldig antworten muss (*pleading guilty or not guilty*).[1129] Bei *pleading guilty* wird die Angelegenheit sodann sofort zu einem *sentencing process,* in dem der*die Richter*in

---

1124   *McIntyre/McMullan/Ó Toghda* (2012), S. 22 ff.
1125   *Dies.* (2012), S. 22.
1126   *Dies.* (2012), S. 23.
1127   *McIntyre/McMullan/Ó Toghda* (2012), S. 24; *Hanly/Healy/Scriver* (2009), S. 5.
1128   *Hanly/Healy/Scriver* (2009), S. 4 f.
1129   *Hanly/Healy/Scriver* (2009), S. 5 f.; *Ryan/Magee* (op. 1983), S. 256.

ohne Jury über das Strafmaß entscheidet, ansonsten beginnt nun der eigentliche Strafprozess, welcher, sofern er vor dem *Central Criminal Court* verhandelt wird, vor 12 Jurymitgliedern stattfindet.[1130] Die Jury, die juristisch in der Regel nicht besonders geschult ist, muss vor dem Prozess von dem*der Richter*in über die Beweislast und die geltenden Beweisstandards aufgeklärt werden, insbesondere muss sie über die Tragweite und die Bedeutung der Unschuldsvermutung unterrichtet werden.[1131]

Die Hauptverhandlung beginnt mit dem *opening* der Anklage, in der der Staatsanwalt den Fall für die Jury zusammenfasst und vor allem diejenigen Fakten darlegt, die sodann bewiesen werden sollen.[1132] Im Folgenden ruft zunächst die Anklage Zeug*innen in den Zeug*innenstand, um die Schuld der angeklagten Person zu beweisen (*prosecution case*[1133]); nachdem die Anklage die Zeug*innen befragt hat, darf auch die Verteidigung diesen Fragen stellen.[1134] Nachdem alle Personen, die von der Anklage benannt wurden, gehört und befragt wurden, kann die Verteidigung einen Antrag auf Freispruch mit der Begründung, die Anklage habe keine überzeugenden Beweise hervorgebracht (*no case to answer*[1135]), stellen: Gibt der*die Richter*in diesem statt, so wird die angeklagte Person freigesprochen, andernfalls ist nunmehr die Verteidigung am Zug (*defence case*[1136]), Personen in den Zeugenstand zu rufen und diese zu befragen, danach wird wieder der Anklage die Möglichkeit der Gegenbefragung eingeräumt.[1137]

Nachdem die Zeug*innen beider Seiten gehört wurden, halten Verteidigung und Anklage ihre Plädoyers (*closing speeches*); als letztes fasst der*die Richter*in die Ergebnisse der Verhandlung noch einmal für die Jury zusammen (*summing up*) und weist hierbei noch einmal auf die geltenden Beweisstandards sowie die Unschuldsvermutung hin.[1138] Sodann zieht sich die Jury zur Beratung zurück und verkündet letztlich ihr Urteil (*verdict*):[1139] Kommt diese

---

1130 *Hanly/Healy/Scriver* (2009), S. 6.
1131 *MacGrath* (2005), S. 41.
1132 *Ryan/Magee* (op. 1983), S. 313; *Quinn* (2009), S. 377.
1133 *Quinn* (2009), S. 377.
1134 *Hanly/Healy/Scriver* (2009), S. 6.
1135 *Quinn* (2009), S. 377.
1136 *Ders.* (2009), S. 377.
1137 *Hanly/Healy/Scriver* (2009), S. 6.
1138 *Quinn* (2009), S. 378.
1139 *Ders.* (2009), S. 378.

zu dem Ergebnis, dass die angeklagte Person schuldig ist, setzt der*die Richter*in eine Strafe fest, ansonsten wird sie freigesprochen.[1140] Bevor der*die Richter*in die Strafe festsetzt, kann der angeklagten Person noch einmal die Gelegenheit eingeräumt werden, sich zu äußern.[1141]

Die Jury hat also einen überaus wichtigen Einfluss auf das strafrechtliche Schicksal der angeklagten Person, entscheidet sie doch über die gewichtige Frage der Schuld (*guilty or not guilty*), während dem*der Richter*in sodann lediglich die Strafzumessung obliegt. Allerdings ist auch die Rolle des*der Richters*Richterin nicht zu unterschätzen: Diese*r kann den Fall der Jury schließlich zu jedem Zeitpunkt entziehen (*withdrawal*).[1142] In manchen Fällen hat der*die Richter*in sogar die Pflicht, einen Fall der Jury zu entziehen; etwa in dem Fall, dass die Anklage es versäumt hat, ihrer Beweislast nachzukommen.[1143]

Ein wesentlicher Unterschied zwischen deutschen und irischen Strafprozessen besteht jedoch in der Stellung und der Aufgabe der einzelnen Akteur*innen. Während in Deutschland die Untersuchungsmaxime (vgl. §§ 155 II, 244 II StPO) gilt, ist das Strafverfahren in Irland, so wie in *common law*-Systemen üblich, kontradiktorisch (*adversarial*) ausgerichtet: Anklage und Verteidigung stehen sich – wie in einem zivilrechtlichen Prozess – verhandelnd als Parteien (*party*) gegenüber und die Anklage führt im Wesentlichen den Strafprozess, während der*die Richter*in eher die Funktion eines*einer „Schiedsrichters*Schiedsrichterin" einnimmt.[1144]

Kernelement des irischen Strafprozesses ist, ebenfalls wie in *common law*-Systemen üblich, zudem die Jury – zumindest in allen Prozessen, die *serious crimes* verhandeln und daher nicht ohne Jury auskommen. Kompetenzabgrenzend lässt sich sagen, dass die Jury im Strafprozess für alle Fragen, die Tatsachen betreffen, verantwortlich ist (*arbiter of facts*), während den Richter*innen die alleinige Kompetenz im Bereich der rechtlichen Fragen obliegt (*arbiter of law*) – nur in Prozessen, in denen es keine Jury gibt, nimmt der*die Richter*in beide Rollen ein.[1145] Dies stellt einen weiteren wesentlichen Unterschied zum deutschen Strafprozess dar, in dem Richter*innen durch das

---

1140   *Hanly/Healy/Scriver* (2009), S. 6.
1141   *Quinn* (2009), S. 378.
1142   *Ders.* (2009), S. 377.
1143   *MacGrath* (2005), S. 38.
1144   *Fennell* (2019), S. 544; *MacGrath* (2005), S. 61.
1145   *Fennell* (2019), S. 86.

Prinzip der freien richterlichen Beweiswürdigung gem. § 261 StPO stets die zentrale Rolle im Prozess zukommt.

3.1.5.2 Die Beweiserhebung

Die Beweislast (*burden of proof*) liegt grundsätzlich bei der Anklage. Diese kann allerdings in einigen Ausnahmefällen auf die angeklagte Person oder die Verteidigung verlagert sein, neben der bereits erwähnten Ausnahme im Rahmen der *insanity* ist dies vor allem dort der Fall, wo die angeklagte Person eine *defence* hervorbringt, die „mehr als nur die bloße Verleugnung der Anklage" beinhaltet.[1146]

Ebenso wie im Rahmen des materiellen Strafrechts sind Quellen des Beweisrechts sowohl das *common law* wie auch das geschriebene *statute law*. Einige Gebote und Einschränkungen ergeben sich zudem – ebenfalls wie in Deutschland – direkt aus der Verfassung.

Allgemein unterscheidet das irische Recht zwischen drei verschiedenen Arten von Beweismitteln: *direct evidence, real evidence* und *documentary evidence*.[1147] *Direct* bedeutet, dass ein*e Zeuge*Zeugin etwas durch die eigenen Sinne wahrgenommen hat und diese Beobachtungen nun wiedergibt.[1148] Hier soll der*die Zeug*in grundsätzlich[1149] nur Fakten und keine Meinungen wiedergeben; eine Ausnahme bilden Sachverständige (*expert evidence*).[1150] *Real evidence* ist vielfältiger Natur und kann beispielsweise eine Abbildung des Tatortes oder die Präsentation der Tatwaffe sein.[1151] Ganz grundsätzlich ist *real evidence* etwas, das man tatsächlich haptisch beobachten oder untersuchen kann.[1152] *Documentary evidence* sind demgegenüber Gegenstände, aus denen Informationen generiert werden können, was heutzutage neben physischen Dokumenten vermehrt auch technische Aufzeichnungen sein können.[1153] Das irische Recht kennt somit letztlich dieselben Beweismittel wie auch das deutsche Recht: Zeug*innen, Sachverständige, Augenschein und Urkunden. Die größte Relevanz haben im irischen Strafrecht, ebenso wie hierzulande, mündliche Beweise durch die Befragung von Zeug*innen,[1154] denn

---

1146   *MacGrath* (2005), S. 17.
1147   *Fennell* (2019), S. 80 f.
1148   *Dies.* (2019), S. 80.
1149   Vgl. zu der Ausnahme des Verbotes des *opinion evidence* sogleich.
1150   Vgl. hierzu ausführlich *Fennell* (2019), S. 478 ff.
1151   *Dies.* (2019), S. 81.
1152   *MacGrath* (2005), S. 691.
1153   *Ders.* (2005), S. 678.
1154   *Ders.* (2005), S. 61.

wie in Deutschland fußt der irische Strafprozess auf dem Mündlichkeitsgrundsatz (*principle of orality*).[1155]

Ein Beweis muss zudem zwei Eigenschaften aufweisen, um in einem Prozess zugelassen zu werden: Er muss relevant und zulässig (*relevant and admissible*) sein.[1156] Das Konzept der *relevance* wird von *Stephens* treffend so beschrieben:

„*A fact is relevant to another fact when the existence of the one can be shown to be the cause or one of the courses, or the effect or one of the effects, of the existence of the other, or when the existence of the one, either alone or together with other facts, renders the existence of the other highly probable, or improbable, according to the common course of events.*"[1157]

Das Grundkonzept der *relevance* ist damit eine gewisse logische Verknüpfung des Beweises mit der zu beweisenden Tatsache.[1158]

Grundsätzlich sind alle relevanten Beweise auch zulässig, es sei denn, es greifen Ausschlussgründe: Hier sind im Wesentlichen die *rule against hearsay* (keine Zeug*innen vom Hörensagen), die *rule against the admission of non-expert opinion* (Zeug*innen, die keine Sachverständige – also *non-experts* – sind, sollen grundsätzlich keine Meinungen oder Zusammenhänge wiedergeben, sondern nur die Tatsachen, die sie selbst wahrgenommen haben, wobei diese Regel allerdings von vielfältigen Ausnahmen durchzogen ist, die teilweise als gewichtiger angesehen werden als die Regel selbst)[1159] sowie die *rule against the admission of misconduct evidence* zu nennen.[1160] Das Verbot des *hearsay*-Beweises stellt einen Unterschied zum deutschen Recht dar, welches, zumindest nach herrschender Meinung, Zeug*innen vom Hörensagen grundsätzlich als zulässig erachtet und nur deren Beweiswert in der abschließenden Beweiswürdigung entsprechend gegebenenfalls mindert.[1161] In Irland gilt allerdings aufgrund zahlreicher von der Rechtsprechung entwickelter Ausnahmen[1162] dasselbe wie bezüglich der *rule against non-expert opinion evidence*, womit der Unterschied zur deutschen Rechtsordnung als eher marginal anzusehen ist. Die *rule against the admission of misconduct evidence*

1155   *Ders.* (2005), S. 61..
1156   *MacGrath* (2005), 1 ff.; *Fennell* (2019), S. 83; *Cole* (1973), S. 1.
1157   *Stephen* (2005), ix f.
1158   *MacGrath* (2005), S. 3.
1159   Vgl. hierzu ausführlich *Fennell* (2019), 477 ff.
1160   *MacGrath* (2005), S. 8.
1161   *Winsel* (2018), S. 19.
1162   Vgl. hierzu ausführlich *MacGrath* (2005), 235 ff.

besagt, dass grundsätzlich der Beweis einer anderen Tat, welche nicht Grundlage des aktuellen Verfahrens ist, nicht herangezogen werden darf, um die fragliche Tat zu beweisen.[1163] Auch hierzu werden indes großzügig Ausnahmen zugelassen. In der irischen Rechtsprechung hat sich in Bezug hierauf der sog. *balancing test* herausgebildet, welcher die Beweiskraft eines vorherigen Fehlverhaltens gegen den vorverurteilenden Effekt abwägt und bei einem Überwiegen von Ersterem den Beweis als zulässig erachtet.[1164]

Liegen derartige Verstöße vor und greift keine der herausgebildeten Ausnahmen, ist das Beweismittel absolut unzulässig und der*die Richter*in muss es, ohne diesbezüglich über Ermessen zu verfügen, ausschließen, um ein faires Verfahren für die angeklagte Person zu gewährleisten.[1165] Ansonsten obliegt es dem freien Ermessen des*der Richters*Richterin, Beweise auszuschließen, die zwar relevant sind, deren Beweiswert von ihrem vorverurteilenden Effekt (auf die Jury, in Fällen, in denen der Prozess vor einer solchen geführt wird) jedoch überlagert wird.[1166] Die Frage der *relevance* ist somit eine reine Tatsachenfrage, während die Frage nach der *admissibility* eine Rechtsfrage darstellt.[1167]

Eng verbunden mit *misconduct evidence* sind *bad character evidence* und *background evidence,* beide sind Unterkategorien der sog. *similar fact evidence* und spielen eine wesentliche Rolle in irischen Strafprozessen – gerade im Sexualstrafrecht.[1168] Diese sollen daher nachfolgend ebenfalls einer kurzen Betrachtung unterzogen werden.

Similar fact evidence vereint als Oberbegriff im engeren Sinne alle Beweise, die nicht notwendigerweise direkt mit dem Delikt in Verbindung stehen, dessen der*die Angeklagte bezichtigt wird.[1169]

Evidence of bad character ist, ebenso wie die eng mit dieser verwandte *evidence of misconduct,* grundsätzlich unzulässig; hierzu gibt es aber im Wesentlichen wiederum drei Ausnahmen:

1163 *Ders.* (2005), S. 475.
1164 *Ders.* (2005), S. 481.
1165 *Ders.* (2005), S. 8.
1166 *Ders.* (2005), S. 13.
1167 *Fennell* (2019), S. 84.
1168 Vgl. zu beweisrechtlichen Besonderheiten im irischen Sexualstrafrecht ausführlich sogleich (Kapitel 5: 3.2.3.3).
1169 *Fennell* (2019), S. 816.

Sie ist zuzulassen

- dort, wo der „schlechte Charakter" der angeklagten Person tatsächlich direkt mit der Tat verknüpft ist – insofern würde es dann keinen *similar fact* im oben dargelegten Sinne darstellen – oder sogar Teil des Tatbestandes ist,

- dann, wenn die Verteidigung Beweise anführt, um den guten Charakter der angeklagten Person zu beweisen und,

- diese Abwägung ist nunmehr bereits bekannt, sofern die Beweiskraft den vorverurteilenden Effekt überwiegt.[1170]

Es sind also auch hier vielfältige Ausnahmen denkbar. Auf der anderen Seite gibt es auch *good character evidence*: Während diese zumeist von der Verteidigung genutzt wird, um zu beweisen, dass es unwahrscheinlich ist, dass die angeklagte Person das in Frage stehende Delikt begangen hat, ist *bad character evidence* allerdings stets auf die Glaubwürdigkeit der angeklagten Person zu beziehen, was der Jury in einem solchen Fall durch den*die Richter*Richterin stets deutlichzumachen ist.[1171]

Ebenfalls eine Unterkategorie der *similar fact evidence* ist die sog. *background evidence*. Hierbei wird das Verhalten der angeklagten Person in einen größeren Kontext gesetzt; ein gutes Beispiel hierfür, welches obendrein für die hier angestellte Untersuchung äußerst relevant sein dürfte, ist die Frage nach einer vorangegangenen oder noch andauernden sexuellen Beziehung zwischen Täter*in und Opfer in Sexualstrafrechtssachen.[1172]

Dem deutschen Recht sind alle diese in Irland besonders bezeichneten Beweismittel nicht fremd. Es gilt gem. § 261 StPO der Grundsatz der freien richterlichen Beweiswürdigung, das bedeutet, dass, sofern keine Beweiserhebungs- oder Beweisverwertungsverbote tangiert sind, die Beweiswürdigung im freien Ermessen des*der Richters*Richterin steht. Gerade in Aussage-gegen-Aussage-Konstellationen, also in solchen, in denen die Aussage des*der einzigen Belastungszeugen*zeugin der Einlassung der angeklagten Person widerspricht, muss eine besondere Glaubwürdigkeitsprüfung nach gängigen aussagepsychologischen Standards durchgeführt werden,[1173] wozu selbstver-

---

1170 *MacGrath* (2005), S. 469.
1171 *Ders.* (2005), S. 474.
1172 *Fennell* (2019), S. 816.
1173 *Tiemann* in KK/StPO (2023), § 261 Rn. 127.

ständlich auch Zeug*innen gehört werden können. Diese können dann durchaus auf früheres Verhalten desjenigen, dessen Glaubwürdigkeit bewiesen werden soll, bezogen sein, so beispielsweise auf früheres Lügen in ähnlich gelagerten Fällen.[1174] Ähnliches wie *bad character evidence* gibt es in unserem Rechtssystem innerhalb der Überprüfung der Glaubwürdigkeit von Angeklagten oder Zeug*innen somit durchaus ebenfalls.

Der Ausschluss von bestimmten Beweismitteln, gerade, wenn sie in der Lage sind, in unzulässiger Art und Weise vorverurteilend zu wirken, ist von immenser Wichtigkeit, wenn der Fall von einer Jury beurteilt wird: Diese ist im Gegensatz zum*zur Richter*in juristisch nicht vorgebildet und entscheidet dennoch über die Schuld oder Unschuld Angeklagter – und damit letztlich eventuell über eine freiheitsentziehende Maßnahme, die massiv rechtseinschränkend wirkt. Um ein faires Verfahren für die angeklagte Person zu gewährleisten, ist es damit unerlässlich, dass der*die Richter*in nur derartige Beweise zulässt, die nicht in unzulässiger Weise vorverurteilend wirken.

Ebenfalls nicht zugelassen werden dürfen illegal erlangte Beweise. Diese Einschränkung ist vergleichbar mit den deutschen Beweiserhebungsverboten aus § 136 StPO. Illegal in diesem Sinne erlangt sind zum Beispiel solche, die unter Verletzung der konstitutionellen Rechte der angeklagten Person oder in Verletzung der EMRK erlangt wurden.[1175]

Da die Befragung von Zeug*innen, wie eben beschrieben, die größte Relevanz im Strafprozess aufweist, soll an dieser Stelle kurz auf die Regeln zur Befragung von diesen eingegangen werden. Die Auswahl ebenjener obliegt grundsätzlich allein den Parteien, die diese vor dem Prozess in das *book of evidence* aufnehmen; der*die Richter*in hat keine Befugnis, Personen ohne die Zustimmung der Parteien einzuberufen.[1176] Umgekehrt kann der*die Richter*in allerdings verweigern, Personen, die von den Parteien gelistet worden sind, aufzurufen, weil er ihren Beweiswert als nicht relevant oder nicht zulässig erachtet.[1177] Ruft der*die Richter*in eine Person auf, wird diese zuerst vereidigt oder gibt eine sog. *solemn affirmation* (übersetzt etwa förmliche Bestätigung) über die Richtigkeit der von ihr im Folgenden getätigten Aussagen.[1178] Sodann sagt diese im Rahmen der sog. *examination-in-chief* alles aus, worüber sie

---

1174   Vgl. z.B. in BGH, Urteil vom 25.03.1992 - 3 StR 519/91 (LG Osnabrück).
1175   *MacGrath* (2005), 335, 362.
1176   *Ders.* (2005), S. 72 f.
1177   *Fennell* (2019), S. 179.
1178   *Dies.* (2019), S. 179.

Auskunft geben kann.[1179] Die Befragung leitet hierbei die Partei, für deren Seite die Person aufgerufen wurde; diese darf allerdings grundsätzlich keine Suggestivfragen (*leading questions*) stellen, also keine solchen, die bereits die Antwort in irgendeiner Art und Weise vorgeben oder gewisse noch in Frage stehende Fakten als gegeben erscheinen lassen.[1180] Ausnahmen von dem Verbot der *leading questions* werden dort gemacht, wo keine fraglichen Tatsachen unterstellt werden, bei der Hilfe zur Identifizierung von Personen oder Gegenständen, zur reinen Unterstützung der Erinnerung des*der Zeugen*Zeugin und insbesondere dann, wenn diese*r als feindlich (*hostile*) klassifiziert wurde.[1181] Die Entscheidung, eine Person als *hostile* zu klassifizieren,[1182] wird von dem*der Richter*in in Abwesenheit der Jury auf Antrag der Partei, zu dessen Gunsten sie aufgerufen wurde, getroffen; diese*r hat dabei einen weiten Entscheidungsspielraum und kann neben der grundsätzlichen Verweigerung, bestimmte Fragen zu beantworten, auch weitere Verhaltensweisen des*der Zeugen*Zeugin als Grundlage nehmen.[1183] Abzugrenzen ist eine als *hostile* zu qualifizierende Person von einer solchen, die bloß unvorteilhaft für die jeweilige Partei aussagt; *hostile* bedeutet in diesem Fall, dass der*die Zeuge*Zeugin nicht gewillt ist, die Wahrheit zu sagen.[1184] Ist diese Entscheidung getroffen, darf die Partei nicht nur *leading questions* stellen, sondern diese*n auch ins Kreuzverhör (*cross-examination*) nehmen, was normalerweise der anderen Partei vorbehalten ist.[1185] Nach der Befragung durch die Partei, welche die Person aufgerufen hat, ist die entgegenstehende Partei an der Reihe. Diese *cross-examination* durch die andere Partei hat das Ziel, der Person Beweise zu entlocken, die der *cross-examination party* zu Gute kommen können, und außerdem die Glaubhaftigkeit der von dem*der Zeugen*Zeugin bereits gegebenen (belastenden) Beweise in Zweifel zu ziehen.[1186] Hierbei darf sie auch *leading questions* stellen.[1187] Dies stellt ein besonders scharfes Schwert in der Beweisführung dar und ermöglicht der *cross-examination party* eine besonders intensive Befragung der Person.[1188] Es ist

---

1179 *Fennell* (2019), S. 179; *MacGrath* (2005), S. 76.
1180 *Fennell* (2019), 179 f.; *MacGrath* (2005), S. 77.
1181 *Fennell* (2019), S. 180; *MacGrath* (2005), S. 77; *Heffernan/Imwinkelried/Ryan* (2008), S. 18.
1182 Diese Ausnahme war früher reines *common law*, wurde aber schon sehr früh – durch den *Criminal Procedure Act 1865* – normiert, vgl. *MacGrath* (2005), S. 78.
1183 *Ders.* (2005), S. 79.
1184 *Fennell* (2019), S. 198.
1185 *MacGrath* (2005), S. 80.
1186 *Ders.* (2005), S. 81.
1187 *Fennell* (2019), S. 182.
1188 *MacGrath* (2005), S. 83 f.

daher unerlässlich, dass dieses Recht nicht zügellos ausgeübt wird: Es wird von der Partei verlangt, dass diese Befragung dennoch rücksichtsvoll und zurückhaltend durchgeführt wird, was von dem*der Richter*in entsprechend überwacht wird und zu einer Zurückweisung bestimmter als inadäquat zu bewertender Fragen führen kann.[1189] Auch gesetzlich gibt es hier vermehrt Einschränkungen, so gibt beispielsweise Sec. 36 des *Criminal Justice (Sexual Offences) Act 2017* vor, dass das Opfer einer Sexualstraftat nicht durch die angeklagte Person persönlich *cross-examined* werden darf, es sei denn, dass dies im Interesse der Justiz unbedingt erforderlich ist.[1190] Nach der *cross-examination* darf die Partei, die den*die Zeugen*Zeugin aufgerufen hat, noch einmal eine *re-examination* vollziehen, welche nunmehr aber strikt auf die Fragen beschränkt sind, die in der *cross-examination* gestellt wurden.[1191] Eine weitere erwähnenswerte Besonderheit stellt die sog. *rule of convenience* dar: Eine Antwort, die von einem*einer Zeugen*Zeugin in der *cross-examination* gegeben wird, muss als final und damit als nicht widerlegbar behandelt werden, wenn es sich um *collateral matters* handelt – auch wenn also nicht die gewünschte Antwort erlangt wurde, ist die Partei auf diese in der Folge beschränkt und darf in derselben Angelegenheit keine weiteren Beweise zur Widerlegung der gegebenen (unerwünschten) Aussage hervorbringen.[1192] *Collateral* ist eine Angelegenheit dann, wenn sie sich lediglich auf die Glaubwürdigkeit eines*einer Zeugen*Zeugin bezieht und nicht auch auf die fraglichen Tatsachen.[1193] Die Unterscheidung ist allerdings fließend und führt vor allem in Sexualstrafrechtssachen oftmals zu Schwierigkeiten.[1194]

Ein weiteres gewichtiges Mittel im irischen Recht, insbesondere im Sexualstrafrecht, um die Entscheidung der Jury fair zu halten, ist das Erfordernis reiner sog. *corroboration evidence* beziehungsweise das Erfordernis des Aussprechens einer *corroboration warning*, wo ein solcher Beweis nicht erbracht ist: Für einige Beweise – die damit grundsätzlich inhärent mit dem Makel der Unsicherheit behaftet sind – sieht das *statute* oder das *common law* vor, dass zusätzlich *corroboration evidence* (ein bestätigender Beweis) zu erbringen ist; so zum Beispiel generell für eine Verurteilung wegen Meineides.[1195] Ist ein

---

1189   *Ders.* (2005), S. 84; *Heffernan/Imwinkelried/Ryan* (2008), S. 23.
1190   *Fennell* (2019), S. 190.
1191   *Fennell* (2019), S. 197; *MacGrath* (2005), S. 92.
1192   *MacGrath* (2005), S. 87.
1193   *Ders.* (2005), S. 88.
1194   *Ders.* (2005), S. 88.
1195   *Fennell* (2019), S. 252 f.

solcher zusätzlicher Beweis nicht erbracht, so muss die Jury entsprechend gewarnt werden, dass es unsicher ist, eine angeklagte Person ohne eine entsprechende *corroboration* nur aufgrund dieses Beweises schuldig zu sprechen.[1196]
Aber auch das *common law* sieht für manche Delikte eine *corroboration warning* vor: Früher musste die Aussage des Opfers einer angeblichen Sexualstraftat zwingend durch *corroboration evidence* gestützt oder, bei Fehlen, eine
entsprechende Warnung an die Jury ausgesprochen werden,[1197] da es grundsätzlich als unsicher angesehen wurde, eine angeklagte Person nur aufgrund
der Aussage des Opfers einer Sexualstrafrecht zu verurteilen; dieses (absolute) Erfordernis wurde allerdings durch den *Criminal Law (Rape) Amendment Act 1990* aufgehoben.[1198] Dem*der Richter*in steht es nunmehr in solchen Fällen frei, eine derartige Warnung auszusprechen. Ebenso verhält es
sich seit dem *Criminal Evidence Act 1992* mit der Aussage von Kindern.[1199]
Weitere Beispiele für das Erfordernis einer *corroboration warning* sind Ge-
ständnisse der angeklagten Person[1200] sowie Aussagen von Mittätern*Mittä-
terinnen.[1201] Die konkreten Auswirkungen einer derartigen Warnung zu Vorsicht, insbesondere inwiefern sich dieses auf die Wahrscheinlichkeit eines
Schuldspruchs durch die Jury auswirkt, sind allerdings weitestgehend unsicher und müssten durch empirische Studien an *mock juries* erst erforscht werden.[1202]

Schließlich existieren im irischen Prozessrecht, ebenso wie in Deutschland,
bestimmte Aussageverweigerungsrechte (*privilege*): Grundsätzlich unterscheidet das irische Recht hier zwischen *private* und *public privilege*.[1203] *Private privilege* knüpft an bestimmte Beziehungen zwischen dem*der Zeugen*Zeugin und der angeklagten Person an, auf dessen Basis es dem*der Zeugen*Zeugin freistehen muss, bestimmte Informationen preiszugeben.[1204]
Hierzu gehören neben beruflich bedingten Aussageverweigerungsrechten (*legal professional privilege*) das Aussageverweigerungsrecht in der Ehe (*mari-

---

1196   *Cole* (1973), S. 132.
1197   Vgl. ausführlich zu den Problemen dieses speziellen strafprozessualen Mittels i.R.d.
        Sexualstrafrechts unten (Kapitel 5: 3.2.3.3. c).
1198   *Fennell* (2019), S. 298.
1199   *Dies.* (2019), S. 315.
1200   *Dies.* (2019), S. 281.
1201   *Dies.* (2019), S. 254.
1202   *Fennell* (2019), S. 244; *Leahy*, The International Journal of Evidence & Proof 2014,
        41, 58.
1203   *Fennell* (2019), S. 665.
1204   *Dies.* (2019), S. 665.

tal privilege) sowie das Recht, sich nicht selbst belasten zu müssen, und aufgrund dessen eine bestimmte Frage nicht zu beantworten (*privilege against self-incrimination*).[1205] Ersteres ähnelt dem § 53 StPO – wenngleich hier, dem *common law*-System geschuldet, die Anerkennung einzelner Berufsaussageverweigerungsrechte sowie die genauen Voraussetzungen von der Rechtsprechung fortentwickelt werden und daher nicht so statisch wie in unserem Rechtssystem sind. Dieses Aussageverweigerungsrecht kennt indes durchaus Ausnahmen, die durch die Rechtsprechung anerkannt und fortentwickelt werden können,[1206] also über die im deutschen Recht normierten Ausnahmen des § 53 II StPO im Einzelfall hinausgehen können. Das *privilege against self-incrimination* entspricht dem § 55 StPO. In Bezug auf die persönliche Verbindung ist in Irland nur das *marital privilege* anerkannt, was einen erheblichen Unterschied zu unserem § 52 StPO darstellt, welcher neben Ehepartnern auch Verlobte, Lebenspartner sowie Verwandte und Verschwägerte von der Aussagepflicht freistellt. *Public* oder *state privilege* bezeichnet demgegenüber die Verweigerung von Aussagen, die Informationen enthalten, die im Interesse der Öffentlichkeit oder des Staates nicht öffentlich werden sollen.[1207] Dieses Aussageverweigerungsrecht ist mit unserem § 54 StPO vergleichbar, wenngleich im § 54 StPO ein wesentlich konkreterer Adressatenkreis genannt ist – das irische *public/state privilege* hingegen basiert auf einer reinen Abwägungsmöglichkeit der Gerichte, ob in der konkreten Sache das Interesse des Staates an Geheimhaltung überwiegt.[1208]

3.2 Sexualstrafrecht in Irland

Nachdem die allgemeinen Grundlagen des irischen Strafrechtssystems verdeutlicht wurden, wird nunmehr der Fokus auf das Sexualstrafrecht im Besonderen gelegt. Hierzu werden zunächst die theoretischen Grundlagen (1.) dargelegt, sodann wird auf die gesellschaftlichen Begleitumstände eingegangen (2.), bevor die existierende Rechtspraxis sowie mögliche Probleme und deren Lösungsansätze beleuchtet werden (3.). Schlussendlich wird bewertet, inwieweit sich die gefundenen Probleme mit denen, die uns hierzulande bekannt sind, decken, und inwiefern die langjährige Rechtspraxis in Irland Deutschland somit als Vorbild zu dienen im Stande ist (III.).

1205 *Dies.* (2019), S. 666.
1206 *MacGrath* (2005), S. 550 ff.
1207 *Fennell* (2019), S. 665.
1208 *Dies.* (2019), S. 665.

3.2.1 Theoretische Grundlagen

3.2.1.1 Rechtsquellen/existierende Straftatbestände

Im Wesentlichen unterscheidet das irische Sexualstrafrecht zwischen zwei Arten von Sexualstraftaten: *rape* (Vergewaltigung) und *sexual assault* (sexueller Übergriff). Hinzu tritt noch der Tatbestand des *aggraved sexual assault* (schwerer sexueller Übergriff).

Rape

Das zentrale Delikt des Sexualstrafrechts in Irland ist die Vergewaltigung. Erstmalig gesetzlich festgehalten wurde das Delikt in Sec. 48 des *Offences Against The Person Act 1861*:

Whosoever shall be convicted of the crime of rape shall be guilty of felony, and being convicted thereof shall be liable . . . to be kept in penal servitude for life . . .[1209]

Vielmehr als die Tatsache, dass dieses Delikt existiert, konnte hieraus aber nicht geschlossen werden. Die Definition dessen, was als Vergewaltigung gilt, wurde erst wesentlich später normiert: Hier existieren in Irland heutzutage zwei parallele Tatbestände, was auf das *common law*-Prinzip zurückzuführen ist: der (ehemalige) *common law*-Tatbestand – der allerdings 1981 tatsächlich normiert wurde, womit die Bezeichnung, die dennoch weiterhin genutzt wird, irreführend ist – und der als *rape under section 4* bekannte Tatbestand aus dem *Criminal Law (Rape) (Amendment) Act 1990*.[1210]

Im *Criminal Law (Rape) Act 1981* heißt es:

A man commits rape if:

a) he has [unlawful][1211] *sexual intercourse with a woman who at the time of the intercourse does not consent to it, and*

b) at that time he knows that she does not consent to the intercourse or he is reckless as to whether she does not consent to it.

1209   Abrufbar unter http://www.irishstatutebook.ie/eli/1861/act/100/enacted/en/print.html [letzter Aufruf: 06.04.2022].
1210   *Brown* (2020), S. 164; *Hanly/Healy/Scriver* (2009), S. 1 f.
1211   Inklammersetzung durch die Verf., da der Terminus *unlawful* mit dem *Criminal Law (Rape) (Amendment) Act 1990* gestrichen wurde, hierauf aber im Folgenden noch Bezug genommen wird.

Es ist klar ersichtlich, dass dieser Tatbestand rein konsensbasiert ist („*does not consent to it* "). In der Tat existierte diese Definition von Vergewaltigung als *common law* bereits vor der Normierung 1981, was mit Blick auf die ansonsten in Europa eher langsam in diese Richtung schreitende Entwicklung außergewöhnlich erscheint – ein Umstand, der im Folgenden noch einer genaueren Betrachtung unterzogen wird.[1212]

Im *Criminal Law (Rape) (Amendment) Act 1990*, Section 4 – besser bekannt als *rape under section 4* – heißt es:

(1) In this Act ‚rape under section 4' means assault that includes

a) penetration (however slight) of the anus or mouth by the penis, or

b) penetration (however slight) of the vagina by any object held or manipulated by another person.[1213]

Beide Tatbestände – sowohl der *1981 rape* als auch der *rape under section 4* – haben indes, verglichen mit unserem § 177 StGB, einen recht engen Anwendungsbereich: Es ist stets eine Art der Penetration erforderlich, während dies hierzulande nicht vom Grundtatbestand des § 177 I StGB gefordert wird, sondern nur eine strafschärfende Zumessungsregel nach § 177 VI Nr. 1 StGB darstellt.

Sexual assault

Für alle anderen nichtkonsensualen sexuellen Handlungen, die keine Penetration beinhalten, kennt das irische Strafrecht den zusätzlichen Tatbestand des *sexual assaults*. Der *1990 Act* normierte den bis dahin nur durch *common law* (dort allerdings stets als *indecent assault*) bekannten Begriff des *sexual assault* (übersetzbar etwa mit „Sexueller Übergriff", welcher auch hierzulande nunmehr in der Überschrift des neuen § 177 StGB erwähnt wird): Dieser umfasste bis 1990 sämtliche als strafwürdig erachteten Verhaltensweisen, die nicht *rape* im Sinne des 1981 Acts waren, also keinen *sexual intercourse* beinhalteten, und welche ein Element der *indecency* (Unsittlichkeit) aufwiesen.[1214] In Sec. 2 des 1990er Acts wird dieser nunmehr wie folgt normiert:

1212 Vgl. hierzu ausführlich sogleich.
1213 Abrufbar unter http://www.irishstatutebook.ie/eli/1990/act/32/enacted/en/print#sec4 [letzter Aufruf: 06.04.2022].
1214 *Hanly* (2015), S. 328.

(1) The offence of indecent assault upon any male person and the offence of indecent assault upon any female person shall be known as sexual assault.

(2) A person guilty of sexual assault shall be liable on conviction on indictment to imprisonment for a term not exceeding 5 years.

In Sec. 3 findet sich zudem der Tatbestand des *aggraved sexual assault* (schwerer sexueller Übergriff):

(1) In this Act "aggravated sexual assault" means a sexual assault that involves serious violence or the threat of serious violence or is such as to cause injury, humiliation or degradation of a grave nature to the person assaulted.

(2) A person guilty of aggravated sexual assault shall be liable on conviction on indictment to imprisonment for life.

Den Begriff sowie die exakten Tatbestandsvoraussetzungen des *sexual assaults* lässt diese Normierung somit undefiniert, womit die Definition, welche im *common law* entwickelt wurde, noch immer maßgeblich sein und die Reform – durch Aufgabe der Bezeichnung *indecent* – damit rein begrifflicher Natur sein dürfte:[1215] „*indecent assault involves the use of unlawful force, threatened or perpetrated against another person*".[1216] Einen *indecent assault* kann allerdings auch das reine Berühren von oder mit den „sexuellen Körperteilen" darstellen.[1217] Was als *indecent* in diesem Zusammenhang zu beurteilen war und dementsprechend auch die Frage danach, was ein „sexueller" Teil des Körpers ist, variiert von Einzelfall zu Einzelfall und hängt von Faktoren wie der sozialen Beziehung der Interagierenden sowie der Umstände der fraglichen Handlung ab.[1218] Es handelt sich hierbei um einen objektiven Faktor, der in streitigen Verfahren von der Jury zu beurteilen ist, und auch nach der Umbenennung durch den *1990 Act* noch immer von wesentlicher Bedeutung ist.[1219] Die Jury hat dabei danach zu fragen, ob die Handlung „*so offensive to comtemporary standards of modesty and privacy*" war.[1220] Durch diesen Maßstab, der sich im Wesentlichen an den gesellschaftlichen Anschauungen der Allgemeinbevölkerung orientiert, ist dieses Merkmal bereits rein tatbestandlich gesellschaftlichem Wandel unterzogen.[1221] Letztlich dürften von diesem

---

1215   *Ders.* (2015), S. 328. *Leahy/O'Reilly* (2018), S. 48.
1216   Doolan v. DPP (1992) WJSC-HC 3455.
1217   *Quinn* (2009), S. 74.
1218   *Hanly* (2015), S. 330.
1219   *Leahy/O'Reilly* (2018), S. 53.
1220   R v Court [1988] All ER 229.
1221   *Leahy/O'Reilly* (2018), S. 53.

Tatbestand neben sexuellen Handlungen, die mangelns Penetration weder unter die Definition des *1981 rape*-Tatbestands noch unter *rape under section 4* fallen, vor allem auch Handlungen erfasst sein, die hierzulande nunmehr durch den neu geschaffenen Tatbestand der sexuellen Belästigung gem. §184i StGB kriminalisiert wurden. Die Frage nach der *indecency* lässt sich insofern mit der Frage nach der sexuellen Bestimmtheit der Berührung i.S.v. § 184i StGB vergleichen.[1222]

Aggraved sexual assault, welcher im Gegensatz zum „Grundtatbestand" des *sexual assaults* mit lebenslanger Freiheitsstrafe bestraft werden kann, erfordert demgegenüber die Anwendung besonders schwerer Gewalt, die Androhung ebendieser, oder die schwere Verletzung der anderen Person.[1223]

Mens rea muss spiegelbildlich zum *actus reus* für beide Merkmale, also für das des *assaults* als auch bezüglich der *indecency*-Merkmale vorliegen.[1224]

Zustimmung (*consent*) wirkt auch beim *sexual assault* strafbarkeitsausschließend,[1225] Voraussetzung ist es hier aber, dass die zustimmende Person über 15 Jahre alt ist – Kinder können grundsätzlich nicht zustimmen.[1226]

Verhältnis von rape und sexual assault

In Anbetracht dieser grundsätzlichen Zweiteilung in *rape* und *indecent/sexual assault* ist die Bezeichnung *rape under section 4*, welche auch das Gesetz selbst verwendet, ein Anzeichen dafür, dass *sexual assault* den Oberbegriff bildet, und *rape* dementsprechend einen *sexual assault* mit zusätzlichen strafschärfenden Merkmalen (Penetration nach a) oder b) gem. Sec. 4) darstellt.[1227] Der *1981*-Tatbestand ist demgegenüber derjenige mit den engsten Voraussetzungen. Es handelt sich hierbei also um einen *sexual assault*, der als zusätzliche strafschärfende Merkmale im *actus reus* die Penetration der Vagina durch einen Mann mittels seines Penis fordert.

1222 Siehe hierzu oben (Kapitel 3: 4.2.1).
1223 *Hanly* (2015), S. 331.
1224 *Leahy/O'Reilly* (2018), S. 57.
1225 Diese vormals nur durch *common law* herausgebildete Ansicht wird vom Sexual Offences Act 2017, Sec. 48 (6) b) und c) nunmehr ausdrücklich bestimmt: „"sexual act" means – [...] (b) an act described in section 3(1) or 4(1) of this Act, or (c) an act which if done without consent would constitute a sexual assault; [...]", abrufbar unter http://www.irishstatutebook.ie/eli/2017/act/2/section/48/enacted/en/html#sec48 [letzter Aufruf: 06.04.2022].
1226 *Hanly* (2015), S. 330.
1227 Ebenso *Quinn* (2009), S. 68; *Leahy/O'Reilly* (2018), S. 59.

Änderungen durch den Criminal Law Amendment Act 1990

Die Einführung des *1990 Acts* brachte zusätzliche und weitreichende Änderungen mit sich: Bis dahin konnte sich wegen Vergewaltigung nur ein Mann an einer Frau strafbar machen, zudem war ausschließlich vaginaler Geschlechtsverkehr erfasst – erzwungener Analverkehr war somit keine Vergewaltigung.[1228] Des Weiteren galt die sog. *marital exception*, ein Ehemann konnte sich an seiner Ehefrau also grundsätzlich nicht wegen Vergewaltigung strafbar machen, da das Ehegelübde als eine für die Dauer der Ehe bestehende generelle Zustimmung zum Geschlechtsverkehr ausgelegt wurde.[1229] Der *1981 Act* schien diese *common law*-Regel durch Aufnahme des Begriffes *unlawful intercourse* zu inkorporieren, welcher so ausgelegt wurde, dass *lawful* eben nur der Geschlechtsverkehr zwischen Eheleuten sein konnte.[1230] Ausnahmen galten nur für Fälle, in denen ein Ehepaar bereits ein der „Scheidung"[1231] vorgelagertes Trennungsabkommen geschlossen hatte.[1232]

Mit der Einführung des *rape under section 4* wurde demgegenüber erstmals ein – zumindest annähernd[1233] – geschlechtsneutraler Tatbestand geschaffen, der nunmehr neben Vaginalverkehr auch Anal- und Oralverkehr sowie das Penetrieren mit Objekten erfasst. Nach diesem Tatbestand kann sich auch eine Frau strafbar machen,[1234] allerdings unter zweierlei Einschränkungen: Eine Frau kann sich zum einen ausschließlich durch den Gebrauch eines Objektes

---

1228   *Quinn* (2009), S. 69.

1229   *Hanly* (2015), S. 317; *Quinn* (2009), S. 70; vgl. hierzu auch ausführlich rechtshistorisch *Earner-Byrne* in: Law and the family in Ireland, 1800-1950 (2017), 153 ff.

1230   *McIntyre/McMullan/Ó Toghda* (2012), S. 141.

1231   Eine Auflösung der Ehe war bis 1995 in Irland durch Article 41. 3.2° der irischen Verfassung verboten. Dennoch war der *High Court* befugt, in speziellen Ausnahmefällen (konkret: in Fällen von *adultery, cruelty* oder *unnatural practices*) ein „Scheidungs-"Urteil *a mensa et thoro* [lat. für „von Tisch und Bett"] auszusprechen, welches zwar die Ehe als solche nicht auflöste, also zum Beispiel keine erneute Heirat mit einem*einer anderen*anderer Partner*in ermöglichte, den*die Antragsteller*in aber von der Pflicht freisprach, mit dem*der Beklagten weiterhin zusammenzuleben, vgl. https://www.lawreform.ie/_fileupload/Reports/rDivorceAMensaetThoro.htm [letzter Aufruf: 06.04.2022].

1232   *Quinn* (2009), S. 70.

1233   Buchstabe a) der Sec. 4 kann zwar nur von einem Mann (*by penis*) begangen werden, b) hingegen auch von Frauen, allerdings nur an Frauen (*penetration of the vagina*).

1234   Ausführlich zum Themenkomplex der weiblichen Sexualstraftäterinnen, welcher auch in dieser Arbeit nur sehr peripher behandelt wird, da sich weibliche Täterschaft auf diesem Gebiet zumeist innerhalb des hier nicht betrachteten Kindesmissbrauchs abspielt, vgl. *Leahy*, Journal of Contemporary Criminal Justice 2020, 539 ff.

strafbar machen, da als Körperteil unter a) nur der Penis erfasst ist; zum anderen auch ausdrücklich nur durch Penetrieren einer Vagina (vgl. Section 4 (1) b), wodurch sich *de facto* eine Frau nur gegenüber einer anderen Frau strafbar machen kann.[1235]

Zudem wurde in Sec. 5 die *marital exception* offiziell aufgehoben, nachdem diese im Zuge der gesellschaftlichen Entwicklung massiv in die Kritik geraten war und eine *Law Reform Commission* dies empfohlen hatte.[1236] In Sec. 5 hieß es entsprechend:

(1) any rule of law by virtue of which a husband cannot be guilty of the rape of his wife is hereby abolished.[1237]

Allerdings bestimmt (2) der Sec. 5, dass ein Ehemann wegen Vergewaltigung seiner Ehefrau nur durch den DPP selbst oder durch die *Gardaí* mit Zustimmung des DPP angeklagt werden darf:

(2) Criminal proceedings against a man in respect of the rape by him of his wife shall not be instituted except by or with the consent of the Director of Public Prosecutions.[1238]

Da tatsächlich in der Praxis jedoch ohnehin alle Vergewaltigungsfälle durch den DPP angeklagt werden, hat dieser Zusatz keine einschränkende Wirkung.[1239] Dennoch kommt hier zum Ausdruck, dass das irische Strafrecht noch nicht ganz von patriarchalen Traditionen befreit ist.[1240] Begründet wurde diese Einschränkung bei ihrer Einführung mit der Erwägung, Ehefrauen seien generell stärker geneigt, falsche Anschuldigungen gegen ihre Ehemänner zu erheben, weshalb jede Anzeige mit besonderer Skepsis behandelt werden müsse.[1241] Erwähnung verdient zudem die Tatsache, dass im Zeitraum von 1990 bis 2018 tatsächlich nur vier Fälle von Vergewaltigung in der Ehe vor Gericht verhandelt wurden, zwei davon sogar erst im Jahre 2016.[1242]

1235 *Hanly* (2015), S. 327.
1236 *McIntyre/McMullan/Ó Toghda* (2012), S. 142.
1237 Abrufbar unter http://www.irishstatutebook.ie/eli/1990/act/32/enacted/en/print#sec4 [letzter Aufruf: 06.04.2022].
1238 Abrufbar unter http://www.irishstatutebook.ie/eli/1990/act/32/enacted/en/print#sec4 [letzter Aufruf: 06.04.2022].
1239 *Hanly* (2015), S. 318.
1240 *Molloy*, Law and History Review 2018, 689, 711..
1241 Vgl. m.w.N. *dies.*, Law and History Review 2018, 689, 710 f.
1242 *Dies.*, Law and History Review 2018, 689, 700; ausführlich hierzu *Leahy/O'Reilly* (2018), S. 45 f.

Außerdem gilt seit dem *Amendment 1990* auch offiziell, dass allein das Fehlen von Gegenwehr nicht die Anwesenheit von *consent* zu beweisen im Stande ist:

Sec. 9. It is hereby declared that in relation to an offence that consists of or includes the doing of an act to a person without the consent of that person any failure or omission by that person to offer resistance to the act does not of itself constitute consent to the act.[1243]

Allerdings ist das eindeutige Beweisen des Vorliegens von Gegenwehr noch immer nützlich, um eine Jury im Prozess davon zu überzeugen, dass kein *consent* gegeben wurde.[1244]

Auch wenn somit der *rape under section 4* strafrechtliche Lücken, die mit Blick auf das Schutzgut der sexuellen Selbstbestimmung nicht hinnehmbar waren, schließt, ist dieser noch immer in gewisser Hinsicht als peripher zu bezeichnen. So erfasst er beispielsweise nicht die Penetration des Anus mittels eines Objekts, zudem ist äußerst umstritten, ob die reine vaginale Penetration mit einem oder mehreren Fingern (sog. *digital rape*) unter diesen Tatbestand fallen kann – mangels Rechtsprechung hierzu ist letzteres bis heute noch ungeklärt.[1245]

3.2.1.2 Actus reus

Der *actus reus* des ursprünglichen *common law*-Tatbestandes der Vergewaltigung ist im Gesetz unter dem Buchstaben (a) zu finden:

A man commits rape if:

a) he has unlawful sexual intercourse with a woman who at the time of the intercourse does not consent to it, [...]

Er erfordert neben dem Vorliegen von Geschlechtsverkehr (*sexual intercourse*) die Abwesenheit von *consent*, was bedeutet, dass die Anklage zu beweisen hat, dass die Frau nicht zugestimmt hat.[1246] Der Begriff des *consent* wurde durch den *1981* und den *1990 Act* nicht näher definiert, obwohl die *Law*

1243 Abrufbar unter http://www.irishstatutebook.ie/eli/1990/act/32/enacted/en/print#sec4 [letzter Aufruf: 06.04.2022].
1244 *Hanly* (2015), S. 323, siehe hierzu unten (Kapitel 5: 3.2.3.3).
1245 *McIntyre/McMullan/Ó Toghda* (2012), 143 f.; *Leahy/O'Reilly* (2018), S. 60 f.
1246 *Hanly* (2015), S. 320.

Reform Commission dies seinerzeit bereits empfohlen hatte,[1247] und wurde daher zunächst[1248] durch die Rechtsprechung und durch *common law* mit Leben gefüllt. So gab es seit jeher bestimmte Fallgruppen, die einen Akt trotz gegebener Zustimmung als Vergewaltigung erscheinen lassen, und zwar in solchen Fällen, in denen die Zustimmung keine rechtliche Wirkung entfaltet. Zustimmung im Sinne dieser Strafnorm soll nämlich nur Ausdruck einer bewussten Wahl sein, somit kann eine Person, die nicht in der Lage ist, bewusst einen Willen zu bilden – etwa weil sie schläft oder erheblich unter dem Einfluss von Substanzen steht –, keinen strafbarkeitsausschließenden *consent* geben.[1249]

Einwiligungsunfähigkeit (*Incapacity* (*Intoxikation/Schlaf*))

Gerade bezüglich der Auswirkung von Alkohol auf die Wirksamkeit der Zustimmung gilt allerdings im irischen Recht, angelehnt an den englischen *Sexual Offences Act 2003*, dass grundsätzlich eine Zustimmung unter Alkoholeinfluss wirksam bleibt, solange das Urteilsvermögen hiervon unberührt bleibt.[1250] Es muss mithin vor Gericht ermittelt werden, inwiefern das Opfer noch in der Lage war, einen Willen zu bilden und somit strafbarkeitsausschließend zuzustimmen: „*When the victim of an alleged rape has taken drink, the question for the jury is whether it has deprived her of her capacity for exercising a rational judgment; for "consent" in such circumstances is no consent.*"[1251]

Auch eine schlafende Person sollte nach *common law* unfähig sein, in einen Sexualkontakt einzuwilligen.[1252]

Täuschung (*fraud*)

Eine weitere Fallgruppe, die die Wirksamkeit einer Zustimmung auszuschließen vermag, war seit jeher diejenige der Täuschung (*fraud*). Dies galt allerdings nur in den engen Fällen, in denen sich das Opfer als Ergebnis der Täu-

---

1247 *McIntyre/McMullan/Ó Toghda* (2012), S. 145, anders ist dies z.B. im englischen Recht, hier wird consent in sec. 74 wie folgt definiert: *For the purposes of this Part, a person consents if he agrees by choice, and has the freedom and capacity to make that choice.*

1248 Durch den *Criminal Law (Sexual Offences) Act 2017* wurde der Begriff des *consent* positiv sowie negativ definiert, siehe hierzu sogleich.

1249 *Hanly* (2015), S. 320.

1250 *Ders.* (2015), S. 320.

1251 R v Lang (1976) 62 Cr App R 50.

1252 R v Mayers (1872) 12 Cox CC 311.

schung nicht darüber im Klaren war, dass es gerade zu einer sexuellen Handlung zustimmt, es also über die Natur der vorzunehmenden Handlung insofern getäuscht wird.[1253] Daneben war seit jeher auch die Fallgruppe der Personentäuschung erfasst. Wirksam zustimmen konnte daher ebenso wenig, wer über die Identität des*der Sexualpartners*partnerin getäuscht wurde.[1254]

Unterwerfung (*submission*)

Stimmt eine Person nur aus Angst dem Geschlechtsverkehr zu, so entfaltet der so erlangte *consent* laut *common law* ebenfalls keine strafbarkeitsausschließende Wirkung.[1255]

Besonders geschützter Personenkreis: Kinder und Personen mit psychischen Krankheiten (*mental or intellectual disability*)

Besonders geschützte Personengruppen sind zum einen Kinder und zum anderen Personen, die unter psychischen Krankheiten leiden.

Sexuelle Handlungen mit Kindern werden in zwei verschiedenen durch den *Criminal Law (Sexual Offences) Act 2006* normierten Tatbeständen bestraft.[1256] Zum einen existiert ein Straftatbestand, der Kinder unter 15 Jahren schützt, und zum anderen einer, der sexuelle Handlungen mit Personen unter 17 Jahren unter Strafe stellt.[1257] Als *defence* kann eine angeklagte Person jedoch in beiden Fällen hervorbringen, nicht gewusst zu haben (*honestly believed*) und auch nicht erkannt haben zu können, dass die Person zum Tatzeitpunkt unter 15 beziehungsweise unter 17 Jahre alt war.[1258] Die Jury hat in einem solchen Fall zu entscheiden, ob für eine solche *defence* ein *reasonable*

1253 *Hanly* (2015), S. 321; R v Flattery (1877) 2 QBD 410; R v Williams (1923) 1 KB 340.
1254 People (DPP) v C [2001] 3 IR 345.
1255 *Hanly* (2015), S. 323; Angst hier nicht beschränkt auf Angst vor körperlicher Gewalt, vgl. R v Olugboja [1982] QB 320.
1256 Dieser löste aufgrund einer obergerichtlichen Entscheidung des *Supreme Courts* (C.C. v Ireland [2006] IESC 33) den zuvor geltenden Tatbestand des Criminal Law Amendment Act 1935 ab, vgl hierzu eingehend *McAuley* in: Essays in Criminal Law in Honour of Sir Gerald Gordon (2014), S. 190 ff.
1257 Sec. 2 (1) und Sec. 3 (1), abrufbar unter http://www.irishstatutebook.ie/eli/2006/act/15/enacted/en/print#sec3 [letzter Aufruf: 06.04.2022].
1258 Vgl. Sec. 2: (3) It shall be a defence to proceedings for an offence under this section for the defendant to prove that he or she honestly believed that, at the time of the alleged commission of the offence, the child against whom the offence is alleged to have been committed had attained the age of 15 years, abrufbar unter http://www.irishstatutebook.ie/eli/2006/act/15/enacted/en/print#sec3 [letzter Aufruf: 06.04.2022].

ground (vernünftiger Grund) vorhanden war.[1259] 2017 wurde dies allerdings in seiner Formulierung leicht durch den *Criminal Law (Sexual Offences) Act* geändert. Eine *defence* ist nunmehr nur möglich, wenn der*die Täter*in sich über das Alter des Kindes[1260] geirrt hat (*reasonably mistaken*); die Jury hat hierbei danach zu fragen, ob eine vernünftige Person (*reasonable person*) in der Situation das Alter des Kindes erkannt hätte.[1261] Unter 15 Jahren ist *consent* niemals rechtlich beachtlich – ist das Kind zwischen 15 und 17, so ist *consent* eine *defence,* wenn der*die Täter*in nicht mehr als zwei Jahre älter als dieses ist, in keiner Autoritätsbeziehung und auch ansonsten in keiner „einschüchternden oder ausbeuterischen" (*intimidatory or exploitative*) Beziehung zu ihm*ihr steht.[1262]

Sexuelle Handlungen mit psychisch kranken Personen wurden bereits durch den *Sexual Offences Act 1993*[1263] verboten, hier galten allerdings zwei Ausnahmen: Nicht strafbar war dies, sofern die den Akt vollziehende Person mit der erkrankten Person verheiratet war oder die beschuldigte Person nicht erkannt hat und auch nicht erkennen konnte, dass die Person psychisch krank war. Die *Law Reform Commission* kritisierte diesen Tatbestand stark, da dieser mental erkrankten Person quasi jede Möglichkeit der Ausübung von Sexualität nahm.[1264] Dieser Empfehlung kam man jedoch erst 2017 tatsächlich nach. Im *Criminal Law (Sexual Offences) Act 2017* heißt es nun in Sec. 21:

1259   (4) Where, in proceedings for an offence under this section, it falls to the court to consider whether the defendant honestly believed that, at the time of the alleged commission of the offence, the child against whom the offence is alleged to have been committed had attained the age of 15 years, the court shall have regard to the presence or absence of reasonable grounds for the defendant's so believing and all other relevant circumstances, vgl. http://www.irishstatutebook.ie/eli/2006/act/15/enacted/en/print#sec3 [letzter Aufruf: 06.04.2022].

1260   In Irland gelten, anders als in Deutschland, auch Personen über 14, aber unter 18 Jahren noch als Kinder *(child)*, vgl. zur Legaldefinition *Criminal Law (Sexual Offences) Act 2017, Sec. 9 (a):* "'*child*' means a person under the age of 18 years;", abrufbar unter http://www.irishstatutebook.ie/eli/2017/act/2/section/9/enacted/en/html#sec9 [letzter Aufruf: 06.04.2022].

1261   Vgl. http://www.irishstatutebook.ie/eli/2017/act/2/section/16/enacted/en/html#sec16 [letzter Aufruf: 06.04.2022].

1262   Vgl. Sec. 17 (8) des *Criminal Law (Sexual Offences) Act 2017*, http://www.irishstatutebook.ie/eli/2017/act/2/section/16/enacted/en/html#sec16 (letzter Aufruf 31.08.2020).

1263   Abrufbar unter http://www.irishstatutebook.ie/eli/1993/act/20/enacted/en/html [letzter Aufruf: 06.04.2022].

1264   *Hanly* (2015), S. 338.

(1) A person who engages in a sexual act with a protected person knowing that that person is a protected person or being reckless as to whether that person is a protected person shall be guilty of an offence.

[...]

(7) For the purposes of this section, a person lacks the capacity to consent to a sexual act if he or she is, by reason of a mental or intellectual disability or a mental illness, incapable of—

(a) understanding the nature, or the reasonably foreseeable consequences, of that act,

(b) evaluating relevant information for the purposes of deciding whether or not to engage in that act, or

(c) communicating his or her consent to that act by speech, sign language or otherwise,

and, in this section, such a person is referred to as a "protected person".[1265]

In (3) findet sich zudem eine Beweislastumkehr zulasten der beschuldigten Person:

In proceedings for an offence under this section, it shall be presumed, unless the contrary is shown, that the defendant knew or was reckless as to whether the person against whom the offence is alleged to have been committed was a protected person.[1266]

Im Vergleich mit dem deutschen § 177 III Nr. 2 StGB, der die Strafbarkeit der sexuellen Handlungen mit Personen, die in ihrer Willensbildungsfähigkeit erheblich eingeschränkt sind, regelt, ist die irische Regelung somit deutlich strenger: Diese stellt den Geschlechtsverkehr mit dieser Personengruppe nämlich absolut unter Strafe, während § 177 III Nr. 2 StGB die Möglichkeit bietet, sich der Zustimmung der in ihrer Willensbildungsfähigkeit eingeschränkten Person zu versichern und sodann den Geschlechtsverkehr mit dieser auszuüben (insofern Umkehr des „Nein-heißt-Nein"-Grundsatzes in ein „Nur-Ja-

---

1265 Abrufbar unter http://www.irishstatutebook.ie/eli/2017/act/2/enacted/en/print#sec1 [letzter Aufruf: 06.04.2022].
1266 Abrufbar unter http://www.irishstatutebook.ie/eli/2017/act/2/enacted/en/print#sec1 [letzter Aufruf: 06.04.2022].

heißt-Ja"). Letztlich ist durch das Fehlen einer solchen strafbarkeitsausschließenden Versicherung die positive sexuelle Selbstbestimmungsfreiheit von
Personen, die unter diese Kategorie fallen, in Irland massiv beschnitten.

Ebendieser *2017 Act* definiert nun in Sec. 48, die Sec. 9 des *Criminal Law
(Sexual Offences) Act 1990* ersetzt, außerdem den Begriff des *consent* und
normiert die oben genannten Fallgruppen, die diesen rechtlich unwirksam und
somit für die Beurteilung der Strafbarkeit unbedeutend werden lassen, und
zwar wie folgt:

*1) A person consents to a sexual act if he or she freely and voluntarily agrees
to engage in that act.*

(2) A person does not consent to a sexual act if—

*(a) he or she permits the act to take place or submits to it because of the ap-
plication of force to him or her or to some other person, or because of the
threat of the application of force to him or her or to some other person, or
because of a well-founded fear that force may be applied to him or her or to
some other person,*

(b) he or she is asleep or unconscious,

*(c) he or she is incapable of consenting because of the effect of alcohol or
some other drug,*

*(d) he or she is suffering from a physical disability which prevents him or her
from communicating whether he or she agrees to the act,*

(e) he or she is mistaken as to the nature and purpose of the act,

*(f) he or she is mistaken as to the identity of any other person involved in the
act,*

*(g) he or she is being unlawfully detained at the time at which the act takes
place,*

*(h) the only expression or indication of consent or agreement to the act comes
from somebody other than the person himself or herself.*

*(3) This section does not limit the circumstances in which it may be established
that a person did not consent to a sexual act.*

(4) Consent to a sexual act may be withdrawn at any time before the act begins, or in the case of a continuing act, while the act is taking place.

(5) Any failure or omission on the part of a person to offer resistance to an act does not of itself constitute consent to that act.[1267]

Hiermit wurde der Begriff des *consent* unter (1) in Irland erstmalig[1268] positiv legaldefiniert.[1269] In Absatz (2) finden sich sodann Fallgruppen, die *consent* in diesem Sinne ausschließen. Unter den sodann folgenden Buchstaben (a) bis (h) finden sich im Wesentlichen die oben bereits angesprochenen durch das *common law* herausgebildeten Fallgruppen – welche allerdings gem. (3) nicht abschließend sein sollen – wieder. Eine echte Reformierung des Rechts stellt dieser Act damit nicht dar.[1270] Die Absätze vier und fünf manifestieren weitere Grundsätze rund um die Zustimmung, so stellt (4) in zeitlicher Hinsicht klar, dass ein einmal gegebener *consent* jederzeit widerrufen werden kann, und (5) wiederholt noch einmal den Grundsatz aus dem *1990-Amendment*, dass eine fehlende Gegenwehr für sich genommen kein Indiz für *consent* darstellt.

Es ist also insgesamt eine deutliche Tendenz zur Normierung der durch die Rechtsprechung entwickelten Grundsätze zum *consent* zu beobachten,[1271] was auf vorangegangene Probleme innerhalb der Rechtspraxis, welche ausdrückliche Normierung und Klarstellung notwendig macht, hindeuten könnte.

Bereits diese Normierung stellt einen wesentlichen Unterschied zum deutschen System dar, welches den entgegenstehenden Willen sowie die Voraussetzungen darüber, wann dieser frei und damit strafbarkeitsausschließend wirkt, nicht definiert, sondern dies dem Prinzip der Auslegung überlässt. Es ist daher interessant zu untersuchen, ob die im irischen System ausdrücklich

---

1267 Abrufbar unter http://www.irishstatutebook.ie/eli/2017/act/2/enacted/en/print#sec1 [letzter Aufruf: 06.04.2022].

1268 Eine sehr frühe Definition von *consent* des *common law* lautete demgegenüber: „*Consent is the act of man [sic], in his character of a rational and intelligent being, not in that of an animal. It must proceed from the will, not when such will is acting witout the control of reason, as an idiocy or drunkness, but from the will sufficiently enlightened by the intellect to make such consent the act of a reasoning being*", vgl. R v Dee [1884] 15 Cox 579; im Jahre 2001 wurde *consent* in The People (DPP) v C. [2001] 3 IR 345 so definiert: „*voluntary agreement or acquiescence to sexual intercourse by a person of the age of consent with the requisite mental capacity*".

1269 *Leahy* in: Law and Gender in Modern Ireland (2019), S. 3.

1270 *Law Reform Commission of Ireland* (2019), S. 26.

1271 *Leahy/O'Reilly* (2018), S. 16.

aufgelisteten Fallgruppen auch im deutschen Recht das Vorliegen eines entgegenstehenden Willens indizieren würden:

Gewalt, Drohung mit Gewalt oder begründete Angst vor Gewalt (a)

Unter dem Buchstaben (a) sind sämtliche Fallgruppen gefasst, in der das Opfer die Zustimmung zum sexuellen Akt nur aufgrund von Gewalt, Drohung oder Angst vor Gewalt gegenüber dem Opfer oder einer anderen Person erteilt. Dies wird in Deutschland ebenso beurteilt: Hier bieten § 177 II Nr. 4 und 5 StGB die Möglichkeit der Bestrafung, ohne dem Opfer die Obliegenheit der Äußerung des entgegenstehenden Willens aufzubürden. In der Regel würden diese Fälle sogar unter die Qualifikation des § 177 V StGB fallen. Auch hier gilt also: Gewalt oder Drohung mit Gewalt machen aus einem „Nein" kein strafbarkeitsausschließendes „Ja". Es handelt sich bei dieser Fallgruppe des irischen Rechts somit um die „klassischen" Fälle einer Vergewaltigung, die auch schon von § 177 I StGB a.F. erfasst worden wären.

Schlaf oder Bewusstlosigkeit (b), Intoxikation (c), Physische Unfähigkeit zur Kommunikation des Willens (d)

Unter den Buchstaben (b) bis (d) finden sich allesamt Umstände, die in Deutschland unter § 177 II StGB fallen.

Sexuelle Handlungen mit schlafenden oder bewusstlosen Personen fallen im deutschen Recht unter die Fallgruppe der Unfähigkeit, einen entgegenstehenden Willen zu bilden oder zu äußern (§ 177 II Nr. 1 StGB), allerdings muss hier zusätzlich das Element des Ausnutzens erfüllt sein.[1272] Das irische Sexualstrafrecht stellt somit sexuelle Handlungen mit schlafenden oder bewusstlosen Personen *absolut* unter Strafe.

Ebenso verhält es sich mit der Intoxikation des Opfers – auch hier muss in Deutschland, unabhängig von der Frage, ob diese Verhaltensweise unter § 177 II Nr. 1 oder Nr. 2 StGB fällt, das zusätzliche Tatbestandsmerkmal des Ausnutzens erfüllt sein. Für die Frage, ob das irische Strafrecht unter dem Einfluss von Alkohol oder Drogen stehende Personen stärker oder schwächer schützt, ist allerdings ein genauerer Blick erforderlich: Der deutsche Gesetzgeber erwähnt den Einfluss von Alkohol und Drogen nicht ausdrücklich, sondern unterscheidet allgemeiner zwischen der Einschränkung der Willensbildungs- und -äußerungsfähigkeit und der gänzlichen Unfähigkeit hierzu. Bei ersterem (§ 177 III Nr. 2 StGB) hat sich der Gesetzgeber für die „Nur-Ja-

---

1272 Vgl. hierzu oben (Kapitel 3: 4.1.2.1).

heißt-Ja"-Lösung entschieden, womit dem*der Täter*in die Möglichkeit verbleibt, sich durch die Versicherung der Zustimmung des Opfers einer Strafbarkeit zu entziehen. Nun liegt zunächst der Schluss nahe, dass das irische
Recht hier erneut strenger ist, indem es diese Möglichkeit nicht bietet, sondern
wieder *absolut* den Akt mit Personen, die *„incapable of consenting"* sind, unter Strafe stellt. *„Incapable of consenting"* bedeutet auf deutsch allerdings
nichts anderes als Einwilligungs*unfähigkeit*. Bei einer solchen Einwilligungsunfähigkeit greift aber auch hierzulande der strengere § 177 II Nr. 1 StGB
ohne Möglichkeit der Zustimmungsversicherung.

Eine auf dem Einfluss von Substanzen nur vorhandene *Einschränkung* der
Einwilligungsfähigkeit ist in Irland demgegenüber nicht ausdrücklich von den
Fallgruppen erfasst. Insofern ist das deutsche Recht also sogar etwas strenger.
Allerdings gilt es zu beachten, dass auch starke Intoxikationszustände in
Deutschland i.d.R. nur von § 177 II Nr. 2 StGB erfasst werden.[1273] Der we-
sentliche Unterschied zwischen deutscher und irischer Rechtslage wird hier
wohl generell in der Beurteilung dessen liegen, ob aufgrund von Alkohol oder
Drogen tatsächlich Einwilligungs*unfähigkeit* vorliegt. Unterschiede ergeben
sich also nur dort, wo in Deutschland ein Zustand – womöglich trotz starker
Intoxikation – nur unter § 177 II Nr. 2 StGB fällt und der*die Täter*in sich
der Zustimmung der sich in diesem Zustand befindenden Person unwiderleg-
bar versichert hat. Da davon auszugehen ist, dass Irland in Ermangelung eines
Tatbestands, der nur die *Einschränkung* der Einwilligungsfähigkeit erfasst,
eine *Unfähigkeit* in diesem Sinne bereits früher annimmt als die deutsche
Rechtspraxis, wäre die irische Rechtslage hier in der Tat ein wenig strenger.
Dies legt zumindest auch die Rechtssprechungspraxis des *common law* nahe,
die traditionell danach fragte, ob das Opfer durch den Einfluss der Substanzen
der Fähigkeit beraubt war, eine *rationale* Entscheidung zu fällen.[1274]

Unabhängig hiervon ist allerdings als Unterschied zu konstatieren, dass das
Merkmal des *Ausnutzens* auch in diesen Konstellationen in Deutschland einen
weiteren Strafbarkeitsfilter darstellt, der dem irischen Recht fehlt.

Unter dem Buchstaben (d) bestimmt der *Act*, dass eine physische Behinderung
(*physical disability*), die die Person an der Kommunikation des Willens hin-
dert (*prevent from*) ebenfalls *consent* ausschließt. Der erste Unterschied zur
deutschen Rechtslage ist offenkundig: In Irland werden ausdrücklich *nur physische* Behinderungen erfasst, während die deutsche Rechtslage in

---

1273   Vgl. hierzu oben (Kapitel 3: 4.1.2.2).
1274   R v Lang (1976) 62 Cr App R 50.

§ 177 II Nr. 2 StGB auch *psychische* Einschränkungen erfasst.[1275] Die eindeutige Verwendung des Begriffs *prevent* anstelle von *incapability* (so unter c)) lässt darüber hinaus darauf schließen, dass (d) keine gänzliche Einwilligungsunfähigkeit voraussetzt und diese Fallgruppe somit auch insofern eher mit § 177 II Nr. 2 StGB vergleichbar ist. Auch hier fehlt dem irischen Recht daher die Möglichkeit der Versicherung der Zustimmung durch den*die Täter*in und ist insofern durchaus strenger als die deutsche Rechtslage.

Irrtum über die Natur der vorgenommenen Handlung oder über die vornehmende Person (e) und (f)

Einen wesentlichen Unterschied zum deutschen Recht stellen demgegenüber die Buchstaben (e) und (f) dar. Während im deutschen System der Grundsatz gilt, dass Sexualdelikte Fremdschädigungs- und keine Selbstschädigungsdelikte sind und daher auch eine durch Täuschung oder andere moralisch fragwürdige Methoden erschlichene Zustimmung wirksam i.S.v. § 177 I StGB bleibt, erfassen diese beiden Varianten Irrtümer, die diese gänzlich unwirksam werden lassen.

Die zweite Variante (f) besagt, dass eine Zustimmung nicht vorliegt, soweit das Opfer sich über die Identität des die sexuelle Handlung Vornehmenden irrt. Ein so gearteter *error in persona* ist im deutschen Recht unbeachtlich – es kommt nur darauf an, dass die Person dem Akt mit der den Akt vornehmenden Person zugestimmt hat, unabhängig davon, ob diese ihre wahre Identität verschleiert hat.

Anders sieht es demgegenüber mit der ersten Variante (e) aus: Täuschungen über die Natur und das Motiv (*purpose*) der sexuellen Handlung schließen hiernach Zustimmung aus. Hier käme es im deutschen Recht auf die Eigenheiten des konkreten Einzelfalls an.

Der entgegenstehende Wille und eine diesen ausschließende Zustimmung müssen sich auf die sexuelle Handlung beziehen – wird diese zuvor klar bezeichnet, so zum Beispiel, wenn eine Ärztin vorgibt, einen Patienten im Rahmen einer ärztlichen Untersuchung aus medizinischen Gründen mit der Hand stimulieren zu müssen, und erklärt sich dieser aufgrund der falschen Angaben der Ärztin hiermit einverstanden, so liegt kein entgegenstehender Wille vor. Hier griffe der Grundsatz, dass die Erlangung des Einverständnisses, soweit

---

1275 Einwilligungsunfähigkeit aufgrund von *mental disability* ist in einem gesonderten Tatbestand, Sec. 21 des *Criminal Law (Sexual Offences) Act 2017*, erfasst.

nicht durch Drohung oder Gewalt abgenötigt, für die strafrechtliche Betrachtung irrelevant sind. Anders wäre dies nur zu beurteilen, wenn im genannten Fall das Einverständnis sich nur auf die Berührung des Gliedes des Patienten (zum Beispiel im Rahmen einer urologischen Untersuchung) bezöge, die Ärztin sodann allerdings, ohne hierfür wiederum eine Einwilligung einzuholen, beginnen würde, den Patienten zu stimulieren. Hier läge dann aber kein Irrtum vor, sondern schlicht kein sich auf die sexuelle Handlung (Stimulieren) beziehendes tatbestandsausschließendes Einverständnis, da dieses sich nur auf das *Berühren* beschränkt hätte.

In Irland stellt sich die Normierung dieser Fallgruppe als Implementierung der Grundsätze, die die Rechtsprechung in R v Tabassum[1276] herausgearbeitet hat, dar: Hier hatte ein Mann drei Frauen, unter Vorgabe der Tatsache, ihnen die Praxis des Abtastens der Brüste demonstrieren zu wollen und hierzu die notwendigen medizinischen Kenntnisse zu besitzen, dazu bewegt, ihm eine Zustimmung zur Berührung ihrer Brüste zu erteilen. Dieser Fall würde, wenn er sich in Deutschland zutragen würde, bereits aufgrund mangelnder Qualifizierung als sexuelle Handlung nur nach Maßgabe des § 184i StGB beurteilt werden. Hier findet die Einwilligung innerhalb des Merkmals der *Belästigung* Bedeutung: Wer in die Berührung eingewilligt hat, soll nach zutreffender Ansicht nicht belästigt worden sein.[1277] Auch hier muss konsequenterweise ein Irrtum über die Motive der Berührung dann unbeachtlich sein – dies legt überdies der Verweis der Gesetzesbegründung[1278] auf § 183 StGB nahe, bei dem es beispielsweise auch an einer Belästigung fehlt, wenn die betreffende Person die Handlung nicht einzuordnen weiß.[1279]

Unrechtmäßiges Festhalten zum Zeitpunkt der Handlung (g)

Gem. Fallgruppe (g) kann ebenfalls nicht wirksam zustimmen, wer zum Zeitpunkt der Vornahme der sexuellen Handlung unrechtmäßig festgehalten (*unlawfully detained*) wird. Diese Fallgruppe wirft aus deutscher Sicht Fragen bezüglich der Bestimmtheit auf: Zum einen wird nicht klargestellt, ob die das Opfer festhaltende Person und diejenige Person, die die sexuelle Handlung vornimmt, identisch sein müssen. Mangels ausdrücklicher Bestimmung der Personengleichheit muss man davon ausgehen, dass dies nicht gefordert ist. Zudem ist nicht recht ersichtlich, was *unlawfully* in diesem Zusammenhang

---

1276   R v Tabassum [2000] 2 Cr App R 328 .
1277   Vgl. hierzu oben (Kapitel 3: 4.2.1).
1278   BT Drucks.18/9097, S. 30.
1279   *Ziegler* in BeckOK StGB (2022), § 183 Rn. 5.

voraussetzt. Geht man davon aus, dass es ausreicht, dass das Opfer seiner Freiheit beraubt ist, so ergibt sich für die deutsche Rechtslage hierbei folgendes: Ein derartig pauschaler Ausschluss der Freiheit einer so erteilten Einverständnis existiert im System des § 177 StGB nicht – hier ist ein tatbestandsausschließendes Zustimmung grundsätzlich unabhängig von den Begleitumständen. Eine Ausnahme hiervon bilden Umstände nach § 177 II Nr. 4 und Nr. 5 StGB. Zumindest, wenn festhaltende Person und sexuelle Handlung vornehmende/an sich vornehmen lassende Person identisch sind, wird ein „unrechtmäßiges Festhalten" wohl in der Regel eine Lage darstellen, in dem dem Opfer bei Widerstand ein empfindliches Übel droht, und somit von § 177 II Nr. 4 StGB erfasst sein. Insofern ergeben sich keine wesentlichen Unterschiede innerhalb dieser Fallgruppe.

Ausdrückliche Zustimmung nur durch eine dritte Person oder einziges Indiz für Zustimmung kommt von einer dritten Person (h)

Auch die letzte Fallgruppe bedarf in Deutschland keiner eigenständigen ausdrücklichen Normierung, da § 177 I StGB auf den eigenen inneren *Willen* abstellt, der durch konkludente oder ausdrückliche Äußerung nach außen erkennbar gemacht wird, und nicht auf die äußere Form der Zustimmung. Äußerungen von Dritten können diesen daher von vornherein nicht ausdrücken, sondern höchstens interpretieren und sind daher als solche unbeachtlich.

Zusammenfassung

Das irische Strafrecht erfasst einige Handlungen, die das deutsche System nicht (oder zumindest nicht derart absolut) unter Strafe stellt, so allen voran die Fallgruppe der Täuschung über die Identität des*der Täters*Täterin und die Natur der vorgenommenen Handlung. Bezüglich Absatz (4) und (5) herrscht aber wieder Einheit: Auch im deutschen Strafrecht ist der maßgebliche Zeitpunkt für die Abgabe einer strafbarkeitsausschließenden Zustimmung stets die konkrete Handlung – bis dahin kann eine zuvor gegebene Zustimmung jederzeit frei widerrufen werden und vor jeder Vornahme einer neuartigen Handlung neu formuliert werden.

3.2.1.3 Mens rea

Die *mens rea*, also die subjektive Seite des Tatbestandes, findet sich im *1981 Act* unter dem Buchstaben (b):

[…]

at that time he knows that she does not consent to the intercourse or he is reckless as to whether she does not consent to it.

Die Prüfschritte für die Frage, ob eine angeklagte Person sich einer Vergewaltigung schuldig gemacht hat, sind also folgende:

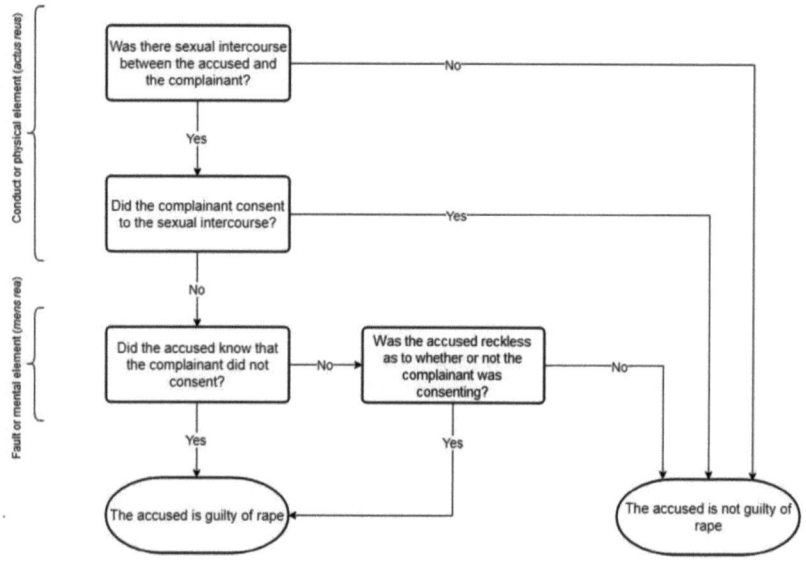

Abbildung 4[1280]

Dreh- und Angelpunkt der *mens rea* ist also ebenfalls die Zustimmung, *consent*, der anderen Person. Wie oben bereits erwähnt, enthält die *mens rea* diesbezüglich also ganz ausdrücklich ein Wissenselement („*knows that she does not consent*"), es ist insofern *intention* erforderlich. Allerdings ist auch *recklessness* ausreichend, also nach der subjektiven Auslegung der irischen Gerichte die Tatsache, dass der*die Täter*in die sexuelle Handlung vollzogen hat, obwohl er*sie das Risiko, dass die andere Person nicht eingewilligt hat, vorausgesehen hat.[1281] Mit anderen Worten: In der ersten Alternative erfordert die *mens rea* Bewusstsein über das Nichtvorliegen der Zustimmung, in der

---

1280   *Law Reform Commission of Ireland* (2019), S. 25.
1281   Zum Begriff der *recklessness* siehe bereits oben (Kapitel 5: 3.1.4.2 b).

zweiten das Bewusstsein über die Möglichkeit des Nichtvorliegens derselben.[1282]

Für den Tatbestand des *rape under section 4* und auch für den Tatbestand des
sexual assault gelten dieselben Anforderungen der *mens rea*, auch wenn dies
in der Normierung nicht ausdrücklich Erwähnung gefunden hat.[1283] Eine Besonderheit beim *sexual assault* ist es allerdings, dass der*die Täter*in auf jeden Fall *intention* bezüglich der *indecency* der Handlung aufweisen muss, die
mens rea ist hier insofern zweigliedrig aufgebaut.[1284]

Zunächst soll aber auf die *mens rea* der Vergewaltigungsdelikte und vor allem
auf den Umgang mit Irrtümern eingegangen werden.

Problematisch in diesem Sinne ist vor allem die zweite Alternative des Tatbestandes, also die Frage danach, ob der*die Täter*in das Risiko, dass das Opfer
nicht zugestimmt hat, erkannt hat. Aufgrund der subjektiven Herangehensweise der irischen Gerichte ist bei *recklessness* zu beweisen, dass der*die Tä-
ter*in das Risiko der Nicht-Zustimmung des Opfers tatsächlich erkannt, dieses aber bewusst ignoriert und die sexuelle Handlung dennoch vorgenommen
hat – die reine Feststellung, dass der*die Täter*in unvernünftig (*un-
reasonably*) gehandelt hat, ist dabei grundsätzlich nicht ausreichend.[1285] Es
existiert damit, ebenfalls wie hierzulande, keine reine Fahrlässigkeitsstrafbarkeit, auch wenn das Prinzip der *recklessness* aus deutscher Sicht, wie oben
bereits dargelegt, durchaus Merkmale der Fahrlässigkeit in sich trägt. Die
Rechtsprechung konstatierte zum Prinzip der *recklessness* in Bezug auf das
Delikt der Vergewaltigung (*rape*):

„*Recklessness means the accused man was **aware that there was a risk that
the woman was not consenting but nonetheless proceeded**. If it is proven that
he was aware that there was a real risk that the woman was not consenting
but he proceeded to have, or continue, intercourse with her in spite of this,
then recklessness is established.*"[1286]

Ähnlich wie im deutschen Recht der subjektive Tatbestand, stellt die *mens rea*
im Rahmen der Sexualdelikte damit ein wesentliches Einfallstor für sämtliche

---

1282   *McIntyre/McMullan/Ó Toghda* (2012), S. 149.
1283   *Hanly* (2015), S. 328; *McIntyre/McMullan/Ó Toghda* (2012), S. 144.
1284   *Hanly* (2015), S. 331.
1285   *Ders.* (2015), S. 325.
1286   The People (DPP) v C O'R [2016] IESC 64; Hervorhebung durch die *Verf.*

Beweisschwierigkeiten dar. Denn wenig überraschend ist, dass sich Täter*innen sodann oftmals auf einen Irrtum (*honestly mistake*) berufen, also hervorbringen, sie hätten eben nicht erkannt, dass die andere Person nicht zugestimmt hat. Aufgrund der subjektiven Herangehensweise der irischen Gerichte bestünde hier zudem grundsätzlich keine Möglichkeit, eine solche Behauptung auf *reasonable ground*, also auf die Vernünftigkeit aus der Betrachtungsweise einer objektiven dritten Person in der Rolle des*der Täters*Täterin zu untersuchen, da es für *recklnessness* nur auf die subjektive Sicht des*der Täters*Täterin ankommen soll, es somit ausreichend ist, dass dieser Glaube *honest* und *genuinely held* (zu dt.: aufrichtig geführt) war.[1287] Es wäre damit kaum möglich, Personen zu verurteilen, die – zum Beispiel aufgrund (nicht krankhafter und damit nicht strafbarkeitsausschließender oder -mindernder) narzisstischer Persönlichkeitszüge – nicht glauben können, dass andere Menschen zu ihren sexuellen Avancen „Nein" sagen würden[1288] – zumindest dann nicht, wenn dieser Glaube *honest* vorgetragen wurde, also nicht widerlegbar ist. Aufgrund eines Aufsehen erregenden Falles in England,[1289] in dem drei Männer von einem Bekannten zu diesem nach Hause eingeladen wurden, um dort den Geschlechtsverkehr mit seiner Ehefrau zu vollziehen, die – so ließ er die Männer angeblich glauben – sich nur zum Schein wehren und dem sexuellen Akt aber eigentlich innerlich zustimmen würde, wurde in *Sec. 2 (2)* des *1981 Acts* folgende Regelung implementiert, welche zuvor durch das Gericht in erster Instanz im oben genannten Fall entwickelt wurde und eine Bestrafung der Männer wegen Vergewaltigung trotz ihrer Berufung auf *honest belief* ermöglichen sollte:

It is hereby declared that if at a trial for a rape offence the jury has to consider whether a man believed that a woman was consenting to sexual intercourse, the presence or absence of reasonable grounds for such a belief is a matter to which the jury is to have regard, in conjunction with any other relevant matters, in considering whether he so believed.[1290]

Dass diese ausdrückliche Normierung notwendig war, zeigte vor allem, dass das Berufungsgericht im oben genannten Fall die Männer aufgrund ihres *honest beliefs*, welcher einer *reasonability*-Prüfung nicht zugänglich sei, sodann

---

1287   Siehe hierzu auch schon oben (Kapitel 5: 3.1.4.2 b).
1288   *Hanly/Healy/Scriver* (2009), S. 52.
1289   DPP v Morgan [1976] AC 182 House of Lords.
1290   Abrufbar unter http://www.irishstatutebook.ie/eli/1981/act/10/enacted/en/print#sec2 [letzter Aufruf: 06.04.2022].

freisprach.[1291] In England wurde diese Regelung bereits 1976, also unmittelbar nach dem Urteil im oben genannten Fall, Gesetz, Irland folge diesem Vorbild 1981.

2016 bestätigte der irische *Supreme Court* diese in erster Linie dennoch weiterhin subjektive Prüfung der *honest belief defence*, welche nur anhand der Glaubhaftigkeit, nicht anhand der objektiven Vernünftigkeit überprüft werden kann, und betonte hier erneut, dass eine Jury dennoch keinesfalls gezwungen sei, eine „offensichtlich falsche Geschichte" der angeklagten Person zu glauben.[1292] Es hieß hier wörtlich:

"In this country, the model chosen in the Act of 1981, as amended, clearly adopts not what a reasonable man believed as to the presence of consent, but rather what the individual accused actually believed. [...] It needs also to be stated by trial judges, however, that no jury is under any obligation to believe an obviously false story. A jury is entitled to accept or reject any prosecution or defence evidence."[1293]

Hiermit bestätigte der *Supreme Court* zwar ausdrücklich die subjektive Betrachtungsweise der *defence*, betonte aber auch, dass die Prüfung der Jury durchaus objektive Elemente enthalten kann.[1294]

Hierin wird in der irischen Fachliteratur im Wesentlichen ein vernünftiger Kompromiss gesehen: Der angeklagten Person verbleibt so die Möglichkeit, sich auf ihren Irrtum zu berufen, die Jury kann aber die objektive Vernünftigkeit (*reasonability*) eines solchen zumindest mittelbar prüfen, und zwar in ihrer Entscheidung, ob die angeklagte Person tatsächlich irrte.[1295] Aus deutscher Sicht erscheint diese Konstruktion freilich etwas unhandlich. Dies liegt indes bereits an der grundsätzlichen Unterscheidung zwischen *honesty* und *reasonability*, die zumindest dem deutschen Strafrecht fremd sein dürfte: Ob eine Aussage *honest* ist, dürfte mit der allgemeinen Prüfung der Glaubhaftigkeit im deutschen Recht vergleichbar sein. Die *reasonability*, also die normative Wertung der Vernünftigkeit eines solchen Glaubens, kennen wir im deutschen Recht eher aus dem Zivilrecht, dort gemeinhin unter dem Terminus „kennen müssen", zum Beispiel aus § 122 II BGB oder § 179 III BGB. Dem

---

1291 Ausführlich hierzu *Diduck* in: Women's legal landmarks (2019), S. 322.

1292 The People (DPP) v C O'R [2016] IESC 64, [2016] 3 IR 322.

1293 The People (DPP) v C O'R [2016] IESC 64, [2016] 3 IR 322.

1294 *Law Reform Commission of Ireland* (2019), S. 40.

1295 *McIntyre/McMullan/Ó Toghda* (2012), S. 151.

Strafrecht ist eine solche normative Wertung abseits der Fahrlässigkeitsdelikte allerdings fremd.

In Deutschland wird der Einwand einer angeklagten Person, den entgegenstehenden Willen des Opfers i.S.v. § 177 I StGB nicht erkannt zu haben, wenngleich dieser für eine objektive betrachtende Person erkennbar war, letztlich im Rahmen der Beweiswürdigung „nur" auf Glaubhaftigkeit geprüft, ohne dass – und dies dürfte eine Parallele zum irischen Recht sein – sich diese Glaubhaftigkeit ausdrücklich in der maßgeblichen Norm für den Irrtum – § 16 StGB – niederschlägt. Auch hier ist nur die Rede davon, dass eine Person, die ein Merkmal des Tatbestandes *nicht kennt*, nicht bestraft wird. Die Frage der Glaubhaftigkeit entscheidet hier also auch inhärent darüber, ob angenommen wird, dass eine angeklagte Person, die dies hervorbringt, den besagten Umstand – im Falle des § 177 I StGB den entgegenstehenden Willen des Opfers – tatsächlich nicht kannte. Vernünftigkeitsgesichtspunkte spielen in dieser Wertung demgegenüber keine unmittelbare Rolle und dürfen dies, um eine „Fahrlässigkeitsstrafbarkeit durch die Hintertür" zu verhindern, auch nicht tun. Diese Entscheidung obliegt im Gegensatz zum irischen Strafrechtssystem in Deutschland zudem nicht der Jury, sondern steht gem. § 261 StPO im Ermessen der freien Würdigung der Richter*innen.

3.2.1.4 Strafprozessuales

Für die Ermittlung im Vorfeld eines Strafprozesses ist ausschließlich die *Gardaí* zuständig, welche zunächst ein detailliertes Statement des mutmaßlichen Opfers aufnimmt, eine medizinische und forensische Untersuchung veranlasst, sämtliche mögliche Zeug*innen befragt, den Ort der angezeigten Vergewaltigung untersucht, den*die mutmaßliche*n Täter*in, sofern bekannt, aufsucht, verhaftet und befragt und sodann alle Unterlagen dem DPP zugänglich macht, welcher sodann über eine Anklage entscheidet, und im Falle einer Anklage aus den gesammelten Unterlagen der *Gardaí* das *book of evidence* erstellt.[1296]

Der Gang eines Strafprozesses wegen einer Vergewaltigung unterscheidet sich dann im Wesentlichen zunächst nicht von dem anderer Straftaten.[1297] Da *rape* eines der „*most serious crimes*" in Irland darstellt, kann ein Vergewaltigungsprozess allerdings niemals als Schnellverfahren (*summary trial*) statt-

---

1296   *Hanly/Healy/Scriver* (2009), S. 227.
1297   Siehe hierzu oben (Kapitel 5: 3.1.5).

finden, sondern stets *on indictment*; das zuständige Gericht für Vergewaltigungsverfahren ist der *Central Criminal Court*.[1298] Vergewaltigung ist damit eines der wenigen Delikte, das ausschließlich vor einer Jury verhandelt wird.[1299] Der Einfluss der Jury auf das strafrechtliche Schicksal der angeklagten Person ist daher groß; die letztendliche Entscheidungsgewalt über die Schuld oder Unschuld liegt schlussendlich stets bei ihr.[1300]

In der Beweisführung ergeben sich in Irland naturgemäß dieselben Probleme wie in Deutschland: Häufig steht in Vergewaltigungsprozessen Aussage gegen Aussage, sodass allein die belastende Aussage des Opfers, welche in der Regel in wesentlichen Punkten von der angeklagten Person bestritten werden wird, Grundlage einer Verurteilung sein kann. Aufgrund des beschriebenen großen Einflusses der Jury, die indes aus zwölf Laien besteht, die nahezu zufällig aus der Bevölkerung ausgewählt wurden,[1301] sowie der Tatsache, dass im Gegensatz zu anderen Delikten besonders häufig diese Entscheidung nur auf der Aussage des Opfers beruht, ist anzunehmen, dass die *corroboration warning* im Sexualstrafrecht noch immer von großer Bedeutung ist. Wie bereits erläutert, wurde früher nach *common law* ganz grundsätzlich ein *corroboration evidence*, also ein die Aussage des Opfers stützender Beweis, gefordert, ansonsten musste die Jury über die Unsicherheit des für sich allein stehenden Beweises gewarnt werden. Dies steht nunmehr gem. Sec. 7 des *Criminal Law (Rape) Amendment Act 1990* im Ermessen des*der Richters*Richterin:

(1) Subject to any enactment relating to the corroboration of evidence in criminal proceedings, where at the trial on indictment of a person charged with an offence of a sexual nature evidence is given by the person in relation to whom the offence is alleged to have been committed and, by reason only of the nature of the charge, there would, but for this section, be a requirement that the jury be given a warning about the danger of convicting the person on the uncorroborated evidence of that other person, it shall be for the judge to decide in his discretion, having regard to all the evidence given, whether the jury should be given the warning; and accordingly any rule of law or practice by virtue of which there is such a requirement as aforesaid is hereby abolished.

(2) If a judge decides, in his discretion, to give such a warning as aforesaid, it shall not be necessary to use any particular form of words to do so.

1298   *Hanly/Healy/Scriver* (2009), S. 5.
1299   *Dies.* (2009), S. 285.
1300   *Dies.* (2009), S. 53.
1301   *Dies.* (2009), S. 88.

Eine Erklärung für die trotz dieser Änderung fortdauernde Existenz dieser Regelung, die im Gegensatz zu anderen *common law*-Regelungen auf diesem Gebiet nie gänzlich gesetzlich aufgehoben wurde, könnte sein, dass diese zum notwendigen Schutz der Rechte der angeklagten Person dienen soll, während auf der anderen Seite hierin gerade aufgrund des nunmehr greifenden Ermessens des*der Richters*Richterin keine unzulässige Benachteiligung des Opfers gesehen wird.[1302] Wie häufig eine solche Warnung tatsächlich ausgesprochen wird und wie sich dieses auf die Wahrscheinlichkeit einer Verurteilung auswirkt, soll später näher untersucht werden.[1303]

Diese Regelung findet, dem unterschiedlichen allgemeinen strafrechtlichen System geschuldet, keine Entsprechung im deutschen Recht, in dem allein der*die Richter*in im Rahmen der freien richterlichen Beweiswürdigung gem. § 261 StPO über die Glaubhaftigkeit der sich widersprechenden Angaben von angeklagter Person und Opfer entscheidet. Nach Maßgabe des BGH sind deutschen Richter*innen dazu angehalten, in diesen beweistechnisch schwierigen Aussage-gegen-Aussage-Situationen[1304] die belastende Aussage einer „besonderen Glaubhaftigkeitsprüfung" zu unterziehen. Den Maßstab für eine solche setzte der BGH in einem Grundsatzurteil im Jahre 1999: Es gehe bei dieser Glaubhaftigkeitsprüfung stets darum, herauszufinden, ob eine bestimmte Aussage auf tatsächlichen Erlebnissen der aussagenden Person basiert (Erlebnisfundiertheit); hierzu ist zunächst die Aussage als unwahr anzunehmen (sog. „Nullhypothese") und zwar so lange, bis diese Negation mit den gesammelten Fakten nicht mehr vereinbar ist.[1305] Innerhalb dieses Prozesses wird mit weiteren Hypothesen gearbeitet (zunächst: „Unwahrhypothese", erst dann: „Alternativhypothese" im Sinne der Alternative, dass die zunächst als unwahr angenommene Aussage nun doch als „wahr" angenommen werden kann).[1306] Für dieses Vorgehen spricht, dass hierbei in jedem Fall dem Zweifelsgrundsatz *in dubio pro reo* ausreichend Rechnung getragen wird.[1307] Zur Prüfung der Hypothesen gehört, so arbeitete der BGH es in den darauffolgenden Jahren heraus, eine sorgfältige Inhaltsanalyse der Angaben, eine mög-

---

1302 *Leahy*, The International Journal of Evidence & Proof 2014, 41.
1303 Siehe hierzu unten (Kapitel 5: 3.2.3.3 c).
1304 Hierunter versteht der BGH Situationen, in denen sich die Aussagen zweier Personen widersprechen und es neben diesen beiden Aussagen keine weiteren unmittelbar tatbezogenen Beweismittel gibt, vgl. BGH 3 StR 33/02 = NStZ 2002, 494.
1305 BGH 1 StR 618/98 = BGHSt 45, 164.
1306 BGH 1 StR 618/98 = BGHSt 45, 164.
1307 *Odebralski* (2020), S. 47.

lichst genaue Prüfung der Entstehungsgeschichte der Aussage, eine Bewertung des Aussagemotivs sowie eine Prüfung von Konstanz innerhalb der Wiederholung derselben Aussage.[1308]

3.2.1.5 Strafzumessung

Gemäß Sec. 48 des *Offences Against The Person Act 1861* sowie gem. Sec. 4(2) des *Amendment Acts 1990* ist sowohl der *common law-rape* als auch der *rape under section 4* mit einer Höchststrafe von lebenslänglicher Haft bestrafbar.

Hier zeigt sich, dass das irische Sexualstrafrecht deutlich härter als das deutsche ist, was die Strafzumessung angeht: Das deutsche Rechtssystem kennt eine lebenslange Freiheitsstrafe nur für Mord gem. § 211 StGB, für den besonders schweren Totschlag gem. § 212 II StGB sowie für einige todeserfolgsqualifizierte Delikte wie beispielsweise § 251 StGB.

Inwiefern diese theoretische Möglichkeit der Verhängung einer lebenslangen Freiheitsstrafe auch tatsächlich genutzt wird, soll später näher untersucht werden.[1309]

3.2.1.6 Zusammenfassung: Dogmatischer Vergleich des irischen und des deutschen Systems

Gemein ist dem deutschen und dem irischen Sexualstrafrecht in dogmatischer Hinsicht seit der Reformierung der deutschen Rechtslage durch das 50. StrÄG die Zentrierung der Strafbarkeit sexueller Handlungen auf den entgegenstehenden Willen (Deutschland) beziehungsweise die Abwesenheit von *consent* (Irland). Irland unterscheidet hierbei strukturell in Tatbestände, die Penetration voraussetzen (*rape*), und solche ohne Penetration, die dabei aber – neben sexuellen Handlungen, die nach Wertung des deutschen § 184h Nr. 1 StGB erheblich wären und damit unter §§ 177 f. StGB fallen würden – auch die reine Berührung sexueller Körperteile erfassen (*sexual assault*).

In persönlicher sowie sachlicher Hinsicht ist das irische Sexualstrafrecht an einigen Stellen restriktiver als das deutsche. So umfasst der traditionelle 1981 *statutory rape*-Tatbestand nur die Vergewaltigung einer Frau durch einen

---

1308 BGH, Urt. v. 07.03.2012 – 2 StR 565/11; BGH NStZ 2012, 110 (111); BGH NStZ-RR 2011, 51; vgl. zur Beweiswürdigung insgesamt auch den Überblick bei *Tiemann* in KK/StPO (2023), § 261 Rn. 126 ff.; und ebenfalls bei *Odebralski* (2020), S. 46 f.
1309 Vgl. unten (Kapitel 5: 3.2.3.1 d).

Mann. Ebenfalls fallen hierunter, wie gezeigt, nicht alle sexuellen Handlungen, die das deutsche Strafrecht mit § 177 I i.V.m. § 184h StGB erfasst. Auch der *rape under section 4*-Tatbestand vermag alle diese Lücken nicht zu schließen, so ist beispielsweise auch dort der Fall des *digital rape* und der Penetration des Anus mit einem Objekt nicht erfasst. Für diese Fälle steht nur die Anwendung des *sexual assault* zur Verfügung, der allerdings mit einer Strafandrohung von höchstens fünf Jahren deutlich hinter den *rape*-Tatbeständen (beide sind mit der Möglichkeit der Sanktionierung mit lebenslanger Freiheitsstrafe ausgestattet) zurückbleibt.

Eine *defence* stellt für alle diese Tatbestände dennoch die Einwilligung (*consent*) dar, welche mit dem „entgegenstehenden Willen" in Deutschland verglichen werden kann. Rein sprachlich unterscheiden sich die beiden Tatbestände allerdings bereits: Während Irlands Tatbestandsmerkmal übersetzt eine Penetration „ohne Zustimmung" voraussetzt, also bereits positiv ein Kommunikationselement voraussetzt, heißt das entsprechende Tatbestandsmerkmal in § 177 I StGB „gegen den erkennbaren Willen". § 177 I StGB verlangt daher vom Opfer ebenfalls die Kommunikation dieses Willens, allerdings wird dieses Erfordernis erst durch Auslegung des Begriffs „erkennbar" deutlich. Eine Einwilligung kann den Tatbestand daher ausschließen. Diese objektivierte Perspektive, wie sie in Deutschland mit dem Tatbestandsmerkmal der Erkennbarkeit implementiert worden ist, kennen die irischen Tatbestände indes nicht.

Im Gegenzug sind die Definition sowie die Voraussetzungen von *consent* im irischen System seit 2017 deutlich detaillierter normiert. Hier finden sich zudem einige Fallgruppen, die *consent* ausschließen, welche in Deutschland außer Acht bleiben würden, allen voran die durch Identitätstäuschung oder Täuschung über die Natur der Handlung erlangte Zustimmung. Hier zeigt sich eine Tendenz zur extensiveren Auslegung des Konzepts der *sexuellen Autonomie* in Irland.[1310] Ebenfalls sind Personen, die erheblicher Intoxikation ausgesetzt sind, zumindest unter der Prämisse, dass die Schwelle für die Annahme der *Einwilligungsunfähigkeit* in Irland etwas niedriger angesetzt ist als in Deutschland, umfassender geschützt als in Deutschland: Hier kann sich der Täter niemals durch eine Versicherung der Zustimmung einer Strafbarkeit entziehen. Auch kennt das irische Strafrecht nicht die zusätzliche Tatbestandsvoraussetzung des Ausnutzens, welche im deutschen Strafrecht für besonders geschützte Personengruppen nach §§ 177 II Nr. 1 und 2 StGB existiert.

1310   *O'Malley/Hoven* in: Core concepts in criminal law and criminal justice (2020), S. 168.

Die maximale Strafandrohung zumindest für das Delikt der Vergewaltigung ist in Irland mit der Möglichkeit der Auferlegung einer lebenslangen Freiheitsstrafe deutlich punitiver als hierzulande.

Strafprozessual ergeben sich die gewichtigsten Unterschiede aus dem erheblich anderen Strafrechtssystem, allen voran durch die wesentliche Rolle der Jury in Sexualstrafrechtsprozessen, weshalb in Fällen des in Deutschland wie in Irland gleichsam bedeutenden Problems der Aussage-gegen-Aussage-Konstellation das Aussprechen einer *corroboration warning* in das Ermessen des*der Richters*Richterin gestellt wurde. Wie sich diese Eigenheiten auf die bestehenden Probleme innerhalb der Beweisführung sowie letztlich auf die Verurteilungsquoten auswirken, soll in einem nächsten Schritt untersucht werden.

3.2.2 Gesellschaftliche Entwicklung

Nachdem nun die erheblichen Reformen des irischen Sexualstrafrechts innerhalb der letzten Jahrzehnte dargestellt und diesbezüglich bereits im zweiten Teil dieser Arbeit festgestellt wurde, dass derartige Reformen stets in Wechselwirkung mit gewandelten gesellschaftlichen Moralvorstellungen stehen, sollen diese gesellschaftlichen Rahmenbedingungen in Irland nun kurz skizziert werden, bevor auf die Rechtspraxis und Kriminalstatistiken eingegangen wird.

Wie gezeigt, ist das irische Sexualstrafrecht seit den frühen 1980er-Jahren einem stetigen Wandel unterzogen. Der vorherige *common law*-Tatbestand wurde 1981 normiert und 1990 durch eine annähernd genderneutrale Fassung, das Abschaffen der *marital exception* sowie eine generelle Erweiterung der Tathandlungen modernisiert und so ergänzt.[1311]

Die Tatsache, dass auch bereits vor 1981 das irische *common law* Vergewaltigung als rein konsensbasierten Tatbestand verstand,[1312] ist bemerkenswert und steht in einem augenscheinlichen Widerspruch zu den im Übrigen durch den Einfluss der katholischen Kirche (zumal in der damaligen Zeit) eher konservativ geprägten Wertevorstellungen der Republik Irland.[1313] Um diesen

---

1311   Vgl. zur Entwicklung ausführlich oben (Kapitel 5: 3.2).
1312   Wenngleich dieser über 800 Jahre, ähnlich wie im deutschen Recht, als Eigentumsdelikt eines Mannes gegenüber einem anderen Mann galt, vgl. *Molloy*, Law and History Review 2018, 689, 711.
1313   Ähnlich *Conley*, Journal of Social History 1995, 801.

Widerspruch aufzulösen, lohnt sich ein Blick in die Geschichte Irlands mit ihren verschiedenen kulturellen und religiösen Einflüssen: Durch die keltisch geprägte Vergangenheit genossen Frauen bereits im antiken Irland eine relativ hohe gesellschaftliche Stellung und waren für die damalige Zeit mit recht umfassenden Rechten ausgestattet, so durften sie beispielsweise Eigentum halten, frei wählen, wen sie heirateten, innerhalb der Ehe selbstständig ihre Rechte ausüben und sich sogar scheiden lassen.[1314] Diese Einflüsse führten bereits früh zu einer recht weitreichenden Gleichstellung von Mann und Frau, welche sich ebenfalls bereits sehr früh – hier zeigt sich wieder deutlich der Einfluss der gesellschaftlichen Einstellung auf das Recht – auch in der Rechtsprechung spiegelte.[1315] Vor diesem Hintergrund erscheint der konsensbasierte *common law*-Tatbestand nur konsequent. Die auf der anderen Seite bremsende Kraft dieser Entwicklung, welche sich in der über den *common law*-Tatbestand hinausgehenden rechtlichen Lage (Bestehen der *marital exception* bis 1990 und generelle Intoleranz gegenüber außerehelichem Geschlechtsverkehr mit in erster Linie weitreichenden Folgen für die Frau,[1316] Entkriminalisierung der Homosexualität erst 1993, Aufhebung des Scheidungsverbots erst 1995, Verbot des Haltens von Eigentum als verheiratete Frau von 1882-1957,[1317] Verbot der Abtreibung bis 2019[1318]) manifestiert, ist in dem großen Einfluss der katholischen Kirche mit vorwiegend konservativen Werten zu sehen.[1319] Anschaulich zu sehen war dies in den 1980er-Jahren, in denen durch Studien des *Rape Crisis Centres Dublin* (DRCC) Rufe nach der Kriminalisierung der Vergewaltigung in der Ehe immer lauter wurden: Die katholische Kirche sah hierin eine „Revolution gegen die Familie".[1320] Die genannten Änderungen seit den 1980er Jahren im modernen Irland reflektieren somit geänderte soziale

---

1314 Vgl. zur Stellung der Frau im keltischen Recht ausführlich *Weisweiler*, Zeitschrift für celtische Philologie 1940, 205 ff.,

1315 *Conley*, Journal of Social History 1995, 801, 801 f.

1316 Vgl. zur misslichen Lage von Frauen in den 1920er Jahren, die aufgrund von (erzwungenem) außerehelichem Geschlechsverkehr schwanger geworden sind, *Earner-Byrne*, Journal of the History of Sexuality 2015, 75 ff.,

1317 *Molloy*, Law and History Review 2018, 689, 692.

1318 Bis zu einem Referendum im Jahre 2019, bei der eine erstaunliche Mehrheit der Irinnen und Iren von 66,4 % für eine Lockerung des Abtreibungsverbots votierte (https://www.tagesschau.de/ausland/irland-abtreibung-referendum-107.html [letzter Aufruf: 06.04.2022], war eine Abtreibung nur ausnahmsweise gestattet, wenn das Leben der schwangeren Frau durch den Fötus in Gefahr war, vgl. hierzu ausführlich *Londras* in: Women's legal landmarks (2019).

1319 Ähnlich *Conley*, Journal of Social History 1995 801; dies andeutend auch *McKay*, The Irish Review 2007, 92 ff.,

1320 *McKay*, The Irish Review 2007, 92, 93.

Wertevorstellungen, den schwindenden Einfluss der katholischen Kirche sowie die allmähliche Abkehr von ebenjenen konservativen Werten, die bis zum heutigen Tage im Wandel sind, wie die erst rezente Implementierung der Definition von *consent* anschaulich zeigt.[1321] Die gesellschaftlichen Hintergründe und Begleitumstände dieser Entwicklung gänzlich nachzuvollziehen, ist kaum möglich. Es gibt aber doch einige Wegweiser in der Gesellschaft, die diese Entwicklung sichtbar zu machen in der Lage sind:[1322]

3.2.2.1 Anti-Rape Movement, Rape Crisis Center, Rape Crisis Network

Die Frauenrechtsbewegung kam in den 1970er Jahren ebenfalls in Irland an. Im Juli 1977 hielt die *Anti-Rape Movement* mit der *Campagne Against Rape (CAR)* und einer ersten Sitzung mit dem Fokus auf die Gleichstellung der Frau sowie dem Schutz von Frauen vor (sexueller) Gewalt im Trinity College in Dublin Einzug in Irland.[1323] Ein Großteil der Mitglieder der *CAR* verließ die Organisation sodann und gründete 1979 das erste *Rape Crisis Center* in Dublin.[1324] Mittlerweile gibt es in ganz Irland 16 *Rape Crisis Centres*.[1325] Die Schirmorganisation dieser Zentren ist das *Rape Crisis Network*, eine nichtstaatliche selbstständige Organisation, welche den Zentren hilft, bestmögliche Behandlungsstandards für Opfer sexueller Gewalt, die sich hilfesuchend an diese wenden, zu entwickeln und außerdem nationale Projekte auf diesem Gebiet fördert.[1326] Es werden zudem jährlich Daten über die berichteten sexuellen Übergriffe erhoben, die der Öffentlichkeit zugänglich gemacht werden, welche so wesentlich zur Entmythologisierung von Vergewaltigungen, zur partiellen Aufhellung des Dunkelfelds sowie zur Sichtbarmachung der Anzeigequote beitragen können. Der Einfluss des *Rape Crisis Networks* auf Politik, Gesetzgebung und Rechtsprechung wird aus diesen Gründen als groß angesehen.[1327] Als Bekenntnis der Rechtsprechung zur vom *Anti-Rape Movement* proklamierten opferorientierten, modernen Definition der Vergewaltigung wird zumeist die Entscheidung DPP v Tiernan aus dem Jahr 1988[1328] gesehen, in der es heißt, Vergewaltigung sei *"one of the most serious offences contained*

1321 *Hanly* (2015), S. 316.
1322 Eine gute Übersicht hierüber findet sich ebenfalls bei *Lovett/Kelly* (2009), S. 131.
1323 *Molloy*, Law and History Review 2018, 689, 693.
1324 *Lovett/Kelly* (2009), S. 71; *Molloy*, Law and History Review 2018, 689, 693.
1325 Vgl. https://www.rcni.ie/wp-content/uploads/RCNI-Annual-Report-2018d-1.pdf [letzter Aufruf: 06.04.2022].
1326 Vgl. https://www.rcni.ie/ [letzter Aufruf: 06.04.2022].
1327 *Lovett/Kelly* (2009), S. 71.
1328 DPP v Tiernan (1988) IR 250.

*in our criminal law, even when committed without violence beyond that con-
stituting the act of rape itself.*"

Die letzte große Reform des irischen Sexualstrafrechts 1990 geschah nicht
zuletzt aufgrund einer Kampagne des DRCC im Jahre 1986.[1329] Zusätzlich
setzte es sich dafür ein, dass Sexualstraftäter im Strafvollzug therapeutisch
behandelt wurden und startete eine Kampagne für die Notwendigkeit der sexuellen Aufklärung an Schulen.[1330] Auf institutioneller Ebene bietet das
DRCC sogar regelmäßig Trainingsprogramme für Polizeibedienstete, Arbeitgeber*innen, Sozialarbeiter*innen und Lehrer*innen an.[1331] Hierdurch dürfte
sein Einfluss auf die Entabuisierung des Sprechens über sexuelle Gewalt und
die Widerlegung von Vergewaltigungsmythen immens (gewesen) sein. Dies
belegt beispielsweise auch die Schaffung des *National Office for the Preven-
tion of Domestic, Sexual and Gender-based Violence* im Jahre 2007.[1332]

3.2.2.2 Forschung

Mit dem SAVI (*Sexual Abuse and Violence in Ireland*) Report aus dem Jahre
2002 existiert in Irland – als einem von wenigen europäischen Ländern[1333] –
eine umfassende Prävalenzstudie zum Thema sexuelle Gewalt.[1334] Die Studie
hatte zum Ziel, das Vorkommen sexueller Gewalt und Misshandlung ab-
zuschätzen und „*to describe who had been abused, the perpetrators of abuse,
the context in which abuse occurred and some psychological consequences of
abuse; to describe the pattern of disclosure of such abuse to others, including
professionals; to document public beliefs about and perceived prevalence of
sexual violence; to assess public willingness to disclose abuse to others in the
event of a future experience; to document particular challenges experienced
in addressing sexual violence by marginalised groups; and to make recom-
mendations for future developments in the areas of public awareness, preven-
tion, service delivery and policy development.*"[1335] Als Studienmethode wurde

1329 *McKay*, The Irish Review 2007, 92, 95.
1330 *Dies.*, The Irish Review 2007, 92, 96.
1331 *Dies.*, The Irish Review 2007, 92, 97.
1332 Dieses gehört strukturell zum Justizministerium und wurde nach einem Regierungsbe-
      schluss 2007 gegründet. Es hat die Aufgabe, häusliche, sexuelle und geschlechtsspezi-
      fische Gewalt aus einer regierungsübergreifenden Perspektive zu behandeln sowie die
      Bereichen Justiz, Gesundheit, Wohnungswesen, Bildung, Familienhilfe und Gemein-
      wesen zu koordinieren, vgl. https://www.justice.ie/en/JELR/Pages/Cosc [letzter Auf-
      ruf: 06.04.2022].
1333 *Lovett/Kelly* (2009), S. 71.
1334 *McGee* (2002).
1335 *Dies.* (2002), xxxi.

eine Befragung zufällig ausgewählten Teilnehmer*innen aus der Bevölkerung in Irland in anonymen Telefoninterviews im Zeitraum März bis Juni 2001 gewählt. Letztlich haben die Erkenntnisse dieser Studie – allen voran die Tatsache, dass 4,3 % der Teilnehmerinnen berichteten, in ihrem Leben bereits mindestens einmal vergewaltigt worden zu sein, und sogar 18,6 %, dass der Versuch einer Vergewaltigung stattgefunden hat[1336] – ebenso wie die ausgesprochenen Empfehlungen wohl wesentlich zu den jüngsten Entwicklungen im irischen Sexualstrafrecht sowie zur Widerlegung der auch in der irischen Bevölkerung noch weit verbreiteten Vergewaltigungsmythen beigetragen.

Seit 2002 gab es keine erneute Erhebungswelle dieser Studie. Im November 2018 hat die irische Regierung allerdings eine neue nationale Studie zur Prävalenz sexueller Gewalt in Irland genehmigt, deren Zeitrahmen auf fünf Jahre geschätzt wird.[1337] Mit der Veröffentlichung der Ergebnisse ist also frühestens 2023 zu rechnen.

3.2.2.3 Verbreitung der Vergewaltigungsmythen in der irischen Bevölkerung

Trotz dieser insgesamt erfreulichen und durchaus progressiven Entwicklungen ist auch in Irland der Glaube an Vergewaltigungsmythen noch ein Problem. Dies zeigen nicht zuletzt anschaulich die Ergebnisse der bereits oben erwähnten *Eurobarometer*-Studie zu *Gender-based Violence*:[1338]

- Der Annahme, dass Opfer sexueller Gewalt eher von Fremden als von jemandem, den sie persönlich kennen, vergewaltigt werden (*real rape* Stereotyp) stimmten in der Befragung 24 % der Irinnen und Iren (zum Vergleich: bei den Deutschen waren es 28 %) zu,[1339]

- der Annahme, dass Opfer sexueller Gewalt sich Vergewaltigungsfälle häufig nur ausdenken würden (*false allegation myth*[1340]) oder zumindest „übertreiben", stimmten 23 % der Irinnen und Iren (Deutschland: 24 %) zu[1341] und

- der Annahme, dass das Opfer häufig einen derartigen Angriff provoziert (*victim blaiming*), stimmten 18 % (Deutschland: 19 %) zu.[1342]

1336 *Dies.* (2002), S. 65.
1337 Vgl. https://www.oireachtas.ie/en/debates/question/2019-05-16/16/#23pq_16 [letzter Aufruf: 06.04.2022].
1338 *European Commission* (2016).
1339 *Dies.* (2016), S. 57.
1340 *Leahy*, Irish Journal of Applied Social Studies 2014, 18, 20.
1341 *Dies.* (2016), S. 58.
1342 *Dies.* (2016), S. 59.

Bezüglich der Aussagen, die in den Augen der Befragten grundsätzlich geeignet seien, einen sexuellen Übergriff zu rechtfertigen, ergab sich das folgende Bild:

Hier stimmten interessanterweise nur 8 % (Deutschland: 14 %) der Aussage zu, dass das Fehlen eines klaren „Neins" oder der mangelnde körperliche Widerstand eine solche Rechtfertigung darstellen könne.[1343] Die höchste Zustimmungsrate, wenngleich auch nur mit 11 % (Deutschland: 9 %), erhielt bei den Irinnen und Iren die Aussage, dass „betrunken sein oder der Missbrauch von Drogen" seitens des Opfers sexuelle Übergriffe rechtfertigen könne.[1344]

Vergleicht man die Zustimmungswerte in Deutschland und in Irland, so fällt auf, dass diese zwar insgesamt recht ähnlich sind, es jedoch an zwei interessanten Stellen zu signifikanten Abweichungen kommt: so bei der Frage nach dem *real rape* Stereotyp und am deutlichsten im Rahmen der Rechtfertigung eines Sexualdelikts aufgrund mangelnden Widerstands. Diese Abweichungen könnten ihren Ursprung im (zum Zeitpunkt 2016) unterschiedlichen Sexualstrafrechtssystem haben. Es kann also die These aufgestellt werden, dass ein rein konsensbasiertes Sexualstrafrecht die gesellschaftliche Perzeption von Sexualdelikten insofern beeinflusst, als es zu einem Abbau der Akzeptanz von Vergewaltigungsmythen führt.

Daten zur Verbreitung von Vergewaltigungsmythen wurden auch im SAVI erhoben. Diese sind zwar nicht vergleichend heranziehbar, außerdem bereits fast 20 Jahre alt, was für die Entwicklung gesellschaftlicher Vorstellungen eine durchaus beachtliche Zeitspanne ist, aber dennoch aussagekräftig in Bezug auf die Verbreitung in der irischen Bevölkerung – zumindest zum Zeitpunkt der Erhebung der Daten (die Interviews wurden im Zeitraum März-Juni 2001 geführt). Hier wurden insgesamt höhere Zustimmungsraten zu den oben genannten Vergewaltigungsmythen ermittelt: Der Aussage, dass Frauen sexuelle Übergriffe durch das Tragen aufreizender Kleidung provozieren würden, stimmten in dieser Studie gut 30 % der Männer und 27 % der Frauen zu (*victim blaiming*), 42 % der Männer und knapp 38 % der Frauen glaubten, dass es häufig zu Falschbeschuldigungen käme (*false allegation myth*) und 16 % der Männer und der Frauen glaubten, dass man ein „wahres" Opfer sexueller Gewalt anhand der Art und Weise, wie es darüber berichtet, erkennt (*real rape/real victim stereotype*).[1345] Interessant hieran ist vor allem die Tatsache,

---

1343 *European Commission* (2016), S. 64.
1344 *Dies.* (2016), S. 64.
1345 *McGee* (2002), S. 158.

dass die Zustimmungsrate von Männern und Frauen sich in diesen Aussagen nur minimal unterschieden, wenngleich die männlichen Partizipanten stets etwas höhere Zustimmungsraten aufwiesen als die weiblichen. Dieser nur minimale Unterschied ist allerdings nicht für alle abgefragten Thesen zu beobachten: Der Aussage, dass Frauen häufig „Nein" zu sexuellen Handlungen sagen, obgleich sie „Ja" meinen (Mythos über Sexual- und Flirtverhalten von Frauen), stimmten 7 % der Männer und nur 3 % der Frauen zu, dass für sexuell erfahrene Personen ein sexueller Übergriff weniger traumatisierend sei als für unerfahrene (ebenfalls Ausdruck des *real rape stereotype*), glaubten 24 % der Männer und 18 % der Frauen.[1346]

Es ist also durchaus anzunehmen, dass ein nicht unwesentlicher Teil der irischen Bevölkerung an Vergewaltigungsmythen glaubt, zumal auch hier befürchtet wird, dass der tatsächliche Anteil an Zustimmenden höher ist, als Studien wie die der SAVI *report* es nahelegen: Viele Menschen geben in derartigen Studien an, was sie glauben, was „sozial erwünscht" ist.[1347]

3.2.3 Praxis

Wie gezeigt, kann Irland bereits auf eine langjährige Erfahrung mit einem rein konsensbasierten Ansatz des Vergewaltigungstatbestands zurückblicken. Die Rechtslage ist dabei in vielerlei Hinsicht – vor allem was das Grundprinzip angeht – ähnlich wie die neue deutsche Rechtslage. Es ist daher interessant, die praktische Umsetzung dieser rechtlichen Rahmenbedingungen zu analysieren und auf Gemeinsamkeiten sowie Unterschiede zu den ersten gefundenen Auswirkungen und Problemen der Reform hierzulande zu untersuchen.

3.2.3.1 Statistisches: Anzeigeraten, Anklage- und Verurteilungsquoten, Falschbeschuldigungsrate, Sanktionshöhe

Um den Erfolg oder Misserfolg einer Strafnorm annähernd beurteilen zu können, ist es unerlässlich, sowohl die Anzeigeraten als auch die Anklage- und Verurteilungsquoten zu untersuchen. Ersteres kann Aufschluss darüber geben, wie groß das Dunkelfeld ist, Zweiteres und Drittes sind Ausdruck des Umgangs der Strafverfolgungsbehörden mit den angezeigten Delikten innerhalb eines Bezugsraumes. Gleichwohl ist Vorsicht bei der Messung des Erfolgs einer Strafnorm nur anhand von Verurteilungsquoten geboten, da Einstellun-

---

1346 *Dies.* (2002), S. 158.
1347 *Leahy*, Irish Journal of Applied Social Studies 2014, 18, 24.

gen mangels hinreichenden Tatverdachts und Freisprüche nicht notwendigerweise als Misserfolg zu interpretieren sind – nämlich gerade dann nicht, wenn
sie zu Recht erfolgen; in diesem Fall sind sie vielmehr Ausdruck eines funk-
tionierenden Rechtsstaates.[1348] Dennoch liegt in der großen Ausfilterungs-
quote das häufigste Probleme des Sexualstrafrechts – in Deutschland ebenso
wie in Irland. Das Dunkelfeld wird allgemein groß geschätzt, während die
Veruteilungsquoten (in Deutschland sowohl vor als auch nach der Reform,
denn wie gezeigt, sind diese nach 2016 nur leicht angestiegen) im Vergleich
zu anderen Delikten relativ niedrig sind.[1349]

Anzeigeraten (reporting rate)

Das *Rape Crisis Center* in Dublin veröffentlicht in seinem *Annual Report* jähr-
lich die Anzahl der Opfer, die sich in diesem Jahr an sie gewendet haben, und
erfragen hierbei auch die Anzahl derer, die gleichzeitig oder im Nachgang der
Betreuung den*die Täter*Täterin angezeigt haben. Dies ermöglicht eine
Schätzung des Dunkelfeldes, welche allerdings erneut nicht das doppelte Dunkelfeld abbilden kann, denn Opfer, die sich bereits scheuen, sich irgendeine
Art der Hilfe zu suchen, bleiben auch diesem Report naturgemäß verborgen.
Irland als sehr konservativ und katholisch geprägtes Land könnte somit aufgrund in der Bevölkerung noch immer vorherrschenden mangelnden Bewusstseins dessen, was sexuelle Gewalt bedeutet, und dem hohen Glauben gerade
auch der Opfer selbst an Vergewaltigungsmythen noch immer ein insgesamt
großes doppeltes Dunkelfeld haben, was naturgemäß die Größe des (einfa-
chen) Dunkelfelds scheinbar verkleinert.

Im Jahr 2019 betrug die so ermittelte *reporting rate* 33,7 %; 2020 lag diese
bei 36 %.[1350] Um die Jahrtausendwende herum (1999/2000) lag diese ebenfalls stets bei etwa einem Drittel (36 % in den Jahren 1998/9 und 33 % in den
Jahren 1999/2000).[1351] Hier ist mithin keine wesentliche Steigerung zu erkennen, wohingegen eine Studie zum Kriminalitätsaufkommen zwischen 1950

1348   Hierauf zu Recht hinweisend *Hanly/Healy/Scriver* (2009), 7 f.
1349   Vgl. zur Lage in Deutschland ausführlich oben (Kapitel 4: 2.2).
1350   Annual Report des Dublin Rape Crisis Center 2019 und 2020, abrufbar unter
        https://www.drcc.ie/news-resources/resources/drcc-statistics-supplement-2019/   und
        https://www.drcc.ie/news-resources/resources/annual-report-2020/   [letzter   Aufruf:
        06.04.2022].
1351   *McGee* (2002), S. 8 f.

und 1998 eine kontinuierliche Steigerungen des Anteils angezeigter Sexualdelikte in Irland feststellte, vor allem in den letzten zwanzig Jahren der Untersuchung.[1352]

Ähnliche Zahlen finden sich in der Studie des *Rape Crisis Networks* aus dem Jahre 2015: In dieser zeigten 35 % das Delikt bei einer formellen Behörde an.[1353]

Diese Ergebnisse (hohe Steigerung der absoluten Anzahl der Anzeigen ab 1950, danach Stagnieren dieser Zahlen ab den frühen 2000er Jahren) ist indes mit Blick auf die gesellschaftliche Entwicklung nicht verwunderlich: Wie gezeigt begannen Kampagnen zur Bewusstseinserhöhung von (sexueller) Gewalt gegen Frauen in den 1970er Jahren und am Ende dieses Jahrzehnts wurde das erste *Rape Crisis Center* in Dublin gegründet. Mit einem erhöhten Bewusstsein über eine eventuelle Viktimisierung geht dann auch stets eine Erhöhung der Anzeigen in diesem Bereich einher.

Anklage- und Verurteilungsquoten (prosecution and conviction rates)

In Irland sind die Daten bezüglich der Anzeigen (*reports*) aus dem *Garda Síochána Annual Report* ersichtlich,[1354] während die Daten bezüglich der Anklagen (*prosecutions*) und der Verurteilungen (*convictions*) im *Courts Service Annual Report*[1355] abgebildet werden. Eine umfangreiche Studie[1356] von *Lovett/Kelly*[1357] aus dem Jahr 2009 untersuchte die Anklagequoten (also das Verhältnis zwischen den Verfolgungsbehörden bekannt gewordenen Delikten und der tatsächlich formell angeklagten Delikte) und Verurteilungsquoten unter anderem für Irland in den Jahren 1998 bis 2007. Von den 22 dort untersuchten europäischen Ländern war Irland im Jahre 2006 mit 7 % das Land mit der drittniedrigsten Verurteilungsquote im Bereich der Vergewaltigungen (niedrigere Verurteilungsquoten wiesen nur England und Wales und Schottland

---

1352 *Young/O'Donnell/Clare* (2001),
1353 *Rape Crisis Network Ireland* (2016), S. 21.
1354 Abrufbar unter https://www.garda.ie/en/About-Us/Publications/Annual%20Reports/An-Garda-Siochana-Annual-Reports/ [letzter Aufruf: 06.04.2022].
1355 Abrufbar unter https://www.courts.ie/annual-report [letzter Aufruf: 06.04.2022].
1356 Diese groß angelegte Studie nutzte einen multi-methologischen Ansatz als Forschungsdesign und kombininierte dabei unter anderem Experten*Expertinneninterviews, Zeitreihen der nationalen Vergewaltigungsstatistiken sowie eine qualitative Aktenanalyse von 100 Vergewaltigungsfällen.
1357 *Lovett/Kelly* (2009).

282   *Kapitel 5: Rechtsvergleichende Betrachtung*

auf[1358]).[1359] Im Vergleich zu anderen Delikten, insbesondere zu den Tötungsdelikten, deren Verurteilungsquote insgesamt auf 28 % geschätzt wird, ist dieser Wert in der Tat sehr niedrig; indes hat Vergewaltigung in Irland auch keine Monopolstellung innerhalb der Delikte mit niedriger Verurteilungsquote: Auch für Diebstahl liegt diese oftmals nur bei 7 %.[1360]

Zwischen 1980 und 1989 befand sich diese im Bereich der Vergewaltigungen im Durchschnitt bei 10,36 %.[1361]

Für die Jahre 1998-2000 ermittelten *Lovett/Kelly* in ihrer Studie (ebenfalls für das Delikt der Vergewaltigung (*rape*)) Anklagequoten von 29 %, 44 % und 32 %, auf 2005 fiel diese Quote dramatisch (2005: 17 %, 2006: 16 %, 2007: 20 %).[1362] Ähnlich verhielt es sich mit der Verurteilungsquote: In den Jahren 1998, 1999 und 2000 lag diese noch bei 15 %, 16 % und 18 %, während sie 2005 auf 7 % fiel, dort 2006 verharrte und 2007 nur leicht wieder anstieg (auf 10 %).[1363]

Für die Jahre 2013 bis 2018 ergeben sich in Fortführung der Zählweise aus der *Lovett/Kelly*-Untersuchung folgende Zahlen der angezeigten Fälle von „*sexual crime*" (*incidents*),[1364] der Anklagen (*prosecution*) sowie der Verurteilungen (*prosecutions*) wegen *rape* und *sexual assault* vor dem *Central Criminal Court:*

1358 Dieses Ergebnis verwundert bereits auf den ersten Blick, da offensichtlich gerade die Länder, die bereits am längsten ein rein konsensbasiertes Sexualstrafrecht etabliert haben, mit niedrigen Verurteilungsquoten zu kämpfen haben – für Irland werden Lösungsansätze dieses scheinbaren (?) Widerspruchs sogleich diskutiert.
1359 *Lovett/Kelly* (2009), S. 21.
1360 vgl. *Molloy*, Law and History Review 2018, 689, 709.
1361 *Dies.*, Law and History Review 2018, 689, 704.
1362 *Lovett/Kelly* (2009), S. 73.
1363 *Dies.* (2009), S. 74.
1364 Hier nun allerdings nicht nur auf *rape* beschränkt wie in der Studie von *Lovett/Kelly*, sondern für *rape* und *sexual assault*, womit die Zahlen mit denjenigen aus ebenjener Studie nur eingeschränkt vergleichbar sind.

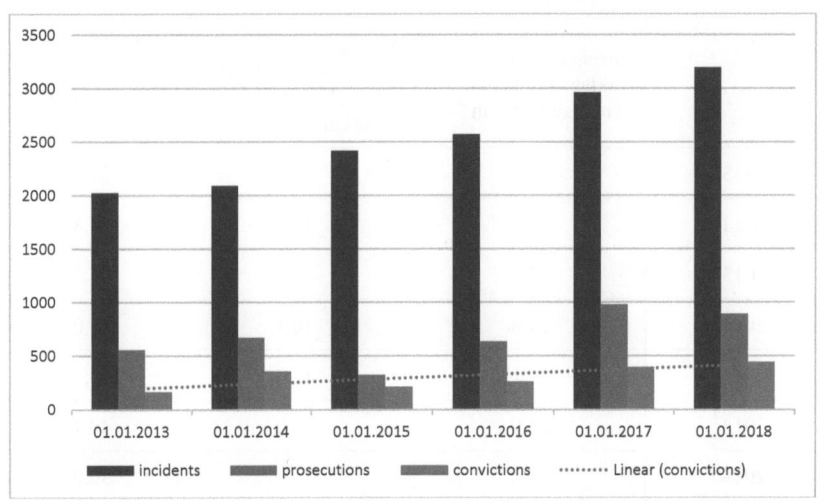

Abbildung 5[1365]

Klar ersichtlich ist ein kontinuierliches Ansteigen der angezeigten Delikte im Bereich des Sexualstrafrechts, was zum einen auf einen tatsächlichen Anstieg sexueller Delikte in der Bevölkerung oder aber (was wünschenswerter wäre) doch – entgegen der Ergebnisse, die das *Rape Crisis Center* nahelegen, s.o. – eine stärkere Aufhellung des Dunkelfelds zurückführbar sein könnte. In diesem Zusammenhang von Bedeutung sein könnte zudem eine erneute[1366] allgemeine Veränderung des Bewusstseins für sexuelle Gewalt und damit einhergehend auch für die eigenen Viktimisierung.

Die so errechenbaren (annähernden) Anklage- und Verurteilungsquoten ergeben das folgende Bild:

1365   Eigene Darstellung.

1366   Zur Anzeigensteigerung in den Jahren 1950-1998, welche wohl auf die Frauenrechtsbewegung aus den 1970er Jahren zurückführbar sind, bereits oben (Kapitel 5: 3.2.2.1).

Jahr	Anzeigen, die in einer Anklage mündeten (Anklagequote) in %	Anzeigen, die zu einer Verurteilung geführt haben (Verurteilungsquote) in %	Anklagen, die zu einer Verurteilung geführt haben in %
2013	27,5	8,2	29,7
2014	32,1	17,0	52,8
2015	13,4	8,7	65,3
2016	24,6	10,1	41,0
2017	33,1	13,3	40,3
2018	27,9	13,9	49,7
2019	-	-	30,9

Ebenfalls Daten, die für die Errechnung einer Verurteilungsquote relevant sind, veröffentlicht jährlich der DPP in seinem *Annual Report*.[1367] Dieser umfasst hierbei auch die Unterscheidung nach Art der Verurteilung: *conviction by jury, conviction on plea* und *conviction on lesser charge* – letzteres bedeutet, dass eine Verurteilung aufgrund einer geringeren Tat erfolgte als ursprünglich angeklagt war. Zusätzlich ist hieraus ersichtlich, ob ein Freispruch aufgrund einer Entscheidung der Jury oder aufgrund einer *direction* des*der Richter*in erfolgte. Hieraus ergibt sich für *rape* das folgende Bild:

Jahr	Conviction by jury in %	Conviction on Plea in %	Conviction on Lesser Charge in %	Acquittal by Jury in %	Acquittal by Direction of Judge in %
2014	33,9	23,1	4,6	29,2	0
2015	25,9	25,9	8,3	14,8	0,9
2016	25,4	16,7	13,1	16,7	0,9
2017	21,2	22,0	8,5	8,5	1,7
2018[1368]	3,7	13,1	1,9	1,9	1,9

1367   Abrufbar unter https://www.courts.ie/annual-report [letzter Aufruf: 06.04.2022].
1368   Die hier auffällig geringen Zahlen erklären sich dadurch, dass in diesem Jahr offensichtlich sehr viele Urteile zum Zeitpunkt der Erhebung noch nicht feststand, welche

Für *rape* gibt dieser *Report* Anklagen, die zu einer Verurteilung geführt haben, in 83 % (2018), 84 % (2017) und 76 % (2016) der angeklagten Fälle an.[1369] Hier sind dann aber die *convictions on plea* mit einberechnet, womit diese Daten keine Spiegelung der Entscheidung der Jury in streitigen Verfahren darstellen. Vielmehr ist aus den Daten des DPP zu erkennen, dass tatsächlich eine recht hohe Anzahl an angeklagten Personen auf schuldig plädiert (zwischen 16 und 26 %) und somit keine Beweiserhebung stattfindet.

Es ließe sich prinzipiell anhand all dieser gefundenen Zahlen und Statistiken also für Irland zunächst die Behauptung aufstellen, dass die höchste Ausfilterung angezeigter Delikte – ebenso wie in Deutschland[1370] – bereits vor Anklageerhebung geschieht. Mit anderen Worten, und so auch das Ergebnis von *Lovett/Kelly* in der o.g. Studie: Die niedrigen Verurteilungsquoten spiegeln in erster Linie die niedrigen Anklagequoten, da die Quote derjenigen Anklagen, die in einer Verurteilung münden, relativ konstant seien.[1371] Dies kann für den Zeitraum 2013-2018 allerdings nicht in gleicher Weise gesagt werden: Wie die oben stehende Tabelle zeigt, schwankt die Quote zwischen rund 30 % (2013) und knapp 65 % (2015). Da im *Central Criminal Court* über die Schuld der angeklagten Person stets von einer Jury entschieden wird, spiegelt sich hier im Wesentlichen die Entscheidung der Jury. Die Verurteilungsquote bezogen auf die Anklagen ist damit in dieser Phase insgesamt zum einen stetem Wandel unterworfen, was auf eine Unberechenbarkeit der Jury-Entscheidung hindeutet, und zum anderen in den meisten Jahren relativ niedrig.[1372] Ein Blick auf die Zahlen nach der Einführung der *statutory definition* von *consent* im Jahre 2017 lässt bislang keine Besserung dieses Zustands erkennen (2018 knapp 50 %, 2019 sogar nur gut 30 %). Dies wurde bereits bei Einführung der Definition in Analogie zu den (ausbleibenden) Veränderungen in der Praxis nach der Reform 1990 befürchtet.[1373] Es ist daher, entgegen *Lovett/Kelly,* eher davon auszugehen, dass die Gründe für die niedrigen Verurteilungsquoten ganz wesentlich in den Eigenheiten des strafprozessualen Systems vor allem im Sexualstrafrecht zu suchen sind.[1374]

---

dann unter der Kategorie „for hearing" in der Statistik auftauchen. Für 2018 waren dies 73,8 %.
1369 Office of the DPP, Annual Report 2019, S. 30; abrufbar unter https://www.courts.ie/annual-report [letzter Aufruf: 06.04.2022].
1370 Siehe hierzu oben (Kapitel 4: 2.).
1371 *Lovett/Kelly* (2009), S. 74.
1372 So auch *Molloy*, Law and History Review 2018, 689, 704.
1373 *Dies.*, Law and History Review 2018, 689, 708.
1374 So auch *dies.*, Law and History Review 2018, 689, 705 f., vgl. hierzu sogleich ausführlich.

Eine weitere Erkenntnis aus der Betrachtung der Verurteilungsquoten ist, dass die wesentlichen Änderungen, die mit dem Criminal Law Act 1990 einhergingen, nicht nur zu keiner Verbesserung der Verurteilungsquote geführt haben, sondern im Gegenteil eher zu einem Sinken ebendieser: Anfang der 2000er Jahre befand sich die Verurteilungsquote bezogen auf die Anzeigen auf einem historischen Tiefstand (7 %).[1375]

Die Verurteilungsquoten können indes, ähnlich wie in Deutschland, nur als Indiz dienen, will man den Erfolg einer Gesetzesänderung messen. Grund hierfür sind verschiedene limitierende Faktoren: Zum einen verzerrt die Zählweise (mehrere Delikte desselben*derselben Täters*Täterin gegen dasselbe Opfer werden nur als eine Tat gezählt; nur das schwerste Delikt wird erfasst, wenn mehrere Delikte in derselben Episode berichtet werden) die Aussagekraft dieses Werts, zum anderen werden auch in Irland aufgrund Verfahrensverzögerungen die wenigsten Delikte in dem Jahr abgeurteilt, in dem sie angezeigt werden, was wiederum zu Verzerrungen führt.[1376]

Falschbeschuldigungsrate

Die Quote an Falschbeschuldigungen wird von der irischen Polizei und dem DPP übereinstimmend auf lediglich 6 % geschätzt.[1377] Dies zeigt noch einmal unzweifelhaft, dass die übermäßige Sorge um eine Häufung von absichtlichen falschen Aussagen des Opfers seitens der Strafverfolgungsbehörden und der Jury unangebracht ist.[1378]

Sanktionierung

Wie im Vorigen erwähnt, ist das Strafzumessungsrecht in Irland gesetzlich weitgehend nicht geregelt und somit grundsätzlich einem weiten Ermessen des*der Richters*Richterin unterworfen. Im insoweit wegweisenden Fall DPP v Tiernan erklärte der Supreme Court indes, dass eine Bestrafung ohne Freiheitsstrafe für das Delikt der Vergewaltigung höchst außergewöhnlich sein soll.[1379] In der Tat ist das Auferlegen einer (nicht nur unerheblichen) Freiheitsstrafe ist in der Tat die Regel in irischen Sexualstrafprozessen.[1380] Es zeigt

---

1375   *Dies.*, Law and History Review 2018, 689, 705.
1376   *Dies.*, Law and History Review 2018, 689, 705.
1377   *Hanly/Healy/Scriver* (2009), xxix.
1378   *Leahy*, Irish Journal of Applied Social Studies 2014, 18, 23.
1379   DPP v Tieran (988) IR 250.
1380   Vgl. hierzu m.w.N. *Kennefick*, Northern Ireland Legal Quarterly 2015, 289, 290.

sich in der Praxis seit dem Beginn der 2000er Jahre zudem ein deutlicher Anstieg an höheren Freiheitsstrafen (fünf bis zwölf Jahre Freiheitsstrafe), während zuvor die Auferlegung von zwei bis fünf Jahren Freiheitsstrafe für verurteilte Sexualstraftäter*innen überwog.[1381] Auch lebenslange Freiheitsstrafen werden, wenngleich äußerst selten, verhängt.[1382] Es kann somit die durchaus interessante Beobachtung gemacht werden, dass trotz sinkender Verurteilungsraten die verhängten Strafen eher höher ausfallen und insofern ein punitiver Trend zu verzeichnen ist.

3.2.3.2 Gründe für niedrige Verurteilungsquoten

Vergleicht man die Statistiken für Deutschland und Irland, so fällt auf, dass die irischen Verurteilungsquoten bezogen auf je 100 Anzeigen desselben Jahres (VQ) deutlich schwankender sind als die deutschen. So zeigt sich beispielsweise zwischen den Jahren 2013 und 2014 ein sprunghafter Anstieg der VQ von 8,2 % auf 17 % und im darauffolgenden Jahr (2015) ein ebenso plötzlicher Abfall auf einen erneut sehr niedrigen Wert von 8,7 %. Auffällig ist auch, dass diese gerade in den Jahren vor der Reform der deutschen Rechtslage (also vor 2017) in Deutschland teilweise höher waren als in Irland (besonders deutlich Anfang der 2000er-Jahre, aber auch in jüngerer Zeit in 2013 und in 2015):

Jahr	VQ Deutschland in %	VQ Irland in %
2005	16,0	7,0
2006	14,6	7,0
2007	17,6	10,0
2013	11,0	8,2
2014	10,2	17,0
2015	10,7	8,7
2016	9,2	10,1
2017	11,5	13,3
2018	11,3	13,9

1381 *Hanly/Healy/Scriver* (2009), S. 104.
1382 *Dies.* (2009), S. 104.

Auch wenn die Vergleichbarkeit von Verurteilungsquoten auf internationaler Ebene aufgrund der unterschiedlichen limitierenden Faktoren, allen voran aufgrund der unterschiedlichen Zählweise und der unterschiedlichen Ausgestaltung des Prozessrechts, stets begrenzt ist, ist damit anzunehmen, dass Irland zumindest ähnliche Probleme mit niedrigen Verurteilungsquoten hat – wenn nicht sogar noch größere. Dies stünde im Widerspruch zur Hoffnung der Reformbefürworter*innen hierzulande – daher soll an dieser Stelle untersucht werden, ob es andere Faktoren als die Rechtslage im irischen Sexualstrafrecht gibt, welche die – vor allem im Vergleich zu denen der 1980er Jahre – niedrigen Verurteilungsquoten trotz steigender Anzeigeraten erklären können. Hieraus könnten sich wertvolle Erfahrungswerte für die deutsche Rechtspraxis ergeben, um ein ähnliches Ergebnis zu vermeiden.

Gründe für niedrige Verurteilungsquoten können grundsätzlich auf verschiedenen institutionellen Ebenen gefunden werden, je nachdem, welche Vergleichsgegenstände (angezeigte oder angeklagte Delikte zu Verurteilungen) man zueinander in Verhältnis setzt. Eine Ausfilterung kann damit sowohl auf Ebene der Ermittlungsbehörden als auch auf Ebene der Rechtsprechung (für Irland hieße dies konkret: auf Ebene der Jury-Entscheidung) geschehen.

Um dies herauszufinden, lohnt ein vergleichender Blick auf das Verhältnis der angeklagten Delikte zu den Verurteilungen – ein Faktor, der, sofern die angeklagte Person nicht bereits auf schuldig plädiert, allein von der Entscheidung der Jury abhängt: Vergleicht man diese Verurteilungsquote mit derselben aus England und Wales, so fällt auf, dass in Irland auffällig weniger Anklagen in einer Verurteilung münden, obwohl die Rechtssysteme nahezu identisch sind und auch in England und Wales das Jury-System etabliert ist.[1383] Noch interessanter ist die Tatsache, dass demgegenüber die Verurteilungsquote, welche das Verhältnis von angezeigten Delikten zu Verurteilungen beschreibt, in Irland in den letzten Jahrzehnten fast durchgängig höher war als in England und Wales.[1384] Diese Ergebnisse legen nahe, dass das Problem der geringen Verurteilungsquote in Irland in der Tat ganz wesentlich im Strafprozess, konkreter in der Entscheidung der Jury über die Schuld oder die Unschuld der angeklagten Person zu suchen ist. Weiterer Anhaltspunkt für diese These ist die Tatsache, dass auch die *statutory definition* von *consent* 2017 bislang keine wesentliche Änderung der Verurteilungsquote mit sich gebracht hat[1385] – wenngleich es hier für ein aussagekräftiges Fazit noch zu früh ist. Zwar wäre

---

1383   *Molloy*, Law and History Review 2018, 689, 707.
1384   *Dies.*, Law and History Review 2018, 689, 706.
1385   Vgl. hierzu oben (Kapitel 5: 3.2.3.1 b).

eine wesentliche Veränderung der Verurteilungsquoten aufgrund der Tatsache, dass die Definition zum Großteil bereits zuvor geltendes *common law* normierte, auch nicht unbedingt zu erwarten gewesen. Doch war mit der Normierung die Hoffnung verbunden, damit zum einen ein symbolisches Bekenntnis zu den Voraussetzungen einer rechtswirksamen Zustimmung zu Sexualkontakten zu schaffen, und zum anderen der Jury in streitigen Verfahren praktische, verbindliche Anhaltspunkte für die Beweiswürdigung zu liefern und somit Beweisschwierigkeiten zumindest mittelbar zu minimieren.[1386]

Sind Jurys also ein Einfalltor für Vergewaltigungsmythen in Sexualstrafrechtsprozesse und somit die Ursache der niedrigen Verurteilungsquoten Irlands?

Brownmiller schrieb hierzu 1976:

„Juries are allies of male defendants and enemies of female complainants for reasons that run deeper than their poor grasps of the law or their predominately male composition. They are composed of citizens who believe the many myths of rape, and they judge the female according to these cherished myths."[1387]

Aufgrund der Tatsache, dass Vergewaltigungsmythen in der irischen Bevölkerung noch immer nicht unwesentlich verbreitet sind, sowie der Auswahl der Jury-Mitglieder nahezu zufällig aus der Mitte der Gesellschaft, ist es sehr wahrscheinlich, dass auch heute noch in einer zwölfköpfigen Jury Personen vertreten sind, die an ebenjene Mythen zumindest partiell glauben.[1388] Belegen oder das Ausmaß dessen evaluieren ließe sich jedoch nur durch empirische Erhebungen, allerdings sind Studien an echten Jury-Mitgliedern in Irland verboten.[1389] Untersuchungen können also lediglich an nachgeahmten Jurys (*mock juries*) vorgenommen werden, solche Studien existieren allerdings in Irland im Gegensatz zu England und Wales nicht.[1390] Die Studien aus England und Wales können zwar als Anhaltspunkt für die irische Lage dienen, allerdings kann so gerade der existierende Unterschied der Verurteilungsquoten (im Verhältnis zu den angeklagten Delikten) zwischen beiden Ländern naturgemäß nicht untersucht werden. Dennoch legen die Ergebnisse der Studien

---

1386 *Leahy*, Common Law World Review 2014, 231, 232.
1387 *Brownmiller* (1975), S. 373.
1388 *Leahy*, Irish Journal of Applied Social Studies 2014, 18, 24; *Hanly/Healy/Scriver* (2009), S. 91.
1389 O'Callaghan v Attorney General [1993] 2I.R. 17.
1390 *Leahy*, Irish Journal of Applied Social Studies 2014, 18, 24.

aus England und Wales nahe, dass die Akzeptanz von Vergewaltigungsmythen einen erheblichen Einfluss auf die Entscheidung der Jury hat:[1391] So zeigten diese Studien beispielsweise, dass Frauen, die vor dem fiktiven Übergriff mit ihrem Vergewaltiger Alkohol konsumiert hatten, von den *mock jury*-Mitgliedern als „sexuell verfügbarer" beurteilt wurden und ihnen daher eine Mitschuld an der Tat gegeben wurde, mit der Folge, dass eine Verurteilung unwahrscheinlicher wird.[1392] Ebenfalls wurde gezeigt, dass Jury-Mitglieder in der Tat geneigter sind, eine angeklagte Person zu verurteilen, wenn diese der geschädigte Person fremd ist, vor allem im Vergleich zu den – in der Praxis deutlich häufiger vorkommenden – Vergewaltigungen in (Ex-)Partnerschaften (*real rape stereotype*).[1393]

Zwar kann so nur eine vage Aussage darüber getroffen werden, inwieweit sich Jury-Mitglieder von Vergewaltigungsmythen in ihrer Entscheidung leiten lassen. Was aber durchaus untersucht werden kann, und das erscheint an dieser Stelle lohnend, ist die Zusammensetzung der Jury in Vergewaltigungsprozessen.

Seit 1976 haben sowohl Frauen als auch Männer über 18 Jahren dasselbe Recht, in eine Jury einberufen werden zu können. Im *Jury Act 1976* heißt es hierzu:

Subject to the provisions of this Act, every citizen aged eighteen years or upwards and under the age of seventy years who is entered in a register of Dáil electors in a jury district shall be qualified and liable to serve as a juror for the trial of all or any issues which are for the time being triable with a jury drawn from that jury district, unless he is for the time being ineligible or disqualified for jury service.[1394]

Hanly, Healy et al. untersuchten in ihrer Studie *Rape and Justice in Ireland* unter anderem auch die Zusammensetzung der Jurys in Vergewaltigungsprozessen anhand von Aktenanalysen in einem Zeitraum von sechs Jahren (2000-2005). Hierfür betrachteten sie insgesamt 105 Jurys aus den zugesandten Verfahren, die vor dem *Central Criminal Court* im besagten Zeitraum verhandelt wurden. Hierbei legten sie unter anderem einen Fokus auf die geschlechterspezifische Zusammensetzung ebenjener Jurys – mit dem Ergebnis, dass die

---

1391 *Dies.* in: Law and Gender in Modern Ireland (2019), S. 7.
1392 *Finch/Munro*, Social & Legal Studies 2007, 591, 599.
1393 *Temkin/Krahé* (2008), S. 48.
1394 Abrufbar unter http://www.irishstatutebook.ie/eli/1976/act/4/enacted/en/print#sec1 [letzter Aufruf: 06.04.2022].

meisten Jurys (67 %) in der Tat männerdominiert sind. Lediglich 17 % waren frauendominiert – wobei hier anzumerken ist, dass die Dominanz niemals zwei Drittel überschritt, während 16 % der Jurys eine noch deutlich höhere männliche Dominanz aufwiesen – und nur 20 % hatten ein ausgeglichenes Geschlechterverhältnis (also 6:6).[1395] Zudem wurden in den meisten Fällen Männer als Sprecher der Geschworenen gewählt.[1396] Trotz der Tatsache, dass Männer und Frauen dasselbe Recht haben, in eine Jury einberufen zu werden, überwiegen also, legt man die Ergebnisse dieser Studie zugrunde, immer noch männerdominierte Jurys. Sachliche Gründe hierfür sind nicht ersichtlich. Womöglich ist dies noch immer Ausfluss der patriarchalen Denkstruktur, dass Männer glaubwürdiger und somit auch besser für den Dienst als Jury-Mitglied geeignet sind als Frauen. Die Tatsache, dass Jurys noch immer gehäuft männerdominiert sind, sagt *per se* freilich noch nichts über die Ausbreitung von Vergewaltigungsmythen innerhalb dieser Jurys aus, denn natürlich sind männliche Jurymitglieder nicht automatisch Vergewaltigungsmythenanhänger. Dennoch legt die SAVI Studie zumindest nahe, dass die Zustimmung zu bestimmten Vergewaltigungsmythen in der männlichen irischen Bevölkerung etwas höher ist als in der weiblichen.[1397] Auch die englischen Studien an *mock juries* kommen weitgehend zu dem Schluss, dass männliche Jury-Mitglieder häufiger die Glaubwürdigkeit eines weiblichen Opfers in einem Vergewaltigungsprozess anzweifelten als ihre Kolleginnen, wohingegen Frauen als Jury-Mitglieder eher dazu neigten, mit dem Opfer zu sympathisieren und daher im Endergebnis häufiger zu einem Schuldspruch der angeklagten Person kamen.[1398] Also: *„Women believe the word of other women. Men do not?"*[1399] Die Studie von *Hanly, Healy et al.* fand hierfür indes keine Belege; im Gegenteil – in ihrem *sample* verurteilte keine einzige frauendominierte Jury einen Angeklagten wegen Vergewaltigung, es waren sogar eher die männerdominierten Jurys, die zu einem Schuldspruch kamen.[1400] Es ist daher eher unwahrscheinlich, dass eine reine Erhöhung der Frauenquote in Jurys in Vergewaltigungsprozessen zu einer höheren Verurteilungsquote führen würde.[1401] Hierfür sprechen auch die in der SAVI abgebildeten hohen Zustimmungswerte zu Vergewaltigungsmythen bei irischen Frauen.

1395 *Hanly/Healy/Scriver* (2009), S. 287.
1396 *Dies.* (2009), S. 93.
1397 Vgl. hierzu oben (Kapitel 5: 3.2.2.2).
1398 Vgl. hierzu m.w.N. zu den englischen Studien *Hanly/Healy/Scriver* (2009), S. 91 f.
1399 *Brownmiller* (1975), S. 387.
1400 *Hanly/Healy/Scriver* (2009), S. 296 f.
1401 *Dies.* (2009), S. 96.

Es ist mithin davon auszugehen, dass das Jury-System tatsächlich ein Einfallstor für gesellschaftliche Einstellungen über Sexualität und insbesondere für Vergewaltigungen darstellt – und zwar unabhängig davon, ob die Jury nun männer- oder frauendominiert ist. Dass der verbreitete Glaube an Vergewaltigungsmythen der Jury-Mitglieder zumindest einen Grund für die niedrigen Verurteilungsquoten in Irland darstellt, ist daher wahrscheinlich.

Jedoch ist, wie bereits gezeigt, auch die deutsche Gesellschaft nicht frei von dem Glauben an ebenjene Mythen – im Gegenteil sind die Zustimmungsraten hier laut der *Eurobarometer*-Studie sogar noch etwas höher als in Irland. Allerdings werden in Deutschland Strafprozesse nicht vor einer Jury verhandelt, weshalb sich der Einfluss von Vergewaltigungsmythen subtiler und breiter über die verschiedenen Ausfilterungsebenen gefächert zeigt: innerhalb der Bevölkerung durch Beeinflussung des Opfers durch ihm oder ihr nahestehende Personen bei der Frage, ob es überhaupt anzeigen möchte, womöglich sogar durch den eigenen Glauben an Vergewaltigungsmythen, die das Opfer dazu bringen könnten, sich selbst und nicht dem*der Täter*in die Schuld am Geschehenen zu geben, innerhalb der Staatsanwaltschaft bei der Entscheidung über eine mögliche Einstellung gem. § 170 II StPO, letztlich selbstverständlich auch auf Ebene der Richter*innen, die schlussendlich über die Schuld oder Unschuld der angeklagten Person entscheidet. Im Unterschied zum Jury-Modell sind die handelnden Akteur*innen (bis auf die dem Opfer nahestehenden Personen, das Opfer selbst sowie die Schöffinnen und Schöffen) juristisch geschult und daher womöglich etwas weniger anfällig für Vergewaltigungsmythen, da sie „zur Objektivität erzogen"[1402] sind. Darüber hinaus ist in Jury-Systemen der Prozessausgang aufgrund der Zentrierung auf die Entscheidung der Jury generell wesentlich unvorhersehbarer, ein Umstand, dem durch zahlreiche strafprozessuale Besonderheiten im irischen Rechtssystem (nicht zuletzt durch die Möglichkeit des Aussprechens einer *corroboration warning* und die Möglichkeit des*der Richters*Richterin, den Fall der Jury jederzeit zu entziehen) Rechnung getragen wird. Aus all diesen Gründen wurden die Geschworenengerichte bereits 1924 in Deutschland abgeschafft.[1403] Gleichwohl sind Laienrichter*innen auch im deutschen Strafprozess an der Entscheidungsfindung beteiligt, als unabhängige Schöffinnen und Schöffen stehen sie grundsätzlich gleichberechtigt neben den Berufsrichter*innen, § 30 I GVG. Dennoch ist die vollkommen gleichberechtigte Beteiligung der Schöffinnen und Schöffen in Deutschland eher theoretischer Natur, da die Berufsrichter*innen kraft ihrer Sachkompetenz in der Realität stets die führende Rolle

---

1402   *Satzger*, JURA 2011, 518, 520.
1403   *Ders.*, JURA 2011, 518, 519.

im Prozess übernehmen.[1404] Der Vorsitz einer jeden Strafkammer wird zudem immer zwingend mit einem*einer Berufsrichter*in besetzt, § 21f I GVG. Darüber hinaus ist bereits das Auswahlverfahren für Schöffinnen und Schöffen in den §§ 36 ff. GVG deutlich stärker normiert als in Irland, wo die Auswahl der Geschworenen rein zufällig erfolgt, soweit keine Ausschlussgründe vorliegen.

3.2.3.3 Realität der Beweisführung/Verteidigungsstrategien

Es wurde also festgestellt, dass das Jury-System wesentlicher Einflussfaktor für die niedrigen Verurteilungsquoten in Irland ist. Hiermit zusammenhängend, aber auch gänzlich davon losgelöst, könnten jedoch weitere Faktoren strafprozessualer Natur eine Rolle spielen. Daher soll hier noch einmal ein eingehenderer Blick auf die Beweisführung innerhalb von Strafprozessen bezüglich Sexualdelikten geworfen werden. Diskutiert werden sollen hier die generell genutzten Verteidigungsstrategien der Strafverteidiger*innen, die *sexual history evidence* und die *corroboration-warning*, welche allesamt in Zusammenhang mit den in dieser Arbeit bereits vielfach verhandelten Vergewaltigungsmythen stehen. Auf diese strafprozessualen Besonderheiten wird sich in der Folge daher konzentriert. Vergleichend soll in diesem Kapitel zudem auch immer wieder auf die hierzulande üblichen Verteidigungsstrategien, die Grenzen zulässiger Strafverteidigung sowie auf die Sicherung der Opferrechte durch die deutsche StPO eingegangen werden.

Nicht unerwähnt bleiben soll allerdings, dass es auch im irischen Strafprozessrecht selbstverständlich Instrumente gibt, die der besonders vulnerablen Situation sowohl der Täter*in als auch des Opfers Rechnung tragen sollen, insbesondere die Möglichkeit, die Öffentlichkeit aus Prozessen dieser Art auszuschließen sowie der Sicherung der Anonymität der Beteiligten.[1405] Diese Grundsätze teilt das irische Strafprozessrecht mit dem deutschen.[1406] In Irland besteht überdies die Möglichkeit für Opfer von Sexualstraftaten, im Prozess auf Antrag nicht persönlich, sondern virtuell via *television link* auszusagen.[1407]

1404   *Ders.*, JURA 2011, 518, 520.
1405   Vgl. hierzu eingehend *Leahy/O'Reilly* (2018), S. 107 ff.
1406   Die Öffentlichkeit kann hierzulande auf Antrag gem. § 171b I GVG ausgeschlossen werden. Gem. Abs. 2 ist die Öffentlichkeit zwingend auszuschließen, sofern es sich um eine Sexualstraftat zulasten einer minderjährigen Person handelt. Gem. § 247 StPO kann das Gericht auf Antrag sogar anordnen, dass während der Aussage der geschädigten Person die angeklagte Person aus dem Sitzungszimmer entfernt wird.
1407   Vgl. Sec. 13 des Criminal Evidence Act 1992: 13. *(1) In any proceedings for an offence to which this Part applies a person other than the accused may give evidence, whether from within or outside the State, through a live television link – (a) if the person is under 17 years of age, unless the court sees good reason to the contrary, b) in any other*

Da diese Möglichkeiten durchaus als positiv, da opferentlastend, zu bewerten sind, sind diese indes kaum als Erklärungsansatz der geringen Verurteilungsquoten belastbar und bleiben daher im Interesse der Beantwortung der aufgeworfenen Forschungsfrage außer Betracht.

Verteidigungsstrategien in Vergewaltigungsprozessen

Wie gezeigt, ist die Entscheidung der Jury in Vergewaltigungsprozessen der Dreh- und Angelpunkt des Ausgangs eines streitigen[1408] Verfahrens. Vor diesem Hintergrund erscheint es wenig verwunderlich, dass sich die Verteidigung hauptsächlich darauf konzentriert, die Jury von der Unschuld der angeklagten Person zu überzeugen. Hierfür ist es unerlässlich, zu verstehen, wie die einzelnen Jury-Mitglieder denken, und was sie letztlich dazu bewegen wird, der Einlassung des Mandanten anstelle der des Opfers Glauben zu schenken. Glauben diese an einzelne Vergewaltigungsmythen, so kann es aus Verteidiger*innenperspektive sinnvoll sein, an genau diese zu appelieren und hierauf die Verteidigungsstrategie aufzubauen.

Seit der Einführung von DNA-Tests und somit der Möglichkeit, zweifelsfrei festzustellen, ob Sexualverkehr zwischen der angeklagten Person und dem Opfer stattgefunden hat, ist die weit häufigste *defence*, dass dieser eben konsensual stattgefunden, oder zumindest, dass die angeklagte Person hierauf ernsthaft vertraut habe.[1409] Das Opfer in einem Vergewaltigungsprozess in Irland, seine Verhaltensweisen vor, während und nach dem angeblichen sexuellen Übergriff, nimmt also die zentrale Position ein, weswegen es in der Regel als erstes in den Zeugenstand gerufen und dort nicht selten mehrere Prozesstage lang befragt wird.[1410]

Laut einer Studie von *Temkin,* in die als Teil einer größer angelegten Untersuchung über Vergewaltigung und Strafjustiz eine qualitative Erhebung anhand von Interviews mit zehn englischen Strafverteidiger*innen mit langjähriger Erfahrung in Sexualstrafrechtssachen integriert wurde, ist die Diskreditierung des Opfers hierbei das zentrale Mittel jedweder Verteidigungsstrate-

---

case, with the leave of the court. (2) Evidence given under subsection (1) shall be videorecorded.", abrufbar unter http://www.irishstatutebook.ie/eli/1992/act/12/section/13/enacted/en/html#sec13 [letzter Aufruf: 06.04.2022].

1408   Wenn nicht bereits *guilty plea.*
1409   *Hanly/Healy/Scriver* (2009), S. 73.
1410   *Dies.* (2009), S. 74.

gie; die Glaubwürdigkeit des Opfers zu mindern wird teilweise sogar als wichtiger als das Hervorbringen tatsächlicher Fakten beschrieben.[1411] Diese Verteidigungsstrategie macht sich ganz offensichtlich Vergewaltigungsmythen zu nutzen. So äußerte sich ein Strafverteidiger in der o.g. Befragung beispielsweise so: „ *'Well, surely women are allowed to go to people's houses and take lifts in strangers' cars without expecting to have to give them sex.' But, I mean, people being what they are, I think a jury is always going to say, 'She said she didn't consent, but I think that she might have done and obviously he thought she might have consented because of the way she behaved.' So the woman's behaviour at the time makes it difficult to get a conviction.* "[1412] Hieran ist klar zu erkennen, dass sich Verteidigungsstrategien ganz wesentlich am *real rape stereotype* orientieren, in diesem Fall an dem konkreten Mythos, Opfer würden sexuelle Übergriffe durch spezifische Verhaltensweisen provozieren, die sog. „*foolish behaviour tactic*".[1413] Strafverteidiger*innen knüpfen hierbei vor allem an das konkrete Verhalten der Frau im Vorfeld des sexuellen Übergriffs (zum Beispiel aufreizendes Tanzen im Club)[1414] oder an ihre Kleidung (zum Beispiel Minirock mit Schlitz, durchsichtiges Oberteil)[1415] an. Ein derartiges Vorgehen kann sich in zweierlei Hinsicht auszahlen: Entweder, die Jury-Mitglieder selbst glauben an diese Vergewaltigungsmythen und werden so dahingehend beeinflusst, dass sie urteilen, *consent* wäre entgegen der Aussage des Opfers gegeben worden, oder aber der Glaube der angeklagten Person an ebenjenen Mythos wird derart dargelegt, dass seine *mens rea* von der Jury letztlich abgelehnt wird.[1416] Beide Strategien führen im Erfolgsfall zu einem Freispruch.

Es stellt weiterhin eine weit verbreitete Strategie dar, die Verteidigung von einer Frau und nicht von einem Mann leiten zu lassen; dies soll der Jury gleichsam die unterschwellige Botschaft vermitteln, dass *diese* Frau keine Angst vor dem männlichen Angeklagten hat, und zudem: „*A woman attacking another woman is seen by most defendants as much more of a statement than*

1411   *Temkin*, Journal of Law and Society 2000, 219, 231.

1412   *Dies.*, Journal of Law and Society 2000, 219, 232.

1413   *Dies.*, Journal of Law and Society 2000, 219, 233.

1414   "We had a video of her dancing in a club in a very flamboyant and suggestive Afro-Carribean way. And you could see the jury, once I'd payed the tape…", *dies.*, Journal of Law and Society 2000, 219, 232.

1415   *"This girl has gone into a bikers' pub wearing a mini-skirt and a see-through shirt. That's part of the story. I don't think they (young girls) realise the effect of their appearance on men. Guys get turned on if they can see through the women's clothes. Dress is significant"*, vgl. *dies.*, Journal of Law and Society 2000, 219, 233.

1416   *Hanly/Healy/Scriver* (2009), S. 52.

a man attacking a woman."[1417] Es wird allerdings darauf geachtet, das Opfer in der *cross-examination* nicht direkt zu attackieren, sondern subtiler zu agieren: So beschrieben einige Verteidiger*innen in der Studie, die Zeugin absichtlich in Sicherheit zu wiegen und mit ihr zu sympathisieren, da sie sich erhofften, dass die Geschworenen aufgrund des *real rape stereotypes* einem ruhigen, gelassenen Opfer weniger Glauben schenken werden als einem sichtbar aufgebrachten.[1418]

Dinos et al. verglichen neun internationale Studien miteinander und untersuchten auf dieser Basis rechtsvergleichend den Einfluss der Akzeptanz von Vergewaltigungsmythen auf die Entscheidung von Geschworenen beziehungsweise Laien-Richter*innen für die USA und Teile von Europa (das Vereinigte Königreich und Deutschland, wobei der Einfluss von Vergewaltigungsmythen im Vereinigten Königreich mit „*large*" und in Deutschland mit „*medium*" bewertet wurde[1419]) mit dem Ergebnis, dass in Europa die Auswirkungen der Vergewaltigungsmythen auf die Entscheidungsfindung in der Tat noch größer waren als in den USA.[1420] Unabhängig von den Einzelheiten der unterschiedlichen Rechtssysteme war das Ergebnis auch hier eindeutig: „*Individuals who hold stereotypical attitudes towards rape are more likely to judge defendants as 'not guilty'.*"[1421] Die Studie ist allerdings, gerade in Bezug auf der Ergebnis für Deutschland (Einfluss "*medium*"), nicht überzuinterpretieren: Untersucht wurde gerade nicht der Einfluss von an Vergewaltigungsmythen glaubenden Jury-Mitgliedern/Laienrichter*innen auf den Schuldspruch als solchen, sondern nur auf die Entscheidung des *der einzelnen Laienrichters*richterin*. Unbeachtet bleibt hierbei also die nachgelagerte Frage, nämlich diejenige nach dem Einfluss eines einzelnen Laienrichters*richterin auf die Entscheidungsfindung des *Gerichts*. Diese Einflussmöglichkeit hängt wesentlich von dem strafprozessualen System einer Rechtsordnung sowie den gerichtsinternen Gepflogenheiten ab und müsste, um ein abschließendes Bild liefern zu können, in eine rechtsvergleichende Studie miteinbezogen werden.

1417 *Temkin*, Journal of Law and Society 2000, 219, 229.

1418 *"You ask her a number of questions to calm her down, neutral questions. If you keep her calm that's very good because the jury is less inclined to believe her. Nobody has ever related any major tragedy in a monotone"*, vgl. *dies.*, Journal of Law and Society 2000, 219, 231.

1419 *Dinos/Burrowes/Hammond u.a.*, International Journal of Law, Crime and Justice 2015, 36, 43.

1420 *Dies.*, International Journal of Law, Crime and Justice 2015, 36, 45.

1421 *Dies.*, International Journal of Law, Crime and Justice 2015, 36, 46.

Zwar beruhen all diese Erkenntnisse auf ausländischen Studien, welche leider für das irische Recht nicht existieren, doch zeigt ein Blick auf einige medienwirksame Strafprozesse in Irland, dass Strafverteidiger*innen hier zu ganz ähnlichen Mitteln greifen. Es ist daher anzunehmen, dass die wesentlichen Ergebnisse von *Temkin* auch auf irische Strafprozesse zutreffen.[1422]

Als Beispiel für ebenjene Technik aus jüngster Zeit (2018) kann der Fall eines 27-jährigen Mannes dienen, welcher beschuldigt wurde, ein 17-jähriges Mädchen in Cork vergewaltigt zu haben. Der Angeklagte plädierte darauf, der Sexualverkehr, den er seinerseits nicht bestritt, sei einvernehmlich gewesen. Der Prozess vor dem Central Criminal Court in Cork geriet weltweit in die Medien, da die Verteidigerin den Geschworenen die Unterwäsche des Mädchens mit den Worten *„Does the evidence out-rule the possibility that she was attracted to the defendant and was open to meeting someone and being with someone? You have to look at the way she was dressed. She was wearing a thong with a lace front"* vorlegte.[1423] Der Angeklagte wurde letztendlich freigesprochen, als Reaktion posteten weltweit Frauen unter den Hashtags *#thisisnotconsent* und *#ibelieveher* Bilder ihrer Unterwäsche als Protest gegen die Handlungsweise der Verteidigung im Internet.[1424] Auch die Leitung des DRCC äußerte sich kritisch zu dieser Entscheidung und forderte im Zuge dessen eine gesetzliche Limitierung dieser und ähnlicher Verteidigungsstrategien nach dem englischen Vorbild[1425] – dort existieren für derartige Äußerungen der Verteidigung nämlich *directions*, mittels derer ein*e Richter*in die Jury anweisen kann, derartige „Beweismittel" außer Acht zu lassen.[1426]

Strafverteidigung, die darauf ausgelegt ist, das Opfer einer vermeintlichen Straftat zu diskreditieren, ist allerdings keine Eigenheit des irischen Strafprozesses, sondern vielmehr Kern vieler Verteidigungsstrategien – insbesondere, wenn einzige*r Belastungszeuge*zeugin das vermeintliche Opfer selbst ist und somit das strafrechtliche Schicksal ganz wesentlich von der Glaubhaftigkeit seiner Aussage abhängt. Der deutsche Strafprozess ist im Gegensatz

---

1422 So offensichtlich auch *Hanly/Healy/Scriver* (2009), 75 ff., die diese Erkenntnisse in ihrer Studie ebenfalls zugrunde legen.

1423 Vgl. https://www.bbc.com/news/world-europe-46207304 [letzter Aufruf: 06.04.2022].

1424 Vgl. https://www.nytimes.com/2018/11/15/world/europe/ireland-underwear-rape-case-protest.html [letzter Aufruf: 06.04.2022].

1425 Vgl. https://www.independent.ie/irish-news/news/calls-for-legal-reform-in-rape-trials-after-court-hears-details-of-17-year-olds-thong-37511224.html [letzter Aufruf: 06.04.2022].

1426 *Temkin/Gray/Barrett*, Feminist Criminology 2018, 205, 207.

zum irischen allerdings inquisitorisch ausgestaltet, was bedeutet, dass das Gericht in der Hauptverhandlung eines Strafprozesses von Amts wegen verpflichtet ist, die Beweiserhebung auf alle Tatsachen und Beweismittel zu erstrecken, die für die Entscheidung von Bedeutung sind (Untersuchungsgrundsatz oder Amtsermittlungsgrundsatz, § 244 II StPO). Die Staatsanwaltschaft ist zwar für die Anklage zuständig („Anklagemonopol" der Staatsanwaltschaft, vgl. §§ 152, 170, 203 StPO), allerdings nimmt sie im deutschen Strafprozesssystem eine neutrale Rolle ein. Sie ist daher dazu verpflichtet, sowohl belastende als auch entlastende Tatsachen zu ermitteln. Die Staatsanwaltschaft gilt insofern sogar als die „objektivste Behörde der Welt".[1427] Dies stellt einen wesentlichen Unterschied zum irischen Strafprozessrecht dar.

Die Rolle der Verteidigung ist in beiden Rechtsordnungen indes ähnlich. Zwar ist der*die Verteidiger*in laut § 1 BRAO ein „unabhängiges Organ der Rechtspflege", doch ist er*sie selbstverständlich seiner*ihrer Natur nach auch und vor allem „Beistand des Beschuldigten bei der Abwehr staatlichen Zugriffs".[1428] Das Recht auf effektive Strafverteidigung ist in der Tat sogar Bestandteil des *fair trial*-Grundsatzes aus Art. 6 EMRK. Das Recht zur Befragung von Zeug*innen stellt dabei die „schärfste Waffe"[1429] der Verteidigung dar, ergibt sich einfachgesetzlich aus § 240 II S. 1 StPO und wird garantiert durch Art. 6 III d) EMRK. Ebenfalls gibt § 257 II StPO der Verteidigung das Recht, nach jeder einzelnen Beweiserhebung eine Erklärung im Namen ihres*ihrer Mandant*in abzugeben. In diesem Rahmen kann ein*e Verteidiger*in, ebenso wie im Schlussvortrag (§ 258 StPO), auf Fehlerquellen, insbesondere auf die mangelnde Glaubwürdigkeit einzelner Zeug*innen, hinweisen.[1430]

Im Gegensatz hierzu werden nun kurz die Rechte der geschädigten Person im deutschen Strafprozess beleuchtet, welche gerade in Sexualstrafrechtsprozessen eine besondere Rolle spielen. Hierbei ist zunächst das Recht des Opfers zu nennen, sich der Anklage der Staatsanwaltschaft als Nebenkläger*in anzuschließen (§ 395 I Nr. 1 StPO) und sich hierbei eine*n Rechtsanwalt*Rechtsanwältin als Beistand beiordnen zu lassen (§ 397a I Nr. 1, 1a StPO). Dahinter steht der Gedanke, dass bei Opfern von Sexualstraftaten – wohl nicht zuletzt aufgrund der stets vorherrschenden Gefahr der sekundären Viktimisierung

---

1427   Vgl. hierzu zum Beispiel m.w.N. *Thomas*, KriPoZ 2020, 84 ff.
1428   *Gercke*, StV 2020, 200, 201; ausführlich zur Rechtsstellung der Verteidigung im Strafverfahren: *Jahn*, StV 34, 40 ff.
1429   *Klemke/Elbs* (2019), Rn. 1113.
1430   *Dies.* (2019), Rn. 1069.

durch den Strafprozess – in besonderem Maße das Bedürfnis für einen anwalt-lichen Beistand gesehen wird.[1431] Hierdurch stehen dem Opfer sodann als Pro-zessbeteiligter gem. § 397 StPO alle wesentlichen Rechte zu, insbesondere das Fragerecht aus § 240 II StPO, das Beanstandungsrecht aus §§ 238 II, 242 StPO sowie das Beweisantragsrecht aus § 244 IV bis VI StPO. Auch braucht das Opfer nun, um Akteneinsicht zu beantragen, kein berech-tigtes Interesse mehr vorzutragen, vgl. § 406e I S. 2 StPO.

Das Fragerecht der Verteidigung, welches in den voranstehenden Erläuterun-gen bereits als das wesentliche Mittel jedweder Strafverteidigung herausgear-beitet wurde, gibt der Verteidigung insbesondere auch die Möglichkeit, die vermeintlich geschädigte Person in Sexualstrafrechtsprozessen zu befragen und so vor dem Gericht ihre Glaubwürdigkeit in Zweifel zu ziehen. Das Fra-gerecht ist allerdings nicht umfassend, sondern wird unter anderem durch § 68a StPO beschränkt: Aus Gründen des Persönlichkeitsschutzes sollen nach Abs. 1 Fragen, die den persönlichen Lebensbereich betreffen – und dies ist bei sämtlichen Fragen in Bezug auf gelebte Sexualität unzweifelhaft der Fall – nur gestellt werden, soweit diese unerlässlich, das heißt zur Wahrheitsfindung notwendig,[1432] sind. Diese Alternative wurde sogar eigens zum Schutz von Opfern von Straftaten gegen die sexuelle Selbstbestimmung vor detaillierter Befragung über ihr Sexualleben im Rahmen des 1. OpferschutzG im Jahre 1986 in die StPO aufgenommen.[1433] Abgesichert wird diese Beschränkung durch die Möglichkeit der Zurückweisung von derartigen Fragen durch den*die Richter*in gem. § 241 I StPO. Gem. § 241 II StPO kann der*die Richter*in zudem Fragen zurückweisen, die „ungeeignet" oder „nicht zur Sa-che gehörend" erscheinen.

Zum allgemeinen Klima in deutschen Strafprozessen ist zu konstatieren: Ob-gleich das Strafverfahren in Deutschland nicht adversatorisch ausgestaltet ist, sich also Verteidigung und Staatsanwaltschaft grundsätzlich nicht als zwei Parteien streitend gegenüberstehen, ist „Strafverteidigung immer auch Kon-flikt".[1434] Durch die Tendenz seit dem Aufstreben der Viktimologie in den 1970er Jahren, Opferrechte im Strafprozess vermehrt zu stärken, werden zu-gleich die Rechte der Verteidigung im entsprechenden Umfang beschnitten, was, so behaupten einige Strafverteidiger*innen, zu einer Förderung von sog.

1431   *Allgayer* in KK/StPO (2023), § 397a Rn. 4.
1432   *Slawik* in KK/StPO (2023), § 68a Rn. 2 m.w.N. .
1433   Vgl. BT-Drs. 10/5385, 10; außerdem ausführlich hierzu BGH, NJW 2005, 1519.
1434   *Gercke*, StV 2020, 200, 206.

„Konfliktverteidigung"[1435] führt.[1436] Bei der Wahl der passenden Verteidigungsstrategie kommt es auf vielschichtige Faktoren des Einzelfalls an. Die häufigsten Argumentationsstrukturen sind dabei: ein entgegenstehender Wille habe gar nicht bestanden, er sei nicht erkennbar gewesen und/oder der*die Beschuldigte habe diesen nicht erkannt,[1437] hierbei gehen Verteidiger*innen zumeist stufenweise vor, indem sie sich die aufeinander aufbauende Gesetzesstruktur zunutze machen.[1438] Prinzipiell orientieren sich Strafverteidiger*innen in den Fällen, in denen bestimmte Punkte streitig sind und es hierbei mangels anderer Beweismittel einzig auf die Frage der Glaubhaftigkeit der belastenden Aussage der angeblich geschädigten Person ankommt (Aussage-gegen-Aussage-Situationen) an der oben bereits ausführlich dargelegten Rechtsprechung des BGH[1439] bezüglich der Beweiswürdigung in diesen Fällen; insbesondere werden sog. „Subhypothesen" als Ursache für eine mögliche Falschaussage ausgehend von der „Nullhypothese" hervorgebracht.[1440] Vergegenwärtigt man sich hier die möglichen Anknüpfungspunkte, bleibt einem die Tendenz der Anlehnung an gewisse Vergewaltigungsmythen – ebenso wie in den gefundenen Verteidigungsstrategien irischer Strafverteidiger*innen – nicht verborgen: Neben der fruchtbar gemachten Tatsache, dass der*die Belastungszeuge*zeugin zu einer „irrtumsanfälligen" Gruppe gehört, wenn er*sie Alkohol oder Drogen konsumiert[1441] wird ebenfalls an gewisse bei der Aussage erkennbare Gefühlsausbrüche – oder vielmehr deren Fehlen – angeknüpft.[1442] Auch die „Rachehypothese" wird als „Subhypothese" für die Begründung einer Falschaussage herangezogen.[1443] Hier ist insbesondere das Stereotyp des *real rape victims* zu erkennen.

Was die konkrete Vernehmungssituation innerhalb des Fragerechts der Strafverteidigung anbelangt, wird in der Regel ein*e Verteidiger*in bei Belastungszeugen zunächst versuchen, ein angenehmes Befragungsklima zu schaffen, um die Chancen auf eine der angeklagten Person nützende Aussage zu erhöhen.[1444] Dies gilt insbesondere in Fällen, in denen sich das vermeintliche Opfer während des fraglichen Sexualkontakts eventuell ambivalent verhalten hat

---

1435 Vgl. hierzu auch *Gubitz*, JA 2008, 52, 58.
1436 *Gercke*, StV 2020, 200, 206.
1437 *Odebralski* (2020), S. 25.
1438 *Ders.* (2020), S. 28.
1439 Vgl. oben (S. 267 f.).
1440 *Odebralski* (2020), S. 49.
1441 *Ders.* (2020), S. 51.
1442 *Ders.* (2020), S. 62.
1443 *Ders.* (2020), S. 65.
1444 *Klemke/Elbs* (2019), Rn. 1115.

und die Verteidigung dies innerhalb der Hauptverhandlung durch gezielte Befragung zu beweisen versucht.[1445] Ebenfalls wird ein*e gute*r Strafverteidiger*in das Risiko einer sekundären Viktimisierung des Opfers vermeiden wollen; und zwar nicht nur um seinetwillen, sondern auch im Sinne des*der Mandanten*Mandantin, da eine sekundäre Viktimisierung des Opfers im Verurteilungsfall durchaus strafschärfend gewertet werden kann.[1446] Eine beliebte Taktik stellt es ebenfalls dar, in der Reihenfolge der abgefragten Situationen zeitlich zu springen und stets offene Fragen zu stellen, um Anknüpfungspunkte für Widersprüchlichkeit zu konstruieren.[1447]

Insgesamt ist festzuhalten, dass sich die Verteidigungsstrategien der Strafverteidigung in Deutschland und Irland nur marginal unterscheiden. In beiden Rechtsordnungen basieren und profitieren diese nicht unwesentlich auf und von Vergewaltigungsmythen, genauer gesagt von dem Glauben des Entscheidungsgremiums an diese. Unterschiede sind allerdings in den rechtlichen Rahmenbedingungen, insbesondere in den rechtlichen Grenzen dieser Strategien zu konstatieren. Die deutsche Strafprozessordnung bietet insgesamt ein ausgereiftes, sowohl auf Normen als auch auf obergerichtliche Rechtsprechung basierendes System der Glaubhaftigkeitsprüfung von Zeug*innen. Mit dem Grundsatzurteil des BGH aus dem Jahre 1999 bestehen verlässliche Anknüpfungspunkte, die gleichsam dem Zweifelsgrundsatz Rechnung tragen und einem generellen Misstrauen von Belastungszeug*innen entgegenwirken. Die StPO kennt zudem einige Instrumente, die gerade für die geschädigte Person eines Sexualdelikts Schutz vor einem Eindringen in die Intimssphäre und vor einer sekundären Viktimisierung bieten und dieser durch die Möglichkeit der Nebenklage eine besondere Stellung als Prozessbeteiligte sichert. Derartige strikte gesetzliche Vorgaben fehlen in Irland. Hinzu kommt, dass der irische Sexualstrafrechtsprozess durch die hohe Beteiligung von Laien und Laiinnen stärker auf außerrechtliche Faktoren fokussiert ist, was die Fruchtbarmachung von Vergewaltigungsmythen insgesamt vereinfacht. Trotz der auch in Deutschland vorherrschenden Beteiligung von Laien und Laiinnen am Strafprozess in der Gestalt von Schöffen und Schöffinnen ist dies hierzulande nicht im gleichen Maße zu befürchten. Auch wenn diese rechtlich gesehen den Berufsrichter*innen nicht untergeordnet sind, werden diese in den Beratungen doch regelmäßig insbesondere ausführlich über die geltenden rechtlichen Beweisstandards aufgeklärt, womit der Einfluss von Vergewaltigungsmythen insgesamt als deutlich geringer geschätzt werden kann.

1445 *Odebralski* (2020), S. 6.
1446 *Ders.* (2020), S. 5.
1447 *Gubitz*, JA 2008, 52, 56; *Klemke/Elbs* (2019), Rn. 1116.

Probleme von sexual history evidence

Eng mit diesen Verteidigungsstrategien verknüpft ist auch die Möglichkeit der Einbringung von sog. sexual history evidence. Diese Art von Beweismitteln, welche darauf abzielen, die sexuelle Vergangenheit des Opfers mit dem*der Täter*in, aber und vor allem auch mit anderen Personen aufzudecken und dadurch die Glaubwürdigkeit in Bezug auf die Behauptung der mangelnden Zustimmung zum fraglichen sexuellen Akt zu mindern, war vor allem vor den 1970er-Jahren ein gängiges Mittel in Vergewaltigungsprozessen.[1448] Hintergrund dessen ist der auch heute noch verbreitete – ebenfalls als Vergewaltigungsmythos zu klassifizierende – (Irr-)Glaube, dass Frauen „ohne sexuelle Moral" generell weniger glaubwürdig seien.[1449] Eng verknüpft ist diese Beweisführung daher mit dem real victim stereotype, welcher in der Annahme besteht, dass ein „ideales" (das bedeutet in diesem Zusammenhang: glaubwürdiges und daher durch das Gesetz schützenswertes) Vergewaltigungsopfer keine wechselnden Sexualpartner hat und auch ansonsten keine von der Gesellschaft als riskant bewerteten Handlungsmuster wählt.[1450] Darüber hinaus basierte diese Beweisführung darauf, dass Frauen, die außerhalb der Ehe Geschlechtsverkehr hatten, sich eine Vergewaltigung häufig nur ausdenken würden (*false allegation myth*).[1451] Strukturell ist diese Art der Beweisführung dem similar fact evidence, genauer dem background evidence ähnlich – nur wendet sich der Beweis eben gerade nicht gegen den Angeklagten, sondern wird zu seinen Gunsten von der Verteidigung gegen das Opfer geführt, und unterliegt daher nicht den oben herausgearbeiteten[1452] Zulässigkeitsvoraussetzungen. Dennoch entwickelten sich seit den 1970er Jahren durch die auch in Irland stattfindende Opferschutzbewegung Einschränkungen und Regeln für den Gebrauch dieser Art des Beweises (sog. *rape shield law*).[1453] Gegen die Vorlage von sexual history evidence spricht ihre sehr intime Natur, welche das Opfer im Prozess bloßzustellen in der Lage ist, auf der einen und ihr als gering einzuschätzender Beweiswert auf der anderen Seite.[1454] Daher gilt seit 1981 – eingeführt durch Sec. 3 des Criminal Law (Rape) Act, 1981 –, dass der*die Richter*in zuvor über die Vorlage eines solchen Beweises zu informieren ist und diesen gesondert in Abwesenheit der Jury zulassen muss:

1448 *Hanly/Healy/Scriver* (2009), S. 76.
1449 Zum „Kassandra-Syndrom" vgl. oben (Fn. 646).
1450 *Leahy/O'Reilly* (2018), S. 147 f.
1451 *Molloy*, Law and History Review 2018, 689, 702.
1452 Vgl. oben (Kapitel 5: 3.1.5.2).
1453 *Hanly/Healy/Scriver* (2009), S. 77.
1454 *Hanly* (2015), S. 345; *Leahy/O'Reilly* (2018), S. 138.

3. (1) If at a trial any person is for the time being charged with a rape offence to which he pleads not guilty, then, except with the leave of the judge, no evidence shall be adduced and no question shall be asked in cross-examination at the trial, by or on behalf of any accused person at the trial, about any sexual experience of a complainant with a person other than that accused.[1455]

Erlaubt bleibt somit allerdings weiterhin – und zwar auch ohne vorherige Vorlage einer solchen Beweisführung – die Befragung über die sexuelle Vorgeschichte mit der angeklagten Person selbst. Diese Unterscheidung (Vorlage nur notwendig bei sexual history evidence bezogen auf außenstehende Personen) stützt letztendlich den real rape stereotype, dass Sexualdelikte in etablierten Beziehungen (insbesondere in Ehen) aufgrund einer generellen Einwilligung nicht vorkommen oder zumindest als nicht derart einschneidend für das Opfer betrachtet werden können.[1456]

2001 wurde durch den Sexual Offenders Act zusätzlich die Regelung eingeführt, dass auch das Opfer im Vorfeld hierüber informiert werden muss und sich vor der Entscheidung des*der Richter*in über die Zulassung dieses Beweises hierzu äußern darf. Zudem hat das Opfer hierbei das Recht auf rechtlichen Beistand:

4A. (1) Where an application under section 3 or 4 is made by or on behalf of an accused person who is for the time being charged with an offence to which this section applies, the complainant shall be entitled to be heard in relation to the application and, for this purpose, to be legally represented during the hearing of the application.[1457]

Die Einführung dieser Sec. gilt als Meilenstein der Opferrechte in Sexualstrafsachen, da ein*e juristisch versierte*r Verteidiger*in wesentlich besser in der Lage ist, die Privatsphäre des Opfers, welche durch den sexual history evidence stets tangiert wird, zu schützen.[1458] Letztendlich wird so das Risiko einer sekundären Viktimisierung durch die harsche Befragung zumindest eingedämmt.[1459]

1455 Abrufbar unter http://www.irishstatutebook.ie/eli/1981/act/10/section/3/enacted/en/html#sec3 [letzter Aufruf: 06.04.2022]; Hervorherbung durch die *Verf.*
1456 *Iliadis*, Criminology & Criminal Justice 2020, 416, 426.
1457 Abrufbar unter http://www.irishstatutebook.ie/eli/2001/act/18/section/34/enacted/en/html#sec34 [letzter Aufruf: 06.04.2022].
1458 *Iliadis*, Criminology & Criminal Justice 2020, 416, 420.
1459 *Dies.*, Criminology & Criminal Justice 2020, 416, 422.

Eine Studie aus dem Jahr 2009 zeigt allerdings, dass der Gebrauch von sexual history evidence immer noch sehr hoch ist: Hier wurde in 13 der untersuchten 35 Fälle sexual history evidence zugelassen und in zehn Fällen befragte sogar die Staatsanwaltschaft das Opfer zu seiner sexuellen Vorgeschichte.[1460] Es ist also anzunehmen, dass die oben aufgeführten Restriktionen bislang kaum etwas an der Verbreitung dieser Form der Beweisführung geändert haben. Dies ist gerade mit Blick auf das Eindringen von Vergewaltigungsmythen in den Prozess als äußerst bedenklich einzustufen, da diese Art der Beweisführung sexistische Ansichten über die Sexualität von Frauen, die womöglich ohnehin bereits in Köpfen der Jury-Mitglieder verankert sind, fördert und so mittelbar einen Grund für die niedrigen Verurteilungsquoten in Irland darstellen kann.[1461]

Führt man sich die Grundlage des sexual history evidence vor Augen, nämlich dass die sexuelle Aktivität einer Person etwas über die Zustimmung zu einem konkreten Sexualkontakt auszusagen in der Lage ist, ist zu konstatieren: Auch dieses spezielle strafprozessuale Element stellt ein wesentliches Einfalltor für Vergewaltigungsmythen und aufgrund der vermuteten häufigen Anwendung einen wesentlichen Faktor zur Erklärung der niedrigen Verurteilungsquoten dar; dies gilt insbesondere, sofern die so erbrachten „Beweise" bei den Jury-Mitgliedern auf fruchtbaren Boden fallen.[1462]

Vergleicht man dies mit der Beweisführung im deutschen Strafrecht, so wird man eine derart aggressive Art der Befragung seltener antreffen, denn hierauf ist das adversatorische Strafprozesssystem Irlands wesentlich stärker ausgelegt als das deutsche.[1463] Die sexuelle Vorgeschichte des Opfers zu erläutern, ist in Deutschland gem. § 68a II S. 1 StPO (Fragen nach „Beziehungen zu dem Beschuldigten") möglich, soweit dies erforderlich ist. In diesem Zusammenhang ist jedoch ebenfalls der im Vorigen bereits erwähnte § 68a I StPO von Bedeutung, welcher wiederum Fragen, die den persönlichen Lebensbereich betreffen, nur erlaubt, wenn diese unerlässlich sind. Ansonsten können sie von dem*der Richter*in zurückgewiesen werden. Wie oben bereits erwähnt, fallen hierunter vor allem auch Fragen zur sexuellen Vorgeschichte

---

1460   *Rape Crisis Network Ireland* (2009), S. 11.
1461   *Molloy*, Law and History Review 2018, 689, 708.
1462   Zur Wahrscheinlichkeit des Vorkommens des Glaubens an Vergewaltigungsmythen bei zumindest einem Teil der Jury siehe bereits oben (Kapitel 5: 3.2.2.3).
1463   Vgl. hierzu ausführlich oben (Kapitel 5: 3.2.3.3 a).

eines*einer Zeugen*Zeugin, allerdings nur, sofern diese in „keinem erkennbaren Zusammenhang" mit der angeklagten Tat stehen.[1464] Das Sexualverhalten der angeblich geschädigten Person wird aber gerade in Fällen, in denen die angeklagte Person nicht unglaubhaft behauptet, der in Frage stehende Sexualverkehr hätte einverständlich stattgefunden, oftmals als mit der Tat in ausreichendem Zusammenhang bewertet werden,[1465] womit ein sexual history evidence in Deutschland, wenngleich nicht derart pathetisch benannt, ebenfalls genutzt werden kann.

Es ist abschließend allerdings darauf hinzuweisen, dass die Möglichkeit der Nutzung auch einer für das Opfer eventuell als unangenehm empfundenen Verteidigungsstrategie selbstverständlich zum umfassenden Recht der angeklagten Person auf eine umfassende Verteidigung gehört und daher in den Grenzen des der geschädigten Person Zumutbarem zuzulassen ist.[1466] Dieser schwierige Balanceakt ist Aufgabe des Gerichts.[1467]

Probleme der corroboration warning

Ebenfalls als problematisch gilt die im Vorigen bereits beschriebene Möglichkeit des Aussprechens einer *corroboration warning* in Strafprozessen wegen Sexualdelikten. Hintergrund dieser ehemaligen *common law*-Regelung war die Annahme, dass Vergewaltigungsbezichtigungen stets mit großer Vorsicht behandelt werden müssten, da Falschbeschuldigungen häufig seien (*false allegation myth*):[1468] Dies kommt insbesondere durch das in diesem Zusammenhang berühmte Zitat von *Hale* aus dem Jahre 1778 zur Geltung: „*[rape] is an allegation easily to be made and hard to be proved and harder to be defended by the party accused, tho never so innocent*".[1469]

Eine spezielle Warnung an die Jury, dass es gefährlich sei, eine angeklagte Person einzig aufgrund der Aussage des Opfers schuldig zu sprechen – und diese Fälle, in denen es keine zusätzlichen *corroboration evidences* gibt, sind,

---

1464   BGH NJW 2005, 1519.
1465   *Slawik* in KK/StPO (2023), § 68a Rn. 1a.
1466   So auch *Leahy/O'Reilly* (2018), S. 148.
1467   In diesem Zusammenhang spannend: Ein Beschluss des BGH vom 18.10.2022 – 6 StR 396/22, in welchem dieser ein Urteil des LG Frankfurt (Oder), Urt. v. 13.06.2022 – 24 KLs 9/21, aufhob, weil dieses (nach Ansicht des BGH rechtsfehlerhaft) den „Rechtfertigungsversuch" des wegen Vergewaltigung Angeklagten, die Geschädigte sei „doch feucht gewesen" strafschärfend gewertet hatte. Nach Ansicht des BGH handelt es sich hierbei um eine zulässige Verteidigungsstrategie.
1468   *Leahy/O'Reilly* (2018), S. 187.
1469   *Hale* (1778), S. 635.

wie bereits ausführlich aufgezeigt, eher die Regel als die Ausnahme – ist ein
in strafprozessuale Form gegossener Vergewaltigungsmythos und sollte daher
in einem modernen Rechtssystem keinen Platz haben. Eine Streichung dieses
strafprozessualen Instruments ist daher schon aus symbolischen Gründen unerlässlich.[1470] Diesem Umstand wurde zwar bereits partiell dadurch Rechnung
getragen, dass dies mittlerweile in Sexualstrafrechtssachen nicht mehr zwingend, sondern dem Ermessen des*der Richters*Richterin überlassen ist,[1471]
doch sollte dies aufgrund der (mangels Studien hierüber nur befürchteten, aber
doch für sehr wahrscheinlich gehaltenen)[1472] Gefährlichkeit der Bestärkung
der Jury-Mitglieder in Vergewaltigungsmythen gänzlich abgeschafft werden.[1473] Dennoch ist das Grundproblem, dem dieses strafprozessuale Instrument zugrunde liegt, selbstverständlich anzuerkennen: die in Sexualstrafrechtssachen häufig anzutreffende Aussage-gegen-Aussage-Problematik und
die dadurch erschwerte Beweisbarkeit des Verhaltens der angeklagten Person.[1474] Da insbesondere für diese weitreichende Folgen aus einer Verurteilung erwachsen können, ist es eine bare Selbstverständlichkeit, dass der Einlassung der angeblich geschädigten Person nicht stets ein höheres Gewicht
zukommen kann. Das Problem mit der *corroboration warning* ist allerdings –
neben der Tatsache, dass diese einen der prominentesten Vergewaltigungsmythen stützt –, dass diese den Fokus der Beweisprobleme einseitig auf die
Zeug*innenseite legt. Die bessere Alternative, wenn man eine Warnung der
Jury-Mitglieder für erforderlich hält, wäre es, generell über die schwierigen
Beweisprobleme in Sexualstrafsachen aufzuklären, und zwar sowohl vom
Standpunkt der angeklagten als auch der angeblich geschädigten Person, und
daher um dementsprechend erhöhte Sensibilität bei der Beweiswürdigung zu
bitten.

Wenigstens lässt die oben bereits zitierte Studie aus dem Jahre 2009 vermuten,
dass *corroboration warnings* in der Praxis tatsächlich nur noch selten ausgesprochen werden.[1475] Zudem hat die irische Rechtsprechung die in der englischen Rechtsprechung entwickelten *Makanjuola rules* anerkannt, nach welchen das Erfordernis einer *corroboration warning* abhängen soll „*upon the*

1470   *Leahy*, The International Journal of Evidence & Proof 2014, 41, 58.
1471   Vgl. hierzu oben (Kapitel 5: 3.2.1.4).
1472   *Leahy*, The International Journal of Evidence & Proof 2014, 41, 58.
1473   So auch schon *Ders.*, Irish Criminal Law Journal 22 1999 43; *Office of the Tánaiste*
       (1997), 9.19; demgegenüber für eine Reform, die einen Ausgleich zwischen Beschul-
       digteninteressen und Opferinteressen schafft, plädierend *Leahy*, The International Jour-
       nal of Evidence & Proof 18 (2014), 41 ff.
1474   Dies anerkennend auch *Leahy/O'Reilly* (2018), S. 197.
1475   *Rape Crisis Network Ireland* (2009), S. 11.

content and manner of the witness's evidence, the circumstances of the case and the issues raised", zudem heißt es in der Entscheidung weiter: „*The judge will often consider that no special warning is required at all*".[1476] In Irland werden, und dies zeigt auch die vorstehend erwähnte Studie, diese *rules* wohl weitgehend ernstgenommen.[1477] Allerdings ist ebenfalls zu beachten, dass diese Studie bereits älteren Datums ist und nur eine kleine Anzahl an Fällen untersucht hat[1478] – es bräuchte daher größer angelegte Studien auf diesem Gebiet, um die tatsächliche Verbreitung der *corroboration warning* und, was noch wichtiger erscheint, ihre Auswirkungen auf den Ausgang des Verfahrens zu untersuchen.

3.2.3.4 Lösungsansätze

Abschließend sollen nun noch einmal die bereits ergriffenen Lösungsansätze für die bestehenden Probleme in Irland zusammengefasst und darüber hinaus ein Vorschlag für weitere Ansätze gemacht werden.

Wie gezeigt, ist das irische Sexualstrafrecht in den letzten Jahrzehnten mehrfach reformiert worden, so insbesondere 1990 durch den *Amendment Act*, welcher die Erbringung von *sexual history evidence* an höhere Voraussetzungen knüpfte und zumindest die zwingende *corroboration warning* abschaffte. Aber auch in jüngster Zeit (2017) wurden mit der Einführung der Definition von *consent* wesentliche Neuerungen – zwar nicht im Sinne einer echten Reformierung der Rechtslage, wohl aber in Gestalt der Bekräftigung bereits etablierter *common law*-Rechtsprechung auf diesem Gebiet – geschaffen. All diese gesetzlichen Bemühungen hatten zum Ziel, das Problem Irlands mit niedrigen Verurteilungsquoten im Bereich der Sexualdelikte zu bekämpfen, was bislang jedoch nicht von großem Erfolg gekrönt war.[1479]

1476   R v Makanjuola [1995] 3 All ER 730, 732.

1477   *Leahy*, The International Journal of Evidence & Proof 2014, 41, 44.

1478   Die Aussagekraft der o.g. Studie ebenfalls bezweifelnd *Leahy/O'Reilly* (2018), S. 198.

1479   Ein ähnliches Phänomen ist übrigens nach der Implementierung des Konsensprinzips in England & Wales 2003 beobachtet worden, weshalb auch hier die Bedeutung von *rape myths* als wesentlicher Faktor für die gleichbleibend niedrigen (oder sogar fallenden) Verurteilungsquoten benannt wird, vgl. *Temkin*, New Criminal Law Review 2010, 710, 710 f.

Wenngleich die Einführung der *statutory definition* gerade aufgrund der Tatsache, dass *consent* bei weitem die häufigste *defence* in Vergewaltigungsprozessen darstellt,[1480] als unbedingt notwendig angesehen wurde,[1481] um Klarheit bezüglich der Voraussetzungen einer rechtlich wirksamen Einwilligung zu schaffen,[1482] wurde im Vorigen gezeigt, dass es doch hauptsächlich die Anfälligkeit des irischen Strafverfahrens für Vergewaltigungsmythen ist, welche die niedrigen Verurteilungsquoten in Irland erklären kann. Hierbei kann die Normierung der Voraussetzungen einer wirksamen Zustimmung indes nur mittelbar helfen, und zwar indem sie durch die ausdrückliche Auflistung der Faktoren eine Fokussierung der Jury eben genau auf diese anstelle der Berücksichtigung äußerer, an Vergewaltigungsmythen orientierter Faktoren bewirken könnte.[1483]

Zusätzlich wäre es allerdings erforderlich gewesen, auch die Möglichkeit der *honest belief defence* an engere normative (und vor allem objektive) Voraussetzungen zu knüpfen, da ansonsten die Bemühungen ins Leere zu laufen drohen.[1484] Dies entspricht auch der ausdrücklichen Empfehlung der *Law Reform Commission* aus dem Jahre 2019. Im Einzelnen sprach diese sich dafür aus, Sec. 2 des 1981 Acts um eine dritte Verschuldensvariante zu erweitern, welche sodann, sofern eine angeklagte Person die Verteidigung hervorbringt, an eine Zustimmung der anderen Person geglaubt zu haben, einem *objective reasonable belief test* zugänglich wäre.[1485] Als Hauptbegründung für die Reformierungsbedürftigkeit der *honest belief defence* nannte die Reformkommission, dass eine zusätzliche objektive Prüfung einer solchen Verteidigung der 2017 normierten Definition des *consent* als „*free and voluntary given*" besser entspräche; denn die aktuelle Rechtslage erlaube es Personen, die einen sexuellen Kontakt mit einer anderen Person initiieren wollen, sich eine „einseitige Überzeugung" bezüglich der Zustimmungslage der anderen Person zu bilden.[1486] Insofern könnte innerhalb der Bevölkerung der Eindruck entstehen, dass die aktuelle Gesetzeslage die subjektive Sichtweise der angeklagten Person gegenüber derjenigen der geschädigten Person bevorzugt behandelt.[1487]

1480 *Hanly/Healy/Scriver* (2009), S. 345.
1481 Vgl. hierzu ausführlich *Leahy*, Common Law World Review 2014, 231 ff.
1482 *Dies.*, Irish Journal of Applied Social Studies 2014 18.
1483 *Dies.*, Irish Journal of Applied Social Studies 2014, 18, 25.
1484 Ähnlich *Leahy* in: Law and Gender in Modern Ireland (2019), 12 ff.; *Leahy/O'Reilly* (2018), S. 38 ff.
1485 *Law Reform Commission of Ireland* (2019), S. 44.
1486 *Dies.* (2019), 48, 51.
1487 *Leahy/O'Reilly* (2018), S. 39.

Eine Klarstellung von legislativer Seite könnte daher einen wichtigen symbolischen Effekt[1488] haben.[1489]

Es sei zudem zu leicht, eine solche *defence* zu erheben und ohne objektive Maßstäbe kaum möglich, diese im strafrechtlichen Prozess zu widerlegen.[1490] Für die konkrete Ausgestaltung einer gesetzlichen Regelung schlug die Kommission vor, dass der Jury eine abgeschlossene Auflistung von Faktoren an die Hand gegeben werden könnte, welche sie bei Beantwortung der Frage, ob der*die Angeklagte „*reasonable belief*" bezüglich der Zustimmung der anderen Person aufwies, zu beachten habe; so beispielsweise diejenigen Charaktermerkmale der angeklagten Person, die auf die Fähigkeit des Erkennens der mangelnden Zustimmung Einfluss haben können.[1491] Ebenfalls von Belang sein soll die Tatsache, ob die angeklagte Person zum Tatzeitpunkt selbst aufgrund von Intoxikation in ihrer Wahrnehmungsfähigkeit eingeschränkt war.[1492] Demgegenüber sprach sich die Kommission allerdings auch ganz deutlich gegen die Einführung einer grob fahrlässigen Vergewaltigungsstrafbarkeit nach schwedischem Vorbild[1493] aus.[1494]

Für die Betrachtung aus deutscher Perspektive erscheint der von der Kommission ins Auge gefasste Maßstab indes auf bedenkliche Art und Weise dem hierzulande gebräuchlichen Verständnis der Fahrlässigkeit angenähert: Ist in Deutschland die mangelnde Kenntnis des entgegenstehenden Willens bewiesen oder zumindest in dubio pro reo nicht auszuschließen, so bleibt kein Raum für eine Bestrafung nach § 177 StGB. Die Perspektive einer vernünftigen dritten Person spielt hierbei grundsätzlich keinerlei Rolle. Dies ist wichtig, und dies erkennt auch die irische Literatur, um auf der anderen Seite die Rechte der beschuldigten Person zu wahren und den umgangssprachlich als „*stupid man*" bezeichneten Angeklagten nicht zu benachteiligen, indem man ihm eine objektive, „vernünftige" Sichtweise aufzwingt. Aber selbstverständlich sind auch hierzulande die Richter*innen nicht gezwungen, eine offensichtliche und erkennbare Schutzbehauptung zu glauben. „Vernünftigkeitsgesichtspunkte" können also durchaus – allerdings nur mittelbar innerhalb der Glaubhaftigkeitsprüfung – eine Rolle spielen.

1488   Zur Zulässigkeit und Notwendigkeit einer (auch) symbolischen Signalgesetzgebung auf dem Gebiet des Strafrechts vgl.oben (Kapitel 3: 1.).
1489   *Leahy/O'Reilly* (2018), S. 39.
1490   *Dies.* (2018), S. 38.
1491   *Law Reform Commission of Ireland* (2019), 95 f.
1492   *Dies.* (2019), S. 96.
1493   Siehe hierzu ausführlich unten (Kapitel 5: 4.3).
1494   *Law Reform Commission of Ireland* (2019), S. 92.

Für die Rechtslage in Irland ist zu konstatieren, dass angesichts der Tatsache, dass auch die Implementierung der Legaldefinition des *consent* 2017 auf der ausdrücklichen Empfehlung ebenjener *Law Reform Commission* beruhte, davon auszugehen ist, dass auch diese Empfehlung in naher Zukunft zumindest partiellen Niederschlag im Gesetz finden wird. Die Erträge hieraus sind abzuwarten.

Dies kann aber nur ein erster Schritt zur Entmythologisierung irischer Sexualstrafverfahren sein. Wie gezeigt, sind diese aufgrund der Eigenheiten des Jury-Prinzips und der adversatorischen Ausrichtung des Strafprozesses noch immer wesentlich auf das Anknüpfen an Vergewaltigungsmythen fokussiert. Strafprozessuale Institute wie *sexual history evidence* und *corroboration warning*, die trotz der gesetzlichen Einschränkungen der letzten Jahre noch immer eine Rolle spielen, unterstützen diesen Fokus.

Neben einer notwendigen Reformierung der strafprozessualen Aspekte in Vergewaltigungsprozessen ist es zudem dringend notwendig, dass der Glaube an Vergewaltigungsmythen in der Bevölkerung weiter abgebaut wird. Hierdurch kann die Wahrscheinlichkeit, dass Personen, die an Vergewaltigungsmythen glauben, in eine Jury gelangen, am effektivsten gesenkt werden,[1495] und dies kann zudem auch zur Prävention von Sexualstraftaten dienen. Es ist mithin unumgänglich, dass Vergewaltigungsmythen sowohl innerhalb als auch außerhalb des Gerichtsgebäudes wirksam bekämpft werden.[1496] Dies ist freilich keine leichte Aufgabe. Hierbei können außerrechtliche Aufklärungskampagnen helfen, wie beispielsweise die staatliche Förderung von *consent*-Kampagnen.[1497] Derartige Programme können vor allem bei der Prävention sowie bei der Aufhellung des Dunkelfelds helfen, und zwar dadurch, dass das Sprechen über sexuelle Übergriffe enttabuisiert wird, was bereits jetzt als ein wesentlicher Faktor innerhalb des Ansteigens der Anzeigeraten in jüngster Vergangenheit gilt.[1498]

Zusätzlich sollten Jury-Mitglieder speziell geschult werden (so wie dies bereits durch das DRCC in anderen Institutionen üblich ist[1499]) und durch eine *direction* des*der Richters*in pauschal angewiesen werden, sich bei ihrer Entscheidung nicht von Vergewaltigungsmythen leiten zu lassen.[1500] Statt einer

---

1495   *Leahy*, Irish Journal of Applied Social Studies 2014, 18, 25.
1496   *Dies.* in: Law and Gender in Modern Ireland (2019), S. 18.
1497   Vgl. https://www.gov.ie/en/publication/28e12f-consent/# [letzter Aufruf: 06.04.2022].
1498   *Molloy*, Law and History Review 2018, 689, 708.
1499   Vgl. hierzu oben (Kapitel 5: 3.2.2.1).
1500   *Leahy*, Irish Journal of Applied Social Studies 2014, 18, 25.

corroboration warning sollte es daher eine Art „*rape myth warning*" geben. Diese könnte entweder bereits zu Beginn des Prozesses, oder spätestens, wenn der*die Richter*in den Fall abschließend noch einmal zusammenfasst, ausgesprochen werden.[1501] Zu bevorzugen wäre allerdings direkt der Beginn des Prozesses, da eine derartige Weisung durch die Jury-Mitglieder zu diesem Zeitpunkt noch vollkommen unvoreingenommen von den Eigenheiten des speziellen Einzelfalls aufgenommen werden könnte. An dieser Stelle werden die Jury-Mitglieder schließlich auch bezüglich der geltenden Beweisstandards und der geltenden Unschuldsvermutung entsprechend instruiert, sodass ein solches Vorgehen bereits implementiert ist und leicht um diese zusätzliche Instruktion ergänzt werden könnte. Konkret könnte dies entweder kurz und bündig im Rahmen einer richterlichen Belehrung erfolgen oder aber durch eine prozessfremde, sachkundige Person im Rahmen einer Art Schulung. Letzteres wäre mit Blick auf die doch umfangreiche Thematik und die Wichtigkeit der Aufklärung wohl zielführender, aber auch wesentlich zeit- und kostenintensiver, womit eine richterliche Belehrung, die, sofern die Richter*innen selbst entsprechend geschult wurden, insgesamt aufgrund besserer praktischer Umsetzbarkeit vorzuziehen ist. Eine solche *direction* sollte, um wirksam zu sein, allerdings möglichst klar und einfach formuliert sein.[1502] Durch eine kurze, klare und einfache Formulierung kann einem ansonsten drohenden unerwünschten gegenteiligen Effekt entgegenwirken: Die Aufmerksamkeit der Jury-Mitglieder eingangs durch ausschweifende Vormeberkungen auf einen Umstand zu lenken, der bei der Beurteilung eines Falles gerade *keine* Aufmerksamkeit geschenkt werden sollte, könnte nämlich in der Tat kontraproduktiv sein und das eigentliche Ziel konterkarieren.[1503]

Um die Interessen der angeklagten Person auf der anderen Seite ebenfalls zu wahren, könnte die *corroboration warning* umgestaltet werden in eine reine richterliche Anmerkung ohne explizit warnenden Charakter.[1504] Einer Reform in diesem Bereich vorausgehen müsste aber dringend tiefergehende Forschung zum Grad des Einflusses der *corroboration warning* auf die Jury-Entscheidung sowie zum Zusammenhang mit der Bestärkung in Vergewaltigungsmythen, damit Für und Wider dieses Instruments abgewogen und eine bessere Alternative erarbeitet werden kann.

1501 *Dies.* in: Law and Gender in Modern Ireland (2019), S. 17.
1502 *Temkin*, New Criminal Law Review 2010, 710, 733.
1503 *Dies.*, New Criminal Law Review 2010, 710, 733 f.
1504 *Leahy/O'Reilly* (2018), S. 199.

3.3 Fazit

Wie gezeigt, bestehen gewisse Parallelen zwischen dem irischen und dem neuen deutschen Sexualstrafrecht. Beide Systeme basieren auf dem „Nein-heißt-Nein"-Grundsatz. Gleichwohl ist die Umsetzung, insbesondere durch das in Irland herrschende *common law*-Prinzip, in vielerlei Hinsicht grundverschieden. So haben gesetzliche Normen im irischen System einen gänzlich anderen Rang und sind daher naturgemäß anders ausgestaltet. Mit dem *Act* aus dem Jahre 2017 ist Irland den Forderungen nach einer umfassenden gesetzlichen Normierung der Voraussetzungen des *consent* nachgekommen, um Klarheit über die verschiedenen, bis dahin nur durch die Rechtsprechung herausgebildeten Fallgruppen zu schaffen. Hierin liegt ein wesentlicher Unterschied zum deutschen System, welches den Begriff des entgegenstehenden Willens weitgehend der Auslegung überlässt. Insgesamt wurde jedoch gezeigt, dass mit ähnlich gelagerten Fällen in Irland und Deutschland ganz ähnlich umgegangen werden würde. Die größten Unterschiede im dogmatischen Bereich bestehen im Recht behinderter Personen auf Sexualität, in Intoxikations-Fällen (zumindest insoweit, als Irland hier nie die Möglichkeit der Entziehung der Strafbarkeit durch Versicherung der Zustimmung gewährt) sowie grundsätzlich in Fällen von Täuschungen, welche umfassend nur im irischen Sexualstrafrecht zustimmungsausschließend wirken.

Strafprozessual bestehen demgegenüber größere Diskrepanzen zwischen Irland und Deutschland: Nicht zuletzt aufgrund des Jury-Prinzips sind sexualstrafrechtliche Gerichtsverfahren deutlich emotionaler und, wie gezeigt, mehr auf Vergewaltigungsmythen und auf die Diskreditierung des Opfers ausgelegt als in Deutschland. Auch wenn grundsätzlich beide Rechtsordnungen die Beteiligung von Laien und Laiinnen am Strafprozess vorsehen, so ist ihr Einfluss durch die hohe Entscheidungsgewalt der Jury in streitigen Verfahren in Deutschland als wesentlich größer anzusehen, was das Wesen des gesamten Strafprozesses und vor allem die Zielsetzung der Strafverteidigung sowie die gewählten Mittel, um dieses Ziel zu erreichen, grundlegend prägt.

Bei allen Gemeinsamkeiten und Unterschieden dogmatischer Natur einen beide Rechtsordnungen jedoch die praktischen Probleme, mit denen sich das Sexualstrafrecht konfrontiert sieht: Beide Länder kämpfen mit geringen Anzeigeraten und damit korrespondierend mit einem hohen Dunkelfeld von Sexualstraftaten, ebenfalls sind die Verurteilungsquoten eher gering.

Welche konkreten Schlüsse können nun aus der rechtsvergleichenden Betrachtung des irischen Sexualstrafrechts für Deutschland gezogen werden?

Die vergleichende Betrachtung hat ergeben, dass eine frühzeitige Normierung des rein konsensbasierten Sexualstrafrechts – so wie in Irland geschehen – *per se* nicht die flächendeckenden Probleme (niedrige Anzeigeraten, hohes Dunkelfeld, niedrige Verurteilungsquoten, Verbreitung des Glaubens an Vergewaltigungsmythen) zu lösen im Stande ist. Dennoch ist hier dasselbe zu konstatieren, was auch bereits bezüglich der Gesetzesnovelle in Deutschland festgestellt wurde: Auch wenn die oben aufgezählten Probleme durch die Strafbarkeitsausdehnung, die mit einer Anpassung der Rechtslage auf ein rein *consent*-basiertes System gegenüber einem (beispielsweise) nötigungsbasierten Ansatz einhergehen, in etwa dieselben bleiben und womöglich durch verlagerte Beweisprobleme erweitert werden, dient dieses doch dem besseren Rechtsgüterschutz.

Rechtsvergleichend sind folgende Erkenntnisse zu gewinnen:

1. Die Probleme, mit denen das Sexualstrafrecht zu kämpfen hat, sind in Deutschland und in Irland trotz ganz unterschiedlicher Strafrechtssysteme sehr ähnlich. Dies, sowie europaweite Studien wie die von *Lovett/Kelly* sprechen dafür, dass die genannten Probleme Sexualstrafverfahren, gerade aufgrund der mit den Eigenheiten der Tatbegehung einhergehenden Beweisprobleme (Aussage-gegen-Aussage-Konstellationen), inhärent sind.

2. Die Verurteilungsquoten sind in Irland sogar eher etwas niedriger als in Deutschland (und zwar auch bereits vor der Reform).

3. Die strafprozessualen Rahmenbedingungen sowie die Einstellungen der handelnden Akteure (Irland: Polizeibeamte*Polizeibeamtinnen,[1505] Jurys, Strafverteidiger*innen; Deutschland: Polizeibeamte*Polizeibeamtinnen, Richter*innen, Staatsanwält*innen etc.) scheinen größeren Einfluss auf die Ergebnisse von Sexualstrafverfahren zu haben als die dogmatische Grundlage. Erstere haben in Irland allerdings trotz stetiger Anpassung der materiellrechtlichen Grundlagen keine große Veränderung erfahren, es verbleibt bei einem zu sexistischen Verteidigungsstrategien verleitenden System. Wie gezeigt, kann eine wirkliche Veränderung aber nur eintreten, wenn auch die Einfallstore für Vergewaltigungsmythen, die im irischen Strafrechtssystem stärker als im deutschen angelegt sind, weitgehend geschlossen werden.

1505 Vgl. zum Einfluss der Polizei auf die niedrigen Verurteilungsquoten ausführlich *O'Keeffe* (2003); vgl. zur Akzeptanz der Vergewaltigungsmythen innerhalb der Institution Polizei im Vergleich mit der Akzeptanz unter Studierenden - allerdings in Israel - *Bitton/Jaeger*, J Police Crim Psych 2020, 494 ff.

4. Für das Gelingen einer jeden Reform im Bereich des Sexualstrafrechts ist es unumgänglich, dass auch gesamtgesellschaftlich Veränderungen eintreten, allen voran muss das Sprechen über Sexualität enttabuisiert werden und der Glaube an Vergewaltigungsmythen innerhalb der Bevölkerung abgebaut werden.

5. Hierzu kann die Rechtslage einen wertvollen Beitrag leisten. Dies zeigen die zumindest in einigen Punkten der *Eurobarometer*-Studie geringeren Zustimmungswerte Irlands im Vergleich zu Deutschland, insbesondere in Bezug auf die Frage nach einer möglichen Rechtfertigung sexueller Übergriffe aufgrund mangelnder Gegenwehr und einer mangelnden Äußerung des entgegenstehenden Willens. Hier erreichte Deutschland immerhin fast einen doppelt so hohen Zustimmungswert wie Irland, wo das rein konsensbasierte Sexualstrafrecht bereits seit Jahrzehnten etabliert ist. Notwendig ist es allerdings, dass diese rechtliche „Signalwirkung", die, so legt es der rechtsvergleichende Blick nach Irland nahe, durchaus Früchte trägt, auch von außerrechtlichen Aufklärungsmaßnahmen begleitet wird, um tatsächlich alle Gesellschaftsschichten zu erreichen.

6. Diese Erkenntnisse sind auf Deutschland jedenfalls insofern übertragbar, als das deutsche Rechtssystem, obgleich nicht durch das Jury-Prinzip verschärft, selbstverständlich ebenfalls nicht gänzlich unanfällig für das Eindringen von Vergewaltigungsmythen in den Strafprozess ist. Wie gezeigt, sind auch hier Laien und Laiinnen an der Urteilsfindung beteiligt, zudem sind trotz aller Beteuerungen die Objektivität betreffend auch ausgebildete Juristen*Juristinnen nicht grundsätzlich immun gegen den Glauben an Vergewaltigungsmythen und die Tatsache, dass die eigene subjektive Überzeugung die Urteilsfindung zumindest peripher berührt.

7. Die Befürchtungen der Reformgegner*innen in Bezug auf die Intensivierung der bestehenden Probleme konnten allerdings anhand der Betrachtung der irischen Lage nicht bestätigt werden. Die Probleme, die Irland mit niedrigen Verurteilungsquoten – obgleich, wie gezeigt, diese nicht wesentlich niedriger als die deutschen auch bereits vor der Reform sind – hat, sind, so hat der Prüfungspunkt b) anschaulich herausgearbeitet, eher auf die Eigenheiten des irischen Strafprozesssystems und deren Anfälligkeit für Vergewaltigungsmythen zurückzuführen als auf die dogmatische Rechtslage im Bereich des Sexualstrafrechts. Ebenfalls ist die Falschbeschuldigungsrate in Irland nicht höher geschätzt als hierzulande (lediglich 6 %). Die beiden Hauptbefürchtungen (Steigerung der Falschbeschuldigungsrate bei gleichbleibender oder sogar

sinkender Verurteilungsquote) können damit durch die Betrachtung der irischen Rechtslage nicht bestärkt werden.

4. „Ja-heißt-Ja"-Lösung

Nach der eingehenden Betrachtung der irischen Rechtslage soll nun abschließend ein noch strengeres Sexualstrafrecht beleuchtet werden – ein Prinzip, das hierzulande unter dem Begriff der „Ja-heißt-Ja"-Lösung diskutiert wurde und welches, wie oben bereits beschrieben, mit der Reform 2016 zumindest im § 177 II StGB Einzug in unser Strafgesetzbuch gefunden hat. In einem ersten Schritt wird noch einmal prägnant der Unterschied zum nunmehr bekannten „Nein-heißt-Nein"-Prinzip skizziert, bevor sodann auf zwei Rechtsordnungen geblickt werden soll, welche dieses strengere Prinzip bereits (teilweise) in ihr Sexualstrafrecht aufgenommen haben: die sog. „Campusregelungen" in Teilen der USA, bei welchen es sich indes nur um Verhaltensregeln handelt, die ausschließlich innerhalb der Universitäten gelten, und ausdrücklich nicht um staatliches Strafrecht, sowie Schweden. Die Rechtslage in Schweden ist besonders interessant, da hier unter dem Druck der #*MeToo*-Bewegung – also ganz ähnlich wie hierzulande aufgrund politischen Drucks[1506] – im Juli 2018 das umstrittene Einwilligungsgesetz in Kraft getreten ist.[1507] Aufgrund der noch nicht lange zurückliegenden Implementierung dieses Prinzips und aufgrund sprachlicher Barrieren ist hier allerdings nur ein eher oberflächlicher Blick sowie eine vorsichtige Evaluation möglich. In einem letzten Schritt soll nach Betrachtung ihrer Vor- und Nachteile die Frage beantwortet werden, ob eine entsprechende, noch weiterreichende Regelung in das deutsche Strafrecht übernommen werden sollte und wenn nicht, welche Erkenntnisse man dennoch aus diesen internationalen Erfahrungen ziehen kann.

4.1 Konsensprinzip in der „Ja-heißt-Ja"-Lösung in Abgrenzung zum „Nein-heißt-Nein"-Prinzip

In dieser Arbeit wurde das „Ja-heißt-Ja"-Prinzip bislang nur oberflächlich behandelt, da sich der deutsche Gesetzgeber in seiner Reform 2016 im Grundsatz gegen dieses und für das „Nein-heißt-Nein"-Prinzip entschieden hatte – eine Ausnahme bildet nur § 177 II StGB, welcher, im Gegensatz zum § 177 I StGB, die ausdrückliche oder zumindest konkludente Zustimmung der

---

1506   Vgl. hierzu oben (Kapitel 3: 2.1).
1507   *Redaktion beck-aktuell* (12.07.2019).

dort genannten Gruppen fordert, um konsensualen, straffreien Geschlechtsverkehr mit einer Person in einer dort aufgelisteten (vorübergehenden oder
dauerhaften) Situation, die die Willensbildung oder –äußerung einschränkt
oder gar unmöglich macht, zu vollziehen. Daher sollen an dieser Stelle kurz
die wesentlichen Unterschiede dieser beiden Prinzipien skizziert werden, bevor die Rechtspraxis einer genaueren Betrachtung unterzogen wird.

Das Prinzip geht im Wesentlichen, ebenso wie das „Nein-heißt-Nein"-Prinzip,
von der sexuellen Selbstbestimmung als Dreh- und Angelpunkt des Sexualstrafrechts aus. Unterschiede ergeben sich indes bei der Maßgabe, nach der
zwischen straflosen, dem Privatbereich der Rechtsgutsinhaber*innen zuge-
ordneten und damit staatlichem Eingreifen entzogenen sexuellen Handlungen
sowie solchen, die strafwürdig und -bar sind, differenziert wird. Während bei
dem nunmehr bereits bekannten „Nein-heißt-Nein"-Prinzip „Zustimmung"
der Grundzustand ist, der durch ein konkludentes oder ausdrückliches, jedenfalls aber aktives Zutun des den Sexualkontakt innerlich nicht wünschenden
Parts aufgehoben werden muss, wird dieser Grundsatz beim „Ja-heißt-Ja"-
Prinzip genau umgedreht: Konsens muss aktiv gegeben werden, das bedeutet,
Grundzustand ist „keine Zustimmung", solange dieser ebenfalls nicht aktiv
behoben wird.[1508] Zentraler Unterschied ist somit neben diesem andersartigen
Grundzustand zwischen zwei Individuen (Sexualkontakt nicht erwünscht, solange nicht eindeutig das Gegenteil kommuniziert wurde; drastischer formuliert: Körper sind nicht „generell verfügbar für sexuelle Penetration"[1509]), dass
beim „Nein-heißt-Nein"-Prinzip die Äußerung des entgegenstehenden Willens eine *Obliegenheit* darstellt.[1510] Im Wesentlichen ginge mit der Implementierung des „Ja-heißt-Ja"-Grundsatzes in Rechtsordnungen, in denen im Strafprozess Beweise von Täter*in und Opfer eingebracht werden müssen, eine
Beweislastumkehr einher: Die angeklagte Person müsste nunmehr beweisen,
dass beiderseitiges Einverständnis vorlag.[1511] Der Grundsatz *in dubio pro reo*
bliebe hiervon selbstverständlich unberührt.[1512] Eng verbunden ist die Herausbildung beider Prinzipien mit dem *consent*-Begriff im angloamerikanischen
Raum, wo, wie bereits an anderer Stelle erwähnt, sich die Wissenschaft bereits

---

1508   *Herning/Illgner*, ZRP 2016, 77, 78.
1509   Aus dem Englischen von *Anderson*, The Yale Law Journal 2016, 1940, 1979.
1510   *Hörnle*, GA 2015, 313, 321.
1511   *Herning/Illgner*, ZRP 2016, 77, 80.
1512   *Dies.*, ZRP 2016, 77, 80, die im Vorigen auch bei der Übertragungsmöglichkeit in das
       deutsche Strafrecht missverständlich von einer "Beweislastumkehr" sprechen.

wesentlich intensiver und länger mit den Begrifflichkeiten und den zugrundeliegenden Prinzipien auseinandergesetzt hat.[1513] Unterschieden wird dort zwischen *implied consent* und *affirmative/enthusiastic consent*, wobei ersteres
das „Nein-heißt-Nein" und letzteres das „Ja-heißt-Ja"-Prinzip repräsentieren
und erklären kann.[1514]

4.2 Inneruniversitäre Verhaltensregelungen in den USA

Wie bereits angedeutet, wurde im angloamerikanischen Raum schon sehr viel
mehr zum Thema *consent* geforscht und veröffentlicht als im europäischen
Raum. Bereits aus diesem Grund lohnt sich ein kurzer Blick in die USA. Die
USA als föderaler Staat kennen nicht nur ein (Sexual-)Strafrecht. Vielmehr
fällt das Strafrecht dort in die Gesetzgebungskompetenz der einzelnen Bundesstaaten. Dies bedeutet konkret für das Sexualstrafrecht, dass das Schutzniveau der sexuellen Selbstbestimmung in den einzelnen Bundesstaaten sehr
unterschiedlich ausgeprägt ist.[1515] Zwischen Staaten, die eher konservativ geprägt sind, und solchen, die als überwiegend liberal gelten, bestehen immense
Unterschiede: Ein prominentes Beispiel ist die Tatsache, dass in einigen US-
Bundesstaaten (so beispielsweise in den Bundesstaaten New York, Michigan
und Wisconsin)[1516] Ehebruch (*adultery*) noch immer eine Straftat darstellt und

---

1513 *Dies.*, ZRP 2016, 77, 78.
1514 *Dies.*, ZRP 2016, 77, 78.
1515 Zur Fortentwicklung des Sexualstrafrechts in den USA in den vergangenen 40 Jahren
vgl. sehr anschaulich *Anderson*, The Yale Law Journal 2016, 1940, 1946 ff.
1516 Vgl. Section 255.17 des New York Penal Code: „A person is guilty of adultery when
he engages in sexual intercourse with another person at a time when he has a living
spouse, or the other person has a living spouse.", abrufbar unter
https://www.nysenate.gov/legislation/laws/PEN/255.17 [letzter Aufruf: 06.04.2022];
vgl. Sec. 750.30 des Michigan Penal Code: „*Any person who shall commit adultery
shall be guilty of a felony; and when the crime is committed between a married woman
and a man who is unmarried, the man shall be guilty of adultery, and liable to the same
punishment.*" abrufbar unter https://www.legislature.mi.gov/(S(u5xvl2ok-
pfxtnvhmnbkcrkbo))/mileg.aspx?page=getobject&objectName=mcl-750-30 [letzter
Aufruf: 06.04.2022]; vgl. 944.16 des Wisconsin Penal Code: „*Whoever does either of
the following is guilty of a Class I felony:*
*(1) A married person who has sexual intercourse with a person not the married per-
son's spouse; or*
(2) A person who has sexual intercourse with a person who is married to another.",
abrufbar unter https://docs.legis.wisconsin.gov/statutes/statutes/944/iii/16 [letzter Aufruf: 06.04.2022]; in Massachusetts, wo Ehebruch bis dato noch mit bis zu 3 Jahren
Haftstrafe geahndet werden konnte, wurde das entsprechende Gesetz 2018 aufgehoben,
und zwar durch den 2018 Session Laws Chapter 155, Section 2 (An Act Relative to

mit Geld- oder Haftstrafe geahndet werden kann, auch wenn dies in der Praxis aufgrund verschobener Prioritäten der Strafverfolgungsbehörden nur noch äußerst selten verfolgt wird.[1517] Der Straftatbestand der Vergewaltigung ist ebenfalls sehr unterschiedlich ausgestaltet. Beispielhaft sollen hier statt vieler nur zwei Gesetze gegenübergestellt werden, und zwar aus Kalifornien und aus Massachusetts:[1518]

Kalifornien: [1519]

*In prosecutions under Section 261, 262, 286, 287, or 289, or former Section 288a, in which consent is at issue, "consent" shall be defined to mean **positive cooperation in act or attitude** pursuant to an exercise of free will. The person must act freely and voluntarily and have knowledge of the nature of the act or transaction involved.*

A current or previous dating or marital relationship shall not be sufficient to constitute consent where consent is at issue in a prosecution under Section 261, 262, 286, 287, or 289, or former Section 288a.

In Sec. 261 heißt es:

Rape is an act of sexual intercourse accomplished with a person not the spouse of the perpetrator, under any of the following circumstances:

[...]

In der Folge sind verschiedene Tatbestände aufgelistet, die die Abgabe eines wirksamen *consent* ausschließen. Die wichtigsten sind psychische Krankheit, Intoxikation, Bewusstlosigkeit, Unkenntnis über die Natur des Akts sowie die Nutzung von Gewalt oder Drohung als Mittel zur Erlangung der Zustimmung.

        Reproductive Health), abrufbar unter https://malegislature.gov/Laws/Session-Laws/Acts/2018/Chapter155 [letzter Aufruf: 06.04.2022].

1517   Vgl. hierzu ausführlich m.w.N. *Sweeny*, Loyola University Chicago Law Journal 2014, 127 ff.

1518   Nach *Alexandre*, American University Journal of Gender, Social Policy & the Law 2009, 1, 5, der in seiner Untersuchung den consent-Begriff in einigen amerikanischen Bundesstaaten näher beleuchtet.

1519   Vgl. Cal. Penal Code § 261.6, abrufbar unter http://leginfo.legislature.ca.gov/faces/codes_displaySection.xhtml [letzter Aufruf: 06.04.2022].

Massachusetts:[1520]

Whoever has sexual intercourse or unnatural sexual intercourse with a person, and compels such person to submit by force and against his will, or compels such person to submit by threat of bodily injury and if either such sexual intercourse or unnatural sexual intercourse results in or is committed with acts resulting in serious bodily injury, or is committed by a joint enterprise, or is committed during the commission or attempted commission of an offense defined in section fifteen A, fifteen B, seventeen, nineteen or twenty-six of this chapter, section fourteen, fifteen, sixteen, seventeen or eighteen of chapter two hundred and sixty-six or section ten of chapter two hundred and sixty-nine shall be punished by imprisonment in the state prison for life or for any term of years.

An diesen beiden Beispielen ist anschaulich zu sehen, dass hier weitreichende Unterschiede in der Sexualstrafrechtsgebung der USA existieren. Während Massachusetts nicht nur von der Existenz eines *„unnatural"* *sexual intercourse*[1521] ausgeht, definiert dieser Staat Vergewaltigung zudem, wie auch Deutschland vor der Reform, über die Existenz von Gewalt (*„by force"*) oder Drohung (*„by threat"*). Die kalifornische Definition erscheint demgegenüber etwas weiter, wenngleich auch hier die einfache Nichtexistenz von *consent* nicht strafbarkeitsauslösend ist, sondern bestimmte Voraussetzungen gegeben sein müssen, die indes weiter gefächert sind als das bloße Konzentrieren auf „Gewalt" oder „Drohung".

Regelungen, die an *affirmative consent* angelehnt sind, gibt es indes bereits seit Jahrzehnten in den Staaten Wisconsin, Vermont und New Jersey.[1522]

Zudem existieren im Bereich des für diese Untersuchung relevanten Sexualstrafrechts in den USA seit einiger Zeit allerdings strenge Verhaltensregeln an Universitäten in einigen Bundesstaaten (allen voran Kalifornien, welche hier im Folgenden genauer betrachten werden sollen) zur Eindämmung von sexuellen Übergriffen – hauptsächlich gegen Frauen. Ganz grundsätzlich ist Vergewaltigung in den USA ein großes Problem – wobei hier ebenfalls dieselben kritischen Punkte im Vordergrund stehen: Die meisten Delikte blieben im

---

1520 Mass. Ann. Laws ch. 265, § 22(a), abrufbar unter https://malegislature.gov/Laws/GeneralLaws/PartIV/TitleI/Chapter265/Section22 [letzter Aufruf: 06.04.2022].

1521 Hierunter fallen Anal- und Oralverkehr, Masturbation mit der Hand sowie Penetration mittels eines Objekts, vgl. https://www.mass.gov/doc/7500-unnatural-and-lascivious-act-gl-c-272-s-35 [letzter Aufruf: 06.04.2022].

1522 Vgl. hierzu m.w.N. *Anderson*, The Yale Law Journal 2016, 1940, 1979.

Dunkelfeld, die wenigsten Täter*innen werden verurteilt.[1523] Vor allem an Universitäten gibt es dabei immer wieder Aufsehen erregende Fälle und daraufhin medienwirksame Proteste von Studierenden, überwiegend Studentinnen.[1524] Die daraufhin ergriffenen Maßnahmen sollen nun, da sie für die hier diskutierte Frage nach der Einführungsmöglichkeit einer „Ja-heißt-Ja"-Lösung relevant sind, genauer beleuchtet werden.

4.2.1 Hintergründe der Regelung

Gerade an Universitäten in Amerika scheinen die oben genannten Probleme tatsächlich gehäuft aufzutreten: Laut vielzitierten Studien sollen ca. 20 % der Frauen sexuelle Belästigung in ihrer Zeit an der Universität erfahren, indes kommen nur ca. 5 % der Taten zur Anzeige.[1525] Der damalige Präsident Barack Obama, der sich in seiner Amtszeit aktiv für den Schutz der sexuellen Selbstbestimmung von Studierenden einsetzte, stützte sich zu dieser Zeit auf andere Statistiken, deren zufolge jede fünfte Studentin in ihrer Studienzeit mindestens einen sexuellen Übergriff[1526] erfahre (was ebenfalls 20 % der Studentinnen darstellte) und hiervon nur 12 % gemeldet würden.[1527]

2011 begann die Entwicklung der universitären Verhaltensrichtlinien, als unter der Obama-Regierung das *United Department of Education* über sein *OCR (Office for Civil Rights)* einen offenen Brief an alle Universitäten des Landes verfasste, in welchem die oben genannten Missstände herausgestellt und überdies betont wurde, dass die mangelnde Behandlung des Themas durch die Hochschulen einen Bruch des Titels IX (*Section of the Education Amendments of 1972*), der jegliche Diskriminierungen aufgrund des Geschlechts verbietet,

---

1523 *Alexandre*, American University Journal of Gender, Social Policy & the Law 2009 1.

1524 Z.B. den "Help carry the weight"-march von 2014, vgl. hierzu *Heller*, The New York Review of Books 5.2.2015. Nicht zuletzt dieser Fall hat letztlich für die politische Debatte gesorgt, die letztlich in Kalifornien zur Verabschiedung des „Yes means Yes"-Gesetzes führte, vgl. https://www.spiegel.de/lebenundlernen/uni/kalifornien-yes-means-yes-gesetz-soll-vergewaltigungen-verhindern-a-994448.html (letzter Abruf: 06.04.2022).

1525 *Dies.*, The New York Review of Books 5.2.2015.

1526 In den verschiedenen Studien wurden unterschiedliche Verhalten abgefragt, z.T. wurde nach „rape" gefragt, z.T. nach „sexual assault" oder „attempted sexual assault". Die Ergebnisse in all diesen Befragungen waren indes ähnlich.

1527 Vgl. https://www.faz.net/aktuell/gesellschaft/gesetz-in-kalifornien-wer-nickt-darf-sex-haben-13181095.html [letzter Aufruf: 06.04.2022]; eine Zusammenstellung mehrerer Studien findet sich bei *Anderson*, The Yale Law Journal 2016, 1940, 1969 [letzter Aufruf: 06.04.2022].

darstellt.[1528] Zudem hielt es die Institutionen in diesem Brief dazu an, umgehend auf derartige Vorwürfe sexueller Übergriffe zu reagieren, Meldung von Vorwürfen an die Bundesregierung zu erstatten sowie präventive Maßnahmen zum Schutze vor sexuellen Übergriffen zu ergreifen.[1529]

Der Titel IX gilt für Bildungsprogramme und damit verbundene Aktivitäten von Universitäten, die Bundeszuschüsse erhalten, und sexuelle Übergriffe gelten hiernach als Diskriminierungen.[1530] In diesem Zuge erstellte das *United States Department of Education* außerdem 2014 eine Liste mit Institutionen, die unter Beobachtung wegen Missachtung dieses Grundsatzes stehen; seither ist die Liste von 55 auf über 85 gestiegen.[1531] Als Reaktion hierauf haben viele Hochschulen in den USA Aufklärungskampagnen darüber, was sexuelle Übergriffe eigentlich sind und in welchen Fällen sie am häufigsten auftreten (Aufräumen mit den gängigen Vergewaltigungsmythen) gestartet.[1532] Einige begannen auch damit, spezielle Verhaltensrichtlinien in ihre Disziplinarcodes zu übernehmen, die *affirmative consent* für sexuelle Handlungen verlangen.[1533] Im September 2014 mündete diese Entwicklung schließlich in einem ersten Landesgesetz (international bekannt unter SB 967 oder auch schlicht „*Yes means yes*"[1534]) in Kalifornien, welches staatlich finanzierte Institutionen dazu verpflichtet, sog. *affirmative consent policies* zu schaffen, um (gerade, aber nicht nur) weibliche Studierende besser vor sexuellen Übergriffen zu schützen.[1535] Es handelte sich um das erste Gesetz dieser Art in den USA, kurz darauf folgte New York, und nunmehr nutzen 1400 staatliche Universitäten und Colleges in den USA ein derartiges Konzept.[1536] In der von Governor *Jerry Brown* gezeichneten kalifornischen Variante des Gesetzes (offizieller Name: „*Student Safety: Sexual Assault*"), die zum 01.01.2016 in Kraft trat, heißt es in den ersten Absätzen:

1528 *Heller*, The New York Review of Books 5.2.2015, Brief abrufbar unter https://www2.ed.gov/about/offices/list/ocr/letters/colleague-201104_pg3.html [letzter Aufruf: 06.04.2022].

1529 *Murray/Tani*, California Law Review 2016, 122, 124.

1530 *Jozkowski*, Change: The Magazine of Higher Learning 2015 16.

1531 *Dies.*, Change: The Magazine of Higher Learning 2015, 16.

1532 *Danaher*, Criminal Law and Philosophy 2018, 143, 144 f., der allerdings auch beschreibt, dass diese von den jungen Männern, die hauptsächlich damit angesprochen werden sollen, unter Protest verlassen wurden.

1533 *Anderson*, The Yale Law Journal 2016, 1940, 1979.

1534 Vgl. zum Beispiel https://taz.de/Kalifornisches-Gesetz-zu-Sex-an-Unis/!5032022/ [letzter Aufruf: 06.04.2022].

1535 *Jozkowski*, Change: The Magazine of Higher Learning 2015, 16, 17.

1536 *Anderson*, The Yale Law Journal 2016, 1940, 1979.

(a) **In order to receive state funds** *for student financial assistance, the governing board of each community college district, the Trustees of the California State University, the Regents of the University of California, and the governing boards of independent postsecondary institutions shall adopt a policy concerning sexual assault, domestic violence, dating violence, and stalking, as defined in the federal Higher Education Act of 1965 (20 U.S.C. Sec. 1092(f)) involving a student, both on and off campus. The policy shall include all of the following:*

(1) An **affirmative consent standard** *in the determination of whether consent was given by both parties to sexual activity.* **"Affirmative consent"** *means* **affirmative, conscious, and voluntary agreement to engage in sexual activity.** *[…]*[1537]

Wichtig zu betonen ist hierbei, dass es sich nicht um eine strafrechtliche Regelung handelt, wie wir sie hierzulande kennen. Es handelt sich vielmehr um Gesetze, welche zwar unmittelbar, aber eben auch ausschließlich staatlich finanzierte Bildungsinstitutionen verpflichten, derartige Regelungen in ihre Campusrichtlinien aufzunehmen, mit der Sanktionierung des Entzugs der staatlichen Förderung (wie aus den jeweils ersten Absätzen deutlich wird). Die Strafbarkeit der gegen diese von den Hochschulen zu erstellenden Richtlinien Verstoßenden ist hiervon getrennt zu betrachten. Die Hochschulen sind, wie aus dem oben genannten Brief ersichtlich, dazu angehalten, inneruniversitäre Konsequenzen auf einen Verstoß folgen zu lassen sowie begangene Straftaten an die Bundesregierung zu melden, und können außerdem inneruniversitäre Verfahren gegen den Beschuldigten einleiten. Je nach begangener Tat verbleibt die Bestrafung somit entweder in dem eigenen Justizsystem der Universität, wird den öffentlichen Stellen zur Untersuchung vorgelegt oder beides.[1538] Bei den Untersuchungen und Urteilen der Hochschulen handelt es sich ebenfalls nicht um strafrechtliche, sondern um rein zivilrechtliche Verfahren, weshalb auch strafrechtliche Verfahrensgrundsätze keine Anwendung finden.[1539] Ähnlichkeiten weisen diese Verfahren mit dem aus dem deutschen Recht bekannten Disziplinarverfahren auf, welche zwar aus dem Beamtenrecht stammen und somit öffentlich-rechtlicher Natur sind, aber deren Verfahren sich ebenfalls in Teilen an dem Strafverfahren orientieren.[1540] Ob die

---

1537   Gesetz vollständig abrufbar unter: https://leginfo.legislature.ca.gov/faces/billCompare-Client.xhtml [letzter Aufruf: 06.04.2022]; Hervorhebungen durch die *Verf.*
1538   *Kuylman*, Review of Law and Social Justice 2016, 211, 219.
1539   *Youngberg*, Golden Gate University Law Review 2015, 205, 217.
1540   *Weber* in: Creifelds kompakt, Rechtswörterbuch (2020),

inneruniversitären Untersuchungen letztlich dann auch in einer strafrechtlichen Verurteilung resultieren, hängt nach wie vor von dem maßgeblichen geltenden Strafrecht des Bundesstaates ab. Da auf bundesstaatlicher Ebene auch in Kalifornien „*Yes-means-Yes*" nicht implementiert ist, kann aus einer Tat, die nur unter den Gesichtspunkten des *affirmative consent* einen sexuellen Übergriff darstellt, keine strafrechtliche Verurteilung oder gar eine Gefängnisstrafe resultieren.[1541] Inwiefern diese Verfahren an den Hochschulen geeignet sind, um auf sexuelle Übergriffe angemessen zu reagieren,[1542] soll jedoch nicht Thema in dieser Arbeit sein. Die hiesige Untersuchung konzentriert sich vielmehr ausschließlich auf den dort implizierten „*Yes-means-Yes*"-Gedanken und die hiermit verbundenen Vor- und Nachteile in Bezug auf den Schutz der sexuellen Selbstbestimmung.

4.2.2 Diskussionen in der Wissenschaft

Wie oben bereits dargestellt, ist Dreh- und Angelpunkt der universitären Regelungen in Kalifornien seit 2014 nunmehr der sog. *affirmative consent*. Wörtlich übersetzt bedeutet der Begriff *affirmative* „bejahend", „zustimmend", „bestätigend" oder „positiv".[1543] Das Wortpaar gemeinsam könnte man also – etwas pleonastisch – mit „zustimmende Zustimmung" übersetzen. Aus rein semantischer Betrachtungsweise ergibt diese Wortschöpfung – zumindest, wenn man sie mit „zustimmende" oder „bestätigende Zustimmung" übersetzen würde – daher eigentlich keinen Sinn, durchaus ist diesem Pleonasmus aber zu entnehmen, dass die Zustimmung eben besonders deutlich nach außen zu treten hat, um als *affirmative* zu gelten. Womöglich passt insofern am besten die Übersetzungsmöglichkeit der „positiven Zustimmung" – auch diese Übersetzung legt jedoch einen besonderen Fokus auf das Element der Zustimmung, welche ja bereits denklogisch stets nur „positiv" sein kann (negative Zustimmung gibt es nicht). Wie oben bereits dargestellt, markiert dieser Begriff die Grenze zwischen dem, was in dieser Arbeit als „Nein-heißt-Nein" und was als „Ja-heißt-Ja"-Prinzip angesehen wird. Dies geht einher mit der gängigen sonstigen gerichtlichen Auslegung des Begriffs *consent* innerhalb

---

1541 *Kuylman*, Review of Law and Social Justice 2016, 211, 221.
1542 Sich hiermit intensiv auseinandersetzend *Anderson*, The Yale Law Journal 2016, 1940, 1982 ff.
1543 Vgl. https://dict.leo.org/englisch-deutsch/affirmative [letzter Aufruf: 06.04.2022].

vieler US-Bundesstaaten, die diesen Begriff in ihrer Definition von Vergewaltigung verwenden: *consent* wird hiernach nicht durch ein „Ja" angenommen, sondern durch die reine Abwesenheit eines „Neins".[1544]

Was also ist demgegenüber unter dem Begriff des *affirmative consent* zu verstehen?

Als Negativdefinition des *affirmative consent* wird genutzt, dass die reine passive Hinnahme von sexuellen Handlungen nicht ausreicht, sondern, um es positiv zu definieren, eine strafbarkeitsausschließende Einwilligung positiv – verbal oder nonverbal – gegeben werden muss.[1545] Gänzlich neu ist diese Bedeutung allerdings nicht, bereits das Kalifornische *statute law* kennt eine ähnliche Legaldefinition (s.o.: *positive cooperation in act or attitude*).[1546]

In der New Yorker Variante der Verpflichtung staatlicher Universitäten wird *affirmative consent* wie folgt definiert:

*Affirmative consent is a **knowing, voluntary, and mutual decision** among all participants to engage in sexual activity. **Consent can be given by words or actions**, as long as those words or actions create clear permission regarding willingness to engage in the sexual activity. Silence or lack of resistance, in and of itself, does not demonstrate consent.*[1547]

In der US-amerikanischen Literatur wird unter dem *consent*-Begriff noch weitergehend differenziert: *Halley* unterscheidet zwischen *positive* und *constrained consent*, zudem zwischen *subjective* und *performative consent*, wobei sie *positive* und *constrained consent* als Unterkategorien des *subjective consent* begreift.[1548] Der Unterschied zwischen *subjective* und *performative consent* ist das, was wir in § 177 I StGB mit dem Tatbestandsmerkmal der Erkennbarkeit abzugrenzen versuchen: Der entgegenstehende Wille muss nicht nur subjektiv vorliegen, sondern auch erkennbar (*performative*) für eine objektive dritte Person äußerlich zu Tage treten. Reine innere Vorbehalte reichen demgegenüber nicht aus. Interessant ist *Halleys* Unterscheidung zwischen *positive* und *constrained consent*: Nur *positive consent* sei tatsächliche, aus einem in-

---

1544 *Alexandre*, American University Journal of Gender, Social Policy & the Law 2009, 1, 7.

1545 *Anderson*, The Yale Law Journal 2016, 1940, 1978.

1546 Ebenso *dies.*, The Yale Law Journal 2016, 1940, 1979.

1547 N.Y. EDUC. LAW § 6441, abrufbar unter https://codes.findlaw.com/ny/education-law/edn-sect-6441.html [letzter Aufruf: 06.04.2022].

1548 *Halley*, Signs: Journal of Women in Culture and Society 2016, 257, 265.

neren Wunsch entstammende Zustimmung, während *constrained consent* innere Zustimmung nach einem kognitiven Abwägungsprozess beschreibt (wobei das Geben der Zustimmung letztlich aus Gründen, die nicht Zwang oder Drohung des Gegenübers sind, als bessere Alternative empfunden wird als das Äußern des tatsächliche bestehenden Widerwillens).[1549] *Danaher* macht im Prinzip dieselben Kategorien fruchtbar, benennt diese aber anders: Er unterscheidet nach *subjective attitude* und *objective performance* (dies entspräche *Halleys* Begriffsschöpfungen des *subjective* und *performative consent)* sowie *factual* und *prescriptive consent.*[1550] Letztere Unterscheidung ähnelt wiederum *Halleys* Differenzierung zwischen *positive* und *constrained consent,* wobei *Danahers* Begriff des *prescriptive consent* vor allem die gesellschaftlich akzeptierten Normen als Abwägungsmaterial für die Zustimmung betrachtet.[1551] Nach der deutschen Rechtslage wäre auch dieser Fall, soweit bewiesen, klar: Die Motive für eine gegebene Zustimmung sind irrelevant und müssen nicht notwendigerweise den tiefen, inneren Wunsch nach Sexualität mit der anderen Person widerspiegeln. Auch ein „Ja" aus abwägenden Gründen reicht für den „erkennbaren Willen" aus. In der amerikanischen Variante des „*Yes-means-Yes*" ist jedoch unsicher, wie Grenzfälle behandelt werden würden, vor allem diejenigen, die *Halley* unter dem *constrained consent* oder *Danaher* unter dem *prescriptive consent* fasst.[1552]

Insgesamt ist bezüglich des Begriffs des *affirmative consent* somit zu konstatieren, dass hier trotz bereits jahrelanger Diskussion über den Begriff des *consent* einiges unklar zu sein scheint.

Finkelhor prägte Ende der 1970er Jahre ferner den Begriff des *informed consent*, welchen er zuvörderst gebrauchte, um den Strafgrund für sexuelle Handlungen an und mit Kindern zu umreißen: Diese könnten, selbst wenn sie „freiwillig" einwilligten, die Tragweite einer solchen Einwilligung nicht überblicken, da ihnen wesentliche Kenntnisse über sexuelle Handlungen, deren Auswirkungen und Folgen fehlten, weshalb ihr *consent* unbeachtlich sei.[1553]

Ebenso alt wie die Diskussion über eine mögliche Implementierung des *affirmative consent* sind die Stimmen in der Literatur, die über das Für und Wider

---

1549 *Dies.*, Signs: Journal of Women in Culture and Society 2016, 257, 265.
1550 *Danaher*, Criminal Law and Philosophy 2018, 143, 146.
1551 *Ders.*, Criminal Law and Philosophy 2018, 143, 146.
1552 Hierzu ausführlich und kritisch *Halley*, Signs: Journal of Women in Culture and Society 2016, 257, 269 ff.
1553 Vgl. hierzu ausführlich *Finkelhor*, The American journal of orthopsychiatry 1979, 692 ff.

einer derartigen Regelung streiten. Dafür wird zumeist, oft im Zuge feministischer Argumentationsmuster, die größtmögliche Maximierung des Konzepts sexueller Autonomie und Selbstbestimmung als Grund für die Implementierung angeführt.[1554] Nur, wenn alle Parteien positiv ihre Zustimmung zur sexuellen Handlung verdeutlicht haben, ist diese ein Ausdruck der sexuellen Autonomie beider Individuen. Ausgeschlossen wird damit die Möglichkeit, die reine Abwesenheit von Widerwillen oder gar Gegenwehr als Zustimmung zu verstehen. Die mit dem Grundsatz „Nein heißt Nein" verbundene Obliegenheit des Opfers, welche, so könnte man argumentieren, eine einseitige Verpflichtung des unterlegenen Parts – oftmals, gesellschaftlichen Grundstrukturen entsprechend, der Frau – darstellt, wird gewandelt zu einer mehr auf Beidseitigkeit ausgerichtete Kommunikation.[1555]

Gegen die „*Yes-means-Yes*"-Regelung, wie sie nun in mehreren Staaten der USA für Universitäten vorgeschrieben ist, wird zumeist angeführt, sie leide an mangelnder Beweisbarkeit, zudem bestehe die Befürchtung, dass die geltenden rechtlichen Beweisstandards gelockert werden und es so vermehrt zu falschen Anschuldigungen und Verurteilungen kommen könne – es gelte ein problematischer *more likely than no*-Standard, also ein solcher, in dem es, wenn es zu einer Anschuldigung kommt, wahrscheinlicher sei, dass dem Opfer geglaubt wird als dem Beschuldigten.[1556] Auch gingen Situationen, die nicht auf den ersten Blick als strafwürdig erscheinen sowie ambivalente Verhaltensmuster des Opfers unzulässig zulasten des*der Täters*Täterin.[1557] Letztlich würden mit der Implementierung auch die eigentlichen Probleme (gerade an Universitäten) nicht behoben werden: Diese seien nämlich viel mehr, dass ehrliche, direkte Kommunikation über Sexualität in der Realität zu selten stattfände und diese durch herrschende Genderrollen zudem noch immer erschwert würde (Männer fragen nicht, Frauen trauen sich nicht, offen „Nein" zu sagen), womit die Regelung insgesamt nicht praktikabel sei und sich vielmehr das grundsätzliche Klima an Universitäten ändern müsse.[1558]

Uneinigkeit besteht darüber, ob die „*Yes-means-Yes*"-Regelung nun in den feministischen Kontext passt oder nicht: Einige argumentieren, die Regelung wäre progressiv und würde das traditionelle Verständnis von Sexualität (Mann nimmt sich, ohne Frau zu fragen) aufbrechen,[1559] andere drehen das

---

1554   *Anderson*, The Yale Law Journal 2016, 1940, 1979.
1555   *Kuylman*, Review of Law and Social Justice 2016, 211, 214.
1556   *Rubenfeld*, New York Times 15.11.2014.
1557   *Halley*, Signs: Journal of Women in Culture and Society 2016, 257, 267.
1558   *Jozkowski*, Change: The Magazine of Higher Learning 2015, 16, 21.
1559   *Kuylman*, Review of Law and Social Justice 2016, 211, 214.

Argument um und behaupten, die Regelung würde konservative Denkweisen eher unterstützen: Das Gesetz würde es ermöglichen, Sex, der zu der maßgeblichen Zeit gewollt war, nachträglich zu kriminalisieren, und würde sich außerdem hauptsächlich gegen Personengruppen richten, die in der Gesellschaft ohnehin als „sexuell gefährlich" angesehen werden (also Personen, die aus der gesellschaftlichen Norm herausfallen, hier sind vor allem dunkelhäutige Männer, Männer von niedrigerem sozialen Status, Personen, die einer anderen sexuellen Orientierung angehören als der Sexualpartner zu nennen) und könne daher diskriminierend wirken.[1560]

Dies erinnert insgesamt sehr stark an die Argumentation der Reformgegner*innen hierzulande. In den USA geht die Argumentation indes zum Teil noch einen provokanten Schritt weiter: Es wird gegen die Campusregelungen angeführt, dass diese Frauen dazu animieren würden, sich Übergriffe „einzubilden", obwohl gar keine stattgefunden hätten.[1561] Hätten tatsächlich welche stattgefunden, würde die sofortige Reaktion der Universitäten die entstandene emotionale Verletzung des Opfers überhaupt erst richtig provozieren, verglichen mit einem Kind, das sich das Knie aufgeschlagen hat und erst durch die besorgte Reaktion der Eltern beginnt zu weinen.[1562] Teilweise wird sogar spekuliert, dass durch die Regelungen Männer erst dazu „angeleitet" würden, sexuelle Übergriffe an Studentinnen zu verüben.[1563] Diese Argumentationsmuster beruhen ganz offensichtlich auf Vergewaltigungsmythen (insbesondere der *false allegation myth* und dem Mythos über Sexualität im Allgemeinen)[1564].

Insgesamt ist der Trend hin zu *affirmative consent policies* in den USA demnach ähnlich umstritten und problematisch wie die Reformierung des Sexualstrafrechts hierzulande. Auch die Argumentationen beider Seiten weisen große Parallelen auf. Indes sind die Regelungen, die ebenfalls alle erst in den letzten Jahren in Kraft getreten sind, noch zu jungen Datums, um die tatsächlichen Auswirkungen zuverlässig messen zu können.

1560   *Halley*, Signs: Journal of Women in Culture and Society 2016, 257, 276 ff.; von einem hierdurch unterstützten "zutiefst rückständigen Bild der Geschlechter" ausgehend ebenfalls *Hoven/Dyer*, ZStW 2020, 250, 262.
1561   *Rubenfeld*, New York Times 15.11.2014.
1562   *Halley* (2006), S. 346.
1563   *Dies.* (2006), S. 345.
1564   Vgl. hierzu bereits oben (Kapitel 3: 1.2.2).

328 Kapitel 5: Rechtsvergleichende Betrachtung

4.2.3 „Law in action": Apps als Lösung?

Die häufigsten Kritikpunkte an der „Ja-heißt-Ja"-Lösung sind, wie soeben eingehend erläutert, dass diese zu wenig praktikabel und obendrein im Nachhinein kaum beweisbar erscheint. Diesem Problem begegnen wollten die Erfinder sog. *consent-Apps.* Beispielsweise versuchten Hersteller mit Apps mit Namen wie *„Good2Go"* und *„We-Consent"* eine gegebene Zustimmung beweistauglich zu machen.[1565] Mit unterschiedlichen Features ausgestattet ermöglichen diese beiden Apps es den Nutzenden, die Kommunikation im Vorfeld des sexuellen Kontakts aufzuzeichnen (zum Teil nur schriftlich, mit Klick auf einen „Zustimmungsbutton", zum Teil aber auch mit Videomaterial). Auf einigen Apps ist es sogar erforderlich, zuvor den Grad der eigenen Alkoholisierung auf einer Skala selbst einzuschätzen und damit zu dokumentieren. Erst dann erscheint auf der App beispielsweise die Anzeige *„You're Good2Go!"*.

Auch wenn jedenfalls die Warn- und Erziehungsfunktion derartiger Apps empfehlenswert sein könnten, so lösen sie doch leider die oben genannten (strafprozessualen) Probleme nicht: Weder können diese Apps tatsächlich aufzeichnen, unter welchen Umständen eine so erlangte Zustimmung erlangt wurde (ob unter Zwang, Drohung, Intoxikation etc.). Selbst Videomaterial wäre hierzu nicht in der Lage: Nicht jede Zwangslage oder jeder Intoxikationszustand kann zweifelsfrei auf einem Video erkannt werden. Zudem ist es nicht einmal nachweisbar, zu welchem Zeitpunkt derartige Videos aufgenommen wurden, oder ob diese eventuell im Nachhinein manipuliert wurden.[1566] Wie man sieht, bringen derartige Apps nur wieder die altbekannten Probleme zum Vorschein, vermögen diese aber nicht zu lösen. Letztlich ist selbst der Warneffekt oder der Aufklärungseffekt dieser Apps zweifelhaft: Im Zweifelsfall werden diese Apps nur Personen verwenden, die ohnehin schon für das Thema sensibilisiert sind. Im Endeffekt dürften diese Apps zwar gut gemeint sein, aber keinen nennenswerten Effekt auf die Verbesserung der Kommunikation oder für die Beweisbarkeit, dass eine solche stattgefunden hat, erzielen. Es ist dennoch zu begrüßen, dass jungen Menschen über die gängigen modernen Kommunikationsmittel versucht wird, eine andere Sexualmoral zu vermitteln. Es sollte eben nur nicht zu viel von derartigen Apps erwartet werden – gerade vor Gericht dürften diese aufgrund der vielfältigen Interpretationsmöglichkeiten so entstehender „Zustimmungen" allerdings nur eingeschränkten Beweiswert haben.

1565 Vgl. hierzu eingehend *Danaher*, Criminal Law and Philosophy 2018, 143, 148 ff.
1566 Zu all diesen Kritikpunkten ausführlich und vollkommen zu Recht *ders.*, Criminal Law and Philosophy 2018, 143, 153 ff.

4.2.4 Fazit: Was kann für die deutsche Rechtslage daraus gewonnen werden?

Letztlich stellt sich die Frage, was aus der Entwicklung in den USA in den letzten Jahren für die deutsche Rechtslage gewonnen werden kann. Bezüglich der Lage an Hochschulen im europäischen oder konkreter im deutschen Raum ist Folgendes festzustellen: Im Zuge der veröffentlichten Zahlen der sexuell belästigten Studierenden in den USA wurden ähnliche Studien auch in Europa vorgenommen, und zwar mit ganz ähnlichen Ergebnissen. Auch in unserem Rechtsraum gaben 54,7 % der befragten Studentinnen ausweislich des deutschen Länderberichts einer EU-weiten Studie an, während ihrer Zeit an einer Hochschule sexuell belästigt[1567] worden zu sein, 3,3 % gaben sogar an, sexueller Gewalt ausgesetzt gewesen zu sein.[1568] Auch in Deutschland sehen die verschiedenen Hochschulgesetze den Schutz ihrer Studierenden und Mitarbeitenden vor sexuellen Belästigungen und sexueller Gewalt vor; im Unterschied zu den USA gibt es hierzulande zwar keine universitätseigenen Rechtsprechungsorgane, dennoch sind bei Verstößen gegen die Universitätsrichtlinien[1569] Sanktionen wie schriftliche Belehrungen, Ausschluss von der Nutzung universitärer Einrichtungen, Hausverbote oder als *ultima ratio* die Exmatrikulation möglich.[1570] Die darüberhinausgehende Behandlung durch universitäre Spruchkörper ist überdies nicht empfehlenswert und auch nicht notwendig: Allein die Bereitstellung von Beratungsstellen, die Existenz interner Handlungsmöglichkeiten bei Verstößen sowie Aufklärungsmaterialien motivieren Geschädigte, auch strafrechtliche Verfahren einzuleiten: Dieses außerrechtliche System wirft somit einen „Schatten des Rechts, das bereits ausreichend Schutz bietet".[1571]

Bezüglich der sonstigen Debatte um den Begriff des *affirmative consent* ist folgendes festzustellen: Ungeachtet der Frage nach der Empfehlung derartiger

---

1567 Die Studie ist nur eingeschränkt mit den o.g. Studien aus den USA zu vergleichen, da hier nach „sexueller Belästigung" gefragt wurde. So erklären sich auch die deutlich höheren Zahlen.

1568 *Kocher/Porsche*, Sexuelle Belästigung im Hochschulkontext (August 2015), S. 6.

1569 Von der Befugnis zum Erlass ebendieser haben indes nur einige Hochschulen in Deutschland bislang Gebrauch gemacht. An anderen Universitäten belässt man es bei Informationsmaterial, das zumeist von den Gleichstellungsbeauftragten erstellt und ausgegeben wird, *Dies.*, Sexuelle Belästigung im Hochschulkontext (August 2015): S. 45.

1570 *Dies.*, Sexuelle Belästigung im Hochschulkontext (August 2015): S. 43.

1571 So bereits die Befragten in *dies.*, Sexuelle Belästigung im Hochschulkontext (August 2015), S. 44.

„Ja-heißt-Ja"-Ansätze für die deutsche Rechtslage[1572] ist der angloamerikanische Raum uns einiges voraus. Durch die tiefe wissenschaftliche (nicht nur rechtswissenschaftliche, sondern auch soziologische, kommunikationswissenschaftliche,[1573] psychologische und politische) Auseinandersetzung mit der Frage, was *consent* eigentlich genau bedeutet, wann er frei und wann unfrei, wirksam und wann unwirksam, wer diesen überhaupt wirksam geben kann und wer nicht und vor allem, wann er strafbarkeitsausschließend („*transformative*")[1574] wirkt, ist dort bereits seit Jahren ein richtiger Diskurs über sexuelle Übergriffe in Gang gesetzt worden, welcher bei der Implikation von Gesetzen elementar wichtige Beiträge leisten kann. Hieran kann und sollte sich Deutschland ein Beispiel nehmen, sollte der 13. Abschnitt des StGB – was wünschenswert ist – noch einmal eine grundsätzliche Reformierung erhalten. Hierzu sei auf die vorstehenden Ausführungen sowie auf das Fazit dieses Unterkapitels verwiesen.

4.3 Schweden

Als nächstes soll ein kurzer Blick auf die Rechtslage in Schweden geworfen worden, wo im Juli 2018 im Zuge der dort besonders stark diskutierten #MeToo-Debatte eine ganz grundsätzliche „Ja-heißt-Ja"-Regelung ins Sexualstrafrecht aufgenommen wurde. Dies hat in den nationalen wie internationalen Medien hohe Wellen geschlagen und die Debatte um eine notwendige Verschärfung des Sexualstrafrechts erneut angefacht.

4.3.1 Rechtslage

Bereits 2016 empfahl das schwedische *Sexual Offences Committee* die Reform des bis dahin nötigungsorientierten Tatbestands der Vergewaltigung zu einem rein konsensbasierten.[1575] Mit der Aussage: „Sex sollte freiwillig sein.

1572   Ein abschließendes Fazit soll erst nach Betrachtung der schwedischen Rechtslage gegeben werden.
1573   Zu gängigen "Kommunikationsmythen", welche innerhalb jeglicher consent-Regelungen eine Rolle spielen und welche in der Tat zuerst behoben werden müssten vgl. *Harris*, Journal of Applied Communication Research 2018, 155, 156.
1574   Hierzu ausführlich *Wertheimer* in: The Ethics of Consent (2009),; nunmehr erstmalig auch in der deutschsprachigen Literatur breit diskutiert von *Vavra* (2020), 120 ff.; ebenfalls *O'Malley/Hoven* in: Core concepts in criminal law and criminal justice (2020), S. 136.
1575   SOU 2016:60.

Ist er nicht freiwillig, so ist er illegal" kündigte der schwedische Premierminister *Löfven* die hierauf basierende Reform im Dezember 2017 an.[1576] Auch in Schweden wurde diese Entwicklung allerdings – und zwar schon seit Mitte der 1990er-Jahre – maßgeblich durch die mediale Berichterstattung über schockierende Einzelfälle vorangetrieben.[1577]

In Chapter 6, Section 1 des Schwedischen Strafgesetzbuchs heißt es nunmehr seit dem 1. Juli 2018:

*A person who performs sexual intercourse, or some other sexual act that in view of the seriousness of the violation is comparable to sexual intercourse, **with a person who is not participating voluntarily** is guilty of rape and is sentenced to imprisonment for at least two and at most six years. When assessing whether participation is voluntary or not, particular consideration is given to whether voluntariness was **expressed by word or deed or in some other way.**[1578]*

In drei Unterpunkten wird sodann aufgezählt, wann die Zustimmung einer Person niemals *frivillighet* (oder englisch: *voluntarily*, deutsch: freiwillig) sein kann:

1. Wenn diese gezwungen wurde,

2. wenn diese sich in einem „besonders vulnerablen Zustand" befindet, in dem sie nicht wirksam zustimmen kann (nicht abschließend aufgezählt werden: Intoxikation durch Drogen oder Alkohol, Schlaf, Bewusstlosigkeit, Furcht, Krankheit, körperliche Verletzung, psychische Störung) oder

3. wenn der Täter ein Abhängigkeitsverhältnis ausnutzt.[1579]

1576 Eigene Übersetzung aus dem Schwedischen, vgl. zur Aussage https://www.aftonbladet.se/nyheter/samhalle/a/0EKAxA/regeringen-infor-samtyckeslag--sex-ska-vara-frivilligt [letzter Aufruf: 06.04.2022].
1577 Vgl. hierzu ausführlich *Nilsson* in: Rape in the Nordic countries (2020),
1578 Englische und schwedische Version abrufbar unter https://www.government.se/49f780/contentassets/7a2dcae0787e465e9a2431554b5eab03/the-swedish-criminal-code.pdf [letzter Aufruf: 06.04.2022]; Hervorhebungen durch die *Verf.*
1579 Eigene Übersetzung anhand von https://www.government.se/49f780/contentassets/7a2dcae0787e465e9a2431554b5eab03/the-swedish-criminal-code.pdf [letzter Aufruf: 06.04.2022].

Der Gesetzestext erinnert größtenteils an die amerikanischen Universitätsregelungen und die Festlegung auf den *affirmative consent standard*.[1580] In Section 1a geht das Schwedische Gesetz jedoch noch einen wesentlichen Schritt weiter und stellt auch *oaktsam våldtäkt* (in der englischen Version: *negligent rape*), also etwas, was man in der deutschen Rechtssprache wohl als eine grob fahrlässige Vergewaltigung bezeichnen würde, unter Strafe. Hier heißt es in der englischen Übersetzung:

*A person who commits an act referred to in Section 1 and is **grossly negligent [grob fahrlässig] regarding the circumstance that the other person is not participating voluntarily** is guilty of negligent rape and is sentenced to imprisonment for at most four years.*[1581]

Laut der schwedischen Regierung ist das Ziel dieser neuen Regelung, mehr Beschuldigte, denen das Risiko, dass die andere Person mit der sexuellen Handlung nicht einverstanden ist, hätte bekannt sein müssen, zu verurteilen als vorher.[1582]

Was die Einführung einer Fahrlässigkeitsstrafbarkeit innerhalb der Sexualdelikte angeht, ist Schweden indes kein Pionier in Europa. Auch das Nachbarland Norwegen kennt eine grob fahrlässige Vergewaltigung in Section 294 des Norwegischen Strafgesetzbuchs; dort heißt es in der englischen Version:[1583]

„Grossly negligent sexual assault is punishable by imprisonment for a term not exceeding six years."

Diese im Grundsatz bereits seit 2000 bestehende Vorschrift hat allerdings im norwegischen Recht so gut wie keine praktische Relevanz, was wohl daran liegen mag, dass für eine Verurteilung wegen Fahrlässigkeit eben auch alle Voraussetzungen der *Sec. 291* vorliegen müssen, und dieser nach wie vor Gewalt oder Drohung als Tatbestandsmerkmal voraussetzt.[1584]

1580   Siehe oben (Kapitel 5: 4.2).
1581   Abrufbar   unter   https://www.government.se/49f780/contentassets/7a2dcae0787e465e9a2431554b5eab03/the-swedish-criminal-code.pdf   [letzter Aufruf: 06.04.2022]; Hervorhebungen durch die *Verf.*
1582   Vgl. eine Presseerklärung vom 21.12.2017, abrufbar unter https://www.government.se/press-releases/2017/12/new-sexual-offence-legislation-based-on-consent/ [letzter Aufruf: 06.04.2022].
1583   Abrufbar   unter   https://www.legislationline.org/documents/section/criminalcodes/country/11/Norway/show [letzter Aufruf: 06.04.2022].
1584   So auch *Kräuter-Stockton*, djbZ 2013, 89, 92.

4.3.2 Gesellschaftliche Entwicklung und Verbreitung der Vergewaltigungsmythen in der schwedischen Bevölkerung

Bevor auf die Rechtspraxis des schwedischen Sexualstrafrechtssystes eingegangen wird, lohnt sich, parallel zur obigen Betrachtung der deutschen und der irischen Lage, ein kurzer Blick auf die gesellschaftliche Entwicklung, insbesondere auf die Verbreitung von Vergewaltigungsmythen in der schwedischen Bevölkerung.

Die skandinavischen Länder blicken hinsichtlich der Protektion von Frauen und der Bestrafung von sexuellen Übergriffen auf eine lange Geschichte progressiver Gesetzgebung zurück: Schon in der Wikingerzeit gab es umfassende Gesetze zur Abwehr ungewollter körperlicher Annäherung, von Küssen bis zu sexuellen Handlungen im engeren Sinne.[1585] Diese waren dabei keineswegs als reine Besitzrechtverletzungen zu verstehen[1586] und wurden äußerst hart bestraft, etwa mit der Ächtung der Täter als Vogelfreie (*outlawry*) – was effektiv der Todesstrafe gleichkam.[1587] Auch ansonsten hatten Frauen eine zur damaligen Zeit vergleichsweise hohe soziale Stellung inne: Zwar standen ihnen nur limitierte Rechte auf Besitz und Eigentum zu, allerdings waren sie innerhalb der Ehe für die Finanzen zuständig und darüber hinaus dazu in der Lage, sich auf eigenen Wunsch von ihrem Ehemann scheiden zu lassen.[1588]

In der Folge gilt auch das heutige Schweden im europäischen Vergleich als äußerst feministisches Land mit der weitgehendsten Gleichstellung von Männern und Frauen: Dies zeigt sich beispielsweise an der Frauenerwerbsquote, welche mit 80 % die höchste in ganz Europa ist.[1589] Betrachtet man den vom Europäischen Institut für Gleichstellungsfragen (EIGE) herausgegebenen *Gender Equality Index*, welcher ein Instrument zur Messung des Fortschritts der Gleichstellung der Geschlechter in den 27 europäischen Ländern anhand den sechs Hauptkategorien (*core domains*) Macht, Zeit, Wissen, Gesundheit, Geld und Arbeit sowie der zwei *additional domains* Gewalt gegen Frauen und *intersecting inequalities* misst, so belegte Schweden wie bereits in den Vorjahren auch 2021 mit einem Wert von 83.9 (Durchschnittswert Europa: 68,

---

1585   *Short* (2010), S. 36.
1586   So der Strafgrund zum Beispiel im römischen Recht, vgl. hierzu oben (Kapitel 2: 1.).
1587   *Pulsiano/Acker* (1993), S. 116; *Dennis/Foote/Staff* (2014), S. 382.
1588   *Short* (2010), S. 36.
1589   Vgl. https://www.auswaertiges-amt.de/de/aussenpolitik/laender/schweden-node/politisches-portraet/210776 [letzter Aufruf: 06.04.2022].

zum Vergleich mit den in dieser Arbeit relevanten Ländern: Deutschland erreichte einen Wert von 68.6 und Irland einen Wert von 73.1[1590]) den ersten Rang.[1591]

Die Verbreitung von Vergewaltigungsmythen in der schwedischen Bevölkerung wird hier wie bereits für Deutschland und Irland anhand der *Eurobarometer*-Studie ausgewertet. Auch hierbei ist zu beachten, dass diese 2016, also vor Inkrafttreten der aktuellen Reform durchgeführt wurde, allerdings durchaus schon während der laufenden öffentlichen Diskussion hierüber:

- Der Annahme, dass Opfer sexueller Gewalt eher von Fremden als von jemandem, den sie persönlich kennen, vergewaltigt werden (*real rape*-Stereotype) stimmten in der Befragung 14 % der Schwed*innen (zum Vergleich: bei den Deutschen waren es 28 %, bei den Iren 24 %) zu,[1592]

- der Annahme, dass Opfer sexueller Gewalt sich Vergewaltigungsfälle häufig nur ausdenken würden oder zumindest „übertreiben" (*false allegation myth*), stimmten 8 % der Schwed*innen (Deutschland: 24 %, Irland: 23 %) zu[1593] und

- der Annahme, dass das Opfer häufig einen derartigen Angriff provoziert, stimmten 9 % der Schwed*innen (Deutschland: 19 %, Irland: 18 %) zu.[1594]

Bezüglich der Aussagen, die in den Augen der Befragten grundsätzlich geeignet seien, einen sexuellen Übergriff zu rechtfertigen, ergab sich das ebenfalls sehr aussagekräftige folgende Bild: Keine der abgefragten Aussagen erzielte einen höheren Zustimmungswert als 4 %, insgesamt wies Schweden in vier der neun abgefragten Aussagen sogar den niedrigsten Zustimmungswert aller befragten Länder auf.[1595] Der mit 4 % höchste Zustimmungswert der Schwed*innen bezog sich dabei auf die Aussage, dass mangelnder Widerstand oder ein fehlendes „Nein" sexuelle Übergriffe rechtfertigen könne; zum Vergleich: Deutschland erreichte hier eine Zustimmungsrate von 14 %, Irland von 8 %. Auch hier ist indes der zeitliche Rahmen der Befragung zu beachten: Die jüngsten Entwicklungen in der schwedischen Rechtslage, also die Normierung des „Ja-heißt-Ja"-Grundsatzes, waren zu diesem Zeitpunkt noch

---

1590   Vgl. https://eige.europa.eu/gender-equality-index/2021 [letzter Aufruf: 06.04.2022].
1591   Vgl. https://eige.europa.eu/gender-equality-index/2021 [letzter Aufruf: 06.04.2022].
1592   *Dies.* (2016), S. 57.
1593   *Dies.* (2016), S. 58.
1594   *Dies.* (2016), S. 59.
1595   *European Commission* (2016), S. 59.

nicht vollzogen, sodass dessen Auswirkungen (möglicherweise noch geringere Zustimmungswerte, gerade für die eben erwähnte Aussage, aufgrund von
Normakzeptanz der Befragten) erst durch eine Wiederholung der Befragung
geschätzt werden könnten.

Es lässt sich somit sagen, dass die gesellschaftliche Entwicklung in Schweden
in Bezug auf Vergewaltigungsmythen und das damit zusammenhängende
Problem der *rape culture* sowohl der irischen als auch der deutschen Entwicklung um einiges voraus ist. Schweden nimmt in diesem Zusammenhang also
eine Vorreiter-Rolle in Europa ein. Die im Vorigen aufgestellte These „Ein
rein konsensbasiertes Sexualstrafrecht beeinflusst die gesellschaftliche
Perzeption von Sexualdelikten insofern, als es zu einem Abbau der Akzeptanz
von Vergewaltigungsmythen führt"[1596] kann hierdurch zwar nicht belegt werden, da die Rechtsänderung in Schweden erst zwei Jahre nach der Befragung
in Kraft trat. Doch zeigt sich hier erneut die Wechselwirkung zwischen der
gesellschaftlichen Entwicklung und dem Strafrecht: Den entscheidenden Faktor für die niedrigen Zustimmungsraten in Schweden könnte die bereits weit
fortgeschrittene Gleichstellung der Geschlechter und eine somit sensibler auf
die Verletzung des sexuellen Selbstbestimmungsrechts ausgelegte Kultur darstellen. Es kann daher die weitere These aufgestellt werden: Das Fortschreiten
der Gleichstellung der Geschlechter innerhalb eines Landes führt zum Abbau
des Glaubens an Vergewaltigungsmythen und somit zur Abkehr von der *rape
culture.*

4.3.3 Zahlen und Statistiken

Die Regierung von Schweden begründete die Verschärfung im Sexualstrafrecht in erster Linie damit, dass in den letzten Jahren das Vorkommen von
Sexualstraftaten in Schweden gestiegen sei, gerade junge Frauen hiervon betroffen seien und zu wenige dieser Taten überhaupt zur Anzeige gelangen
würden.[1597] Dies erinnert offensichtlich stark an die Begründung der Gesetzesänderung hierzulande.

Überprüfbar ist dies anhand der Zahlen der Behörde *Brå* (kurz für *Brotts-
förebyggande rådet*), dem schwedische Nationalrat für Verbrechensverhü-
tung, welcher in Zusammenarbeit mit dem schwedischen Justizministerium

---

1596   Vgl. hierzu oben (Kapitel 5: 3.2.2.3).
1597   Vgl. Presseerklärung vom 21.12.2017, abrufbar unter https://www.govern-
       ment.se/press-releases/2017/12/new-sexual-offence-legislation-based-on-consent/
       [letzter Aufruf: 06.04.2022].

verantwortlich für die jährlichen Kriminalstatistiken ist, ebenfalls For-
schungs- und Entwicklungsarbeit leistet und die Regierung so in kriminalpo-
litischen Fragen berät und unterstützt.[1598]

Zu beachten bei der Betrachtung der schwedischen Statistiken, insbesondere,
wenn man diese benutzt, um einen rechtsvergleichenden Bezug herzustellen,
ist allerdings, dass in Schweden anders als in anderen europäischen Ländern
mit Hochrechnungen gearbeitet wird, wenn eine Person beispielsweise angibt,
über Jahre hinweg einmal wöchentlich von ihrem Partner vergewaltigt worden
zu sein.[1599]

Der Swedish Crime Survey (auf Schwedisch: *Nationella trygghetsunder-
sökningen* – kurz *NTU*) ist ein jährlicher Report der *Brå*, in dem sie die Erfahrungen der Bevölkerung Schwedens im Alter zwischen 16 und 84 Jahren mit
Kriminalität wiedergibt. Unter anderem wird hier erfasst, wie viel Prozent der
Befragten nach eigenen Angaben im Bezugsrahmen (innerhalb des Jahres, das
dem Jahr, in dem die Befragung stattfindet, vorausging) Opfer bestimmter
Straftaten geworden sind. Für Sexualdelikte ergibt sich hieraus in der Tat ein
recht rasanter Anstieg: Von 2014 bis 2017 ist die Prozentzahl stetig gewachsen, und zwar von 2,0 % (2014) auf 6,4 % (2017).[1600] 2018 sank diese wieder
leicht auf 6,0 %.[1601] 2017 war die am häufigsten von Sexualdelikten betroffene Gruppe junge Frauen zwischen 20 und 24 Jahren.[1602] Tatsächlich
scheint somit die Begründung der Gesetzesänderung durch die Regierung mit
Blick auf diese Untersuchungen stichhaltig. Allerdings ist bei derartigen Werten, wie stets, ein Augenmerk auf die möglichen Hintergründe zu legen. In
Betracht für eine Begründung dieses recht raschen Anstiegs kommt nämlich
nicht nur die tatsächliche Zunahme des abgefragten Verhaltens, sondern, und
dieser Einfluss wird als groß angesehen,[1603] die mit der Gleichstellung zuneh-

---

1598   Siehe https://bra.se/bra-in-english/home/about-bra.html [letzter Aufruf: 06.04.2022].
1599   *Kräuter-Stockton*, djbZ 2013, 89, 91, vgl. hierzu auch https://www.bra.se/bra-in-eng-
       lish/home/crime-and-statistics/international-comparisons.html.
1600   Siehe   https://bra.se/bra-in-english/home/crime-and-statistics/swedish-crime-survey.
       html [letzter Aufruf: 06.04.2022].
1601   Siehe   https://bra.se/bra-in-english/home/crime-and-statistics/swedish-crime-survey.
       html [letzter Aufruf: 06.04.2022].
1602   Vgl.   https://bra.se/bra-in-english/home/crime-and-statistics/rape-and-sex-offences.
       html [letzter Aufruf: 06.04.2022].
1603   *Hoven*, Monatsschrift für Kriminologie und Strafrechtsreform 2017, 161, 169.

mende Sensibilisierung für die Verletzung der eigenen sexuellen Selbstbestimmung.[1604] Diese zwar wünschenswerte Schärfung des Problembewusst-
seins kann somit zu dem Paradox führen, dass gerade in besonders gleichberechtigten Gesellschaften wie Schweden viele Fälle berichtet werden,[1605] und
sollte daher nur äußerst zurückhaltend als Begründung für weitere strafschärfende Maßnahmen herangezogen werden. Einen weiteren Beleg für dieses Ergebnis liefert eine Studie der Europäischen Union für Grundrechte (FRA) aus
dem Jahr 2014 zur Gewalt gegen Frauen in den 28 (damaligen) Mitgliedsstaaten, die für Schweden mit die höchste Viktimisierungsrate ermittelte.[1606]

Sieht man sich die Zahlen der tatsächlich angezeigten Delikte im Bereich der
Sexualstraftaten an, ergibt sich folgendes Bild: Von 2017 auf 2018 ist die Zahl
der Sexualdelikte insgesamt leicht um 2 % angestiegen, die Zahl der angezeigten Vergewaltigungen sogar um ganze 8 %.[1607] Es wird außerdem ersichtlich, dass über die letzten zehn Jahre die angezeigten Sexualdelikte um insgesamt 34 % angestiegen sind, was aber nicht zuletzt auf zwei wesentliche Strafrechtsänderungen zurückgeführt wird, die sich 2005 (Erweiterung des Vergewaltigungstatbestands) und 2013 („Nein-heißt-Nein"-Implementation in das
Gesetz, Gewalt nicht mehr zwingend notwendig) ereigneten.[1608] Die Verurtei-
lungsrate lag dabei 2018 bei 17 %.[1609] Dieser Wert ist jedoch nicht ganz vergleichbar mit der Verurteilungsquote aus Deutschland, da unterschiedliche
Tatverdächtigenbegriffe den Zahlen zugrunde liegen.[1610]

1604 Ausführlich zum Zusammenhang zwischen gender-equality und Vergewaltigungsfäl-
      len einer Gesellschaft *Austin/Kim*, International Journal of Offender Therapy and Com-
      parative Criminology 2000, 204 ff.
1605 Hierzu ausführlich und vor allem auch bezüglich der generellen Probleme der Ver-
      gleichbarkeit internationaler (rape-)Statistiken: *Hofer*, European Journal on Criminal
      Policy and Research 2000, 77 ff.
1606 *European Union Agency for Fundamental Rights* (FRA) (2014), S. 19 ff.
1607 Vgl.   https://bra.se/bra-in-english/home/crime-and-statistics/rape-and-sex-offences.
      html [letzter Aufruf: 06.04.2022].
1608 Vgl.   https://bra.se/bra-in-english/home/crime-and-statistics/rape-and-sex-offences.
      html [letzter Aufruf: 06.04.2022].
1609 Vgl.   https://bra.se/bra-in-english/home/crime-and-statistics/rape-and-sex-offences.
      html [letzter Aufruf: 06.04.2022].
1610 Vgl. zur Zählweise in Schweden: „*The metric is essentially structured in the same way
      as previously, however, it is calculated based on all processed offences instead of all
      reported offences. The conviction rate reports the number of person-based clearances
      during one year as a per cent of all investigated offences, excluding offences with lim-
      itations of investigation during the same period.*", https://bra.se/bra-in-eng-
      lish/home/crime-and-statistics/rape-and-sex-offences.html [letzter Aufruf: 06.04.
      2022].

Blickt man nun auf das erste Jahr (2019) nach der Einführung des strengen „Ja-heißt-Ja"-Grundsatzes in das Gesetz, ergibt sich mit 23.197 angezeigten Sexualdelikten im Gegensatz zu 22.476 aus dem Vorjahr ein Anstieg um 3,2 %, bei den Vergewaltigungen sind es von 7.958 (2018) auf 8.581 (2019) sogar 7,8 %.[1611] Auch hier ist der sprunghafte Anstieg indes, gerade aufgrund der Neueinführung des Tatbestandes der grob fahrlässigen Vergewaltigung (Section 1a) wenig überraschend.

Bei der Annäherung an die Frage, ob diese Zahlen nun dahingehend auszulegen sind, dass die Reform ihr Ziel erfüllt hat, sind jedoch dieselben Überlegungen wie auch innerhalb der deutschen Rechtslage[1612] mit einzubeziehen: Dass die Zahlen von 2018 auf 2019 gestiegen sind, ist erstens, wie bereits erläutert, nicht überraschend, zweitens kann dies aber sowohl auf die Tatsache zurückzuführen sein, dass tatsächlich mehr Sexualdelikte stattgefunden haben – dies wäre wohl kaum ein wünschenswertes Ergebnis der Reform – oder darauf, dass mehr Delikte angezeigt wurden, das Dunkelfeld also erhellt wurde. Letzteres wäre mit Blick auf die Zielsetzung als Erfolg zu werten. Abschließend könnte dies nur durch aktuelle Dunkelfeldstudien für das entscheidende Jahr beurteilt werden. Es ist zudem allerdings zu beachten, dass durch die Reform schlicht der strafbare Bereich von Handlungsweisen erweitert wurde, was denklogisch in einer höheren Fallanzahl gespiegelt wird. Dies wäre dann nicht als Änderung der Rechtswirklichkeit im beabsichtigten Sinne zu verstehen – dennoch war ja eben auch gerade die Erweiterung der strafbaren Handlungen von der Reform beabsichtigt, sodass die Steigerung der Fallzahlen auch losgelöst von der Anzeigerate derer Delikte, die auch zuvor bereits unter die Definition von Vergewaltigung fielen, wohl als Erfolg zu verbuchen sind.

Die langfristigen Auswirkungen der Reform sind bislang darüber hinaus ebenfalls noch unklar. Ob es tatsächlich zu mehr Verurteilungen kommen werde, so wie die Regierung es mit der Verschärfung gleichsam intendiert, sei aufgrund der kurzen Zeit, in der das Gesetz nun in Kraft ist, noch nicht absehbar und muss daher abgewartet werden, um endgültig evaluiert zu werden.[1613]

1611   Eigene Berechnung aufgrund der Daten unter https://bra.se/bra-in-english/home/crime-and-statistics/crime-statistics.html [letzter Aufruf: 06.04.2022].
1612   Vgl. hierzu oben (Kapitel 4: 2.).
1613   Aussage der obersten schwedischen Anklagebehörde laut taz Artikel, abrufbar unter https://taz.de/Sexualstrafrecht-in-Schweden/!5611634/ [letzter Aufruf: 06.04.2022].

4.3.4 Ein Blick in die Rechtspraxis

Hohe Wellen schlug über die Grenzen von Schweden hinweg nicht nur die Reformdebatte sowie die letztendliche Umsetzung ebendieser – nunmehr auch eines der ersten Urteile[1614] nach dem neuen Zustimmungsgesetz.[1615] Zugrunde lag diesem Urteil, in dem der Angeklagte M[1616] zu zwei Jahren Haft verurteilt wurde, folgender Sachverhalt: M feierte am 22.07.2018 (nur drei Wochen nach Inkrafttreten des Zustimmungsgesetzes in Schweden) mit Freunden seinen Junggesellenabschied und traf dabei in einer Bar auf mehrere junge Frauen. Eine von diesen war die später Geschädigte A. Später gingen alle gemeinsam in die Hotelsuite der Männer. Dort schliefen M und A im selben Raum. Von da an unterscheiden sich die Aussagen beider jedoch wesentlich: M gab an, dass es in der Nacht zu einvernehmlichen Geschlechtsverkehr gekommen sei, den er aus Gewissensbissen seiner Familie gegenüber indes nach sehr kurzer Zeit abbrach. A wiederum gab an, mehrmals Oralverkehr abgelehnt, dann aber doch kurz das Glied des Angeklagten in die Hand genommen und ihn so kurzzeitig befriedigt zu haben, nachdem M ihre Hände auf dieses gelegt hatte, dann aber eingeschlafen zu sein. Sie sei dann davon aufgewacht, dass M sie an der Hüfte auf den Rücken gedreht habe. Er sei dann für ein paar Stöße in sie eingedrungen, während sie, starr vor Schock, nichts getan habe. Gewollt habe sie den Geschlechtsverkehr zu keinem Zeitpunkt. Auf dem Weg nach Hause sei ihr dann bewusst geworden, dass sie von M vergewaltigt worden sei, und habe seither mit psychischen Problemen zu kämpfen.[1617]

Das Gericht befand die Aussage der Geschädigten A, welche von ihren Freundinnen und ihrer Mutter, welchen sie jeweils direkt danach von der Tat erzählte, gestützt wurde, für glaubhafter – trotz einiger (allerdings vom Gericht

---

1614　Laut *Beck-Online* ist dies sogar das erste Urteil aufgrund des neu geschaffenen Tatbestands der „unachtsamen Vergewaltigung", vgl. *Redaktion beck-aktuell* (12.07.2019),.

1615　Dieses wurde sogar zur Titelstory des Zeitmagazins, vgl. Zeit Magazin Nr. 29 vom 11.07.2019. Das Urteil lag der Verf. im Original vor und wurde selbstständig übersetzt, Az.: Svea HR B 10579-18 v. 21.12.2018.

1616　Interessant ist, dass das Urteil im Original den vollständigen Namen des Angeklagten ungeschwärzt veröffentlicht, während das Opfer stets nur mit „A" bezeichnet wird. Hier wird deutlich, dass sich das schwedische Strafrecht besonders um Opferschutzgesichtspunkte bemüht, auf Seiten des Verurteilten aber recht punitiv eingestellt ist. In dieser Arbeit wird aus Datenschutzgründen auf die vollständige Nennung des Namens des Angeklagten selbstverständlich trotzdem verzichtet und nur das Kürzel „M" verwendet.

1617　Vgl. zum Sachverhalt S. 8 ff. des Urteils.

als nur geringfügig zu betrachtender) Abweichungen innerhalb ihrer mehrmaligen Vernehmungen.[1618] Die Glaubwürdigkeit stützte das Gericht vor allem auf die Tatsache, dass A auch Tatsachen vorbrachte, die gegen ihre Version der Geschichte und dafür sprechen könnten, dass sie den Geschlechtsverkehr sehr wohl gewollt hatte, wie zum Beispiel, dass sie M kurzzeitig freiwillig mit der Hand befriedigte.[1619] Es handele sich damit um einen sog. „Überraschungsfall", also um einen solchen, bei dem das Opfer von der sexuellen Handlung überrascht werde, und welcher in der Regel von Personen nicht freiwillig vollzogen würde.[1620] Es heißt hierzu wörtlich übersetzt im Urteil:

„Eine Person, die gegen ihren Willen sexuellen Handlungen ausgesetzt ist, trifft keine Verantwortung, „Nein" zu sagen oder ihren Widerwillen deutlich zu machen, sondern sie darf passiv sein. Jeder, der mit einer sich passiv verhaltenden Person den Geschlechtsverkehr vollziehen möchte, muss daher sicherstellen, dass diese Person an diesem auch tatsächlich teilnehmen will, soweit Unsicherheiten hierüber bestehen."[1621]

Bezüglich der subjektiven Tatbestandsmerkmale führte es dann weiter aus:

„M hat durch Wort oder Tat oder auf andere Art und Weise das Risiko erkannt, dass A nicht freiwillig am Geschlechtsverkehr teilnahm und hat diesen trotzdem durchgeführt, ohne sicherzustellen, ob A diesen tatsächlich wollte. Somit hatte dieser die Absicht, sie zu vergewaltigen."[1622]

Interessant für diese Untersuchung ist nun die Frage, wie derselbe Sachverhalt unter Zugrundelegung des deutschen Rechts beurteilt worden wäre. Nimmt man die Aussage der A als erwiesen an, so weist der Sachverhalt in Teilen gewisse Parallelen zum oben dargestellten Fall vor dem LG Bamberg[1623] auf – zumindest im ersten Handlungsabschnitt, in dem es um die Befriedigung mit der Hand geht. Im Unterschied zum Bamberger Fall (hier handelte es sich allerdings um aktiv vorgenommenen *Oral*verkehr) stand hier nicht in Zweifel, dass dieser noch freiwillig vorgenommen wurde. Dennoch hätte dieser Umstand leicht als Beweis hierfür herangezogen werden können, dass auch der weitere Geschlechtsverkehr gewollt war – es handelt sich insgesamt um eine

---

1618   Eigene Übersetzung, ebd. Urteil S. 16.
1619   Eigene Übersetzung, ebd. Urteil S. 15.
1620   Eigene Übersetzung, ebd. Urteil S. 9.
1621   Eigene Übersetzung, ebd. Urteil S. 14 f.
1622   Eigene Übersetzung, ebd. Urteil S. 9.
1623   Vgl. zur Analyse dieses Urteils oben (Kapitel 4: 1.2.1.1).

von außen betrachtet *ambivalente* Situation. Unter Zugrundelegung der Tatbestandsmerkmale des § 177 I StGB („gegen den erkennbaren Willen") wäre hier wohl danach zu Fragen gewesen, ob A ihren entgegenstehenden Willen irgendwie (ausdrücklich oder konkludent) für einen objektiven Dritten erkennbar nach außen getragen hat. Eine ausdrückliche Äußerung kommt eindeutig nicht in Betracht. Ob der entgegenstehende Wille hier konkludent geäußert wurde, ist zumindest nach den Angaben, die der Sachverhalt hier bietet, kaum festzustellen. Hierfür wäre nach deutschem Recht eine irgendwie geartete Handlung der A notwendig gewesen – sei es auch nur das Zusammenpressen ihrer Beine, Weinen, Kopfschütteln oder Vergleichbares. Ohne dieses und subjektiver Entsprechung in der Vorstellung des M wäre eine Verurteilung nach deutschem Recht nicht möglich gewesen. Hier zeigen sich nun die Unterschiede in der Rechtslage von Schweden und Deutschland deutlich: Im schwedischen Urteil wird nicht danach gefragt, ob und bejahendenfalls wie der entgegenstehende Wille der A nach außen getreten ist, sondern, ob sich der M der Zustimmung der sich gänzlich passiv verhaltenden A versichert hat. Auf subjektiver Seite reicht nunmehr, wie aus Section 1a deutlich wird, die grobe Fahrlässigkeit bezüglich der mangelnden Zustimmung des Gegenübers. Somit erscheint das Urteil, unterstellt man die Glaubwürdigkeit der Geschädigten A, tatsächlich im Einklang mit dem geltenden Strafrecht. Ebenfalls lässt sich feststellen, dass derselbe Sachverhalt wohl von einem deutschen Gericht unter Zugrundelegung des geltenden „Nein-heißt-Nein"-Grundsatzes nicht als strafbar gewertet worden wäre – anders läge der Fall nur, wenn die A sich in einem Zustand nach § 177 II StGB befunden hätte, also beispielsweise aufgrund von Alkohol- oder Drogenkonsum zu einer Äußerung des entgegenstehenden Willens nicht in der Lage gewesen wäre. Anders wäre es für die Beurteilung nach § 177 III Nr. 1 StGB, wenn die A nicht etwa bereits durch das Drehen auf den Rücken aufgewacht wäre, sondern erst durch die sexuelle Handlung an sich, dann nämlich wäre sie aufgrund des schlafenden Zustands nicht in der Lage gewesen, einen entgegenstehenden Willen zu bilden.

4.3.5 Fazit

Welche Rückschlüsse – mit Ausnahme der Frage nach der grundsätzlichen Übertragbarkeit des „Ja-heißt-Ja"-Grundsatzes[1624] – sind nun aus der Betrachtung der schwedischen Rechtslage für das deutsche Rechtssystem zu ziehen?

1624 Für die Frage nach der Übertragung des „Ja-heißt-Ja"-Grundsatzes auch auf das deutsche Strafrecht sei auf den folgenden Unterpunkt verwiesen. Insofern unterscheidet

Eine Besonderheit des schwedischen (beziehungsweise skandinavischen, denn Norwegen kennt eine ähnliche, wenngleich nicht mit dem Zustimmungsprinzip verknüpfte Regelung wie gezeigt ebenfalls) Strafrechts ist somit vor allem die Einführung der Fahrlässigkeitsstrafbarkeit. Es stellt sich daher konkret die Frage, ob eine solche auch in der deutschen Rechtslage eingeführt werden könnte und ob dies empfehlenswert erscheint.

In der Literatur hierzulande wurde bislang zum Großteil eingehend davor gewarnt, durch die Reform 2016 eine „Fahrlässigkeitsstrafbarkeit durch die Hintertür"[1625] einzuführen, ganz so, als sei diese Möglichkeit gänzlich widersinnig und (rechtlich) undenkbar. Indes ist dieser Schluss alles andere als zwingend.[1626]

Zunächst soll allerdings ein Blick auf die Argumente, die in der Literatur gegen die Einführung einer Fahrlässigkeitsstrafbarkeit im Bereich des Sexualstrafrechts fruchtbar gemacht werden, geworfen werden.

Ein prominentes Argument gegen die Einführung einer Fahrlässigkeitsstrafbarkeit ist ein rechtstheoretisches, und zwar die Ausgestaltung des Schutzgutes der sexuellen Selbstbestimmung als ein dynamisches Rechtsgut: Da die Rechtsgutsinhaber*innen dieses erst mit Leben füllen würden, indem sie sexuelle Handlungen wünschen und daher vornehmen oder nicht wünschen und daher nicht vornehmen, sei ein Eingriff zwangsläufig nur vorsätzlich möglich.[1627] Zwar ist die sexuelle Selbstbestimmung durchaus ein Rechtsgut, welches erst durch gesellschaftliche Rahmenbedingungen mit Leben gefüllt wird,[1628] jedoch leuchtet nicht recht ein, weshalb allein deswegen eine Ausgestaltung nur als vorsätzliches Delikt denkbar erscheint.

Zusätzlich spräche gegen die Einführung einer Fahrlässigkeitsstrafbarkeit ein rein rechtspraktisches Argument, und zwar die – zugegebenermaßen – durchaus realistische Befürchtung, dass die Staatsanwaltschaft womöglich aufgrund der leichteren Beweisbarkeit einer Fahrlässigkeits- im Vergleich zu einer Vorsatzstrafbarkeit geneigt sein könnte, in Fällen, in denen durchaus auch die Verfolgung wegen eines vorsätzlichen Delikts angezeigt wäre, dennoch nur

---

sich die Rechtslage in Schweden von der im Vorigen erörterten Lage in den USA nur insoweit, als das Prinzip in Schweden tatsächlich flächendeckend strafrechtlich verankert wurde, während die USA *affirmative consent* bislang nur inneruniversitär kennt.
1625 *Renzikowski*, NJW 2016, 3553, 3554.
1626 Ähnlich *Vavra* (2020), S. 264.
1627 *Schulz*, StraFo 2017, 447-451, 449.
1628 Vgl. hierzu oben (Kapitel 2:2.).

das (leichtere) Fahrlässigkeitsdelikt zu verfolgen und anzuklagen.[1629] Dies würde letztlich mittelbar (und unbeabsichtigt) zu einer Herabsenkung des Schutzniveaus der sexuellen Selbstbestimmung führen. Gleichwohl erscheint ein solches Argument, das schlussendlich auf der unzureichenden Arbeit von Behörden beruht, nicht geeignet, eine grundsätzlich gebotene Rechtsänderung zu vereiteln. Die Hintergründe für ein solches (rein prognostiziertes) Verhalten der Staatsanwaltschaft können vielfältig und insbesondere auf einen Mangel an (qualifiziert geschultem) Personal und Ressourcen zurückzuführen sein. Derartigen institutionellen Problemen sollte aber effektiverweise anders und insbesondere von politischer Seite begegnet werden.

Begründet wird die Nichtexistenz einer fahrlässigen Sexualdelikts zuweilen außerdem mit der Natur des Schuldvorwurfs der Fahrlässigkeit, der auf der Außerachtlassung der im Verkehr erforderlichen Sorgfalt beruht; es läge damit „auf der Hand", dass „dieser Aspekt des Schuldbegriffs im Hinblick auf Sexualdelikte nicht tragfähig" sei.[1630] Interessant ist, dass dieser von *Schulz* geäußerte Kritikpunkt sodann nicht näher ausgeführt wird, sondern direkt zum nächsten Argument übergegangen wird, nämlich dem strukturellen Argument, dass das Einverständnis bei § 177 I StGB eben nur tatbestandsausschließend, und nicht wie beispielsweise beim Schutzgut der körperlichen Unversehrtheit rechtfertigend wirke, womit die geringere Schutzintensität bereits indiziert sei.[1631] Dass dieses Argument sehr zirkulär und damit selbst wenig tragfähig ist, verkennt der Autor leider. Mit dieser Ansicht ist *Schulz* allerdings nicht allein, auch *Merkel* kritisiert die Tendenz des neuen § 177 I StGB hin zu einer „Fahrlässigkeitsstrafbarkeit durch die Hintertür" und konstatiert dazu schlicht und ohne Begründung, als handele es sich um ein allgemeinbekanntes Naturgesetz: „Im Sexualstrafrecht hat so etwas nichts zu suchen".[1632] Es sollte sich jedoch, anstatt sich auf derlei vermeintlich offenkundige Selbstverständlichkeiten zu berufen, vielmehr darüber Gedanken gemacht werden, wie derartige Sorgfaltspflichten im Sexualstrafrecht konkret ausgestaltet werden könnten: Sinnvoll wäre, auch vor dem Hintergrund all derjenigen Probleme, die im Vorigen bereits unter den Stichworten „ambivalente Situationen" und „Meinungswechsel" sowie nicht zuletzt der Interpretation des neuen Tatbestandsmerkmals der Erkennbarkeit diskutiert wurden, eine Abstufung, wie sie

---

1629 So das Hauptargument der Law Reform Commission of Ireland gegen die Einführung einer grob fahrlässigen Vergewaltigungsstrafbarkeit, vgl. *Law Reform Commission of Ireland* (2019), S. 91.
1630 *Schulz*, StraFo 2017, 447-451, 449.
1631 *Ders.*, StraFo 2017, 447-451, 449.
1632 *Merkel*, ZRP 2020 162.

Hörnle bereits im Jahr 2000 – also weit vor Inkrafttreten der Reform 2016 – vorschlug: Je unüblicher der sexuelle Kontakt in der konkreten Situation (Indizien: erstmalige Interaktion zwischen sich vollkommen fremden Personen, Ort, etc.), desto eher sollte es der allgemeinen Sorgfalt entsprechen, sich vor der Vornahme einer sexuellen Handlung der Zustimmung des anderen Parts zu versichern.[1633]

Kombiniert mit der hierzulande gewählten „Nein-heißt-Nein"-Lösung wäre eine Fahrlässigkeitsstrafbarkeit sogar noch praktikabler und nicht zuletzt wohl auch nur konsequent: Ist die Kommunikation des entgegenstehenden Willens vor Gericht bewiesen, so wäre der Einwand, der*die Täter*in hätte diesen dennoch nicht erkannt, rechtlich bedeutungslos, sofern man diesem den Verstoß gegen derlei Sorgfaltspflichten vorwerfen könnte. Durchaus vernünftig und gut vorstellbar wäre es, eine Fahrlässigkeitsstrafbarkeit basierend auf der *leichtfertigen* Verkennung der Abwesenheit der Zustimmung des Gegenübers zu implementieren.[1634] Ausgeschlossen wäre damit nur leichte Fahrlässigkeit, womit der Weg für spontane, ohne verbale Kommunikation auskommende Sexualität im Ergebnis nicht unnötig erschwert würde, andererseits aber Schutzbehauptungen vor Gericht effektiver begegnet werden könnte. Da letztendlich mit Einführung des Merkmals der Erkennbarkeit ohnehin schon die Perspektive einer objektiven dritten Person mit in das Gesetz implementiert wurde und dies bereits dem Vorwurf ausgesetzt ist, Fahrlässigkeitsgesichtspunkte unzulässig mit in einen durch Vorsatz geprägten Tatbestand aufzunehmen,[1635] erschiene eine Lösung über die neue Schaffung eines auf Leichtfertigkeit basierenden Fahrlässigkeitstatbestandes jedenfalls konsequenter und praktikabler.

Die moderne Auslegung des Schutzgutes der sexuellen Selbstbestimmung beweist zudem, wie eben ausführlich dargelegt, dass es keinesfalls unmöglich ist, konkrete Sorgfaltspflichten zu konstruieren, deren leichtfertige Missachtung zu einer Strafbarkeit führt. Anzuraten ist allerdings, einen solchen Tatbestand lediglich als Vergehen mit entsprechender geringerer Strafandrohung auszugestalten. Strafunwürdige Fälle fahrlässigen Handelns herauszufiltern, wird sodann Aufgabe der Gerichte sein, was aufgrund der tatbestandlichen Ausgestaltung als Leichtfertigkeitsdelikt durchaus im verhältnismäßigen Maße möglich erscheint.

1633   *Hörnle*, ZStW 2000, 356, 374 f.
1634   So ebenfalls *dies.*, ZStW 2000, 356, 376 f.
1635   Siehe hierzu oben (Kapitel 3: 4.1.1.4).

4.4 Fazit: Wäre eine Übertragung des „Ja-heißt-Ja"-Grundsatzes auf die deutsche Rechtslage wünschenswert?

Nachdem nunmehr zwei mögliche Implementationen des „Ja-heißt-Ja"-Grundsatzes betrachtet wurden (einmal gesetzlich und einmal außerhalb des Strafrechts begrenzt auf das Anwendungsfeld von Universitäten), soll nun der Frage nachgegangen werden, ob und bejahendenfalls wie ein derartiges strengeres System in unser Recht übernommen werden sollte. Getrennt werden sollte bei der Frage der Übertragbarkeit eines „Ja-heißt-Ja"-Modells strukturell zwischen zwei verschiedenen Argumentationslinien: den juristischen und den gesellschaftlich-moralischen Argumenten.

Es werden in der Diskussion immer wieder Stimmen laut, die behaupten, ein reines „Nur-Ja-heißt-Ja"-Modell sei nicht praktikabel, da es sich negativ auf das Eingehen von Sexualkontakten auswirken könnte: Eine gesetzliche Vorgabe, sich vor jeglicher sexueller Handlung (innerhalb eines Geschlechtsverkehrs wäre hier in der Tat jede einzelne sexuelle Handlung konsequenterweise getrennt zu betrachten) der Zustimmung des anderen Parts zu versichern, würde zu Zurückhaltung beim Eingehen sexueller Kontakte und letztlich zu einer nicht tragbaren Verunsicherung der Akteure führen.[1636] Dies ist allerdings im Grundsatz bei „Nein-heißt-Nein" nicht anders – auch hier ist letzendlich jede sexuelle Handlung einzeln zu betrachten. Auch bei „Ja-heißt-Ja" wird man aber innerhalb des sozial Üblichen in der Zustimmung zum Geschlechtsverkehr im Ganzen die einzelnen Handlungen mit inkludiert sehen können, sodass nicht vor jeder neuen Bewegung die Zustimmung erneuert werden muss. Eine Grenze wäre hier bei unüblicheren einzelnen sexuellen Handlungen zu ziehen – so beispielsweise beim Wechsel von Vaginal- zu Anal- oder Oralverkehr, welcher dem Sexualkontakt ein anderes Gepräge verleihen. Hier wäre eine einzelne Konsentierung durchaus gerechtfertigt.

Ebenfalls wird oftmals (fälschlicherweise, wie gleich gezeigt werden wird) Erotik mit Nonverbalität gleichgesetzt, weswegen, so der konsequente Schluss, Erotik und auf Kommunikation basierendes Sexualstrafrecht sich gegenseitig ausschlössen. So schreibt *Stevens* auf LTO: „Man könnte, was im Vorfeld von Sex geschieht, Subtext nennen, Flirt vielleicht, oder einfach Erotik. Das Wenigste davon passiert [...] auf verbalem Wege."[1637] Dem liegt in-

---

1636 *Hörnle*, GA 2015, 313, 320.
1637 *Stevens* (2016): Sechs Dinge, die Sie beim Sex jetzt besser lassen sollten (https://www.lto.de/recht/hintergruende/h/reform-sexualstrafrecht-nein-heisst-nein-sechs-dinge-die-man-jetzt-besser-lassen-sollte/) [letzter Aufruf: 06.04.2022].

des eine problematische Sichtweise von Sexualität zugrunde, die man am besten so beschreiben kann: „Lust soll immer wortlos, bedingungslos und zweifelsfrei sein – als ob es irgendwas gäbe zwischen zwei Menschen, das wortlos, bedingungslos und zweifelsfrei stattfindet."[1638] Wo Menschen miteinander agieren, kommt es zu Missverständnissen – und je mehr man auf nonverbale Kommunikation anstatt auf direkte zurückgreift,[1639] desto wahrscheinlicher werden diese. Deutlich wird dies, wenn man sich mit theoretischen Ansätzen rund um die Erklärung von sexueller Gewalt beschäftigt: Neben biologischen und psychologischen Ansätzen gehen viele Wissenschaftler*innen mittlerweile davon aus, dass gesellschaftliche Faktoren und nicht zuletzt geschlechtsspezifische Fehlkommunikation eine erhebliche Rolle bei der Entstehung sexueller Gewalt spielt.[1640]

Aus erzieherischen und gesellschaftlich-moralischen Gesichtspunkten erscheint es durchaus empfehlenswert, gerade (aber nicht nur!) jungen Menschen beizubringen, im Zweifel zu fragen, bevor sie sich einer anderen Person in sexueller Art und Weise nähern. Nicht nur, um die Selbstbestimmung des anderen Parts zu sichern, sondern auch, um das eigene Wollen und die eigenen Grenzen inhärent noch einmal zu reflektieren.[1641]

Letztlich ist auch der Ansicht zu widersprechen, die das „Ja-heißt-Ja"-Prinzip als Instrument zur „Infantilisierung der Frau", welche durch den Verzicht auf Kommunikationsobliegenheiten zu einem „unmündigen ungleichen Sexualpartner" werde, degradiert.[1642] Zwar ist *Hoven* hier durchaus insofern zuzustimmen, als dies solange zutrifft, wie in alten Strukturen bezüglich Geschlechterrollen gedacht wird: Die genannten Bedenken fußen nämlich auf dem Begreifen von Sexualität als etwas, das Männer sich (fragend oder nicht fragend) „nehmen" und Frauen (gefragt oder ungefragt) „geben". „Rückständig, illiberal und konservativ"[1643] ist dann aber nicht die Regelung, die diese Denkweise aufzubrechen versucht, sondern die damit verbundene gesellschaftliche Einstellung zu Sexualität. Gepaart mit einer aufgeklärten, gleichberechtigten Sexualmentalität ist die „Ja-heißt-Ja"-Lösung gesellschaftlich betrachtet dann nicht nur sehr wohl progressiv und emanzipiert, sondern konsequent. Wird Sexualität nämlich als etwas verstanden, dass sowohl Männer

---

1638   *Emcke* (2019), S. 82.
1639   Im sexuellen Kontext wird leider noch ganz überwiegend auf nonverbale Kommunikation zurückgegriffen, vgl. *Hörnle*, ZStW 2000, 356, 373.
1640   Vgl. hierzu ausführlich *Vavra* (2020), S. 40 ff.
1641   Ebenso *Lewina* (2020), S. 113.
1642   So aber *Hoven/Dyer*, ZStW 2020, 250, 262 f.
1643   *Dies.*, ZStW 2020, 250, 263.

als auch Frauen als auch Transpersonen gleichsam ersehnen, initiieren, geben, nehmen und genießen können, so wird durch eine Regelung, die auf dem Geben von Zustimmung basiert, im Ergebnis keines der Geschlechter „infantilisiert" und „unmündig" oder „ungleich" gemacht.

Betrachtet man die in dieser Diskussion angeführten Argumente genauer, gelangt man zu einer interessanten Feststellung: Ausgehend von einem *Soll-Zustand* (Frauen und Männer sind gänzlich gleichgestellte Individuen, die selbstbestimmt handeln und daher für sich selbst verantwortlich sind) und einem *Ist-Zustand* (keine vollständige Gleichstellung, Selbstbestimmung der Frau nicht gänzlich umgesetzt) wird von den Reformgegner*innen auffällig häufig die Änderung des *Ist-Zustands* mit der Behauptung abgelehnt, der *Soll-Zustand* sei bereits eingetreten und die Schritte zum *Soll-Zustand* selbst würden diesem zuwiderlaufen. Eine festgefahrene, altertümliche Mentalität als Gegenargument für eine Regelung, die nicht zuletzt das Aufbrechen ebendieser beabsichtigt und zu fördern definitiv in der Lage ist, anzuführen, kann indes nur als zirkulär und widersinnig bezeichnet werden.

Dass klare Kommunikation zudem ganz und gar nicht im Widerspruch zum Wesen der Sexualität steht, erläutert *Lewina* in ihrem überaus treffend benannten Unterkapitel „Ja ich will – Zustimmung ist sexy!" so: „Es ist das Wesen von Kommunikation, Menschen einander näherzubringen – und Intimität sorgt bekanntlich für besseren Sex. Gleichzeitig können wir uns beieinander sicher fühlen in dem Wissen, dass wir beide alles dafür tun werden, unsere Grenzen gegenseitig nicht zu verletzen und einander respektvoll zu behandeln […]."[1644]

Eine ganz andere Frage stellt es allerdings dar, wie sich das Recht hierzu verhalten sollte und ob dieses eine geeignete Institution darstellt, um derlei gesellschaftliches Umdenken durchzusetzen.[1645] In den Blick zu nehmen bei Implementierung einer strafrechtlichen Reform, die rechtsstaatlichen Grundsätzen genügt, sind die Interessen sowohl eines möglichen Opfers als auch diejenigen einer möglichen angeklagten Person – nicht zuletzt aufgrund der schwerwiegenden Folgen auf Seiten einer angeklagten Person im Falle einer Verurteilung, vor allem in Bezug auf eine damit einhergehende stigmatisierende Wirkung. Immer wieder zu betrachten und kritisch zu bewerten ist neben der tatsächlichen Praktikabilität solcher Verhaltensnormen eben auch die

---

1644 *Lewina* (2020), S. 113.
1645 Ebenso *Hörnle*, Bergen Journal of Criminal Law and Criminal Justice 2018, 115, 130.

Beweisbarkeit in einem strafrechtlichen Prozess, gerade in von außen ambivalent scheinenden Situationen.[1646] Keinesfalls darf es zu reinen „Verdachtsstrafen"[1647] und damit zur Berührung des *in dubio pro reo*-Grundsatzes kommen. Die Befürchtung der Berührung des *in dubio pro reo*-Grundsatzes ist wohl die größte Sorge der Gegner einer „Ja-heißt-Ja"-Lösung. Verkannt wird hierbei allerdings, dass es die Unterscheidung zwischen „Nein-heißt-Nein" und „Ja-heißt-Ja" in der Tat keinesfalls unmittelbar mit dem *in dubio pro reo*-Grundsatz verknüpft ist: Wie mit einem *non liquet* umgegangen wird, ist nicht Gegenstand der beiden Regelungen. *In dubio pro reo* könnte in Fällen einer „Ja-heißt-Ja"-Regelung dann eben insofern auswirken, dass im Zweifel von dem Geben einer Zustimmung ausgegangen werden muss – ebenso wie bei „Nein-heißt-Nein" konsequenterweise bei Nichtbeweisbarkeit von einem Fehlen des erkennbar entgegenstehenden Willens ausgegangen werden muss. Somit ist der *in dubio pro reo*-Grundsatz durch „Ja-heißt-Ja" nicht *per se* berührt[1648] – zumindest dann nicht, wenn der zu Recht als problematisch angesehene *more likely than no*-Standard[1649] nicht prozessual etabliert wird.

Es erscheint allerdings letztlich aus juristischer Perspektive dennoch praktikabler, sinnvoller und gerechter, dem späteren Opfer nicht ausschließlich Rechte, sondern auch Obliegenheiten aufzuerlegen. Im Falle des Sexualstrafrechts ist diese Obliegenheit, den entgegenstehenden Willen nach außen hin in irgendeiner Art und Weise (verbal oder nonverbal) zu kommunizieren. Dieser Ausgleich zwischen Schutz der Interessen aller handelnden Akteure ist exakt die Intention der „Nein-heißt-Nein"-Lösung.[1650] Letztlich korrespondiert dieser Ansatz auch mit dem Bild eines jeden Menschen als für sich selbst verantwortliches Individuum.

Zusammenfassend lässt sich sagen: Der „Ja-heißt-Ja"-Gedanke ist grundsätzlich durchaus ein geeignetes Instrument, um die Kommunikation über Sexualität zu verbessern und somit Missverständnisse und nicht zuletzt auch sexuelle Übergriffe zu verhindern, und zwar indem man das Problem in seinem Ursprung bearbeitet. Das Strafrecht erscheint augrund der genannten juristi-

---

1646 Hierzu ausführlich *Hörnle*, GA 2015, 313, 321; auch schon *Hörnle*, ZStW 2000, 356, 373 f.
1647 *Lederer*, StraFo 2018, 280, 282.
1648 So auch *Herning/Illgner*, ZRP 2016, 77, 80; - eine Aussage, die Lederer als "nicht erhellend" bezeichnet *Lederer*, StraFo 2018, 280, 282.
1649 Vgl. hierzu oben (Kapitel 5: 4.2.2).
1650 *Hörnle*, Bergen Journal of Criminal Law and Criminal Justice 2018, 115, 130.

schen Bedenken, allen voran aufgrund des *ultima ratio*-Grundsatzes hier allerdings nicht das geeignete Mittel.[1651] Anzuraten ist dennoch, den „Ja-heißt-Ja"-Gedanken in Aufklärungskampagnen in Schulen und Universitäten (insofern ähnlich zur Vorgehensweise in den USA, wie gezeigt gibt es hieran angelehnte Bestrebungen aber auch bereits in Deutschland) zu integrieren, um gerade junge Menschen für das Thema zu sensibilisieren und Bewusstsein für die existierenden Probleme zu schaffen.

1651 Zum selben Ergebnis gelangend *Vavra* (2020), S. 329; ebenfalls *Hoven/Dyer*, ZStW 2020, 250, 263.

Kapitel 6: Schlussbetrachtung und Ausblick

1. Zusammenfassung der gefundenen Ergebnisse

Der Schutz der sexuellen Selbstbestimmung ist eine hochkomplexe, -sensible und -emotionale Materie. Wer nach dem Sexualstrafrecht einer Gesellschaft fragt, fragt implizit auch nach dem Stellenwert der sexuellen Selbstbestimmung und der Gleichberechtigung zwischen den Geschlechtern. Das Sexualstrafrecht fungiert damit gewissermaßen als Gradmesser für die gesellschaftliche Entwicklung eines Landes in Bezug auf ihre Einstellung zu Moral, Selbstbestimmung und Geschlechterrollen.[1652]

Für alle Beteiligten (sowohl für die Opfer als auch für die Täter*innen) steht zudem in einem Strafprozess einiges auf dem Spiel. All diesen Faktoren gerecht zu werden, stellt eine wesentliche Herausforderung an den Gesetzgeber dar, welcher dieser sich mit der Reform im Jahre 2016 durch das 50. StrÄG unter dem Schlagwort „Nein heißt Nein" nach vielen Jahren der Untätigkeit endlich wieder angenommen hat.

Diese Arbeit hat aufgezeigt, dass ebenjene Reform mit Blick auf die Ratifizierung der Istanbul-Konvention und auf das nationale Verfassungsrecht aufgrund der bis dato herrschenden wesentlichen und nicht zu rechtfertigenden Lückenhaftigkeit sowie aufgrund systematischer Überlegungen längst überfällig war.

Aus der rechtsvergleichenden Betrachtung des irischen Sexualstrafrechtssystems sowie dem kurzen Blick auf Schweden und auf die inneruniversitären Regelungen innerhalb der USA kann zunächst die wertvolle Erkenntnis gewonnen werden, dass international im Wesentlichen dieselben Probleme mit der strafrechtlichen Behandlung von Sexualdelikten (niedrige Anzeigeraten, hohes Dunkelfeld, niedrige Verurteilungsquoten) bestehen. Aus diesem Grund konnten aus dem Rechtsvergleich mit Irland allerdings auch nur geringfügige neue Erkenntnisse für die dogmatische Rechtslage in Deutschland gewonnen werden, dafür allerdings die Gewissheit, dass der Ursprung dieser Probleme eher gesellschaftlicher als rechtlicher Natur ist.[1653] Zudem konnten die strafprozessualen Eigenheiten eines Rechtssystems als nicht zu unterschätzendes Einfallstor für Vergewaltigungsmythen identifiziert werden. Daher

---

1652   *Hoven/Dyer*, ZStW 2020 250.
1653   Ähnlich *Kölbel*, StV 2020, 340, 347.

kann konstatiert werden, dass ein besonderes Augenmerk auf das Strafprozessrecht und die Strafverfahrenspraxis zu legen ist, weshalb landesübergreifend Reformansätze zur Verbesserung des Schutzniveaus der sexuellen Selbstbestimmung dringend auch hierauf Bezug nehmen sollten. Hierbei sollte dem Strafprozessrecht sowie dem Einfluss von Vergewaltigungsmythen auf diesen nicht nur *en passant* begegnet werden, sondern Forschung und Reformkommissionen sollten sich hierauf als eigenen Teilbereich des Problemfelds neben den dogmatischen rechtlichen Grundlagen konzentrieren.

Einerseits ist daher gerade nicht zu erwarten, dass durch das 50. StrÄG in Deutschland die bereits seit langer Zeit existierenden Probleme in absehbarer Zeit zufriedenstellend gelöst werden – der gefundene leichte Anstieg der Veurteilungsquoten und Anzeigen kann an einer Vielzahl von Faktoren liegen, wobei die Reform immerhin einen dieser Faktoren darstellt. Andererseits ist aber auch zu unterstreichen, dass die Befürchtungen der Reformgegner*innen bislang nicht eingetreten sind und die Rechtsprechung bis auf einige hier erläuterte Kritikpunkte durchaus in der Lage ist, mit den neuen Tatbestandsmerkmalen des § 177 StGB in der Praxis sensibel umzugehen.

2. Zur symbolischen Kraft des neuen § 177 StGB

Es stellt sich daher die Frage: Ist die Reform, allen voran die Implementierung des „Nein heißt Nein"-Gedankens in § 177 StGB, insgesamt dennoch ein Gewinn für unser Strafrecht? Eng verwoben scheint diese Frage mit der Frage nach dem Sinn eines (auch) moralisch motivierten Strafrechts sowie letztlich mit der Frage nach der Notwendigkeit eines (auch) symbolischen Strafrechts auf diesem Gebiet.

Hiergegen könnte man einwenden, dass dies insofern einen Rückschritt darstellt, als doch gerade erst das Rechtsgut der Sexualdelikte von Moral- und Sittlichkeitsgedanken befreit wurde. Es handele sich daher, so wird gelegentlich polemisch getitelt, bei der Neuerung sogar um eine „Re-Moralisierung[1654] des Strafrechts mit implizierter Rückkehr des Unzuchtbegriffs".[1655]

1654   Den Begriff ebenfalls verwendend *Frommel*, NovoArgumente 2016.
1655   *Orrù*, NK 2018, 410, 414; ebenso *Stevens* (2016): Sechs Dinge, die Sie beim Sex jetzt besser lassen sollten (https://www.lto.de/recht/hintergruende/h/reform-sexualstrafrecht-nein-heisst-nein-sechs-dinge-die-man-jetzt-besser-lassen-sollte/) [letzter Aufruf: 06.04.2022], der ironisch proklamiert: "Jetzt ist "unmoralischer" Sex also endlich strafbar."; auch Kubiciel spricht von einer "Strategie der Rekriminalisierung", vgl. *Kubiciel*, verfassungsblog 24.10.2014, S. 2.

Hierzu ist zu sagen, dass ein so sensibles Thema, das zudem so eng verwoben ist mit gesellschaftlichen und politischen Themen nicht frei von moralischen Wertungen sein kann. Gerade, aber nicht nur im Bereich der Sexualdelikte ist das Strafrecht ein „Symbol des Sollens".[1656] Dass mit Strafnormen neben schützenswerten Rechtsgütern gleichzeitig *auch* Moralvorstellungen geschützt werden können, zeigen zudem diverse andere Tatbestände wie §§ 211, 212 StGB (biblisch wäre hier die Moralvorstellung „Du sollst nicht töten" heranziehbar) oder § 242 StGB („Du sollst nicht stehlen").[1657] Dieser Einfluss von Moralvorstellungen auf Strafnormen wird von den Reformgegnern indes auch gar nicht pauschal problematisiert: Der Vorwurf im Bereich des reformierten Sexualstrafrechts rührt eher daher, dass hiermit angeblich erneut *reine* Moralwidrigkeit und nicht Rechtsgüterschutz im Zentrum der Norm stünde. Dem ist nach der ausführlichen Auseinandersetzung mit dem Rechtsgut der sexuellen Selbstbestimmung im zweiten Teil dieser Arbeit jedoch entschieden zu widersprechen. Überdies ist das Sexualstrafrecht in der Tat eines der Paradebeispiele für einen Bereich, in dem Signalgesetzgebung wirksam und nach alldem, was in der hiesigen Auseinandersetzung zum Zusammenhang zwischen Recht und Gesellschaft konstatiert wurde, sogar notwendig ist. Selbst, wenn die konkrete, hier evaluierte Reform zunächst nichts oder nur sehr langsam etwas an der Rechtswirklichkeit ändern würde – ein Ausgang, der durchaus realistisch ist, da diese wie gezeigt vor allem von externen Faktoren wie der Tatsache, dass bei Sexualstraftaten im durchschnittlichen „Normalfall" keine weiteren Zeug*innen und nicht selten keine außerhalb der Aussage der Beteiligten liegenden Beweise vorhanden sind, abhängt –, so ist es für ein stringentes, am Rechtsgüterschutz orientiertes Strafrecht doch unerlässlich, die Strafgesetze an diesen konsequent auszurichten. Diese Notwendigkeit hat nicht zuletzt die Betrachtung vorheriger großer Reformen auf dem Gebiet des Sexualstrafrechts gezeigt. Die Parallelen in der Argumentationsstruktur, vor allem mit der damaligen ebenfalls heftig politischen Debatte um die Einführung der Strafbarkeit der Vergewaltigung in der Ehe, sind unübersehbar und sprechen eine klare Sprache.[1658] Auch damals fürchtete man eine eklatante Erhöhung der Falschanzeigen, quasi als Rache betrogener Ehefrauen an ihren Ehemännern, sowie eine Zerstörung von als „normal" verstandener alltäglicher Sexualität im Eheleben.

Zur abschließenden Veranschaulichung dieses Ergebnisses lohnt es noch, einen Blick auf eine (zivilrechtliche) Entscheidung des BGH aus dem Jahre

---

1656   *Orrù*, NK 2018, 410, 411.
1657   Ebenso *Vavra* (2020), S. 153.
1658   Ebenfalls *Clemm* (2020), S. 178.

1966 zu werfen: Vor nicht einmal einem halben Jahrhundert entschied dieser noch, dass es eine „Pflicht zur Geschlechtsgemeinschaft" in „ständiger Wiederholung" gebe. Es hieß wortwörtlich:

„Die Frau genügt ihren ehelichen Pflichten nicht schon damit, dass sie die Beiwohnung teilnahmslos geschehen lässt. […], so fordert die Ehe von ihr doch eine Gewährung in ehelicher Zuneigung und Opfergemeinschaft und verbietet es, Gleichgültigkeit oder Widerwillen zur Schau zu tragen."[1659]

Am aktuellen Diskurs, der derartige Aussagen nicht einmal mehr im Ansatz beinhaltet, zeigt sich, wie rasant die gesellschaftliche Entwicklung seither – in nicht unerheblichen Zusammenhang mit dem Prinzip der Normakzeptanz über die positive generalpräventive Wirkung von Strafgesetzen – vorangeschritten ist. Gleichzeitig geben viele der in dieser Arbeit analysierten Urteile (insbesondere des BGH) Anlass zu Hoffnung.

Es bleibt indes abschließend zu warnen: Solange die gesellschaftlichen Hintergründe für sexuelle Übergriffe (allen voran der in Teilen noch immer bestehende Einfluss der Vergewaltigungsmythen) nicht behoben sind, kann kein Sexualstrafrecht der Welt *allein*, egal wie streng, gut durchdacht und konsequent durchgesetzt es auch immer sein mag, etwas an der Situation verändern. Um dieses gesamtgesellschaftliche, seit Jahrhunderten andauernde strukturelle Problem zu beheben, ist allen voran ein Umdenken in der Gesellschaft erforderlich,[1660] welches sich langsam, so wurde es eingangs im dritten Teil dieser Arbeit herausgestellt, auch endlich zu vollziehen scheint.[1661] Gleichwohl hat diese Arbeit auch gezeigt, dass das Strafrecht hierzu durch seine Signalwirkung und die damit verbundene positive Generalprävention über den Lerneffekt einen wichtigen Beitrag leisten kann. Hierfür ist – entgegen der kritischen Stimmen – insbesondere die Gesetzgebung ein probates und sinnvolles Mittel. Dies gilt zumindest dort, wo gleichzeitig das zu schützende Rechtsgut (sexuelle Selbstbestimmung) betroffen ist.

Über den Lerneffekt innerhalb der positiven Generalprävention kann ein derartiges Umdenken also durchaus angestoßen werden. Überaus gefährlich und kontraproduktiv sind dagegen Stimmen aus der Wissenschaft, die durch unvorsichtige Formulierungen sexuelle Übergriffe – wenn auch unbeabsichtigt – nahezu bagatellisieren: So beispielsweise *Lederer*, wenn sie von „sexueller

---

1659   BGH, Urt. v. 02.11.1966, IV ZR 239/65.
1660   Ähnlich auch *Rabe*, Aus Politik und Zeitgeschichte 2017, 1, 9.
1661   So auch das überaus zutreffende und gut formulierte Fazit von *Herning/Illgner*, ZRP 2016, 77, 80; ebenso *Hörnle*, ZStW 2000, 356, 378.

Panik"[1662] spricht und die Aussage der US-amerikanischen Wissenschaftlerin *Kipnis* unterstützt, die sinngemäß sagt, sie sei froh, in einer Zeit aufgewachsen zu sein, in der unangenehmer Geschlechtsverkehr noch unter die Kategorie „Lebenserfahrung" fiel.[1663] Auch *Merkel* kritisiert die Reform ganz grundsätzlich, indem er sie als Auswuchs einer „Tendenz sittenrechtlicher Bevormundung im gesellschaftlichen Mainstream politischer Korrektheit, sexuelle Dinge, die einem suspekt sind, für verwerflich zu erklären" bezeichnet.[1664] *Fischer* verglich 2015 in seiner ZEIT-Online-Kolumne[1665] – die, im Gegensatz zu den anderen genannten Artikeln einer breiteren Öffentlichkeit zugänglich sein dürfte, was ihr Gefährdungspotential um einiges vergrößert – die Strafbarkeit sexueller Übergriffe mit dem irrtümlichen Verzehr einer fremden Praline i.R.v. § 242 StGB und bagatellisierte sexuelle Übergriffe damit nicht nur, sondern zog sie sogar ganz offen ins Lächerliche.[1666] Dasselbe gilt für seine Aussage, im Leben sei nun einmal das Fordern von vielerlei Verhaltensweisen, die dem eigentlichen Willen der Betroffenen widersprechen, trotzdem nicht mit Strafe bedroht („Arbeit! Steuerzahlen! Rasenmähen! Rechts Fahren!").[1667]

Derlei Aussagen sind gerade mit Blick auf die noch immer nicht gänzlich überwundene *rape culture*, insbesondere durch das damit implizite Herunterspielen der von Opfern vermutlich als überaus traumatisch empfundenen Situationen,[1668] verheerend. Dringend zu empfehlen ist demgegenüber eine intensive Auseinandersetzung mit auf modernen, zeitgemäßen Geschlechterrollen basierenden Formen der (sexuellen) zwischenmenschlichen Kommunikation sowie das Aufräumen mit Vergewaltigungsmythen, um die *rape culture*

1662 Anderswo wird auch der Begriff "Moralpanik" verwendet, vgl. *Lautmann/Klimke* in: Sexualität und Strafe (2016), S. 6.
1663 *Kipnis*, The Chronical of Highter Education 2015, 1 ff.; zitiert nach *Lederer*, StraFo 2018, 280, 282.
1664 *Merkel*, ZRP 2020, 162, 163.
1665 *Fischer* (2015): Es gibt keinen Skandal (https://www.zeit.de/gesellschaft/zeitgeschehen/2015-02/sexuelle-gewalt-sexualstrafrecht-schutzluecke) [letzter Aufruf: 06.04.2022].
1666 Diesen misslungenen Vergleich zu Recht ebenfalls kritisierend *Künast* (2015): Fischer allein im Rechtsausschuss (https://www.zeit.de/politik/deutschland/2015-02/sexuelle-gewalt-kolumne-fischer-replik-renate-kuenast) [letzter Aufruf: 06.04.2022].
1667 *Fischer* (2015): Es gibt keinen Skandal (https://www.zeit.de/gesellschaft/zeitgeschehen/2015-02/sexuelle-gewalt-sexualstrafrecht-schutzluecke) [letzter Aufruf: 06.04.2022].
1668 Vgl. für einen Überblick über die üblichen psychischen und physischen Folgen sexueller Übergriffe oben (Kapitel 2: 3.3).

aktiv zu bekämpfen.[1669] Wie wichtig selbst subtile Reaktionen auf alltäglichen Sexismus sind, zeigt sozialwissenschaftliche Forschung auf diesem Gebiet: Bereits durch subtile Gesten, wie nach einem sexistischen Witz zu schweigen anstatt zu lachen, kann die Perzeption sozialer und kultureller Normen verändert werden.[1670] Hierzu können Politik, Wissenschaft und das Rechtswesen wichtige Beiträge leisten, indem sie sich im Rahmen ihrer Zuständigkeiten und selbstverständlich – im Falle der strafrechtlichen Gesetzgebung – unter Wahrung des *ultima ratio*-Grundsatzes deutlich und signalwirksam positionieren.

Wichtig ist es zudem auf gesellschaftlicher Ebene, dass in allen Lebensbereichen offen, ehrlich und ohne Scham über Sexualität geredet wird. Nicht zuletzt die mangelnde Kommunikation über Sexualverhalten führt zu einer Moralisierung und Tabuisierung eines Themas, das jeden erwachsenen Menschen etwas angeht und einen wichtigen Teil des Lebens der meisten Personen ausmacht. Dass Sexualität immer noch ein Tabu ist, zeigt nicht nur die ganze Debatte vor und nach der Reform des Sexualstrafrechts, insbesondere der Aufschrei der Kritiker*innen, es sei nicht praktikabel, Individuen dazu zu verpflichten, sich vor dem Eingehen von Sexualkontakten mittels Kommunikation der Zustimmung des anderen Parts zu versichern, sondern auch die Tatsache, dass Sexualstrafrecht in fast allen Bundesländern im Jurastudium kein Pflichtstoff ist, obwohl es praktisch durchaus relevant ist.[1671] Insofern ist *Fischer* ausnahmsweise zuzustimmen, der befürchtet, dass, wenn man deutschen Abiturient*innen über Grundlagen des Sexualstrafrechts befragte, das Ergebnis „vermutlich erschütternd" wäre,[1672] denn ebenso wie die Ausbildung von Jurastudierenden auf diesem Gebiet ist bereits der Sexualkunde- und Aufklärungsunterricht an Schulen als defizitär zu betrachten.

Um es mit den überaus treffenden Worten *Hörnles* zu sagen: „Die Unbeliebtheit des Themas ist keine Rechtfertigung für die Abstinenz des Strafrechts".[1673]

Ebenfalls bezeichnend ist, dass als erste Reaktion auf sämtliche Strafrechtsänderungen im Sexualstrafrecht (sowohl im In- als auch im Ausland) stets ein

---

1669   So auch *Harris*, Journal of Applied Communication Research 2018, 155, 156.
1670   Vgl. hierzu ausführlich *Koudenburg/Kannegieter/Postmes u.a.*, Group Processes & Intergroup Relations 2020, 1-19,
1671   Dies ebenfalls kritisierend *Hörnle*, ZStW 2000, 356, 377.
1672   *Fischer* (2015): Die Schutzlückenkampagne (https://www.zeit.de/gesellschaft/zeitgeschehen/2015-02/sexuelle-gewalt-sexualstrafrecht) [letzter Aufruf: 06.04.2022].
1673   *Hörnle*, ZStW 2000, 356, 377.

nahezu polemischer, schon fast als Hyperbel anzusehender, Aufschrei folgt: Schlagzeilen wie „Kein Sex ohne Vertrag?",[1674] melodramatische, nahezu dystopische Anmerkungen wie „Den ersten Kuss, so wie wir ihn kannten, wird es nicht mehr geben. Denn ein überraschender Kuss ist nach dem Wortlaut des neuen Gesetzes nicht nur eine sexuelle Belästigung; er ist sogar eine sexuelle Nötigung"[1675] oder die Befürchtung, nun stets vor jeder sexuellen Handlung einen Vortrag wie bei den sog. *Miranda rules*[1676] in den USA halten zu müssen,[1677] zeigen, als wie unnormal es offensichtlich noch immer aufgefasst wird, offen und direkt über Sexualität zu sprechen, so unnormal, dass man es innerhalb journalistischer und sogar juristischer Quellen[1678] lieber ins Lächerliche zieht, als einen ernsthaften Diskurs hierüber zu führen. Gerade in einer Nation wie Deutschland, welche über die Ländergrenzen hinaus als eine Nation wahrgenommen wird, die alles bürokratisiert und für alles Verträge

---

1674   Vgl.   https://www.sueddeutsche.de/panorama/leserdiskussion-kein-sex-ohne-vertrag-ihre-meinung-zur-gesetzesaenderung-in-schweden-1.4035693   [letzter   Aufruf: 06.04.2022].

1675   *Stevens* (2016): Sechs Dinge, die Sie beim Sex jetzt besser lassen sollten (https://www.lto.de/recht/hintergruende/h/reform-sexualstrafrecht-nein-heisst-nein-sechs-dinge-die-man-jetzt-besser-lassen-sollte/) [letzter Aufruf: 06.04.2022]. Diese Aussage ist indes nicht nur bewusst überdramatisierend, sondern auch inhaltlich fehlerhaft: Da § 177 II Nr. 3 StGB, auf den sich der Autor hier offensichtlich bezieht, kein Nötigungselement beinhaltet, ist die Terminologie „sexuelle Nötigung" hier falsch. Es würde sich, selbstverständlich unter Hinzutreten der sonstigen Tatbestandsvoraussetzungen der Norm sowie unter der Prämisse, dass ein solcher Kuss überhaupt als erheblich i.S.v. § 184h StGB eingestuft würde – was eine Frage des Einzelfalls ist und in der Praxis der Gerichte nur bei länger andauernden Zungenküssen so gewertet wird (vgl. hierzu zum Beispiel oben, S. 148), weshalb ein „einfacher" Kuss daher wohl grundsätzlich nur als sexuelle Belästigung i.S.v. § 184i StGB geahndet wird – um einen „sexuellen Übergriff" handeln. Diese offensichtlichen Verständnisprobleme des Autors sind besonders bemerkenswert, da dieser in seinem Artikel eingangs befürchtet, dass das Gesetz in der Politik zum Zeitpunkt des Beschließens nicht verstanden wurde.

1676   Belehrung verdächtiger Personen in den USA, Begriff angelehnt an einen Fall des Supreme Courts: „*The person in custody must, prior to interrogation, be clearly informed that he has the right to remain silent, and that anything he says will be used against him in court; he must be clearly informed that he has the right to consult with a lawyer and to have the lawyer with him during interrogation, and that, if he is indigent, a lawyer will be appointed to represent him*", vgl. United States Supreme Court MIRANDA v. ARIZONA(1966), No. 759, 1 (d).

1677   Hiergegen auch schon argumentierend *Kuylman*, Review of Law and Social Justice 2016, 211, 222.

1678   Verwiesen sei hier erneut auf die zahlreichen Kolumnen zu diesem Thema von *Fischer* in ZEIT Online; vgl. auch *Stevens* (2016): Sechs Dinge, die Sie beim Sex jetzt besser lassen sollten (https://www.lto.de/recht/hintergruende/h/reform-sexualstrafrecht-nein-heisst-nein-sechs-dinge-die-man-jetzt-besser-lassen-sollte/)   [letzter   Aufruf: 06.04.2022].

aufsetzt, ist es plötzlich unvorstellbar, einen bestimmten Bereich mit klar definierten Regelungen zu versehen. Auch wenn, wie in dieser Arbeit eingehend beleuchtet wurde, eine reine „Nur-Ja-heißt-Ja"-Regelung aus juristischer Sicht nicht empfehlenswert ist, soll damit nicht gesagt werden, dass die klare Kommunikation, das klare „Ja" sagen zu sexuellen Kontakten, das Nachfragen, falls man sich der Zustimmung des Gegenübers nicht sicher ist, nicht aus moralischer und gesellschaftlicher Sicht ein durchaus wünschenswerter Zustand wäre.

3. Konkrete Empfehlungen: Überarbeitung sowohl des § 177 StGB als auch des gesamten 13. Abschnitts des StGB

Angesichts der gefundenen handwerklichen Detailprobleme innerhalb der neuen Rechtslage wird dennoch empfohlen, § 177 StGB und darüber hinaus auch das Sexualstrafrecht in seiner Gesamtheit, so wie es im 13. Abschnitt des StGB gestaltet ist, umfassend zu überarbeiten und hierbei nun insbesondere die Erkenntnisse der Reformkommission einzuarbeiten.

Die Norm des § 177 StGB sollte insgesamt gekürzt, teilweise sprachlich präzisiert und Abgrenzungsprobleme durch Streichung und Zusammenfassung einzelner Absätze gelöst werden.

Im Einzelnen:

- Es sollte eine klarere gesetzliche Abgrenzung zwischen § 177 II Nr. 1 und Nr. 2 StGB vorgenommen werden.

- Es wird angeraten, § 177 II Nr. 3 StGB zu streichen und in Nr. 1 zu integrieren, zum Beispiel dergestalt:

[…] *wenn*

1. der Täter ausnutzt, dass die Person aufgrund der Ausnutzung eines Überraschungsmoments oder sonst nicht in der Lage ist, einen entgegenstehenden Willen zu bilden oder zu äußern,

[…].[1679]

1679   Vgl. hierzu bereits oben (Kapitel 3: 4.1.2.3).

- § 177 II Nr. 4 StGB sollte umformuiert werden, zum Beispiel dergestalt:

„[...] in der dem Opfer bei Widerstand ein empfindliches Übel droht oder es ein solches befürchtet."[1680]

- § 177 II Nr. 4 und Nr. 5 StGB sollten aufgrund großer Überschneidung in einer Nummer zusammengefasst werden.[1681]

- Insgesamt sollten die einzelnen Qualifikationen und das Regelbeispiel aufgrund besserer Übersichtlichkeit in eigenen Paragraphen geregelt werden.

- Begrifflich sollte eine Lösung für den aufgrund des derzeitigen Sprachgebrauchs missverständlichen, weil untrennbar mit körperlicher Gewalt konnotierten Begriff der „Vergewaltigung" gefunden werden und dies im Regelbeispiel entsprechend angepasst werden. Hierfür könnte der Begriff des „sexuellen Übergriffs in einem besonders schweren Fall" für Fälle des § 177 I StGB, die zwar ein Regelbeispiel erfüllen, aber ohne Gewalt i.e.S. auskommen, eingeführt werden und neben den Begriff der „Vergewaltigung" treten.[1682]

- Darüber hinaus sollten § 184i II und § 184j StGB ersatzlos gestrichen werden.[1683]

Notwendig für eine derartige erneute Überarbeitung wäre allerdings eine tatsächliche Bereitschaft der handelnden Akteur*innen, am aktuellen *Status Quo* etwas zu verändern, und in dieses Projekt viel Zeit und Arbeit zu investieren. Die bedauerlicherweise nur halbherzige Bereitschaft dazu war ein wesentlicher Grund für die mangelnde Stringenz der Reform von 2016.[1684] Hintergrund könnte sein, dass hier immer noch zum Großteil Männer die handelnden Akteur*innen sind[1685] und diese sich oftmals gegen offensichtliche Fakten da-

---

1680   Vgl. hierzu bereits oben (Kapitel 3: 4.1.2.4).
1681   Vgl. hierzu bereits oben (Kapitel 3: 4.1.2.5).
1682   Vgl. hierzu bereits oben (Kapitel 3: 4.1.6).
1683   Vgl. hierzu bereits oben (Kapitel 3: 4.2).
1684   *Hörnle*, KriPoZ 2018, 12, 13.
1685   Vgl. hierzu die – zum Zeitpunkt des Verfassens dieser Arbeit – aktuelle Verteilung im Deutschen Bundestag (19. Wahlperiode, 2017-2021): 31,4 % Frauen, 68,6 % Männer; zum Zeitpunkt der Reform war der Frauenanteil interessanterweise etwas höher (37,3 %), vgl. https://www.bundestag.de/abgeordnete/biografien/mdb_zahlen_19/frauen_maenner-529508 [letzter Aufruf: 06.04.2022]. In der 20. Wahlperiode liegt der Frauenanteil nunmehr mit 35 % etwas höher, womit Deutschland im weltweiten Ranking der Interparlamentarischen Union IPU (https://data.ipu.org/ [letzter Auf-

gegen wehren, strukturelle Probleme, die hauptsächlich Frauen betreffen, tatsächlich als gravierende Probleme anzusehen, derer man sich mit voller Aufmerkamkeit und Sorgfalt widmen sollte. Dies korrespondiert mit internationaler Forschung auf dem Gebiet der Gesetzgebung, welche nahelegt, dass weibliche Politiker*innen eher dazu neigen, Veränderungen hinsichtlich rechtlicher Probleme, die traditionell das weibliche Geschlecht betreffen, zu initiieren.[1686] Auch die letzte Reform des Sexualstrafrechts in Irland, unter welcher der Begriff des *consent* definiert wurde, wurde von einer weiblichen Politikerin – *Frances Fitzgerald* – in Gang gesetzt.[1687] Ähnliches lässt sich im Übrigen über die Ingangsetzung der Reform in Deutschland sagen – mit *Eva Högls* Worten: „Eine solche Reform hat immer viele Väter und Mütter, in diesem Fall ganz besonders viele Mütter."[1688]

Zum Prozedere einer derartigen Überarbeitung kann nur wiederholt werden, was *Hörnle* bereits 2018, kurz nach Inkrafttreten der Reform durch das 50. StrÄG, vorschlug: Ausgangspunkt von erneuten, ernsthaften, sinnvollen Reformüberlegungen müsste die Vorstellung sein, dass kein geltendes Sexualstrafrecht existiert – also quasi ein Zurücksetzen auf „null". Sodann müsste man von diesem Standpunkt aus, aus der Perspektive unseres heutigen, modernen Verständnisses des geschützten Rechtsguts der sexuellen Selbstbestimmung und unter Hinzuziehung all unseres Wissens über Sexualdelikte (wann sie geschehen, wer die Täter*innen, wer die Opfer sind, welche Folgen sie üblicherweise nach sich ziehen, was sonstige Risikofaktoren sind) präzise, für Laiinnen und Laien verständliche Tatbestände formulieren, die für Praktiker*innen dennoch anwendbar sind.[1689] Hierbei sollte das gesamte Sexualstrafrecht in den Blick genommen und von diesem Nullpunkt gänzlich neu geschaffen werden und nicht nur – wie es seit 2016 geschieht – halbherzig einige Paragraphen ergänzt und gestrichen werden.[1690] Nur so kann letztlich ein schlüssiges, auf das Rechtsgut der sexuellen Selbstbestimmung abgestimmtes Konzept entstehen.

---

ruf: 06.04.2022]) den 42. Platz belegt; ebenfalls interessant: Mit 47 % hat das schwedische Parlament die höchste Frauenquote innerhalb der EU, vgl. https://www.destatis.de/DE/Themen/Laender-Regionen/Internationales/Thema/allgemeines-regionales/frauenanteil-parlamente.html [letzter Aufruf: 06.04.2022].

1686 *Wängnerud*, Annual Review of Political Science 2009 51; *Thomas* (1994), S. 7; *Squires/Wickham-Jones* (2001), S. 2.
1687 *Molloy*, Law and History Review 2018, 689, 707 f.
1688 Vgl. Plenarprotokoll 18/183, 17999 v. 07.07.2016, abrufbar unter https://dipbt.bundestag.de/dip21/btp/18/18183.pdf [letzter Aufruf: 06.04.2022].
1689 So auch *Hörnle*, KriPoZ 2018, 12, 13.
1690 So auch bereits *Herning/Illgner*, ZRP 2016, 77, 79.

Notwendig ist die Reformierung des *gesamten* 13. Abschnitts gerade wegen des Paradigmenwechsels durch das 50. StrÄG: Durch die Fokussierung der zentralen – und daher nach der hier vertretenen Meinung an den Anfang des 13. Abschnitt gehörenden – Norm des § 177 StGB auf Handlungen gegen den erkennbaren Willen von Personen ist nämlich *en passant* auch ein Abgrenzungsproblem zu den Missbrauchsdelikten aus §§ 174 ff. StGB entstanden: Das Gesamtkonzept des neuen, an der sexuellen Selbstbestimmung ausgerichteten Systems sollte der Gedanke sein, dass einige Personengruppen (Kinder und Personen in Abhängigkeitsverhältnissen gem. §§ 174 ff. StGB) generell nicht zustimmungsfähig[1691] i.S.v. § 177 I StGB sind und hierin allein bereits der Strafgrund zu sehen ist. Dies sollte sowohl in der Anordnung – zuerst der jetzige § 177 StGB, sodann in eigenen Paragraphen diejenigen Personengruppen, auf deren Zustimmung es nicht ankommt, da sie nicht zustimmungsfähig in diesem Sinne sind – als auch dem Wortlaut der Normen klar zum Ausdruck kommen.

Das endgültige Ziel muss es von legislativer Seite her zudem sein, ein Gesamtsystem zu schaffen, welches darauf basiert und gleichzeitig sicherstellt, dass die objektiven Signale, die bezüglich sexueller Kontakte von Individuen an andere Individuen gegeben werden, auch der tatsächlichen subjektiven Einstellung ebendieser entsprechen.[1692] Anders gewendet: Menschen müssen durch ein gesamtgesellschaftliches Umdenken dazu in den Stand gesetzt oder ermutigt werden, ihre tatsächlichen inneren Bedürfnisse in Bezug auf Sexualität ehrlich, offen und direkt zu kommunizieren und, damit korrespondierend, darauf bei anderen Menschen auch zu hören und entsprechend zu handeln. Dies erscheint allerdings eine vor dem Hintergrund der schier unendlich erscheinenden Kommunikationsmöglichkeiten und -weisen von verschiedenen Menschen und der damit einhergehenden ständigen Gefahr von Missverständnissen nahezu unmöglich. Eine Enttabuisierung von Sexualität könnte hierzu aber einiges beitragen.[1693]

1691 In diesem Zusammenhang kann auf den Begriff des *informed consent* zurückgegriffen werden, vgl. bereits oben (Kapitel 5: 4.2.2).
1692 So auch schon *Danaher*, Criminal Law and Philosophy 2018, 143, 146.
1693 In diese Richtung argumentierend auch *ders.*, Criminal Law and Philosophy 2018, 143, 147.

4. Ausblick auf das Sexualstrafrecht in seiner Gesamtheit

Erforderlich ist damit, den neuen, an die Vorgaben der Reformkommission sowie an die hier gefundenen Verbesserungsvorschläge angelehnten § 177 StGB sinnvoll in ein erneuertes Gesamtsystem des 13. Abschnitts des StGB einzubetten. Tendenzen zur Reform auch in anderen Teilbereichen des Sexualstrafrechts sind bereits seit geraumer Zeit erkennbar: Zum einen trat am 01.01.2021 der neue § 184k StGB in Kraft, durch den das Verbot des sogenannten *„Upskirtings"* ins StGB aufgenommen wurde.[1694] Zudem gibt es Bestrebungen, daneben auch das Verbot des sog. *„Catcallings"*[1695] gesetzlich zu verankern, allerdings verlangt die entsprechende Petition[1696] diesbezüglich nur – und dies entspricht auch der hier vertretenen Meinung, dass das Strafrecht eben keine „allgemeine Moralvollstreckungsinstanz" unter dem allgemeinen Stichwort „Sexismusbekämpfung" sein darf[1697] – die Aufnahme in das Ordnungswidrigkeitengesetz. Auf der anderen Seite sind im Jahre 2020 die Missbrauchsdelikte der §§ 176 ff. StGB erneut in den Fokus des Gesetzgebers geraten. Unter dem Namen „Reformpaket zur Bekämpfung sexualisierter Gewalt gegen Kinder"[1698] stellte die Bundesjustizministerin *Lambrecht* am 01.07.2020 eine Reform in Aussicht, deren gesetzliche Umsetzung dann im Jahr 2021 erfolgte.

Diese Entwicklungen zeigen, dass insgesamt eine deutliche *Tendenz zur Strafschärfung* durch Neukriminalisierungen von Verhaltensweisen zu beobachten ist, in welcher kriminologisch eine punitive Grundhaltung, welche auf die negative Generalprävention des Rechts („Abschreckungswirkung")[1699] abzielt, zu erkennen ist. Auch innerhalb der Reform durch das 50. StrÄG können einige Teilbereiche unter diese Oberkategorie gezählt werden: So neben dem neuen Grundtatbestand des sexuellen Übergriffs in § 177 I StGB auch die gänzlich neu geschaffenen Tatbestände §§ 184i und 184j StGB, mit denen allesamt Handlungen pönalisiert wurden, die zuvor durch das StGB nicht erfasst waren. Dies ist indes – mit Ausnahme des § 184j StGB – nicht als negativ,

---

1694 Da dieses thematisch mit der hier betrachteten Reform durch das 50. StrÄG zusammenhängt, wurde dieser im Gegensatz zu den anderen Neuerungen bereits weiter oben besprochen (Kapitel 3: 4.2.3).

1695 Verbale sexuelle Beleidigungen, typischerweise im öffentlichen Raum.

1696 Vgl.   https://www.openpetition.de/petition/online/es-ist-2020-catcalling-sollte-strafbar-sein [letzter Aufruf: 06.04.2022].

1697 *Hörnle*, KriPoZ 2018, 12, 13.

1698 Abrufbar unter https://www.bmjv.de/SharedDocs/Gesetzgebungsverfahren/DE/Bekaempfung_sex_Gewalt_Kinder.html [letzter Aufruf: 06.04.2022].

1699 Vgl. hierzu ausführlich anstatt Vieler *Meier* (2018), S. 248 ff.

sondern als sinnvolle und konsequente Ausrichtung des Sexualstrafrechts am Schutz des Rechtsguts der sexuellen Selbstbestimmung zu bewerten und tangiert auch nicht den *ultima-ratio* Grundsatz.

Ebenfalls unter die Tendenz zur Strafschärfung fällt teilweise die 2021 erfolgte Reform der Missbrauchstatbestände der §§ 176 ff StGB, welche sich auf sexuelle Handlungen mit oder vor Kindern bezieht: Hier wurden die Mindeststrafrahmen erhöht, indem unter anderem der Grundtatbestand des § 176 Abs. 1 StGB a.F. im neuen § 176 StGB zum Verbrechen heraufgestuft wurde. Inhaltlich soll zu dieser Reform an dieser Stelle keine Stellung genommen werden, da dies den Umfang der hiesigen Arbeit überschreitet. Einzig zur Zielsetzung kann aus kriminologischer Perspektive konstatiert werden, dass eine „Abschreckungswirkung", die damit bezweckt werden könnte, sich, so legt kriminologische Wirkungsforschung es nahe, damit wohl kaum realisieren wird: Abschreckungseffekte lassen sich empirisch mehr durch die Entdeckungswahrscheinlichkeit feststellen als durch die konkrete Art der Strafandrohung oder deren Höhe.[1700] Insofern ist Ziel dieser Strafrahmenanhebung wohl eher die Schaffung von Rechtsvertrauen, also die Stärkung der positiven generalpräventiven Wirkung.[1701] Auch dies ließe sich also mit dem Begriff „Signalgesetzgebung" betiteln.

Die andere erkennbare Tendenz im Sexualstrafrecht ist die Tendenz zur *Modernisierung.* Hierunter fällt die Anpassung von Begrifflichkeiten an einen modernen, teils für Problemlagen sensibilisierten gesellschaftlichen Sprachgebrauch, wie sie zunächst ebenfalls mit der geplanten Reformierung der §§ 176 ff. StGB – durch Streichung des Begriffs „Missbrauch" zugunsten des Begriffs „sexualisierte Gewalt" –[1702] anvisiert wurde (letztlich wurde aber von einer Umbenennung der Vorschriften der §§ 176 ff. StGB Abstand genommen). Ebenfalls hierzu zu zählen wäre die grundsätzliche (hier empfohlene) Anpassung der Systematik des gesamten 13. Abschnitts des StGB. Neben der Schaffung von präzisen, aufeinander abgestimmten, für Laien und Laiinnen verständlichen und für Rechtswender*innen aber auch anwendbaren Normen und somit einer Klarstellungswirkung hat diese Tendenz ganz klar ebenfalls Signalwirkung und zielt damit auf die positive generalpräventive Wirkung ebendieser Normen ab. Insbesondere die Auswechslung des Begriffs „Missbrauch" im Zusammenhang mit der Vornahme sexueller Handlungen an oder

---

1700   Vgl. hierzu ausführlich anstatt Vieler *ders.* (2018), S. 283 ff.
1701   Vgl. hierzu ebenfalls ausführlich anstatt Vieler *ders.* (2018), S. 248 ff.
1702   Ausführlich zu den geplanten Änderungen Stellung nehmend *Hörnle,* ZIS 2020, 440 ff.

vor Kindern, welcher aufgrund der Tatsache, dass es keinen „legalen" sexuellen Gebrauch von Kindern gebe, vermehrt in die gesellschaftliche Kritik geraten war, zielt klar auf die Erreichung einer höheren Normakzeptanz.[1703]

5. Schlusswort

Ist *Katja Keuls* eingangs bereits aufgegriffenem, euphorischem Ausspruch, die Reform des Sexualstrafrechts aus dem Jahre 2016 sei ein „*Meilenstein* für die sexuelle Selbstbestimmung in diesem Land" nach alldem also beizupflichten?

Das reformierte Sexualstrafrecht ist in der Tat ein wichtiger und angesichts der Erkenntnisse über die Wechselwirkung von Recht und Gesellschaft nicht zu unterschätzender Schritt in die richtige Richtung. Es stellt ein notwendiges Bekenntnis des Staates zur Anerkennung der erläuterten strukturellen Probleme und zur aktiven Bekämpfung der *rape culture* dar – ein Gewinn, welcher letztlich durch Kriminalstatistiken nicht unmittelbar abzubilden ist, sondern in einem größeren Kontext bewertet werden muss. Insofern ist die Implementierung des „Nein heißt Nein"-Grundsatzes nach den Klassifizierungen *Hassemers* in der Tat zumindest als Strafrecht mit einer gewissen symbolischen Komponente zu verstehen, und zwar als – indes durchaus erstrebenswertes! – „gesetzgeberisches Wertebekenntnis".[1704]

Die Änderungen sind in ihren Details – wie im Vorigen ausführlich dargelegt – durchaus zu kritisieren und in vielerlei Hinsicht verbesserungsbedürftig. Der positiven Grundtendenz können diese – vornehmlich auf dem raschen Handeln der Gesetzgebung basierenden – Detailprobleme indes nichts anhaben.

Es handelt sich bei der Reform somit durchaus und im wahrsten Sinne des Wortes um einen „*Meilenstein* für die sexuelle Selbstbestimmung" – einen „Wegweiser"[1705] nämlich, hin zum Endziel der kompletten, konsequenten Gleichstellung der Geschlechter sowie dem umfassenden Schutz der sexuellen Selbstbestimmung. Bedauerlicherweise fehlt diesem *Meilenstein* allerdings die Entfernungsangabe bis zu diesem Ziel.[1706] Es bleibt zu hoffen, dass dieser Umstand die den Weg Gehenden nicht entmutigt.

1703   *Dies.*, ZIS 2020, 440, 445.
1704   *Hassemer*, NStZ 1989, 553, 554.
1705   Vgl. hierzu bereits oben (Fn. 10).
1706   Vgl. die erste Definitionsvariante des Dudens (Fn. 9).

Positiv zu konstatieren ist jedoch: Durch die Implementierung des „Nein heißt Nein"-Grundsatzes wurde die Saat gesäht, welche das Potential hat, unter den richtigen (gesellschaftlichen) Bedingungen zu einem prächtigen Baum der sexuellen Selbstbestimmung und Gleichberechtigung zu wachsen. Hierfür braucht es neben dieser Begleitung durch gesellschaftliche Umstände, welche durch die erläuterten außerrechtlichen „Sensibilisierungsmaßnahmen"[1707] gefördert werden müssen, eben vor allem: Geduld, Zeit und regelmäßige Pflege.

Um abschließend das Bild der Straße noch einmal aufzugreifen:

„Eine Frau geht eine tausend Kilometer lange *Straße* entlang. Eine Viertelstunde nachdem sie losgelaufen ist, wird verkündet, sie habe noch neunhundertneunundneunzig Kilometer vor sich und werde ihr *Ziel* nie erreichen. – So etwas braucht *Zeit*. Es gibt *Meilensteine*, aber auf dieser Straße sind sehr viele Leute in ihrem jeweils eigenem Tempo unterwegs, manche kommen erst später nach, andere versuchen, alle aufzuhalten, die vorwärtskommen, und einige gehen auch rückwärts oder wissen nicht so recht, in welche Richtung sie sich bewegen sollen."[1708]

Daher:

„*Law reform must be seen as a first step in a much lengthier, and, inevitably, expensive and time-consuming project.*"[1709]

1707 *Rabe*, Aus Politik und Zeitgeschichte 2017, 1, 9.
1708 *Solnit* (2017), S. 120.
1709 *Leahy* in: Law and Gender in Modern Ireland (2019), S. 19.

Literatur

Alexandre, M. (2009): 'Girls Gone Wild' and Rape Law: Revising the Contractual Concept of Consent & Ensuring an Unbiased Application of 'Reasonable Doubt' When the Victim is Non-Traditional. American University Journal of Gender, Social Policy & the Law, 17 (1), S. 1-32.

Allbon, E./Elliott, C./Kaur Dua, S./Quinn, F. (2018): Elliott and Quinn's English legal system. Harlow: Pearson.

Amnesty International (24.11.2018): Right to be free from rape – Overview of Legislation and State of Play in Europe and international Human Rights Standards.

Anderson, M.J. (2016): Campus Sexual Assault Adjudication and Resistance to Reform. The Yale Law Journal, 125 (7), S. 1940-2005.

Antons, D.C./Busch, E. (2017): Die (Un-)Möglichkeit "nach Köln" über sexualisierte Gewalt zu sprechen – Bericht aus der Kampagne #NeinHeisstNein. In: Holst, S./Montanari, J. (Hg.): Wege zum Nein – Emanzipative Sexualitäten und queer-feministische Visionen; Beiträge für eine radikale Debatte nach der Sexualstrafrechtsreform in Deutschland 2016. Münster: edition assemblage, S. 68-85.

Austin, R.L./Kim, Y.S. (2000): A Cross-National Examination of the Relationship between Gender Equality and Official Rape Rates. International Journal of Offender Therapy and Comparative Criminology, 44 (2), S. 204-221.

Bachmann, M. (2017): Reformen des Strafgesetzbuches durch die dritte „Große Koalition" – Eine kritische Bilanz. Recht und Politik, 53 (4), S. 416-439.

Barth, M. (2004): Langenscheidt Deutsch-Frau, Frau-Deutsch – Schnelle Hilfe für den ratlosen Mann. Berlin: Langenscheidt.

Barton, S. (2015): Wenn Aussage gegen Aussage steht - die justizielle Bewältigung von Vergewaltigungsvorwürfen. In: Rotsch, T./Brüning, J./Schady, J. (Hg.): Strafrecht - Jugendstrafrecht - Kriminalprävention in Wissenschaft und Praxis – Festschrift für Herbert Ostendorf zum 70. Geburtstag am 7. Dezember 2015. Baden-Baden: Nomos, S. 41-56.

Bauer, T.C. (2017): Der Gruppentatbestand § 184j StGB-E im verabschiedeten Entwurf eines Gesetzes zur Verbesserung des Schutzes der sexuellen Selbstbestimmung. Recht und Politik, 53 (1), S. 46-58.

Beck, S. (2018): Kapitel 3: Schutz der sexuellen Selbstbestimmung. In: Knierim, T.C./Oehmichen, A. u.a. (Hg.): Gesamtes Strafrecht aktuell. Baden-Baden: Nomos.

Beck'scher Onlinekommentar zum Grundgesetz (2022), herausgegeben von V. Epping, C. Hillgruber. 50. Auflage. München: C.H. Beck (zit. BeckOK GG/*Bearbeiter*).

Beck'scher Online-Kommentar zum StGB (2017), herausgegeben von W. Heintschel von Heinegg. 34. Auflage. München: C.H. Beck (zit. BeckOK StGB/*Bearbeiter*).

Beck'scher Online-Kommentar zum StGB (2022), herausgegeben von W. Heintschel von Heinegg. 52. Auflage. München: C.H. Beck (zit. BeckOK StGB/*Bearbeiter*).

Behrendes, U. (2016): Die Kölner Silvesternacht 2015/2016 und ihre Folgen Wahrnehmungsperspektiven, Erkenntnisse und Instrumentalisierungen. NK, 28 (3), S. 322-343.

Bezjak, G. (2016): Der Straftatbestand des § 177 StGB (Sexuelle Nötigung; Vergewaltigung) im Fokus des Gesetzgebers. KJ, 49 (4), S. 557-571.

Bezjak, G./Bunke, S. (2017): Reform des Sexualstrafrechts: ein Blick auf die aktuellen gesetzgeberischen Maßnahmen. In: Rettenberger, M./Dessecker, A. (Hg.): Sexuelle Gewalt als Herausforderung für Gesellschaft und Recht. Wiesbaden: Kriminologische Zentralstelle, S. 19-34.

Birkel, C. (2003): Die polizeiliche Kriminalstatistik und ihre Alternativen – Datenquellen zur Entwicklung der Gewaltkriminalitätin der Bundesrepublik Deutschland. Halle-Wittenberg: Martin-Luther-Universität.

Bitton, M.S./Jaeger, L. (2020): "It Can't Be Rape": Female vs. Male Rape Myths Among Israeli Police Officers. J Police Crim Psych, 35 (4), S. 494-503.

Blume, L./Wegner, K. (2014): Reform des § 177 StGB? – Zur Vereinbarkeit des deutschen Sexualstrafrechts mit Art. 36 der „Istanbul-Konvention". HRRS, 15 (8-9), S. 357-363.

Bonnin, S./Berndt, S. (2020): Rechtsdogmatische Überlegungen zum Phänomen des Upskirting – zugleich eine kritische Betrachtung aktueller Entwicklungen. NJoZ, 20 (6), S. 129-131.

Brand, C./Lenk, M. (2013): Probleme des Nötigungsnotstands. JuS, 53 (10), S. 883-886.

Brodsky, A. (2017): 'Rape-Adjacent': Imagining Legal Responses to Nonconsensual Condom Removal. Columbia Journal of Gender and Law, 32 (2), S. 183-210.

Brosi, N. (2004): Untersuchung zur Akzeptanz von Vergewaltigungsmythen in verschiedenen Bevölkerungsgruppen. München: Ludwig-Maximilians-Universität.

Brown, G. (2020): Sentencing rape – A comparative analysis. Oxford/New York: Hart Publishing Plc.

Brownmiller, S. (1975): Against our will – Men, women and rape. New York: Penguin Books.

Brüggemann, J.A.J. (2011): Entwicklung und Wandel des Sexualstrafrechts in der Geschichte unseres StGB. Baden-Baden: Nomos.

Bundesministerium des Innern/Bundesministerium der Justiz (2006): Zweiter Periodischer Sicherheitsbericht.

Burhoff, D. (2017): Nein ist Nein, oder: Das neue Sexualstrafrecht. StRR, 11 (4), 6-9.

Camargo, B.C. (2022): Sexuelle Selbstbestimmung als Schutzgegenstand des Strafrechts – Ein Beitrag zur Diskussion über die Strafbarkeit sexueller Täuschung und zur Auslegung von § 177 StGB. ZStW, 134 (2), S. 351-390.

Clemm, C. (2020): AktenEinsicht – Geschichten von Frauen und Gewalt. München: Kunstmann, A.

Cole, J.S.R. (1973): Irish cases on evidence. Dublin: Mercier.

Conley, C.A. (1995): No Pedestals: Women and Violence in Late Nineteenth-Century Ireland. Journal of Social History, 28 (4), S. 801-818.

Creifelds kompakt, Rechtswörterbuch. 2. Auflage. München 2020.

Dackweiler, R. (1997): Vergewaltigung in der Ehe: zur Rhetorik von Reformgegnern und -befürworterInnen. In: Rehberg, K.-S. (Hg.): Differenz und Integration: Die Zukunft moderner Gesellschaften – Verhandlungen des 28. Kongresses der Deutschen Gesellschaft für Soziologie im Oktober 1996 in Dresden Band II: Sektionen, Arbeitsgruppen, Foren, Fedor-Stepun-Tagung. Wiesbaden: VS Verlag für Sozialwissenschaften, S. 438-442.

Danaher, J. (2018): Could There Ever be an App for that? Consent Apps and the Problem of Sexual Assault. Criminal Law and Philosophy, 12 (1), S. 143-165.

Deckers, R. (2017): Zur Reform des Sexualstrafrechts durch das StÄG 2016. StV, 37 (6), S. 410-412.

Dennis, A./Foote, P./Staff, U.o.M.P. (2014): Laws of Early Iceland – Gragas II. Winnipeg: University of Manitoba Press.

Diduck, A. (2019): First Rape Crisis Centre, 1976. In: Rackley, E./Auchmuty, R. (Hg.): Women's legal landmarks – Celebrating the history of women and law in the UK and Ireland. Oxford u.a.: Hart, S. 321-326.

Dietlein, J. (1992): Die Lehre von den grundrechtlichen Schutzpflichten. Berlin: Duncker & Humblot.

Dinos, S./Burrowes, N./Hammond, K./Cunliffe, C. (2015): A systematic review of juries' assessment of rape victims: Do rape myths impact on juror decision-making? International Journal of Law, Crime and Justice, 43 (1), S. 36-49.

Drohsel, F. (2018): Das Sexualstrafrecht - aktueller Novellierungsbedarf. NJoZ, 18 (40), S. 1521-1525.

Earner-Byrne, L. (2015): The Rape of Mary M.: A Microhistory of Sexual Violence and Moral Redemption in 1920s Ireland. Journal of the History of Sexuality, 24 (1), S. 75-98.

Earner-Byrne, L. (2017): "Behind Closed Doors": Society, Law and Familial Violence in Ireland, 1922-1990. In: Howlin, N./Costello, K. (Hg.): Law and the family in Ireland, 1800-1950. London: Palgrave, S. 142-160.

Eisele, J. (2017): Das neue Sexualstrafrecht. RPsych, 3 (1), S. 7-30.

Eisele, J. (2017): Ist die „Einverständnislösung" zwingend vor dem Hintergrund der Istanbul-Konvention? In: Reformkommission zum Sexualstrafrecht: Abschlussbericht, S. 913-919.

El-Ghazi, M. (2017): Der neue Straftatbestand des sexuellen Übergriffs nach § 177 Abs. 1 StGB n.F. ZIS, 12 (3), S. 157-168.

El-Ghazi, M. (2018): Das Schicksal der "sexuellen Handlung" nach der Reform des Sexualstrafrechts – Zugleich Besprechung der BGH-Urteile vom 26.04.2017 - 2 StR 574/16, StV 2018, 239, und 2 StR 580/16, StV 2018, 238. StV, 38 (4), S. 250-255.

El-Ghazi, M. (2019): Finalzusammenhang bei § 177 Abs. 5 StGB. jurisPR-StrafR, 13 (6), S. 1-5.

El-Ghazi, M. (2019): Sexueller Übergriff bei Vornahme sexueller Handlungen vom Opfer am Täter ohne Einsatz von Nötigungsmitteln. jurisPR-StrafR, 13 (18), S. 1-5.

Elsner, E./Steffen, W. (2005): Vergewaltigung und sexuelle Nötigung in Bayern – [Opferrisiko, Opfer- und Tatverdächtigenverhalten, polizeiliche Ermittlungen, justizielle Erledigung]. München: Bayerisches Landeskriminalamt.

Elz, J. (2017): Verurteilungsquoten und Einstellungsgründe – Was wissen wir tatsächlich? In: Rettenberger, M./Dessecker, A. (Hg.): Sexuelle Gewalt als Herausforderung für Gesellschaft und Recht. Wiesbaden: Kriminologische Zentralstelle, S. 117-141.

Emcke, C. (2019): Ja heißt ja und ... – Ein Monolog. Frankfurt a.M.: S. Fischer.

European Commission (2016): Gender-based violence. Luxemburg: Publications Office of the European Union.

European Union Agency for Fundamental Rights (FRA) (2014): Gewalt gegen Frauen – Eine EU-weite Erhebung ; Ergebnisse auf einen Blick. Luxemburg: Publications Office of the European Union.

Feldmann, H./Westenhöfer, J. (1992): Vergewaltigung und ihre psychischen Folgen – Ein Beitrag zur posttraumatischen Belastungsreaktion. Stuttgart: Enke.

Fennell, C. (2019): The Law of Evidence in Ireland. Dublin: Bloomsbury Professional.

Finch, E./Munro, V.E. (2007): The Demon Drink and the Demonized Woman: Socio-Sexual Stereotypes and Responsibility Attribution in Rape Trials Involving Intoxicants. Social & Legal Studies, 16 (4), S. 591-614.

Finkelhor, D. (1979): What's wrong with sex between adults and children? Ethics and the problem of sexual abuse. The American journal of orthopsychiatry, 49 (4), S. 692-697.

Fischer, T. (2015): Anhörung zum Antrag „Artikel 36 der Istanbul-Konvention umsetzen – bestehende Strafbarkeitslücken bei sexueller Gewalt und Vergewaltigung schließen, BT-Drs. 18/1969".

Fischer, T. (2015): Die Schutzlückenkampagne, in: https://www.zeit.de/gesellschaft/zeitgeschehen/2015-02/sexuelle-gewalt-sexualstrafrecht [letzter Aufruf: 06.04.2022].

Fischer, T. (2015): Es gibt keinen Skandal, in: https://www.zeit.de/gesellschaft/zeitgeschehen/2015-02/sexuelle-gewalt-sexualstrafrecht-schutzluecke [letzter Aufruf: 06.04.2022].

Fischer, T. (2015): Noch einmal – § 177 StGB und die Istanbul-Konvention ; Entgegnung auf Hörnle, ZIS 2015, 206. ZIS, 10 (6), S. 312-319.

Fischer, T. (2016): Volk in Angst, in: https://www.zeit.de/gesellschaft/zeitgeschehen/2016-05/sexualstrafrecht-noetigung-vergewaltigung-fischer-im-recht [letzter Aufruf: 06.04.2022].

Fischer, T. (2016): Zum letzten Mal: Nein heißt Nein, in: https://www.zeit.de/gesellschaft/zeitgeschehen/2016-06/rechtspolitik-sexualstrafrecht-nein-heisst-nein-fischer-im-recht [letzter Aufruf: 06.04.2022].

Fischer, T. (2019): Normative Tatbestandsausweitung bei sexuellem Übergriff – Zur Anwendung von § 177 Abs. 1 StGB bei aktivem Handeln der geschädigten Person - (zugleich Besprechung von BGH, Beschl. vom 21. November 2018 - 1 StR 290/18, und Erwiderung auf Hörnle NStZ 2019, S. 439) -. NStZ, 39 (10), S. 580-584.

Fischer: Strafgesetzbuch mit Nebengesetzen (2021) – Kommentar, herausgegeben von T. Fischer. 68. Auflage. München: C.H. Beck.

Franiuk, R./Shain, E.A. (2011): Beyond Christianity: The Status of Women and Rape Myths. Sex Roles, 65 (11), S. 783-791.

Franzke, K. (2019): Zur Strafbarkeit des sog. "Stealthings". BRJ, 12 (2), S. 114-122.

Freudenberg, D. (2017): "Nein heißt Nein!" Oder die Hoffnung auf die Umsetzung des 2016 Gesetz gewordenen menschenrechtskonformen Paradigmenwechsel im Sexualstrafrecht in die Rechtspraxis. Praxis der Rechtspsychologie, 27 (1), S. 47-54.

Freudenberg, T. (2020): Lückenschließer. ZRP, 53 (1), S. 32.

Frisch, W. (2007): Gesellschaftlicher Wandel als formende Kraft und als Herausforderung des Strafrechts. In: Jung, H./Müller-Dietz, H. (Hg.): Festschrift für Heike Jung – Zum 65. Geburtstag am 23. April 2007. Baden-Baden: Nomos, S. 189-214.

Frisch, W. (2013): Schuldgrundsatz und Verhältnismäßigkeitsgrundsatz. NStZ, 33 (5), S. 249-256.

Frommel, M. (2015): Muss der Verbrechenstatbestand der sexuellen Nötigung/Vergewaltigung - § 177 StGB - reformiert werden? In: Rotsch, T./Brüning, J./Schady, J. (Hg.):

Strafrecht - Jugendstrafrecht - Kriminalprävention in Wissenschaft und Praxis – Festschrift für Herbert Ostendorf zum 70. Geburtstag am 7. Dezember 2015. Baden-Baden: Nomos, S. 321-338.

Frommel, M. (2016): Die "Schutzlückenkampagne". In: Klimke, D./Lautmann, R. (Hg.): Sexualität und Strafe. Weinheim: Beltz Juventa, S. 53-73.

Frommel, M. (2016): Für eine an der Istanbul-Konvention orientierte Auslegung der sexuellen Nötigung/Vergewaltigung. ZRP, 49 (4), S. 122-123.

Frommel, M. (2016): Wider die Remoralisierung des Strafrechts. NovoArgumente, 121 (1),

Frommel, M. (2018): Die Reform des Sexualstrafrechts. NK, 30 (4), S. 368-391.

Gercke, B. (2020): Grenzen zulässiger Strafverteidigung aus anwaltlicher Sicht. StV, 40 (3), S. 200-213.

Gerger, H./Kley, H./Bohner, G./Siebler, F. (2007): The acceptance of modern myths about sexual aggression scale: development and validation in German and English. Aggressive behavior, 33 (5), S. 422-440.

Gerhold, S. (2016): Der Einfluss der Rechtsprechung des EGMR, der Istanbul-Konvention und weiterer völkerrechtlicher Verträge auf die Auslegung des Merkmals der schutzlosen Lage in § 177 Abs. 1 Nr. 3 StGB. JR, 91 (3), S. 122-129.

Goeckenjan, I. (2018): Strafgesetzgebung und Kriminologie – Eine Positionsbestimmung. In: Zabel, B. (Hg.): Strafrechtspolitik – Über den Zusammenhang von Strafgesetzgebung, Strafrechtswissenschaft und Strafgerechtigkeit. Baden-Baden u.a.: Nomos; facultas; Dike, S. 245-263.

Goedelt, K. (2010): Vergewaltigung und sexuelle Nötigung - Untersuchung der Strafverfahrenswirklichkeit. Göttingen: Universitätsverlag Göttingen.

Grieger, K./Clemm, C./Eckhardt, A./Hartmann, A. (2014): Was Ihnen widerfahren ist, ist in Deutschland nicht strafbar – Fallanalyse zu bestehenden Schutzlücken in der Anwendung des deutschen Sexualstrafrechts bezüglich erwachsener Betroffener. Berlin: Bundesverband Frauenberatungsstellen und Frauennotrufe (bff) Frauen gegen Gewalt e.V.

Gubitz, M. (2008): Der Anwalt als Strafverteidiger. JA, 40 (1), S. 52-58.

Hale, M. (1778): Historia placitorum coronae. The history of the pleas of the crown. London: Lawbook Exchange.

Halley, J. (2006): Split decisions – How and why to take a break from feminism. Princeton, N.J./Woodstock: Princeton University Press.

Halley, J. (2016): The Move to Affirmative Consent. Signs: Journal of Women in Culture and Society, 42 (1), S. 257-279.

Hamm, R. (2016): Richten mit und über Strafrecht. NJW, 69 (22), S. 1537-1542.

Hamoudi, H.A. (2020): Islamic law in a nutshell. St. Paul, MN: West Academic Publishing.

Hanly, C. (2015): An introduction to Irish criminal law. Dublin: Gill & Macmillan.

Hanly, C./Healy, D./Scriver, S. (2009): Rape and justice in Ireland – A national study of survivor, prosecutor and court responses to rape. Raheny, Dublin: Liffey Press.

Harris, K.L. (2018): Yes means yes and no means no, but both these mantras need to go: communication myths in consent education and anti-rape activism. Journal of Applied Communication Research, 46 (2), S. 155-178.

Hartmann, A./Schrage, R./Boetticher, A./Tietze, C. (2015): Untersuchung zu Verfahrensverlauf und Verurteilungsquoten bei Sexualstraftaten in Bremen – Abschlussbericht.

Hassemer, W. (1989): Symbolisches Strafrecht und Rechtsgüterschutz. NStZ, 9 (12), S. 553-559.

Hefendehl, R. (2011): Der fragmentarische Charakter des Strafrechts. JA, 43 (6), S. 401-406.

Heffernan, L./Imwinkelried, E.J./Ryan, R. (2008): Evidentiary foundations – Irish edition. Haywards Heath: Tottel Publ.

Hegel, G.W.F. (1955): Grundlinien der Philosophie des Rechts. Leipzig: Felix Meiner.

Heger, M. (2018): Baustellen des Strafrechts – Reform des Exhibitionismustatbestands. ZRP, 51 (4), S. 118-120.

Heller, Z. Rape on the Campus. The New York Review of Books 5.2.2015.

Herdegen, M. (2018): Völkerrecht. München: C.H. Beck.

Herning, L./Illgner, J. (2016): "Ja heißt Ja" – Konsensorientierter Ansatz im deutschen Sexualstrafrecht. ZRP, 49 (3), S. 77-80.

His, R. (1964): Das Strafrecht des deutschen Mittelalters – Teil 2: Die einzelnen Verbrechen. Aalen: Scientia Verlag.

Hofer, H. von (2000): Crime Statistics as Constructs: The Case of Swedish Rape Statistics. European Journal on Criminal Policy and Research, 8 (1), S. 77-89.

Hoffmann, T.M. (2019): Zum Problemkreis der differenzierten Einwilligung (Einverständnis) des Opfers im Bereich des § 177 StGB nach dem Strafrechtänderungsgesetz 2016 – Ein Kurzbeitrag zur strafrechtlichen Einordnung des sogenannten "Stealthing". NStZ, 39 (1), S. 16-18.

Hofmann, F. (2017): Das neue Sexualstrafrecht – ein Konjunkturprogramm für Strafverteidiger und eine große Herausforderung an die Justiz. Praxis der Rechtspsychologie, 27 (1), S. 7-25.

Holzleithner, E. (2017): Sexuelle Selbstbestimmung als Individualrecht und als Rechtsgut – Überlegungen zu Regulierungen des Intimen als Einschränkung sexueller Autonomie. In: Lembke, U. (Hg.): Regulierungen des Intimen. Wiesbaden: Springer Fachmedien Wiesbaden, S. 31-50.

Hörnle, T. (2000): Der Irrtum über das Einverständnis des Opfers bei einer sexuellen Nötigung. ZStW, 112 (2), S. 356-380.

Hörnle, T. (2015): Menschenrechtliche Verpflichtungen aus der Istanbul-Konvention – Ein Gutachten zur Reform des § 177 StGB. Berlin: Deutsches Institut für Menschenrechte.

Hörnle, T. (2015): Sexuelle Selbstbestimmung: Bedeutung, Voraussetzungen und kriminalpolitische Forderungen. ZStW, 127 (4), S. 851-887.

Hörnle, T. (2015): Warum § 177 Abs. 1 StGB durch einen neuen Tatbestand ergänzt werden sollte. ZIS, 10 (4), S. 206-216.

Hörnle, T. (2015): Wie § 177 StGB ergänzt werden sollte. GA, 162 (6), S. 313-328.

Hörnle, T. (2016): Die geplanten Änderungen der §§ 177, 179 StGB - ein kritischer Blick. KriPoZ, 1 (1), S. 19-27.

Hörnle, T. (2017): Das Gesetz zur Verbesserung des Schutzes sexueller Selbstbestimmung. NStZ, 37 (1), S. 13-22.

Hörnle, T. (2018): #MeToo-Implications for Criminal Law? Bergen Journal of Criminal Law and Criminal Justice, 6 (2), S. 115-135.

Hörnle, T. (2018): Sexualstrafrecht – Der Prozess einer Reform – Kommentar zum Beitrag von J.-Prof. PD Dr. Elisa Hoven. KriPoZ, 3 (1), S. 12-15.

Hörnle, T. (2019): Sexueller Übergriff (§ 177 Abs. 1 StGB) bei aktivem Handeln von Geschädigten? NStZ, 39 (8), S. 439-442.

Hörnle, T. (2020): Das „Reformpaket zur Bekämpfung sexualisierter Gewalt gegen Kinder". ZIS, 15 (9), S. 440-448.

Hoven, E. (2017): Der Einfluss der Medienberichterstattung auf die Reform des Sexualstrafrechts. Monatsschrift für Kriminologie und Strafrechtsreform, 100 (3), S. 161-178.

Hoven, E. (2018): Das neue Sexualstrafrecht – Der Prozess einer Reform. KriPoZ, 3 (1), S. 2-11.

Hoven, E. (2018): Reform des Sexualstrafrechts – Ad-hoc-Gesetzgebung und Diskursstrategien. NK, 30 (4), S. 392-409.

Hoven, E. Irrungen und Wirrungen des neuen Sexualstrafrechts. FAZ Einspruch 13.02.2019.

Hoven, E. (2020): Das neue Sexualstrafrecht – Ein erster Überblick. NStZ, 40 (10), S. 578-586.

Hoven, E. (2022): Bekämpfung von Gewalt gegen Frauen und häuslicher Gewalt – Was ändert sich für das deutsche Strafgesetzbuch durch die EU-Richtlinie? ZRP, 55 (4), S. 118-121.

Hoven, E./Dyer, A. (2020): „Only Yes means Yes"? ZStW, 132 (1), S. 250-263.

Hoven, E./Weigend, T. (2017):„Nein heißt Nein" – und viele Fragen offen – Zur Neugestaltung der Strafbarkeit sexueller Übergriffe. JZ, 72 (4), S. 182-191.

Hoven, E./Weigend, T. (2018): Zur Strafbarkeit von Täuschungen im Sexualstrafrecht. KriPoZ, 3 (3), S. 156-161.

Hunecke, I. (2016): Das Frauenbild im Wandel der letzten 70 Jahre. NK, 28 (3), S. 284-295.

Iliadis, M. (2020): Victim representation for sexual history evidence in Ireland: A step towards or away from meeting victims' procedural justice needs? Criminology & Criminal Justice, 20 (4), S. 416-432.

Isfen, O. (2015): Zur gesetzlichen Normierung des entgegenstehenden Willens bei Sexualdelikten – Ein Beitrag zu aktuellen Reformüberlegungen. ZIS, 10 (4), 217-233.

Jahn, M. (34): Die Rechtsstellung des Verteidigers im heutigen deutschen Strafverfahren. StV, 2014 (1), S. 40-47.

Jozkowski, K.N. (2015): "Yes Means Yes"? Sexual Consent Policy and College Students. Change: The Magazine of Higher Learning, 47 (2), S. 16-23.

Karlsruher Kommentar zur Strafprozessordnung (2023), herausgegeben von C. Barthe, J. Gericke. 9. Auflage. München: C.H. Beck (zit. KK/StPO/*Bearbeiter*).

Kaspar, J. (2012): Grundprobleme der Fahrlässigkeitsdelikte. JuS, 52 (1), S. 16-21.

Kempe, A. (2018): Lückenhaftigkeit und Reform des deutschen Sexualstrafrechts vor dem Hintergrund der Istanbul-Konvention. Berlin: Duncker & Humblot.

Kennefick, L. (2015): Case Notes and Comments - DPP v Hustveit: Suspended Sentence for Rape in Ireland - An Appropriate Response. Northern Ireland Legal Quarterly, 66 (3), S. 289-295.

Kieler, M. (2003): Tatbestandsprobleme der sexuellen Nötigung, Vergewaltigung sowie des sexuellen Mißbrauchs widerstandsunfähiger Personen. Birkenau/Berlin: Jurawelt; TENEA-Verlag.

Kindhäuser, U.K./Zimmermann, T. (2020): Strafrecht Allgemeiner Teil. Baden-Baden: Nomos.

374   *Literatur*

Kipnis, L. (2015): Sexual Paranoia Strikes Academe. The Chronical of Highter Education, 61 (25), S. 1-23.

Klemke, O./Elbs, H. (2019): Einführung in die Praxis der Strafverteidigung. Heidelberg: C.F. Müller.

Kocher, E./Porsche, S. Sexuelle Belästigung im Hochschulkontext – Schutzlücken und Empfehlungen, August 2015.

Kölbel, R. (2020): Kriminalisierungseffekte im Sexualstrafrecht (§ 177 StGB)? StV, 40 (5), S. 340-350.

Koudenburg, N./Kannegieter, A./Postmes, T./Kashima, Y. (2020): The subtle spreading of sexist norms. Group Processes & Intergroup Relations, 00 (0), 1-19.

Krahé, B. (2018): Vergewaltigungsmythen & Stigmatisierung in Justiz, Polizei, Beratung und Therapie. In: Gysi, J./Rüegger, P. (Hg.): Handbuch sexualisierte Gewalt – Therapie, Prävention und Strafverfolgung. Bern: Hogrefe, S. 45-55.

Kratzer-Ceylan, I. (2015): Finalität, Widerstand, "Bescholtenheit" Zur Revision der Schlüsselbegriffe des § 177 StGB. Berlin: Duncker & Humblot.

Kräuter-Stockton, S. (2013): § 177 StGB – Kritik und Verbesserungsvorschläge im Vergleich mit den Regelungen in Norwegen, Schweden und England/Wales. djbZ, 16 (2), S. 89-93.

Kriminologisches Forschungsinstitut Niedersachsen e.V. (2017): Befragung zur Sicherheit und Kriminalität – Kernbefunde der Dunkelfeldstudie 2017 des Landeskriminalamtes Schleswig-Holstein.

Kromm, N. (2017): Richtige Reform aus falschem Anlass. In: Holst, S./Montanari, J. (Hg.): Wege zum Nein – Emanzipative Sexualitäten und queer-feministische Visionen; Beiträge für eine radikale Debatte nach der Sexualstrafrechtsreform in Deutschland 2016. Münster: edition assemblage, S. 21-29.

Kubiciel, M. Welches Verhalten darf der Staat kriminalisieren? – Eine Antwort auf Tatjana Hörnle und Thomas Fischer. verfassungsblog 24.10.2014.

Kubiciel, M. (2018): Kriminalpolitik und Strafrechtswissenschaft. In: Zabel, B. (Hg.): Strafrechtspolitik – Über den Zusammenhang von Strafgesetzgebung, Strafrechtswissenschaft und Strafgerechtigkeit. Baden-Baden u.a.: Nomos; facultas; Dike, S. 99-132.

Künast, R. (2015): Fischer allein im Rechtsausschuss, in: https://www.zeit.de/politik/deutschland/2015-02/sexuelle-gewalt-kolumne-fischer-replik-renate-kuenast [letzter Aufruf: 06.04.2022].

Kunz, C. (2016): Was heißt noch Ja? – Eine skeptische Betrachtung des neuen Sexualstrafrechts. jM, 3 (11), S. 433-436.

Kuylman, E. (2016): A constitutional defense of "Yes-Means-Yes" - California's affirmative consent standard in sexual assault cases on campuses. Review of Law and Social Justice, 25 (2), S. 211-239.

Lackner/Kühl: Strafgesetzbuch (2018), herausgegeben von K. Kühl, M. Heger. 29. Auflage. München: C.H. Beck (zit. Lackner/Kühl/StGB/*Bearbeiter*).

Lagodny, O. (1996): Strafrecht vor den Schranken der Grundrechte. Tübingen: Mohr Siebeck.

Laubenthal, K. (2012): Handbuch Sexualstraftaten. Berlin/Heidelberg: Springer.

Lautmann, R./Klimke, D. (2016): Zur Produktivität des Strafrechts im sexuellen Feld. In: dies. (Hg.): Sexualität und Strafe. Weinheim: Beltz Juventa, S. 5-16.

Law Reform Commission of Ireland (2019): Knowledge or Belief concerning Consent in Rape Law.

Leahy, S. (2014): Bad Laws or Bad Attitudes? Assessing the Impact of Societal Attitudes upon the Conviction Rate for Rape in Ireland. Irish Journal of Applied Social Studies, 14 (1), S. 18-29.

Leahy, S. (2014): Reform of Irish Rape Law: The Need for a Legislative Definition of Consent. Common Law World Review, 43 (3), S. 231-263.

Leahy, S. (2014): The Corroboration Warning in Sexual Offence Trials: Final Vestige of the Historic Suspicion of Sexual Offence Complainants or a Necessary Protection for Defendants? The International Journal of Evidence & Proof, 18 (1), S. 41-64.

Leahy, S. (2019): Sexual Offences Law in Ireland. In: Black, L./Dunne, P. (Hg.): Law and Gender in Modern Ireland. Oxford: Hart Publishing,

Leahy, S. (2020): Female Sex Offenders in Ireland: Examining the Response of the Criminal Justice System. Journal of Contemporary Criminal Justice, 36 (4), S. 539-558.

Leahy, S./O'Reilly, M.F. (2018): Sexual offending in Ireland – Laws, procedures and punishment. Dublin: Clarus Press.

Lederer, J. (2017): Sexualstrafrecht heute - eine kritische Bilanz der Reform – Der Schutz potentieller Opfer soll das Ziel sein - doch wird das am Ende erreicht? AnwBl, 67 (5), S. 514-520.

Lederer, J. (2018): Ein (auch) interdisziplinärer Blick auf die Sexualstrafrechtsreform und ihre Auswirkungen. StraFo, 30 (7), S. 280-287.

Lederer, J./Deckers, R. Verteidigung mit Blick auf die Integration (aussage-)psychologischen Sachverstands in das Strafverfahren nach der Gesetzesnovelle einiger Normen des Sexualstrafrechts (§§ 177, 184 i und j StGB). Praxis der Rechtspsychologie 2017, S. 75-78.

Lembke, U. (2017): Sexualität und Recht: eine Einführung. In: dies. (Hg.): Regulierungen des Intimen. Wiesbaden: Springer Fachmedien Wiesbaden, S. 3-27.

Lewina, K. (2020): Sie hat Bock. Köln: DuMont-Buchverlag.

Linhart, K. (2005): Internationales Einheitsrecht und einheitliche Auslegung. Tübingen: Mohr Siebeck.

LKA Mecklenburg-Vorpommern (2017): Erste Untersuchung zum Dunkelfeld der Kriminalität in Mecklenburg-Vorpommern.

LKA Niedersachsen (2017): Befragung zur Sicherheit und Kriminalität in Niedersachsen – Bericht zu Kernbefunden der Studie.

LKA Nordrhein-Westfalen (2019): Sicherheit und Gewalt in Nordrhein-Westfalen.

Löffelmann, M. (2017): Verfassungswidrigkeit des neuen § 177 StGB? StV, 37 (6), S. 413-417.

Londras, F. de (2019): Thirty-sixth Amendment to the Irish Constitution, 2018. In: Rackley, E./Auchmuty, R. (Hg.): Women's legal landmarks – Celebrating the history of women and law in the UK and Ireland. Oxford u.a.: Hart, S. 651-658.

Lovett, J./Kelly, L. (2009): Different systems, similar outcomes? Tracking attrition in reported rape cases across Europe.

MacGrath, D. (2005): Evidence. Dublin: Thomson Round Hall.

May, M. (2019): Die Voraussetzungen der Vergewaltigung nach §177 Abs.1, Abs.6 StGB n.F. JR, 94 (3), S. 130-143.

McAuley, F. (2014): Statutory Rape and Defilement in Ireland: Recent Developments. In: Chalmers, J./Leverick, F./Farmer, L. (Hg.): Essays in Criminal Law in Honour of Sir Gerald Gordon. Edinburgh: Edinburgh University Press, S. 178-194.

McGee, H.M. (2002): The SAVI report – Sexual abuse and violence in Ireland. Dublin: Liffey Press in association with Dublin Rape Crisis Centre.

McGrath, D. (1999): Two Steps Forward, One Step Back: The Corroboration Warning in Sexual Cases. Irish Criminal Law Journal 22, 9 (1),

McIntyre, T.J./McMullan, S./Ó Toghda, S. (2012): Criminal law. Dublin: Round Hall.

McKay, S. (2007): Ireland and Rape Crises. The Irish Review, 35 (1), S. 92-99.

Meier, B.-D. (2018): Kriminologie. München: C.H. Beck; Verlag Franz Vahlen GbmH.

Mengler, T. (2019): Strafwürdigkeit voyeuristischer "Upskirting"-Aufnahmen. ZRP, 52 (8), S. 224-226.

Merkel, R. (2020): Rechtsethische Grundsatzfragen in der Gesetzgebung. ZRP, 53 (5), S. 162-166.

Mill, J.S. (2000): On Liberty. In: Adams, D.M. (Hg.): Philosophical problems in the law. Belmont, Calif. [u.a.]: Wadsworth/Thomson Learning, S. 200-202.

Molloy, C. (2018): The Failure of Feminism? Rape Law Reform in the Republic of Ireland, 1980–2017. Law and History Review, 36 (4), S. 689-712.

Münchener Kommentar StGB (2017), herausgegeben von W. Joecks, K. Miebach. 3. Auflage. München: C.H. Beck (zit. MüKo/StGB/*Bearbeiter*).

Münchener Kommentar zum Strafgesetzbuch (2021), herausgegeben von V. Erb, J. Schäfer. München: C.H. Beck (zit. MüKo StGB/*Bearbeiter*).

Murray, M./Tani, K. (2016): Something Old, Something New: Reflections on the Sex Bureaucracy. California Law Review, 7 (1), S. 122-154.

Nilsson, G. (2020): Towards voluntariness in Swedish rape law: Hyper-medialised group rape cases and the shift in the legal discourse. In: Heinskou, M.B./Skilbrei, M.-L./Stefansen, K. (Hg.): Rape in the Nordic countries – Continuity and change. Abingdon, Oxon: Taylor & Francis, S. 101-119.

Nobis, F. (2018): Strafrecht in Zeiten des Populismus. StV, 38 (7), S. 453-463.

Noll, P. (1973): Gesetzgebungslehre. Reinbek bei Hamburg: Rowohlt.

NomosKommentar: Strafgesetzbuch (2017), herausgegeben von U. Kindhäuser,U. Neumann, H.-U. Paeffgen. 5. Auflage. Baden-Baden: Nomos (zit. NK/StGB/*Bearbeiter*).

Notz, G. (2017): »…denn so fest, wie er sie liebte, schlug er sie oft auch«. Humboldt-Universität zu Berlin.

O'Malley, T./Hoven, E. (2020): Consent in the Law Relating to Sexual Offences. In: Ambos, K./Duff, A. u.a. (Hg.): Core concepts in criminal law and criminal justice. Cambridge, United Kingdom, New York, NY: Cambridge University Press, S. 135-171.

Odebralski, N. (2020): Strafverteidigung in Sexualstrafverfahren – Ein Praxishandbuch. Berlin: Springer.

Office of the Tánaiste (1997): Report of the Task Force on Violence Against Women. Dublin: Department of Justice.

O'Keeffe, S. (2003): Police Decision-making in Investigations of Rape: An Explanatory Model. University of Surrey.

Orrù, M. (2018): Die kulturellen Grenzen der Sexualität. Über die Bedeutung kultureller normativer Tatbestandsmerkmale im Sexualstrafrecht diesseits und jenseits der Alpen. NK, 30 (4), S. 410-418.

Papathanasiou, K. (2016): Das reformierte Sexualstrafrecht – Ein Überblick über die vorgenommenen Änderungen. KriPoZ, 1 (2), 133-139.

Pohlreich, E. (2019): Die Strafbarkeit des "Grapschens" als sexuelle Belästigung im Sinne von § 184i StGB - ein Etikettenschwindel? – Zugleich Besprechung von BGH HRRS 2018 Nr. 749. HRRS, 20 (1), S. 16-27.

Pulsiano, P./Acker, P.L. (1993): Medieval Scandinavia – An encyclopedia. New York: Garland.

Quinn, S.E. (2009): Criminal law in Ireland. Bray, Co. Wicklow: Irish Law Publishing.

Rabe, H. (2017): Sexualisierte Gewalt im reformierten Sexualstrafrecht – Ein Wertewandel - zumindest im Gesetz. Aus Politik und Zeitgeschichte, 17 (4), S. 1-11.

Rabe, H./Normann, J. von (2014): Schutzlücken bei der Strafverfolgung von Vergewaltigungen – Menschenrechtlicher Änderungsbedarf im Sexualstrafrecht. Berlin: Dt. Inst. für Menschenrechte.

Rad, G.v. (1964): Das fünfte Buch Mose – Deuteronomium. Göttingen: Vandenhoeck & Ruprecht.

Rape Crisis Network Ireland (2009): Rape and Justice in Ireland: An Introduction and Executive Summary. Dublin:

Rape Crisis Network Ireland (2016): Rape crisis statistics and annual report 2015. Dublin: Rape Crisis Network Ireland.

Redaktion beck-aktuell (12.07.2019): Oberstes Gericht in Schweden verurteilt Mann erstmals wegen „unachtsamer Vergewaltigung". Verlag C.H. Beck.

Reformkommission zum Sexualstrafrecht Abschlussbericht 2017.

Renzikowski, J. (2016): Nein! - Das neue Sexualstrafrecht. NJW, 69 (49), S. 3553-3558.

Renzikowski, J. (2017): Primat des Einverständnisses? Unerwünschte konsensuelle Sexualitäten. In: Lembke, U. (Hg.): Regulierungen des Intimen. Wiesbaden: Springer Fachmedien Wiesbaden, S. 197-214.

Rohe, M. (2011): Das islamische Recht – Geschichte und Gegenwart. München: Beck.

Rohmann, J.A. (2017): Das neue Sexualstrafrecht – eine aussagepsychologische Perspektive. Praxis der Rechtspsychologie, 27 (1), S. 27-45.

Rubenfeld, J. Mishandling Rape. New York Times 15.11.2014.

Ryan, E.F./Magee, P.P. (op. 1983): The Irish criminal process. Dublin/Cork: The Mercier Press.

Satzger, H. (2011): StR Die Schöffen im Strafprozess. JURA, 33 (7), S. 518-526.

Scharfenberg, A. (2016): Renaissance des "schwachen" Geschlechts. Freispruch, 5 (9), S. 3-4.

Schönke/Schröder (2019): Strafgesetzbuch, herausgegeben von A. Schönke, H. Schröder. 30. Auflage. München: C.H. Beck (zit. Schönke/Schröder/StGB/*Bearbeiter*).

Schönke/Schröder (2014): Strafgesetzbuch, herausgegeben von A. Schönke,H. Schröder, A. Eser. 29. Auflage. München: C.H. Beck (zit. Schönke/Schröder/StGB/*Bearbeiter*).

Schulz, U. (2017): Der "erkennbare Wille" gem. § 177 Abs. 1 StGB. StraFo, 29 (11), S. 447-451.

Schwark, S./Dragon, N./Bohner, G. (2018): Falschbeschuldigungen bei sexueller Gewalt. In: Gysi, J./Rüegger, P. (Hg.): Handbuch sexualisierte Gewalt – Therapie, Prävention und Strafverfolgung. Bern: Hogrefe, S. 55-61.

SK-StGB - Systematischer Kommentar zum Strafgesetzbuch (2017), herausgegeben von J. Wolter. 9. Auflage. Köln: Carl Heymanns Verlag (zit. SK/StGB/*Bearbeiter*).

Short, W.R. (2010): Icelanders in the Viking Age – The People of the Sagas. Jefferson, N.C: McFarland & Co. Publishers.

Sick, B. (1993): Sexuelles Selbstbestimmungsrecht und Vergewaltigungsbegriff – Ein Beitrag zur gegenwärtigen Diskussion einer Neufassung des [Par.] 177 StGB unter Berücksichtigung der Strafbarkeit "de lege lata" und empirischer Gesichtspunkte. Berlin: Duncker & Humblot.

Solnit, R. (2017): Wenn Männer mir die Welt erklären. München: btb.

Squires, J./Wickham-Jones, M. (2001): Women in parliament – A comparative analysis. Manchester: Equal Opportunities Commission.

S/S/W (2020): Strafgesetzbuch, herausgegeben von H. Satzger,W. Schluckebier, G. Widmaier. 5. Auflage. Köln: Carl Heymanns Verlag (zit. S/S/W-StGB/*Bearbeiter*).

Stahl, S. (2012): Schutzpflichten im Völkerrecht - Ansatz einer Dogmatik – Ein Beitrag zu Grund, Inhalt und Grenzen der völkerrechtlichen Schutzpflichtendogmatik im Bereich konventionell geschützter Menschenrechte = Obligations to protect in international law - doctrinal reflections ; a contribution to basis, content and limits of the doctrine of obligations to protect under International Human Rights Conventions. Berlin: Springer.

Stationery Office (2017): Census of population 2016. Dublin:

Steffen, W. (1987): Gewalt von Männern gegenüber Frauen – Befunde und Vorschläge zum polizeilichen Umgang mit weiblichen Opfern von Gewalttaten. München: Bayer. Landeskriminalamt Kriminolog. Forschungsgruppe d. Bayer. Polizei.

Stephen, J.F. (2005): A Digest of the law of evidence. London: Elibron Classics.

Sternberg-Lieben, D./Sternberg-Lieben, I. (2012): Vorsatz im Strafrecht. JuS, 52 (11), S. 976-980.

Stevens, A. (2016): Sechs Dinge, die Sie beim Sex jetzt besser lassen sollten, in: https://www.lto.de/recht/hintergruende/h/reform-sexualstrafrecht-nein-heisst-nein-sechs-dinge-die-man-jetzt-besser-lassen-sollte/ [letzter Aufruf: 06.04.2022].

Stokowski, M. (2016): Untenrum frei. Reinbek bei Hamburg: Rowohlt.

Süssenbach, P. (2017): Vergewaltigungsmythen. In: Rettenberger, M./Dessecker, A. (Hg.): Sexuelle Gewalt als Herausforderung für Gesellschaft und Recht. Wiesbaden: Kriminologische Zentralstelle, S. 101-115.

Sweeny, J. (2014): Undead Statutes: The Rise, Fall, and Continuing Uses of Adultery and Fornication Criminal Laws. Loyola University Chicago Law Journal, 46 (1), S. 127-173.

Sykes, G.M./Matza, D. (1957): Techniques of Neutralization: A Theory of Delinquency. American Sociological Review, 22 (6), S. 664-670.

Temkin, J. (2000): Prosecuting and Defending Rape: Perspectives From the Bar. Journal of Law and Society, 27 (2), S. 219-248.

Temkin, J. (2010): "And Always Keep A-hold of Nurse, for Fear of Finding Something Worse": Challenging Rape Myths in the Courtroom. New Criminal Law Review, 13 (4), S. 710-734.

Temkin, J./Gray, J.M./Barrett, J. (2018): Different Functions of Rape Myth Use in Court: Findings From a Trial Observation Study. Feminist Criminology, 13 (2), S. 205-226.

Temkin, J./Krahé, B. (2008): Sexual assault and the justice gap – A question of attitude. Oxford: Hart.

Thomas, J. (2020): Die deutsche Staatsanwaltschaft -„objektivste Behörde der Welt" oder doch nur ein Handlanger der Politik? KriPoZ, 5 (2), S. 84-90.

Thomas, S. (1994): How women legislate. New York: Oxford University Press.

Tønnessen, L. (2016): Women's Activism in Saudi Arabia: Male Guardianship and Sexual Violence. Norway: CMI Report.

Uerpmann-Wittzack, R. (2017): Innerstaatliche Wirkung des Europaratsübereinkommen gegen Gewalt gegen Frauen. FamRZ, 63 (22), S. 1812-1814.

Valentiner, D.-S. (2021): Das Grundrecht auf sexuelle Selbstbestimmung – Zugleich eine gewährleistungsdogmatische Rekonstruktion des Rechts auf die freie Entfaltung der Persönlichkeit. Baden-Baden: Nomos.

Vavra, R. (2020): Die Strafbarkeit nicht-einvernehmlicher sexueller Handlungen zwischen erwachsenen Personen. Baden-Baden: Nomos.

Walter, T. (2017): Feministische Kriminalpolitik? ZStW, 129 (2), S. 492-512.

Wängnerud, L. (2009): Women in Parliaments: Descriptive and Substantive Representation. Annual Review of Political Science, 12 (1), S. 51-69.

Weber, K. (2020): Disziplinarverfahren. In: Creifelds kompakt, Rechtswörterbuch. München: C.H. Beck,

Weis, K. (1982): Die Vergewaltigung und ihre Opfer – Eine viktimologische Untersuchung zur gesellschaftlichen Bewertung und individuellen Betroffenheit. Stuttgart: Enke.

Weisweiler, J. (1940): Die Stellung der Frau bei den Kelten und das Problem des "Keltischen Mutterrechts". Zeitschrift für celtische Philologie, 21 (1), S. 205-279.

Wertheimer, A. (2009): Consent to Sexual Relations. In: Miller, F./Wertheimer, A. (Hg.): The Ethics of Consent. Oxford: Oxford University Press, S. 195-218.

White, D./McMillan, L. (2020): Innovating the Problem Away? A Critical Study of Anti-Rape Technologies. Violence against women, 26 (10), S. 1120-1140.

Winsel, A. (2018): Der Zeuge vom Hörensagen im deutschen und US-amerikanischen Strafprozessrecht. Berlin: Duncker & Humblot.

Wißner, A. (2021): Das Phänomen „Stealthing" – Aufruf zum Diskurs und Darstellung eines Stealthing-Vorfalls. KriPoZ, 6 (5), S. 279-286.

Wollmann, S./Schaar, M. (2016): Alles nur eine Frage der Kampagne? Das Schutzlückenprojekt „Nein heißt Nein!". NK, 28 (3), S. 268-283.

Young, P./O'Donnell, I./Clare, E. (2001): Crime in Ireland – Trends and patterns, 1950 to 1998 : a report by the Institute of Criminology, Faculty of Law, University College Dublin for the National Crime Council. Dublin: Stationery Office.

Youngberg, E. (2015): California's "Yes Means Yes" Standard: A Starting Point for College Sexual Assault Policy Reform. Golden Gate University Law Review, 47 (2), S. 205-228.

Zabel, B. (2018): Strafrechtspolitik unter dem Grundgesetz. In: Ders. (Hg.): Strafrechtspolitik – Über den Zusammenhang von Strafgesetzgebung, Strafrechtswissenschaft und Strafgerechtigkeit. Baden-Baden u.a.: Nomos; facultas; Dike, S. 9-45.

Reihenübersicht

ab Band 67
Schriften zur Kriminologie und Strafrechtspflege
ISSN 2698-363X
Criminal Justice Series
Hrsg. von Prof. Dr. Frieder Dünkel und
Prof. Dr. Stefan Harrendorf
Universität Greifswald

vormals (Band 1 bis Band 66)
Schriften zum Strafvollzug, Jugendstrafrecht und zur Kriminologie
ISSN 0949-8354
Hrsg. von Prof. Dr. Frieder Dünkel, Lehrstuhl für Kriminologie
an der Ernst-Moritz-Arndt-Universität Greifswald

Bisher erschienen:

Band 1
Dünkel, Frieder: Empirische Forschung im Strafvollzug. Bestandsaufnahme und Perspektiven.
Bonn 1996. ISBN 978-3-927066-96-0.

Band 2
Dünkel, Frieder; van Kalmthout, Anton; Schüler-Springorum, Horst (Hrsg.): Entwicklungstendenzen und Reformstrategien im Jugendstrafrecht im europäischen Vergleich.
Mönchengladbach 1997. ISBN 978-3-930982-20-2.

Band 3
Gescher, Norbert: Boot Camp-Programme in den USA. Ein Fallbeispiel zum Formenwandel in der amerikanischen Kriminalpolitik.
Mönchengladbach 1998. ISBN 978-3-930982-30-1.

Band 4
Steffens, Rainer: Wiedergutmachung und Täter-Opfer-Ausgleich im Jugend- und Erwachsenenstrafrecht in den neuen Bundesländern.
Mönchengladbach 1999. ISBN 978-3-930982-34-9.

Band 5
Koeppel, Thordis: Kontrolle des Strafvollzuges. Individueller Rechtsschutz und generelle Aufsicht. Ein Rechtsvergleich.
Mönchengladbach 1999. ISBN 978-3-930982-35-6.

Band 6
Dünkel, Frieder; Geng, Bernd (Hrsg.): Rechtsextremismus und Fremdenfeindlichkeit. Bestandsaufnahme und Interventionsstrategien.
Mönchengladbach 1999. ISBN 978-3-930982-49-3.

Band 7
Tiffer-Sotomayor, Carlos: Jugendstrafrecht in Lateinamerika unter besonderer Berücksichtigung von Costa Rica.
Mönchengladbach 2000. ISBN 978-3-930982-36-3.

Band 8
Skepenat, Marcus: Jugendliche und Heranwachsende als Tatverdächtige und Opfer von Gewalt. Eine vergleichende Analyse jugendlicher Gewaltkriminalität in Mecklenburg-Vorpommern anhand der Polizeilichen Kriminalstatistik unter besonderer Berücksichtigung tatsituativer Aspekte.
Mönchengladbach 2000. ISBN 978-3-930982-56-1.

Band 9
Pergataia, Anna: Jugendstrafrecht in Russland und den baltischen Staaten.
Mönchengladbach 2001. ISBN 978-3-930982-50-1.

Band 10
Kröplin, Mathias: Die Sanktionspraxis im Jugendstrafrecht in Deutschland im Jahr 1997. Ein Bundesländervergleich.
Mönchengladbach 2002. ISBN 978-3-930982-74-5.

Band 11
Morgenstern, Christine: Internationale Mindeststandards für ambulante Strafen und Maßnahmen.
Mönchengladbach 2002. ISBN 978-3-930982-76-9.

Band 12
Kunkat, Angela: Junge Mehrfachauffällige und Mehrfachtäter in Mecklenburg-Vorpommern. Eine empirische Analyse.
Mönchengladbach 2002. ISBN 978-3-930982-79-0.

Band 13
Schwerin-Witkowski, Kathleen: Entwicklung der ambulanten Maßnahmen nach dem JGG in Mecklenburg-Vorpommern.
Mönchengladbach 2003. ISBN 978-3-930982-75-2.

Band 14
Dünkel, Frieder; Geng, Bernd (Hrsg.): Jugendgewalt und Kriminalprävention. Empirische Befunde zu Gewalterfahrungen von Jugendlichen in Greifswald und Usedom/Vorpommern und ihre Auswirkungen für die Kriminalprävention.
Mönchengladbach 2003. ISBN 978-3-930982-95-0.

Band 15
Dünkel, Frieder; Drenkhahn, Kirstin (Hrsg.): Youth violence: new patterns and local responses – Experiences in East and West. Conference of the International Association for Research into Juvenile Criminology. Violence juvénile: nouvelles formes et stratégies locales – Expériences à l'Est et à l'Ouest. Conférence de l'Association Internationale pour la Recherche en Criminologie Juvénile.
Mönchengladbach 2003. ISBN 978-3-930982-81-3.

Band 16
Kunz, Christoph: Auswirkungen von Freiheitsentzug in einer Zeit des Umbruchs. Zugleich eine Bestandsaufnahme des Männererwachsenenvollzugs in Mecklenburg-Vorpommern und in der JVA Brandenburg/Havel in den ersten Jahren nach der Wiedervereinigung.
Mönchengladbach 2003. ISBN 978-3-930982-89-9.

Band 17
Glitsch, Edzard: Alkoholkonsum und Straßenverkehrsdelinquenz. Eine Anwendung der Theorie des geplanten Verhaltens auf das Problem des Fahrens unter Alkohol unter besonderer Berücksichtigung des Einflusses von verminderter Selbstkontrolle.
Mönchengladbach 2003. ISBN 978-3-930982-97-4.

Band 18
Stump, Brigitte: „Adult time for adult crime" – Jugendliche zwischen Jugend- und Erwachsenenstrafrecht. Eine rechtshistorische und rechtsvergleichende Untersuchung zur Sanktionierung junger Straftäter.
Mönchengladbach 2003. ISBN 978-3-930982-98-1.

Band 19
Wenzel, Frank: Die Anrechnung vorläufiger Freiheitsentziehungen auf strafrechtliche Rechtsfolgen.
Mönchengladbach 2004. ISBN 978-3-930982-99-8.

Band 20
Fleck, Volker: Neue Verwaltungssteuerung und gesetzliche Regelung des Jugendstrafvollzuges. Mönchengladbach 2004. ISBN 978-3-936999-00-6.

Band 21
Ludwig, Heike; Kräupl, Günther: Viktimisierung, Sanktionen und Strafverfolgung. Jenaer Kriminalitätsbefragung über ein Jahrzehnt gesellschaftlicher Transformation. Mönchengladbach 2005. ISBN 978-3-936999-08-2.

Band 22
Fritsche, Mareike: Vollzugslockerungen und bedingte Entlassung im deutschen und französischen Strafvollzug. Mönchengladbach 2005. ISBN 978-3-936999-11-2.

Band 23
Dünkel, Frieder; Scheel, Jens: Vermeidung von Ersatzfreiheitsstrafen durch gemeinnützige Arbeit: das Projekt „Ausweg" in Mecklenburg-Vorpommern. Mönchengladbach 2006. ISBN 978-3-936999-10-5.

Band 24
Sakalauskas, Gintautas: Strafvollzug in Litauen. Kriminalpolitische Hintergründe, rechtliche Regelungen, Reformen, Praxis und Perspektiven. Mönchengladbach 2006. ISBN 978-3-936999-19-8.

Band 25
Drenkhahn, Kirstin: Sozialtherapeutischer Strafvollzug in Deutschland. Mönchengladbach 2007. ISBN 978-3-936999-18-1.

Band 26
Pruin, Ineke Regina: Die Heranwachsendenregelung im deutschen Jugendstrafrecht. Jugendkriminologische, entwicklungspsychologische, jugendsoziologische und rechtsvergleichende Aspekte. Mönchengladbach 2007. ISBN 978-3-936999-31-0.

Band 27
Lang, Sabine: Die Entwicklung des Jugendstrafvollzugs in Mecklenburg-Vorpommern in den 90er Jahren. Eine Dokumentation der Aufbausituation des Jugendstrafvollzugs sowie eine Rückfallanalyse nach Entlassung aus dem Jugendstrafvollzug. Mönchengladbach 2007. ISBN 978-3-936999-34-1.

Band 28
Zolondek, Juliane: Lebens- und Haftbedingungen im deutschen und europäischen Frauenstrafvollzug.
Mönchengladbach 2007. ISBN 978-3-936999-36-5.

Band 29
Dünkel, Frieder; Gebauer, Dirk; Geng, Bernd; Kestermann, Claudia: Mare-Balticum-Youth-Survey – Gewalterfahrungen von Jugendlichen im Ostseeraum.
Mönchengladbach 2007. ISBN 978-3-936999-38-9.

Band 30
Kowalzyck, Markus: Untersuchungshaft, Untersuchungshaftvermeidung und geschlossene Unterbringung bei Jugendlichen und Heranwachsenden in Mecklenburg-Vorpommern.
Mönchengladbach 2008. ISBN 978-3-936999-41-9.

Band 31
Dünkel, Frieder; Gebauer, Dirk; Geng, Bernd: Jugendgewalt und Möglichkeiten der Prävention. Gewalterfahrungen, Risikofaktoren und gesellschaftliche Orientierungen von Jugendlichen in der Hansestadt Greifswald und auf der Insel Usedom. Ergebnisse einer Langzeitstudie 1998 bis 2006.
Mönchengladbach 2008. ISBN 978-3-936999-48-8.

Band 32
Rieckhof, Susanne: Strafvollzug in Russland. Vom GULag zum rechtsstaatlichen Resozialisierungsvollzug?
Mönchengladbach 2008. ISBN 978-3-936999-55-6.

Band 33
Dünkel, Frieder; Drenkhahn, Kirstin; Morgenstern, Christine (Hrsg.): Humanisierung des Strafvollzugs – Konzepte und Praxismodelle.
Mönchengladbach 2008. ISBN 978-3-936999-59-4.

Band 34
Hillebrand, Johannes: Organisation und Ausgestaltung der Gefangenenarbeit in Deutschland.
Mönchengladbach 2009. ISBN 978-3-936999-58-7.

Band 35
Hannuschka, Elke: Kommunale Kriminalprävention in Mecklenburg-Vorpommern. Eine empirische Untersuchung der Präventionsgremien.
Mönchengladbach 2009. ISBN 978-3-936999-68-6.

Band 36/1 bis 4 (nur als Gesamtwerk erhältlich)
Dünkel, Frieder; Grzywa, Joanna; Horsfield, Philip; Pruin, Ineke (Eds.): Juvenile Justice
Systems in Europe – Current Situation and Reform Developments. Vol. 1-4.
2nd revised edition.
Mönchengladbach 2011. ISBN 978-3-936999-96-9.

Band 37/1 bis 2 (Gesamtwerk)
Dünkel, Frieder; Lappi-Seppälä, Tapio; Morgenstern, Christine; van Zyl Smit, Dirk
(Hrsg.): Kriminalität, Kriminalpolitik, strafrechtliche Sanktionspraxis und Gefangenenraten
im europäischen Vergleich. Bd.1 bis 2.
Mönchengladbach 2010. ISBN 978-3-936999-73-0.

Band 37/1 (Einzelband)
Dünkel, Frieder; Lappi-Seppälä, Tapio; Morgenstern, Christine; van Zyl Smit, Dirk
(Hrsg.): Kriminalität, Kriminalpolitik, strafrechtliche Sanktionspraxis und Gefangenenraten
im europäischen Vergleich. Bd.1.
Mönchengladbach 2010. ISBN 978-3-936999-76-1.

Band 37/2 (Einzelband)
Dünkel, Frieder; Lappi-Seppälä, Tapio; Morgenstern, Christine; van Zyl Smit, Dirk
(Hrsg.): Kriminalität, Kriminalpolitik, strafrechtliche Sanktionspraxis und Gefangenenraten
im europäischen Vergleich. Bd.2.
Mönchengladbach 2010. ISBN 978-3-936999-77-8.

Band 38
Krüger, Maik: Frühprävention dissozialen Verhaltens. Entwicklungen in der Kinder- und
Jugendhilfe.
Mönchengladbach 2010. ISBN 978-3-936999-82-2.

Band 39
Hess, Ariane: Erscheinungsformen und Strafverfolgung von Tötungsdelikten in
Mecklenburg-Vorpommern.
Mönchengladbach 2010. ISBN 978-3-936999-83-9.

Band 40
Gutbrodt, Tobias: Jugendstrafrecht in Kolumbien. Eine rechtshistorische und rechtsvergleichende
Untersuchung zum Jugendstrafrecht in Kolumbien, Bolivien, Costa Rica und der
Bundesrepublik Deutschland unter Berücksichtigung internationaler
Menschenrechtsstandards.
Mönchengladbach 2010. ISBN 978-3-936999-86-0.

Band 41
Stelly, Wolfgang; Thomas, Jürgen (Hrsg.): Erziehung und Strafe. Symposium zum 35-jährigen Bestehen der JVA Adelsheim. Mönchengladbach 2011. ISBN 978-3-936999-95-2.

Band 42
Yngborn, Annalena: Strafvollzug und Strafvollzugspolitik in Schweden: vom Resozialisierungs- zum Sicherungsvollzug? Eine Bestandsaufnahme der Entwicklung in den letzten 35 Jahren. Mönchengladbach 2011. ISBN 978-3-936999-84-6.

Band 43
Kühl, Johannes: Die gesetzliche Reform des Jugendstrafvollzugs in Deutschland im Licht der European Rules for Juvenile Offenders Subject to Sanctions or Measures (ERJOSSM). Mönchengladbach 2012. ISBN 978-3-942865-06-7.

Band 44
Zaikina, Maryna: Jugendkriminalrechtspflege in der Ukraine. Mönchengladbach 2012. ISBN 978-3-942865-08-1.

Band 45
Schollbach, Stefanie: Personalentwicklung, Arbeitsqualität und betriebliche Gesundheitsförderung im Justizvollzug in Mecklenburg-Vorpommern. Mönchengladbach 2013. ISBN 978-3-942865-14-2.

Band 46
Harders, Immo: Die elektronische Überwachung von Straffälligen. Entwicklung, Anwendungsbereiche und Erfahrungen in Deutschland und im europäischen Vergleich. Mönchengladbach 2014. ISBN 978-3-942865-24-1.

Band 47
Faber, Mirko: Länderspezifische Unterschiede bezüglich Disziplinarmaßnahmen und der Auf-rechterhaltung von Sicherheit und Ordnung im Jugendstrafvollzug. Mönchengladbach 2014. ISBN 978-3-942865-25-8.

Band 48
Gensing, Andrea: Jugendgerichtsbarkeit und Jugendstrafverfahren im europäischen Vergleich. Mönchengladbach 2014. ISBN 978-3-942865-34-0.

Band 49
Rohrbach, Moritz Philipp: Die Entwicklung der Führungsaufsicht unter besonderer Berücksichtigung der Praxis in Mecklenburg-Vorpommern. Mönchengladbach 2014. ISBN 978-3-942865-35-7.

Band 50/1 bis 2 (nur als Gesamtwerk erhältlich)
Dünkel, Frieder; Grzywa-Holten, Joanna; Horsfield, Philip (Eds.): Restorative Justice and Mediation in Penal Matters. A stock-taking of legal issues, implementation strategies and outcomes
in 36 European countries. Vol. 1 bis 2.
Mönchengladbach 2015. ISBN 978-3-942865-31-9.

Band 51
Horsfield, Philip: Jugendkriminalpolitik in England und Wales – Entwicklungsgeschichte, aktuelle Rechtslage und jüngste Reformen. Mönchengladbach 2015.
ISBN 978-3-942865-42-5.

Band 52
Grzywa-Holten, Joanna: Strafvollzug in Polen – Historische, rechtliche, rechtstatsächliche, menschenrechtliche und international vergleichende Aspekte. Mönchengladbach 2015.
ISBN 978-3-942865-43-2.

Band 53
Khakzad, Dennis: Kriminologische Aspekte völkerrechtlicher Verbrechen. Eine vergleichende Untersuchung der Situationsländer des Internationalen Strafgerichtshofs.
Mönchengladbach 2015. ISBN 978-3-942865-50-0.

Band 54
Blanck, Thes Johann: Die Ausbildung von Strafvollzugsbediensteten in Deutschland.
Mönchengladbach 2015. ISBN 978-3-942865-51-7.

Band 55
Castro Morales, Álvaro: Jugendstrafvollzug und Jugendstrafrecht in Chile, Peru und Bolivien unter besonderer Berücksichtigung von nationalen und internationalen Kontrollmechanismen. Rechtliche Regelungen, Praxis, Reformen und Perspektiven.
Mönchengladbach 2016. ISBN 978-3-942865-57-9.

Band 56
Dünkel, Frieder; Jesse, Jörg; Pruin, Ineke; von der Wense, Moritz (Eds.): European Treament, Transition Management, and Re-Integration of High-Risk Offenders. Results of the Final Conference at Rostock-Warnemünde, 3-5 September 2014, and Final Evaluation Report of the Justice-Cooperation-Network (JCN)-Project "European treatment and transition management of high-risk offenders".
Mönchengladbach 2016. ISBN 978-3-942865-58-6.

Band 57
Kratochvil-Hörr, Regine: Der Beschlussarrest: Dogmatische Probleme und Anwendungspraxis im Land Berlin. Mönchengladbach 2016. ISBN 978-3-942865-60-9.

Band 58
Thiele, Christoph Wilhelm: Ehe- und Familienschutz im Strafvollzug. Strafvollzugsrechtliche und -praktische Maßnahmen und Rahmenbedingungen zur Aufrechterhaltung familiärer Beziehungen von Strafgefangenen.
Mönchengladbach 2016. ISBN 978-3-942865-61-6.

Band 59
Păroşanu, Andrea: Jugendstrafrecht in Rumänien. Historische, kriminologische, rechtliche und rechtspolitische Aspekte. Mönchengladbach 2016. ISBN 978-3-942865-64-7.

Band 60
Schmidt, Katrin: Städtebau und Kriminalität: Untersuchung des Einflusses von kriminalpräventiven Erkenntnissen im Rahmen städtebaulicher Projekte in Mecklenburg-Vorpommern. Mönchengladbach 2016. ISBN 978-3-942865-67-8.

Band 61
Dünkel, Frieder; Jesse, Jörg; Pruin, Ineke; von der Wense, Moritz (Hrsg.): Die Wiedereingliederung von Hochrisikotätern in Europa – Behandlungskonzepte, Entlassungsvorbereitung und Übergangsmanagement. Ergebnisse der Abschlusskonferenz in Rostock-Warnemünde, 3.-5. September 2014, und Evaluation des Justice-Cooperation-Netzwerk-(JCN)-Projekts „Behandlung und Übergangsmanagement bei Hochrisikotätern in Europa".
Mönchengladbach 2016. ISBN 978-3-942865-68-5.

Band 62
Kromrey, Hans: Haftbedingungen als Auslieferungshindernis. Ein Beitrag zur Verwirklichung der Menschenrechte. Mönchengladbach 2017. ISBN 978-3-942865-75-3.

Band 63
Dünkel, Frieder; Thiele, Christoph; Treig, Judith (Hrsg.): Elektronische Überwachung von Straffälligen im europäischen Vergleich – Bestandsaufnahme und Perspektiven.
Mönchengladbach 2017. ISBN 978-3-942865-78-4.

Band 64
Dorenburg, Bastian: Untersuchungshaft und Untersuchungshaftvermeidung bei Jugendlichen und Heranwachsenden in Deutschland und Europa.
Mönchengladbach 2017. ISBN 978-3-942865-79-1.

Band 65
Schulze, Jan Peter: Die Untersuchungshaftvollzugsgesetze der Länder im Vergleich.
Mönchengladbach 2017. ISBN 978-3-942865-80-7.

Band 66
Janssen, Jan-Carl: Entwicklung, Praxis und kriminalpolitische Hintergründe des Strafvollzugs in England, Wales und Schottland im nationalen und internationalen Vergleich. Mönchengladbach 2018. ISBN 978-3-942865-89-0.

Band 67
Mohr, Nicholas: Die Entwicklung des Sanktionenrechts im deutschen Strafrecht – Bestandsaufnahme und Reformvorschläge. Mönchengladbach 2020. ISBN 978-3-94610-017-7.

Band 68
Debus, Eva Katharina: Konzeptionen ausgewählter deutscher Bundesländer zum Umgang mit besonders sicherungsbedürftigen Gefangenen. Mönchengladbach 2020. ISBN 978-3-94610-022-1.

Band 69
von der Wense, Moritz: Behandlungsprogramme im Jugendstrafvollzug. Ein programm-spezifischer Vergleich von Struktur, Konzepten und Umsetzung in Berlin, Mecklenburg-Vorpommern, Niedersachsen und Nordrhein-Westfalen. Mönchengladbach 2021. ISBN 978-3-94610-023-8.

Band 70
Klamer, Nele Marie: „Nein heißt Nein!" und jetzt? Bewertung des reformierten § 177 StGB anhand einer Urteilsanalyse und eines Rechtsvergleichs mit Irland und Schweden. Mönchengladbach 2023. ISBN 978-3-94610-036-8.

außerhalb der Schriftenreihe

Drenkhahn, Kirstin; Geng, Bernd; Grzywa-Holten, Joanna; Harrendorf, Stefan; Morgenstern, Christine; Pruin, Ineke (Hrsg.)
Kriminologie und Kriminalpolitik im Dienste der Menschenwürde.
Festschrift für Frieder Dünkel zum 70. Geburtstag
Mönchengladbach 2020. ISBN 978-3-94610-014-6.